55.-

Heinrich Bullinger Werke
Briefwechsel

HEINRICH BULLINGER
WERKE

Zweite Abteilung

Briefwechsel

Herausgegeben
vom Zwingliverein in Zürich

Unter Mitwirkung
des Instituts für Schweizerische Reformationsgeschichte
und mit Unterstützung des Schweizerischen Nationalfonds
zur Förderung der wissenschaftlichen Forschung

Band 2
Briefe des Jahres 1532

TVZ

Theologischer Verlag Zürich

HEINRICH BULLINGER BRIEFWECHSEL

Band 2
Briefe des Jahres 1532

Bearbeitet von
Ulrich Gäbler · Endre Zsindely · Kurt Maeder · Matthias Senn

unter Benützung der Abschriften von Emil Egli und Traugott Schieß
Philologische Beratung durch Bernhard Bonsack und Hans Wanner

Theologischer Verlag Zürich

Publiziert mit Unterstützung des Schweizerischen
Nationalfonds zur Förderung der wissenschaftlichen Forschung
Auflage: 770 Exemplare

Mit dem Erscheinen von Band II des Briefwechsels von Heinrich Bullinger
übernimmt der Zwingliverein in Zürich die Verantwortung für die zweite Abteilung
der Edition von Bullingers Werken und zeichnet als alleiniger Herausgeber.

Der Zwingliverein in Zürich
Präsident: Pfr. H. R. von Grebel

CIP-Kurztitelaufnahme der Deutschen Bibliothek
Bullinger, Heinrich:
Werke / Heinrich Bullinger. – Zürich: Theologischer Verlag.
NE: Bullinger, Heinrich: [Sammlung]
Abt. 2, Briefwechsel / hrsg. unter Mitw. d. Inst.
für Schweizerische Reformationsgeschichte ... vom Zwingliverein in Zürich
Bd. 2. Briefe des Jahres 1532 / unter philolog. Beratung
von Bernhard Bonsack ... bearb. von Ulrich Gäbler ... – 1982.
ISBN 3-290-11467-8
NE: Gäbler, Ulrich [Bearb.]

© 1982 by Theologischer Verlag Zürich
Alle Rechte, auch die des auszugsweisen Nachdrucks, der photographischen und audiovisuellen
Wiedergabe sowie der Übersetzung bleiben vorbehalten.
Typographische Anordnung von Max Caflisch
Printed in Switzerland by Meier & Co., Schaffhausen

Inhalt

Einleitung	9
Editionsgrundsätze	11
Abkürzungsverzeichnis	13
Briefe des Jahres 1532	25
54 Erasmus Ritter an Bullinger, [Schaffhausen], 1. Januar 1532	27
55 Petrus Dasypodius an Bullinger, Frauenfeld, 10. Januar 1532	28
56 Berchtold Haller an Bullinger, Bern, 16. Januar [1532]	30
57 Andreas Karlstadt an Bullinger, Altstätten, 16. Januar 1532	33
58 Gervasius Schuler an Bullinger, [Basel], 23. Januar 1532	35
59 Hans Vogler an Bullinger, [Hundwil], 24. Januar 1532	37
60 Johann Valentin Furtmüller an Bullinger, [Ohne Ort], 26. Januar [1532?]	40
61 Bullinger an die Geistlichen von Zürich, Zürich, 28. Januar 1532	41
62 [Bullinger] an [Martin Bucer], [Zürich, Ende Januar/Anfang Februar 1532]	42
63 Berchtold Haller an Bullinger, Bern, 9. Februar 1532	45
64 Balthasar Hirt an Bullinger, Lichtensteig, 13. Februar 1532	48
65 Berchtold Haller an Bullinger, [Bern], 20. Februar [1532]	50
66 Gervasius Schuler an Bullinger, [Basel], 21. Februar 1532	52
67 Bartholomäus Westheimer an Bullinger, Basel, 21. Februar [1532]	53
68 Heinrich Muntprat an Bullinger, Aarau, 25. Februar 1532	54
69 Berchtold Haller an Bullinger, [Bern], 28. Februar [1532]	55
70 Leo Jud an Bullinger, [Zürich, Anfang März 1532]	57
71 Hans Mutschli an Bullinger, [Bremgarten], 4. März 1532	65
72 Wolfgang Capito an Bullinger, Augsburg, 5. März 1532	66
73 Berchtold Haller an Bullinger, Bern, 11. März 1532	67
74 Bullinger an Leo Jud, [Zürich], 15. März 1532	70
75 Leo Jud an Bullinger, [Zürich, bald nach dem 15. März] 1532	76
76 Berchtold Haller an Bullinger, [Bern], 16., 17. und 22. März [1532]	79
77 Bullinger an Schultheiß und Rat von Bern, Zürich, 19. März 1532	81
78 Erasmus Ritter an Bullinger, Schaffhausen, 19. März 1532	82
79 Berchtold Haller an Bullinger, [Bern], 23. März [1532]	83
80 Gervasius Schuler an Bullinger, [Basel], 23. März 1532	86
81 Berchtold Haller an Bullinger, [Bern], 30. März [1532]	88
82 Berchtold Haller an Bullinger, [Bern], 31. März 1532	90
83 Bullinger an Berchtold Haller, Zürich, 1. April 1532	93
84 Kaspar Megander an Heinrich Utinger, Leo Jud, Heinrich Engelhart und Bullinger, Bern, 1. April 1532	98
85 Johannes Zwick an Bullinger, Konstanz, 6. April 1532	100
86 Bullinger an Ambrosius Blarer, Zürich, 9. April 1532	101
87 Konrad Sam an Leo Jud und Bullinger, Ulm, 14. April 1532	102
88 Dietrich Bitter an Bullinger, Köln, 16. April 1532	103
89 Berchtold Haller an Bullinger, [Bern], 20. April [1532]	107
90 Wolfgang Capito an Bullinger, Straßburg, 21. April 1532	109
91 Johannes Zehnder an Bullinger, [Aarau?], 28. April 1532	111

92	Hans Vogler an Bullinger, St. Gallen, 30. April 1532	113
93	Berchtold Haller an Bullinger, [Bern], 5. Mai [1532]	115
94	Peter Huber an Bullinger, Winterthur, [9. Mai 1532]	118
95	Oswald Myconius an Bullinger, Basel, 13. Mai 1532	119
96	[Bullinger] an Martin Bucer, [Zürich, zweite Hälfte Mai 1532]	120
97	Martin Frecht an Bullinger, Ulm, 23. Mai 1532	122
98	Berchtold Haller an Bullinger, [Bern], 25. Mai [1532]	123
99	Kaspar Megander an Leo Jud, Bullinger und Erasmus Schmid, Bern, 25. Mai 1532	125
100	Johannes Buchser an Bullinger, [Suhr], 1. Juni 1532	126
101	Berchtold Haller an Bullinger, Bern, 3.–4. Juni 1532	127
102	Bullinger an Berchtold Haller, [Zürich, nach dem 4. Juni 1532]	129
103	Wolfgang Wetter an Bullinger, St. Gallen, 4. Juni 1532	134
104	Hans Mutschli an Bullinger, [Bremgarten], 11. Juni 1532	135
105	Johannes Zehnder an Bullinger, [Aarau], 12. Juni 1532	137
106	Geistliche von Zürich an Albrecht von Brandenburg, Zürich, 17. Juni 1532	138
107	Johannes Adlischwyler an Bullinger, Rheinfelden, 18. Juni 1532	148
108	[Wolfgang Capito] an Bullinger, Straßburg, 24. Juni 1532	149
109	Prediger aus Bern, Solothurn und Biel an die Prediger von Zürich, Zofingen, 9. Juli 1532	152
110	Bullinger an Martin Bucer, Zürich, 12. Juli 1532	153
111	Martin Bucer an Bullinger, Straßburg, 12. Juli [1532]	161
112	Die Prediger von Basel an die Prediger von Zürich, Basel, 17. Juli 1532	162
113	Michael Schlatter an Bullinger, Fischingen, [nach dem 19. Juli 1532]	164
114	Johannes Zehnder an Bullinger, [Aarau], 21. Juli 1532	165
115	Berchtold Haller an Bullinger, [Bern], 25. Juli [1532]	166
116	Peter Schnyder an Bullinger, Laufen, 28. Juli [1532?]	168
117	Petrus Dasypodius an Bullinger, Frauenfeld, 1. August 1532	170
118	Berchtold Haller an Bullinger, [Bern], 5. August [1532]	171
119	Konrad Geßner an Bullinger und Theodor Bibliander, Straßburg, 10. August 1532	173
120	Dietrich Bitter an Bullinger, Köln, 12. August 1532	174
121	Martin Bucer an Leo Jud, Bullinger, Konrad Pellikan und Theodor Bibliander, Straßburg, 12. August [1532]	176
122	Ludwig Zehender an Bullinger, [Aarau?], 13. August 1532	177
123	Heinrich Strübi an Bullinger, Marbach, 15. August 1532	179
124	Bullinger an Philipp von Hessen, Zürich, 17. August 1532	181
125	Georg Distel an Bullinger, Zofingen, 21. August 1532	186
126	Heinrich Strübi an Bullinger, Marbach, 24. August 1532	188
127	Peter Im Haag an Bullinger, [Bern], 27. August 1532	190
128	Martin Bucer an Bullinger, [Straßburg, Ende August 1532]	191
129	Bullinger an Philipp von Hessen, Zürich, 1. September 1532	232
130	Berchtold Haller an Bullinger, Bern, 8. September [1532]	234
131	Erasmus Ritter an Bullinger, Schaffhausen, 10. September 1532	236
132	Berchtold Haller an Bullinger, Bern, 12. September [1532]	236
133	Dietrich Bitter an Bullinger, Köln, 13. September 1532	238

134	Philipp von Hessen an Bullinger, Kehrenbach [?], 15. September 1532	239
135	Peter Simler an Bullinger, [Kappel], 16. September 1532	240
136	Kaspar Megander an Leo Jud, Bullinger und Erasmus Schmid, Bern, 22. September 1532	241
137	Barbara Zehnder an Bullinger, Aarau, 24. September 1532	243
138	Johannes Zwick an Bullinger, [Konstanz, Ende September 1532]	244
139	Leo Jud an Bullinger, [Zürich, Spätsommer oder Herbst 1532]	245
140	[Berchtold Haller] an Bullinger, [Bern], 2. Oktober [1532]	246
141	Gervasius Schuler an Bullinger, Basel, 4. Oktober 1532	248
142	Bullinger an Philipp von Hessen, Zürich, 22. Oktober 1532	249
143	[Johannes Zwick an Bullinger], Konstanz, 26. Oktober 1532	251
144	Konrad Geßner an Bullinger, [Straßburg, Ende Oktober 1532]	252
145	Sebastian Locher an Bullinger, [Ohne Ort, Ende Oktober/Anfang November 1532?]	253
146	Berchtold Haller an Bullinger, [Bern], 9. November 1532	255
147	Hans Vogler an Bullinger, Elgg, 11. November 1532	256
148	Berchtold Haller an Bullinger, [Bern], 12. November [1532]	258
149	Lorenz Meyer an Bullinger, Stammheim, 14. November 1532	258
150	Berchtold Haller an Bullinger, [Bern], 15. November [1532]	260
151	Wolfgang Capito an Bullinger und Leo Jud, Straßburg, 17. November 1532	261
152	Joachim Vadian an Bullinger, [St. Gallen], 20. November 1532	262
153	Joachim Vadian an [Bullinger], [St. Gallen, November 1532]	264
154	[Joachim Vadian an Bullinger], [St. Gallen, nach dem 27. November 1532]	270
155	Berchtold Haller an Bullinger, [Bern], 30. November [1532]	272
156	[Rudolf Weingartner] an Bullinger, [Zug, nach dem 3. Dezember 1532]	274
157	Jakob Meyer an Bullinger, Basel, 4. Dezember 1532	276
158	Lorenz Meyer an Bullinger, Stammheim, 4. Dezember 1532	277
159	Sebastian Grübel an Bullinger, St. Gallen, 7. Dezember 1532	279
160	Petrus Dasypodius an Bullinger, Frauenfeld, 13. Dezember 1532	281
161	Berchtold Haller an Bullinger, [Bern], 14. Dezember 1532	282
162	Hans Rudolf Lavater an Bullinger, [Kyburg?], 22. Dezember 1532	284
163	Gervasius Schuler an Bullinger, [Basel], 25. Dezember 1532	285
164	Berchtold Haller an Bullinger, Bern, 28. Dezember [1532]	286
165	Oswald Myconius an [Bullinger], [Basel, Ende Dezember 1532]	288
166	Utz Eckstein an Bullinger und die Prediger von Zürich, [Ohne Ort, Ende 1532]	292
Register		295

Einleitung

Der vorliegende zweite Band von Heinrich Bullingers Briefwechsel enthält die Briefe des Jahres 1532. Wie sich in zunehmendem Maße herausstellt, war diese Zeit für das Weiterbestehen und Wiedererstarken der zürcherischen wie auch der ganzen schweizerischen Reformation von großer Bedeutung. Hauptereignisse des Jahres waren die Berner Synode, das Täufergespräch in Zofingen, der Streit um die konfessionellen Regelungen in den Gemeinen Herrschaften und die Auseinandersetzung wegen des Zürcher Religionsmandates. Zugleich gab das Jahr 1532 den Anhängern der Reformation Anlaß zur Neubesinnung vor allem über die Frage nach Ursachen und Folgen der Kappeler Niederlage, über die Möglichkeit oder Unmöglichkeit des Fortbestehens einer konfessionell gespaltenen Eidgenossenschaft, über die Kirchenzucht und das Verhältnis zwischen kirchlicher und politischer Obrigkeit, über die heiklen Beziehungen zum Luthertum in Deutschland und zu den oberdeutschen Städten, besonders Straßburg. Für den jungen Großmünsterpfarrer brachte das Jahr 1532 eine Zeit der Bewährung.

Die Korrespondenz Bullingers erfährt in diesem Jahr eine rasche Ausbreitung; sie umfaßt nun die ganze reformierte Eidgenossenschaft und auch einige oberdeutsche Städte. Zum Quellenbefund läßt sich, im Vergleich zum ersten Band, feststellen, daß die Fundorte von Briefen aus dem Jahr 1532 weiter zerstreut sind. Der Schwerpunkt liegt allerdings nach wie vor auf den bekannten Beständen der Zentralbibliothek und des Staatsarchivs in Zürich. Daran wird sich auch bei den späteren Briefbänden kaum etwas ändern.

Zur Entstehung dieses Bandes sei noch folgendes angemerkt: Die Herstellung sowohl der Brieftexte als auch des textkritischen und sachlichen Anmerkungsapparates wurde unter den Bearbeitern aufgeteilt. Eine Endredaktion strebte dann eine möglichst große Einheitlichkeit zwischen den einzelnen Teilen an.

Nachdem das Manuskript des Bandes im wesentlichen fertiggestellt war, wurden auf Wunsch der 1977 eingesetzten Bullinger-Kommission des Zwinglivereins noch einige Änderungen vorgenommen, welche vor allem der sparsameren Gestaltung der weiteren Edition dienen sollten. Die *inhaltlichen* Änderungen sind:

Im Briefkopf wird auf Angaben über Umfang und Zustand des Originals weitgehend verzichtet.

Im textkritischen Apparat werden nur auffallende Änderungen oder solche Varianten berücksichtigt, welche die Absicht des Verfassers erkennen lassen, bzw. eine inhaltliche Änderung zum Ausdruck bringen.

Der Umfang des sachlichen (sprachlichen, biographischen und historisch-theologischen) Anmerkungsapparates wird, soweit es die wissenschaftliche Qualität erlaubt, im Vergleich zum ersten Band stark gekürzt.

Auf biographische Rückweise bei den im Brieftext erwähnten Personennamen wird im Anmerkungsapparat verzichtet; über den Ort der jeweiligen biographischen Anmerkung gibt das Register Auskunft.

Die Editionsgrundsätze sind nur unwesentlich geändert (s. unten S. 11).

An Änderungen der *äußeren* Gestaltung sind zu nennen:

Die einzelnen Briefe werden unmittelbar aufeinander folgend abgedruckt, sie beginnen jeweils nicht mehr auf einer neuen Seite.

Der Anmerkungsapparat wird in zwei Spalten gesetzt.

Randbemerkungen werden im textkritischen Apparat untergebracht.

In den vorliegenden zweiten Band von Bullingers Briefwechsel wurden folgende Schriftstücke nicht aufgenommen:

1. Eine an Bullinger adressierte «Nüwe Zytung» über die Belagerung der ungarischen Festung Kőszeg (Güns) durch die Türken (siehe unten S. 244, Anm. 5).

2. Ein Brief von Valentin Furtmüller an «Michel», [1532], Zürich StA, E II 441, 527–542 und 351, 207r.–209v. Obwohl der Brief von Traugott Schieß in seine Abschriftensammlung von Bullingers Korrespondenz aufgenommen wurde, läßt sich nachweisen, daß Bullinger dieses Schreiben erst 1548 und nicht als direkter Adressat durch Joachim Vadian zugeschickt bekam (s. unten S. 40, Anm. 1)

Die Bearbeiter möchten allen, die die Herausgabe des Bandes gefördert haben, an dieser Stelle ihren herzlichen Dank aussprechen: Dem Schweizerischen Nationalfonds zur Förderung der wissenschaftlichen Forschung für die verständnisvolle und großzügige Unterstützung der Edition; dem Theologischen Seminar und dem Institut für Schweizerische Reformationsgeschichte der Universität Zürich (Leiter Prof. Dr. Fritz Büsser), in dessen Rahmen das Manuskript des Bandes im wesentlichen fertiggestellt wurde; dem Personal von Staatsarchiv und Zentralbibliothek Zürich; Herrn Jean Rott, Straßburg, der den Text des umfangreichen Bucer-Briefes von Ende August 1532 (Nr. 128) mit dem Autograph kollationierte, den gesamten Teil der Korrespondenz zwischen Bullinger und den Straßburgern durchsah und Sacherklärungen beisteuerte; Herrn Dr. Hans Wanner, Hedingen-Zürich, der die deutschen Texte überprüfte und Worterklärungen lieferte; Herrn lic. phil. Bernhard Bonsack, dessen philologische Mitarbeit an den lateinischen Texten weit über das übliche Maß hinausging; und schließlich unseren Arbeitskollegen, Herrn Dr. Hans Ulrich Bächtold für seine mannigfaltige Hilfe bei den Vorbereitungsarbeiten und Herrn lic. phil. Kurt Jakob Rüetschi für seine Mitarbeit bei der mühsamen Aufgabe von Revision und Korrektur. Ein besonderer Dank gebührt Herrn Prof. Dr. Rudolf Schnyder, der im Auftrag des Zwinglivereins in Zürich die Reorganisation der Briefwechsel-Edition und ihre Vertretung gegenüber dem Schweizerischen Nationalfonds tatkräftig an die Hand nahm.

                Ulrich Gäbler   Kurt Maeder   Matthias Senn   Endre Zsindely

Editionsgrundsätze

Die wissenschaftliche Bearbeitung der Bullinger-Briefe richtet sich nach den im ersten Band des Briefwechsels S. 29f abgedruckten, weiterhin geltenden Editionsgrundsätzen. Änderungen erfahren lediglich die Artikel 2 und 4.

Artikel 2 lautet neu:
Als «Briefe» aufgenommen werden Schriftstücke, bei denen Heinrich Bullinger allein oder mit mehreren zusammen Absender bzw. Empfänger ist, und die – um als Briefe angesprochen werden zu können – an einen bestimmten Empfänger oder Empfängerkreis gerichtet sind. Stücke theologischen Inhalts mit Briefcharakter, auch die Widmungsvorreden zu theologischen Werken, werden ebenfalls in die vorliegende Edition aufgenommen. «Fürträge» (von Bullinger schriftlich festgehaltene Eingaben, Gutachten oder Bedenken der Zürcher Pfarrer an den Zürcher Rat) und «Fürschläge» (Pfarrwahlvorschläge zu Handen des Rates) werden als Aktenstücke betrachtet und demzufolge in der Briefedition nicht berücksichtigt.

Artikel 4 lautet neu:
Marginalien des Verfassers oder von fremder Hand sowie *Streichungen* oder *Zusätze* werden in den textkritischen Anmerkungen wiedergegeben. Spätere Randbemerkungen werden nur global vermerkt.

Abkürzungsverzeichnis

Die Abkürzungen biblischer Bücher, außerkanonischer Schriften sowie allgemeiner Art richten sich nach RGG, außerdem noch: aaO = am angegebenen Ort; aRvB = am Rande von Heinrich Bullingers Hand; Kt. = Kanton; Njbl. = Neujahrsblatt; StA = Staatsarchiv; ZB = Zentralbibliothek.

ABaslerRef	Aktensammlung zur Geschichte der Basler Reformation in den Jahren 1519 bis Anfang 1534, hg. v. Emil Dürr und Paul Roth, 6 Bde, Basel 1921–1950.
ABernerRef	Aktensammlung zur Geschichte der Berner Reformation 1521–1532, hg. v. Rudolf Steck und Gustav Tobler, 2 Bde, Bern 1923.
Adam	Johann *Adam*, Evangelische Kirchengeschichte der Stadt Straßburg bis zur Französischen Revolution, Straßburg 1922.
ADB	Allgemeine Deutsche Biographie, 55 Bde, Leipzig 1875–1910; Registerband, München–Leipzig 1912.
AHVB	Archiv des Historischen Vereins des Kantons Bern, Bern 1855ff.
Amerbach, Korr.	Die Amerbachkorrespondenz, hg. v. Alfred Hartmann und Beat Rudolf Jenny, Basel 1942ff.
Anshelm	Die Berner-Chronik des Valerius Anshelm, hg. v. Historischen Verein des Kantons Bern, 6 Bde, Bern 1884–1901.
Arbusow	Leonid Arbusow, Colores Rhetorici. Eine Auswahl rhetorischer Figuren und Gemeinplätze als Hilfsmittel für akademische Übungen an mittelalterlichen Texten, hg. v. Helmut Peter, Göttingen 1963².
ASchweizerRef	Actensammlung zur Schweizerischen Reformationsgeschichte in den Jahren 1521–1532, im Anschluß an die gleichzeitigen eidgenössischen Abschiede bearb. und hg. v. Joh. Strickler, 5 Bde, Zürich 1878–1884.
AZürcherRef	Actensammlung zur Geschichte der Zürcher Reformation in den Jahren 1519–1533, hg. v. Emil Egli, Zürich 1879.
Bätscher, Kirchen- und Schulgeschichte	Kirchen- und Schulgeschichte der Stadt St. Gallen. Von Vadians Tod bis zur Gegenwart, 1. Bd.: 1550–1630, bearb. v. Theodor Wilhelm *Bätscher*, St. Gallen 1964.
Barge	Hermann *Barge*, Andreas Bodenstein von Karlstadt, I. Teil: Karlstadt und die Anfänge der Reformation; II. Teil: Karlstadt als Vorkämpfer des laienchristlichen Puritanismus, Leipzig 1905 (Nachdruck: Nieuwkoop 1968).
Basel, Matrikel	Die Matrikel der Universität Basel, hg. v. Hans Georg Wackernagel, Basel 1951ff.
Baum	Johann Wilhelm *Baum*, Capito und Butzer, Straßburgs Reformatoren. Nach ihrem handschriftlichen Briefschat-

	ze, ihren gedruckten Schriften und anderen gleichzeitigen Quellen, Elberfeld 1860. – LSRK III.
Benzing, Buchdrucker	Josef *Benzing,* Die Buchdrucker des 16. und 17. Jahrhunderts im deutschen Sprachgebiet, Wiesbaden 1963. – Beiträge zum Buch- und Bibliothekswesen, Bd. 12.
Bibliographia Bucerana	Bibliographia Bucerana, unter Mitwirkung von Erwin Steinborn zusammengestellt und bearb. v. Robert Stupperich, in: SVRG LVIII/2 (Nr. 169), Gütersloh 1952, S. 37–96.
Blaise	Albert Blaise, Dictionnaire Latin-Français des auteurs chrétiens. Revu spécialement pour le vocabulaire théologique par Henri Chirat, Turnhout (1954).
Blanke	Fritz *Blanke,* Der junge Bullinger, 1504–1531. Mit Bilderbeilage bearb. v. Leo Weisz, Zürich (1942).
Blarer BW	Briefwechsel der Brüder Ambrosius und Thomas Blaurer, 1509–1567, bearb. v. Traugott Schieß, 3 Bde, Freiburg i. Br. 1908–1912.
Blarer-Gedenkschrift	Der Konstanzer Reformator Ambrosius Blarer 1492–1564. Gedenkschrift zu seinem 400. Todestag, hg. v. Bernd Moeller, Konstanz und Stuttgart 1964.
Bonorand, Studierende	Conradin *Bonorand,* Studierende in Straßburg zur Zeit der ersten Reformationsjahrzehnte im Lichte des Briefwechsels Jakob Bedrots aus Bludenz, in: Montfort. Vierteljahresschrift für Geschichte und Gegenwartskunde Vorarlbergs, 1973, S. 215–240.
Bopp	Marie-Joseph *Bopp,* Die evangelischen Geistlichen und Theologen in Elsaß und Lothringen von der Reformation bis zur Gegenwart, Neustadt a. d. Aisch 1959. – Genealogie und Landesgeschichte, Bd. I (= Bibliothek familiengeschichtlicher Quellen, Bd. XIV).
Brecht	Martin *Brecht,* Ambrosius Blarers Wirksamkeit in Schwaben, in: Blarer-Gedenkschrift 140–171.
BSLK	Die Bekenntnisschriften der evangelisch-lutherischen Kirche, hg. im Gedenkjahr der Augsburgischen Konfession 1930, Göttingen 1967[6].
BucerDS	Martin Bucers Deutsche Schriften, im Auftrag der Heidelberger Akademie der Wissenschaften hg. v. Robert Stupperich, Gütersloh 1960ff.
BucerOL	Martini Buceri Opera Latina, ed. par François Wendel, Paris 1954ff.
Bucher	Adolf *Bucher,* Die Reformation in den Freien Ämtern und in der Stadt Bremgarten (bis 1531), Diss. phil. Freiburg/ Schweiz, Sarnen 1950. – Beilage zum Jahresbericht der Kantonalen Lehranstalt Sarnen 1949/50.
Büeler	G. *Büeler,* Petrus Dasypodius (Peter Hasenfratz). Ein Frauenfelder Humanist des XVI. Jahrhunderts, Frauen-

	feld 1920. – Beilage zum Programm der thurgauischen Kantonsschule, Schuljahr 1919/20.
Büsser, De prophetae officio	Fritz *Büsser*, De prophetae officio. Eine Gedenkrede Bullingers auf Zwingli, in: Festgabe Leonhard von Muralt, zum siebzigsten Geburtstag 17. Mai 1970 überreicht von Freunden und Schülern, Zürich 1970, S. 245–257.
Büsser, Zwinglibild	Fritz *Büsser*, Das katholische Zwinglibild. Von der Reformation bis zur Gegenwart, Zürich 1968.
CChr	Corpus Christianorum. Series Latina, Turnhout–Paris 1953ff.
CR	Corpus Reformatorum.
CSEL	Corpus scriptorum ecclesiasticorum latinorum, Wien 1866ff.
Denz.	Enchiridion symbolorum, definitionum et declarationum de rebus fidei et morum, ed. Henricus Denzinger et Adolfus Schönmetzer S.J., Barcelona–Freiburg/Breisgau–Rom–New York 1965^{33}.
EA	Amtliche Sammlung der ältern eidgenössischen Abschiede, Bd. IV/1a–1b, bearb. v. Johannes Strickler, Brugg 1873/Zürich 1876; Bd. IV/1c, bearb. v. Karl Deschwanden, Luzern 1878.
Egli, Affoltern	Emil *Egli*, Die Reformation im Bezirke Affoltern, in: ZTB 1888, NF, Jg. 11, S. 65–113.
Egli, Analecta	Emil *Egli*, Analecta Reformatoria, 2 Bde, Zürich 1899/1901.
Erasmus, Corr.	Opus epistolarum Des. Erasmi Roterodami. Denuo recognitum et auctum per P.S. Allen et H.M. Allen, with the assistance of H.W. Garrod, Vols 1–12, Oxford 1906–1958.
Erichson	Alfred *Erichson*, Zwingli's Tod und dessen Beurtheilung durch Zeitgenossen. Zumeist nach ungedruckten Straßburger und Züricher Urkunden, Straßburg 1883.
Farner	Oskar *Farner*, Huldrych Zwingli, 4 Bde, Zürich (1943–1960).
Fast	Heinold *Fast*, Heinrich Bullinger und die Täufer. Ein Beitrag zur Historiographie und Theologie im 16. Jahrhundert, Weierhof (Pfalz) 1959. – Schriftenreihe des Mennonitischen Geschichtsvereins, Nr. 7.
Feller	Richard *Feller*, Geschichte Berns, Bd. II, Von der Reformation bis zum Bauernkrieg, 1516–1653, Bern (1953).
Feller-Bonjour	Richard *Feller* und Edgar *Bonjour*, Geschichtsschreibung der Schweiz vom Spätmittelalter zur Neuzeit, 2 Bde, Basel–Stuttgart 1979^2.
Fischer	Hans *Fischer*, Conrad Gessner 1516–1565, Zürich 1966. – Njbl. auf das Jahr 1966 als 168. Stück von der Naturforschenden Gesellschaft in Zürich hg.

Freiburg, Matrikel	Die Matrikel der Universität Freiburg i. Br. von 1460–1656, bearb. und hg. v. Hermann Mayer, 2 Bde, Freiburg i. Br. 1907/1910.
Frey	Theodor *Frey*, Das Rheintal zur Zeit der Glaubensspaltung, Diss. phil., Freiburg i. Ue. 1946.
Füssli I	Epistolae ab Ecclesiae Helveticae Reformatoribus vel ad eos scriptae, Centuria prima, ed. Joh. Conradus Fueslinus, Zürich 1742.
Gast, Tagebuch	Das Tagebuch des Johannes Gast. Ein Beitrag zur schweizerischen Reformationsgeschichte, bearb. v. Paul Burckhardt, im Auftrag der Historischen und Antiquarischen Gesellschaft in Basel, Basel 1945.
Georges	Ausführliches lateinisch-deutsches Handwörterbuch, ausgearbeitet von Karl Ernst Georges, 2 Bde, Basel 1962[11].
Gfr	Der Geschichtsfreund. Mitteilungen des historischen Vereins der fünf Orte Luzern, Uri, Schwyz, Unterwalden und Zug, Einsiedeln 1843–1893, Stans 1894ff.
Glückshafenrodel	Der Glückshafenrodel des Freischiessens zu Zürich 1504. Mit Anhang und Beilagen, bearb. und hg. v. Friedrich Hegi, unter Mithilfe von E. Usteri und S. Zuber, 2 Bde, Zürich 1942.
Grimm	Deutsches Wörterbuch von Jacob Grimm und Wilhelm Grimm, 16 Bde, Leipzig 1854–1954.
Grimm, Buchführer	Heinrich *Grimm*, Die Buchführer des deutschen Kulturbereichs und ihre Niederlassungsorte in der Zeitspanne 1490 bis um 1550, in: Archiv für Geschichte des Buchwesens, Band VII, Frankfurt a. M. 1966, Sp. 1153–1772.
Guggisberg	Kurt *Guggisberg*, Bernische Kirchengeschichte, Bern 1958.
Haefliger	Hans *Haefliger*, Solothurn in der Reformation, Diss. phil. Bern, Solothurn 1945; [auch in: Jahrbuch für Solothurnische Geschichte, 16. Bd., 1943, S. 1–120; 17. Bd., 1944, S. 1–92].
Hanhart	Johannes *Hanhart*, Conrad Geßner. Ein Beytrag zur Geschichte des wissenschaftlichen Strebens und der Glaubensverbesserung im 16ten Jahrhundert, Winterthur 1824.
Hausammann	Susi *Hausammann*, Römerbriefauslegung zwischen Humanismus und Reformation. Eine Studie zu Heinrich Bullingers Römerbriefvorlesung von 1525, Zürich 1970. – StDTh XXVII.
Hauswirth	René *Hauswirth*, Landgraf Philipp von Hessen und Zwingli. Voraussetzungen und Geschichte der politischen Beziehungen zwischen Hessen, Straßburg, Konstanz, Ulrich von Württemberg und reformierten Eidgenossen 1526–1531, Tübingen und Basel 1968. – SKRG 35.
HBBibl	Heinrich Bullinger, Werke, hg. v. Fritz Büsser, 1. Abt.: Bibliographie, Bd. I: Beschreibendes Verzeichnis der ge-

	druckten Werke von Heinrich Bullinger, bearb. v. Joachim Staedtke, Zürich 1972; Bd. II: Beschreibendes Verzeichnis der Literatur über Heinrich Bullinger, mit Unterstützung v. Angela Beliczay, Ulrich Gäbler und Kurt Rüetschi bearb. v. Erland Herkenrath, Zürich 1977.
HBBW	Heinrich Bullinger, Werke, hg. v. Fritz Büsser, 2. Abt.: Briefwechsel, Bd. I: Briefe der Jahre 1524–1531, bearb. v. Ulrich Gäbler und Endre Zsindely, Zürich 1973.
HBD	Heinrich Bullingers Diarium (Annales vitae) der Jahre 1504–1574. Zum 400. Geburtstag Bullingers am 18. Juli 1904 hg. v. Emil Egli, Basel 1904. – QSRG II.
HBGesA	Heinrich Bullinger 1504–1575, Gesammelte Aufsätze zum 400. Todestag, hg. v. Ulrich Gäbler und Erland Herkenrath; I. Bd.: Leben und Werk; II. Bd.: Beziehungen und Wirkungen, Zürich 1975. – ZBRG VII/VIII.
HBLS	Historisch-biographisches Lexikon der Schweiz, 7 Bde, Neuenburg 1921–1934.
HBRG	Heinrich Bullingers Reformationsgeschichte, nach dem Autographon hg. v. J. J. Hottinger und H. H. Vögeli, 3 Bde, Frauenfeld 1838–1840; Registerband, bearb. v. Willy Wuhrmann, Zürich 1913.
HBTS	Heinrich Bullinger, Werke, 3. Abt.: Theologische Schriften (in Vorbereitung).
Heidelberg, Matrikel	Die Matrikel der Universität Heidelberg von 1386 bis 1662, bearb. u. hg. v. Gustav Toepke; Erster Theil: Von 1386 bis 1553, Heidelberg 1884.
Heß	Salomon *Heß,* Lebensgeschichte M. Heinrich Bullingers, Antistes der Kirche Zürichs, 2 Bde, Zürich 1828/1829.
Hilgenfeld	Hartmut *Hilgenfeld,* Mittelalterlich-traditionelle Elemente in Luthers Abendmahlsschriften, Zürich 1971. – StDTh XXIX.
HSG	Handbuch der Schweizer Geschichte, Bd. I, Zürich 1972.
Hundeshagen	C[arl] B[ernhard] *Hundeshagen,* Die Conflicte des Zwinglianismus, Luthertums und Calvinismus in der Bernischen Landeskirche von 1532–1558, Bern 1842.
Jacob	Walter *Jacob,* Politische Führungsschicht und Reformation. Untersuchungen zur Reformation in Zürich 1519–1528, Zürich 1970. – ZBRG I.
JSG	Jahrbuch für schweizerische Geschichte, hg. auf Veranstaltung der Allgemeinen geschichtforschenden Gesellschaft der Schweiz, 1–45, Zürich 1876–1920.
Kessler, Sabbata	Johannes Kesslers Sabbata, unter Mitwirkung von Emil Egli und Rudolf Schoch in Zürich hg. v. Historischen Verein des Kantons St. Gallen, St. Gallen 1902.
Kirchhofer, Haller	Melchior *Kirchhofer,* Berthold Haller oder die Reformation von Bern, Zürich 1828.

Kirchhofer, Myconius	Melchior *Kirchhofer,* Oswald Myconius, Antistes der Baslerischen Kirche, Zürich 1813.
Knittel, Kirche	Alfred L. *Knittel,* Werden und Wachsen der evangelischen Kirche im Thurgau von der Reformation bis zum Landfrieden von 1712. Bearb. i. A. des evang. Kirchenrates des Kantons Thurgau, Frauenfeld 1946.
Knittel, Reformation	Alfred L. *Knittel,* Die Reformation im Thurgau, Frauenfeld (1929).
Köhler, Ehegericht	Walther *Köhler,* Zürcher Ehegericht und Genfer Konsistorium, 2 Bde, Leipzig 1932/1942. – QASRG VII/X.
Köhler, ZL	Walther *Köhler,* Zwingli und Luther. Ihr Streit über das Abendmahl nach seinen politischen und religiösen Beziehungen, 2 Bde, Leipzig 1924/Gütersloh 1953. – QFRG VI/VII.
Köln, Matrikel	Die Matrikel der Universität Köln, bearb. v. Hermann Keussen, Bd. II, 1476–1559, Bonn 1919. – Publikationen der Gesellschaft für rheinische Geschichtskunde, VIII.
Krafft	Carl *Krafft,* Aufzeichnungen des schweizerischen Reformators Heinrich Bullinger über sein Studium zu Emmerich und Köln (1516–1522) und dessen Briefwechsel mit Freunden in Köln, Erzbischof Hermann von Wied etc. Ein Beitrag zur niederrheinisch-westfälischen Kirchen-, Schul- und Gelehrtengeschichte, Elberfeld 1870.
Lausberg	Heinrich Lausberg, Handbuch der literarischen Rhetorik. Eine Grundlegung der Literaturwissenschaft, 2 Bde, München 1960.
LB	Desiderii Erasmi Roterodami Opera Omnia, 10 Bde, Leiden 1703–1706 (Nachdruck: London 1962).
Lexer	Matthias Lexer, Mittelhochdeutsches Handwörterbuch, 3 Bde, Leipzig 1872–1878.
LL	Hans Jacob Leu, Allgemeines Helvetisches/Eydgenössisches/Oder Schweizerisches Lexicon, 20 Tle, Zürich 1747–1765, mit 6 Supplementbänden von Hans Jacob Holzhalb, Zug 1786–1795.
Locher, Grundzüge	Gottfried W. *Locher,* Grundzüge der Theologie Huldrych Zwinglis im Vergleich mit derjenigen Martin Luthers und Johannes Calvins, in: Zwa XII 470–509. 545–595; [auch in: Gottfried W. *Locher,* Huldrych Zwingli in neuer Sicht. Zehn Beiträge zur Theologie der Zürcher Reformation, Zürich-Stuttgart 1969, S. 173–274].
Lohner	Carl Friedrich Ludwig Lohner, Die reformirten Kirchen und ihre Vorsteher im eidgenössischen Freistaate Bern, Thun o. J.
LSRK	Leben und ausgewählte Schriften der Väter und Begründer der reformirten Kirche, 10 Tle, Elberfeld 1857–1863.

LThK	Lexikon für Theologie und Kirche, 11 Bde, Freiburg 1957–1967².
Maeder, Unruhe	Kurt *Maeder*, Die Unruhe der Zürcher Landschaft nach Kappel (1531/32) oder: Aspekte einer Herrschaftskrise, in: Zwa XIV 109–144.
Maeder, Via Media	Kurt *Maeder*, Die Via Media in der Schweizerischen Reformation. Studien zum Problem der Kontinuität im Zeitalter der Glaubensspaltung, Zürich 1970. – ZBRG II.
Meyer, Locarno	Ferdinand *Meyer*, Die evangelische Gemeinde in Locarno, ihre Auswanderung nach Zürich und ihre weiteren Schicksale. Ein Beitrag zur Geschichte der Schweiz im sechszehnten Jahrhundert. Nach bisher meist unbenutzten handschriftlichen Quellen, 2 Bde, Zürich 1836.
Misc. Tig.	Miscellanea Tigurina, Edita, Inedita, Vetera, Nova, Theologica, Historica, etc., 3 Tle, Zürich 1722–1724.
ML	Mennonitisches Lexikon, 4 Bde, Frankfurt a. M.-Weierhof/Pfalz 1913/1937, Karlsruhe 1958/1967.
Moeller, Zwick	Bernd *Moeller*, Johannes Zwick und die Reformation in Konstanz, Gütersloh 1961. – QFRG XXVIII.
MPG	Patrologia Graeca, ed. J. P. Migne, 162 Bde und 1 Registerband, Paris 1857–1912.
MPL	Patrologia Latina, ed. J. P. Migne, 217 Bde und 4 Register-Bde, Paris 1878–1890.
MQR	The Mennonite Quarterly Review, Goshen 1927ff.
Müller	Gerhard *Müller*, Die römische Kurie und die Reformation 1523–1534. Kirche und Politik während des Pontifikates Clemens' VII., Gütersloh 1969. – QFRG XXXVIII.
von Muralt, Renaissance und Reformation	Leonhard *von Muralt*, Renaissance und Reformation, in: HSG I 389–570.
MVG	Mitteilungen zur vaterländischen Geschichte, hg. v. Historischen Verein in St. Gallen, St. Gallen 1862ff.
Näf, Vadian	Werner *Näf*, Vadian und seine Stadt St. Gallen, 2 Bde, St. Gallen 1944/1957.
NDB	Neue deutsche Biographie, Berlin (1953ff).
Oekolampad BA	Briefe und Akten zum Leben Oekolampads. Zum vierhundertjährigen Jubiläum der Basler Reformation bearb. v. Ernst Staehelin, 2 Bde, Leipzig 1927/1934. – QFRG X/XIX.
Oekolampad-Bibliographie	Ernst Staehelin, Oekolampad-Bibliographie, Nieuwkoop 1963².
Otto	Die Sprichwörter und sprichwörtlichen Redensarten der Römer, gesammelt und erklärt von A. Otto, Leipzig 1890 (Nachdruck: Hildesheim 1962).
Pauly/Wissowa	Paulys Realencyklopädie der classischen Altertumswissenschaft. Neue Bearbeitung, hg. v. Georg Wissowa u. a., Stuttgart 1894ff.

PC	Politische Correspondenz der Stadt Strassburg im Zeitalter der Reformation, 5 Bde, bearb. v. Hans Virck, Otto Winckelmann, Harry Gerber und W. Friedensburg, Straßburg und Heidelberg 1882–1933.
Peachey	Paul *Peachey*, Die soziale Herkunft der Schweizer Täufer in der Reformationszeit. Eine religionssoziologische Untersuchung, Karlsruhe 1954. – Schriftenreihe des Mennonitischen Geschichtsvereins, Nr. 4.
Pestalozzi	Carl *Pestalozzi*, Heinrich Bullinger, Leben und ausgewählte Schriften. Nach handschriftlichen und gleichzeitigen Quellen, Elberfeld 1858. – LSRK V.
Pestalozzi, Gegner Zwinglis	Theodor *Pestalozzi*, Die Gegner Zwinglis am Großmünsterstift in Zürich. Der erste Teil einer Arbeit über: Die katholische Opposition gegen Zwingli in Stadt und Landschaft Zürich 1519–1531, mit einer Einleitung zur Gesamtarbeit, Zürich 1918.
Pestalozzi, Haller	Carl *Pestalozzi*, Bertold Haller. Nach handschriftlichen und gleichzeitigen Quellen, Elberfeld 1861. – LSRK IX.
Pestalozzi, Jud	Carl *Pestalozzi*, Leo Judä. Nach handschriftlichen und gleichzeitigen Quellen, Elberfeld 1860. – LSRK IX.
Pfarrerbuch	Zürcher Pfarrerbuch 1519–1952, hg. v. Emanuel Dejung und Willy Wuhrmann, Zürich 1953.
Pfister	Willy Pfister, Die Prädikanten des bernischen Aargaus im 16.–18. Jahrhundert 1528–1798, Zürich (1943). – Quellen und Studien zur Geschichte der helvetischen Kirche, Bd. XI.
Pollet, Bucer	Jacques V. *Pollet*, Martin Bucer. Etudes sur la correspondance, avec de nombreux textes inédits, 2 Bde, Paris 1958/1962.
QAGSP	Quellen und Abhandlungen zur Geschichte des Schweizerischen Protestantismus, Zürich 1946ff.
QASRG	Quellen und Abhandlungen zur Schweizerischen Reformationsgeschichte (= 2. Serie von QSRG), Leipzig 1912ff.
QFRG	Quellen und Forschungen zur Reformationsgeschichte, 1920ff.
QGTS	Quellen zur Geschichte der Täufer in der Schweiz, Bd. I: Zürich, hg. v. Leonhard von Muralt und Walter Schmid, Zürich 1952; Bd. II: Ostschweiz, hg. v. Heinold Fast, Zürich 1973; Bd. III: Aargau, Bern, Solothurn (in Vorbereitung); Bd. IV: Drei Täufergespräche, hg. v. Martin Haas, Zürich 1974.
QSRG	Quellen zur Schweizerischen Reformationsgeschichte, Basel 1901ff.
de Quervain	Theodor *de Quervain*, Kirchliche und soziale Zustände in Bern unmittelbar nach der Einführung der Reformation (1528–1536), Bern 1906.

RAC	Reallexikon für Antike und Christentum. Sachwörterbuch zur Auseinandersetzung des Christentums mit der antiken Welt, Stuttgart 1950ff.
RE	Realenzyklopädie für protestantische Theologie und Kirche, 24 Bde, Leipzig 1896–1913³.
Reformationsbündnisse	Quellen zur Geschichte der Reformationsbündnisse und der Konstanzer Reformationsprozesse 1529–1548. Mit einer Übersicht verschiedener Reformationsbündnisse 1526–1546, bearb. u. hg. v. Ekkehart Fabian, Tübingen und Basel 1967. – SKRG 34.
RGG	Die Religion in Geschichte und Gegenwart. Handwörterbuch für Theologie und Religionswissenschaft, 7 Bde, Tübingen 1957–1965³.
RGST	Reformationsgeschichtliche Studien und Texte, Münster 1906ff.
Rhenanus BW	Briefwechsel des Beatus Rhenanus. Gesammelt und hg. v. Adalbert Horawitz und Karl Hartfelder, Leipzig 1886 (Nachdruck: Nieuwkoop 1966).
Röhrich	Lutz *Röhrich*, Lexikon der sprichwörtlichen Redensarten, 2 Bde, Freiburg i. Br. 1973.
Rott, Bullinger und Straßburg	Jean *Rott*, Die Überlieferung des Briefwechsels von Bullinger und den Zürchern mit Martin Bucer und den Straßburgern, in: HBGesA II 257–286.
Rudolphi	Die Buchdrucker-Familie Froschauer in Zürich 1521–1595. Verzeichniss der aus ihrer Offizin hervorgegangenen Druckwerke. Zusammengestellt und geordnet von E. Camillo Rudolphi, Zürich 1869 (Nachdruck: Nieuwkoop 1963).
S	Huldreich Zwinglis Werke. Erste vollständige Ausgabe durch Melchior Schuler und Joh. Schulthess, 8 Bde und 1 Suppl.bd., Zürich 1828–1842/1861.
Salat	Hans Salat, ein Schweizerischer Chronist und Dichter aus der ersten Hälfte des XVI. Jahrhunderts. Sein Leben und seine Schriften, hg. v. Jacob Baechtold, Basel 1876.
SBAG	Schweizer Beiträge zur Allgemeinen Geschichte, im Auftrag der Allgemeinen geschichtforschenden Gesellschaft der Schweiz, Aarau 1943ff.
SBB	Sammlung Bernischer Biographien, hg. v. Historischen Verein des Kantons Bern, 5 Bde, Bern 1884–1902.
Schl.	Karl Schottenloher, Bibliographie zur deutschen Geschichte im Zeitalter der Glaubensspaltung 1517–1585, 6 Bde, Stuttgart 1956–1958². Bd. VII: Das Schrifttum von 1938–1960, bearb. v. Ulrich Thürauf, Stuttgart 1966.
Schultheß-Rechberg	Gustav von *Schultheß-Rechberg*, Heinrich Bullinger, der Nachfolger Zwinglis, Halle a. d. Saale–Zürich 1904. – SVRG XXII/1.

SI	Schweizerisches Idiotikon. Wörterbuch der schweizerdeutschen Sprache, Frauenfeld 1881ff.
SKL	Schweizerisches Künstlerlexikon, hg. mit Unterstützung des Bundes und kunstfreundlicher Privater v. Schweizerischen Kunstverein, redigiert unter Mitwirkung von Fachgenossen von Carl Brun, 4 Bde, Frauenfeld 1905–1917.
SKRG	Schriften zur Kirchen- und Rechtsgeschichte, Darstellungen und Quellen, hg. v. Ekkehart Fabian, Tübingen–Basel 1956ff.
Staedtke	Joachim *Staedtke*, Die Theologie des jungen Bullinger, Zürich 1962. – StDTh XVI.
Staehelin	Ernst *Staehelin*, Das theologische Lebenswerk Oekolampads, Leipzig 1939. – QFRG XXI.
Staerkle	Paul *Staerkle*, Beiträge zur spätmittelalterlichen Bildungsgeschichte St. Gallens, St. Gallen 1939. – MVG XL.
StDTh	Studien zur Dogmengeschichte und systematischen Theologie, Zürich 1952ff.
Straßer	Otto Erich *Straßer*, Capitos Beziehungen zu Bern, Leipzig 1928. – QASRG IV.
Stucki	Heinzpeter *Stucki*, Bürgermeister Hans Rudolf Lavater 1492–1557. Ein Politiker der Reformationszeit, Zürich 1973. – ZBRG III.
Stückelberger	Die evangelische Pfarrerschaft des Kantons St. Gallen, seit dem Bestehen jeder reformierten Kirchgemeinde bis 1970 zusammengestellt und mit biographischen Notizen versehen von Hans Martin Stückelberger, St. Gallen 1971.
Sulser	Mathias *Sulser*, Der Stadtschreiber Peter Cyro und die Bernische Kanzlei zur Zeit der Reformation, Bern 1922.
Sulzberger	Huldreich Gustav Sulzberger, Biographisches Verzeichniß der Geistlichen aller evangelischen Gemeinden des Kantons Thurgau von der frühesten Zeit bis auf die Gegenwart, Frauenfeld 1863.
SVRG	Schriften des Vereins für Reformationsgeschichte, 1883ff.
Tardent	Jean-Paul *Tardent*, Niklaus Manuel als Staatsmann, Bern 1967. – AHVB 51, 1967.
Thieme-Becker	Allgemeines Lexikon der bildenden Künstler von der Antike bis zur Gegenwart, begründet v. Ulrich Thieme und Felix Becker, hg. v. Hans Vollmer, 36 Bde, Leipzig 1907–1947.
ThLL	Thesaurus Linguae Latinae, Leipzig 1900ff.
ThZ	Theologische Zeitschrift, hg. v. der Theologischen Fakultät der Universität Basel, Basel 1945ff.
Turetschek	Christine *Turetschek*, Die Türkenpolitik Ferdinands I. von 1529 bis 1532, Wien 1968. – Dissertationen der Universität Wien, Bd. 10.

Vadian BW	Die Vadianische Briefsammlung der Stadtbibliothek St. Gallen, hg. v. Emil Arbenz und Hermann Wartmann, 7 Bde, St. Gallen 1890–1913. – MVG XXIV–XXXa.
Vadian DHS	Joachim von Watt (Vadian), Deutsche historische Schriften, hg. v. Ernst Götzinger, 3 Bde, St. Gallen 1875–1879; Bde I und II: Chronik der Aebte des Klosters St. Gallen; Bd. III: Epitome – Diarium.
Vadian, Diarium	Joachim von Watt (Vadian), Diarium, hg. v. Ernst Götzinger, in: Vadian DHS III 227–528.
Verzeichnis[1]	Verzeichniß des Geschlechts der Bullinger und was sie der Kirche zu Bremgarten vergabet haben; verfaßt durch Heinrich Bullinger, den ältern, Pfarrer bei dem großen Münster in Zürich, im Jahr 1568, in: Helvetia. Denkwürdigkeiten für die XXII Freistaaten der Schweizerischen Eidgenossenschaft, hg. v. Joseph Anton Balthasar, Bd. I, Zürich 1823, S. 91–112.
Vögeli, Schriften	Jörg Vögeli, Schriften zur Reformation in Konstanz 1519–1538, hg. v. Alfred Vögeli, Tübingen und Basel 1972/73. I. Halbbd.: Texte und Glossar; II. Halbbd.: I. Teil: Beilagen; II. Halbbd.: II. Teil: Kommentar und Register. – SKRG 39–41.
WA	D. Martin Luthers Werke. Kritische Gesammtausgabe, Weimar 1883ff.
Walser	Peter *Walser*, Die Prädestination bei Heinrich Bullinger im Zusammenhang mit seiner Gotteslehre, Zürich 1957. – StDTh XI.
Weisz, Jud	Leo *Weisz*, Leo Jud, Ulrich Zwinglis Kampfgenosse, 1482–1542, Zürich 1942.
Westermann	Ascan *Westermann*, Die Türkenhilfe und die politisch-kirchlichen Parteien auf dem Reichstag zu Regensburg 1532, Heidelberg 1910. – Heidelberger Abhandlungen zur mittleren und neueren Geschichte, 25. Heft.
Wien, Matrikel	Die Matrikel der Universität Wien. Im Auftrage des Akademischen Senates hg. v. Institut für österreichische Geschichtsforschung, II. Band 1451–1518/I Text, bearb. v. Willy Szaivert und Franz Gall, Graz–Wien–Köln 1967.
Winckelmann	Otto *Winckelmann*, Der Schmalkaldische Bund 1530–1532 und der Nürnberger Religionsfriede, Straßburg 1892.
Wipf	Jakob *Wipf*, Reformationsgeschichte der Stadt und Landschaft Schaffhausen, Zürich 1929.
Wyss, Jud	Karl-Heinz *Wyss*, Leo Jud. Seine Entwicklung zum Reformator 1519–1523, Bern und Frankfurt a. M. 1976. – Europäische Hochschulschriften, Reihe III, Bd. 61.
Yoder I	John H. *Yoder*, Täufertum und Reformation in der Schweiz. I. Die Gespräche zwischen Täufern und Refor-

	matoren 1523–1538, Karlsruhe 1962. – Schriftenreihe des Mennonitischen Geschichtsvereins, Nr. 6.
Yoder II	John H. *Yoder*, Täufertum und Reformation im Gespräch. Dogmengeschichtliche Untersuchung der frühen Gespräche zwischen Schweizerischen Täufern und Reformatoren, Zürich (1968). – Basler Studien zur historischen und systematischen Theologie, Bd. XIII.
Z	Huldreich Zwinglis Sämtliche Werke, hg. v. Emil Egli, Georg Finsler, Walther Köhler, Oskar Farner, Fritz Blanke, Leonhard von Muralt, Edwin Künzli, Rudolf Pfister, Joachim Staedtke, Fritz Büsser, Bd. I, Berlin 1905, Bde IIff, Leipzig 1908ff, Bde XIIIff, Zürich 1956ff. – CR LXXXVIII–CI.
ZBRG	Zürcher Beiträge zur Reformationsgeschichte, Zürich 1970ff.
ZGO	Zeitschrift für die Geschichte des Oberrheins, Karlsruhe 1850ff.
ZSKG	Zeitschrift für Schweizerische Kirchengeschichte, Stans 1907–1947, Freiburg/Schweiz 1948ff.
ZTB	Zürcher Taschenbuch, NF, Zürich 1878ff.
Zürcher	Christoph *Zürcher*, Konrad Pellikans Wirken in Zürich 1526–1556, Zürich 1975. – ZBRG IV.
Zwa	Zwingliana, Zürich 1897ff, Bd. I(1897)–V(1933): «Mitteilungen zur Geschichte Zwinglis und der Reformation»; Bd. VI(1934)ff: «Beiträge zur Geschichte Zwinglis, der Reformation und des Protestantismus in der Schweiz».

Briefe des Jahres 1532

[54]
Erasmus Ritter[1] an Bullinger
[Schaffhausen], 1. Januar 1532
Autograph: Zürich StA, E II 362, 25. Ohne Siegelspur. – Ungedruckt

Bedauert die schwierige Lage der schweizerischen Reformation nach dem Zweiten Kappelerkrieg wie auch den Tod Zwinglis und Oekolampads und ermuntert die Zürcher Pfarrer zur standhaften Vertretung der evangelischen Sache.

Gracia et pax a deo per Iesum Christum.

Non debent dici, charissime frater, alieni, quos una eadem fides, charitas quoque christiana tam arcte coniungit, ut unum amborum idem sit periculum, una crux, spes, et quicquid narrari potest vel adversi vel prosperi. Hec ratio, optime Henrice, me compulit ad scribendum, licet neuter alterum unquam viderit. Nam quem non merito summo[a] dolore afficeret praesens tam ingens ecclesie sancte dei calamitas, quando videmus eam destitui tam clarissimis heroibus uno ense impiissimorum hominum nequiter interfecto[2], altero autem, ut res humane fragiles sunt et caduce, communi omnium nostrum sorte interiisse [!][3], qui tamen assiduo labore tamque indeffessis vigiliis vineam domini[4] coluere!

Verum quando hec tam ingens ruina ita levis esse ducitur, merito omnibus pertimescenda est cecitas hec, que procul dubio dignam experietur animadversionem. At illud longe est horribilius, quod filios lucis[5] sic videmus fornicari cum perfidis illis, ut omnem eorum impietatem iterum erigere conantur, supra id, quod tam indignam christiano nomini (in condicionibus pacis)[6] professionem dederit [!], scilicet, ut paucis dicam, mendacium esse veritatem, tenebras esse lucem, Belial Christum[7]. In quo non video, quomodo nos ministri praeterire possimus, quin infracto animo tantam abnegationem increpamus, indicemus quoque, quam non constare possit apud veros christiani nominis cultores. Sed quid ago? Quando tu et tui symmyste[b] nulla prorsus indigent admonicione. Sed quoniam apud Tigurinos magna constat auctoritas, optarem, ut negotium citius maturesceret. Non quod velim te tuosque fortitudine tantum, sed magis prudentia pugnare.

Ceterum, que hisce diebus acta sunt apud nos, praesens nuntius[8] tibi narrabit. Dominus te ecclesie sue diu incolumem servat indies precor.

---

a *in der Vorlage* sumo.
b *in der Vorlage* simiste.

1 Erasmus Ritter, gest. 1546, stammte aus Bayern. Er war Prediger in Rottweil, wurde 1523 von den Katholiken nach Schaffhausen berufen, um gegen Sebastian Hofmeister zu kämpfen, schloß sich aber am Ende desselben Jahres der Reformation an. Infolge seines Streites mit Benedikt Burgauer (seit 1528 Pfarrer in Schaffhausen) wie auch der Unruhen nach dem Zweiten Kappelerkrieg wurde Ritter 1534 entlassen und ging nach Bern, wo er 1537 die lutheranisierende Partei bekämpfte und sich für die Reformation in der Waadt einsetzte. Im Jahre 1538 bemühte er sich um die aus Genf vertriebenen Reformatoren Calvin und Farel. Ritter korrespondierte häufig mit Zwingli (s. Z XI 671f) und nach 1531 mit Bullinger. – Lit.: Z IX 2, Anm. 1. VI/II 832–838; *Wipf* 128.253-259.307-311; Otto Erich *Straßer*, in: RGG V 1120f.
2 Huldrych Zwingli.
3 Johannes Oekolampad.
4 Vgl. Mt 20,1ff. 21,28ff u. par.
5 Vgl. Eph 5,8; 1Thess 5,5.
6 Zum Landfrieden von 1531 s. EA IV/1b 1567–1571; HBRG III 247–253; *von Muralt*, Renaissance und Reformation 524f.
7 Vgl. 2Kor 6,14.
8 Unbekannt.

Vale, charissime frater.
1. ianuarii 1532.

> Erasmus Ritter,
> tuus ex animo.

[Adresse auf der Rückseite:] Et pio et docto Magistro Henrico Bullingero, ecclesiastę Tigurino, charissimo fratri.

[55]

Petrus Dasypodius[1] an Bullinger

Frauenfeld, 10. Januar 1532

Autograph: Zürich StA, E II 358, 92. Siegelspur. – Gedruckt: *Büeler* 32

Bewirbt sich um eine Anstellung in Zürich, schildert seine aussichtslose Lage in Frauenfeld und bittet Bullinger, seine Kandidatur zu unterstützen.

Salutem et conscientię pacem.

Non te clam est, charissime Bullingere, quid nuper quamvis non per otium ac iuxta animi votum utpote spaciis exclusus iniquis tecum sim locutus. Eius adeo rei curam te velim habere maximam. Dei munere eo loco nunc es, ubi non parum commodare potes amico periclitanti. Si ambitio vel alius animi morbus et non duris urgens in rebus egestas me candidatum redderet, dignus vel mea sententia fuero, qui repulsam patiar; cęterum, quum in arctum adeo res meę redactę sint, iure hoc a vobis, non ambire dico sed petere videri debeo[2].

Nemini competitorum invideo, minime Rhellicano[3], quocum magna dudum intercessit mihi amicitia, cuius iure, credo, qua ipse est fide ac modestia, ultro mihi cederet, si quanto sim in discrimine, satis haberet cognitum. Illud tantum ęquo censeatur, quęso, iuditio, cuius deterior fortuna sit cuique magis nunc consultum esse conveniat. Cęterorum, quos competitores habeo, nulliusdum, quod ego sciam, status diminuitur, meus vero adeo non manet integer, ut pręter exilium nihil mihi sit reliquum. Nam qua fronte missantibus adcinere, vel ut ipsi loquuntur, pro choro canere possim Christum professus? Id quod prope diem faciendum erit aut offi-

---

[1] Petrus Dasypodius (Hasenfratz), 1490–1559, von Frauenfeld, hervorragender Humanist und Schulmann. Er war seit 1524 Kaplan der Michaelispfründe in Frauenfeld, 1527–1530 Lehrer an der Fraumünsterschule in Zürich und kehrte 1530 als Schulmeister und Prediger nach Frauenfeld zurück. Nach dem Zweiten Kappelerkrieg wurde seine Lage allmählich unhaltbar (s. auch Brieftext). Schließlich gelang es Martin Bucer und Ambrosius Blarer, ihn im Herbst 1533 nach Straßburg berufen zu lassen. Er wirkte dort als Leiter der Karmeliterschule, dann als Lehrer an Sturms Gymnasium und war von 1551 bis zu seinem Tode Dekan des Thomasstiftes. Sein 1535 veröffentlichtes lateinisch-deutsches Wörterbuch erlebte mehrere Auflagen. – Dasypodius kannte Bullinger wahrscheinlich seit dessen Zürcher Studienaufenthalt im Jahre 1527. Zahlreiche Briefe von Dasypodius an ihn sind erhalten. – Lit.: Z XI 201, Anm. 1; *Büeler*; *Knittel, Reformation* 343f; HBLS II 670f; Alfred *Hartmann*, in: NDB III 520.

[2] Dasypodius bewarb sich wahrscheinlich um die nach dem Weggang von Oswald Myconius vakant gewordene Lehrerstelle an der Fraumünsterschule in Zürich, vgl. *Büeler* 18, Anm. 1.

[3] Johannes Rhellikan war seit 1528 als Schulmeister in Bern tätig.

tio cedendum, ut aliorum interim malorum, quę sese mihi adglomerant undique, nullam hic mentionem faciam. Huc adde, quod vel maxime consyderandum fuerit. Si bonarum literarum rationem habere debemus omnes, quotquot illarum studiosi sumus, cavendum scilicet, ne quam uspiam faciant iacturam, porro num citra literarum dispendium Rhellicanus Berna revocetur, tuum esto iuditium. Mihi profecto non minus videtur referre, ut illic, dum potest, maneat ad promovenda bona studia[4], quam Megander[5] adserendę causa pietatis. Hoc si quis in me retorquendum esse censeat, respondeo neutiquam parem utriusque conditionem esse. Ille cum magno studiorum fructu nec minore suarum rerum compendio tutus agit in libera civitate. Ego contra misera servitute pressus non modo nihil iuvo literas, sed pręter fortunarum mearum dispendium caput tam meum quam aliorum in discrimen adduco. Quod quidam civibus tantum ad huiusmodi functiones gradum faciunt, in pręsentia nec laudo nec vitupero. Hoc solum dico, me non omnino externum esse. Civis Tigurina est uxor mea[6], nec ego minus illorum autoritatem strenue semper defendi, id quod multi testari possunt, quam si illic natus sim, cuius nomine hanc etiam, qua nunc flagro, invidiam contraxi.

Proinde fac per Christum pro viribus labores, ne quis mihi pręferatur. Etiam Rhellicanum, si forte advenerit, admone, si pace sua fieri potest, veteri nostrę condonet amicitię. Tum cęteris etiam hęc, quam potes diligenter, expone. Non possum esse prolixior in mea causa forsan in aliena magis facundus futurus. Te mihi patronum eligo. Tu quod potes presta[7].

Pellicano[8] cęterisque lubens scripsissem, si per tabellionem mihi tantum otii datum fuisset. Saluta igitur eos meo nomine, ac si videtur, etiam hęc legenda trade, ac vale feliciter.

Frouvenfeldię, decima ianuarii anno 1532.

Petrus Dasypodius tuus.

[Adresse auf der Rückseite:] Henrico Bullingero, piarum ac bonarum literarum adsertori, amico suo.
Meyster Heinrichen Bullinger, predicant zum münster etc.

---

[4] Rhellikan blieb damals tatsächlich in Bern. Er wurde erst 1538 an die Fraumünsterschule in Zürich berufen.
[5] Kaspar Megander war 1528–1537 als Pfarrer und Professor in Bern tätig.
[6] Der Name der Gattin des Dasypodius ist nicht bekannt, s. *Büeler* 6 und *Knittel*, Reformation 344.
[7] Bullinger konnte die Anstellung von Dasypodius offenbar nicht durchsetzen. Dieser blieb bis zu seiner Berufung nach Straßburg in einer mißlichen Lage: Das Einkommen wurde stark gekürzt, seine Predigten kaum besucht; 1533 unterrichtete er nur noch drei Knaben. Neben der allgemeinen Mißstimmung in Frauenfeld nach dem Zweiten Kappelerkrieg (s. *Knittel*, Kirche 95–98) war dies vor allem eine Folge seiner Freundschaft mit dem vertriebenen Landvogt Philipp Brunner, s. *Büeler* 18.
[8] Zu der in HBBW I 201f, Anm. 11 genannten Lit. ist als neueste Darstellung ergänzend hinzuzufügen: *Zürcher*.

[56]
Berchtold Haller an Bullinger
Bern, 16. Januar [1532]
Autograph: Zürich StA, E II 343,100. Siegelspur. – Ungedruckt

Über den glücklichen Ausgang der Berner Synode und die Schlichtung des Meganderstreites wird Capito, dem dabei große Verdienste zukommen, persönlich berichten. Wünscht seine an Zwingli gerichteten Briefe zurück und bittet erneut um eine Anleitung zum Studium sowie zur Auslegung von Ex 7,1–11,10. Die Kollekte der Synode soll den nach Zürich geflüchteten Predigern zugute kommen. Die Synodalakten werden zu Hallers Bedauern nicht bei Froschauer gedruckt. Bullinger soll Hallers Briefe über Meganders Streit verbrennen. Erkundigt sich nach Zwinglis «Annotationes». Fragt an, ob Rhellikan nach Zürich zurückberufen werde. Diethelm Röist wäre der geeignetste Vermittler zwischen Zürich und Bern.

S. Quam sancte et fęliciter apud nos per dominum Capitonem[1] sint acta, charissime frater, tam sinodi[2] quam Megandri negocia[3], ipse referet coram[4] et paucis diebus excusa videbis[5].

Interim velim te obnixius precari, quatenus literę meę, quas innumeras ad Zuinglium scripsi, Capitonis opera tibi redderentur[6], quemadmodum et Constantiensi-

---

[1] Wolfgang Fabricius Capito (Köpfel), 1478–1541, aus Hagenau (Elsaß), hervorragender Hebraist und neben Bucer der bedeutendste Reformator Straßburgs, war seit 1523 Propst des Straßburger Thomasstiftes. Mit Erasmus stark verbunden, mit Luther und Zwingli im Briefwechsel, blieb er in seiner theologischen Haltung vermittelnd. Zusammen mit Bucer setzte er sich bei jeder Gelegenheit für die Einigung ein. An der Berner Disputation 1528, der Confessio Tetrapolitana 1530, dem Berner Synodus (s. Anm. 2), der Wittenberger Konkordie 1536 und der lutheranisierenden Tendenz der Berner Synode 1537 hatte er starken Anteil. Bullinger lernte Capito an der Berner Disputation kennen. Sie begegneten sich dann 1530 (vgl. Oekolampad BA II 1024), 1532 (s. unten Anm. 4) und 1535 in Zürich, 1536 zweimal in Basel und 1538 in Zürich (s. *Pestalozzi* 52.181-183.194.207; *Straßer* 126–130). Zahlreiche Briefe aus ihrer Korrespondenz sind erhalten. – Lit.: *Baum*; Z VII 299, Anm. 1; *Straßer*; Beate *Stierle*, Capito als Humanist, Heidelberg 1974. – QFRG XLII; James M. *Kittelson*, Wolfgang Capito from Humanist to Reformer, Leiden 1975. – Studies in Medieval and Reformation Thought, vol.XVII; Robert *Stupperich*, in: RGG I 1613; Heinrich *Grimm*, in: NDB III 132f, mit Werkverzeichnis und Lit.

[2] Zur Geschichte der Berner Synode vom 9.–13.Januar 1532 s. Samuel *Fischer*, Geschichte der Disputation und Reformation in Bern, Bern 1828, S.487–501; Max *Billeter*, Der Berner Synodus vom Jahre 1532, in: Berner Beiträge zur Geschichte der Schweizerischen Reformationskirchen, hg. v. Friedrich Nippold, Bern 1884, S.84–167; *Guggisberg* 147–154. – Zur Rolle Capitos an der Synode s. *Straßer* 67–89.

[3] Kaspar Meganders Streit mit der Obrigkeit, entstanden durch seine erbitterte Kritik an der Haltung Berns im Zweiten Kappelerkrieg, konnte an der Synode mit Capitos Hilfe beigelegt werden, s. *Straßer* 77–81.

[4] Auf der Reise von Bern nach Konstanz hielt sich Capito eine Zeitlang in Zürich auf, s. *Baum* 487; *Straßer* 83.176; unten S. 66, Anm. 6.

[5] Die Synodalakten wurden bereits Anfang Februar 1532 in Basel gedruckt (*Straßer* 83). Eine lateinische Übersetzung von Simon Sulzer erschien Ende März in Basel. Zu den späteren Auflagen und Übersetzungen s. *Straßer* 171–173; die neueste, sich im wesentlichen auf Albert Schädelins Übersetzung (1932) stützende Ausgabe: Berner Synodus mit den Schlußreden der Berner Disputation und dem Reformationsmandat, übersetzt von Markus Bieler, Bern 1978. – Dokumente der Berner Reformation; in Vorbereitung befindet sich: Der Berner Synodus 1532. Edition und Abhandlung zum Jubiläumsjahr 1982, hg. vom Forschungsseminar für Reformationsgeschichte in Bern unter Leitung von Gottfried W. Locher.

[6] Hallers an Zwingli gerichtete Briefe befinden sich noch heute in Zürich, vgl. Z XI, Reg.

bus suas esse redditas Zuickii frater[7] indicavit[8]. Multa enim scripsi, que ab iniquo lectore in pessimam verti possent partem. Proinde miseram ad eum sanctiones, quibus magistratus noster pensiones abrogavit[9], quas identidem, si superessent, restitui vellem. Sed interim verba deficerent, si tibi depingere deberem, quam optime omnia cesserint. Capitonem nunquam novimus nisi nunc. 220 fuimus fratres congregati ad quadriduum[10].

Tandem quae restant de proxima epistola dissolvenda, nempe rationem studii mei[11], et quemadmodum locus ille in Exo[do] de obduratione pharaonis[12] coram plebe tractandus sit, mittas[13].

Mittunt et fratres totius sinodi collectam[14], quam tibi et Leoni fratribus verbi ministris dividendam comittimus, iis scilicet, qui in Waggental[15] aliisque locis proscripti sunt[16]. Modo vos certiores nos reddatis, qui, quot et quantę familię sint, ut dum amplius egent, si quid possemus, erogaremus.

Quod autem acta[17] non mittuntur ad Cristophorum[18] excudenda[19], hinc est: qui-

[7] Konrad Zwick, etwa 1500–1557, Bruder des Johannes (s. unten S. 100, Anm. 1), seit 1525 Mitglied des Großen, seit 1526 des «täglichen» Rates von Konstanz. Er nahm an mehreren Gesandtschaften teil. Nach der Besetzung von Konstanz durch die Österreicher 1548 lebte er im Exil im Thurgau und in Zürich, zuletzt als Anhänger des Täufertums. Er war Mitarbeiter an der Konstanzer Zuchtordnung von 1531 und verfaßte wahrscheinlich eine Schrift über den Zweiten Kappelerkrieg. Bullinger kannte Zwick wohl seit seiner Reise nach Konstanz 1533 (HBD 23,15–17). Einige Briefe von ihn sind erhalten. – Lit.: Z X 486, Anm. I; *Moeller* 28.78.283; Fritz *Hauss*, in: RGG VI 1950.

[8] Wie Haller dies erfuhr, ist nicht bekannt. Nach Z XI, Reg. müssen die beiden Brüder Zwick ihre an Zwingli gerichteten Briefe mit einer Ausnahme zurückerhalten haben.

[9] Das bernische Mandat gegen das Pensionenwesen vom 24. August 1528 (ABernerRef 1847) wurde in zahlreichen Kopien verbreitet (vgl. ABernerRef 1856; s. noch *Guggisberg* 137).

[10] Siehe oben Anm. 2; zur Teilnehmerzahl vgl. *Straßer* 79.

[11] Siehe unten Nr. 83.

[12] Ex 7,1–11,10. – Bullingers Antwort auf diese Frage ist nicht erhalten.

[13] Der vorausgegangene Brief Hallers, in welchem diese Wünsche anscheinend ausführlicher erörtert wurden, ist nicht erhalten.

[14] Vgl. *Billeter*, aaO, S. 109.

[15] Ältere Bezeichnung für das aargauische Freiamt, HBLS III 248; vgl. auch HBRG III 276.

[16] Zur Flucht der Prediger nach Zürich s. HBRG III 259–261.306f; *Pestalozzi* 82f.

[17] Die Synodalakten, s. oben Anm. 5.

[18] Christoph Froschauer, etwa 1490–1564, wahrscheinlich aus Kastl bei Altötting (Oberbayern), der Buchdrucker der Zürcher Reformation, erhielt 1519 das Bürgerrecht von Zürich «von siner kunst wegen» geschenkt. Er wurde ein überzeugter Anhänger der Reformation und Freund Zwinglis. Beim Fastenhandel 1522 war er einer der Hauptbeteiligten. In seinem Testament legte er die künftige Ausrichtung seiner Druckerei auf die «evangelische Wahrheit» fest. Aus Froschauers Offizin gingen u. a. die Zürcher- (oder Froschauer-)Bibel und Johann Stumpfs Schweizerchronik hervor. Da Froschauer jedes Jahr die Frankfurter Frühlings- und Herbstmesse besuchte, wurde er nicht nur zum Lieferanten ausländischer Literatur nach Zürich, sondern auch zum wichtigsten Vermittler des vertraulichen Briefwechsels der Reformatoren zwischen Zürich, Basel, Straßburg und Frankfurt. Mit Bullinger war Froschauer freundschaftlich verbunden und war Pate von Bullingers Sohn Christoph (HBD 26,2f). Bullinger widmete ihm 1545 seinen Kommentar zum Markus-Evangelium (HBBibl I 170). Bis 1585 hat die Offizin Froschauer über 150 Bullinger-Werke veröffentlicht. – Lit.: Rudolphi; Paul *Leemann-van Elck*, Die Offizin Froschauer, Zürichs berühmte Druckerei im 16. Jahrhundert. Ein Beitrag zur Geschichte der Buchdruckerkunst anläßlich der Halbjahrtausendfeier ihrer Erfindung, Zürich 1940; Joachim *Staedtke*, Christoph Froschauer, der Begründer des Zürcher Buchwesens. Zum Gedenken seines 400. Todestages, (Zürich 1964), mit älterer Lit.; HBLS III 348; *Benzing*, Buchdrucker 488–490; *Grimm*, Buchführer 1348f.

[19] Froschauer war sonst der von Bern bei der Veröffentlichung amtlicher Erlasse bevorzugte Drucker, s. ABernerRef 1546.1552.2189.2734; *Leemann-van Elck*, aaO, S. 46; *Staedtke*, aaO, S. 16.

dam, ut sunt apud omnes, habend imm das wort thon[20], es syind bären truckt, die habind keini kräwel an den tapen, et nescio quae alia, da ich wol weisß, Cristoffeln so frumm und redlich ouch unschuldig in diser sach velut ovinus[21], rumor ille tantum obfuit[22]. Mone igitur hominem mihi charissimum. Capito tamen commode literis erga senatum nostrum ipsum excusare poterit[23].

Cęterum experientia didici, quam integer, fidelis et sincęrus erga me sit animus tuus, cum tam exacte ad omnia responderis. Unum hoc perpetuo a te velim, quę de Megandri causa scripsi, comburas[24]. Postremo indicabis, num quędam supersint Zuinglii annotationum, ut excuderentur[25].

Vale et hoc nuncio nostro[26] rescribe[27].

16. ianuarii, Bernę.

Tuus B. Hallerus.

Audio Rellicanum apud vos ambire provinciam. Quod si acceptus fuerit, scribe. Nam ego timeo ipsum non posse hac provincia diucius servari apud nos[28]. Ad restituendam utriusque civitatis amiciciam[29] nemo nobis gratior, immo et aptior erit Röstio[30], qui si semel ad nos mitteretur, multa posset[31].

[Adresse auf der Rückseite:] Charissimo fratri Heinrico Bullingero, apud Tigurinos ecclesiaste doctissimo.

---

[20] haben von ihm gesagt.
[21] Vgl. Adagia, 3,1,95 (LB II 742 B); Otto 261, Nr. 1317.
[22] «Der Vorwurf bezieht sich auf das Wappentier des Titelholzschnittes zur ‹Disputation zu Bern›, wo die Bären wirklich Tatzen ohne Klauen aufweisen» (*Leemann-van Elck*, aaO, S. 46f; vgl. auch *Straßer* 82f). Bei dieser Empfindlichkeit der Berner mag auch der Spott nach dem Zweiten Kappelerkrieg eine Rolle gespielt haben: «Der Bär will nicht kratzen» u. a. (SI IV 1450).
[23] Briefe von Capito in dieser Angelegenheit sind nicht bekannt.
[24] Ein Brief Hallers an Bullinger vom Dezember 1531 ist offenbar vernichtet worden (s. HBBW I 243, Anm. 13), andere, die ebenfalls Bemerkungen über Meganders Streit mit der Obrigkeit enthalten, sind jedoch erhalten, vgl. HBBW I 236,10–20.243,8f.
[25] Es handelt sich zweifellos um exegetische Arbeiten Zwinglis, von denen einige unter der Bezeichnung «Annotationes» herauskamen (etwa «Farrago annotationum in Genesim», 1527, Z XIII 1–290); nach 1531 erschien u. a. «In evangelicam historiam de Domino nostro Iesu Christo, per Matthaeum, Marcum, Lucam et Ioannem conscriptam, Epistolasque aliquot Pauli, Annotationes D. Huldrychi Zvinglii per Leonem Iudae exceptae et aeditae», 1539 (Finsler 74, Nr. 104); vgl. auch Walter E. *Meyer*, Die Entstehung von Huldrych Zwinglis neutestamentlichen Kommentaren und Predigtnachschriften, in: Zwa XIV 285–331.

[26] Nicht bekannt, möglicherweise ein Ratsbote von Bern oder einer von Capitos Berner Begleitern, vgl. *Baum* 487; *Straßer* 82.
[27] Bullingers Antwort ist nicht erhalten.
[28] Siehe oben S. 29, Anm. 4.
[29] Für die Wiederherstellung der Beziehungen zwischen Zürich und Bern, die nach dem Zweiten Kappelerkrieg auf einem Tiefpunkt angelangt waren, setzte sich Haller wiederholt ein.
[30] Diethelm Röist, 1482–1544, aus altem Zürcher Geschlecht, war seit 1518 Mitglied des Kleinen Rates, 1522/1523 Säckelmeister, seit 1525 bis zu seinem Tode Bürgermeister. Spätestens seit 1523 galt Röist als Freund Zwinglis, den er 1528 zur Berner Disputation begleitete. 1524–1541 war er Tagsatzungsbote, 1537 Gesandter zu Franz I. zugunsten der Evangelischen in der Provence. Auch mit Bullinger, der ihn das «Herz Zürichs» und «pater patriae» nannte (HBD 32,12), unterhielt Röist freundschaftliche Beziehungen, so daß er Pate von Bullingers Sohn Diethelm wurde (HBD 28,31ff). 1542 widmete Bullinger ihm und dessen Amtskollegen Johannes Haab den Kommentar zum Matthäus-Evangelium (HBBibl I 144). – Lit.: Z IX 24, Anm. 9; *Jacob* 233f; HBLS V 665.
[31] Zwei Jahre später gehörte Röist immer noch zu denjenigen Zürchern, welche den Bernern am geeignetsten schienen, die Versöhnung der Städte zu bewerkstelligen (vgl. Haller an Bullinger, 26. Februar 1534, Zürich StA, E II 343,91; *Kirchhofer*, Myconius 124), wohl weil man sich daran erinnerte,

[57]

Andreas Karlstadt[1] an Bullinger

Altstätten[2], 16. Januar 1532

Autograph: Zürich StA, E II 358, 93. Siegelspur. – Gedruckt: *Barge* II 593f

Entschuldigt sich wegen der durch die Zurückbehaltung seines Lohnes in Altstätten verzögerten Rückkehr nach Zürich. Bullinger soll helfen, die Gunst der zürcherischen Förderer weiter zu erhalten. Grüße von Heinrich [Strübi?] an Bullinger.

Pax tibi a deo patre et domino nostro Iesu Christo. Amen.

Quandoquidem meę spes omnes in te, viro et eruditissimo et candidissimo, sitę sint, mihi animum sumpsi penes te liberius dolorem effundere nihil addubitans te condonaturum, si peccavero invitus. Nam et deus lubenter dissimulat eorum delicta, qui per fiduciam sese adeunt[3].

Ecce, mi charissime preceptor, quam astutis remoris detineor. Priusquam istuc[4] profectionem subornassem, magistratus Alstetensis diligenciam suam sic spopondit, ut reverso me nihil opus mihi foret quam mercedem capere et rebus meis convolutis discedere. At diversum evenit. Novas mihi moras struunt. Interim comminiscuntur, quę non sunt. Quamvis autem invidia Voglerum[5] appetat, at me contin-

---

daß vor allem Röist es war, der sich im Zweiten Kappelerkrieg bis zuletzt persönlich um das Eingreifen der in Bremgarten stationierten Berner Truppen bemüht hatte (s. HBRG III 231.236).

[1] Zu der in HBBW I 193, Anm. 2 genannten Lit. sind zu ergänzen: Ronald J. *Sider,* Andreas Bodenstein von Karlstadt. The Development of his Thought 1517–1525, Leiden 1974. – Studies in Medieval and Reformation Thought XI; Calvin Augustine *Pater,* Karlstadts Zürcher Abschiedspredigt über die Menschwerdung Christi, in: Zwa XIV 1–16; Ulrich *Bubenheimer,* Consonantia Theologiae et Iurisprudentiae. Andreas Bodenstein von Karlstadt als Theologe und Jurist zwischen Scholastik und Reformation, Tübingen 1977. – Jus Ecclesiasticum, Beiträge zum evangelischen Kirchenrecht und zum Staatskirchenrecht, Bd. 24; Martin Anton *Schmidt,* Karlstadt als Theologe und Prediger in Basel, in: ThZ XXV, 1979, 155–168.
[2] Altstätten im St. Galler Rheintal, wo Karlstadt seit dem 14. September 1531 geamtet hatte, s. *Barge* II 434f.
[3] Vgl. u. a. Hebr 4,16.
[4] Nach Zürich.
[5] Hans Vogler, 1498–1567, Sohn des gleichnamigen äbtischen Gerichtsammanns in Altstätten, besuchte die Schulen in St. Gallen und Appenzell und trat 1520 als Weinschenk (d. h. Oberaufseher über die Weinkellereien) in den Dienst des Abtes von St. Gallen. Im folgenden Jahr amtete er als Stadtschreiber von Altstätten, zog 1521 in französische Dienste und erlebte die Schlacht von Bicocca. 1523 wurde er Stadtammann in Altstätten. Maßgeblich unter seinem Einfluß erfolgte seit 1528 die Einführung der Reformation im Rheintal. Mit dem Sieg der katholischen Orte 1531 erfolgte auch im Rheintal wiederum eine Wende (vgl. *Frey* 181–191). Vogler floh im Dezember 1531 aus Altstätten und hielt sich im Appenzellerland, in St. Gallen, Lindau und Zürich auf (s. unten Nr. 59.92.147). Die von den V Orten gegen Vogler erhobenen Rechtsansprüche wegen der Zerstörung von Kirchenzierden im Rheintal wurden nach langwierigen Verhandlungen schließlich an der Tagsatzung vom 21. Januar 1533 geregelt (s. EA IV/1b passim und IV/1c 9 ee.). 1535 erhielt er das Zürcher Bürgerrecht. Seit 1537 war er Stadtschaffner in Reichenweier (Elsaß) und kaufte bei seiner Rückkehr nach Zürich 1541 Schloß und Herrschaft Uster. 1562 wirkte er als Stadtschaffner in Rappoltsweiler (Elsaß), später als Amtmann im benachbarten Zellenberg. Vogler starb in Zürich. Mit Bullinger unterhielt Vogler vor allem in den Dreißigerjahren einen regen Briefwechsel. – Lit.: Vadian, Diarium und Vadian BW passim; J[ohannes] *Häne,* Das Familienbuch zweier rheinthalischer Amtmänner des XV. und XVI. Jahrhunderts (Hans Vogler, der Reformator des Rheinthals), in: JSG 25, 1900, 43–80; *Frey* passim; *Feller-Bonjour* I 303f; HBLS VII 288.

git damnum. Proinde tardior erit reditus, quam aut velim aut expediat⁶. Sed te, vir piissime, per Christum obtestor, ut patronorum⁷ animos retineas in officio et, si opus est, demulceas, presertim ut et tu per tuam prudenciam boni consules. Quod neutiquam scribo, quasi arbitrer meam presenciam ulli conducturam, sed ne ego vestra excutiar benevolencia. Si vos istorum calliditates sentiretis, quibus ipse degravor, indubie miseresceret vos mei meorumque, et istorum versucie irasceremini. Neque ego iacturam ex ea parte maximam censeo, qua mercedulam debitam paulatim insumo, sed quod a concionibus et lectionibus vestris⁸ abesse me necesse est. Me tibi, viro summo, credo, commendo, dedo.

Vale fęliciter. Parentem tuum⁹ salutato atque uxorem¹⁰.
Datum Alstedii, die ianuarii 16. anno 1532.

Tuus Carolstadius.

Heinrichus, vicinus meus Tiguri natus educatusque¹¹, te ex animo cupit esse salvum. Eius probitas scientiaque mihi plurimum placet. Obsecravit, ut se tibi commendaret, licet ipse idem potuisset^a politius meliusque et mihi opus sit commendatore.

[Adresse auf der Rückseite:] Eruditissimo viro Heinricho Bullingero, ecclesiasti Tigurino primo summoque pręceptori charissimo^b.

---

^a *In der Vorlage irrtümlich* potuissem, *was keinen Sinn ergibt; vgl. dieselbe Konjektur bei Barge, aaO.*

^b *Darunter von fremder Hand:* Manus Carolstadii.

⁶ Karlstadts Lage war seit der Wiedereinsetzung von Sebastian Kretz aus Unterwalden als Landvogt im Rheintal unhaltbar geworden. Schließlich verließ er Altstätten und kehrte gegen Ende Januar 1532 nach Zürich zurück, wo er seine frühere Stelle als Seelsorger am Spital wieder erhielt, *Barge* II 439–441.

⁷ Wohl unter den zwinglifreundlichen Ratsherren zu suchen.

⁸ Gemeint sind die Vorlesungen der Prophezei (vgl. *Farner* III 554–563), über die sich Karlstadt 1530 begeistert geäußert hatte (s. *Barge* II 425).

⁹ Dekan Heinrich Bullinger.

¹⁰ Anna Bullinger, geb. Adlischwyler.

¹¹ Wahrscheinlich Heinrich Strübi von Wolsen (Kt. Zürich), der seit 1530 im sanktgallischen Marbach, einer Nachbargemeinde von Altstätten, Pfarrer war (über ihn s. unten S. 179, Anm. 1). Obwohl Strübi kein Stadtzürcher war, ist er der einzige unter den Pfarrern im Rheintal mit dem Vornamen Heinrich, auf den diese Beschreibung zutreffen könnte.

[58]

Gervasius Schuler an Bullinger

[Basel], 23. Januar 1532

Autograph: Zürich StA, E II 361, 329. Leicht beschädigt, Siegelspur. – Ungedruckt

Berichtet über den in Basel waltenden Streit um die Frage der Exkommunikation vor allem jener, die nicht am Abendmahl teilnehmen wollen, und bittet Bullinger um Rat.

Pax tecum, charissime.
Oritur discentio [!] inter nos fratres Basilienses super negotio excomunicationis[1], que si diutius serpat, nichil suboriturum boni in ecclesia nostra pertimesco. Tu ipse nosti, quantorum malorum occasionem ferat fratrum, eorum inquam, qui presunt verbo, discensio. Unanimitas nostra olim Bremgarti[2] celebrata quid boni pepererit queque mala caverit, optime nosti. De excomunicatione apud nos non dissentitur, ut ea iuxta institutum Christi in ecclesia tractetur. Nondum enim ipse video, qua dexteritate refellere valeas Basiliensium ritus de disciplina hac ecclesiastica. Vidimus Oecolampadii responsionem[3] super epistolam per te olim Berchtholdo[4] scriptam, qua inprobas nostrum morem, qua certe docte admodum atque pie tua diluit nondum tuo nomine palam facto, fortassis, quod speraret te olim hanc praecipitem sententiam precoci fortassis ingenio erutam mutaturum. Quid enim omnes de te non ex equo speramus, ubi dum ingenio atque eruditione pia adoleveris, si in hac tua iuvenili aetate bonorum studiorum tantum tanque celebre specimen nobis pollicearis?
Excurri[a] fortassis plus aequo. Non discentitur, inquam, num excomunicari debeant qui semel, cum Christo nomen dederint, christianismi rationem et vita et moribus conspurcarint. Hoc est in quo non convenimus: sunt, qui excomunicatos velint eos, qui cum se christianos iactitent, una tamen nobiscum mense domini nolint comunicare[5]. Cuius sentente Marcus[6] est cum suis[b]. Sunt preterea, qui minime excomunicandos autumant putantes neminem arceri debe[re][c], ad que vel ipse quis sibi inedoneus videatur. Nisi enim liberum sit quemque pro sui spiritus tractu[7] adire coenam dominicam, iam ecclesiastica iurisditio redigetur in tyrannidem, erimusque similes phariseis, qui exoticos a sua gente miris nescio quibus blandiciis quibusve persuasionibus alliciebant, ut facerent unum proselitum (sic evangelista habet)[8], qui cum esset in eorum sortem ascitus, duplo peior evaserat. Eius sentencie est d. Gri-

---

[a] *in der Vorlage* Excuri.
[b] *am Rand von Schulers Hand:* Eiusdem sententie fuit Oecolampadius[17].
[c] *Rand stark abgeschnitten.*

[1] Zur Auseinandersetzung um die Kirchenzucht in der Schweiz s. HBBW I 207, Anm. 7, mit Lit.
[2] Bremgarten (Kt. Aargau), wo Bullinger und Schuler 1529–1531 als Pfarrer gemeinsam geamtet hatten, s. HBBW I 25.
[3] Oekolampad BA II 925a.
[4] Bullinger an Haller, 6. Juli 1531 (HBBW I Nr. 39).
[5] Siehe unten S. 87, 13–16; zur Teilnahme am Abendmahl vgl. 1Kor 11,27–29.
[6] Markus Bertschi.
[7] Vgl. Joh 6,44.
[8] Mt 23,15.

neus⁹, Paulus¹⁰ et ego¹¹. Non video enim, qua felicitate fieri possit, ut spiritui sancto terminus aliquis praefigi debeatᵈ, quo confessas mentes erigat, quo nos ad se trahat¹². Constanti verborum domini predicatione bona vite nostrę fragrantia ef-
30 fectum iri puto, ut nonullę male sane mentes redeant ad seᵉ, ex hiis praecipue, quos elegit dominus. Certe ardua inter nos est concertatio. Quam nisi dominus suo regat spiritu, minatur ruinam, timeo, arduam.

Responde tu michi per epistolam, si per occupationes licuerit, que sentencia sacrę magis conveniat scripturae. Gustum certe habes. Uberiora modo super hac re
35 per occupationem et penuria temporis non licuit. Ceterum alia scribam mox, ubi sese obtulerit occasio. Non usque adeo placet nonnullorum fratrum inpudens arrogantia atque latens odium adversus invicem. Dominus conservet institutum Tigurinę ecclesie, cuius mos plurimum apud me valet. Augeat dominus, quod incepit. Studete, charissimi fratres, ut idem sentiatis inter omnes.
40 Vale in domino. Salvos nomine meo iubere non graveris uxorculam tuam¹³, parentem tuum¹⁴ optime de me meritum, Leonem¹⁵, Erasmum¹⁶ atque Pellicanum. Memor sis Gervasii tui, si sese uberior occasio obtulerit.

ᵈ possit *gestrichen*, debeat *darübergeschrieben*.
ᵉ *am Rand von Schulers Hand:* De iis intellige, qui nostram doctrinam ut veram adprobant; de hiis, qui foris sunt, nichil est, quod contendamus.

[9] Simon Grynäus (Griner), 1493–1541, aus Veringen bei Sigmaringen, bedeutender Gräzist und reformierter Theologe. Nach dem Besuch der Lateinschule in Pforzheim studierte er in Wien. Er wurde 1521 Schulrektor in Buda, mußte jedoch, der Ketzerei beschuldigt und eine Zeitlang inhaftiert, Ungarn 1523 verlassen. 1524 kam er als Griechisch-Professor nach Heidelberg, wo er wegen seiner Parteinahme für Zwingli und Oekolampad Anfeindungen ausgesetzt war. 1529 wurde er Professor für Griechisch in Basel, daneben hielt er auch bald theologische Vorlesungen und war seit etwa 1536 außerordentlicher Professor für Neues Testament. 1540 nahm Grynäus als Abgeordneter Basels am Religionsgespräch von Worms teil, 1541 wurde er zum Rektor gewählt. Seine Basler Tätigkeit wurde unterbrochen durch Aufenthalte in England 1531 und Tübingen 1534/35, wo er die Universität reorganisierte. Grynäus veröffentlichte zahlreiche philologische Werke und war Mitverfasser der Ersten Helvetischen Konfession von 1536. Mit Bullinger kam er 1536 in Basel und Zürich zusammen (HBD 24,20–22.25,4–9). Bullinger zählte ihn zu seinen Freunden (HBD 128,18). Aus ihrer Korrespondenz sind zahlreiche Briefe erhalten. – Lit.: Erasmus, Corr. VI 244f; Friedrich *Rudolf*, Simon Grynäus und die Zürcher Kirche. Ein unbekannter Briefwechsel, in: Neue Zürcher Zeitung, 14. Dezember 1943, Nr. 2012.2014; Gustav *Hammann*, Bartholomeus Francfordinus Pannonius, Simon Grynäus in Ungarn, in: Zeitschrift für Ostforschung, 14.Jg., Heft 2, 1965, S. 228–242; René *Teuteberg*, Simon Grynaeus, in: Der Reformation verpflichtet. Gestalten und Gestalter in Stadt und Landschaft Basel aus fünf Jahrhunderten, Basel 1979, S. 29–32; Gottfried W. *Locher*, in: RGG II 1898; Kurt *Guggisberg*, in: NDB VII 241f.
[10] Paul Constantin Phrygio (Seidensticker, Costentzer, Acupictricis), etwa 1483–1543, aus Schlettstadt (Elsaß), war seit 1529 erster reformierter Pfarrer zu St. Peter in Basel. Daneben hatte er den Lehrstuhl für Altes Testament inne. Phrygio erwarb sich Verdienste um die im Sinne der Reformation durchgeführte Reorganisation der beiden Universitäten Basel und Tübingen, wo er seit 1535 bis zu seinem Tod wirkte. Mit Bullinger scheint er nicht näher bekannt gewesen zu sein. – Lit.: ABaslerRef VI 244.282.283; Z VII 549f, Anm. 7. X 81, Anm. 2. XI 551, Anm. 6; Basel, Matrikel I 237; Gustav *Knod*, in: ADB XXVI 92f; HBLS V 431; *Bopp* 3995.
[11] Grynäus und Phrygio drückten ihre ablehnende Haltung auch in Briefen an Bucer aus, s. Gast, Tagebuch 32f und *Fast* 32.
[12] Vgl. Joh 6,44.
[13] Anna Bullinger, geb. Adlischwyler.
[14] Dekan Heinrich Bullinger.
[15] Leo Jud.
[16] Erasmus Schmid.
[17] Vgl. Oekolampad BA II 812.846; *Staehelin* 522–526; Hans Walter *Frei*, Johannes Oekolampads Versuch, Kirchenzucht zu üben, in: Zwa VII 503.

Datum vicesima tertia die ianuarii anno 1532.

Tuus Gervasius
ex animo[f].

[Adresse auf der Rückseite:] Pie erudito viro Heyricho Bullingero, fratri ac domino inprimis observando. Dem predicanten zům großen münster Zürich.

[59]

Hans Vogler an Bullinger

[Hundwil][1], 24. Januar 1532[2]
Autograph: Zürich StA, E II 351,149. Siegelspur. – Ungedruckt

Hofft, Bullinger bald persönlich kennenzulernen. Warnt eindringlich vor der Hinterhältigkeit Karlstadts. Äußert sich zuversichtlich über seine eigene, jetzt noch schwierige Lage. Grüße. Hans Briner wird noch persönlich bei Bullinger vorbeikommen.

Der herr aller stercky stercke uns zů diser zitt der nott und mere den globen in unns[3]. Amen.

O Bulliger, mir dis zitt ansechens[4] onbekantt, so eß gott zůlast, als sinem ellenden werchzüg, sol ich üch sechen[5]. Zů diser zitt wil ich üch, wie ich vor gott schuldig bin und das on falsch, so war ich der säligkait beger, also nemetz[6] an, vor falschen brůdern und gaisternn[7], die alle crütz flůchend[8] und nach zitlichem rům, glüsten und gytz[9] stellend[10] und, so inen der stab[11] in die hend wirtt oder inen nit gat nach irn glüsten, das crütz kompt, us irn toben[12] köpffen – wie ogenschinlich ist – wůtend gifft uswerffend[13], lügend über die, so sy gliept habend, und vorhin[14] vollen glisender[15], falscher lieby sind, die aber, gott syg lob, usbricht an allen ortten; und warlich kain brůderlich lieb in inen steckt, sonder sich inkoffend[16], bys sy gefrissend[17]. O Karolstat oder Bodenstain[18], gott wirtt in treffen und offnen[19] etc.

---

[f] ex animo *am unteren Rand halb abgeschnitten.*
[1] Vogler befand sich zu dieser Zeit als Flüchtling in Hundwil (Kt. Appenzell a.Rh.), s. das Familienbuch der Amtmänner Hans Vogler des Älteren und des Jüngeren, Zürich ZB, Ms S 318, S. 255.
[2] Voglers Aufenthaltsort und der Umstand, daß er Bullinger noch nicht persönlich kennt (s. Z. 3), deuten mit Sicherheit auf das Jahr 1532. Voglers eigene Jahresangabe ist demnach ein klarer Schreibfehler.
[3] Vgl. Luk 17,5.
[4] von Angesicht, persönlich.
[5] Vogler kam im Laufe des Frühjahrs 1532 nach Zürich, in dessen Umgebung er sich dann länger als ein Jahr aufhielt.
[6] nehmt es an, glaubt es.
[7] Ein in der langen Periode vergessenes «warnen» ist zu ergänzen.
[8] fliehen, meiden.
[9] Begehrlichkeit.
[10] trachten.
[11] der Gerichtsstab, das Szepter als Zeichen der Macht (vgl. SI X 1022f).
[12] verwirrten, geistesgestörten, tollen (SI XII 67f).
[13] ausspeien (vgl. Grimm I 1016).
[14] räumlich: nach außen (vgl. SI II 1343f).
[15] heuchlerischer, verstellter (SI II 603f).
[16] sich bei jemandem einschmeicheln, in Gunst setzen (SI III 172).
[17] bis sie fertig sind mit Fressen, bis sie ausgefressen haben.
[18] Zur Auseinandersetzung zwischen Karlstadt und Vogler s. oben S. 33,10–34,11.
[19] anzeigen, ans Licht bringen (SI I 114).

Daß ferstond[20] ir, lieber brüder, wie üch Lienhardy Wirtt[21], der getrüw, war, güter zügny[22] üch fertruwenß wis ettlich artickel berichten, und ich in harum zů üch ab-
gefertigt hab zů warnen. Von dem wellend ir ja ja halten[23], dann min beger, och sin und andrer, alle brüder zů warnen, sonderß och ain frome statt Zürych etc. Der herr waist eß, ich red on hass. Warlich, warlich, gomend üch[24]. O Martine Luther, du hast in fil weg on zwifel fil müg ghept![25]

Gliepter Bulliger, ich bin jetzemal ain pandit[26] angesechen, aber hoff, nit lang. Stat och – gott sy lob – wol, doch mitt fätterlicher fersůchung[27]. Grüssend mir den onbekanten schulthais von Bremgarten[28] und ander, so ir fertruwend. Gott erhalte uns! Waß nüws oder wie es stand etc. beger ich truwenß[29]. Min herr und brůder, Doctor Fadian[30], hat mir zů gschriben[31], daß fergangen[32] Strasburg, Ulm, Costentz, Basel – als im gsagt – zů Bern[33] gsin etc.

[20] vernehmt, erfährt (SI XI 655f).
[21] Leonhard Hospinian (Wirth), um 1508/10–1564, war der jüngste Sohn von Hans Wirth, dem Untervogt in Stammheim, der 1524 im Anschluß an den Ittingersturm hingerichtet wurde. Hospinian begann seine Studien 1517 in Wien, lebte dann um 1521 bei Zwingli und studierte weiter in Freiburg i.Br. und Wittenberg. 1524–1528 war er Stadtschreiber in Stein am Rhein, hielt sich 1532 in St. Gallen und Konstanz auf (s. unten Nr. 83), kam als Lateinschulmeister nach Kempten (Allgäu) und wirkte seit 1537 als Präzeptor einiger Konstanzer in Basel. Später wurde er da Präfekt des unteren Kollegiums. 1539 berief ihn Graf Georg von Württemberg als Lehrer nach Reichenweier (Elsaß). Nach Basel zurückgekehrt heiratete er 1541 Anna Meyer, die Tochter des Bürgermeisters Jakob Meyer zum Hirzen, übernahm die Druckerei von Valentin Curio und Johann Walder und erhielt das Basler Bürgerrecht. Nach einem kurzen Aufenthalt als Lehrer in Brugg (Ende 1546–1548) ging Hospinian nochmals nach Reichenweier, wo er als Schaffner amtete. 1557 wurde er Kartaus-Schaffner in Basel. Wann sich Bullinger und Hospinian kennenlernten, ist ungewiß. Bullinger überließ ihm zeitweilig seine Schrift «De ratione studii» (s. unten Nr. 83), und aus ihrer Korrespondenz sind zwei Briefe Hospinians erhalten. Vogler, zu dem Hospinian offenbar recht engen Kontakt hatte, war 1539 an dessen Berufung nach Reichenweier direkt beteiligt (Vadian BW V 557). – Mit Leonhard Wirth aus Lichtensteig (s. unten S. 254, Anm. 5) besteht anscheinend keine Beziehung. – Lit.: Vadian BW, Reg.; Z VII.VIII. X, Reg.; Amerbach, Korr. V 171f. VI 51, Anm. 1. VII 162f, Anm. 6; Alfred *Farner,* Geschichte der Kirchgemeinde Stammheim, Zürich 1911, S. 116f.155; *Benzing,* Buchdrucker 35.
[22] der ein aufrichtiges, wahres und gutes Zeugnis geben wird.
[23] Glauben schenken (vgl. SI II 1225).
[24] hütet euch.
[25] du hast in mancher Weise ohne Zweifel viel Mühe gehabt. – Zum Konflikt zwischen Luther und Karlstadt s. *Barge* passim.
[26] Verbannter, Vertriebener (SI IV 1282).
[27] wenn auch mit göttlicher Heimsuchung (vgl. SI VII 224).
[28] Hans Mutschli, der auch nach 1531 in Bremgarten wohnen blieb und als treuer Anhänger der Reformation unter der Rekatholisierung der Stadt zu leiden hatte, s. HBBW I 204, Anm. 17 und unten seine Briefe Nr. 71 und 104.
[29] wünsche ich, daß man mich vertraulich benachrichtigt.
[30] Joachim Vadian (von Watt), 1484–1551, Reformator und seit 1526 Bürgermeister der Stadt St. Gallen. Mit Bullinger trat Vadian schon 1524 in Verbindung (HBD 9,1–3). Nach der politischen Wende von 1531 gestalteten sich die Beziehungen zwischen den beiden Reformatoren zusehends enger, was sich auch in ihrer gegenseitigen regen Korrespondenz zeigt. Vadian widmete Bullinger 1534 seine Epitome (HBBibl II 1002), Bullinger gab 1542 Vadians Anakephalaiosis heraus (HBBibl I 706f). – Lit.: Vadian BW; Vadian DHS; Traugott *Schieß,* Bullingers Briefwechsel mit Vadian, in: JSG XXXI, 1906, 23–68; Vadian-Studien. Untersuchungen und Texte, hg. vom historischen Verein des Kantons St. Gallen, St. Gallen 1945ff; *Näf,* Vadian I und II; Conradin *Bonorand,* Joachim Vadian und die Täufer, in: SBAG XI, 1953, 43–72; *Feller-Bonjour* I 189–196; Otto Erich *Straßer,* in: RGG VI 1223; Oskar *Vasella,* in: LThK X 590f; HBLS VII 429.
[31] Vogler stand in persönlicher und brieflicher Verbindung mit Vadian. Ein Brief Vadians an ihn aus dieser Zeit ist allerdings nicht erhalten.
[32] kürzlich.
[33] Wolfgang Capito aus Straßburg nahm an der Berner Synode teil, die am 9. Januar er-

Bittend gott für mich und unß alle. Ich wolt von des gaistz[34] wegen minem hernn und brůder, dem statschriber[35], gschriben han und gwarnt; so wais ich nit weders[36] wäger[37], aber was üch und Lienharten och maister Hans Briner[38], dem ich och by[39] geschriben[40], das thůnd, als obs hierin begriffen[41], och andre.

Behůt üch gott, lieber Bulliger, und ferlich üch, sin wort recht zů fůrrn, zů buwen. Amen.

In welchem hus ir sind, wondert[42] mich.

Actum im land Appenzell, uff mittwoch nach Sebastiani anno 31[43] jar.

                                              Uwer armer diener Hans Vogler.

Um kürtze willen hab ich maister Hans Briner uf dis gschrift gwisen, by üch zů hörn, ze warnen etc.

[Adresse auf der Rückseite:] An min gliepttenn im hernn, Hainrichen Bullinger, prediger der gemain der statt Zürych, minem günstigen herrenn etc.

öffnet worden war (vgl. oben Nr. 56). Ob Abgesandte aus den anderen drei Städten auch zu diesem Anlaß in Bern waren, ist nicht bekannt.

[34] Möglicherweise ist damit Karlstadt gemeint, der als unruhiger Geist und hochmütiger Mensch qualifiziert wird; zum Ausdruck s. auch SI II 488f.

[35] Als Stadtschreiber amtete in Zürich seit 1529 Werner Beyel (Bygel), um 1493–1545, aus Sennheim (Elsaß). In welcher Beziehung er zu Vogler stand, ist nicht bekannt. – Lit.: Z X 1f; Basel, Matrikel I 288; HBLS II 219.

[36] welches von beiden (Grimm XIII 2834).

[37] besser (Grimm XIII 481).

[38] Hans Briner, gest. 1537, war Pfarrer in Weißlingen (Kt. Zürich). Er nahm 1528 an der Berner Disputation teil (ABernerRef 1466). Nach der Schlacht bei Kappel 1531 hielt er vor den geschlagenen Zürcher Truppen eine Ermunterungsrede (HBRG III 174). 1536 kam Briner als Pfarrer nach Oberwinterthur. Von wo Vogler ihn kannte, ist nicht klar. – Lit.: AZürcherRef 786.1391.1714, S. 732; Pfarrerbuch 219.

[39] zugleich, ebenfalls (SI IV 907).

[40] Ein Brief Voglers an Briner ist nicht erhalten. – In der Periode wäre hier etwa zu ergänzen «gut dünkt,».

[41] enthalten (SI II 718).

[42] nimmt mich wunder, möchte ich wissen.

[43] Zur Jahrzahl s. oben Anm. 2.

[60]

Johann Valentin Furtmüller[1] an Bullinger

[Ohne Ort][2], 26. Januar [1532?][3]

Autograph: Zürich StA, E II 441,739. Siegelspur. – Ungedruckt

Dankt für ein Buch, das ihm Bullinger als Geschenk zugesandt hat.

Gratiam et pacem.

Non possum mihi non gratulari, colendissime Heinryce, quod me pauperrimum homuntionem et abiectissimum tanto favore prosequeris, ut me non verbis[4] solum, sed factis etiam consolaris, et id potissimum his diebus pro mea necessitate. Mihi enim persuadeo te ad hoc mihi misisse librum tuum[5] donum gratissimum, quo declarares tuam erga me benevolentiam, ut non diffidem, quin habeam amicos, quos mei non pudeat, etiamsi per pristinam in me excitatam tragediam oprobrium[6] et abiectio sim plebis etc., et ut hunc tuum librum, quid facto sit opus, consulem, quoties congrediuntur meae afflictiones, quibus subinde exercet me dominus deus etc.

Habeo igitur tuę humanitati gratias quas possum maximas. Utinam liceat, refferre etiam pro tua dignitate, quas debeo, et videas me huius doni tui minime fastidiendi habere rationem et te operam non lusisse etc. Cetera, que scribere volui, libet viva voce[7], ubi dabitur, tibi dicere.

---

[1] Hans Valentin Furtmüller (auch Fortmüller), ca. 1497–1566, stammte aus Waldshut und studierte in Tübingen. Er wirkte als Pfarrer in Dießenhofen (Kt. Thurgau), dann 1524/25 in Rafz (Kt. Zürich), seit 1525 als Diakon am Fraumünster in Zürich, wo er auch als Tischmacher arbeitete. 1528 wurde Furtmüller nach Altstätten im Rheintal geschickt, geriet aber bald mit dem dortigen Ammann Hans Vogler in offenen Konflikt. Wegen der Weigerung, an der Dezember-Synode 1530 den Eid zu leisten, und wegen seiner Ansichten über die Kirchenzucht stand er im Verdacht täuferischer Neigungen. Aus Altstätten wurde er schließlich auf Betreiben Voglers entfernt und durch Karlstadt ersetzt. Nach der Schlacht bei Kappel wurde er als Pfarrer nach Rorschach (Kt. St. Gallen) berufen, von wo er aber 1534 unter dem Druck der Rekatholisierungsmaßnahmen von Abt Diethelm Blarer wieder weichen mußte. Nach einer Zeit wechselnder Tätigkeiten wurde Furtmüller 1541 Seelsorger der Pestkranken in St. Gallen und 1542 Pfarrer an St. Laurenzen. Aus nicht bekannten Gründen verließ er 1544 St. Gallen und ging nach Konstanz, kehrte aber auf Vermittlung Vadians hin wieder zurück. Furtmüller lernte Bullinger vermutlich während seiner Tätigkeit als Diakon in Zürich persönlich kennen. Ein weiterer Brief Furtmüllers an Bullinger ist erhalten (29. August 1545). – Lit.: Ausführliche autobiographische Angaben über die Zeit in Altstätten und den Konflikt mit Ammann Vogler und Karlstadt enthält der Brief Furtmüllers an Michel... (Zürich StA, E II 441, 527–542 und E II 351,207r.–209v.; Teildruck in: *Barge* II 591–593), den Joachim Vadian am 26. April 1548 an Bullinger sandte (Vadian BW VI 716f); Z XI 348f.522f; Vadian BW, Reg.; QGTS II, Reg.; *Bätscher*, Kirchen- und Schulgeschichte I 136–146; HBLS III 204; Pfarrerbuch 289; Stückelberger 110.

[2] Furtmüllers Aufenthaltsort ist für diese Zeit nicht mit Sicherheit festzustellen. Vgl. *Bätscher*, Kirchen- und Schulgeschichte I 138.

[3] Dem Inhalt nach kann der Brief 1532 geschrieben worden sein.

[4] Bullinger hat möglicherweise Furtmüller geschrieben. Ein entsprechender Brief ist allerdings nicht erhalten.

[5] Es ist nicht klar, um welches Werk Bullingers es sich handelt. Am ehesten käme «Von dem unverschämten Frevel der Wiedertäufer», 1531 (HBBibl I 28) in Frage.

[6] Vgl. Ps 31,12.

[7] Vgl. Adagia, 1,2,17 (LB II 76f); Otto 378, Nr. 1936.

Vale, colendissime domine, comendatum me habendo.
26. ianuarii.

Tuus Ioannes Valentinus Furtmüller.

[Adresse auf der Rückseite:] Pio et docto viro Heinrycho Bullingero, Tigurinę urbis episcopo vigilantissimo.

[61]

Bullinger an die Geistlichen von Zürich

Zürich, 28. Januar 1532

Gedruckt: De prophetae officio, et quomodo digne administrari poßit, oratio Heinrycho Bullingero authore[1], Zürich 1532, f.A1v. (Widmung)

Die Mitpfarrer mögen seine Ermahnung, die viele in schriftlicher Form zu erhalten wünschten, entgegennehmen.

Omnibus verbi ministris per Tigurinum agrum evangelium anunciantibus gratiam et vitae innocentiam a domino.

Accipite, charissimi fratres et symmistae, exhortationem sive institutionem hanc nostram, quam scripto ad vos transmittere suaserunt ex fratribus plurimi, quando temporis iniuria obstiterit, quo minus ea pro solenni ritu viva ad vos voce[2] potuerit pronunciari.

Valete.

Ex Tiguro, Caroli die anno 1532.

Heinrychus Bullingerus.

---

[1] Bullinger hielt an der am Karlstag begangenen Stiftungsfeier der Großmünsterschule vor den Zürcher Pfarrern und Gelehrten die unter dem Titel «De prophetae officio» publizierte Gedenk- und Verteidigungsrede auf Zwingli (HBBibl I 33; HBD 21,25); s. dazu *Büsser*, De prophetae officio.

[2] Vgl. Adagia, 1,2,17 (LB II 76f); Otto 378, Nr. 1936.

[62]

[Bullinger][1] an [Martin Bucer][2]

[Zürich, Ende Januar/Anfang Februar 1532][3]

Abschrift Johann Jakob Simlers[a]: Zürich ZB, Ms S 31, Nr. 3

Teildruck: *Heß* I 128–130; *Meyer*, Locarno I 201f

Teilübersetzung: *Pestalozzi* 92

In den Friedensverhandlungen nach dem Kappelerkrieg haben Zürichs Führer das Volk getäuscht. Der von allen begehrte Friede stellt sich jetzt als trügerisch heraus. Zürich hat keinen Entschuldigungsbrief

[a] *Die Abschrift Simlers beruht auf einem nicht mehr erhaltenen autographen Konzept Bullingers. Diese Vorlage war jedoch Fragment, denn Simler bemerkt am Schluß seiner Abschrift: «Cetera desunt». Eine weitere Kopie aufgrund von Bullingers Autograph fertigte ein unbekannter Abschreiber an (Zürich ZB, Ms F 36,526f). Johann Heinrich Hottinger korrigierte diesen Text und setzte den Vermerk hinzu: «Ex ipsius Bull[ingeri] manu a quaestore Schneeberg[eri]». Dabei handelt es sich zweifelsohne um Hans Ludwig Schneeberger (Seckelmeister 1644, gest. 1658). Die also um die Jahrhundertmitte von Hottinger korrigierte Kopie weist offensichtliche und sinnentstellende Lesefehler auf und bietet deshalb gegenüber der auf einer selbständigen Tradition beruhenden späteren Simlerabschrift den schlechteren Text. Daher ist Simlers Fassung dem Abdruck zugrundegelegt, ohne jedoch die zumeist sinnlosen Varianten der Kopie aus der Hottingerschen Sammlung anzuführen. Weitere Bullingerautographen, vermutlich auch Konzepte, aus der Bibliothek Schneebergers dienten der Sammlung Hottingers als Vorlage (z.B. [Bullinger] an Bucer, [bald nach dem 5. Januar 1533], Zürich ZB, Ms F 36, 483f). Noch im 18. Jahrhundert befanden sich Briefe Bullingers im Besitze der Familie Schneeberger, denn auch Johann Jakob Simler fertigte sich Kopien von Briefen Bullingers an Bucer «ex Bibliotheca Schneebergeri» an (z.B. Zürich ZB, Ms S 31,4; 32,74; 40,24; 40,26; 40,155; 40,156; 41,83; 43,130; 43,131). Der damalige Besitzer war vermutlich Hans Heinrich Schneeberger (1700–1788), von Simler mehrmals als «compater» bezeichnet. Es ließ sich weder aufklären, wie die Briefe in den Besitz der Familie Schneeberger gelangten noch welches Schicksal sie erlitten. Schon Emil Egli kannte ihren Verbleib nicht mehr, Egli, Analecta II 137.*

[1] Der Brief stammt zweifelsohne von Bullinger. Dafür spricht neben der vorausgesetzten Situation des Verfassers der Hinweis Hottingers und Simlers auf das Autograph (s. textkritische Anm. a).

[2] Martin Bucer, 1491–1551, aus Schlettstadt (Elsaß), Reformator von Straßburg, wo er seit 1523 wirkte. Mit seinem Brief vom 23. Mai 1521 an Zwingli (Z VII 454–456) nahm er die Beziehung zu Zürich auf und gehörte fortan zu Zwinglis Hauptkorrespondenten. Seit dem Augsburger Reichstag 1530 bemühte sich Bucer unermüdlich um eine Einigung zwischen Luther und den oberdeutschen Reformatoren und versuchte nach dem Tode Zwinglis auch Bullinger, den er 1528 an der Berner Disputation kennengelernt hatte, dafür zu gewinnen, wovon der 1532 einsetzende, rege Briefwechsel mit diesem zeugt. Dem Resultat von Bucers Bemühungen, der Wittenberger Konkordie von 1536, konnte sich Bullinger jedoch nicht anschließen; die Standpunkte in der Abendmahlsfrage lagen zu weit auseinander. Von 1538 an lockerten sich deshalb die Beziehungen zwischen Bucer und Bullinger, ohne aber je ganz abzureißen. – Lit.: BucerDS; BucerOL; Z Reg.; *Baum*; *Pollet*, Bucer; *Rott*, Bullinger und Straßburg; Bucer und seine Zeit, Forschungsbeiträge und Bibliographie, hg. v. Marijn de Kroon und Friedhelm Krüger, Wiesbaden 1976. – Veröffentlichungen des Instituts für Europäische Geschichte Mainz, Bd. LXXX, Abteilung für Abendländische Religionsgeschichte; Ian *Hazlett*, The Development of Martin Bucer's Thinking on the Sacrament of the Lord's Supper in its historical and theological Context 1523–1534, Diss. theol., Münster i.W. 1977; Bibliographia Bucerana; Robert *Stupperich*, in: RGG I 1453–1457; ders., in: NDB II 695–697. – Wahrscheinlich ist der vorliegende Brief an Bucer gerichtet. Diese Annahme liegt aus folgenden Gründen nahe: Die, allerdings verschriebene, Anrede deutet auf Bucer hin (Z. 1), Ziegler hält sich in Straßburg auf (s. Anm. 11), in der «Bibliotheca Schneebergeri» finden sich in der Regel Briefe Bullingers an Bucer (s. textkritische Anm. a).

[3] Der Brief muß bald nach Bullingers Amtsantritt in Zürich verfaßt worden sein und ist der erste erhaltene Brief Bullingers an Bucer überhaupt (s. Z. 2f); sicherlich wurde er vor Nr. 93 verfaßt, vgl. *Pestalozzi* 92, möglicherweise im Februar, nach der Veröffent-

verfaßt und verbreitet. Der Vorwurf, die Prädikanten Zürichs hätten in unchristlicher Weise die Obrigkeit zu gewaltsamem Vorgehen aufgerufen, trifft nicht zu, wie die Predigt der Propheten lehrt. Nicht bloß Zwingli, auch Jesaja, Sacharja, Stephanus und Jakobus starben eines gewaltsamen Todes. Eine genauere Darlegung der Haltung der Theologen wird sich in dem [Jakob] Ziegler übersandten Lebensbild Zwinglis finden.

Doles[4] vicem meam, doctissime Bullere[b], quod sedibus exactus exilium agam apud Tygurinos. Qua ex re animum in me tuum aestimo, ut et vicissim eum amem ardentius, quem hactenus ignotum alias dilexi.

Nec minore charitatis adfectu legimus omnes, qui Tyguri praesumus verbo, lamentationem istam vestram perfidiae nostrae, qua fidem prodidimus et foedera, deum et socios[5]. Et sane prodidimus, sed aliena culpa, quamquam et ea sit nostra quoque, qui tanto sceleri capita non opposuimus. Ceterum sic initio conventionis capita ab imperatoribus et magnatibus tum nostris tum exteris adumbrata sunt, ut mox iureiurando silentium intercesserit et sigillorum obsignatio totusque exercitus nunquam solide edoctus sit, quae essent pacis capita. Redeuntes enim pacem factam dicebant, sed qualisnam facta esset, nemo aut certe paucissimi edisserebant. In caussa erat, quod duces nostri et magnates, qui in pace agebant, omnes duobus aut tribus demptis evangelici negocii aut certe osores erant aut simulatores. Clanculo igitur et impie instituebant omnia. Ceteris autem, quibus istorum subolebat versutia et quibus cordi erat pietas, omnis adempta erat autoritas, idque propter nuperam cladem ad Cappellas acceptam[6]. Perpetuo enim, si quid cordatioris ingerebatur, audiebant, an nondum satis civium et christiani sanguinis sit effusum, invitis Marte et Minerva pugnam appeti, victores non sine maximo detrimento vinci, interim perire agrum, vastari aedificia et exhauriri cum privatas tum publicas opes futurumque, ut post maximam famem nunc triennio perpessam[7] maior subsecutura sit lues, neque vero posse montanos debellari et extingui homines, at nos posse diutino bello absumi non hostium, sed nostro ipso infortunio. Astabat attonitus populus, secundo iam caesus || [IV.] et fugatus, in universum stupidus, ducibus peritis, piis et iustis destitutus, rerum bellicarum pertaesus, denique et pacis qualiscunque percupidus. His autem occasionibus freti veteratores id, quod parabant, citra omnem difficultatem patrabant. Hinc vero emersit nobis egregia illa pax, qua et deum et homines prodidimus. Quod nunc primum maxima populi pars persentiscere et frustradolere incipit. Est tamen aliquid patratum scelus fateri et detestari. Vos orabitis dominum, ut nostri misereatur. Nunc equidem humiliavit nos, ut qui hactenus ecclesiarum in robore et constantia fuimus speculum, ita nunc omnium gentium simus περίψημα καὶ περικάδαρμα[8]. Attamen clamamus cum divino vate: «Bonum est, domine, quod humiliaveris nos» etc. [Ps 118,71].

---

[b] *Verschreibung für* Butcere [?].

lichung von «De prophetae officio» (s.unten Anm. 10).
[4] Der Brief Bucers ist nicht erhalten.
[5] Zu den Vorwürfen gegen Zürich nach dem Zweiten Landfrieden vgl. die zusammenfassenden Bemerkungen bei *Pestalozzi* 91–93.
[6] Der Text des Friedensvertrages zwischen den V Orten und Zürich in: EA IV/1b 1567–1571, vgl. HBRG III 243–253. Über die Friedensverhandlungen s. *Maeder*, Unruhe und Helmut *Meyer*, Stadt und Landschaft Zürich nach dem Zweiten Kappelerkrieg, in: HBGesA I 251–267.
[7] Die große Teuerung der Jahre 1527 bis 1533 erreichte tatsächlich 1529–1531 ihren Höhepunkt, s. dazu Hugo *Wermelinger*, Lebensmittelteuerungen, ihre Bekämpfung und ihre politischen Rückwirkungen in Bern. Vom ausgehenden 15. Jahrhundert bis in die Zeit der Kappelerkriege, Bern 1971. – AHVB LV, bes. S. 210–274.
[8] Vgl. 1Kor 4,13.

Deinde, quod scribis Tigurinam excusationem literis et instrumento per omnem volitare Germaniam satis quidem impudenter, ut quae necessitatem et populi praetexat voluntatem, miramur. Ab aliis enim quam Tigurinis fictam et evulgatam credite. Certo enim scimus Tigurinos earum rerum nihil edidisse, nisi vestratibus apologiam[9] miserint, quam illi toti communicent Germaniae. Quod tamen nescimus nec credimus. «Sed eam nos cladem hasce proditiones et civiles simultates», inquis, «praescivimus. Hinc pacem per nostros componere voluimus. Quare non audistis sancta commonentes?» Audivissemus equidem, si unquam sperare potuissemus efferos homines potuisse ulla mitigari longanimitate, ut qui ne nunc quidem et sanguine nostro et longanimitate post tot accepta damna molliuntur, imo iam tum, cum nostri pacem ambirent, prorsus decreverant vi et armis rem aggredi. Quid vero multis? Videbitis aliquando iustas caussas, videbitis longanimem patien- ||[2r.] tiam nostrorum, cum Zuinglii nostri vitam[10] Zieglero[11] mittemus. Hac enim in re nihil a parte nostra peccatum est. A domino malum egressum est, ut tentaremur, non ut prorsus perderemur. At domini voluntas sancta est et iusta. Hinc, cum scribitis nescire, quid civile et humanum resipere visa sit ratio doctrinae ecclesiasticae apud nos, quae et male nobis cesserit, non modo miramur, fratres charissimi, sed et obstupescimus. Si enim ex eventu ac infortunio quaevis res aestimanda erit, quem tandem non poeniteat prophetiae christianae, ut quae post multos exantlatos labores non rude donat, sed vita privat privavitque optimos in domino viros, Isaiam, Zachariam, Stephanum[12], Iacobum aliosque heroas innumeros; quibus omnibus religio vera pessime cessit? Quod si doctrina nostra humanum et civile propterea resipit, quod cohortati sumus christianum magistratum oppressos liberare, aequitatem servare, et iustitiam colere, scelera et sceleratos plectere, quid, oro, divini praedicaverunt prophetae? N[ec] enim damnat etc.[13] An vero respondebimus aliam fuisse illorum functionem, aliam vero nostram, cum ne communis sensus id permittat? Nemo enim ignorat ea, quae iustitiae sunt et iudicii, nunquam abrogata esse

---

[9] Der Zürcher Rat sandte am 27. November 1531 Rudolf Stoll nach Straßburg, wo dieser u. a. den Verlauf des Krieges sowie den Friedensschluß zu erläutern hatte, s. PC II 84. Ein besonderer Brief nach Straßburg ist anscheinend nicht erhalten, doch werden die Zürcher eine Mitteilung unter Beifügung des Textes des Zweiten Landfriedens («instrumentum»), ähnlich wie nach Konstanz (20. November 1531, ASchweizerRef IV 1046), gemacht haben.

[10] Welche «Vita Zwinglii» Bullinger meint, ist nicht klar ersichtlich. Möglicherweise wollte er seine eigene Schrift «De prophetae officio» (HBBibl I 33; s. oben S. 41, Anm. 1), die einen besonderen Abschnitt über Zwinglis Leben enthält, übersenden. Dieser ist gedruckt bei *Büsser*, De prophetae officio 254–257. Vielleicht verschweigt Bullinger deshalb den Verfasser. Jedenfalls spielt Capito später offensichtlich auf dieses Werk Bullingers an, s. unten S. 67, 25–27.

[11] Wahrscheinlich Jakob Ziegler, der aus Venedig kommend im November 1531 in Straßburg anlangte. Sein ursprünglich freundschaftliches Verhältnis zu den Straßburger Theologen kühlte sich indes bald ab und zerbrach im Jahre 1533. Möglicherweise hatte Ziegler auf der Durchreise von Italien mit Bullinger und den Zürcher Theologen Bekanntschaft geschlossen, s. Karl *Schottenloher*, Jakob Ziegler aus Landau an der Isar. Ein Gelehrtenleben aus der Zeit des Humanismus und der Reformation. Mit sechs Federzeichnungen Martin Richters, des Schreibgehilfen Zieglers, Münster i.W. 1910. – RGST 8–10, bes. S. 277–296. Für Zwingli war Ziegler kein Unbekannter, s. Walter *Köhler*, Zu unserer Tafel, in: Zwa III 500–503 mit der Interpretation des Briefes Bucers an Zwingli vom 14. Januar 1531, wo über Ziegler berichtet wird, Z XI 304,3–305,11.

[12] In der erwähnten Schrift (oben Anm. 10) weist Bullinger ebenfalls auf den Tod von Jesaia, Sacharja und Stephanus hin, s. *Büsser*, De prophetae officio 257.

[13] Vgl. Ps 37,33.

neque magistratum in ecclesia Christi abrogatum esse. At magistratus est sontes plectere, id quod et Paulus monuit in Romanis[14], imo et Petrus[15], qui – – –

[63]

Berchtold Haller an Bullinger

Bern, 9. Februar 1532

Autograph: Zürich StA, E II 360, 59r.–v. Siegelspur. – Gedruckt: Füssli I 96–98

Berichtet von der Lage nach der Berner Synode, deren Akten bald im Druck erscheinen werden und worüber er Bullingers Meinung erfahren möchte. Bittet um Antwort auf verschiedene Fragen, um die Zusendung von Bullingers und Pellikans Werken, macht Vorschläge für eine Annäherung zwischen Bern und Zürich und betont, daß Zwinglis Sohn Wilhelm in Bern unter den besten Voraussetzungen erzogen wird. Grüße.

Spiritum fortitudinis et intelligentię[1] adaugeat tibi dominus et pater domini nostri Iesu Christi.

Charissime frater, binas a te paucis diebus accępi literas[2]. Quibus cum nihil responderim et conterraneus tuus[3] certo pollicitus sit se meas redditurum, nunc respondeo.

Primum commendasti duos[4], et si plures commendaveris, erunt tuo nomine mihi commendatissimi. Synodo finita[5] provincię omnes ministris delegatę sunt, ut iam locus nullus[a] supersit; tamen non oberit fratres syncęros nobis esse cognitos, ut posthac, cum in ministerio desiderentur, tutius subordinari possint.

Deinde, quae et qualia Capito nobiscum egerit, videbis propediem, cum e prelo Frobeniano[6] exierint[7]. Totus eram in hoc, ut Megandri causa, quę mirum in modum et inter ministros et inter senatum, diacosios[8] ac plebem factiosa fuisset, feliciter citra prophetice libertatis iudicium transigi posset et ministri agnoscerent non acerbis scommatis, sed suavi et salsa modestia rem maxime promoveri[9]. Divisit acta per capita et pro hominis imbecillitate plus insumpsit laboris, quam exigere quisquam fuisset ausus. Donabit latinitate eadem Simon Sulcerus[10], adulescens maxime

---

[14] Vgl. Röm 13,1ff.
[15] Vgl. 1Petr 2,13ff.

[a] in der Vorlage ullus, *was keinen Sinn ergibt.*

[1] Vgl. Jes 11,2.
[2] Nicht erhalten.
[3] Unbekannt.
[4] Beide unbekannt.
[5] Die Berner Synode endete am 13. Januar 1532, s. oben S. 30, Anm. 2.
[6] Zur Geschichte der in Basel von Johann Froben (1460–1527) gegründeten Druckerei s. *Benzing*, Buchdrucker 30 und *Grimm*, Buchführer 1372–1378.
[7] Der Druck der Synodalakten wurde noch vor dem 13. Februar vollendet, s. *Straßer* 83.
[8] Der Rat der Zweihundert.
[9] Siehe oben S. 30, Anm. 3.
[10] Simon Sulzer, 1508–1585, aus Meiringen, studierte in Bern, Luzern, Straßburg und Basel, wo er 1532 Professor der Logik und Vorsteher des Unteren Kollegiums wurde. 1533 kam er als Lektor an die Lateinschule und Prediger nach Bern und wurde 1537 in Basel Magister. Seit einem Besuch bei Luther in Wittenberg 1536 war er dessen entschiedener Anhänger. 1538–1548 wirkte Sulzer als Lehrer, Münsterpfarrer und schließlich als Dekan in Bern; die lutheranisierende Richtung gewann durch ihn die Überhand. 1548 abgesetzt, wurde er 1549 Pfarrer zu St. Peter in Basel, 1552 Professor der hebräischen Sprache, 1554 des Alten und Neuen Testaments. Als Antistes seit 1553 suchte er eine Annäherung an die Lutheraner, betrieb den Beitritt zur Wittenberger Konkordie und verhinderte die Annahme der Zweiten Helvetischen Konfession in Basel. Mit Bullinger stand Sulzer in regem brieflichem

spei, urbis nostrę in studiis alumnus, Grinęi discipulus, ut senatus noster suorum studiorum primitias habeat[11]. Quicquid proinde tibi placuerit vel displicuerit, libere commentaberis nobiscum[12]. Aperte et ex corde velim omnia agi tanquam in conspectu unius dei et domini Iesu Christi, quem etiam unum in omnibus spectare debemus. Hoc scias, hominem magistratui, plebi et ministris ita gratum fuisse, ac si numen e cęlo delapsum fuisset, et ita omnia egit, ut videantur pacatissima.

Sed rationem studii[13] et pharaonis obdurationem[14] nondum cum habeam explicatam, velim tamen, cum tantum tibi ocii possis suffurari[b], habeam. Quod promittis prophetici officii[15] simul et Hebreorum explicationem[16], velim quam fęliciter praestes; nam vix credis, quam mihi et tuus et Pellicani spiritus arrideat. Non vult forte dominus, ut hi, qui optime inter se convenirent, simul sint, quo discamus affectus infringi et alter alteri subiici et deferre. Miror, quid Pellicanum nostrum remoretur, quod sua tandem tam diu expectata non prodeunt[17]; hortare hominem, ne talentum creditum sepeliat[18], et cogitet, ut dum etiam praestiterit orbi, quae habet, adhuc maiora alios quoque manere. Serviat et dispenset sua fratribus, nec cogitet exanclari scripturę thesaurum. Et tu quoque non diutius nos suspendas. Froschowero locutus sum Bernę, ut quicquid vel tua vel Pellicani officina suis prodierit typis, ab initio mittat.

Cęterum Megander bene se habet pro contione atque etiam nobiscum. Omnia reddita sunt pacatiora. Quod vero sollicitus es pro utriusque civitatis concordia, sollicitus sum et ego, quod noverim utramque sine altera facile perituram. Scripsit ex vestratibus quidam domino In Hag per Basilienses optime fieri posse. Sed aliis initiis opus erit. Utinam Röstius vester, homo nostris gratissimus[19], apud nos vel minima haberet negocia et quasi suopte instituto paucis nostrum et cordatioribus loqueretur; facilia forent pacis ineundę initia[20]. Tu cogita et iube, quae velis.

Postremo velim, ubi nam literę nostrę tuto Capitoni reddi possent, ocius indicares. Nam seria illi scripturus eram[21]. Andreas ex Vilmäringen in diaconum vocatus est[22]. Apud quem scribere poteris. Leonem, Pellicanum, parentem ||[59v.] tuum[23] et Zu-

---

[b] *in der Vorlage* suffurrari.

Verkehr. – Lit.: Basel, Matrikel II 1; Gottlieb *Linder,* Simon Sulzer und sein Antheil an der Reformation im Lande Baden, sowie an den Unionsbestrebungen, Heidelberg 1890; *Guggisberg* 207–210; *Bonorand,* Studierende 230f; Hans *Berner,* Basel und das Zweite Helvetische Bekenntnis, in: Zwa XV 8–39; Paul *Tschackert,* in: ADB XXXVII 154f; Wilhelm *Hadorn,* in: RE XIX 159–162; HBLS VI 604; Otto Erich *Straßer,* in: RGG VI 523.

[11] Sulzers Übersetzung des Synodus erschien Ende März 1532, s. oben S. 30, Anm. 5.
[12] Bullingers Antwort ist nicht bekannt, vgl. *Straßer* 82–85.
[13] Siehe unten Nr. 83.
[14] Siehe oben S. 31, Anm. 12.
[15] Siehe oben S. 41, Anm. 1.
[16] Zu Bullingers Hebräerbrief-Kommentar (HBBibl I 38) s. unten S. 167, Anm. 6.
[17] Gemeint sind Pellikans Kommentare zum Alten Testament, deren Drucklegung Haller bereits im Dezember 1531 ungeduldig erwartet hatte (s. HBBW I 243,15f); der erste Band erschien im August 1532 (s. ebenda, Anm. 17; vgl. AZürcherRef 2002, S. 886; *Zürcher* 111f).
[18] Vgl. Mt 25,18.25.
[19] Siehe oben S. 32,33–35.
[20] Vgl. oben S. 32,33–35 und Anm. 31.
[21] Der erste erhaltene Brief von Haller an Capito ist am 16. März 1532 datiert, vgl. *Straßer* 74.84f.
[22] Ein neu eingestellter Pfarrer oder Diakon mit diesem Vornamen ist um diese Zeit nicht feststellbar. Falls jedoch «Andreas» ein Familiennamen sein sollte, könnte es sich um den Vater des 1548 in Bern studierenden Johann Andreas handeln; dieser war 1557–1577 Pfarrer in Lützelflüh, Kirchberg und Zofingen, dazwischen auch Helfer am Münster zu Bern (freundliche Mitteilung von Herrn Dr. Hermann Specker, Staatsarchiv Bern). Auch läßt sich kein Pfarrer in Villmergen mit dem Namen Andreas zur Reformationszeit feststellen.
[23] Dekan Heinrich Bullinger.

inglii uxorem viduam[24] salutabis. Nihil sit anxia pro filiolo[25]; noster est totus et bonę indolis puer; officia paterna praestabit Trempius[26], praestabimus et nos, ubi opera nostra indiguerit. Fratri tuo audio provinciam demandatam[27].

Vale, ut sepius scribamus. Tempora et temporum atque hominum turbę et pericula id exigunt.

Bernę, 9. februarii anno 32.

Tuus ut suus Berch. H.

[Adresse darunter:] Huldricho[!] Bullinger, verbi dei praeconi apud Tigurum, viro ins[igniter] docto atque pio, fratri longe omnium et perpetim charissimo.

---

[24] Anna Zwingli, geb. Reinhart, etwa 1484–1538, Gattin des Reformators, der die 1522 zunächst heimlich geschlossene Ehe am 2. April 1524 mit öffentlichem Kirchgang besiegelte. Aus der Ehe gingen drei Kinder hervor: Regula, Wilhelm und Ulrich. Obwohl sich die Tradition, Zwinglis Witwe habe nach 1531 verarmt in Bullingers Haus gelebt, als unhaltbar erwies, hat sich dieser doch sonst um sie und ihre Kinder gekümmert. – Lit: Oskar *Farner*, Anna Reinhart, die Gattin Ulrich Zwinglis, in: Zwa III 197–211. 229–245, mit älterer Lit.; Adrian *Corrodi-Sulzer*, Zwinglis Vermögensverhältnisse, in: Zwa IV 185–188; *Farner* III 288–291.476–479.

[25] Wilhelm Zwingli, 1526–1541, älterer Sohn des Reformators, wurde nach Zwinglis Tod in Bern durch Lienhard Tremp und Berchtold Haller erzogen. Er starb als Student in Straßburg an der Pest. – Lit.: Z VIII 538, Anm. 9; *Farner*, aaO, in: Zwa III 244; *Farner* III 73; Paul *Boesch*, Wilhelm Zwingli in Straßburg, in: Zwa IX 52f; *Bonorand*, Studierende 233.

[26] Lienhard (Leonhard) Tremp, gest. 1561, aus Bern, Schneider. Seit 1503 Mitglied des Großen Rates, wurde er 1528 Spitalmeister, 1529 des Kleinen Rates, nahm an zahlreichen diplomatischen Missionen, darunter auch an den Friedensverhandlungen mit den V Orten 1529 und 1531, teil. Tremp war ein überzeugter Förderer der Reformation, mit Zwingli befreundet und durch seine Frau Ursula auch verwandt; während der Berner Disputation 1528 wohnte der Reformator in dessen Haus. Bullinger kannte Tremp wahrscheinlich seit der Berner Disputation persönlich; einige Briefe von Tremp an Bullinger sind erhalten. – Lit.: ABernerRef, Reg.; Z VIII 547, Anm. 1; Eduard *Bähler*, War Ursula Tremp die Schwester Zwinglis?, in: Zwa IV 21–26; Rudolf *Steck*, Ursula Tremp, Zwinglis Base, in: Zwa IV 46; HBLS VII 44, mit weiterer Lit.

[27] Johannes Bullinger wurde Anfang 1532 Pfarrer in Ottenbach (s. unten S. 187, Anm. 18).

[64]

Balthasar Hirt[1] an Bullinger

Lichtensteig[2], 13. Februar 1532

Autograph: Zürich StA, E II 355, 37r.–v. Siegelspur. – Ungedruckt

Ermuntert Bullinger, Zwinglis Werk in dessen Geiste fortzuführen auch gegen die Widerstände aller Gegner. Beklagt seine Amtsenthebung und die Schwierigkeiten, die er als Fremder hat. Versichert, sich weiter für die Sache der Reformation einzusetzen und bittet um Hilfe. Grüße. Empfiehlt den Boten, der Weiteres berichten kann.

Salutem et in Christi cognicione perseverare.

Quod pro virili tuo sumopere huc anniteris, ut labefactatam nonnihil immaturo beatissimi viri Ulrichi Zuinglii [obitu] christianam eamque veram pietatem repares, adornes et vindices, bene teque dignissime facis, Heinrice suavissime. Foelices istos
5 tuos conatus foveat, augeat, secundet, qui incrementa dat omnium dominus. Addit enim spes ingentes animis nostris, quum (quod foelix faustumque sit) in locum[3] et in functionem succedis viri celeberrimi pariter et candidissimi pridem, non minus ipse futurus et ipse celebris[!]. Stupidos ac bardos homines videas trophea ferentes[4], paeana[5] canentes, triumphos (sed iuxta proverbium[?] ante victoriam enco-
10 mium[6]) iactantes, quibus iniectam in os pilam facile brevique constabit, si intrepide pergas, coeptis inhereas animoque, qui, ut inquit ille, solus omnia vincit[7], neutiquam te indigno id prestiteris, quod pollicentur sibi de te plurimi. Pollicentur autem et pia quadam dexteritate te superaturum et crudeliter et acerbe nimis ingruentes pietati molestias et (ne quid, quod spero, impudencius celem) non minus

---

[1] Balthasar Hirt stammte aus Pforzheim, hatte mit Martin Bucer in Heidelberg studiert (s. Blarer BW I 506 und *Pollet*, Bucer II 199, Anm. 2) und war 1529 wohl wegen seiner reformatorischen Gesinnung aus dem Badischen geflohen. Auf Empfehlung Bucers hin (Z X 183, 10f) verschaffte ihm Zwingli noch im selben Jahr eine Stelle in Lichtensteig im Toggenburg (Z X 216, 3f), die er, wie der vorliegende Brief zeigt, 1532 verlassen mußte. Hirt scheint aber auch nach seiner Amtsenthebung noch in Lichtensteig wohnhaft gewesen zu sein. 1534 bewarb er sich um Aufnahme in den Kirchendienst von Ulm, von wo aus er etwas später nach Geislingen geschickt wurde. Über seinen weiteren Lebenslauf konnte keine Klarheit gewonnen werden. Stückelberger 241 nennt als Pfarrer von Lichtensteig von 1529–1535 einen Balthasar Rücheli. Dieser erscheint bis 1551 auch als Pfarrer von Wattwil (s. Armin *Müller*, Geschichte der Evangelischen Kirchgemeinde Lichtensteig, Lichtensteig 1967, S. 62), war seit 1551 offenbar in Gais (s. Appenzeller Urkundenbuch, Bd. II: Von der Aufnahme Appenzells in den eidgenössischen Bund bis zur Landesteilung, 1514–1597, bearb. v. Traugott Schieß, Trogen 1934, S. 252f) und soll angeblich 1581 in St. Gallen gestorben sein. Daß Balthasar Hirt mit Rücheli identisch ist, scheint kaum wahrscheinlich: Rücheli war offenbar gebürtiger Appenzeller; ein autographer Brief Rüchelis vom 29. Oktober 1551 (St. Gallen Stadtarchiv, Q,1d,62, gedruckt in: Appenzeller Urkundenbuch, aaO) zeigt Schriftzüge, die sich vom vorliegenden Brief Hirts deutlich unterscheiden. Der gemeinsame Vorname sowie die schlechte Quellenlage scheinen den erwähnten Widerspruch verursacht zu haben.

[2] Lichtensteig gehörte seit 1468 unter die Herrschaft der Abtei St. Gallen. 1528 wurde die Reformation eingeführt, 1532 erfolgte die weitgehende Rekatholisierung, doch konnte sich eine reformierte Minderheit auch weiterhin halten, s. Gottfried *Egli*, Die Reformation im Toggenburg, Diss. phil. Zürich, Schaffhausen 1955, S. 116–118; Armin *Müller*, aaO; HBLS IV 674f.

[3] In Zürich.

[4] Gemeint sind die im Kappelerkrieg siegreichen V Orte.

[5] Siegesgesang (vgl. Vergil, Aeneis VI 657).

[6] Siehe Adagia, 1,7,55 (LB II 283 D).

[7] Vgl. Adagia, 1,9,33 (LB II 347 C).

pia integritate levaturum et suffragio et ope, quicquid undequaque aerumnarum pios impetit, urget, cruciat. Tu omnium votis pociora prestare conare, et ita conabere, ut ego quoque ipse exilii mei statu[8] (quem per atheos[9] quosdam ob unam missae abhominandissimam impietatem presentes mihi peperere aerumnae) experiar et senciam tuum in adipiscenda functione officium. Egit hac in re pientissime pariter et foelicissime antecessor tuus beatissimus Zuinglius vel ob hoc ipsum apud posteros immortali nomine donandus. Cuius in iuvandis fratribus operam et industriam ut noves[10] data eciam opera, oportet omnino. Sum ego quidem ex eorum numero, quos alienigenas[11] vocant. (Quam autem sit christianus christiano et evangelii ministro alienus cominister, ipse pro animi tui candore facile nosti.) Et hoc certe nomine video et experior (expertus enim loquor) non nullos non satis pios adeoque fraternarum calamitatum inexpertos eoque compacientes minus nos negligere, fastidire, contemnere. Quod quo animo faciant, ipsis[a] curae fuerit. Certe, quibus animus parum sincerior incorrupciorque, huc intendunt, ut pro christiano candore usui sint, quotquot opus habent. Habent autem opus potissimum (quod me melius nosti), qui pro Christi gloria relicta, imo pulsi patria aliquando[12] nunc demum malis obnoxii plurimis fortassis et gnaviter et fortiter pro eadem fulcienda depugnant. Id quod aliis de me referentibus velim compertum foret. Nosti enim illud de foetu rectius iudicare obstetricem quam matrem ipsam[13]. Plane (imprudencius forte refero) eo agebam loco, ubi pro ratione temporis impietati non obstetisse, consensisse[b] etiam, non reclamasse, abhominacioni inclamasse et vitae eciam periculo non repugnasse ansas etiam praebuisse multorum perdicioni. Adeo nobis facessebat negocium male negociosa libido. Et huc certe profeci, ut quamquam ipse loco cedere cogar, ipsa tamen abhominatio successura sit minime, nisi inversis denuo rerum vicibus peiora quam nunc eveniant. Et ipse meus discessus efficiet, ut multis cum pietate sit causa manendi, fratribus dico, quorum cervicibus, in quantum valui, obstetissem. Imminebat exilii discrimen. Missicantibus enim illis nebulonibus et luporum more Christi caulas devastantibus[14] pene iam denuo apud nos nullus est locus tutus, nisi, quod vereor, maius nobis facessere negocium quinque illa, ut vocant, loca sacra (iuxta illud auri sacra fames[15]). Quibus ob id cum suis apud nos συνεργοῖς mire incandescit animus atheus, et coquit illos bilis amara. Irrideat illos desuper conspector[16], dominus noster illi[!][17].

Tu vale (deficiet enim charta scribentem) meque intime commendatum habe. Et si quo poteris modo et ratione, fove, tuere, serva. Salvos iubeto apud te et leonum fortissimum Leonem et pios quosque conversacione ignotos, Christi nomine notissimos.

---

[a] *in der Vorlage* ipsus.
[b] *in der Vorlage* consensse.

[8] Bezieht sich wahrscheinlich auf die Amtsentsetzung Hirts in Lichtensteig.
[9] Gemeint sind die Gegner der Reformation.
[10] Hirt selbst hatte ja dank Zwinglis Hilfe die Stelle in Lichtensteig erhalten (s. oben Anm. 1).
[11] Sowohl von Seiten der katholischen Orte wie innerhalb des reformierten Lagers selbst setzte nach der Niederlage von Kappel eine Kampagne gegen die «fremden, hergelaufenen Pfaffen» ein (vgl. HBRG III 286).
[12] Hirt spielt auf seine eigene Vertreibung aus dem Badischen 1529 an.
[13] Die sprichwörtlich klingende Wendung findet sich weder in den Adagia noch bei Otto.
[14] Vgl. 2Chr 14,15; Joh 10,12.
[15] Vergil, Aeneis III,57; Otto 49f, Nr. 221.
[16] Vgl. Weish 4,18.
[17] Die Stelle bleibt unklar.

Ex Liechtenstaig, idibus februarii anno etc. 32.

                                               Balthassar Hirtt Phorcensis[18],
ecclesiastes pridem ecclesiae Liechtenstaig.

||[37v.] Ab eo[19], qui has tibi defert literas, queso, si per ocium tibi vacat, diligencius exquirito, utut nobiscum agatur. Ex cuius responso in illius inscende animum et tanquam concepto themate pia quadam commonicione et ardenti cohortacione tepentem illius forte non nihil mentem in Christi fidem sensim firma, erige roboraque. Referet enim, ut aestimo, non parum, si illum sic extimularis, idque pro tua sinceritate sincere. Officium illius, quum sit omnibus fere expositus, poterit facile prodesse plurimis.

[Adresse darunter:] Pio et integro M. Heinricho Bulingero, ecclesiae Thuricensium preconi laudatissimo, preceptori suo candidissimo.

[65]

Berchtold Haller an Bullinger

[Bern], 20. Februar [1532]
Autograph: Zürich StA, E II 343,104. Siegel. – Ungedruckt

Betont die Wichtigkeit einer baldigen Wiederherstellung der Eintracht zwischen Bern und Zürich und bittet um Bullingers weitere Mithilfe. Wünscht wiederum die Zusendung einiger Bullingerschriften und sendet Nachrichten über Megander und Wilhelm Zwingli. Grüße.

S. Zelum tuum in componendis civitatibus[1] laudo, charissime Huldrice[!], sed qua via id fieri possit, cum quotidie cordatiores cogitent, eo deveniunt, quod ignorent. Basileę laborarunt apud quosdam[2], sed nescio, quid illi tentarint. Tentarunt nostrates, ut civitatum legati propter expensas belli solvendas conveniant consultentque, quomodo se in posterum habere velint. Ecce occasionem, sed num tuis quoque oblata sit, nescio ego, sugillabis tu[3]. Ad Wilam[4] in Gallensium favorem[5] duo ex nostris missi sunt, alter illorum, ubi ad vos venerit, nomine Crispinus Vischer[6], corda-

---

[18] Aus Pforzheim (s. oben Anm. 1).
[19] Der Briefüberbringer ist nicht bekannt.

[1] Nämlich Bern und Zürich (s. oben S. 32,33f) und eventuell auch andere reformierte Städte.
[2] Zu den Bemühungen von Myconius in Basel um die Eintracht zwischen Bern und Zürich 1532/33 vgl. *Kirchhofer*, Myconius 114–127 und Friedrich *Rudolf*, Ein Aussöhnungsversuch zwischen Zürich und Bern nach dem Briefwechsel Bullinger-Myconius 1533–1534, in: Zwa VII 504–521.
[3] Die Verhandlungen über die Kriegskostenentschädigung an die V Orte wurden freilich nicht zur freundschaftlichen Annäherung zwischen den reformierten Städten benützt, vgl. EA IV/1b 1273 e.k. 1274 p. 1287 u. 1290; ASchweizerRef IV 1404.1427.1436; ABaslerRef VI 22f.37 u. ö.

[4] Wil, damals Residenz des Abtes von St. Gallen.
[5] Im Interesse der durch den Abt von St. Gallen bedrängten Reformierten.
[6] Crispinus Fischer (Vischer), etwa 1490–1563, aus altem Berner Ratsgeschlecht, seit 1528 Mitglied des Heimlichen und des Kleinen Rates. Im Jahre 1531 half er im Auftrag Berns den Rat von Bremgarten zur Proviantsperre gegen die V Orte zu überreden (s. HBRG II 392) und überwachte dann im August 1531 von Lenzburg aus die Sicherheit Bremgartens und des Freiamtes. 1537 wurde er zur Organisation der bernischen Verwaltung in die Waadt abgeordnet. Fischer war Mitglied des Ehegerichts, mehrmals Tagsatzungsgesandter und bekleidete weitere Staatsämter. Er war ein Förderer der Reformation, obwohl kein Gegner des

tissimus simul et fidelissimus. Meditabimur in diem in salutem reipublicę christianę et quae ad pacem faciunt. Sed hoc unum video: «Nisi dominus custodierit civitatem, frustra vigilabimus» omnes [Ps 127,1]. Tunc autem custodiet, cum sedulis apud eum suspiramus precibus, id quod vereor hactenus a multis neglectum plusque de carnis cogitatum brachio[7]. Dominus secundet suo spiritu ministerium nostrum, ne in vacuum curramus[8]. Scribe, dum tutos habes tabelliones. Reddet praefectus[9] in Lenzburg[10], Otherus[11] Aroę, dum non habes, qui ad nos recta pergat.

Cęterum non desino expostulare studii rationem[12] et indurationem[13]. Du machest mich schleckerhafftig[14] mitt den Hebreern[15] und officio prophetę[16], sed nihil praestas. Petieram a te, quae in Romanos[17] congesseras, nec unquam respondisti. Obsecro condones infirmitati et ignorantię singula. Nam ita mihi arridet spiritus tuus, ut non facile explicavero. Male ergo facis, dum non praestas, quibus me quottidie refocillem.

Bene se habet Megander, et utinam semper sic se habeat. Acta synodi[18] absoluta sunt, sed prae nive nondum ad nos vecta sunt.

Legatorum undique integritatem desidero[19].

Vale. Salvus sit Leo, Pellicanus, cuius et literas[20] et munusculum a Funckio[21] accepi propediem responsurus. Et tu quoque cum familia salvus sis. Zuinglius noster Guilhelmus[22] optime se habet. Curabimus puerum tanquam nostrum. Cuius matrem[23] meo quoque nomine salutabis.

Pensionswesens. Bullinger kannte ihn wohl seit der Berner Disputation 1528 und muß ihn 1531 in Bremgarten öfter getroffen haben. – Lit.: ASchweizerRef, Reg.; ABernerRef, Reg.; *Tardent*, Reg.; HBLS III 161f.

[7] Vgl. Jer 17,5.
[8] Gal 2,2; Phil 2,16.
[9] Sulpitius Haller, gest. 1564, aus Berner Stadtgeschlecht, seit 1525 Mitglied des Großen, 1530 und 1538–1558 des Kleinen Rats, 1531–1537 Landvogt von Lenzburg. Haller war ein eifriger Anhänger der Reformation und offenbar schon zu Zwinglis Zeit ein wichtiger Verbindungsmann zwischen Bern und Zürich. Bullinger und Haller kannten sich wahrscheinlich seit der Berner Disputation 1528 persönlich und wechselten vor allem während Hallers Lenzburger Zeit mehrere Briefe. – Lit.: ASchweizerRef, Reg.; ABernerRef, Reg.; Z VIII 442, Anm. 19. XI 317, Anm. 6; *Sulser*, Reg.; *Tardent*, Reg.; HBLS IV 58.
[10] Lenzburg (Kt. Aargau), bis 1798 Sitz eines bernischen Landvogtes, hatte wegen der Grenzlage eine große strategische Bedeutung, s. HBLS IV 655.
[11] Jakob Otter, etwa 1485–1547, aus Lauterburg (Elsaß); nachdem er 1529 auf Anstiftung Ferdinands von Österreich wegen seiner reformatorischen Einstellung aus Nekkarsteinach vertrieben worden war, empfahl ihn Capito an Zwingli als Pfarrer nach Solothurn. Noch im August 1529 erhielt er die zweite Pfarrstelle in Aarau. Auf Empfehlung Ambrosius Blarers wurde Otter 1532 nach Esslingen berufen (s. unten S. 108,24). – Lit.: Hermann *Sussann*, Jakob Otter. Ein Beitrag zur Geschichte der Reformation, Diss. phil. Freiburg i. Br., Karlsruhe 1893; Z X 105, Anm. 2; Amerbach, Korr. I 427f, Anm. 2 und 3.431; Hans *Winterberg*, Die Schüler von Ulrich Zasius, Stuttgart 1961. – Veröffentlichungen der Kommission für geschichtliche Landeskunde in Baden-Württemberg, Reihe B Forschungen, 18. Bd., S. 55f; Gustav *Bossert*, in: RE XIV 526–530; Bernd *Moeller*, in: RGG IV 1746.
[12] Siehe unten Nr. 83.
[13] Ergänze: pharaonis, s. oben S. 31, Anm. 12.
[14] wählerisch; hier v. a.: begierig (SI IX 515).
[15] Siehe unten S. 167, Anm. 6.
[16] Siehe oben S. 41, Anm. 1.
[17] Bullingers Kommentar zum Römerbrief, Haller gewidmet, erschien im Februar 1533 (HBBibl I 42; HBD 22,21f).
[18] Siehe oben S. 30, Anm. 5.
[19] Gemeint sind wahrscheinlich die Boten, die über die Verbesserung der Beziehungen zwischen Bern und Zürich verhandeln sollten, vgl. oben S. 32, Anm. 31.
[20] Weder von Jud noch von Pellikan ist ein Brief an Haller aus dieser Zeit bekannt.
[21] Wahrscheinlich Hans Funk.
[22] Siehe oben S. 47, Anm. 25.
[23] Anna Zwingli, geb. Reinhart.

20. februarii.

Tuum minimum nummisma²⁴.

Da mancket²⁵ es als: Neutra urbium alteram prior compellare dignatur.

[Adresse auf der Rückseite:] An Meister Heinrich Bullinger, predicanten ze Zurich.

[66]

Gervasius Schuler an Bullinger

[Basel], 21. Februar 1532

Autograph: Zürich StA, E II 361,33/1. Leicht beschädigt, Siegelspur. – Ungedruckt

Entschuldigt sich, daß er eine von Bullinger gewünschte Epistel noch nicht abschreiben und übersenden konnte, und verspricht, es bei nächster Gelegenheit zu tun.

Gratiam et pacem a domino.

Epistolam¹, quam litteris² exposcebas, nuncii inportunitas, tum laborum meorum assiduitas in causa fuit ne mitterem. Proximo tamen nunctio voti te compotem reddere volo epistola satis prolixa, que exscribendo opera opus habet. Sed ut polliceor, praestabo.

Vale in domino et Gervasium pristino studio prosequere.

Datum vicesima prima februarii anno 1532.

Grüß mir von hertzen din hußfrow³, myner triebßal ein trüwe mittlyde[rin]ᵃ.

Gervasius Scolasticus.

[Adresse auf der Rückseite:] Plane docto ac pio viro Heynricho Bullingero, domino primum observando.

---

²⁴ Haller unterschreibt häufig mit minimum nummisma (=Heller) in Anspielung auf seinen Namen, s. z. B. HBBW I 230,13.
²⁵ fehlt (SI IV 329f).

ᵃ *Loch im Papier infolge der Öffnung des Siegels: das Ende des Wortes fehlt.*

¹ Gemeint ist wahrscheinlich Oekolampads Antwort (Oekolampad BA II 925a) auf Bullingers Ausführungen über die Exkommunikation im Schreiben an Haller vom 6. Juli 1531 (HBBW I Nr. 39), das Schuler bereits in Nr. 58 erwähnt hatte (oben S. 35, 6 ff). Diese Vermutung äußert schon J.J. Simler in seiner Abschrift des vorliegenden Briefes (Zürich ZB, Ms S 31, Nr. 52).
² Nicht erhalten.
³ Anna Bullinger, geb. Adlischwyler.

[67]

Bartholomäus Westheimer[1] an Bullinger

Basel, 21. Februar [1532][2]

Autograph: Zürich StA, E II 377, 2689. Siegelspur. – Ungedruckt

Bestätigt den Empfang eines kurzen Briefes. Bedauert die Vertreibung Bullingers und dessen Vaters aus Bremgarten, wo er einmal zu Gast war. Klagt über die Lage in Basel. Verspricht baldige Rückerstattung seiner Schulden. Will gegen Balthasar Hiltprand prozessieren. Grüße.

Bartholomaeus Westhemerus suo Henrico Bullingero S.P. impartit. Gratia et pax a domino.

Literas tuas laconicas ad me scriptas[3] accepi. Exilium tuum parentisque[4], optimi senis, animum meum maxime cruciavit. Verum animus meus, cum hospitarer apud te[5], nihil aliud de Bremgarto pręsagiebat nisi tales proditiones futuras. Cui aut quibus autem ascribendae, non est huius loci aut temporis. Noster senatus indies frigescit. Lectiones quasdam abrogarunt[6]. Videres deploratum statum omnium rerum. Quid dicam? Cupio ex animo dissolvi et esse cum caelestibus[7]. De pecuniis, quas debeo, brevi, ut spero, redditurum teque liberaturum bona fide polliceor. Videres Westhemerum ex animo tibi, tuis faventem quovis Homerico Iro[8] pauperiorem. Consanguinei namque uxoris meae[9] fidem mihi non servant. Balthazum[!] Hilt-

[1] Bartholomäus Westheimer, 1499–1567, aus Pforzheim, besuchte die Lateinschule in Schlettstadt (Elsaß) und absolvierte Studien an einer nicht bekannten Universität. In den frühen Zwanzigerjahren trat Westheimer in Kontakt mit Johannes Brenz, zu dessen Schrift «Von Milterung der Fürsten gegen den aufrurischen Bauren» (1525) er eine Widmungsvorrede verfaßte (s. Johannes Brenz, Frühschriften I, hg. v. Martin Brecht, Gerhard Schäfer und Frida Wolf, Tübingen 1970, S. 182–184). 1527 arbeitete Westheimer als Korrektor bei Thomas Wolff in Basel, wo er 1530 auch seine «Collectanea communium temporum sacrosanctae scripturae» veröffentlichte. 1531 erwarb er das Basler Bürgerrecht. Seit etwa 1533 bis 1547 führte er selbst eine Druckerei. Eng befreundet war Westheimer mit dem Basler Pfarrer Johannes Gast. 1547–1550 amtete er als Pfarrer in Mülhausen (Elsaß). Nach seiner Rückkehr nach Basel widmete er sich Studien an der Universität. Von 1553–1567 war Westheimer Pfarrer in Horburg (Elsaß), ab 1557 wirkte er auch als Hofprediger in Montbéliard. Wann und wo Westheimer mit Bullinger Beziehungen aufnahm, bleibt unklar. Vielleicht lernten sie sich als Studenten kennen, oder über geschäftliche und wissenschaftliche Wege, hat doch Bullinger bei Thomas Wolff drucken lassen (s. HBBW I 179, Anm. 3; HBBibl I 10; unten Anm. 5). Von Westheimer ist noch ein Brief an Bullinger aus dem Jahre 1546 erhalten. – Lit.: Gast, Tagebuch 85.304f, Anm. 7.332f, Anm. 48; Philippe *Mieg*, Barthélemy Westheimer, pasteur à Mulhouse et à Horbourg, 1499–1567, in: Annuaire de la société historique et littéraire de Colmar 6, 1956, S. 41–49 (mit Lit.); Bopp 5604; Basel, Matrikel II 70; Otto Erich *Straßer*, in: RGG VI 1666; *Benzing*, Buchdrucker 35; *Grimm*, Buchführer 1397f.

[2] Das Jahr 1532 ergibt sich aus dem Inhalt des Briefes.

[3] Nicht erhalten.

[4] Dekan Heinrich Bullinger. – Über die Flucht der Familie Bullinger aus Bremgarten vgl. *Blanke* 129–132; *Pestalozzi* 66f.

[5] Wann Westheimer Bullingers Gast in Bremgarten war, konnte nicht festgestellt werden. Vielleicht im Zusammenhang mit der Drucklegung von Bullingers Schrift «De origine erroris», die im März 1528 in Basel bei Thomas Wolff erschien (vgl. HBBibl I 10; HBD 12,5–7).

[6] Vgl. Amerbach, Korr. IV 107, 9–14, wo sich Amerbach ähnlich enttäuscht über die schlechte Lage der Basler Schule und die Nachlässigkeit der zuständigen Stellen äußert.

[7] Phil 1,23.

[8] Der arme Schlucker Iros, vgl. Homer, Odyssee 18, 1ff; ferner Otto 177, Nr. 875 und *Eitrem*, in: Pauly/Wissowa IX/2 2046, 44–64.

[9] Westheimer war seit kurzem mit der aus angesehenem Basler Geschlecht stammenden Juliana Schlierbach (zur Familie s. HBLS VI

prandum¹⁰ in ius vocavi¹¹. Huic tragoediae (ut sic scribam) per aliquot dies serviendum erit. Finita autem omnino apud me decrevi Tigurum salutare.

Vale.

Basileae raptissime exaratum, 21. die februarii.

Nomine meo ascribas salutem plurimam parentibus tuis¹² fratrique¹³, denique plus millies nomine meo salutes uxorculam tuam¹⁴ animo meo charissimam, corculum plane tuum. Optimus maximus te tuosque et ecclesiae Christi incolumem diu servet. Celeri phrasi ignoscas.

Tuus ex animo.

[Adresse auf der Rückseite:] Eximio viro Henrico Bullingero, concionatori ecclesiae Tigurinae, domino ac fratri meo charissimo.

[68]

Heinrich Muntprat¹ an Bullinger

Aarau, 25. Februar 1532

Autograph: Zürich StA, E II 335, 2004. Siegelspur. – Ungedruckt

Beklagt die Verfolgung der christlichen Kirche, die nach dem Tod Zwinglis eingesetzt hat, sowie den Undank vieler Zwinglianhänger. Bittet Bullinger um Hilfe bei der Suche einer neuen Stelle.

Gratiam et pacem a deo patre per Iesum Christum, eruditissime Henriche.

Quantis hodie Christi ecclesia agitetur persequutionibus², vel te testem advoco, et sicuti Christus docuit: «Si me persecuti sunt, et vos persequentur; nec enim futurum est, ut servus sit melior domino suo» [Joh 15,20], sic ego dicere possum. Occiso enim pientiss[imo] fratre et domino nostro Huldericho Zwinglio a cruentis et

197) verheiratet. Sie war eine ehemalige Nonne aus dem Kloster Gnadenthal und starb 1559. Offenbar war die Familie der Frau nicht bereit, die (finanziellen?) Erwartungen Westheimers zu erfüllen.

¹⁰ Balthasar Hiltprand, gest. 1538, führte im Ersten Kappelerkrieg 1529 das Basler Hilfskontingent (Basler Chroniken, Bd. I, hg. v. Wilhelm Vischer und Alfred Stern, Leipzig 1872, S. 100). Nach dem Zweiten Kappelerkrieg unterzeichnete er für Basel den Friedensvertrag mit den V Orten vom 22. Dezember 1531 (ABaslerRef V 727). – Lit.: Z X 643, Anm. 6.

¹¹ Über einen Rechtshandel zwischen Westheimer und Hiltprand ist sonst nichts bekannt.

¹² Dekan Heinrich Bullinger und Anna Bullinger, geb. Wiederkehr.

¹³ Johannes Bullinger.

¹⁴ Anna Bullinger, geb. Adlischwyler.

¹ Heinrich Muntprat (Artostomius) aus Ulm, kam 1529 nach Konstanz (Z X 201f), wo er aber am 3. Juli desselben Jahres wegen Schmähungen ausgewiesen wurde (Vögeli, Schriften II/II 1354f). Gregor Mangolt empfahl Muntprat an Zwingli (Z X 201f), der ihn nach Hitzkirch (Kt. Luzern) schickte (Z X 446f). Nach der Wende von Kappel 1531 mußte Muntprat Hitzkirch verlassen und kam nach Aarau. Ob ihm Bullinger eine Stelle vermitteln konnte, ist nicht bekannt. In den folgenden Jahren tauchte er an verschiedenen Orten in Süddeutschland auf (vgl. Blarer BW I 550.596.603.611.636.704. 728.811). Muntprat muß recht gebildet gewesen sein, übersetzte er doch die Schrift «Novae doctrinae ad veterem collatio» des Urbanus Rhegius (*Köhler,* ZL I 322). Weitere Briefe Muntprats an Bullinger sind nicht bekannt. – Lit.: Z X 201, Anm. 2.446f; E[mil] *Egli,* Ein biographisches Trümmerfeld, in: Zwa I 454f.

² Gemeint sind die Rekatholisierungsmaßnahmen der V Orte, die besonders auch das Freiamt und Hitzkirch erfaßten.

sanguinariis a nobis minime continuissent manus, modo nos fuissent adsequuti. Et quod plus me male habet: Quem vivum amabant plerique [et] infinitis pręconiis ornabant, iam mortuo maledicunt ob unius predioli aut nummorum amissionem. Si tanto viro et de patria tam bene merito obloquuntur, quid tandem nobis infime sortis homuncionibus futurum est? «Spectaculum facti sumus et mundo et angelis» [1Kor 4,9]. Igitur, Henriche eruditissime, ego iam absolutus a domino meo, quo me vertam, penitus ignoro. Cum multa sint, quae me remorata sunt, caeli intemperies, adversa valetudo corporis atque, quod grandior sum, quam velim, si ita deo visum esset, et quum omnibus meis sim spoliatus atque pauci supersint nummi, per Christum perque communicationem sancti spiritus obnixe rogo mihi misello et consilio et auxilio subvenire velis, ut in functionem aliquam evangelicam substituar, quo habeam, unde vivam, et qui pluribus es auxiliatus, ne me desolatum ex integro deseras, per communem deum te obtestor. Caetera Wolffgangus[3] dicet.

Vale.

Arow, 25. februarii anno restitutae salutis 32.

Tuus Henrichus Mumprott,
Hitzkilchianus[4] olim ecclesiastes.

[Adresse auf der Rückseite:] Insigni pietate et eruditione viro Henricho Bullingero, Tigurinae ecclesiae evangelistae, fratri et domino charissimo.

[69]

Berchtold Haller an Bullinger

[Bern], 28. Februar 1532
Autograph: Zürich StA, E II 343,5. Siegelspur. – Ungedruckt

Teilt Bullinger seine Besorgnis wegen der nur langsamen Wiederannäherung zwischen Bern und Zürich mit; Bullinger soll sich mit prominenten Bernern in Verbindung setzen. Haller wünscht Klarheit über angebliche Pläne, Megander nach Zürich zurückzurufen. Erwähnt einen Brief von Jud, möchte häufiger mit Bullinger und Pellikan korrespondieren und bittet um die Zusendung ihrer neuesten Werke.

S. Nondum a Walthero[1] tuo te meas accepisse literas[2] a nuncio urbis nostrę didici, selectissime frater. Quod totus es in componenda civitate utraque[3], sum et ego multique cordati viri. At qua ratione quibusve mediis id fieri possit, non video, nisi quod audio tandem a Röstio per Basilienses fieri posse consultum. Scripserunt illuc

---

[3] Offenbar der Überbringer des Briefes; vielleicht ein Sohn Muntprats: Im Jahre 1548 wird ein Wolfgang Muntprat als Pfarrer von Weiach aufgeführt (Pfarrerbuch 445).

[4] Siehe oben Anm. 1.

[1] Der sonst unbekannte Walther Schwiger (s. unten S. 69,32). Vielleicht handelt es sich um ein Mitglied der adligen zürcherischen Familie Schweiger (vgl. Glückshafenrodel 115,72–75); aus der Reformationszeit sind besonders der ehemalige Augustinermönch Hans Schweiger (AZürcherRef 811.1414) und der 1522 abgesetzte und später geflohene Ratsherr, Junker Hans Wernli Schweiger bekannt (AZürcherRef 306.452.700; Köhler, Ehegericht I 162; *Jacob* 101).

[2] Der Brief ging möglicherweise verloren (s. unten S. 69,32); auch die äußerst knappe Erwähnung der Prädestination in der Vorlage läßt auf eine bereits vorausgegangene Erörterung schließen.

[3] Bern und Zürich, s. oben S. 32,33f und 46,35–40.

ex nostris. De responso nihil audio. Megander, ut videtur, hunc assumpsit laborem, quamvis non omnia mecum communicet consilia. Misit ad vos proprium nuncium[4] me nesciente sed propter quid, nescio. Quod cogito, facilius conticuero. Simplex sum et apertus. Vellem alios etiam, quibuscum me agere oportet, tales esse. Causam itaque habes, quare ad binas tuas literas[5] nihil responderim nisi per Waltherum. Utinam quisquis ageret, felicissime ageret, ut simultas illa civitatum, qua utraque alteram quasi dedignatur alloqui, tolleretur.

Cęterum velim me certiorem reddas, quam primum poteris, quid sibi hoc velit, quod Capito binis indicavit literis[6], nempe Megandrum ad vos in suam revocari provinciam, num hoc prae manibus sit et vel tui desiderent vel ipse[7]. Utcunque, bonus alioqui vir est, doctus et pius, sed hoc desiderarem, ut ubi nobiscum manere nollet, indicaret. Non enim parum refert, quis illi succedat. O utinam is, quem tu optime nosti[8]!

Scripsit Leo[9] de pecuniis ad vos fratrum collecta missis[10]. Tui mentionem nullam fecit, et nescio, quid tandem parturiat, quum nos, qui unus esse debemus, ita vicissim negligimus[11]. Scribitur sępius ad nos, ad me nemo nisi pius Pellicanus et tu. Quare non male consulas, quod non mox responderim. Videbar mihi alios[12] hanc provinciam suscepisse, quos etiam me felicius agere facile confitear, modo me etiam suorum consiliorum aliquando conscium facerent. In summa: A te pendeo, charissime frater; quicquid iusseris, praesto sum, quod et a te expecto. De civitatum concordia questori Tilmanno[13] amicissime scribas, nam omnia potes apud hominem, similiter Petro Imm Hag, Iacobo Wagner[14], qui te optime norunt.

Misit Froschoverus duas paginas de officio prophetę[15], reliquas propediem missurus, item initia laborum Pellicani[16], quae mirum in modum fratribus arrident. Utinam citius prodeant. Interim, quae de studiorum ratione[17] et praedestinatione[18]

[4] Unbekannt.
[5] Nicht erhalten.
[6] Nicht erhalten.
[7] Obwohl man in Zürich damals die Möglichkeit einer Rückkehr Meganders erwog (vgl. oben S. 29,23-26), blieb dieser doch bis 1537 in Bern.
[8] Nämlich Bullinger selbst; zu seiner Berufung nach Bern im Dezember 1531 s. HBBW I Nr. 46 und 48.
[9] Leo Juds Brief ist nicht erhalten.
[10] Näheres s. oben S. 31,15-18.
[11] Zum Verhältnis von Jud zu Bullinger im Frühjahr 1532 und zu ihrer Debatte über die Kirchenzucht s. unten Nr. 70 mit Lit.
[12] Gemeint ist vor allem Megander.
[13] Bernhard Tillmann, gest. 1541, Goldschmied und Bauzeichner in Bern, wurde 1516 Mitglied des Großen, 1525 des Kleinen Rates, 1528–1534 war er Seckelmeister und nahm an beiden Kappelerkriegen als Leutnant teil. Er wurde öfters zu wichtigen diplomatischen Missionen verwendet. Tillmann war ein Förderer der Reformation, begleitete Haller 1526 auf die Badener Disputation und wurde danach als Ketzer geschmäht. 1528 war er einer der Präsidenten der Berner Disputation. Er lernte Bullinger sicherlich bei dieser Gelegenheit kennen, während des Zweiten Kappelerkrieges müssen sie sich auch in Bremgarten getroffen haben. Ein Brief von Tillmann an Bullinger (5. August 1538) ist erhalten. – Lit.: ASchweizerRef, Reg.; ABernerRef, Reg.; Z VIII 763, Anm. 15; LL XVIII 180; Heinrich Türler, in: SKL III 312; HBLS VI 792.
[14] Jakob Wagner, gest. 1550, aus Berner Ratsgeschlecht, seit 1520 Mitglied des Großen, 1527 und 1531 des Kleinen Rates, wurde mit zahlreichen diplomatischen Missionen betraut und bekleidete weitere öffentliche Ämter. Bei der Niederwerfung des Oberländer Aufstandes 1528 zeichnete er sich durch einen Handstreich gegen das Kloster Interlaken aus. Wagner war ein besonders eifriger Anhänger der Reformation (Tardent 132.319). Mit Bullinger war er sicherlich seit der Berner Disputation bekannt. – Lit.: ASchweizerRef, Reg.; ABernerRef, Reg.; LL XIX 35; HBLS VII 356.
[15] Siehe oben S. 41, Anm. 1.
[16] Siehe oben S. 46, Anm. 17.
[17] Siehe unten S. 94,1f.
[18] Zusammenfassend äußerte sich Bullinger

docenda visa fuerint, non me negligas. In Ioannis epistolas tuas promisit typogra- 30
phus anotationes¹⁹. Utinam et in Hebreos²⁰ statim habeam.

Vale, mihi charissime frater, et quem cepisti amare, ferventius tuo indies amore
prosequere.

28. febr. anno 32.

                   Tuum minimum numisma. 35

[Adresse auf der Rückseite:] An Meister Heinrich Bullinger, predicanten ze Zürich. Gen Zürich.

[70]

Leo Jud an Bullinger

[Zürich, Anfang März 1532]¹
Autograph: Zürich StA, E II 437a, 437r.–439v. Ohne Siegelspur
Gedruckt: *Fast* 180–188; zusammenfassende Übersetzung: *Pestalozzi* 95f

*Erhielt einen Brief von Simon Grynäus über das Problem der Kirchenzucht, las auch Bullingers
Schreiben an Berchtold Haller [vom 6. Juli 1531] sowie das Bekenntnis der Böhmischen Brüder und
legt nun seine Bullinger entgegengesetzte Meinung dar: Die Banngewalt sollte nicht beim Magistrat,
sondern bei der Kirche bzw. einem von ihr beauftragten Ältestenkollegium liegen. Er meldet auch Bedenken gegen eine Gleichsetzung der christlichen Kirche mit dem Volk des Alten Testamentes an. Die
Exkommunikation sollte nicht in einer obrigkeitlichen Strafe, sondern in der Aufhebung der Gemeinschaft, auch der des Abendmahls, bestehen. Falls er, Jud, wegen dieser Überzeugung nicht länger im
zürcherischen Kirchendienst stehen darf, ist er bereit, einen anderen Beruf zu ergreifen.*

Gratiam et pacem a deo patre per Christum.

Ecclesiam Christi suffragiis multorum non^a constitui², carissime Henrice, quum
Symon Grynęus, homo doctus et pius, me litteris docuisset³, litteras eius, ut soleo,
tibi legendas dedi, ut dispiceres mecum, quid esset ei respondendum in re seria et
admodum ardua. Intellexi sane hac opinione te non nihil offensum, quae mihi ma- 5
xime arridet, non ob id, quod Grynęus, quod fratres in Moravia⁴ sic senserint⁵, sed

---

erstmals in seiner Rede zum Karlstag 1535
über die Prädestination («Oratio de moderatione servanda in negotio Providentiae,
Praedestinationis, gratiae & liberi arbitrii»,
HBBibl I 721); zu Bullingers Prädestinations-
lehre s. *Walser*.
¹⁹ Bullingers Johannesbrief-Auslegung erschien im März 1532 (HBBibl I 37; HBD
22,1f).
²⁰ Siehe unten S. 167, Anm. 6.

^{a} non *übergeschrieben.*

¹ Bullingers Antwort ist am 15. März 1532 datiert (unten Nr. 74).
² Wahrscheinlich in einem vorausgegangenen
Gespräch.
³ Der Brief von Grynäus (Zürich ZB, Ms D
197, Nr. 14,33; *Wyß*, Jud 218f, Nr. 35) ist undatiert. Grynäus führte einen entsprechen-

den Briefwechsel auch mit Bucer (s. *Fast* 32,
Anm. 137). Zu den nach der Niederlage von
Kappel überall neu aufbrechenden Fragen
der Kirchenzucht vgl. Haller an Bullinger,
28. Dezember 1531 (HBBW I 242,19–243,7)
und Schuler an Bullinger, 23. Januar 1532
(oben Nr. 58); zur Auseinandersetzung
Juds mit Bullinger s. *Pestalozzi* 94–100; *Pestalozzi*, Jud 36–39; *Fast* 32f. Zur ganzen
Frage s. *Köhler*, Ehegericht I 354–356; *Fast*
139–142; HBBW I 207, Anm. 7 mit weiterer
Lit.
⁴ Das Bekenntnis der Böhmischen Brüder erschien zu dieser Zeit bei Froschauer: «Re-
chenschafft des Gloubens, der dienst vnnd
Ceremonien der brüder in Behmen vnd
Mehrern», 1532 (Rudolphi 26, Nr. 210; s.
noch *Fast* 33, Anm. 141).
⁵ Jud war vom Gemeindeideal der Böhmischen Brüder beeindruckt, s. *Fast* 33.

quod ea sacrę scripturae, Christi apostolorumque exemplo et facto proxime accedit. Offensum te dole[o], quem ex corde iam aliquot annos, nunc maxime amo⁶, nec tamen reiicere possum contra conscientiam, quae vera iudico. Interim legi, quę tu de excommunicatione et ecclesia ad Berchtoldum nostrum scripsisti⁷, clara quidem, docta et brevia, ut tua omnia, sed opinioni nostrę sic non obstant, ut etiam praesidium ferant.

Et primo de excommunicationis definitione nihil moror. Res quid sit, ex Christi et Pauli verbis⁸ satis liquet. Nec multum aberrasse videntur, qui eam censuram et disciplinam ecclesiasticam dixere, qua nos hodie (aeque ut ecclesia) non sine ignominia fidei et Christi caremus. Et tamen habere ecclesiam Christi pseudochristianos et falsos fratres, qui merito excludantur, non interficiantur, Christus et Paulus manifeste docent. Sed hic, ut puto, consentimus.

Dicamus ergo iuxta tuam divisionem⁹ de eoᵇ, cuius est excommunicatio.

Quod vero potestas huius data vel danda sit magistratui, qualis tandem sit, nondum video probatum abs te, saltem non firmiter. Et quoniam ecclesiae et excommunicationis res quasi eadem est, de utraque permixtim dicamus.

Ego ecclesię puto excommunicationem esse datam a Christo. Magistratum autem et ecclesiam res esse longe diversissimas, non quidem sic, ut nunquam coire possint, sed natura sua res separatas et distinctas, si non scriptura, certe res ipsa clamat. Nam magistratus fuit, quum nondum esset ecclesia Christi. Et ipsum ethnicum ac plane tyrannicum tum, cum congregarent apostoli ecclesiam Ierosolymis et in nomine Iesu praedicarent poenitentiam, imo ecclesiam impugnasse cap. 4 [1ff] et 21 [18ff] Actorum satis ostendit. Ecclesiae datam esse excommunicationem Christus docet Math. 18 [15–18], Paulus 1. Cor. 5 [1–5]. Iam non nego, ut regna sunt separata et distinctaⁱ⁰ et utriusque diversa officia ac munera (alterum enim super res est et corpora: Rom. 13 [1–7], 1. Timoth. 2 [1–3], 1. Cor. 6 [1–6], alterum super animas), utraqueᶜ tamen a deo et ministraᵈ dei, ita fieri posse et fieri nonnunquam, ut ex alterius castris in alterius transire castra quis possit et simul in utroque esse. Exemplum est in Iosephⁱⁱ, Nicodemoⁱ², centurioneⁱ³, Demaⁱ⁴. Nam illi tametsi magistratum terrenum gerebant, in ecclesiam tamen Christi sunt cooptati. Possunt et, si fieri potest, debent etiam ex ecclesia fideles in magistratum adsumi. Iam nihil vetat, quominus quis in utroque ordine sit, ut ex praecedentibus liquet.

Post istam distinctionem ad excommunicationem redeamus. Excommunicatio ergo ecclesię est aut seniorum, quibus ecclesia eam demandat, qui et ecclesia dicuntur, quoniam eam repraesentant. Tales ecclesię Christi praefectos fuisse ex epi-

---

ᵇ de eo *übergeschrieben; das ursprüngliche* ad eum *blieb irrtümlich im Text stehen.*
ᶜ *aus* uterque *korrigiert,* a *übergeschrieben.*
ᵈ *aus* minister *korrigiert.*

⁶ Jud kannte Bullinger seit 1523, s. HBBW I 55, Anm. 1
⁷ Bullinger an Berchtold Haller, 6. Juli 1531 (HBBW I 207,33–214,23).
⁸ Mt 18,15–18 und 1Kor 5,1–5
⁹ Bullingers «Aufteilung» in seinem Brief an Haller lautete: «Hoc imprimis excutiendum videtur, [1.]apud quem sit excommunicationis authoritas et[2.]quis sit modus eius» (HBBW I 208,10f).
¹⁰ Zur Zwei-Reiche-Lehre s. Franz *Lau*, in: RGG VI 1945–1949.
¹¹ Vgl. Mt 27,57ff par.
¹² Vgl. Joh 3,1ff und 19,39.
¹³ Vgl. Mt 8,5ff par.
¹⁴ Vgl. 2Tim 4,9. Das Beispiel des Demas ist hier nicht angebracht; gewöhnlich wird in diesem Zusammenhang Cornelius angeführt, vgl. Apg 10; s. noch *Fast* 181, Anm. 44.

stolis apost[olorum][15] satis constat viros grandevos, maturos et graves, vitę innocentia et moribus spectatos et probatos, ut tu docte ex Tertuliano[16] adducis [17], cuius sententiam valde probo. Hi ecclesię praesunt in hisce rebus, quae ad disciplinam morum, ad correctionem denique pertinent, ad componendas controversias et civiles causas, quę capitales non sunt[e] aut alias ad magistratum pertinent. Nam hę magistratibus servantur et intra ecclesiam raro contingunt – quia «lex vite et spiritus» etc.[f] [Röm 8,2], si vero contingunt, legi subiacent huiusmodi, || [437v.] qui gratiae iugum detrectant. Et quaedam plectit ecclesia, quae magistratus fortassis peccata vix duceret esse, ut adulterium et foenus atque huiusmodi. Illis, inquam, committit ecclesia excommunicationem, non magistratui, nisi magistratus omnis fiet christianus et intra ecclesiam Christi. Nam excommunicationem committi simpliciter magistratui, qualiscunque tandem sit, nihil aliud est, quam prodere Christi regnum et doctrinam. Et recte tu quidem addis: «Si in nomine Christi congregetur»[18]. Sed iam vide, mi Henrice, an magistratus noster, quem interim exempli vice sumo, in nomine Christi congregetur. Consydera quales plerique sint: sues, canes, hostes nominis Christi, hostes pietatis, hostes iusticie et reipublicae, hostes verbi dei et ministrorum, idque ex professo. Qui si suffragiis vincunt nebulones, tam abest, ut plectantur, ut etiam plantentur et impune omnia audeant. Memineris ergo verborum tuorum: «Non omnem coetum esse sanctum»[19]. Sancta autem ecclesia Christi ex piis et fidelibus collecta. Fideles et pios voco, qui se profitentur saltem se fidere Christo, opere manifesto et verbo palam non reclamant. Spiritualis est ecclesia, non quod constet solo spiritu, sed quod membra eius spiritu Christi ducantur et regantur[20] aut certe regi et duci debeant, in quibus spiritus Christi contra carnem et vitia pugnat[21]. Nos vero in ecclesia habemus papisticos, impios, contumaces, praefractos, turpes homines, illusores, hostes[g] et persequutores Christi et evangelii, qui ore, corde, opere, malis artibus clam palam impudentissime vi, fraude, velis remis, manibus, pedibus, noctu dieque aliud nihil agunt, meditantur, moliuntur, quam ut regnum Christi excindant, libere se dicunt evangelio nostro non credere, vocant doctrinam evangelicam heresim et diaboli doctrinam. Taceo vitia eorum, quibus madent. Iam tu oculos in istam ecclesiam defige et consydera faciem eius, an Christi ecclesia dici mereatur, in qua huiusmodi nebulones sunt, imo regnant[22].

Hic, mi Henrice, ne putes me ista loqui ex adfectibus aut studio maledicendi aut ex odio in quemquam, aut quod me sanctiorem aliis ducam. Conscius enim mihi sum infirmitatis meę, immunditię meę, non abiicio eos animo, peto salutem eorum, peto, ut ad veritatis cognitionem et ipsi perveniant. Sed puto interesse glorię dei, interesse glorię Christi, donec tales sunt, idque palam, nec admitti debere in ecclesiam Christi, nec tolerari in ea, multo minus permittere, ut ceteros excommunicent

---

[e] non sunt *übergeschrieben*.
[f] quia lex vite et spiritus etc. *am unteren Rande nachgetragen*.
[g] *vor* hostes *gestrichen* et.

[15] Vgl. u. a. 1Tim 5,17ff.
[16] Siehe HBBW I 55, Anm. 3f.
[17] HBBW I 209,16–28.
[18] HBBW I 208,26.
[19] HBBW I 209,34.
[20] Vgl. Apg 1,8; Röm 8,2ff; 1Kor 12,3ff.
[21] Vgl. Röm 8,13; Gal 5,17.
[22] Zur Lage der Zürcher Kirche nach dem Zweiten Kappelerkrieg s. *Pestalozzi* 81–84.91–94; *Pestalozzi*, Jud 33–36; *Maeder*, Unruhe; Helmut *Meyer*, Stadt und Landschaft Zürich nach dem Zweiten Kappelerkrieg, in: HBGesA I 251–267; Hans Ulrich *Bächtold*, Bullinger und die Krise der Zürcher Reformation im Jahre 1532, in: HBGesA I 269–289.

aut praesint in ecclesia Christi aut suffragia ferant in rebus ecclesiae, nam nihil ecclesię Christi commune cum istis nebulonibus, nihil cum impiis (semper impios dico, qui palam Christo verbo et opere reclamant; nam scio in ecclesia etiam esse impios, sed illi manifesti non sunt; latent nos, donec sese produnt), sed eos abiiciendos, nec admittendos, sed habendos ut ethnicos[23]; imo nunquam fuerunt in ecclesia Christi. Malos esse in ecclesia non sic intelligo, quod mali debeant esse in ecclesia, sed quod sint in ecclesia, id est, sese membris ecclesię adiungunt. Nec possunt nostro iudicio comprehendi, qualesnam sint hypocrite et simulatores. Quum autem manifesti fiunt, iam non debent tolerari in ecclesia, sed excludi, donec pudore victi novam vitam polliceantur. Deinde, etiamsi ecclesię membra aliquando egrotant et cadant – «Septies enim cadit iustus et resurgit» [Spr 24,16] –, non tamen fit hoc ex contumacia et impietate, sed ex fragilitate, mox casum suum agnoscunt, pudore suffunduntur, admittunt correctionem ac disciplinam recipiunt, poenitent et dolent. Quod si qui tam sint pertinaces, ut post unam et alteram admonitionem transgredi pergant, in aliorum exemplum ecclesia excluduntur et ethnici habentur – et certe non levis res est ecclesia Christi eiici. Ex ecclesia dico, non ex urbe nec e senatu nec e curia seu zunfta, non e republica. Potest enim esse civis aut senator, qui non est in ecclesia Christi. Quod si cum filio prodigo[24] in sese descendens cum fletu et signis poenitentiae redierit et veniam supplex rogaverit, patere debet ei gremium sancte matris ecclesię. Maria Magdalena[25], Zachaeus[26], Mathaeus[27], Petrus[28] satis ostendunt, quibus patere debeat ecclesia Christi: Qui certis et indubitatis signis sese Christi et melioris vitę desyderio teneri indicarunt.

|| 438r. Si vero culpa talis est, ut publicis legibus plecti conveniat (quod raro accidit piis), in manus traditur eius, qui gladium gerit[29]. Puto enim excommunicationem mitiorem disciplinam, quam ut magistratui, qui gladium gerit, conveniat. Et sunt quaedam, quae citra gladium emendari possunt, 1.Cor. 6 [1ff], per seniores ecclesię. Iam si quidam ex magistratu verbum dei arripuerunt et in ecclesię consortium concesserunt, quis vetat illos in numerum seniorum, quibus excommunicatio commissa est, accipi?

Quod si magistratus omnis cervicem iugo Christi submiserit, quod magis optari quam impetrari posse puto, non obsto, quin vicem ecclesię referat et suppleat, sed non ut magistratus iam, sed seniores. Magistratus enim aliud officium est et aliud agit. Hoc modo constituta ecclesia manet cuique regno sua iurisdictio salva, integra et illesa. Habet magistratus suas leges, sua iura pro republica, cui praeest, habetque ecclesia suas leges, verbum dei, sacramenta, exhortationem, disciplinam, excommunicationem. Habent tribuni plebis[30] et curię suas constitutiones in contractibus, in venditionibus, emptionibus, habent artifices sua. Libera sunt sua cuique, quatenus Christi seu magistratus legibus non prohibentur. Qui foris sunt, extra ecclesiam Christi, quantumvis pessimi, ab his, qui in ecclesia sunt, contemnendi non sunt nec animo abiiciendi, sed omni benevolentia prosequendi, exemplo vitę nostrę, innocentia nostra, iusticia, fide, humilitate, mansuetudine, tolerantia, charitate ad Christum pelliciendi, benefitiis provocandi, orationibus anxiis ad deum

[23] Vgl. Mt 18,17.
[24] Vgl. Lk 15,11ff.
[25] Vgl. Lk 8,2.
[26] Vgl. Lk 19,2ff.
[27] Vgl. Mt 9,9ff par.
[28] Vgl. Mt 26,69ff par; Lk 22,31ff; Joh 21,15ff.
[29] Röm 13,4.
[30] Gemeint sind die Ratsverordneten.

adiuvandi, ut convertantur et vivant[31], donec deus sua luce eos illustret[32], suo spiritu trahat[33], ut in unum corpus[34] nobiscum coeant. Hoc cum impetramus, gratię agendę deo, cuius regnum ampliatum est. Si minus impetramus, admirabimur et reverebimur iudicium dei occultum[35], cui eos relinquamus oportet. Hic modus si servatus esset, mi Henrice, superstes adhuc nobis esset sanctę memorię magnus vir Zuinglius, superstes reliqui fratres fortes et pii[36], salva esset respublica Tigurina, mitiores et mansuetiores Quinquepagici, ecclesia esset nobis purior, ferventior, sanctior, constantior, possent in ecclesia omnia officia et ministeria dignius tractari, provideri et administrari, pauperes fidelius curari. Iam confusa et perturbata sunt omnia. Senatus ecclesiis indignos quosque praeficit, indoctos et ignaros ad episcopatus admovet, pauperes fraudat, scelera dissimulat. Qua ex re quantum adversariis offendiculi detur, tu ipse consydera. In prima illa ecclesia apostoli quum presbyteris curatores pauperum constituebant, non magistratus Hierosolymitanus: Acto. 6 [1ff]. Item, quum incideret disceptatio de circumcisione et cibis, apostoli statuerunt, non senatus: Acto. 15 [1ff]. Iam nos ab illis toti pendemus nec impetrare possumus, ut quae in synodis tractantur, ad eos perveniant. Et que nos recte et sancte constituimus, an minus procedere debent, si ipsis displicent?

Atque hic simul expedire volo, quod adhuc ambiguum habeo circa ecclesiam Christi, videlicet, ecclesiam externam cum iudaica aut israelitica eandem esse (de externa loquor). Id enim mihi non videtur[37]. De interna nihil dubito. Rationem dubitationis reddam. Quum praedicassent apostoli Hierosolymis, non cooptabant synagogam iudaicam in ecclesiam Christi, imo synagoga eos excommunicabat, ut est Ioannis 9 [22.34]; 16 [2], item in Actis [8,1. 21,27ff u. a.]. Quod factum fuisset, si promiscue quoscunque (ut nos) eo, quod populus dei fuissent, in ecclesiam Christi censuissent. Sed ex Iudęis et gentibus novam Christo ecclesiam collegerunt vetere repudiata, et huc spectant omnes prophetae de repudiatione Iudęorum et vocatione gentium[38]. ǁ [438v.] Ad haec ecclesia nostra magis ad eam quadrat, quae ante, quam ad eam, que sub lege fuit, ut hinc inde ex comparationibus ecclesiarum, quas[h] apostoli habent, colligere licet: 1.Cor. 10 [1–4] de baptismate, item in [1]Petro [3,21], item Math. 8 [11]: «Venient et recumbent cum Abraham» etc. Et Genesis [6,1–4], ubi dicitur de filiis dei, quod filias[i] hominum concupierint et in uxores duxerint, satis declaratur, quam deo displiceat commixtio illa filiorum dei et filiorum hominum. Nam illic per filios dei intelligo, qui spiritu dei tracti innocenter coram deo ambularent[39], per filios hominum, qui cupiditatibus carnis ducti mundo vivebant[40]. Verum tum non erat ecclesia certa et collecta ut postmodum sub Iudęis et apostolis, sed erant dispersi, quos Christus venit ut congregaret et in hoc apostolos misit ut colligerent: Ioannis 10 [3f][41]. Neque solum gentes intelligo, sed et Iudęos, neque hec mea opinio cum hoc pugnat, ecclesiam unam et eandem semper fuisse et fore ab initio mundi usque ad finem, interiorem tamen, non externam. Nam externa

---

[h] vor quas *gestrichen* collige.
[i] *in der Vorlage irrtümlich* filios.

[31] Ez 3,18.
[32] Vgl. 2Sam 22,29.
[33] Vgl. Joh 6,44.
[34] Vgl. Eph 4,4.
[35] Vgl. Röm 11,33.
[36] Die im Zweiten Kappelerkrieg Gefallenen.
[37] Zur Einheit von altem und neuem Bund bei Bullinger s. *Staedtke* 57–71.
[38] Vgl. u. a. Jes 10,22.65,1f; Hos 1,9; Röm 9–11.
[39] Vgl. Gen 17,1; Ps 56,14.
[40] Vgl. Eph 2,3; 1Joh 2,15f.
[41] Siehe noch Mt 10,5ff; 12,30.

miris modis pro tempore variata sunt. Deinde ecclesia Christi omnibus est perfectior, nobilior, sanctior et excellentior, quo praestantiorem habuit administratorem et sponsorem, ut Paulus dicit[42]. Qui ut est segregatus a peccatoribus, ita et hanc mundam et puram, ab omni sorde repurgatam esse convenit.

«Neque vero», inquis, «omnes Christiani sumus, qui intra ecclesiam Christi censemur» etc.[43] Quę verba si exacte et diligenter expendas, mi Henrice, magis contra te quam pro te facient. Nam iisdem verbis ego et vere dicere possum: Non omnes sunt Christiani, qui intra senatum sunt accensi. Quid igitur facies illis, qui adulterium, fęnus, quę tu extincta cupis, in sinu alunt et hoc morbo ipsi laborant, quem tu sanatum velis[44]? – «Si de eius, qui peccavit, exclusione aut mulcta quęras, verebitur, ne eodem iuguletur laqueo[45], quem illi necteret.»[46] Pulchre itaque dissimulabit. Breviter: Singula verba, quibus tu niteris ecclesię excommunicationem adimendam tradendamque magistratui, ego ad probationem adsumam, ut magistratu adimatur, ecclesiae tradatur. Nam senatores quo plus sapiunt, simulque peiores sunt, quoque magis habent authoritatis, hoc plus nocent et vaframentis pluribus nituntur, morbis laborant peioribus quam simplex plebecula. Hoc in senioribus ecclesię et probatis viris verendum non est. Probatione nihil opus, quum habeamus quottidie huius rei non obscura exempla. – Dicis praeterea: «Quid, si unus et alter ex magistratu degeneret aut in transversum subdola agat consilia? Deponatur e fastigio et surrogetur in eius locum syncerior.»[47] An hec serio, Henrice? Vides quottidie bonos et probos a nebulonibus e senatu eiici[48]. Tam abest, ut boni malos pellere possint, nec licet nobis, fortasse etiam non expedit, pessimos magistratu exuere. Ex senioribus autem ecclesię si quis in transversum subdole quid ageret, mutare sine negocio possemus et alium in locum eius surrogare. Haec non dico, mi Henrice, ut magistratum contemnam. Didici omnibus magistratibus obedire[k] ex doctrina Christi et apostolorum[49]. Sed quum gentes sunt aut gentibus etiam peiores et hostes evangelii (ut fere hodie videmus, sic enim merentur peccata nostra), absurdum esse puto, contra Christi et apostolorum institutum, ut eis quidquam vel minus excommunicatione committatur. Obediendum vero ipsis scio, etiamsi hostes sint evangelii, dum alias recte officio suo funguntur. Nam hoc docet Petrus[50].

||[439r] Cęterum de modo excommunicationis satis dilucide Christus Math. 18 [15ff] et Paulus 1.Cor. 5 [1ff]. Placet et mihi, quod tu hac in re sentis[51], nisi quod nolim magistratum esse ecclesiam. Quę enim ecclesia excommunicat, minora sunt, quam ut in capitis periculum adducant exclusum. Quod si crimen tale est, utatur suo gladio in eum magistratus. Iustis enim lex non est posita[l][52]. Quod excommunicatio individuus debeat esse comes coenę, de hoc ego non digladior. Sed hoc certum est, sacramenta Christum dedisse ecclesię suę[53]. Et panis gratiarum actionis cibus est fidelium et eorum, qui in ecclesia Christi sunt. Si quis iam in ecclesiam Christi non

---

[k] obedire *am Rande nachgetragen.*
[l] *nach* posita *irrtümlich wiederholt* est.

[42] Hebr 7,22.26. 8,6.
[43] HBBW I 208,33f.
[44] Vgl. HBBW I 208,35.
[45] Vgl. die Redensart «sie fangen sich in ihren eigenen Schlingen» (Otto 187, Nr. 917) oder «cum suo ipsius gladio iuguletur» (Otto 154, Nr. 759) vgl. auch Adagia, 1,1,53 (LB II 49 B), bzw. Adagia, 1,1,51 (LB II 48).
[46] HBBW I 208,36–209,1.
[47] HBBW I 209,7f.
[48] Siehe oben Anm. 22.
[49] Vgl. Mt 22,21 par; Röm 13,1ff.
[50] 1Petr 2,13–15.
[51] HBBW I 210,4–212,17.
[52] 1Tim 1,9.
[53] Vgl. Mt 26,26–29 par. 28,19.

pertinet (de quo satis supra⁵⁴) nec adhuc est in eam receptus, aut si quis eiectus nondum est reconciliatus, is admittendus non est, donec ecclesię de sua poenitentia constiterit et ecclesię fuerit incorporatus et unitus. De intervallo aut temporis spacio non sum solicitus, modo veniat ut filius prodigus, Magdalena, Zachaeus etc. et ecclesię reconcilietur prius. Nam donec eiectus est, edere de hoc pane non debet. Nec leviter tractandum puto hoc verbum: «Probet seipsum homo et tunc» [1Kor 11,28]. Non sic probatio ad ipsum solum pertinet, quin ecclesię etiam debeat esse certis signis nota, quo respexit Christus: «Quodcunque solveritis» [Mt 18,18] et Paulus de receptione adulteri post poenitentiam⁵⁵.

Augustinus⁵⁶, tam sanctus et doctus vir, novem annos in errore captus non statim ab ecclesia recipitur, quamlibet ex sancta radice⁵⁷ suppullularit, quamlibet sacris lectionibus sese exercuerit⁵⁸. Tanta res in ecclesiam Christi⁵⁹ inaugurari, fieri membrum corporis Christi, domicilium spiritus sancti⁶⁰, censeri inter oves gregis dominici, quę sanguine Iesu Christi sunt redemptę⁶¹. Nam utcunque deus suos norit⁶², certis tamen signis semper suos manifestat et notos facit ad laudem et gloriam nominis sui, ita, ut obscuri esse non possunt, exerit se fides, lucet lux bonorum operum in piis⁶³, in impiis rursum impietas se prodit, etsi aliquando inter pios in ecclesia abscondant se impii, ferunt tamen suo tempore fructus, quibus deprehendi possunt, produnt sese suis fructibus⁶⁴. Magnam ergo rem dico esse in ecclesiam Christi recenseri et adsumi in societatem patris, filii et spiritus sancti⁶⁵, in societatem apostolorum et prophetarum etc. De qua Ioannes in tota illa epistola, quam tibi iam tractandam sumpsisti⁶⁶. Qui tota epistola nihil aliud facit quam ostendere, quid membris Christi conveniat.

Nec volo ex ecclesia facere monachatum aut pharisaismum^m ut catabaptistę, quibuscum mihi nihil unquam fuit commune, sed toto pectore ab iis abhorreo, praesertim quos ego hactenus viderim et audierim homines contentiosos et plane nebulones⁶⁷. Sed nec volo, ut sint in ea cinericii pediculi et huiusmodi sordes et excrementa, quę nec inter bonos cives numerari quis patiatur.

Quare, ut tandem finiam, te per Christum, servatorem nostrum, rogo et obtestor, ut hanc de ecclesia disputationem dum legeris, non cito et temere explodas aut reiicias. Expende scripturam sacram, confer diligenter Christi doctrinam cum apostolorum et primę ecclesię instituto. Videbis hanc ne unguem latum⁶⁸ ab eo dissentire.

|| 439v. Ego quidem, quod libere dico, aliter sentire non possum, nisi contra conscientiam dicere velim (a quo scelere servet me deus). Scio aliter scriptum esse et iam multis seculis observatum tam a veteribus quam neotericis. Sed nullius hominis

---

m *in der Vorlage* pharaismum.

⁵⁴ S. 59, 60–72.
⁵⁵ Siehe 2Kor 2,5ff; dazu vgl. 1Kor 5,1–13.
⁵⁶ Siehe HBBW I 98, Anm. 96.
⁵⁷ Augustins Vater starb als Christ, hier wird aber eher seine Mutter Monica gemeint sein, vgl. Rudolf *Lorenz*, in: RGG I 738.
⁵⁸ Siehe Augustin, Confessiones 9,4–5 (CSEL XXXIII 201–207).
⁵⁹ Vgl. 1Kor 12,12ff; Eph 5,30.
⁶⁰ Vgl. Röm 8,9.11; 1Kor 3,16; 2Tim 1,14.
⁶¹ Vgl. Lk 12,32; Joh 10,11ff; Apg 20,28.
⁶² Vgl. 2Tim 2,19.
⁶³ Vgl. Mt 5,16.
⁶⁴ Vgl. Mt 7,16–20 par.
⁶⁵ Vgl. Mt 28,19.
⁶⁶ Bullingers Kommentar zum 1. Johannesbrief erschien im März 1532 (HBBibl I 37).
⁶⁷ Jud war ein guter Kenner des zürcherischen Täufertums (s. *Fast* 187, Anm. 62), umso merkwürdiger ist dieses harte Urteil trotz «der großen theologischen Nähe» (ebenda).
⁶⁸ «keinen Finger breit», s. Otto 356, Nr. 1825.

tanta debet esse authoritas, ut huius gratia veritas deseratur. Necque tamen interim damno eorum studium et laborem. Scio omnes, quotquot glorię Christi studiosi sunt, uno consensu huc spectasse, ut regnum Christi quam latissime propagarent, sed tamen interim quidam allegoriis, quidam adfectibus, quidam seculo suo, quidam contentionibus nimium (quod negari non potest) indulserunt. Usus est eorum errore deus ad gloriam suam et nostri confusionem et exemplum.

Dicet fortasse aliquis: Hoc est ecclesiam turbare[n], hoc est schisma in ecclesiam inducere. Respondeo cum Helia[69]: Is turbat ecclesiam, qui[o] gloriam suam querit, non Iesu Christi, qui contra institutum dei suum figmentum amat et sequitur. Is scindit ecclesiam, qui homines a deo avocat et post se trahit, quos deo adducere oportuit, qui veritate victus non cedit, sed pertinaciter pergit.

Neque haec scribo, ut novare quid velim temere et inconsulto, sed ut cognito morbo, qui primus gradus est sanitatis, de remediis et pharmacis dispiciatur, ut corpus sic reparetur, ut neque corporis concussio nec membrorum dissolutio fiat. Nos si verbum domini sequuti fuerimus et ardentissimis precibus eum pulsaverimus, ipse vias inveniet et ostendet, ut aliquando ecclesiam sanctam, puram et Christo dignam habeamus. Interim ego tibi glorię dei studenti non deero, quatenus fert mea parvitas. Porro, si tibi haec opinio minus probatur, mihi nihilo es vilior, imo hoc magis deum orabo, ut te nullibi sinat labi, tibi in omnibus adsit. Et certe citius sum abiturus quam ne tantillum quidem contra te moliturus. Stat quisque gratia dei[70]. Dum per conscientiam integrum haec videre aut his consentire non erit integrum aut ecclesię ministrare, labore aliquo honestoque opere victum mihi parabo. Et scio fidei meę fraudi non esse[71], etiamsi inter Sarracenos habitarem. Laborabo ergo in ecclesia Christi, qualisqualis sit, donec me deus alio vocabit, libentius hoc facturus, si ad normam Christi reformata erit, quod futurum ita non dubito ut de fide in Christum. Sed interim ministrare indignis et impiis sacratissimum Iesu Christi corpus et sanguinem, qui et ore, corde et vita Christo reclamant, hoc demum est, quod me non parum urit. Deus misereatur nostri et expurget e sua ecclesia omnes sordes.

Tu perpetuo vale. Dominus dirigat cursum tuum et ministerium tuum in gloriam suam. Orationem parum dispositam (quam loquacitatem potius vocare deberem) tu, mi Henrice, homo facundus et eloquens, boni consule.

Non relegi. Parce mendis.

Relege et expende diligentius libellum fratrum in Moravia, et clarissima lux accedet[p].

[Ohne Adresse.]

---

[n] nach turbare irrtümlich wiederholt ecclesiam.
[o] vor qui gestrichen et homines.
[p] Auf dem nächsten Blatt (439a v.) unten von Bullingers Hand: Schwenckfeldii, Leonis et mee aliquot.

[69] Siehe 1Kön 18,17f.
[70] Vgl. Röm 5,2. 14,4f.
[71] Vgl. Röm 9,33. 10,11.

[71]

Hans Mutschli an Bullinger

[Bremgarten]¹, 4. März 1532
Autograph: Zürich StA, E II 355, 42. Siegelspur. – Ungedruckt

Teilt Bullinger das Schreiben der V Orte an Bremgarten mit, in welchem diese unter Strafandrohung auf die Rekatholisierung der Stadt, die Wiedereinführung der Messe und eine strengere Einhaltung der kirchlichen Vorschriften drängen; der Rat erließ daraufhin die entsprechenden Verordnungen.

Gnad und frid von got mere sich zů allen ziten, gunstig her.

Uff daß hin als² ich mit üch gerett hab, ist uff den jetzigen suntag begegnett³ ein geschrifft; hatt man unß nach alltem bruch vorgelessen, lut also:

«Wir von den 5 orten sint bericht worden, daß ir zů Bremgarten fleisch und eiger⁴ essen in verbottnen zitten nach ordnung und uffsatz⁵ der hellgen cristenlichen kilchen, ouch darby nit bichten, ouch die hellgen wirdigen sackrement und andere cristeliche ordnungen nit thůn wellen. Darum ermanen wir üch, ir wellentᵃ von üwerem fürnemen⁶ stan⁷ und thůn nach ordnung deß allten gotlichen waren bruch; daran thůn ir unß groß gefallen. Wo daß nit, sond ir unser straff erwartten sin⁸, dan üch woll ze wüssen ist, daß wir unsere hand gegen üch offen hand gehallten⁹. Darnach ir üch schickten¹⁰, darnach¹¹ werden ir gnedig heren haben».¹²

Uff daß habend min heren gebotten, solches zeᵇ hallten, und wer daß ubersech¹³, ir straff ze erwarten sin, und welcher vermeinti, solches nit ze thůn, dem stande [das] thor offen; moge allso hinweg züchen. Daß thůn ich üch in gůter meinig ze verstan¹⁴, darmit und ir [üch] in der sach wissen ze hallten¹⁵. Darmit sind got dem heren befolchen.

Datum uff den vierten tag mertzen im 32. jar.

Ü[wer] williger diner
Hanß Mutschli.

ᵃ *in der Vorlage* vellent.
ᵇ ze *irrtümlich doppelt.*

1 Mutschli war nach der Rekatholisierung Bremgartens (Kt. Aargau) dort geblieben. Der Absendeort ergibt sich auch aus dem Inhalt des Briefes.
2 Nach dem, was ich ...
3 bekannt geworden, zu Ohren gekommen (SI II 146).
4 Eier (SI I 15).
5 Anordnung (SI VII 1529); Sinn: in Zeiten, da es nach der Anordnung verboten ist; also zur Fastenzeit.
6 Vorhaben, Vorsatz, Absicht (SI IV 746).
7 abstehen, ablassen (SI XI 517–519).
8 Wenn das nicht (geschieht), sollt ihr unserer Strafe gewärtig sein.
9 daß wir uns euch gegenüber freie Hand, bzw. Handlungsfreiheit zur Bestrafung vorbehalten haben (s. SI I 113); vgl. HBRG III 313. – Bremgarten hatte bereits Mitte Januar 1532 schriftlich versprechen müssen, sich in allem dem Willen der V Orte zu fügen und zum katholischen Glauben zurückzukehren (EA IV/1b 1265; HBRG III 308f; *Bucher* 175).
10 so wie ihr euch fügen werdet (SI VIII 506f).
11 dem entsprechend, so (SI IV 639).
12 Das Original des Schreibens ist nicht erhalten; es ist erwähnt: HBRG III 309; vgl. auch ASchweizerRef IV 1496.
13 übertrete (SI VII 546).
14 Das gebe ich dir ... zu verstehen.
15 zu verhalten. – Das Ergebnis dieses Schreibens und auch anderer Briefe aus Bremgarten war, daß sich Bullinger schriftlich an die Räte von Zürich und Bern wandte (s. HBRG III 309f bzw. unten Nr. 77). Zürich und Bern brachten die Angelegenheit vor mehrere Tagsatzungen im Frühling 1532, konnten jedoch die Sieger an der Ausführung ihres Vorhabens nicht hindern (s. EA IV/1b 1306f.1321 c.1342 hh. 1354 b.; ASchweizerRef IV passim; HBRG III 311–314; *Blanke* 130–132).

20 [Adresse auf der Rückseite:] Dem ersamen wolgelertten Meister Herichen [!] Bulliger, predicant Zürich, minem gunstigen heren^c.

[72]

Wolfgang Capito an Bullinger

Augsburg, 5. März 1532

Autograph: Zürich StA, E II 347, 25f. Siegelspur. – Ungedruckt

Man meldete die Gefahr eines neuen Krieges gegen die V Orte. Die Eintracht mit Bern muß wieder hergestellt werden. Für den verlorenen Krieg ist Buße zu tun. Kriegsdienst verträgt sich nicht mit dem Pfarramt.

Gratiam et pacem a domino, charissime frater.

Hic fama est praecelebris de concordia qualicunque vestrorum inter se civium adeoque consensu in evangelium perpetuo, verum subgliscere novum bellum adversus Quinquepagicos, quod propediem vere propius appetente sit erupturum. Id
5 quod hac tempestate nolim, rebus videlicet adeo tenellis ac imbecillibus. Vidimus inimico deo pridem pugnatum. Cur studebimus, obsecro, Martem denuo provocare tam ancipitem, tam periculosum, tam alienum a christiana mititate? Atqui vanum esse eum nuncium, qui hunc rumorem sparserit[1], magnopere spero, postquam tu dux verbi studia pacis tanto animo prosequeris.
10 Pręterea nihildum audio de vestratium cum Bernatibus consensione[2], qua nihil esse conducibilius possit. Id, oro, vel per hunc bonum virum[3] significabis, quo^a pacto se publica, praesertim quę ad religionem spectant, habeant^b, atque urgebis interea extimulabisque optimum quemque aras et focum[4], quod aiunt, considerent, quo discedant tandem ab animi pertinacia. Cessit infaustum hoc bellum infelicissime.
15 Alius causam in alium reiectat, et tamen omnes ad unum admissis nostris cladem hanc commeruimus. Quid non comuniter, quę deliquimus, pęnitentia meditamur corrigere? πολλὰ γὰρ ὕπουλα[5], latuerunt, neque expedit, ut ea in lucem mutuis conviciis producantur. Gaudeo visam mihi propius consideratam perspectamque esse vestram ecclesiam[6]. Nam quod ad eruditionem attinet, quid, queso, requiram?
20 De pietate autem cur dubitarem, quin sit altius in dies defixura radices? Quod fiet

---

^c *neben der Adresse von Bullingers Hand:* Den brieff schick mir wider.

^{a-b} *von* quo *bis* habeant *am Rande nachgetragen.*

[1] Wer in Augsburg von der Gefahr eines neuen Krieges erzählte, ist nicht bekannt.
[2] Zu den Bemühungen, das gute Einvernehmen zwischen Zürich und Bern wiederherzustellen, s. oben S. 32, 33f und S. 46, 35–40.
[3] Unbekannt.
[4] Die Wendung «arae et foci» entspricht dem deutschen «Haus und Hof», Otto 33, Nr. 147.
[5] Versteckte Übel, Unheil.

[6] Nach Abschluß der Synode reiste Capito am 14. Januar 1532 von Bern ab (*Straßer* 82) und nahm hernach in Zürich an einer Versammlung von Pfarrern teil (Haller an Vadian, 29. Januar 1532; Capito an Vadian, 14. Februar 1532: Vadian BW V 34.43). Über Konstanz, Lindau (Vogler an Vadian, 14. Februar 1532: Vadian BW V 44; *Moeller, Zwick* 166), Esslingen, Augsburg (s. unten Anm. 8), Kempten, wo er am 8. März zwischen den drei dortigen Pfarrern zu vermitteln versuchte (Otto Erhard, Die Reformation der Kirche in Kempten, Kempten 1917, S. 77–87), und Ulm kehrte er wohl nicht vor Ende März 1532 nach Straßburg zurück, vgl. *Baum* 486–488.

ministerio tuo, mi frater. Pondus maximum sustines, scilicet christianę reipublicae tantę ditionis salutem. Privatorum enim religionem moderareris minori cum periculo. Hic opus est, ut caveas, ne magistratus neque nimium neque nihil agat earum rerum, quę sunt regni Christi. At nota sunt et hęc tibi.

Porro scire aveo, num paroecis bellandi necessitatem remiserint senatores[7]. Quid enim viro apostolico commune cum armis? Animadvertendum esset, quibus affectibus bellandi studium imbuat ministerium spiritus, deinde, quam deiiciat apud vulgum, postremo, quod viduis ac pupillis domi consolatore opus est, adeoque plures animę esse[!], quę sint relictę domi, quam quę vel ad subitum belli tumultum eruperunt. Quorum curam in se paroecus recepit. Omitto, quod inter arma tranquillo spiritui parum loci sit, sed apertus campus ad penitentiam cohortandi eos, qui metu expavefacti domi manserint. Pacis artibus crescimus nos ||²⁶ ministri spiritus, non insolitis nobis strategematis[c], quibus egregie valent pessimi quique. Hęc scribo, ut sit, quod iudicii trutina expendas. Spero enim Bernates bona hęc consilia admisisse. Amicos omnes ordine salutabis non aliter ac si nomina recenserem; nam rebus quam verbis gratus inveniri malim.

Augustae[8], 5. marcii anno 1532.

V. Capito tuus.

[Adresse darunter:] Heinrico Bulingero, ecclesiastę Tigurino, amico et fratri suo. Zürich.

[73]

Berchtold Haller an Bullinger

Bern, 11. März 1532

Autograph: Zürich StA, E II 360, 39. Siegelspur. – Ungedruckt

Gibt seiner Freude über die Rettung des Großmünsterstiftes Ausdruck: Bullinger ist in Zürich doch nötiger als in Bern. Berichtet über die Ernennung von Helfern für die Landschaft Bern und über Rhellikan, bittet um die Zusendung der Römerbriefauslegung und anderer Bullingerschriften sowie von Pellikans Kommentaren und sendet Bullinger den gedruckten Berner Synodus zur Begutachtung zu.

S. Deo sint gratię per Iesum Christum, qui in corda tuorum te organo locutus est ipsisque persuasit, ne religionis nervum, studia scilicet apud vos ut florentissima ita

---

[c] *in der Vorlage* stratagematis.

[7] Bullinger hatte zur Verteidigung von Zwinglis Teilnahme an der Schlacht von Kappel, welche auch von reformierter Seite z. T. scharf kritisiert worden war (*Erichson* 18–25), auf die Pflicht Zwinglis zur Begleitung des Heeres hingewiesen. Er schreibt in «De prophetae officio»: «Huc facit, quod Zvinglium nostrum non animi libido ad pugnam animavit, sed sanctum magistratus edictum armavit», zit. nach *Büsser,* De prophetae officio 257. Dasselbe Argument wiederholt Bullinger in HBRG III 113. Siehe auch Bucer an Melanchthon, 24. Oktober 1531 (Hans Georg *Rott,* Martin Bucer und die Schweiz: Drei unbekannte Briefe von Zwingli, Bucer und Vadian (1530, 1531, 1536), in: Zwa XIV 468.482) und Oekolampad an Frecht und Sam, 8. November 1531 (Oekolampad BA II 953, S. 709), wo Zwinglis Teilnahme an der Schlacht in der selben Weise entschuldigt wird.

[8] Capito hielt sich spätestens seit Mitte Februar 1532 in Augsburg auf. Er schrieb aus der Stadt am 14. Februar an Vadian (Vadian BW V 42f) und predigte dort am 17. Februar 1532 (*Baum* 487).

toto orbe celebratissima deficere[nt]ᵃ¹. Quid intentatum relinquet sathan, quo pietatem veram faciat alienam, idolatriam vero reducem?

Iam video, quod Capiton persuadere non poterat multis etiam conatibus, te Tigurinis scilicet magis necessarium quam Bernatibus², in veritate sic se habere, quamvis animus meus ita tibi sit addictus, ut omnia etiam durissima mihi te fratre et symmista putarem levissima. Victoriam illam insignem fratribus nostris indicavi, qui dolenter audiunt, Tigurum eo venisse, quod collegii substantiam in belli aut ęrarii usum vertere voluit³.

Nostrates post synodum 10 diaconos in agro statuerunt, cuilibet 60 gl., qui parochis infirmis ministrabunt et mortuis succedent. Duos etiam in urbe habemus, ut perpetuo habeantur duodecim, qui ecclesiis praefici possint. Id tamen fateri cogor, quod nostrates in statuendo praecipites sunt, ad destituendum proclives⁴. Facundia mihi nulla penitus est, orandi latera nulla, ad persuadendum etiam coram senatu aut privatis penitus nullus. Novi ego curtam meam supellectilem. Praestat Megander in hoc, etsi autoritati sue praeterita tragędia⁵ plurimum decesserit.

Veniet ad vos Rellicanus. Cui quae inter nos, te scilicet et me, scribuntur non communices. Apud quem ego, quae misisti, remittam. Bonus vir et studiosus alioqui simultatem sibi finxit in me, quasi a nobis amandandum curaverim. Laboravit senatus pro Melchiore Volmario⁶, viro doctissimo apud Byturiges⁷ praelegenti greca. Id ipse ęgre ferens hactenus tamen dissimulavit. Conditionem certe habet in precio nobis ęquam, in labore longe dissimilem, quam certe illi optime faveo, modo se etiam aliorum ecclesię negociorum participem faceret, quod hactenus noluit. Senatus enim petierat, ut aliquando concionandi provinciam susciperet, dum nostrum aliquis infirmaretur, [quod r]enuitᵇ. Sed de his satis. Scribes tamen per eum ad me.

Submurmurant ex senatu et plebe, quod choreas, ludos et nescio quid, conventus rusticorum in dedicationibus hactenus prohibitos rursum admittere velint. Tu,

---

ᵃ *Rand abgeschnitten.*
ᵇ [quod r]enuit *am Rande nachgetragen; der Anfang wegen engem Einband nicht zugänglich.*

¹ Zum Verdienst Bullingers bei der Rettung des Stiftes zum Grossmünster und dessen Verwendung zur Ausbildung von Theologen s. *Pestalozzi* 122–125; Leo *Weisz*, Quellen zur Reformationsgeschichte des Grossmünsters in Zürich, in: Zwa VII 189–192.
² Zu Bullingers Berufung nach Bern s. HBBW I 229f.
³ Siehe *Pestalozzi* 123; *Weisz*, aaO.
⁴ Zur endgültigen Regelung des Helferwesens, deren Notwendigkeit Capito nach der Berner Synode ebenfalls betont hatte, wie auch zur Wahl der zwölf «Helfer» bzw. «diaconi» im Februar/März 1532 s. *de Quervain* 8.14f.
⁵ Siehe oben S. 30, Anm. 3.
⁶ Melchior Volmar, 1497–1561, aus Rottweil (Württemberg), hervorragender Humanist und Gräzist, Ausbildung in Bern, Tübingen, Freiburg (Schweiz) und Paris. Nachdem er Paris wegen seiner Hinneigung zur Reformation verlassen hatte, errichtete er 1527 eine Privatschule in Orléans, wurde um 1530 Professor in Bourges und 1535 in Tübingen. Er war ein Jugendfreund von Haller. Calvin und Beza waren seine Schüler in Orléans und Bourges. Volmar kannte Bullinger seit seiner Heimreise von Bourges durch Zürich nach Württemberg 1535. Bis zu Volmars Tod standen sie in brieflicher Verbindung. – Lit.: D.-J. *de Groot*, Melchior Volmar. Ses relations avec les réformateurs français et suisses, in: Bulletin de la Société de l'Histoire du Protestantisme français, LXXXIIIᵉ année, 1934, S. 416–439; Alexandre *Ganoczy*, Le jeune Calvin. Genèse et évolution de sa vocation réformatrice. Mit einer Einleitung von Joseph Lortz, Wiesbaden 1966, S. 49f; Bernd *Moeller*, Neue Nachträge zum Blarer-Briefwechsel. Zur Reformation der Universität Tübingen 1534–1535, in: Blätter für württembergische Kirchengeschichte, 68./69. Jg., 1968/1969, S. 64.78f; Theodor *Schott*, in: ADB XL 270f; zur abschlägigen Antwort Volmars an Bern s. *de Quervain* 63.
⁷ In Bourges.

obsecro, indica, quid faciundum et quibus rationibus efficaciter dissuadere possimus. Nam ansam et omnium malorum licentiam aperiret⁸. Non [!] igitur negligas et cura omnino, ut ante festum palmarum habeam⁹.

Scripseram per Waltherum Schwiger¹⁰. Nescio, num redditę sint literę. Si fuerint, illis respondeas, sin minus, denuo scribam, quod scilicet Capito binis indicavit epistolis¹¹.

Apud nos se res bene habent et utinam tam constanter quam bene. Nam hoc perpetuo a nobis desideratur, constantia scilicet et diligens rerum executio. Nimia enim negotia diligentiam eorum, qui alioqui negligentes sunt, facile impediunt.

Obsecro te iam tercio¹², si quid in epistolam ad Romanos congesseris¹³, per Rellicanum ad me mittas. Eam hactenus pro contione nunquam tractavi, tractandam tamen assumam propediem. Adiuvant me multorum iudicia et spiritus; meo non facile fido. Rationem studii¹⁴ et predest[inationis]¹⁵ expecto. Sic sum importunus expostulator. Cęterum pro munusculis tuis mihi omnium gratissimis gratias ago immortales, et quam polliceris Hebreorum epistolam¹⁶ expecto.

Vale, mea animula charissima, et me in fratrum tibi charissimorum albo situm amare non desinas.

Bernę, 11. martii anno 32.

Mitto ad te acta sinodalia¹⁷. Quae cum perlegeris, si quid desideres, indica. Latinitate donavit magnę spei adulescens Bernas, Simon Sultzerus apud Grinęum, et a Cratandro¹⁸, ni fallar, excudetur.

Salutabis Pellicanum, et sollicitabis, ut Froschowerus primas commentarii paginas misit, ita deinceps mittat, quicquid fuerit excusum¹⁹.

                    Tuum minimum numisma.

[Adresse auf der Rückseite:] Huldricho[!] Bullingero, Tigurinorum ecclesiastę fidelissimo, fratri suo longe omnium charissimo.

---

8 Bereits am 7. Dezember 1531 «erklärten Räte und Bürger von Bern, sowie die Abgeordneten des Landes, bei den Mandaten über Spielen, Trinken etc. bleiben zu wollen» (de Quervain 116). Über die Befürchtungen der Geistlichkeit 1532 wegen Ausschweifungen verschiedener Art s. de Quervain 198–200; Köhler, Ehegericht I 352.
9 Bullingers Antwort ist nicht erhalten.
10 Siehe oben S. 55, Anm. 1.
11 Nicht erhalten.
12 Siehe oben S. 51, 17.
13 Siehe oben S. 51, Anm. 17.
14 Siehe unten S. 93–98.
15 Siehe oben S. 56f, Anm. 18.
16 Siehe unten S. 167, Anm. 6.
17 Siehe oben S. 30, Anm. 5.
18 Andreas Cratander (Hartmann), gest. 1540, Buchdrucker, wirkte 1518–1536 in Basel und war seit 1519 Bürger der Stadt. Mehreren Gelehrten gewährte er Gastfreundschaft, so z. B. Oekolampad und Simon Grynäus, und war u. a. mit Zwingli persönlich bekannt. Mit Bullinger stand er offenbar nicht in Verbindung. – Lit.: Z, Reg.; Benzing, Buchdrucker 32; Grimm, Buchführer 1384–1387; Josef Benzing, in: NDB III 402f.
19 Siehe oben S. 46, 32f.

[74]

Bullinger an Leo Jud

[Zürich], 15. März 1532

Abschrift[a] von Johannes Wolf[1]: Zürich StA, E II 437a, 445r.–446v.
Gedruckt: *Fast* 188–193; zusammenfassende Übersetzung: *Pestalozzi* 96–98

Beantwortet die von Jud [in Nr. 70] geäußerten Einwände gegen eine staatliche Einflußnahme auf kirchliche Angelegenheiten, stellt fest, daß sie beide grundsätzlich dasselbe wollen, verteidigt das Recht des christlichen Magistrates zur Ausübung der Banngewalt, betont die Gefahr einer Kirchenpolitik des Alles oder Nichts in der damaligen prekären Lage Zürichs, da dies nur unnötige Verfolgungen nach sich ziehen würde, und versichert Jud seiner Liebe und Hochschätzung als Mitarbeiter.

Domino Leoni Iudae, Sanpetrinae[b] ecclesię[2] pastori, H. Bullingerus. S. D.

In hoc tota versatur epistola[c3], Leo doctissime, ut magistratui, qualiscunque tandem sit, non committatur quicquam ecclesiasticarum rerum. Addis causam: «Magistratus enim et ecclesia res sunt diversissimae. Alterum enim super res est et corpora, alterum super animas.»[4] Et sane lubricum agimus negotium, si quisquam viribus[d] contendere malit quam simplicissimum negotium non curiosa suscipere mente, cum, quod contentiosis nihil tam bene dici possit, quod non aliquam secum afferat reprehendendi ansam, tum, quod singula verba aliter ac aliter usurpari possunt. Quod equidem maximarum contentionum semper fuit inter summos etiam viros feracissimum seminarium. Ego enim hanc propositionem («magistratus et ecclesia sunt res diversissimae») non video quomodo universaliter possit esse vera. Si enim Pilati, Caiaphae, Herodis et Iudaicae synagogae[5] magistratum adferas[6], iam tyrannos, non magistratus attulisti. Impius magistratus mancus et mutilus est magistratus. 1. Quod si tu magistratum non tam ex functione aestimes quam ex iis, qui gerunt magistratum, iam si duo aut tres consentiant super terram, etsi magistratum

---

[a] *Das Original des Briefes ist verloren. Außer der Abschrift von Wolf (im folgenden: A), die wegen ihrer Zuverlässigkeit als Druckvorlage gewählt wurde, existieren eine weitere, fehlerhafte Abschrift von unbekannter Hand (bei Fast 188, Anm. 65 irrtümlich Rudolf Gwalther zugeschrieben; Zürich StA, E II 437a, 447r.–451r., im folgenden: B), sowie autographe Konzeptstücke Bullingers (Zürich StA, E II 437a,441r.–444r., im folgenden: K). Abweichungen und Ergänzungen aus B und K werden in den textkritischen Anmerkungen aufgeführt, Fehler in B bleiben dabei unberücksichtigt.*
[b] *darüber alte Schriftzählung: 50.*
[c] *B und K: epistola tua.*
[d] *B: pro viribus.*

[1] Johannes (Hans) Wolf, 1521–1572, Sohn des bei Kappel gefallenen Schaffners Heinrich Wolf von Embrach, studierte 1541 in Leipzig, wurde 1542 ordiniert, 1544 Diakon in Bülach, im selben Jahr Pfarrer an der Predigerkirche in Zürich, 1551 am Fraumünster, übernahm 1563 als Nachfolger Biblianders die Professur für neutestamentliche Theologie. Er verfaßte zahlreiche theologische Werke, vor allem Bibelauslegungen und Streitschriften. Aus Wolfs Studienzeit sind einige Briefe an Bullinger erhalten, zu dem er später in familiärer Beziehung stand: Bei Bullingers Enkelin Elisabeth Lavater war er Pate (HBD 69,7); nach Wolfs Tod nennt ihn Bullinger «symmista, frater et affinis meus multis donis ornatus et vir praeclarissimus» (HBD 108,22f). – Lit.: [Rudolf *Wolf*], Johannes Wolf und Salomon Wolf. Zwei Zürcherische Theologen, Zürich 1874. – XXXVII. Njbl. zum Besten des Waisenhauses in Zürich; Friedrich *Rudolf*, Der Briefwechsel zwischen Heinrich Bullinger und vier Zürcher Studenten in der Fremde, 1540/42, in: ZTB 1943, 51–66; LL XIX 549f; Paul *Tschackert*, in: ADB XLIII 758; HBLS VII 583; Pfarrerbuch 635.
[2] der St. Peterskirche in Zürich.
[3] Oben Nr. 70.
[4] Siehe oben S. 58, 23f. 31–33.
[5] Vgl. u. a. Mt 10,17; Apg 9,2.
[6] Oben S. 58, 26–29.

gerant, certe ecclesiam, si Christo credimus[7], constituunt. Rursus, si magistratum gerere est ministrum dei esse[8], si christianus potest minister dei esse, id quod adversus catabaptistas obtinuimus[9], 2. iam etsi ethnici aliquo modo possint ministri dei esse veluti Nebuch[adonosor][e] et Sanherib, nemo tamen melius norit deo ministrare quam christianus. 3. Ecclesia item christianorum sit collectio. Iam non video, quid sibi velint ista tua verba: «Magistratus et ecclesia sunt res diversissimae. Nihil ecclesiasticarum rerum committatur magistratui, qualiscunque tandem sit.»[10] 4. Quod si functionem quoque magistratus spectas eamque ad separationem ecclesiae et magistratus referas, iam Paulus: «Principes», inquit, «non terrori sunt bene agentibus, sed male». Item: «Dei minister est, ultor ad iram ei, qui, quod malum est, fecerit» [Röm 13,3f]. Atque nullibi exactius invenias discrimen boni et mali quam in ecclesia, quae verbo veritatis regitur. Et gentes incredulique bene agentibus terrori sunt, christiani vero male agentibus terrori sunt. 5. Et spiritus sanctus de magistratu eligendo: «Provide»[f], inquit, «de omni plebe viros fortes, timentes deum, in quibus sit veritas et qui oderint avaritiam, et ex iis constitue senatores, qui iudicent populum omni tempore» [Ex 18,21f]. Haec magistratum gerentibus vereque gerentibus regula. Sed quis non commiserit viris prudentibus, fortibus et deum timentibus res ecclesiae sanctas? Proinde iterum non video, quomodo constet ista tua propositio: «Magistratui, qualiscunque tandem sit, non committatur quicquam rerum ecclesiasticarum», item illa: «Magistratus et ecclesia res sunt diversissimae»[11]. 6. Deinde nescio, si aliquis magistratus in ecclesia super animas sit constitutus. Non nego ligandi et solvendi potestatem datam esse apostolis et successoribus[12]. Sed Zuinglio praeceptore didicimus clavium potestatem[13] evangelii esse praedicationem, quae aliis mortem minatur, aliis pollicetur vitam[14].

Quod excommunicationem attinet, quae fortassis super animas spirituali imperio imposita videri poterat, certum est peccatum homini dimissum esse, cum per fidem redierit ad dominum. Testes stant filius prodigus[15], publicanus[16], Petrus[17] et latro[18] etc.[19] Unde consequitur excommunicationem non esse animae et internam, sed externam mulctam propter scandalum inflictam. Id quod et Paulus significantissime expressit, cum de moecho dixit: «Tradatur satanae ad interitum carnis» [1Kor 5,5]. Quid autem est satanae tradere aliud quam in adversitatem coniicere et affligere? Sic enim et Iob tradebatur satanae[20]. Et quid aliud est interitus carnis quam exterior mulcta sive compressio, castigatio sive mortificatio carnis? Sive ea per contemptum, neglectum sive alium quempiam modum fiat, dum modo fiat et publica defendatur honestas. ||[445v.] Huc accedit, quod in 2.Cor.2 [6] idem scripsit: «Sufficit istiusmodi homini ἡ ἐπιτιμία αὕτη», id est mulcta et correctio ea. Tu vero

---

[e] B: Nebuchadonosor.
[f] in A irrtümlich Proinde.

[7] Vgl. Mt 18,20.
[8] Röm 13,4.
[9] Siehe Bullinger an Berchtold Haller, 6. Juli 1531, HBBW I 208,12–30 und Bullingers Schrift «Vom unverschämten Frevel der Wiedertäufer», 1531 (HBBibl I 28).
[10] Siehe oben S. 58, 23f. 59, 50–54.
[11] Ebenda.
[12] Vgl. Mt 16,19.
[13] Vgl. ebenda.
[14] Z. B. Auslegen und Gründe der Schlußreden, Z II 380,17–20.
[15] Vgl. Lk 15,21–24.
[16] Vgl. Lk 18,13f.
[17] Vgl. Mt 26,69ff par; Joh 21,15ff.
[18] Vgl. Lk 23,40–43.
[19] Vgl. oben S. 60, 96–99.
[20] Vgl. Hi 1,12. 2,6.

consule G. Budaeum de vi vocularum τιμᾶν καὶ τιμᾶσθαι[21], et clarissima lux accedet[22]. Quid igitur prohibet, cum excommunicatio sit externa mulcta, quominus ea pio committatur magistratui, non tantum magistratus nomine, sed quia ab ecclesia ei committitur? Sicut Zuinglius et tu, imo tota ecclesia id muneris senatui commisit, si modo vera scripsit in «Subsidio»[23].

Hic autem non contendo soli magistratui hoc officium demandandum aut nemini nisi soli committi posse neque id priori epistola mea ad Berchtoldum[24] asserere volui; sed disputavi adversus catabaptistas, qui promiscuae plebi et factioni suae, quam vocant ecclesiam, tribuunt[25], ut tuis illis non opus fuisset. Nam post multam dissertationem eo tandem recidis, ut dicas excommunicationem ecclesiae esse vel seniorum, quibus ecclesia demandarit[26]. Idem ego dico et sentio, imo hinc colligo, si magistratui demandet, iam apud eum esse excommunicationem, hoc est publicorum criminum publica et externa mulcta. Verum hic tu nihil committendum putas magistratui, qualiscunque sit[g]. De qua re superius. Quia impius est, inquis, magistratus[27]. Ergone pius et alius erat, quam nunc sit, tunc, cum diacosiis[28] et matrimonialium causarum iudicibus committeretur[29]? Imo tum erat multo pestilentior.

Eo nunquam redibit res nostra, ut vel ecclesia, qualem imaginari verius quam videre possumus, ex eiusmodi colligatur praefectis, quales nos volumus aut cupimus sanctos, impollutos et omni parte beatos. Id vero olim nobis comprobatum est in duobus ecclesiae maximis ordinibus. Nam inter paucissimos apostolos inveniebatur proditor[30], inter diaconos septem Nicolaus haereticos[31]. At reliqui non protinus aliquorum nomine aspernandi aut functione sua orbandi. Denique aliud est, ubi vincimur malorum suffragiis, et aliud, ubi vel mali subsunt legibus. Apud gentes usuram, fornicationem, ebrietatem etc. non puniebat omnis magistratus, neque ista omnis proscripserat magistratus. Apud nos autem ista civilibus utpote in civitate christiana constitutionibus ita sunt iuncta, ut si mali aliquot reclamarint, tamen violatae legis sint obnoxii aliosque, qui iustiores, non possint ulla aequitate in suam sententiam compellere. Nam perpetuo obstat publicum edictum, publica constitutio, qua nunc et a bonis et ab episcopis urgeri possunt. His adde, quod istud periculi non evitaverimus, etsi a magistratu abstulerimus scelerum mulctam et certis demandaverimus ex ecclesia viris, quasi scilicet illi homines esse non possint et Ananiae[32], Demae[33] multorumque aliorum exemplum exprimere non possint. Neque enim frustra scripsit adversus anabaptistas clarissimus vir Zuinglius, tantam es-

---

[g] B: tandem sit.

[21] Gulielmus Budaeus, Commentarii linguae graecae, Basel 1530, Sp. 249,40–42; auch in: Opera, tom. IV, Basel 1557 (Nachdruck: 1969²), Sp.273,33–35. – Ausführlicher HBBW I 210,22–211,4.
[22] Bullinger zitiert vielleicht ironisch die Schlußworte von Juds Brief, s. oben S. 64, 267f.
[23] Subsidium sive coronis de eucharistia, Z IV 479,9–480,29.
[24] HBBW I Nr. 39.
[25] HBBW I 208,31–209,28. – Zur Handhabung des Bannes durch die Täufer vgl. u. a. *Fast* 139–142; *Yoder* II 111–116 u. ö.
[26] Oben S. 58, 39f.
[27] Oben S. 59, 54–58.
[28] Der Rat der Zweihundert, der Große Rat.
[29] Am 10. Mai 1525, s. AZürcherRef 711; Zürcherische Ehegerichtsordnung, Z IV 176–187; *Köhler*, Ehegericht I; Küngolt *Kilchenmann*, Die Organisation des zürcherischen Ehegerichts zur Zeit Zwinglis, Diss. iur. Zürich 1946. – QAGSP I.
[30] Vgl. Mt 26,14–16 par.
[31] Der Diakon Nikolaos von Antiochien (Apg 6,5) galt in der patristischen Tradition seit Irenäus als Lehrmeister der häretischen Gruppe der Nikolaiten (vgl. Apk 2,6.15), s. Georg *Kretschmar*, in: RGG IV 1485f.
[32] Vgl. Apg 5,1ff.
[33] Vgl. 2Tim 4,10.

se calamitatem nostram, ut nondum invenerimus inter homines tam absolutam perfectionem, nec sperandum unquam fore, ut omnes, qui Christum confitentur, sint ex omni parte beati, quamdiu istud corporis domicilium circumferatur[34].

Proinde cum ita nobis agendum est, ut possumus (nisi turbis omnia miscere malimus), quando, ut volumus, non licet, iam ego huc unice specto, ut ecclesiam habeamus pacatam et non prorsus impudenter peccantem, pacatam quidem non absque tribulationibus – omnes enim, qui pie volunt vivere in Christo, affligantur oportet[35] –, sed pacatam, quod ipsos scilicet || [446r.] attinet, qui sunt in ecclesia; nec prorsus impudenter peccantem. Nam homines sumus, quoad vivimus; ergo nihil humani a nobis alienum[36] erit. Peccatis seducuntur et summa sepius ingenia. Deficiunt optimi quique, sed suo tempore redeunt[37]. Quid multis? Homines sumus. Et hic de externa agimus ecclesia, non interna, quae post charitatem aliis non opus habet legibus[38], sed publicis tamen edictis gaudet utpote malis ad afflictionem positis. Oderunt peccare boni virtutis amore, oderunt peccare mali formidine poenae. Pii, quod iustum est, exequuntur amore iustitiae, impiis est lex posita[39]. In externa ergo ecclesia, quam Christus pinxit Mat. 13 [24ff], externa opus est mulcta, quae est excommunicatio. In hac hoedi severitate cohercendi sunt.

Quid vero multis opus? Possum et ego certis viris demandare excommunicationis authoritatem, si modo ea ratio urbi nostrae inducta gloriam dei promoveret aut nos ista innovatione melius aliquid fecerimus aut hac ratione impiis et impietati fortius quam hactenus obstare possemus. Nam omnia debent a nobis ad aedificationem fieri[40] et circumspecte fieri, ne ecclesiam in summum coniiciamus discrimen. Volebat Baltazar Pacimontanus[41] novae ecclesię novam formam urbi suae inducere et universam ecclesiam dispersit[42]. Et quid promovit apud Basilienses Oecolampadius, vir sanctus et undiquaque doctissimus[43]? An minus apud eos impietatis? Quid promoverunt olim apud Sanctogallum nonnulli[44], quibus adeo reluctabatur pru-

---

[34] In catabaptistarum strophas elenchus, 1527; Z VI/I 131,10–13.
[35] Vgl. Apg 14,22.
[36] Im Anklang an einen Spruch von Terenz, vgl. Otto 165, Nr. 821.
[37] Vgl. u. a. Spr 24,16.
[38] Vgl. Joh 13,34.
[39] Vgl. 1Tim 1,9.
[40] Vgl. 1Kor 14,26.
[41] Balthasar Hubmaier, 1485–1528, aus Friedberg bei Augsburg, Dr. theol., war ein Schüler Johann Ecks und wurde 1516 Prediger in Regensburg. Seit 1522 reformatorisch gesinnt, schloß er Freundschaft mit Zwingli (Hubmaier an Zwingli, ca. November 1524, Z VIII 254f), aber auch mit Konrad Grebel u. a. Nach einem erfolglosen Gespräch in Zürich Anfang 1525 besiegelte er durch seine Taufe den Bruch mit Zwingli, rechtfertigte diesen Schritt mit einer vielgelesenen Schrift «Vom christlichen Tauf der Gläubigen» und wurde bald ein Wortführer des Täufertums. Nach der Rekatholisierung von Waldshut, wo Hubmaier seit 1521 gepredigt hatte, floh er Ende 1525 nach Zürich. Hier wurde er zum Widerruf gezwungen, fand dann Zuflucht in Mähren, wirkte da mit Erfolg, bis er gefangen genommen und in Wien verbrannt wurde. Er verfaßte zahlreiche Schriften über Taufe, Abendmahl, Bann etc. – Lit.: Balthasar Hubmaier, Schriften, hg. v. Gunnar Westin und Torsten Bergsten, Heidelberg 1962. – QFRG XXIX; Torsten *Bergsten*, Balthasar Hubmaier, Seine Stellung zu Reformation und Täufertum 1521–1528, Kassel 1961. – Acta Universitatis Upsaliensis, Studia Historico-Ecclesiastica Upsaliensica 3; Christof *Windhorst*, Täuferisches Taufverständnis. Balthasar Hubmaiers Lehre zwischen traditioneller und reformatorischer Theologie, Leiden 1976. – Studies in Medieval and Reformation Thought XVI.
[42] Siehe die vorige Anm. und *Fast* 169f.191, Anm. 79.
[43] In der Frage des Bannes vertrat Oekolampad eine von Zwingli abweichende Meinung, s. HBBW I 207, Anm. 7 mit Lit., und 242,20–243,6.
[44] Gemeint sind vor allem Johann Valentin Furtmüller und Dominicus Zili, s. *Egli*, Analecta I 99–121; *Köhler*, Ehegericht I 412–416; QGTS II 475, Anm. 2. 578, Anm. 38.

dentissimus, piissimus et doctissimus praeceptor noster Zuinglius? Aut quid in hisce turbulentis alias temporibus tuto tentare possemus? Ansam fortassis dare impiis quibusdam, ut quod iam olim parturierunt, id nunc nostra opera celerius parere possint? Aufer enim a senatu, quod cupis; demanda certis viris. Quis vero illos verebitur? Vocetur ab iis cinericius aliquis; contemnet. Excommunicetur; turbas movebit et ita scindetur ecclesia. At nolo, inquis, eiectus et excommunicatus contemnatur[45]. Sed abiectissime contemptus est, qui e sanctorum consortio eiectus est. Ceterum, sua sibi habeat, inquis, nobis nostra illibata relinquat[46]. Non faciet. Sancta ergo erit persecutio[47], dices. Sed a nobis ipsis non necessario ascita, non a deo nobis immissa. Libere enim veritatem praedicare possumus, libere Christum confiteri et omnibus, quibus ecclesia gaudet, frui. Unum deest: Excommunicatione vis cinericios et pediculos redigere in ordinem[48]. Sed videndum, ne eo ipso medio in libertatem impios omnes restituamus, quo voluimus in ordinem cogere, ut deinceps nobis omnem eripiant et dicendi et agendi et confitendi libertatem. Quin potius praedicemus Christum sancte, culpemus scelera prophetice, urgeamus magistratum scite sui meminerit officii. Minitemur aliquoties, nisi severius animadvertant in scelera, iam excommunicationem aliis commissuros. Moneamus pios pie vivant, et in perceptione sacramentorum quisque sese probet[49], maxime cum videamus Iudam corporis et sanguinis Christi sacramentum percepisse[50]; imo quid Iudam dico, qui scio omnes apostolos percepisse, qui post horam unam aut alteram desciverunt a Christo[51], adeo ut et Petrus sancte deiuraret se hominem non nosse[52]. Moneamus ergo pios, iterum atque iterum moneamus, colligamus ecclesiam nostram in fide et doctrina. Qui dei est, habet suum signaculum[53]. Perversi in dies in deterius feruntur. Excommunicati sunt a deo impii, et nostros impios aversantur et evitant omnes, qui praedicato evangelio credunt; cavent sibi ab eis. Quid vero ad pios et ad apostolos, quod Iudas cum eis || [446v.] communicat[54]? Is sibi iudicium sumit[55]. Pii in fide accedunt.

Haec paucis annotare volui, Leo, praeceptor doctissime et frater mihi carissime. Nolui enim respondere singulis, ne fratres et symmistae odiosius contenderemus. Nec est, ut quicquam putes me in peiorem interpretari partem, neque aegre fero quicquam. Nullis apud me interfationibus opus. Diligo te et veneror eruditionem et senectam in te authoritatis plenam. Video et pervideo mentem tuam, sanctam quidem illam et sinceram. Hinc pluribus id negotii tractare volui, ut qui certo credam te istis voluisse perrimari, quid in sacris praestare possem: certe, quod vides et in dies audis, parum aut certe nihil[h]. Quid enim apertius? Quod si consideremus simpliciter, quid sit excommunicatio, nempe publicae honestatis publicam custodiam[56], et cur instituta, videlicet, ne in ecclesia Christi impudentius[i] peccent, et quod externae inprimis ecclesiae data est, rursus, si perpendamus, quid sit caro, et quod omni

---

[h] B, zwischen nihil und Quid: In excommunicationis negotio non dubito te nihil latere.
[i] B, vor impudentius: mali.

[45] Vgl. oben S. 60, 116–118; an der genannten Stelle handelt es sich allerdings nicht um die Exkommunizierten, sondern um Magistratspersonen im allgemeinen, die außerhalb der Kirche stehen.
[46] Siehe oben S. 60, 110–116.
[47] Vgl. Mt 5,10–12 par.
[48] Siehe oben S. 63, 224f.
[49] Vgl. 1Kor 11,28f.
[50] Vgl. Mt 26,20ff par.
[51] Vgl. Mt 26,56.
[52] Vgl. Mt 26,69ff par.
[53] Vgl. Apk 7,3f. 9,4.
[54] Vgl. Mt 26,20ff par.
[55] Vgl. Mt 26,24; 1Kor 11,29.
[56] Vgl. HBBW I 207,34f. 208,13f.

tempore vitae homines sumus et manemus, ut spiritus promptus sit, denique quod ecclesiam impollutam citius sperare quam habere possimus, iam facilis erit res: Wir werdend ouch die welt nit anders mögen machen, dann wie sy von anfang was. Novatianicam[57] citius constitueremus ecclesiam quam omnibus numeris absolutam. Dominus per Zuinglium et te eo provexit Tigurinorum ecclesiam, ut deo satis fidum me operarium praestitisse credam, si sic retinere possim per eius gratiam et tuum auxilium, quemadmodum eam per vos instituit[58].

Vale et me tibi commendatum habe.

15. martii 1532[k].

---

[57] Novatian, im 3. Jh. Presbyter und führender Theologe in Rom, widersetzte sich der Wiederaufnahme abgefallener Christen in die Kirche und vertrat eine rigorose Bußpraxis, s. Paul *Löffler*, in: RGG IV 1539f.

[58] Diese Aussage dürfte als Bullingers Programm überhaupt gelten, vgl. *Pestalozzi* 79–81.

[k] *Es folgen ausgewählte Abschnitte aus K, die wesentliche Unterschiede zu A aufweisen und schärfere Formulierungen oder neue Gedanken enthalten:* 441r. Non displicet nobis fratrum e Moravia opinio, si modo ea urbi [*Fortsetzung wie A S. 73,103f bis*] aut si hac ratione hactenus servata. Nam omnia debent a nobis fieri ad aedificationem, neque pacata turbetur ecclesia. «Ein teller uffnemmen und try schußlen umbkeeren.» Volebat [*Fortsetzung wie A S. 73,107–108 bis*] Oecolampadius? Aut quid in hisce turbulentis alias tentari posset? Ansam fortassis dare impiis quibusdam, ut propter importunitatem et imprudentiam, non religionem, exturbaremur urbe, non nos tantum, sed optimi quique, et qui consydera[tione] excommunicationis pios promovere, impios tardare voluimus, omnes pios in periculum coniitiamus et impiis ansam latius grassandi demus? Multis quidem agis de iis, apud quos excommunicato, sed non necessario. Quid enim opus erat mea subruere. Que non unice huc pertinebant, ut unico magistratui traderem, scilicet putarem alias nemini, sed adversus catabaptistas disputavi, qui promiscuae plebi et factioni suae, quam vocant ecclesiam, repraesentant. Idem ego volo: selectorum esse [excommunicationem], raro autem sapere vulgus. Selectorum inquam ex christianis. Nam quia magistratui, non tam magistratui quatenus magistratus, sed quatenus christiani. Hinc palam addidi: «Si in nomine Christi» etc.

441v. At, inquis, non committit [Christus magistratui], nisi christianus sit omnis et intra ecclesiam. Ergone nihil commissum apostolis, quod non omnes christiani: Iudas fur, proditor, Ioan. 6 [70f]. Sed istud est contendere. Et si ita res agenda, iam nihil tam circumspecte scribi possit, quod non cavillis impeti posset. – Unicus scopus tuus est, ut ecclesiam puram et sanctam habeas. Tuis respondet clarissimus vir Zuinglius. Unicus scopus meus est, ut ecclesiam habeamus pacatam et non prorsus impudenter peccantem. De externa agimus, non interna. Interna non eget legibus, edictis. Pii [*Fortsetzung wie A S. 73,99–100 bis*] Math.

442r. Multis quidem agis, Leo doctissime, de eo, ne quid ecclesiasticarum rerum sit penes magistratum. – In hoc versatur epistola tua [*Fortsetzung wie A S. 70,2–5 bis*] animas. Ego in verbis tuis hoc desydero, quod dicis: «Qualiscunque tandem sit.» Nam si christianus sit, qui fieret, ut illi non posset committi? Tu enim mox subdis: «Excommunicatio est ecclesiae aut seniorum, quibus ecclesia eam demandat.» Hic ego: «Qualiscunque.» Deinde, quod magistratum separas ab ecclesia, non inficias. Pilati, Herodis, Traiani et Diocletiani magistratus non est ecclesia aut de ecclesia. Sed si Christum non neget etc. Sed omnis, inquis. Iudas, Abel. Sanctam vis ecclesiam. Sed respondet tibi clarissimus vir Zuinglius. Cum ergo non possint, ego hanc crediderim: Ut ecclesiam habeamus pacatam [*Fortsetzung wie A S. 73,90–93 bis*] peccantem. Nam fieri non potest, ut simus sine peccatis, imo maximis: David, Petrus etc. De externa agimus [*Fortsetzung wie A S. 73,96–101 bis*] haedi coercendi. Hi nihil curant. Zuinglianis verbis utor. Opus correctione. Sed tu tale non vis magistratum. Quid ergo dicemus ad scrip-|| 442v. turae testimonia: Exodi 18 [21ff]; Iosaphat? An illa externa? Sed ubi testimonium in Actis? Plurima non invenias in Actis, que tamen apud nos iustissima, quia in prophetis fundata. Leges quasi civiles apud nos, nam christiani. Iam etsi sint impii quidam, tamen non omnes. Aliud, ubi per leges licet adulterari etc. Hic nostra illa constitutio ad mentem redeat «Subsidium». Verborum summa: Urgeamus. Excludere vis. Exclusi sunt, at contra leges. Si nos consolemus nostros, tueamur, neminem cogamus. Sunt illi per se mali et excommunicati. Qui vere credunt, ab illis cavent. – Haec paucis [*Fortsetzung ähnlich wie*

[75]

Leo Jud an Bullinger

[Zürich, bald nach dem 15. März] 1532[1]
Autograph: Zürich StA, E II 437a, 440r.–v. Ohne Siegelspur
Gedruckt: *Fast* 193–195; zusammenfassende Übersetzung: *Pestalozzi* 98

Beantwortet Nr. 74 in freundlichem Ton, hält jedoch an seiner Meinung fest, daß Magistrat und Kirche ihrem Wesen nach grundverschieden seien und daß die Exkommunikation allein der Kirche obliege. Man darf sich weder auf Zwinglis noch anderer Menschen Autorität stützen, sondern allein auf das Gotteswort. Jud verlangt zwar keine vollkommene, von Sündern gereinigte Kirche, hält aber Bullingers resignierte Worte, daß man die Welt nicht ändern könne, für gefährlich, da ja das Streben nach Vollkommenheit Christenpflicht ist.

Doleo, mi Henrice, scripta mea[2] sic cecidisse, ut cuiquam λογομαχίας speciem sint praebitura, a qua vehementer abhorreo, utpote qui sciam collationem debere esse inter servos dei, non altercationem. Simpliciter ego et, ut puto, vere quaedam proposui scripturis firmata, nempe magistratui (praesertim ut nunc fere sunt, apud quos rerum summa est) ecclesię Christi excommunicationem non esse committendam, quod hi, si possent aliqua honesta aut saltem excusabili ratione, Christi doctrinam e medio tollerent, quodque magistratus et ecclesia res sint diversę. In utraque propositione satis me explicui, quid velim.

Scio magistratum esse ministrum dei[3] nec loquor de tyrannico solum, quem tu mancum et mutilum adpellas[4]. Loquor de magistratu, qui bonus sit sive malus: Minister est dei. Sed et bonus esse princeps potest, qui tyrannus non sit quique officio suo recte fungatur, qui tamen inter ecclesiam Christi externam non sit inscriptus. Qualis fuit Cornelius Act. 10[1ff], Ioseph Arimathęensis[5], Nicodemus[6], Gamaliel[7]. Et latro in cruce Christum confessus[8] fidelis fuit, sed non in ecclesia[9]. Res diversas voco et distinctas, ubi alterum sine altero esse et subsistere potest. Iuventa et senecta res sunt diversę, licet iuvenis possit fieri senex et senex repuerascere. Vinum et aqua res sunt longe diversissimę, utcunque Christus in Cana[10] aquam in vinum et deus vinum in aquam convertat aut convertere possit. Iam si quis contendat hoc se non intelligere, is nimirum funem contentionis ipse nectit, non ego, qui vera dico.

A S. 74,138–75,152 bis] constitueremus. Paulus se in multas formas vertit. Eum statum Zuinglius et tu. Möchten wirs nun behallten. Omnia ad aedificationem, non destructionem etc.
443r. Similis et dissimilis: Abraham per circumcisionem in populum dei: Gen. 17 [10ff]. Ex fidelibus per baptizmum in populum dei: Galat. 3 [26ff]; 1Cor [12,12f]. Duplex circumcisio et duplex populus: Deut. 10 [16]; Rom. 2 [28f]; 9 [6ff]. Duplex baptizmus: Coll. 2 [11f]. Duplex populus, ecclesia: Math. 13 [24ff]. Agnus paschalis – coena domini. Generalis conventio: 1Cor. 11 [17ff]. Omnes mox murmurabant. Omnes postea negabant apostoli. Cum transirent per desertum, pauci fideles et tamen populus. Multi studebant rebus novis et idolatriae. Ita fit et in ecclesia. Non omnes placebant, ut tunc quoque, sic nunc etiam: 1Cor. 10 [1–13].
Summa capita fidei eadem.
Sacramenta eadem.
Magistratus et externarum rerum eadem.
444r. De unitate veteris et novae ecclesiae.

[1] Diese Antwort auf Bullingers Brief vom 15. März 1532 (Nr. 74) muß bald erfolgt sein.
[2] Oben Nr. 70.
[3] Vgl. Röm 13,4.
[4] Siehe oben S. 70,13f.
[5] Vgl. Mt 27,57 par.
[6] Vgl. Joh 3,1ff. 7,50. 19,39.
[7] Vgl. Apg 5,34ff.
[8] Siehe Lk 23,40–43.
[9] Vgl. oben S. 71,42f.
[10] Vgl. Joh 2,1ff.

Omnia operatur unus idemque deus[11], sed diversis mediis. Regnum terrenum et corporale administrat[a] per magistratus et principes, ecclesiam et regnum coelorum per apostolos, quibus regno terreno interdicit: «Vos autem non sic» [Lk 22,26] [12]. Principibus ecclesiasticarum rerum nihil commisit, sed gladium[13]. Quidquid ergo pure corporale est, sub magistratum pertinet, quidquid ad animas, sub proceres ecclesię. Hic nolo dicere, mi Henrice, quod potestas quaedam sit in ecclesia super animas[14], quam solus deus habet, sed officium apostolorum animas maxime spectat, non res corporales. Nam tametsi multa sint in ecclesia corporalia (non enim omnino deponit corpus christianus), tamen ita sunt corporalia, ut quodam modo animum respiciant. Coena res corporalis est et baptismus. Ibi enim est aqua, vinum, panis, sed haec in spiritum dirigunt ac manu ducunt obiecta sensibus[15]. Verbum per apostolos praedicatum res est corporalis. Ore enim formatur sermo, at sic, ut a deo proficiscatur et in deum ducat. Sic[b] de excommunicatione[c]. Quidquid igitur ad religionem pertinet, hoc intactum maneat ecclesiae et eius ministris. Nam si res divinae apud gentes idololatras non magistratibus, sed sacerdotibus, magis, auruspicibus, druidibus committebantur, a quibus et magistratus consilium mutuabat, quanto magis hoc decet in nova lege[16] apud christianos, ut res religionis non magistratui, qui prophanas res tractat, committantur? Eatenus ergo res sunt diverse magistratus et ecclesia, ut Christus, cuius regnum non erat de hoc mundo[17], noluerit inter fratres hereditatem partiri[18] nec apostolos quidquam mundanę administrationis attingere[19].

Excommunicatio ergo, quantumvis multa sit corporalis[20], ecclesiae, ut puto, est, non magistratus. Eiicere enim ex ecclesia iterumque admittere proprie ad magistratum non pertinet, sed ad ecclesiam. Hoc ex 1.Cor. 5[1ff] satis liquet, ubi Paulus ecclesiam, non magistratum iubet excommunicare fornicarium. Et Christus dicit: «Dic ecclesię» [Mt 18,17]. Iam si quis contendat magistratum esse ecclesiam, is authoritate scripturae id faciet, non propria. Adhuc enim sub iudice lis pendet. Nec id satis erit ad confirmandum hoc dictum, quod doctissimus vir Zuinglius, praeceptor meus venerandus, magistratui hanc potestatem dedit iussitque, ut ecclesia essent[!][21], etiamsi ego aut alius quispiam adstipulatus sim[22]. Non enim fieri hoc debebat absque totius ecclesię consensu.

|| 440v. Haec non scribo, mi Henrice, ut doctissimi hominis[23] vel facta vel dicta sugillem, sed quod putem nullius hominis authoritatem tantam esse debere, ut scripturę sanctę preiudicet, nec nos in cuiusquam hominis verba adeo iuratos esse debere, quin repugnante scriptura liceat libere ab eo dissentire. Porro, qualis fuerit tum, dum ei demandata est[24], qualis iam sit senatus[25], non refert recensere, cum vel cecis

---

[a] administrat *am Rande nachgetragen.*
[b-c] *von* Sic *bis* excommunicatione *am Rande nachgetragen.*

[11] Vgl. 1Kor 12,6.
[12] Zur Zwei-Reiche-Lehre s. oben S. 58,30f und Anm. 10.
[13] Vgl. Röm 13,4.
[14] Vgl. oben S. 58,32f und 71,36f.
[15] Zur Zwinglischen Sakramentslehre s. u. a. zusammenfassend *Locher,* Grundzüge 576–590.
[16] Vgl. Mt 26,28; Joh 13,34; 2Kor 5,17; Hebr 8,8ff; 1Joh 2,7f.
[17] Vgl. Joh 18,36.
[18] Vgl. Lk 12,13f.
[19] Vgl. Mt 6,19ff par. 20,25f; Joh 17,14.
[20] Vgl. oben S. 71,43–48.
[21] Vgl. oben S. 72,53–56; zur Frage des Bannes s. HBBW I 207, Anm. 7, mit Lit.
[22] Vgl. oben S. 72,55.
[23] Zwinglis.
[24] Nämlich zur Zwinglizeit.
[25] Vgl. oben S. 58,20.

notum sit. Ecclesiam vero Christi talem rem esse, qualis respublica Platonis[26], quę verius imaginari quam videri possit[27], ego non puto. Nam apostoli ecclesiam habuerunt veram, ut puto, non imaginariam. Nec ego talem cupio, in qua non sint peccatores[28], sed puto in ecclesiam Christi neminem pertinere nisi poenitentes[29] –
60 quum poenitentes dico, annon agnosco peccatores? –, neminem recipi debere, qui sit publicus Christi hostis, sed qui Christum profiteatur unicum salvatorem, qui in Christum credat. Nemo quaerit absolutam perfectionem, nemo quaerit omni ex parte beatos. Hoc vero omnibus votis conandum est, ut ad perfectionem enitamur. Quare pernitiosum hunc sermonem iudico: «Wir wärdend dwält nit anders mögen
65 machen, dann wie sy von anfang was.»[30] Vellem, ut ab huiusmodi sermonibus nobis temperaremus. Nam hoc securitatem parit, non studium pietatis. Si mundum non possumus mutare[31], quid ergo praedicamus? Ad quid evangelium, quod ad novam vitam vocat[32], proponimus? Deus[d] transtulit nos de regno tenebrarum, de potestate satanę in regnum lucis et dilecti filii sui[33]. Christus elegit nos de mundo[34], et eius
70 doctrina nihil aliud est quam mundi innovatio[35]. Paulus dicit: «Nolite conformare huic sęculo, sed ambulate in novitate vitę» [Röm 12,2. 6,4], et: «Christianus nova est creatura» [2Kor 5,17]. Quid sibi ergo vult hoc verbum: «Wir mögend dwelt nit anders machen»? Imo in hoc maxime laboramus, ob hoc omnia patimur[36], ut mundum innovemus, ut a mundo ad Christum vocemus.

75 Scio, mi Henriche, te hic posse suffugium quaerere et elabi. Sed te per Christum rogo, ut dialectica et rhetorica arte[37] non ad captionem, sed ad gloriam dei[38], ad ędificationem ecclesię[39], ad clavem scripturarum[40] utare. Relinquamus contentionem, veritatem apertam amplectamur et studeamus, ut ecclesia sit Christo digna adque perfectionem enitatur. Nam fomenta oscitantie et securitatis praebere non
80 convenit. Hoc magis curandum, ut in dies sanctior et purior fiat, ut adolescat ad plenitudinem Christi capitis sui[41].

Tu vale et me tibi habe commendatum.

1532.

[Ohne Adresse.]

---

[d] *in der Vorlage irrtümlich* Christus.

[26] Zu Platos «Staat» s. u. a. Heinrich *Dörrie*, in: RGG V 410f.
[27] Vgl. oben S. 72,68f.
[28] Vgl. oben S. 72,68–72.
[29] Siehe oben S. 60,96–100.
[30] Oben S. 75,150f.
[31] Vgl. 1Joh 5,4f.
[32] Vgl. Röm 6,4.
[33] Kol 1,13.
[34] Vgl. 1Kor 1,27f.
[35] Vgl. Röm 12,2.
[36] Vgl. 1Kor 13,7; 2Kor 4,8f.
[37] Zu Bullingers dialektisch-rhetorischer Schriftauslegung s. *Hausammann* 145–185.
[38] Vgl. 1Kor 10,31.
[39] Vgl. 1Kor 14,12.26.
[40] Vgl. Mt 16,19 par; zur Schlüsselgewalt s. oben S. 71,38f.
[41] Vgl. Eph 5,23; Kol 1,18.

[76]

Berchtold Haller an Bullinger

[Bern], 16., 17. und 22. März [1532]
Autograph: Zürich StA, E II 343,90. Siegelspur. – Ungedruckt

Sendet einige Schriften durch Rhellikan zurück und bittet um Bullingers Römerbriefauslegung wie auch um eine Unterrichtung über die Prädestination und das Heil von Kindern christlicher Eltern. Er ermuntert Bullinger, mit der Auslegung des Hebräerbriefes fortzufahren. Rhellikans Reise wurde verschoben. Haller wünscht Information über die angebliche Zulassung der Messe in Zürich, wovor Bern in einem gleichzeitigen Schreiben warnt. Er berichtet über Berns Protest wegen Salats «Tanngrotz» und über eine bernische Abordnung nach Bremgarten. Hallers Krankheit.

S. Remitto quę credideras, charissime Huldriche [!], per nuncium fidelissimum Rellicanum nostrum, cui obsecro per Christum, si quid in Romanorum epistolam congesseris[1], quemadmodum minime dubito, meę fidei ad mensem unum commendes et concredas. Salva omnia ad te redibunt citra revocationem.

Cęterum, ubi in praedestinationis[2] responsiones incideris, tuum addito etiam iudicium de puerorum ex christianis parentibus salute, quam omnium indubitatissimam reperio apud Zuinglii «De providentia»[3] libellum. Illic fateor aut ignorantiam meam, qua non intelligo, quae vir dei reliquit, vel incredulitatem, quod mihi, etiam aliis fratribus, non satisfactum videam. Nam illorum omnium salutem non tam certum ęstimo, quin sub praedestinationem cadant, id quod ex suppositione Paulus probare videtur per Iacob et Esau, Rom. 9 [11–13]. Etsi dum non adulti obeunt, legem facto transgressi non sint, tamen fons et origo omnis rebellionis illis insitus est[4], ut non minus sint et dicantur filii irę[5] quam adulti, iram domini iam super se colligentes[6]. Quod Christi merito id ipsum abluatur[7], non nisi per praedestinationem, et eam quidem in omnes liberam, fieri potest[8]. Dispensatur enim salus per Christum parta non nisi electis; quod autem absque omni discrimine christianorum etiam credentium pueri omnes, dum non adulti a morte absorbentur, serventur, verum non habeo, vel non intelligo vel male credo. Ego magis pro contione, si inciderem in huiusmodi, mallem minus quam plus ęquo sapere et domini iudicio bonitatique committere. Age ergo, ne perpetuo suspendar hac in re, dilectissime frater, et dum fieri potest per Rellicanum nostrum a suis ad nos redeuntem, mitte obsignata.

Vale, nunquam mei immemor, et perge in Hebreorum epistola[9], ut cępisti. Certe citra adulationem significavero tibi: Que ex tua prodibunt officina, ita nostris arrident ministris, ut Cristophoro[10] non diu prostabunt venum. Hoc tamen monuerim, pro linguarum imperitis, si qua inserueris, latine explicata reddas, et ne quid temere, id[a] est ad quamvis importunam calcographi instantiam, nedum iuventus tua iam

---

a-b *von id bis offert am Rande nachgetragen*

[1] Siehe oben S. 51, Anm. 17.
[2] Siehe oben S. 56f, Anm. 18.
[3] Zwinglis «Ad illustrissimum Cattorum principem Philippum, sermonis de providentia dei anamnema», Zürich 1530; S IV 79–144; Z VI/III 1–230 (im Druck).
[4] Vgl. Röm 3,9ff. 5,12ff.
[5] Siehe Eph 2,3.
[6] Vgl. Röm 2,5ff.
[7] Vgl. 1Kor 6,11.
[8] Vgl. Röm 8,29f; Eph 1,4ff.
[9] Siehe unten S. 167, Anm. 6.
[10] Christoph Froschauer.

donis dei toti orbi cognita et celebris facta a te ipso tuaque culpa reddatur despectior. Vides enim, quam anxie urgeant et sua curent typographi, utcunque sua quis perpenderit, quae mundi iudicio offert^b.

Rursum vale. Et quam diu expectabimus Hebręos? Pellicano calcaria adde[11], ut et sua reddere pergat, quemadmodum cępit, et salutabis hominem, Leonem[12], Carolstadium, cuius consuetudinem maxime desiderarem. Sed vix prae corporis mole[13] urbem egredi licet, qui tamen summe vos desiderem invisere.

16. martii.

Tuus Berchtol. Hallerus.

Quum hęc scripseram, putabam Rellicanum vos aditurum, at is aeris tempestate impeditus iter suum distulit ad ferias usque pascales. Quod autem nuncius ille[14] ad vos missus est, ex rumore certo evenit, quod missam papistę apud vos unam iam impetrarint in urbe vestra servandam, quam et nostri ocissime, dum sic esset, non impetrarent, sed obtinuissent. Monet itaque noster senatus vestrum, ne id unquam admittat[15]. Nolui ego et multi nostrum id credere, sed impulimus amicos, ut literę mitterentur, qua vel cumque occasione hęc capita ad sese redirent. Si unquam tale quid accideret, quemadmodum sathan intentatum nihil relinquit, obsecro, proprio nuncio scribe, et urgebo, quae possum. Tu interim age apud tuos privatos, quatenus et ipsi cordatius respondeant et expostulent, ne quippiam immutetur utrinque in religionis capitibus sine alterius scitu et colloquio. Si thůnd grosse gwett allenthalb: ee daß ein jar fürgang[16], můsse ze Zürich und Bern widerumm mess sin.

Propter libellum quendam a Lucernate de bello confictum rithmis[17] scripsit magistratus Lucernam[18]. Misit item ad Premgarten exploratum, num mulcta aut praecępto cogantur confiteri, missam audire etc.[19] Quod si vel paucissimis tui pro se astipularentur, solatio esset patrię tuę civibus.

17. martii.

Lecto podagra decumbere cępi necdum convalui; expecto deum. Rursum vale.

22. martii.

Scribe et consolare me ęgrum.

Idem tuissimus Hallerus.

[Adresse auf der Rückseite:] Heinrico Bullingero, ecclesiastę Tigurino, fratri suo charissimo.

---

[11] Vgl. Adagia, 1,2,47 (LB II 89 C); Otto 103, Nr. 486.
[12] Leo Jud.
[13] Zu Hallers Krankheit s. Z. 54 und HBBW I 229,20f; vgl. auch *Kirchhofer*, Haller S. 226–228.
[14] Ein amtlicher Bote von Bern.
[15] Bern an Zürich, 22. März 1532, ASchweizerRef IV 1492; Zürichs Antwort: 25. März 1532, ASchweizerRef IV 1501.
[16] vergehe.
[17] Es handelt sich um das Gedicht von Johannes Salat «Ein schoner spruch von dem krieg, so sich zwischen den fünf orten und der andern örtern der Eidgnoschaft verloufen hat. Anno etc. In dem MDXXXI. Der spruch heißt der Tanngrotz. MDXXXI», gedruckt in: Salat 89–109.
[18] Bern an Luzern, 21. März 1532, ASchweizerRef IV 1490. – Zum wiederholten Protest Berns und zur Bestrafung Salats durch den Rat von Luzern s. Salat 10–12; vgl. auch EA IV/1b 1323f; ASchweizerRef IV 1510.1526.
[19] Zur Rekatholisierung Bremgartens (Kt. Aargau) s. oben S. 65, Anm. 9 und unten Nr. 77.

[77]

Bullinger an Schultheiß und Rat von Bern

Zürich, 19. März 1532
Autograph: Philadelphia, The Historical Society of Pennsylvania,
Simon Gratz Collection, Case 12, Box 32. Siegelspur. – Ungedruckt

Bittet um Berns Beistand für die Evangelischen in Bremgarten, die von den V Orten gezwungen werden, zum Katholizismus zurückzukehren.

Ersamm, fromm, fürsichtig, wyß, gnädig, lieb herren, min willig dienst, gehorsamme und was ich üwer ersammen wyßheyt ze gůten und gfallen wüste, sye üch bevor an bereyt.

Demnach bitt ich, üwer wyßheyt welle imm besten von mir uffnemmen min einfallt schryben ann üch. Dann ich üch, insonders allß einer christlichen frommen oberghyt, vertruw, sy werde den handel also ze hertzen setzen, allß christlichen hertzen gepürt. Und ist namlich umb die üwern biderben lüt ze Bremgarten ze thůn, die üch vergangner zyt grosse trüw bewisenn und umb üwer, miner g[nedigen] h[erren] von Bernn und Zürych willen, vorab umb gottes willen, grossen schaden an gůt und iro fryheyten erlitten habend¹ und jetzund erst an iro seelen grössernn schaden erlyden můssend, soll das fürgon², das angeschlagen³ ist. Namlich daß alle die, so bißhar an dem evangelio gehangt, bychten, zum sacrament, zur mäß gon und alle andere brüch und ceremonien, imm bapsthůmb gebrucht, annemmen söllend, oder aber inn bestimpter zyt die statt Bremgartenn ruumen. Und ist sömlicher antrag von den 5 orten dargesandt und durch den schultheyssen Schodeler⁴ selbs verckünt und mitt obgemellter straff uß empfelch⁵ der orten und deß radts da selbs gepotten⁶. Söllend nun die biderbenn lüt mitt iro wyben und so vil kleinen kinden von huß und hoff, vonn gwünn und gwyrb⁷, wo wellend sy hin? Söllend sy blyben und den trang wider iro selbs gwüssne⁸, wider gott und sin hey-

---

¹ Nämlich im Zweiten Kappelerkrieg; zu den harten Friedensbedingungen, welche die V Orte am 22. November 1531 Bremgarten separat gestellt hatten, s. EA IV/1b 1220f und *Bucher* 171f.
² weitergehen.
³ angeordnet, beschlossen, festgesetzt (SI IX 386–388).
⁴ Werner Schodeler, 1490–1541, aus altem Bremgartner Geschlecht, wurde 1520 Schultheiß, welches Amt er abwechselnd mit anderen bis zu seinem Tode bekleidete. Der Reformation abgeneigt, griff er aber in Konfliktsituationen (z. B. beim Heimzug Zwinglis von der Berner Disputation durch Bremgarten 1528 und bei den Spannungen anläßlich der ersten reformierten Predigttätigkeit des Dekans Bullinger 1529) vermittelnd ein. Nach der Einführung der Reformation 1529 blieb er zwar in der Stadt, konnte aber das Schultheißenamt nicht mehr ausüben. Nach der Schlacht bei Kappel verhandelte Schodeler mit den V Orten über den Frieden, wobei er entscheidend zur nachfolgenden Vertreibung der reformierten Pfarrer Gervasius Schuler, Heinrich Bullinger und dessen Vater sowie zur Rekatholisierung Bremgartens beitrug. Schodeler verfaßte eine dreiteilige Schweizerchronik, die bis ins Jahr 1525 reicht. – Lit.: HBD 15,23; HBRG I 439. II 61. III 264.266; Jakob *Stammler,* Der Chronist Werner Schodeler, in: AHVB XIII, 1893, S. 601–648; *Feller-Bonjour* I 296–298; HBLS VI 229.
⁵ auf Befehl (SI I 798).
⁶ Zur kritischen Lage der Evangelischen in Bremgarten und zu den energischen Bemühungen der V Orte um die Rekatholisierung der Stadt s. oben Nr. 71; vgl. auch *Bucher* 173–176.
⁷ Gewinn und Gewerbe = Erwerbsberuf (Deutsches Rechtswörterbuch IV 775).
⁸ die Gewaltanwendung (vgl. Grimm II 1335) gegen ihr eigenes Gewissen.

lig wort erlyden, so ist es vil jämerlicher. Dann Christus spricht: «Wer sich min und miner worten schempt, deß will ich mich ouch beschämenn» [Mt 10,33 par.]. Und Paulus: «Mitt dem mund vergycht man, mitt dem hertzen gloupt man» [Röm 10,10]. Nun sind ye[9] die biderben lüt vonn Bremgartten die üwernn[10]. So ist ye der gloub fry vorbehallten mencklichem inn gemeinen herrschafften[11], und üwer w[yßheyt] zwyngt die, so imm bapsthůmb sind, nitt anzenemmen inn gemeinen herrschafften, das ir wol und rächt uß dem evangelio gloubend. Worumb wölte man dann die biderben lüt vonn dem, das grund in gottes wort hatt, tringen[12] lassen, uff das der mensch usset gottes wort uffgerycht hatt[13]? Dorumb hab ich, alß der ein geporner Bremgarter unnd der ein zyt lang by inen das evangelion verkündt[14], ü[wer] w[yßheyt] zum höchsten wellen von iro wägen, die sich sust nitt wol gedörend[15] öügen[16], pitten, daß ir yetzdan wellind yndenck sin der zůsag, so ir inen ettwan[17] gethon und do es unfaalß halb[18] domaln nitt sin mocht, ü[wer] w[yßheyt] jetzdan den biderben uß angst und nodt hällffe, angesähenn[19], das, wenn wir die unsernn in nodt verlassind, ouch gott unß zur der zyt der nodt verlassen wirt. Aber gott gäbe üch wyßheyt, bstand[20] und stercke, daß ir üwer eer, loblich ann üch gepracht mitt gott und redliche, unbewegt behalltind.

Datum Zurych, deß 19. tags mertzens imm 1532. jar.

Ü[wer] w[yßheyt] undertheniger und gehorsammer
Heinrych Bullinger,
predicant Zürych.

[Adresse auf der Rückseite:] Denn edlen, vesten, fürsichtigenn und wysen herren schuldheyssen und radt der statt Bernn, minen gnedigen, lieben herrenn.

[78]

Erasmus Ritter an Bullinger

Schaffhausen, 19. März 1532

Autograph: Zürich StA, E II 362,27. Siegelspur. – Ungedruckt

Bedankt sich für ein durch Peter [Schnyder] ihm zugesandtes Bullingerwerk und drängt auf baldige Herausgabe von Bullingers Kommentar zum Hebräerbrief. Er hofft, daß Karlstadt eine angemessene Stelle erhalten werde.

[9] immer, jedenfalls (SI I 20f).
[10] Bremgarten stand seit der Eroberung des Aargaus durch die Eidgenossen 1415 unter der Oberhoheit der VIII Orte, so daß seine Bewohner auch als Untertanen Berns gelten konnten, vgl. *Bucher* 10f.
[11] Vgl. die in Artikel II des Zweiten Landfriedens festgelegten Bestimmungen über die Ausübung des Glaubens (EA IV/1b 1568f). Allerdings war gerade Bremgarten, wie auch Mellingen und das Freiamt, ausdrücklich vom Zweiten Landfrieden ausgenommen (EA IV/1b 1568, Art. I.e.).
[12] verdrängen.
[13] zu dem, was der Mensch außerhalb von (ohne) Gottes Wort aufgerichtet hat (SI VI 402f).
[14] Bullinger war von Juni 1529 bis November 1531 Prediger in Bremgarten, s. *Blanke* 120–130.
[15] getrauen, wagen (SI XIII 1520–1523).
[16] zeigen, sehen lassen (SI I 140).
[17] einst (SI I 549).
[18] infolge des Unglücks. Bullinger spielt hier auf den Rückzug der Berner nach dem Zweiten Kappelerkrieg an, wodurch Bremgarten im Stich gelassen wurde, vgl. *Bucher* 167–169.
[19] angesichts dessen.
[20] Standhaftigkeit (SI XI 1013).

Gracia et pax a deo per Iesum Christum.

Gratias tibi ago, charissime frater, pro eximio dono¹, quod michi per Petrum², qui apud cataractas Reni Tigurinorum Christi evangelium adnunctiat, redditum est. Gratissimum michi crede munus, non solum ob id, quod eruditionem et solidam pietatem exhibet, sed quod sit certissimum testimonium mirifici illius erga me amoris tui. Quamobrem nolim tibi assentari quitquam, sed te adhortor, ut cępto ne desistas, quin pro accepto dono pro virili incumbas, ut citius ea, quae in epistolam ad Hebreos meditatus es, in lucem prodeant³. Qua in re facies rem nobis omnibus non solum gratam, verum eciam rei christiane summe utilem.

De Carlostadio agemus hiisce diebus, ut aliquo pacto fieri posset, ut vir tantus locum sibi dignum acquireret⁴.

Vale.

Ex Scaphusia, 19. martii 1532.

Erasmus Ritter
ex animo tuus.

[Adresse auf der Rückseite:] Henrico Bullingero, apud Tigurum evangelium Christi constanter adnunctianti, charissimo fratri.

[79]

Berchtold Haller an Bullinger

[Bern], 23. März [1532]
Autograph: Zürich StA, E II 343, 93r. Siegelspur. – Ungedruckt

Bullingers Briefpaket ist eingetroffen, Haller informierte daraufhin die zuständigen Ratsmitglieder über die Lage in Bremgarten und ermahnte sie zur Wachsamkeit. Megander arbeitet an der Wiederherstellung der Einigkeit unter den evangelischen Städten, teilt jedoch Haller kaum etwas darüber mit. Otter wurde nach Augsburg berufen; laut Capito ist dort die Feindseligkeit der Lutheraner gegen die Schweizer groß. Haller betont seine Schwierigkeiten bei der Auslegung des Römerbriefes, lobt Bullin-

---

1. Wahrscheinlich handelt es sich um Bullingers Ende Januar gehaltene Rede «De prophetae officio», s. oben S. 41, Anm. 1.
2. Peter Schnyder (Sartorius), genannt Frick, gest. 1558, stammte aus Dießenhofen. 1520 wurde er Kaplan in Pfäffikon (Kt. Zürich). Auf der Zweiten Zürcher Disputation zeigte er sich von der Reformation zwar nicht überzeugt, verhielt sich aber konform (Z II 725,1–6). 1525 wurde Schnyder Pfarrer in Laufen am Rheinfall. Im Jahre 1528 nahm er an der Berner Disputation teil. Auf der Herbstsynode 1530 erschienen Leute aus der Gemeinde Schnyders und beklagten sich über ihren Pfarrer, ohne jedoch stichhaltige Argumente gegen Leben und Lehre Schnyders vorbringen zu können (AZürcherRef 1714, S. 727f). Die Spannungen zwischen Pfarrer und Gemeinde wurden aber nicht endgültig beseitigt (s. unten Nr. 116). 1536 wurde Schnyder im Anschluß an neue Streitigkeiten abgesetzt. Im selben Jahr kam Schnyder als Pfarrer nach Biel (Biel Stadtarchiv CXXX 71,74); seit 1541 amtete er im benachbarten Lengnau, 1542–1545 war Schnyder Prädikant in Zofingen (Pfister 144), 1545–1555 in Aarburg (Pfister 58) und von 1555 bis zu seinem Tod in Brugg (Pfister 72). Von Schnyder sind mehrere Briefe an Bullinger, den er möglicherweise 1528 in Bern kennengelernt hatte, erhalten. – Lit.: Z VI/I 542. X 26f.37f.635–639; QGTS II 63, Anm. 2; Hans Rudolf *Lavater*, Johannes Goeppel, Prädikant zu Rohrbach 1527–1545 und zu Zofingen 1545–1548, in: Jahrbuch des Oberaargaus 21, 1978, S. 161–176; Pfarrerbuch 513 (Angaben fehlerhaft); Pfister 198.
3. Siehe unten S. 167, Anm. 6.
4. Andreas Karlstadt wirkte bis zum Sommer 1534 in Zürich.

gers neueste Werke, beklagt sich über die Streitsucht der Berner Prediger und teilt ihm seine Sorgen um den Katechismusunterricht in Bern mit. [Wilhelm] Zwingli ist wohlauf. Grüße.

S. Vix expediveram nuncium, quem senatus noster ad vestrum mittit[1], charissime Heinrice, ecce literarum fasciculum[2] ex tuis quidam[3] cęnanti iam adfert, e cuius ore mox didici vanum esse rumorem hunc de vobis apud nos sparsum[4]. Lectis itaque tuis, cum praefectum nostrum Lentzburgensem[5] eandem Bremgartensium causam apud nos commendatam habere constaret[6], mox, quae necessarię erant, inter cęnandum praesentibus Hagio[7] aliisque senatoribus obtuli, et ut, quod citra iurium suorum, ne dicam pietatis aut piorum civium, iacturam negligere non possent, diligentius curarent tempestiviusque, ne mora maius periculum adferret. Sunt iam dudum pro contione admoniti a Francisco[8], qui totus est Bremgardius[9], quatenus fratrum rationem haberent, quorum iurisdictionis portione gaudere vellent.

Cęterum, cum iam mane[a] secundam lecto podagrico incumbens audirem, levari me feci, quo ad alia responderem. Quatenus civitates[10] componantur, laborat Megander tum apud vos tum apud Schaffhusanos per Erasmum[11], sed quantum hactenus promoverit, compertum non habeo. Sua enim silentio premit, nec nisi quae nulla honestate celare potest, communicat. Leoni multoties et vicissim ipse scribit[12], ad te credo nunquam. Nam ut homines affectibus obnoxii sumus, vereor, ne gloriam (quae domini est[13]), quam apud tuos et nostros habeas, invideat. Sed sit et hoc meum carnis iudicium, perversum scilicet. Vellem ego primam haberet auctoritatem coram magistratu et plebe. Quam vix recuperabit, quantumvis alium nunc agat pro contionibus. Ubi enim summa docet lenitate, qui in eum exacerbati sunt, hypocrisim ęstimant, ubi acerbiora miscuerit, veterem aiunt nondum deseruisse pellem. Spero tamen, ubi talis perseveraverit, futurum, ut auctoritas redeat.

Capito Otherum ab Arow Augustam vocavit. Consensit senatus, sed ut redeat[14]. Augustam reliquit Capito iam dudum Ulmę Otherum expectans[15]. Ex cuius literis[16] intellexi lutheranos plus negocii nobis facturos quam papistas. Maius piaculum praedicant nostris communicare sacramentis quam papistarum[17]. Reperit Augustę saducęorum[18] sectam de resurrectione pessime sentientem[19] nihilque aliud ad nos quam quod et ad te scripsit[20].

Quod de Romanorum epistola scribis, planam scilicet, modo plane et pure tractetur, interim addis paucos vel nullos hoc attigisse, ecce, quid ego ex ea assequar. Docuit eam Megander docte satis[21], sed in multis mihi non satisfiebat. Disposuit

---

[a] mane *am Rande nachgetragen.*

1 Siehe oben Nr. 76.
2 Nicht erhalten.
3 Unbekannt.
4 Siehe oben S. 80,38–48.
5 Sulpitius Haller.
6 Zur Rekatholisierung von Bremgarten und Bullingers Bemühungen um seine Vaterstadt, wie auch zu den Verhandlungen Zürichs und Berns mit den V Orten s. oben S. 65, Anm. 9 und Nr. 77.
7 Peter Im Haag.
8 Franz Kolb.
9 Nämlich: ein Freund Bremgartens.
10 Die evangelischen Städte, vor allem Bern und Zürich, s. oben S. 32, Anm. 29.
11 Erasmus Ritter.
12 Nicht erhalten.
13 Vgl. u. a. 1Chr 29, 11f; Mt 6,13.
14 Jakob Otter nahm die Berufung nach Augsburg wegen dieser obrigkeitlichen Bedingung nicht an, s. Blarer BW I 336.
15 Zu Wolfgang Capitos Reiseroute s. oben S. 66, Anm. 6.
16 Nicht erhalten.
17 Vgl. *Baum* 487f; *Köhler,* ZL II 281.
18 Vgl. Mt 22,23ff; Apg 23,6ff.
19 Über diese Sekte ist nichts weiter bekannt.
20 Oben Nr. 72.
21 Gemeint ist wahrscheinlich eine Predigtreihe Meganders über den Römerbrief in Bern.

Melanchthon totius epistolę orationem²². Hic cum putarem me aliquid assecuturum – sed parum admodum. Quę omnia epistolam hanc ferme mihi desperatam relinquunt. Sed placet, quod tu polliceris in novum testamentum, saltem in Paulum, praestares. Allein lass dich die trucker nitt überilen²³.

Orationem de functione prophetica²⁴ pellegi, non sine fructu. Nam quod in corde meo multo iam tempore pressi et a multis contemni videbatur, tu expressisti, opportune quidem. Et utinam ante annum ratio contionandi²⁵ ita in lucem prodiisset: Non tot scommatis, dicteriis et sannis veritas tam multis facta fuisset exosa. Eo ferme Bernę ventum erat, ut si quis non proscinderet tum magistratum tum Immontanos tum et papismum turpissimis ridiculosissimisque, is non videbatur contionari. Immo pro contione dicebatur eos esse pseudoprophetas, qui praedicarent evangelium, id est «Sic deus dilexit mundum» [Joh 3,16], et non tam dire inveherentur in omnes. Satisfactum est conscientię meę. Sinam alios furere, debachari et stomachari. Ego, quicquid cum lenitate possum, attentabo, sale tamen suo non neglecto²⁶.

Quę in Ioannem dedisti²⁷, absoluta sunt, brevia, locorum genuinum sensum plausibiliter adeo aperiunt, ut ipse de me mirari cogar, quare aliquot locos obscuriores censuerim, quos tu luce clariores ostendis. Iudicium tuum de testimonio aquę, sanguinis et spiritus²⁸ arridet, et primus es, apud quem tam facilem et apertum reperio sensum. Certe nisi extorsisses, iudicium meum non dedissem, quod iam dudum putarem apud te indubitatum, quantę sis apud me auctoritatis, quantum mihi tuus arrideat genius. Acervatim fratres emunt apud nos, quae a te prodeunt. Expectant item tanto etiam desiderio, quae Pellicanus parturit²⁹. Megander noster nullorum annotationes aut spiritus legere dignatur. Omnia respuit, nisi quę a Zuinglio sunt, admittat. Hinc etiam mirabile iudicium et inconsideratum in multis effutit. Ego neminem sperno, omnium labores et spiritus suspicio et veneror, summeque delectat, dum et meum apud alios invenio spiritum. Id plane de me sentias: Quicquid vel displiceret vel non intelligerem ex tuis, ad te mox scriberem. Franciscum adegi, bonum senetionem et pium, sed plane valetudinarium, ut et tua legat. Expecto iudicium tuum de actis sinodalibus³⁰, ratione studii³¹ et praedestina[tione]³².

Interim ora deum, ne ministerium nostrum irritum fiat, et labora mature diligenterque in Hebręis³³. Eins lit mir träffelich an³⁴: Nescio cogitabundus excogitare, quo pacto catechismumᵇ iuventuti urbis nostrę instituamus³⁵. Videmus eos palam

---

ᵇ *in der Vorlage* cathecismus.

²² Philipp Melanchthon, Dispositio orationis in Epistola Pauli ad Romanos, 1529 (CR XV 443–492).
²³ zu übermäßiger Eile antreiben (SI I 179).
²⁴ Siehe oben S. 41, Anm. 1.
²⁵ Gemeint ist wahrscheinlich Bullingers bis heute unveröffentlicht gebliebene Schrift «De propheta libri duo», 1525 (Zürich ZB, Ms A 82, 2r.-41v. und Ms Car I 166; Auszüge gedruckt in: *Hausammann* 161–173; s. auch *Staedtke* 275f). Zwischen diesem und dem vorher erwähnten Bullingerwerk «De prophetae officio» bestehen wichtige Zusammenhänge, u. a. wird bereits im Frühwerk Zwingli als Prophet gewürdigt, s. *Büsser*, De prophetae officio 252.
²⁶ Vgl. Adagia, 1,1,2 (LB II 23 E).
²⁷ Siehe oben S. 57, Anm. 19.
²⁸ 1Joh 5,6ff.
²⁹ Vgl. oben S. 46, Anm. 17.
³⁰ Siehe oben S. 30, Anm. 5.
³¹ Siehe unten Nr. 83.
³² Siehe oben S. 56f, Anm. 18.
³³ Siehe unten S. 167, Anm. 6.
³⁴ liegt mir besonders am Herzen (SI III 1210).
³⁵ Zum Katechismusunterricht in Bern s. *Guggisberg* 164f.

neglegi, utcunque exhortemur ad piam sanctamque educationem, nec scio, ut apud vos hec sint institute³⁶. In summa: je meer ich schrib, je mer mir zůfalt³⁷. Spero me venturum hac ęstate ad Lentzburg. Illuc te vocabo teque utar ad saturitatem³⁸.

Iam vale. Podagra plura non admittit, mi charissime Heinrice.

70   23. martii ante diluculum, cum insomnem ferme totam agerem noctem.

Tuus Berch. H.

Sępius scribas Tilmanno, ut totus revocetur³⁹, item et Hagio. Zuinglius⁴⁰ optime valet nobis omnibus commendatissimus. Cuius matrem⁴¹ salutabis, Pellicanum, Leonem, Carolstadium et alios.

75 [Ohne Adresse.]

[80]

Gervasius Schuler an Bullinger

[Basel], 23. März 1532
Autograph: Zürich StA, E II 361, 330. Siegelspur. – Ungedruckt

Bedankt sich für die übersandten Bullingerwerke, gibt eine Darstellung von Grynäus' Auffassung über Kirchenzucht; schließt sich in dieser Frage jedoch den Zürchern an. Bonifacius Amerbach lehnt das Abendmahl ab. Schuler erwartet ungeduldig Bullingers Kommentar zum Hebräerbrief. Grüße.

Gratiam et pacem a domino.

Refricandae veteris amicitiae munus¹, charissime frater, gratanter excepi tantique habeo, ut quotties intuear, videar michi te coram introspicere. In hoc enim, quod iuxta tuam estimationem munusculum mittis, plurimum iuvas studiorum me-
5 orum conatus; sic animum exhilaras, ut michi plane beatus videar. Inter praecipuos certe cum tu summum mei studiosum agas, qui fieri potest, ut erga te meus flaccescat animus? Perge igitur, macte vir, Gervasium tuum pristino amore prosequi atque tam suavissimis epicherematis suffulcire tenues meos conatus adeoque et inter tot hominum turbas fortem reddere.

10   Ceterum me functionis meae nichil tedere scias, maxime cum fide percenseam inevitabili fato omnia gubernari deumque carni plane incognitis viis suam gloriam evecturum esse.

---

³⁶ Außer Leo Juds sehr summarischem Wandkatechismus von 1525 gab es in Zürich um diese Zeit noch keinen Katechismus. Die sonntägliche Nachmittagspredigt als Unterricht für die Jugend auf dem Lande wurde im Oktober 1532 eingeführt (AZürcherRef 1899, S. 831), Juds «Größerer Katechismus» erschien erst 1534 (s. die Einführung von Oskar Farner, in: Leo Jud, Katechismen, bearb. v. Oskar Farner, Zürich 1955. – Veröffentlichungen der Rosa Ritter-Zweifel-Stiftung. Religiöse Reihe, S. 17).
³⁷ fällt mir ein.
³⁸ Zur persönlichen Begegnung zwischen Bullinger und Haller kam es nicht mehr, vgl. *Kirchhofer,* Haller 209.

³⁹ Diese Bemerkung scheint auf eine Schwankung oder Unsicherheit des Seckelmeisters Bernhard Tillmann im Frühjahr 1532 hinzudeuten. Durch Bullinger soll er nun offenbar in seiner reformationsfreundlichen Haltung wieder bestärkt werden, vgl. auch unten S. 91,18–20 und noch *Feller* II 328f und *Guggisberg* 195.
⁴⁰ Wilhelm Zwingli, s. oben S. 47, Anm. 25.
⁴¹ Anna Zwingli, geb. Reinhart.

¹ Gemeint ist wahrscheinlich Bullingers Rede «De prophetae officio» (s. oben S. 41, Anm. 1) oder seine Johannesbriefauslegung (HBBibl I 37; HBD 22,1f).

Porro quod Grinei² sententiam ex me scire petis, sic accipe paucis, frater. Eos, qui abhorrent publicam gratiarum actionem sicque sunt offendiculo ecclesie, post sufficientem admonitionem, quoad charitatis amussis ferre potest, excludendos esse censemus, in eosque censura ecclesiastica animadvertendum esse velut in eos, qui aut maliciae studiosi aut hypocritę interturbant ordinem ecclesie, velut ἀτακτούς [!]³. Hec nostra est sententia. Contra Grineus contendit eiusmodi nostrae ecclesiae fune non contineri, modo nemo possit extra cetum, comunionem, eiici, nisi qui in ea olim fuerit recensitus. Hinc concludit ministros ecclesie in eos nullum habere ius excomunicandi. Ego pro mea tenuitate non video, qui fieri possit, ut hii, papistas puto vel etiam eos, qui nostram religionem profitentur, ab ecclesie ministro segregari possint. Bonifacius Amorbachius⁴, alias vir mire eruditionis, consentit veritati, interim pertinaciter adversatur nostro instituto cenę dominicę, fortassis, quod Erasmianus est, estque sic offendiculo ecclesię. Collegimus nostrae sententię aliquot rationes simul atque scripture loca, quibus nostra stabilita putamus. Interim ego, que apud me conceperam, tue charitati mittere minime gravor⁵, ex quibus κατὰ ἀντίτεσιν [!] oculatius Grinei nostri sententiam videre potes. Scribsit nobis hisce diebus charissimus frater in domino Bucerus super hoc negotio⁶, que dominus dederat, certe a nostris non aliena. Desideranter expecto, quę tibi suggescerit dei spiritus. Scribe igitur, si per occasionem uspiam licuerit.

Ceterum epistolam ad Hebreos tuo labore pristino nitori restitutam⁷ sic anxius expecto, ut fere non ausim michi polliceri tantum vitae nacturum, quo satis ad sacietatem usque detur legendi facultas. Avidum redidisti meum certe animum, cum nuper tuę charitatis erga me specimen mitteres, Ioannis epistolam tuo emunctam studio⁸, ut exinde apud me sic persuasus tuas ad me litteras⁹ non absque foenore sperem redituras.

Parentem tuum¹⁰ optime de me meritum, fratrem¹¹, insuper uxorem tuam¹² nomine meo plurimum salutare non graveris. Salutant te fratres. Dominus conservet te in bono opere diu incolumem.

Vale.

Vicesima 3. die martii anno 1532.

Gervasius Scolasticus
tuus tuique studiosus.

---

[2] Zur Frage der Exkommunikation s. oben S. 35, 6–36, 32 und S. 57, 2–5.
[3] Vgl. 2 Thess 3,6.11.
[4] Bonifacius Amerbach (Amorbach), 1495–1562, hervorragender Rechtsgelehrter, wurde 1525 in Basel Professor für römisches Recht an der Universität und Stadtkonsulent; fünfmal bekleidete er das Amt des Rektors. Sein Verhältnis zur Reformation war, nach anfänglicher Begeisterung, eher zurückhaltend. Wegen seiner Ablehnung der Teilnahme am reformierten Abendmahl geriet er sogar in Konflikt mit den obrigkeitlichen Verordnungen, bis er sich schließlich 1535 fügen mußte. Als Anhänger und Freund des Erasmus sowie Glareans und Zasius' war Amerbach ein hervorragender Vertreter der «Via Media». Mit Bullinger wechselte er in den Jahren 1544/45 einige Briefe. – Lit.: Amerbach, Korr.; Basel, Matrikel I 297; Maeder, Via Media 126–134; HBLS I 338; Alfred Hartmann, in: NDB I 247.
[5] Notizen Schulers zur Exkommunikation sind nicht erhalten.
[6] Bucer an Simon Grynäus und die Basler Geistlichkeit, 7. März [1532], zeitgenössische Abschrift, Zürich StA, E II 338,1359r.–1361r., s. Pollet, Bucer II 378f.
[7] Siehe unten S. 167, Anm. 6.
[8] Siehe oben Anm. 1.
[9] Gemeint ist wohl Bullingers schriftstellerische Tätigkeit im allgemeinen, von der Schuler profitieren will.
[10] Dekan Heinrich Bullinger.
[11] Johannes Bullinger.
[12] Anna Bullinger, geb. Adlischwyler.

45 Pellicanum, Erasmum Fabricium et alios fratres salutabis.

[Adresse auf der Rückseite:] Doctissimo Heynricho Bullingero, urbis Tigurine concionatori, fidelissimo fratri in domino.

[81]

Berchtold Haller an Bullinger

[Bern], 30. März [1532]
Autograph: Zürich StA, E II 343,95. Siegelspur. – Ungedruckt

Die V Orte versuchten, die Glarner unter Berufung auf angeblich gleiche Tendenzen in Zürich und Bern zur Rückkehr zum Katholizismus zu drängen; Haller verlangt Nachrichten darüber. Er berichtet von einer bernischen Geldspende an die Bremgartner und teilt seine Befürchtungen wegen der Ratswahlen in Bern mit.

S. Cum iam itineri nuncius[1] accinctus esset nec amplius ullam facere moram possem, non potui te celare, charissime frater, id quod palam per omnes circumfertur vicos, nempe 5 pagicos Glaronensem petiisse communitatem atque huic iam ex omnibus pagis aut ecclesiis congregatę proposuisse[2], quomodo ab illis exigant,
5 quatenus et federa servent et in antiqua cum ipsis religione perstent, id quod hactenus, etiam sępius polliciti, non fecerint. Nec quippiam in hac re periculi esse. Nam et Tigurinos tantum pollicitos, ut paulo post tempore et ipsi pristinam revocaturi sint religionem. Apud Bernenses omnino simile sperent. Glareani vero nullo dato responso legatos amice amandarunt mox responsuri, cum maturo consilio singula
10 perpenderint. Rumores hi tam certo feruntur apud nos, ut nihil certius, at quod tui quid polliciti sint, multi credunt esse imposturam et mendacium, quo pios Glareanos circumvenire et persuadere velint et possint. Obsecro igitur apud tuos perscrutari velis, num illis constet de legatione illa Antroniorum[3]. Nam quod ad me attinet et de vobis referunt, nullam penitus habeo fidem. Sed ut certius multorum ora ob-
15 struere possim, obsecro, responsionem tribus absolve verbis. Urgent enim cordatiores et amici tui optimi, ut a te certiores reddantur.

Bremgartinis tuis 100 librę nostrę monetę[4] dono datę sunt numerata pecunia, et

---

[1] Unbekannt.
[2] Zu dem von den V Orten im Frühjahr 1532 auf Glarus ausgeübten Druck s. EA IV/1b 1331.1334.1336f.1347; Jakob *Winteler*, Geschichte des Landes Glarus, Bd. I: Von den Anfängen bis 1638. Zur 600-Jahr-Feier des Glarnerbundes 1352–1952 hg. v. der Regierung des Kantons Glarus, Glarus 1957², S. 337f.
[3] Von Haller häufig gebrauchter Spottname für die katholischen V Orte. Auch Vadian gebrauchte ihn wiederholt, um den Abt von St. Gallen zu bezeichnen. – Der Überlieferung nach sollen in der thessalischen Stadt Antron die Esel besonders groß und wild gewesen sein, s. Adagia, 2,5,68 (LB II 571f); Blarer BW I 381, Anm. 3; Pauly/Wissowa I/2 2642.
[4] Zum Geldwert vgl. *Sulser* IX; Paul *Kläui*, Ortsgeschichte. Eine Einführung, Zürich 1956², S. 125; s. noch HBBW I 134f, Anm. 176.

certe plurimum tibi referre debent. Tuas enim literas[5] et consuli[6] et Hagio[7], quaestori[8] ac cęteris ostendi[9], qui bonos viros commiserati reliquos quoque permoverunt[10]. Sultzerus[11] nondum rediit. Tua post pasca omnia remittam[12].

O mi Heinrice, quam in magno periculo nostra est respublica! Wingarterus[13] ob fornicationem amotus est[14], deinde 5 alii, et duo sunt penitus valetudinarii et senes. Octo itaque addere senatui oportet. Sunt plerique prudentes senes et auctoritatis alicuius, sed quibus Christi negocium non facile fiditur. Sunt deinde iuvenes, pii quidem, sed imprudentes, avari et nullius auctoritatis. Nisi dominus suam bonitatem in electione magistratus super nos effundat, actum erit facile de nobis. Ora deum, oret et ecclesia tua pro nobis. Prima aprilis fit electio eorum, qui diacosios[15] et senatum eligunt, 2a fiet electio diacosiorum, 6ta consulis, 4 pandaretorum[16], 7a senatus minoris.

Iam vale. Solum hoc deest: Num liceat fratres defendere etiam armis et illorum causam vindicare, qui sunt alterius magistratus aut pagi, illęsa christiana charitate.

Rursum vale.

30. martii, raptim.

Nun lass mich nitt on antwurt, by lyb. Salvi sitis omnes.

Tuus Bert. H.

[Adresse auf der Rückseite:] Heinrico Bullingero, Tigurino ecclesiastę, fratri suo charissimo.

---

[5] Nicht erhalten.
[6] Gemeint ist wahrscheinlich Schultheiß Johann (Hans) von Erlach, 1474–1539, seit 1501 Mitglied des Großen, seit 1508 des Kleinen Rates. Er bekleidete weitere wichtige Staatsämter und vertrat Bern in diplomatischen Missionen. Beim Oberländerfeldzug 1528 war er Befehlshaber, in beiden Kappelerkriegen Anführer des zweiten Banners. Schultheiß seit 1519. Vor der Berner Disputation galt er als katholisch gesinnt (vgl. Z IX 307, 23f). Bullinger kannte ihn möglicherweise seit der Berner Disputation 1528 persönlich. – Lit.: ASchweizerRef, Reg.; ABernerRef, Reg.; Z IX 103, Anm. 4; LL VI 398; HBLS III 60.
[7] Peter Im Haag.
[8] Wahrscheinlich Seckelmeister Bernhard Tillmann, s. oben S. 56, Anm. 13.
[9] Siehe oben S. 84,3–6.
[10] Siehe auch Bullingers persönlichen Vorstoß beim Berner Rat, oben Nr. 77.
[11] Simon Sulzer kehrte 1533 von Basel nach Bern zurück.
[12] Gemeint sind wohl die Schriften, die Haller am 23. März 1532 verdankt hatte, s. oben S. 85,36.47.
[13] Wolfgang von Wingarten (Weingarten), gest. 1574, war seit 1520 Mitglied des Großen, seit 1531 des Kleinen Rates, 1528 Ratsdelegierter bei der Übergabe des Klosters Interlaken, Büchsen- bzw. Bannerhauptmann in beiden Kappelerkriegen, Oberstleutnant im Müsserkrieg, Oberst und erster Kriegsrat bei der Eroberung der Waadt 1536. Das Amt des Schultheißen lehnte er 1562 ab. Bullinger kannte ihn wahrscheinlich seit der Berner Disputation 1528 persönlich. – Lit.: ASchweizerRef, Reg.; ABernerRef, Reg.; Anshelm, Reg.; Z X 414f, Anm. 11; HBLS VII 548.
[14] Wolfgang von Wingarten wurde auch 1534 und 1569 wegen Ehebruchs für kürzere Zeit abgesetzt, s. de Quervain 42 und Z X 415, Anm. 11.
[15] Mitglieder des Rats der Zweihundert.
[16] der vier Venner (vgl. SI IV 1341).

[82]

Berchtold Haller an Bullinger

[Bern], 31. März 1532

Autograph: Zürich StA, E II 360, 41. Siegelspur. – Ungedruckt

Hat Bullingers Brief einigen Vertrauenspersonen gezeigt. Jakob von Wattenwyl wird Berns Abgeordneter am Tag in Aarau sein; Haller hofft, daß Zürich Diethelm Röist senden werde. Er gibt Ratschläge für Bullingers Beziehungen zu führenden Persönlichkeiten in Bern und berichtet über die von Bern wegen Salats «Tanngrotz» unternommenen Schritte; Bullinger sollte Salat antworten, ohne den Drukker bekanntzugeben. Haller macht sich Sorgen wegen der reformationsfeindlichen Kräfte in Bern. Grüße.

S. Lieber brůder Heinrich.

Din flissig ernstlich schriben[1] hab ich verstanden[2] und ze läsen gäben denen, so mich bedunckt ze vertrüwen. Und finden, daß mitt der zit wir och werdint verkudret[3] han. Man můß dem bären krätzlen[4], biß das er zam und gůtig wirt, sin grimmen ablat. Man schickt uff den tag gen Arouw[5] juncker Jacoben von Wattenwil[6], des christelich hertz dir wol bekant, mitt zimlichen befelch, als ich verstand. Welte gott, daß herr Röst[7] ein bott wäry; by den unsern weiß ich uff dise zit kein angnemeren. Doch ob[8] schon da nütt usgericht, wirt doch das ein ungezwiflet mittel sin zů einer bestendigen concordi, namlich daß die von Schaffhusen und Basel zů unß kartind[9], umm semliche concordi ersůchtind, und so inen die verlangete[10], als dann sy allen blast[11] beeder stetten[12] hinwäg und abstaltind[13]. Si hend ouch umm unsertwillen übel gelitten[14]; so sind sy lindmütiger[15] und beeden stetten angenäm[16] und geachtet.

Das schrib dir uff ein fürsorg[17]; acht[18], der Imm Hag berichte dich wyter, dann er je für ander all ifrig in dem handel und ernstiger ist[19], ouch imm für ander ze

---

[1] Nicht erhalten.
[2] zur Kenntnis genommen (SI XI 658).
[3] aufhören zu grollen (SI III 152f; vgl. I 906).
[4] krauen, schmeicheln (SI III 932).
[5] Der Tag der drei reformierten Orte Zürich, Bern und Basel in Aarau, 3. April 1532 (EA IV/1b 1307f. 1321f).
[6] Hans Jakob von Wattenwyl, 1506-1560, Bruder des Niklaus (s. HBBW I 225, Anm. 3), 1525 Mitglied des Großen, 1526 des Kleinen Rates, 1533 zum Schultheiß gewählt. Im Ersten Kappelerkrieg befehligte er die Berner Truppen zur Bewachung der Grenze gegen Unterwalden, im Zweiten war er Generalleutnant. Als Förderer der Reformation gelang es ihm 1535, Haller zum weiteren Verbleib in Bern zu überreden. Bullinger kannte ihn sicherlich seit der Berner Disputation persönlich, sie werden sich auch während des Zweiten Kappelerkrieges in Bremgarten getroffen haben. Hans Jakob und dessen Brüdern Niklaus und Reinhart von Wattenwyl widmete Bullinger 1536 seinen Kommentar zu den Thessalonicherbriefen (HBBibl I 81). Zwei Briefe von Wattenwyls an Bullinger sind erhalten. – Lit.: A. *von Wattenwyl*, in: SBB IV 228-233; Z IX 398, Anm. 3; HBLS VII 433f.
[7] Zu Diethelm Röists hohem Ansehen bei den Bernern s. oben S. 32, Anm. 31.
[8] wenn.
[9] sich an uns wenden würden (SI III 435).
[10] wenn sie diese erlangten (SI III 1331).
[11] Mißhelligkeit (SI V 167f).
[12] Bern und Zürich.
[13] auf die Seite legen und abstellen sollten.
[14] Nämlich im Zweiten Kappelerkrieg.
[15] weicher, versöhnlicher gestimmt (SI IV 588).
[16] als Vermittler genehm.
[17] vorsorglicherweise (vgl. SI VII 1303).
[18] ich nehme an (SI I 80).
[19] da er stets mehr als andere ganz eifrig und ernsthafter bei der Sache ist.

vertrüwen. Erario²⁰ nitt so vil; aber Wagner, Trempen, buwherr[a] Ougspurger²¹, Vischer[b], Petro Cirono²² dem stattschriber alle ding wol ze vertrüwen. Schrib ich darum, so du etwa wil²³ ze schriben habist, wissist wäm. Interim Erarius non est negligendus, nam sentio hominem suę prudentię sic innixum, ut quicquid non geratur vel suo consilio vel ipso conscio, omnibus renitatur viribus.

Demnach dess büchlins halb habend unser herren gen Lucern gschriben²⁴. Ir antwurt²⁵: si wissend nütt darvon; wir söllind dem trucker nachfragen. Ist ouch allen 5 orten und jetlichen insunders geschriben von deren von Bremgarten wägen²⁶. Ein schlächte antwurt wider gäben, als ob sy dessi macht und gwalt habind²⁷; doch wellind si nach der heilgen zitt²⁸ entlich antwurt gäben. Acht wol, man werde in disen comitiis²⁹ rätig werden.

Der antwurt halb uff den «Tanngrozen»³⁰ frag nitt vil, wiewol ettlich by unß

---

[a] *Lesung unsicher. Vielleicht* bouwherr *oder* bouwherre.
[b] Vischer *am Rande nachgetragen.*

20 Der Berner Seckelmeister Bernhard Tillmann.
21 Michael Ougspurger (Augsburger), gest. 1557, seit 1517 Mitglied des Großen, seit 1530 des Kleinen Rates, wurde 1531 Bauherr. Sein politisches Interesse galt dem Westen. 1536 war er einer der Kriegsräte in der Waadt und der erste Welsch-Seckelmeister 1536–1547. Ougspurger galt als ein Förderer der Reformation, nahm als Ratsverordneter an der Berner Synode 1532 teil und vermittelte 1541 zusammen mit Hans Jakob von Wattenwyl zwischen Farel und seiner Gemeinde in Neuenburg. Bullinger kannte ihn wahrscheinlich seit der Berner Disputation 1528 persönlich. – Lit.: ASchweizerRef, Reg.; ABernerRef 3037.3277; Sulser 211, Anm. 270; Tardent 332; HBLS V 367.
22 Peter Cyro (Giron), gest. 1564, aus Freiburg i. Ue., war seit 1525 Stadtschreiber von Bern. 1526 erhielt er das Bürgerrecht und wurde Mitglied des Großen Rates. Cyro machte sich besonders verdient in der diplomatischen Vorbereitung und administrativen Durchführung der Eingliederung der Waadt. Er war ein überzeugter Anhänger der Reformation, deren Einführung in der Waadt er in die Wege leitete. – Lit.: Sulser; HBLS II 658.
23 Weile, Zeit.
24 Siehe oben S. 80, Anm. 17 und Anm. 18.
25 Vgl. EA IV/1b 1323.
26 Bern an die V Orte, 23. März 1532, ASchweizerRef IV 1496. – Zur Rekatholisierung Bremgartens s. oben S. 65, Anm. 9.
27 Die V Orte haben darauf eine unbefriedigende Antwort gegeben, als ob sie Macht und Befugnis dazu hätten. – Die Antwort selbst ist nicht erhalten, vgl. aber die Antwort von Zug an Zürich vom 30. März 1532, ASchweizerRef IV 1508.
28 Ostern.
29 Auf der Tagung der reformierten Orte in Aarau, s. oben Anm. 5.
30 Tannenzweig, das Parteiabzeichen der V Orte, war der Titel des Spottgedichts von Johannes Salat, s. oben S. 80, Anm. 17.

meinind, es sölle «Kressich»³¹ genempt werden, die wil der sich Salat³² nempt³³. Es sind by unß bären von gschlächt. Wellist herinn handlen, daß der trucker nitt kent werde, dann dir ist wol ingedenck, was Adamo Petro³⁴ begegnet a Lucernatibus³⁵. Wir mögend wol antwurt liden³⁶, ist ouch von nöten. Aber nitt vil eeren wirst von unß schriben, also evangelisch und dess eergits ledig sind wir worden.

Ich bitt dich, wellist dem Sepiano³⁷, id est Imm Hag, bald antwurten, dann er sich dines schribenß wol frewt und vermag³⁸. Diner herren früntlich schriben³⁹ hatt vil bewegt⁴⁰; ursachen unsers unwillens wirst by bilegtem brieff⁴¹ verston.

Der gotshußlüten⁴² halb mögend wir nütt fürkummen⁴³, dann man muß dess anbringens erwarten. Si stond den 4 orten ze verwaltigen⁴⁴. Wo aber ein erlütrung

---

[31] Gartenkresse (SI III 852).

[32] Johannes Salat, 1498–1561, aus Sursee (Kt. Luzern), erlernte das Seilerhandwerk, übersiedelte 1520 nach Luzern, dessen Bürgerrecht er 1529 erhielt. Er nahm als Feldschreiber an den Mailänderkriegen teil und machte auch beide Kappelerkriege mit. 1531–1540 war er Gerichtsschreiber und verfaßte in dieser Zeit mehrere historisch-politische Werke und gegen die Reformierten gerichtete Streitschriften. Am bedeutendsten ist seine die Jahre 1517–1534 umfassende Reformationschronik. 1538 leitete er das Luzerner Osterspiel. Wegen Schulden, Urkundenfälschung und wohl auch als Anhänger der französisch gesinnten Partei wurde er 1540 aus Luzern ausgewiesen, hielt sich dann in Sursee, Sempach (Kt. Luzern) und Saanen (Kt. Bern) auf und wirkte 1544–1547 als Schulmeister, später als Wundarzt und Alchimist in Freiburg i. Ue. Trotz mehreren Versuchen, wieder in seiner Heimat Fuß zu fassen, wurde Salat dort nicht mehr aufgenommen. – Lit.: Chronik der Schweizerischen Reformation, hg. v. Friedrich Fiala und Peter Bannwart, in: Archiv für die schweizerische Reformations-Geschichte, Bd. I, Solothurn 1868, S. 1–427; eine Neuedition der Reformationschronik wird vorbereitet von Ruth Jörg; Memorial der Regierung von Unterwalden über den bewaffneten Zug der Obwaldner in das Haslital wider die Berner und über die daherigen Verhandlungen und Folgen von Anno 1527 bis Anno 1531, mitgeteilt durch Theodor Scherer-Boccard, in: Archiv für die schweizerische Reformations-Geschichte, Bd. II, Solothurn 1872, S. 99–151; Salat; Paul Cuoni, Hans Salat – Leben und Werke, in: Gfr XCIII, 1938, 99–225; Wolf Thomëi, Beobachtungen zu Hans Salats Leben und Werk, in: Gfr CXIX, 1966, 118–164; Kuno Müller, Das abenteuerliche Leben des Luzerner Dichters Hans Salat 1498–1561, Luzern 1967. – Luzern im Wandel der Zeiten 41; Ruth Jörg, Vom Einfluß des philologisch-rhetorischen Humanismus auf die Kanzleisprache, dargestellt am Beispiel des Luzerner Chronisten Hans Salat, in: Schweizerisches Idiotikon, Bericht über das Jahr 1977, S. 11–21.

[33] Bullingers Antwort «Salz zum Salat» (Zürich ZB, Ms A 125) blieb ungedruckt; moderne Ausgabe in: Salat 225–258 (HBBibl I 761; zur Entstehung s. Pestalozzi 84–88).

[34] Adam Petri, ca. 1454–1527, aus dem fränkischen Langendorf, seit 1480 in Basel ansässig, wurde 1507 Basler Bürger und kaufte die Offizin seines Onkels, Johannes Petri. Bekannt wurde er durch den Nachdruck zahlreicher Schriften Luthers und anderer Reformatoren. 1525 wurde er durch die Basler Zensur am Druck von Bullingers «De propheta» gehindert (s. HBBW I 77, Anm. 3). – Lit.: Heinrich Pallmann, in: ADB XXV 520f; Benzing, Buchdrucker 31; Grimm, Buchführer 1393f; HBLS V 410.

[35] Petri hatte 1522 Hartmut von Kronbergs Flugschrift «Ein kurz treue christliche vermanung an die Eidgenossen» (ASchweizerRef V *6, Nr. 44) gedruckt, was den Protest Luzerns in Basel hervorrief, so daß sich Petri entschuldigen mußte und die gegen Luzern gerichteten Verleumdungen zurücknahm, s. EA IV/1a 292f.

[36] sehen eine Antwort gerne.

[37] Peter Im Haag; Latinisierung aus saepes, der Zaun, der Hag.

[38] mag, gerne hat.

[39] Zürich an Bern, 25. März 1532, ASchweizerRef IV 1501; vgl. oben S. 65, Anm. 15.

[40] in Bewegung gebracht, bewirkt.

[41] Nicht erhalten.

[42] Gotteshausleute, Untertanen des Abtes von St. Gallen (HBLS III 611), die nach dem Zweiten Kappelerkrieg einem zunehmenden Druck seitens des Abtes ausgesetzt waren: die völlige Rekatholisierung der Alten Landschaft erfolgte 1572 (s. HBLS VI 44). Zur Lage von 1532 vgl. EA IV/1b 1378f und HBRG III 359–365.

[43] können wir nichts verhüten, abwenden (SI III 278).

[44] Sie stehen unter der Gewalt der 4 Orte. Die vier Schirmorte der Abtei St. Gallen waren Zürich, Luzern, Schwyz und Glarus.

deß frideß begärt, ist nitt möglich; můß hinder sich gebracht werden⁴⁵. Ich sorg, die Immotani werdint keine zůlassen, als ouch wir in vordrigem friden in dem artikel gottes wort beträffend⁴⁶. Hec ex Erario et Sępiano. In summa: legati veteres, senetiones, cerdones, papistę mittuntur ad comitia⁴⁷. Darum bricht unß allwäg näbenbrets⁴⁸, quod etiam in comitiis agitur; nam ita celantur, ut nihil accipiamus, nisi cum alia iam petenda sunt comitia. Ach, daß gott erbarm deß kriegs: wie hett er so vil hertzen ummkert⁴⁹. Jetz weiß ich aber nitt wyter. Dominus vias tuas dirigat⁵⁰, in sui nominis gloriam, evangelii profectum et patrię salutem.

Vale.

Ultima martii.

Tui ex senatu longam epistolam scripserunt⁵¹ ad Megandrum propter missam. Ich förcht die französischen mess⁵² wirß⁵³ dann die bäpstlichen. Bricht mich allwäg der löffen und deß gschreys⁵⁴. Hodie pedes rursum suo functi sunt officio. Reliqua ex Rellicano. Salutat te Kolbius et alii. Rursum vale.

Anno 32.

Saluta Pellicanum, Leonem⁵⁵, Carolstadium et alios.

Tuum minimum numisma.

[Adresse auf der Rückseite:] Heinrico Bullingero, ecclesiastę Tigurino, fratri suo charissimo.

[83]

Bullinger an Berchtold Haller

Zürich, 1. April 1532

Abschrift von Christian Danmatter¹: Bern, Burgerbibliothek, Ms 657, 80v.–84v.
Gedruckt: Heinrich Bullinger, Ratio studiorum 1594, f. 60r.–63r.ᵃ;
De ratione studiorum 1670, S. 149–156

Auf Bitte Hallers gibt Bullinger eine «Anleitung zum Studium», die im wesentlichen eine Zusammenfassung aus dem größeren Werke «De ratione studii», das derzeit nicht greifbar ist, darstellt. Für ein

---

⁴⁵ Wenn aber (von den Gotteshausleuten) eine Interpretation des Friedensvertrags begehrt wird, ist eine solche (an der Tagsatzung) nicht möglich; es muß für neue Instruktionen an die einzelnen Orte zurückgewiesen werden (SI V 731).
⁴⁶ Erster Landfrieden 1529, Art. I und VIII (EA IV/1b 1479f).
⁴⁷ Die Tagsatzung in Baden am 8. April 1532.
⁴⁸ unter der Hand, nebenher (SI V 894f).
⁴⁹ Wie hat er so viele Herzen sich abwenden lassen.
⁵⁰ Vgl. Tob 4,20; Jes 45,13.
⁵¹ Nicht erhalten.
⁵² Das Reislaufen in französischen Diensten, vgl. *Pestalozzi*, Haller 56.
⁵³ ärger, schlimmer.
⁵⁴ von den Geschehnissen (SI III 1112f) und dem Gerücht (SI IX 1448f).
⁵⁵ Leo Jud.

ᵃ *Da dieser von Huldrych Zwingli d. J. herausgegebene Druck (im folgenden: D), der nicht auf Danmatters Abschrift, sondern entweder auf Bullingers Autograph oder auf einer anderen Kopie beruht, stellenweise den besseren Wortlaut enthält, werden Unterschiede zur Vorlage, die dem klareren Verständnis dienen, im Text berücksichtigt und im textkritischen Apparat kenntlich gemacht. Mehrere offensichtliche Abschreibefehler Danmatters wurden stillschweigend verbessert, sofern sie nicht den Sinn des Textes veränderten. Hier genüge der Verweis auf die in Vorbereitung stehende Neuedition von Bullingers «Ratio studiorum» (s. Anm. 2) mit Kommentar, die auch den vorliegenden Brief enthalten wird. Für wertvolle Hinweise sei Herrn Dr. Peter Stotz, Zürich, freundlich gedankt.*

¹ Christian Danmatter (Dammatter), gest.

wirkungsvolles Studium ist eine genaue Tageseinteilung die Voraussetzung. An der Spitze aller Lektüre steht die Bibel, zu deren Verständnis Sprachkenntnisse notwendig sind. Kommentare und sonstige Hilfsmittel sollen umfassend herangezogen werden. Die empfehlenswerten heidnischen und christlichen Schriftsteller sind in mehrere Gruppen eingeteilt. Historische Autoren: Sabellicus, Plutarch, Justin, Josephus, Livius, Eusebius. Nichtchristliche philosophische: Seneca, Cicero, Plato. Christliche philosophische: Tertullian, Athanasius, Laktanz, Eusebius, Augustin. Sonstige nützliche Lektüre: Erasmus, Plinius, Volaterranus. Dichter: Homer, Vergil, Horaz, Terenz, Ovid. Von «dialektischen» und «rhetorischen» Werken sind die Arbeiten folgender Autoren nützlich: Melanchthon, Agricola, Georg von Trapezunt, Cicero, Erasmus, Quintilian.

S.D.[b] Scripsi, Berchtolde charissime, ante annos aliquot libellum, ni fallor, non pęnitendum «de ratione studii»[2] cum theologici tum prophanarum literarum. Is nunc Constantię aut Sanctogalli apud Leonardum Hospinianum[3], adolescentem eruditissimum, latitat, sive is describat sive aliis communicarit. Nam mihi, quod tamen hactenus speraveram et expectaram, non restituitur. Volueram autem eum ad te, quamprimum reddidisset, misisse[4]. Hinc factum, ut tanto iam tempore distulerim tuis[5] de ratione studii respondere. Sed paucis[c] hęc tibi, quę possumus, accipe, quando, quod volumus, non licet.

Imprimis necesse est, ut diem dispartiaris in partes, quibus et ecclesiastica officia expedias, corporis curam in edendo, bibendo, deambulando aut ociando agas, accedentes audias, iis consulas, iis denique discutias questiones ||[81r.] et literis invigiles cum sacris cum prophanis. Auroram impendito studiis severioribus ac sacris. Postmeridianas locato prophanis. Post prandium ac cęnam iis deambulando responde, qui, ut fieri solet, nos adeunt. Et senties, quod alias non crederes, partitione ista temporis, et quod suo quęque facias tempore, laborem omnem aliquo modo levari et brevi multa posse fieri et celeriter.

Sacra lecturus oratione fideli incipito. Nolo autem quorundam more legas, qui nunc in veteri, mox novo testamento legunt, iam vero commentarios consulu[nt][d],

---

[b] *Titel auf der Vorderseite (f. 80r.):* De ratione studii, Bullingerus ad Berchtoldum Hallerum. Prioris epitomę.

[c] *in der Vorlage irrtümlich* paucos.

[d] *Rand abgeschnitten.*

1572, war Chorherr im Augustiner-Stift Interlaken. Nach seinem Übertritt zum reformierten Glauben unterschrieb er 1528 die Thesen der Berner Disputation in seiner Eigenschaft als Pfarrer von Gerzensee (Kt. Bern). Im Jahre 1536 erhielt er die Stelle eines Helfers am Berner Münster, zwei Jahre später wurde er Pfarrer in Belp (Kt. Bern), wo er bis zu seinem Tode blieb. Eine Wahl zum zweiten Pfarrer von Thun im Jahre 1558 nahm er nicht an. Danmatter war befreundet mit Berchtold Haller, der ihn auch an Bullinger empfahl und ihm dessen «Ratio studiorum» zum Abschreiben übergab (Haller an Bullinger, 18. Oktober 1533). Bullingers Brief an Werner Steiner vom 1. Mai 1528 (HBBW I Nr. 28), der dieser Abschrift voranging, wurde ebenfalls von Danmatter kopiert. Ob Danmatter und Bullinger sich bei der Berner Disputation kennenlernten, bleibt ungewiß. Später kümmerte sich der Antistes um Danmatters Sohn Jonas, der in Zürich zum Theologen ausgebildet wurde, und vermittelte mit Erfolg anfangs 1548 bei dessen Verehelichung mit einer Zürcherin. Zwei Briefe Danmatters an Bullinger sind erhalten. – Lit.: Anshelm V 274; ABernerRef 1465, S. 597; Lohner 4.34.91.351.

[2] «Studiorum ratio sive hominis addicti studiis institutio ad Wernherum Lithonium presbyterum», Abschrift Danmatters: Bern, Burgerbibliothek, Ms 657, 2v.–79v.; im Jahre 1594 von Huldrych Zwingli d. J. hg. und in Zürich gedruckt (HBBibl I 712). Der Widmungsbrief an Werner Steiner ist gedruckt in: HBBW I Nr. 28. Eine historisch-kritische Neuedition der ganzen Schrift wird von Herrn Dr. Peter Stotz vorbereitet.

[3] Leonhard Wirth.

[4] Haller war im Herbst 1533 im Besitz des Manuskripts, das er Danmatter zur Abschrift übergab (s. oben Anm. 1). Das Original scheint nicht erhalten zu sein.

[5] Siehe oben S. 31,12f und 46,23.

nunc aliud instituunt. Sacra lecturus integrum tibi authorem aut librum propone
nec aliud tibi sume, quam istum rite absolveris. Exempli caussa Mosen lecturus, 20
Genesim aut Deuteronomion, quę Mosaicorum^e operum nucleus sunt, ab ipso protinus capite ordior primo, progredior ad secundum et sic deinceps. Non enim aliud
legendum accipio ||^{81v.} quam istum absolverim. Ceterum dispartior et authoris capita in dies, ut quęque dies vel integrum habeat caput vel dimidiatum, istud vero sic
lego, ut ex ipso contextu et aliorum locorum collatione sensum eruam. Paravi mihi 25
locos communes^6, annoto et^f insigniora, ut illorum, quę lego, aliquis usus sit in sacris concionibus. Nec aspernor veterum aut neothericorum commentarios, sed iis
modice et certo modo utor. Nullum vero invenias cerciorem exponendi modum,
quam si consulas Hebraica in veteri testamento, Grecanica in novo.

Sed quis hoc potest? Modicis iniciis opus. Ipsa sese postea docet exercitatio. Nec 30
quisquam nisi exercitatus crediderit, quam parvo negotio quis cum tempore ad res
summas penetrare possit. Tot nunc sunt studiorum subsidia in utraque lingua, ut
omnino discere nolit, qui difficultatem aut ||^{82r.} insuperabilem laborem causarit. Tot
sunt translattiones, tot annotationes, tot commentaria doctorum hominum tum
prisci cum nostri seculi, tot sunt rudimenta, introductiones, grammaticę, dictiona- 35
rii, ut aliud alio sit clarius. Hęc in hoc tam superstitiose moneo, quod te de linguarum dono desperare nolim. Si non contigerit integrum, certe porcio aliqua non
denegabitur, qua fiet, ut et certius et foelicius in sacris agas. Et sane omnibus aliis
donis prefero, si quis non prorsus alienus sit a linguarum cognitione homo alias
pius, doctus et iuditio pollens. 40

Prophanarum literarum lectionem volo nihilominus sit accurata et solida, ut non
prius alius sumatur^g in manus author, quam prior ille ad finem usque sit lectus et
perlectus. Interim nolo te vagari in authoribus, ut nunc huius, nunc illius principium, librum vel finem legas ceteris neglectis. Nam ista^h lectionis inconstantia mentem^i obnubilat et memoriam distrahit et conturbat. Imprimis ||^{82v.} autem^k legendos 45
censeo historicos et philosophos. Omnia complexus est sua «Rapsodia» Sabellicus^7,
ut omnium historiarum et historicorum summam habeat non aspernandam, qui Sabellici habeat «Aeneades». Medullam vero cum Grecorum tum Rhomanorum historiarum legerit, qui «vitas» Plutarchi^8 legit. Brevia scripsit Iustinus^9, copiosa Li-

---

e   nach D; in der Vorlage irrtümlich museorum.
f   et undeutlich; D: itaque et.
g   in der Vorlage: summatur.
h-i ista bis mentem fehlt in der Vorlage; ergänzt nach D.
k   nach D; in der Vorlage irrtümlich aut.

6   Ein diesbezügliches Autograph Bullingers hat sich anscheinend nicht erhalten. Es handelt sich aber wohl um den «Thesaurus variae lectionis, sive de locis comparandis ex prophanis et sacris scriptoribus, per Heinricum Bullingerum concinnatus Capellae Tigurinorum anno 1527», welcher im Rahmen der von Zwingli 1594 herausgegebenen «Ratio studiorum» abgedruckt ist (aaO, f. 47r.–57v.) und sich, allerdings ohne Titel und Prolog, bereits in Danmatters Abschrift (f. 64r.–76r.) findet. Bullinger gibt in diesem Kapitel Beispiele zum Erstellen von Registern zu profanen und sakralen locis communibus; zur Sache s. Johannes Kunze, in: RE XI 570–572.
7   Sabellicus, eigentlich Marcantonio Coccio (1436–1506) schrieb das Werk «Rapsodiae historiarum Enneadum», welches im 15. und 16. Jahrhundert mehrere Auflagen erlebte.
8   Die Vitae des Plutarch waren auch von Zwingli hochgeschätzt, s. Walther Köhler, Huldrych Zwinglis Bibliothek, Zürich 1921. – Njbl. auf das Jahr 1921. Zum Besten des Waisenhauses in Zürich, 84. Stück, S. *32, Nr. 271.
9   Das Werk des M. Iunianus Iustinus «Epitoma historiarum Philippicarum Pompei Trogi», wohl aus dem 3. nachchristlichen Jahrhundert, erlebte im 16. Jahrhundert mehrere lateinische und deutsche Auflagen, z. B. Basel 1526, 1530.

vius¹⁰, sacra Iosephus¹¹, historicus nobilissimus, nec interim aspernandus est Eusebius¹². Volo autemˡ in iis observes hominum mores, consilia, eventus, actus, ut inde ceu ex humanę vitę speculo exempla liceat producere, denique et hominum mores iudicare etc.

Ex philosophis, si christianam religionem spectes, nullus similior nostris L. Annaeo Seneca¹³. Is inprimis legendus est. Huic iungantur Ciceroniana. Cicero¹⁴ enim, amoeni et iucundi ingenii homo, ||⁸³ʳ· breviter, perspicue et facili eaque instructissima eloquentia colligit, quę apud diversos philosophos intricate traduntur. Quod si solidum malis legere et ex professo philosophicum virum, Platonem¹⁵ legas. Nam ut Cicero alias in oratoria prestat, sic Plato in philosophia. Huc fortassis pertinet, ut ostendam, qui potissimum ex philosophis christianis sint legendi, hoc est, qui extra scripturas, id est non interpretando scripturas, capita christianę philosophię tractarunt. Inprimis igitur legatur Tertullianus «de prescriptione hęreticorum»ᵐ¹⁶ liber, subdatur, qui [de] trinitate «adversus Praxeam»¹⁷ conscriptus est, rursus ille, qui «de carne Christi»¹⁸ et «resurrexione carnis»¹⁹ scriptus est, et «Apologeticus»²⁰ adversus gentes. Huic iungantur duo isti celeberrimi libri divi et vere magni Athanasii²¹ adversus gentes scripti, rursus elegantissimi isti ||⁸³ᵛ· doctissimi et piissimi 6 «de institutione divina» libri Lucii Coelii Lactantii Firmiani²². Septimus²³ chiliasten²⁴ resipit et iccirco cum iudicio legendus. De chiliastis vero legere est apud Eusebium «Ecclesiasticae historiae» lib.3, cap. ult.²⁵ et in 7, cap. 22²⁶. His pulchre iunxeris

---

ˡ nach D; in der Vorlage irrtümlich aut.
ᵐ in der Vorlage irrtümlich hęredicorum.

¹⁰ Titus Livius, Ab urbe condita galt als das klassische Werk römischer Historiographie.
¹¹ Zumindest die Antiquitates des Flavius Josephus kannte Bullinger vorzüglich, s. HBBW I 200,22.
¹² Eusebius von Cäsarea, der «Vater der Kirchengeschichte».
¹³ Von L. Annaeus Senecas Werken wurden besonders die Briefe an Lucilius geschätzt.
¹⁴ Bullinger kannte Ciceros Briefe seit seinem 13. Lebensjahr, als diese im Lateinunterricht benutzt wurden (HBD 3,3), in Kappel behandelte er als Lehrer neben der Dialektik Melanchthons auch Arbeiten anderer Autoren, z. B. Ciceros (HBD 11,3f). Unter den ciceronianischen Reden dürfte die «Oratio pro lege Manilia» von Bullinger besonders geschätzt worden sein, denn wie sein Lehrer Phryssemius nahm Bullinger die Rede im Unterricht durch (HBD 5,3f. 11,6), außerdem fertigte er einen nicht erhaltenen Kommentar zu dieser Schrift an (HBD 14,21). Daneben schrieb Bullinger eine Arbeit «Vita et encomium Ciceronis» (HBD 14,20). In besonderer Weise würdigte Bullinger die rhetorischen Werke Ciceros, s. unten S. 97,90 sowie *Hausammann* 146f.
¹⁵ Zwingli besaß die bei Philipp Pincius in Venedig 1513 gedruckte Ausgabe, s. *Köhler*, aaO, S. *31, Nr. 267.
¹⁶ Tertullian, De praescriptione haereticorum, CChr I 185–224, s. HBBW I 55.86.
¹⁷ Tertullian, Adversus Praxean, CChr II 1157–1205.
¹⁸ Tertullian, De carne Christi, CChr II 871–917.
¹⁹ Tertullian, De resurrectione mortuorum, CChr II 919–1012. In der Ausgabe von Tertullians Werken durch Beatus Rhenanus, Basel 1521, die Bullinger selbst besaß (HBBW I 55, Anm. 4), trägt die Schrift den Titel «De carnis resurrectione», s. CSEL XLVII, S. XXXVII.
²⁰ Tertullian, Apologeticum, CChr I 77–171.
²¹ Athanasius, Oratio contra gentes und De incarnatione Verbi, MPG XXV 3–96 bzw. 95–198, s. HBBW I 98,14 und Anm. 99.
²² Laktanz, Divinae institutiones, CSEL XIX 1–672. Bullinger weist häufig auf dieses Werk hin, s. HBBW I 72.81.110.115.
²³ Das siebente Buch trägt den Titel «De vita beata», CSEL XIX 581.
²⁴ Bullingers Beobachtung, die wahrscheinlich auf eine Tradition zurückgeht, ist zutreffend. Chiliastische Anschauungen finden sich z. B. VII, cap. 24, s. Walter *Bauer*, in: RAC II 1077.
²⁵ Eusebius, Historiae ecclesiasticae III, 39,12 behandelt die chiliastischen Anschauungen von Papias, s. Eusebius, Kirchengeschichte, hg. v. Eduard Schwartz. Kleine Ausgabe, (Berlin) 1955⁵, S. 121.
²⁶ Bullinger bezieht sich auf Buch VII, cap. 25,2f, wo Kerinths Lehre vom Reich Christi erwähnt wird, aaO, S. 295.

doctos Augustini «de doctrina christiana»[27] libros, ante[n] omnia expolitissimos «de civitate dei»[28] libros[o] etc. Quod si varia delectant, lege «lectiones antiquas» Coelii Rhodigini[29], «Chiliades» Erasmi[30], opus elaboratissimum et necessarium, Plinium[31] item et Volaterranum[32]. Nam selectissimos tantum recito, qui homini studioso satis esse possunt. Neque enim librorum copiam probo nec multorum lectionem inanem, sed selectorum[p] librorum, ut scilicet in paucis habeas et legeris, quę studioso necessaria omnia, et quod alii egre cognoscunt ex multis librorum centuriis, id tu minimo negotio ||[84r.] haurias ex unica librorum decade.

Cęterum poetica delectat, movet et pulchr[e][q], imo evidenter pingit cum sceleribus sceleratos. Ad delectationem ergo legas, ut leves studi[orum][r] nauseam, interim tamen dicendi vim observes et hominum mores discas. At certos ego a te legi velim, Homerum[33], Vergilium[34], Horatium[35], inprimis Terent[ium]s[36] maxime et Ovidium[37].

Sed et dialectica et rhetorica, sine quibus omne iacet studium, non erunt negligenda. Dialecticam vero dico non Hispanicam[38] aut copulatisticam, aut qualis omnino trac[ta]tur[t] in universitatibus, sed dicendi filum[u], utque de re quavis quisque vere, copiose, perspicue, firmiter et pulchro ordine disserere possit. Id vero satis digne adumbravit Melanchton[!][39], sed nemo dignius Rodolpho Agricola, qui «de inventione dialectica» scripsit libros 3[40] – rhetorica tradit idem Melanchton libris 3[41], item ||[84v.] Trapezuntuis libris 5[42] – libros inquam et doctissimos et perspicuissimos, sed nemo hactenus Ciceronem[43] vicit. Qui vero omnium istorum brevem sum-

---

n-o ante bis libros *fehlt in der Vorlage; ergänzt nach D.*
p *nach D; in der Vorlage* lectorum.
q-t *Rand abgeschnitten.*
u *nach D; in der Vorlage irrtümlich* filium.

[27] Augustin, De doctrina christiana, CChr XXXII 1–167.
[28] Augustin, De civitate dei, CChr XLVII und XLVIII.
[29] Eigentlich Coelius Richerius Rhodiginus; Bullinger meint die «Lectionum Antiquarum libri XVI», Basel 1517.
[30] Erasmus' Adagia erschienen unter verschiedenen Titeln, beispielsweise «Adagiorum chiliades tres», Basel, Froben, 1513.
[31] Sicherlich Plinius d. Ä. (23/24–79) mit seiner «Naturalis historia».
[32] Raphael Volaterranus (Maffei), 1455–1522, aus Volterra stammender Humanist; Bullinger denkt wohl vor allem an dessen 1506 in Rom erschienenes, enzyklopädisches Werk «Commentariorum rerum urbanarum libri XXXVIII».
[33] Die beiden homerischen Epen wurden gewöhnlich aufgrund einer der zahlreichen lateinischen Übersetzungen studiert. Bullinger las schon 1520 Homer, s. HBD 5,9.
[34] Bullinger behandelte ausgewählte Teile aus Vergils Äneis 1523 in Kappel, s. HBD 8,12.
[35] Nachdem Bullinger schon als Knabe mit einzelnen Werken Horaz' bekannt geworden war (s. HBD 3,3), lernte er dann während seines Studiums die Oden kennen, s. HBD 5,6.
[36] Die Komödien des Terenz kamen mit den Scholien des Erasmus versehen erstmals 1532 bei Hieronymus Froben und Nikolaus Episcopius in Basel heraus.
[37] Publius Ovidius Naso wirkte auf das 16. Jahrhundert am nachhaltigsten durch die Metamorphosen, vgl. *Köhler*, aaO, S. *30, Nr. 252.
[38] Das heißt im Anschluß an die Summulae logicales des Petrus Hispanus.
[39] Sicherlich meint Bullinger Melanchthons Buch «Compendiaria dialectices ratio», Leipzig 1520 (CR XIII 507–752), das er selbst bei seiner Lehrtätigkeit in Kappel benutzt hatte, s. HBBW I 114,2f; HBD 11,3.
[40] Rudolf Agricolas «De inventione dialectica» erschien z. B. 1521 in Straßburg. Bullinger studierte das Werk schon in seiner Frühzeit, s. HBD 5,3; *Hausammann* 146f.
[41] Philipp Melanchthon, De Rhetorica libri tres, 1519, vgl. CR XIII 416–506.
[42] Georg von Trapezunts «Rhetoricorum libri quinque» erschienen u. a. 1522 in Basel, MPG CLXI 753f.
[43] Siehe oben Anm. 14.

mam cupit, legat 2. librum «de copia rerum» Erasmi[44], denique et «institutiones oratorias» Quintiliani[45], et hęc tamen maxime volo esse commendata.

Verum de istis omnibus copiose admodum et ad nauseam scripsimus in libro isto, quem supra citavimus et «De ratione studii»[46] inscripsimus. Plura in presentiarum non potui. Oro, ut istis contentus sis et bene valeas.

Tiguri, 1. aprilis anno 1532.

Heinrichus Bullingerus,
tuus totus.

[84]

Kaspar Megander an Heinrich Utinger[1], Leo Jud, Heinrich Engelhart[2] und Bullinger

Bern, 1. April 1532

Autograph[a]: Zürich ZB, Ms F 62,258. Siegelspur. – Ungedruckt

Beunruhigt vom Gerücht, in Zürich werde bereits über die Wiedereinführung der Messe verhandelt, warnt er vor den Folgen eines solchen Schrittes und bittet um eine offene, wenn möglich gedruckte Stellungnahme.

[44] Erasmus, De duplici copia verborum ac rerum comentarii, 1511 (LB I 3–110). Das Werk wurde von Bullinger 1523 und 1524 in Kappel behandelt, s. HBD 8,11f; HBBW I 113,23; vgl. *Hausammann* 148.

[45] Quintilian, Institutio Oratoria wurde schon 1520 von Bullinger in Köln studiert, s. HBD 5,8; *Hausammann* 147.

[46] Siehe oben S. 94,1f und Anm. 2.

[a] *Mit Randbemerkungen von J. H. Hottinger.*

[1] Heinrich Utinger (Uttinger), etwa 1470–1536, von Zürich, bedeutendstes Mitglied des alten Stiftskapitels am Großmünster. Seit 1502 Kommissar des Bischofs von Konstanz in Zürich. Dem Humanismus zugetan, mit Glarean befreundet, übte er einen entscheidenden Einfluß bei der Wahl Zwinglis ans Großmünster aus, schloß sich ganz der Reformation an und wurde Zwinglis Freund, Berater und Mitarbeiter. Als Kustos des Stiftes, Schreiber des Ehegerichts, Mitglied der Aufsichtsbehörde über alle zürcherischen Druckerzeugnisse, Aufseher bei der Einführung des neuen Almosenwesens u. a. ist er eine Schlüsselfigur der Zürcher Reformation. 1532 war er Beauftragter des Stiftes bei dessen Neugestaltung und erwarb sich große Verdienste um die Bewahrung des Stiftsgutes vor dem Zugriff des Staates für kirchliche und schulische Zwecke im Sinne der Reformation (s. Leo *Weisz*, Quellen zur Reformationsgeschichte des Großmünsters in Zürich, in: Zwa VII 66–73). Sowohl Zwingli als Bullinger schätzten ihn sehr hoch. Utinger war mit Heinrich Brennwald Herausgeber von Bullingers «Anklage und ernstliches Ermahnen Gottes» 1528 (HBBibl I 3), setzte sich im Dezember 1531 für Bullingers Wahl ein (HBRG III 293; HBD 20,27f) und blieb mit ihm freundschaftlich verbunden: Er wurde Pate von Bullingers Tochter Elisabeth (HBD 22,12). 1533 nahm er zusammen mit Bullinger an einer Abordnung nach Konstanz teil (HBD 23,15). Bullinger widmete ihm 1536 den Kommentar zu den Briefen an Titus und Philemon (HBBibl I 81). – Lit.: AZürcherRef, Reg.; ABernerRef 1570; HBRG, Reg.; Z VII 110, Anm. 1; Adrian *Corrodi-Sulzer*, Zur Biographie des Chorherrn Heinrich Utinger, in: Zwa IV 245–249; *Farner* II 168. 288; *Fast* 34.168; *Jacob* 89–94.107.232.285; HBLS VII 180, mit weiterer Lit.

[2] Heinrich Engelhart (Engelhard, Engelhardt), gest. 1551, war seit 1496 Leutpriester am Zürcher Fraumünster, wo er auch eine Chorherrenpfründe innehatte (AZürcherRef 889). Auf sein zweites Kanonikat am Großmünster verzichtete er im April 1521 zugunsten Zwinglis (*Egli*, Analecta I 22–24), für dessen Wahl als Leutpriester er sich schon 1518 eingesetzt hatte. Engelhart wurde eine Stütze der Reformation, befaßte sich als Verordneter mit zahlreichen kirchlichen Angelegenheiten und war Obmann des Ehegerichts (*Köhler*, Ehegericht I 37). Bullinger kannte Engelhart wahrscheinlich seit

Gratiam a domino, charissimi fratres.

Posteriora semper prioribus deteriora sunt³, quę a Tiguro, patria nostra, audimus. Nam passim dicitur constanti fama non multis ante diebus ad senatum populumque vestrę urbis relatum esse atque votis actum, num missam apud vos abrogatam aut restauratam esse velitis necne. Hoc hodie a fratribus Basileensibus ad constanciam nos adhortantibus certo accepimus⁴. Quodsi hoc factum est Tiguri, quemadmodum minime credo, ubi fere iam annis quindecim⁵ Christus tanta fide et veritate anunciatus est, quid apud nos futurum speratis, qui Christum et verbum eius vixdum degustavimus et apud quos fructus seminis iacti facilius deperit⁶? Proh d[eos] hominesque⁷, cui laborem ista aut negocium, imo lachrymas non facessunt? Quodsi minime vera hęc sunt, quemadmodum magna teneor spe, idque multis argumentis hic non scribendis, vestrum erit, charissimi fratres, ut unicum hoc summa vi et opere elaboretis, quo in loco res vestrę Tigurinę sint, omnibus indicetur atque rumor is vanus ac labes, qua inique notatur Tigurum, profligatur et abstergatur. Oro, obsecro, contendo quoque hoc solum a vobis, charissimi fratres. Magnam profecto vobis hinc laudem, verbo et negocio domini frugem cunctisque piis animum et comoditatem paraturi eritis. Reddetis enim omnibus Christi fautoribus nostro in agro⁸ animum, impiis vero ad difamandum aut maledicandum[!] ora obstruetis. Quo occasionem satis aptam habeatis, literas, quas nuper senatui vestro adhortato[rias], et apologiam rescriptam mihi⁹, quam hic vobis submitto, si senatus consensuᵇ licebit, pręlis comittatis¹⁰. Si hoc visum vobis, temeraria mea scripta diligencius amplificando dispicietis. Succurrite ruenti ecclesię (si mundus adhuc apud vos est Christus et verbum eius), obsecro, charissimi fratres.

Bernę, primo apprilis anno 32.

C. Megand. vester.

[Adresse auf der Rückseite:] Utingero, Leoni Jud, D. Engelhardo et Bullingero, apud Tigurum, charissimis suis fratribus.

ᵇ favore *gestrichen,* consensu *am Rande nachgetragen.*

Ende 1523, als er Zürich besuchte, persönlich (vgl. HBD 8,23f); über ihr Verhältnis ist jedoch kaum etwas bekannt. – Lit.: AZürcherRef, Reg.; HBRG, Reg.; Z VII 113, Anm. 7; *Farner* II 304.413. III 546. IV 56; *Jacob* 84.88.91–98; HBLS III 40; Pfarrerbuch 254.

³ Vgl. 2Petr 2,20.
⁴ Der Brief scheint nicht erhalten zu sein.
⁵ Genauer seit Zwinglis Amtsübernahme am 1. Januar 1519 in Zürich.
⁶ Vgl. Mt 13,3ff.
⁷ Vgl. Otto 108, Nr.511.
⁸ Bernbiet, Landschaft.
⁹ Siehe Meganders Brief an Zürich, 22. März 1532 (AZürcherRef 1828) bzw. Bern an Zürich, 22. März 1532 (ASchweizerRef IV 1492) sowie die Antwort Zürichs an Bern vom 25. März (ASchweizerRef IV 1501); eine andere «apologia» von Zürich ist nicht erhalten.
¹⁰ Diese Schriftstücke wurden anscheinend nicht gedruckt. Das Zürcher Mandat von Ende März 1532 (AZürcherRef 1832) betonte jedoch den Entschluß Zürichs, an der Reformation festzuhalten.

[85]

Johannes Zwick[1] an Bullinger

Konstanz, 6. April 1532

Autograph: Zürich StA, E II 364, 88. Siegelspur. – Ungedruckt

Dankt für die Übersendung von Bullingers Johannesbriefauslegung und der Rede «De prophetae offitio». Gute Wünsche für die Arbeit in der Kirche Zürichs. Schickt Bullinger das Büchlein «Statera prudentum» des Paul Ricius und Leo Jud einen Teil von Luthers «Sendschreiben an Herzog Albrecht».

Salus et pax per Iesum Christum.

Dono misisti per quendam amicum[2] expositionem tuam in Iohannis epistolam[3] addita oratione de prophetae offitio[4], pro quibus tibi multas gratias habeo, non solum quod amicum animum testentur erga me, sed quod novis hiis fructibus refocillas tuos cum optima spe bonorum omnium. Tu enim scis, in cuius locum[5] successeris. Sunt ergo hę[a] primitiae apud Tigurinos testimonium restituendae reipublicae christianę nuper magno interitu collapsae[6]. Ergo Christus dominus noster tecum sit, ut, quod cepisti, cum dei patris gloria et totius ecclesiae ędificatione possis fęliciter exequi.

Paulus Riccius[7], medicus Ferdinandi[8], libellum hunc favente Ferdinando et repugnante Fabro[9] in lucem ędidit. Causam et argumentum ex ipso intelliges. Dono tibi mittere volui, testem amici animi erga te, qui doctos amo etiam indoctissimus

---

[a] *in der Vorlage* heę.

[1] Johannes Zwick, ca. 1496–1542, aus Konstanz, wandte sich nach dem Studium der Rechte unter dem Einfluß Luthers der Theologie zu und verhalf, zusammen mit Ambrosius und Thomas Blarer, der Reformation in seiner Vaterstadt, wo er seit dem Jahreswechsel 1525/26 als Pfarrer amtierte, zum endgültigen Durchbruch. Mit dem vorliegenden Brief beginnt eine intensive Korrespondenz zwischen Bullinger und Zwick, von der Zwicks Briefe fast lückenlos, jene Bullingers dagegen nur vereinzelt erhalten geblieben sind. Während ihrer langjährigen Freundschaft sind sich Bullinger und Zwick mehrmals persönlich begegnet. Bullinger besuchte Konstanz im Oktober 1533, und Zwick kam öfter nach Zürich, zum ersten Mal im Herbst 1532 (s. unten S. 244, Anm. 1 und 3). – Lit.: *Moeller,* Zwick, mit ausführlicher Bibliographie und Briefverzeichnis.

[2] Unbekannt.

[3] Bullingers Kommentar zum Johannesbrief erschien 1532 (HBBibl I 37).

[4] Siehe oben S. 41, Anm. 1.

[5] Gemeint ist der Platz, den bis vor kurzem Zwingli eingenommen hatte.

[6] Mit der militärischen und politischen Katastrophe von Kappel und dem Tod Zwinglis war Zürichs weitgespannte Bündnispolitik zusammengebrochen, wodurch auch Konstanz in Mitleidenschaft gezogen wurde (s. *Moeller,* Zwick 138–141).

[7] Paul Ricius, gest. 1540 oder 1541. Der zum Christentum übergetretene Jude wurde 1514 als Leibarzt Kaiser Maximilians I. berufen, der ihn zusammen mit Konrad Peutinger mit der Übersetzung des Talmuds ins Lateinische beauftragte. Seit 1522 war er Leibarzt von Ferdinands I. Gemahlin Anna, 1530 wurde er geadelt. Ricius stand mit vielen namhaften Humanisten in Verbindung. 1532 veröffentlichte er in Regensburg das Büchlein «Statera prudentum», in dem Johannes Fabri angegriffen wird, s. den Brief von Hieronymus Aleander an den päpstlichen Geheimsekretär Giovanni Battista Sanga vom 14. März 1532, gedruckt in: Nuntiaturberichte aus Deutschland, 1533–1559, nebst ergänzenden Aktenstücken, 2. Ergänzungsbd. 1532, Legation Lorenzo Campeggios 1532 und Nuntiatur Girolamo Aleandros 1532, im Auftrage des Deutschen Historischen Instituts in Rom bearb. v. Gerhard Müller, Tübingen 1969, S. 84–88; s. noch Conradin *Bonorand,* Joachim Vadian und der Humanismus im Bereich des Erzbistums Salzburg, St. Gallen 1980. – Vadian-Studien 10, S. 181–183.

[8] König Ferdinand I., 1503–1564, Bruder Kaiser Karls V.

[9] Johannes Fabri, zu dieser Zeit Bischof von Wien.

ego. Communicabis etiam Leoni et Pellicano fratribus. Qui tibi has reddit, ecclesiastes est Esslingensis ecclesiae[10]. A quo audies, quantum promoverit regnum Christi Ambrosius[11] noster.

Dominus sit tecum.

6. aprilis, Constantiae.

Tuus Io. Zuick.

Duos quaterniones a Luthero scriptos[12] Leoni mitto, non ut vulgetis, sed supprimatis, cum alioqui causa nostra plena odii sit.

[Adresse auf der Rückseite:] Ornatissimo viro Hainricho Bullingero, Tigurinensis ecclesiae apostolo, fratri suo charissimo[b].

[86]

Bullinger an Ambrosius Blarer

Zürich, 9. April 1532

Autograph: St. Gallen Kantonsbibliothek (Vadiana), Ms 32, Nr. 101. Siegelspur
Zusammenfassende Übersetzung: Blarer BW I 335

Versicherung der unveränderten Freundschaft, obwohl schon lange keine Briefe mehr gewechselt wurden. Hat viel Gutes über die Arbeit Blarers gehört und auch dessen Brief an die Konstanzer gesehen. Gute Wünsche und Bitte um baldige Nachricht.

Gratiam et vitae innocentiam a domino.

Immerito fortassis conquererer, Ambrosi doctissime, si te amicitiae neglectae accusarem. Nam quod multo iam tempore nihil scripseris[1], fortassis ego in culpa sum, qui ne tibi quidem quicquam scripserim[2]. At idem semper erga te animus meus est. Eundem et erga me tuum esse spero.

Multa, eaque egregia, de te audio[3], frater charissime, quae per te operatur virtus domini nostri Iesu. Quem interim oro, ut te nobis diu servet incolumem. Vidimus epistolam tuam ad Constantienses tuos scriptam[4] apostolici spiritus plenam. Domi-

---

[b] *unter der Adresse Vermerk von Bullingers Hand:* Domini Doctoris Ioan. Zuiccii.

[10] Unbekannt.
[11] Ambrosius Blarer hielt sich zu dieser Zeit in Esslingen auf, vgl. dazu *Brecht* 146–151.
[12] Gemeint ist die Lutherschrift «Sendschreiben an Herzog Albrecht von Preußen» (WA XXX/3 541–553), in welcher Luther in scharfer Form mit Zwingli und dessen Anhängern abrechnet; vgl. dazu *Köhler*, ZL II 292–296 und die Antwort der Zürcher Pfarrer an Herzog Albrecht von Preußen vom 17. Juni 1532 (unten Nr. 106).

[1] Der letzte erhaltene Brief Blarers an Bullinger ist datiert vom 11. August 1529 (HBBW I 190f). Es ist aber durchaus möglich, daß Blarer-Briefe aus der Zwischenzeit verloren gegangen sind.
[2] Bullingers letzter Brief an Blarer stammt vom 30. November 1531 (HBBW I 222).
[3] Bullinger nimmt hier vermutlich Bezug auf eine Bemerkung Zwicks in dessen Brief vom 6. April (s. oben Z. 14f).
[4] Im Januar 1532 hatte Blarer aus Esslingen an die Gemeinde Konstanz einen Trostbrief geschrieben, den Zwick von der Kanzel verlas und anschließend bei Froschauer in Zürich drucken ließ (nicht in Rudolphi). Modernisierter Wiederabdruck in: Theodor *Pressel*, Ambrosius Blaurer's, des schwäbischen Reformators Leben und Schriften, Stuttgart 1861, S. 213–226. Der Begleitbrief an den Konstanzer Rat in Blarer BW I 312. Siehe *Moeller*, Zwick 142 und Anhang II, Nr. 44 und 44a.

nus dirigat gressus tuos, ut per te sathan ille cum copiis suis gladio iuguletur⁵ veritatis. Oro te, mi frater, ne mei unquam obliviscaris, meque tibi habeas commendatum et ores pro ecclesia nostra et pro me dominum.

Vive et vale, et si me amas, brevi ad me scribe.

Tyguri, aprilis 9 anno 1532.

Heinrychus Bullingerus,
tuus in Christo totus.

[Adresse auf der Rückseite:] Ambrosio Blaurero, viro clarissimo, Esslingiaci⁶ evangelium Christi annuntianti, fratri et symmistae longe charissimo.

[87]

Konrad Sam¹ an Leo Jud und Bullinger
Ulm, 14. April 1532
Autograph: Zürich StA, E II 337,47. Siegelspur. – Ungedruckt

Besorgt wegen der von Feinden verbreiteten schlechten Nachrichten über die Lage der Reformation in der Schweiz beklagt sich Sam über Angriffe von zwei Seiten: von Luther, dessen jüngste Schrift [das «Sendschreiben an Herzog Albrecht»] er beilegt, und von den Katholiken, die bereits vom Untergang der entzweiten Schweizer redeten. Bittet um häufigere Nachrichten. Grüße.

Gratia et pax a deo patre per Christum.

Vulnus illud, clarissimi viri, quod clarissimorum heroum Zuinglii et Oecolampadii mors animo meo iam pridem inflixerat, mali rumores in dies refricant et recru-
descere faciunt. Ex Helvetiis enim non nisi infoelicissima ad nos referuntur, nempe
missam propediem et Tiguri et ubique restituendam omnibus², verbi ministros velut
omnium reiectamenta haberi³ hostiumque audaciam magis ac magis crescere. Nil
est, charissimi fratres, quod animum meum plus excruciet quam eiuscemodi rumores per ora impiorum volitantes. Sola Christi virtus consolatur, erigit, animat, con-
fidentem et alacrem reddit. Spero enim fore, ut etiam in hoc seculo dicturi sint homines fructum esse iusto et deum iudicem in terra⁴. Constantes ergo simus⁵. Omnia
potest, cui meremus, et quo infirmiores facti sumus, eo vigilantius agamus⁶ et dei
nostri opem ardentius imploremus⁷. Is enim causę sę non deerit, ubi nos totos ei
soli addixerimus.

---

⁵ Otto 154, Nr.759.
⁶ Blarer wirkte bis Ende Juni 1532 in der Stadt Esslingen, s. *Brecht* 146–151.

¹ Konrad Sam (Som), 1483–1533, aus Rottenacker bei Ehingen a. d. Donau, Reformator Ulms. Nach Studien in Freiburg i. Br. und Tübingen wurde er Pfarrer in Brackenheim bei Heilbronn und war schon 1520 ein Anhänger Luthers. Nach seiner Entlassung wirkte er seit 1524 als Prediger in der Ulmer Barfüßerkirche und seit 1526 am Münster. Im Abendmahlsstreit stand er ganz auf seiten Zwinglis. Er nahm an der Berner Disputation 1528 teil und predigte sowohl dort als auch in Zürich (HBRG I 430.434.437.439). Sam hatte maßgebenden Einfluß auf die 1531 erfolgte Neuordnung des Ulmer Kirchenwesens. Mit Bullinger war er seit der Berner Disputation persönlich bekannt; weitere Briefe von ihm an Bullinger sind nicht erhalten. – Lit.: Z VIII 632, Anm. 1 und Reg.; Gustav *Bossert*, in: RE XVII 415–419; Bernd *Moeller*, in: RGG V 1350.
² Vgl. oben S. 80, 38–48 und 84, 2f.
³ Siehe 1Kor 4,13.
⁴ Vgl. Ps 58,12.
⁵ Vgl. 1Kor 16,13; Eph 6,10.
⁶ Vgl. Mt 24,42; 1Kor 1,27. 12,22.
⁷ Vgl. Mt 6,20.

Satan a dextris et a sinistris nos exercet: a dextris per Lutherum, qui perditos cupit omnes, qui impanatum suum adorare nolunt. Libellum⁸, quem malesanus expuit, ad vos mitto, ubi hoc solum mihi verum visum est, quod capitis dolorem queritur⁹. Vere enim et gravissime ex capite laborat. Det ei dominus non solum caput sanum, sed et mentem saniorem. Pontificii a sinistris clamant de nobis actum esse. Cęsari datam occasionem, qua hostes suos per hostes debellare et funditus perdere possit, nimirum per Quinquepagicos reliquos Helvetios iam fractos et dissidentes facile et nullo fere negotio conterere valeat. Quod ubi successerit, iam actum sit de urbibus et aliis ordinibus Christi evangelium profitentibus. Nos vero scientes, quid securitatem impiorum sequitur¹⁰ et quod pater Christo omnia in manus dedit¹¹, fortiter interim pergemus et dominum sedulo orabimus, ut omnes omnium impiorum conatus irritet et perdat.

De ecclesiarum vestrarum statu ad nos crebrius scribite, ut sicut hactenus fuimus tribulacionum socii¹², ita, si melior aura afflaverit, et consolationis simus.

Optime valete, optimi fratres, et me commendatum habete. Pellicanum ex me officioseᵃ salutetis. Pios, doctos ac vestros omnes salvos cupio.

Ulmę, 14. aprilis anno 1532.

Chunradus Som,
vester totus.

[Adresse auf der Rückseite:] Eximia pietate et eruditione viris Leoni Jud et Henricho Bullingero, Tigurinorum antistitibus, fratribus suis semper observandisᵇ.

[88]

Dietrich Bitter¹ an Bullinger

Köln, 16. April 1532

Autograph: Zürich StA, E II 361, 97r.–97ar. Siegelspur. – Gedruckt: *Krafft* 73–77

Gibt seiner Freude darüber Ausdruck, daß Bullinger, entgegen anderslautenden Gerüchten, noch am Leben ist. Berichtet über die hoffnungsvollen Ansätze zu einer Reformation in Köln und die Erfolge der evangelischen Sache in Westfalen.

ᵃ nach officiose *irrtümlich wiederholt* ex me.
ᵇ *darunter von fremder Hand:* Cunradus Som, pastor Ulmensis, anno 1532.

⁸ Siehe oben S. 101, Anm. 12.
⁹ WA XXX/3 547,8.
¹⁰ Vgl. Mt 25,31ff, par.
¹¹ Joh 13,3.
¹² 2Kor 1,7.

¹ Dietrich Bitter (Theodoricus Pycroneus Montensis), gest. nach 1561, aus Wipperfürth im damaligen Herzogtum Berg, immatrikulierte sich 1517 in Köln und war ein Studienfreund Bullingers (HBD 7,8f). Nach dem Magisterexamen 1519 wurde er Lehrer an der Stiftsschule an St. Ursula in Köln und betätigte sich auch als Notar. Bitter war verheiratet, hatte also als Geistlicher wohl nur die niederen Weihen erhalten. Justina von Lupfen-Stühlingen, die Äbtissin von St. Ursula und Korrespondentin Bullingers, berichtete diesem noch 1561 von Bitters Wohlergehen (Zürich StA, E II 361,127). Bitter und Bullinger blieben auch nach Bullingers Rückkehr in die Heimat in brieflichem Kontakt, doch sind nur die Briefe Bitters erhalten. Über die Person Bitters ist aus anderen Quellen wenig bekannt. Er gehörte offenbar zu jenem Kreis von Kölner Gebildeten, die zwischen erasmischer Tradition und Reformation standen. – Lit.: *Krafft* 57 und besonders 73–123, wo mehrere Briefe Bitters an Bullinger gedruckt und kommen-

Gratia et pax a domino.

Tanta leticia tuę me litterę[2] perfuderunt, ut legenti mihi etiam lachrymas provocarint. Auxerunt namque ante earum adventum de tua nece opinionem cum clades, ut legimus, prope Capellam (locum tuis ex scriptis utcunque cognitum[3]) facta tum
5 loci natalis[4] deditio, ad hec, quod frater Iacobus[5] interea ferebatur Colonie visus me non allocuto neque tuis scriptis mihi semper gratissimis solito more advectis. Conquestus igitur sum crebro apud maxime familiares te anime mee dimidium immaturam mihi mortem ademisse. Interrogatus ob id ab hero nostro[6] et aliis quondam tibi cognitissimis[7] respondi aliud me suspicari non posse, quam te simul inter-
10 emptum, praescriptis ex causis. Qui cum nunc te adhuc incolumem agere audiant, obnixe congratulantur. Etiam antea, quoties sermo de vestratium clade incidit, intuli ut plurimum ea pugna tales sublatos, qui, si fieri posset, procul dubio olim desyderabuntur ingenti pecunia redimi et ad vitam revocari. Legi vero eam ob causam ita ut nunquam diligentius totum Zuinglii de vera et falsa religione commenta-
15 rium[8] cum aliquot tuarum lucubrationum[9], non sine vehementi dolore, quod tanti patroni tam misere cęsi maximo omnium pie in Christo vivere cupientium malo. Poteris ex his coniicere, quam insperate, quamquam grate, tua mihi scripta fuerint. Quibus non modo me reples solido de tua salute et incolumitate gaudio, verum etiam graphice quodam modo cladem et pugnam vestratium veluti penicillo depin-
20 xisti. Quas quidem literas doctis multis ostendi et tradidi legendas. Quibusdam etiam ordine recensui occasionem, processum et finem pugne cum occisorum summa. Et admiror hodie, quo praesagio duernio[10] ille, cuius meministi, de Helvetiorum historia apud nos circumlatus semper fuerit de mendatio suspectus[11]. Quem tamen tabellio suasoriis verbis approbare nititur, puto, ad hoc a sacrificulis oppipa-
25 ris obsoniis[12] illectus. Dedit tamen penas[13] Argentorati ob id, reor, triduo incarceratus. Referat ille[14] tibi causam. Aliud fortasse non videbitur, asserens plura occisa

---

tiert sind; *Pestalozzi* 278; Köln, Matrikel II 784. Bei *Blanke* wird Bitter eigenartigerweise nicht erwähnt.

[2] Nicht erhalten.

[3] Briefe (das ist mit «scripta» offenbar gemeint, s. unten Z. 6.17.38) Bullingers an Bitter aus Kappel sind nicht erhalten.

[4] Zur Rekatholisierung von Bremgarten s. oben Nr. 71.

[5] Ein weiter nicht bekannter Bruder Jakob ist wiederholt Briefbote zwischen Köln und Zürich, s. z.B. unten S. 254,13; *Krafft* 117.120.

[6] Gemeint ist Hermann von Wied, Erzbischof von Köln, 1477–1552, mit dem auch Bullinger korrespondierte (erhalten sind zwei Briefe Bullingers und ein Brief Hermanns). Über die Person des Erzbischofs und dessen Rolle in der Auseinandersetzung um die Reformation in Köln s. August *Franzen*, Bischof und Reformation. Erzbischof Hermann von Wied in Köln vor der Entscheidung zwischen Reform und Reformation, Münster 1971. – Katholisches Leben und Kirchenreform im Zeitalter der Glaubensspaltung 31; ferner Robert *Stupperich,* in: NDB VIII 636f mit weiterer Lit.

[7] Zu Bullingers Freunden und Bekannten aus der Kölner Studienzeit vgl. *Krafft* 56f.

[8] Zwinglis Schrift «De vera et falsa religione commentarius» (Z III 590–912).

[9] Wahrscheinlich sandte Bullinger seinem Freund Bitter ein kommentiertes Exemplar der Zwinglischrift.

[10] Ein Heft bestehend aus zwei Doppelblättern, in Analogie zu quaternio.

[11] Übertriebene Berichte vom Verlauf und den Verlusten des Krieges von 1531 kursierten schon bald nach der Niederlage Zürichs und fanden insbesondere in entfernteren Gegenden bei den Gegnern Zwinglis bereitwilliges Gehör. Bullinger verfaßte im Frühjahr 1532 eine Antwortschrift auf Johann Fabris «Trostbüchlein» und auf einen in Mainz erschienenen, die Niederlage der Reformierten massiv übertreibenden Bericht (s. HBBibl I 35). Zur Sache vgl. auch *Pestalozzi* 88–91; HBD 22,3-5; HBRG III 159–162.

[12] Plautus, Miles gloriosus 107.

[13] Er hat seine Strafe empfangen (vgl. Georges II 1751).

[14] Der Überbringer des Briefes?

milia, quam tu referas decades. Verum apud te maior mihi semper fuit fides et erit, etiamsi non asseveres me tua pro certa fide tanquam evangelium dei narrare posse. Ad hec, quo pacto in montibus, per insidias tamen, sexingenti[15] abegerint octo milia[16] et innumera alia? Quae, cum loci et gentes pene incogniti, recensere non valeo, quibus vero mea pro capacitate et modulo ex tuis litteris doctus restiti. Verum ipse regessit rem deploratam fere, et cui parum spei sit reliquum, ementitis verbis exornari necessum, semper tamen adiiciens te hominem probum et sincerum medium quoddam tenere neutrique partium nimium favere. Attamen ego illis, quae, ut dixi, verisimilia non videbantur, quantum potui, reclamavi, tanto etiam confidentius, quod alia conditio et oportunitas perferendis ad te, hominem mihi amicissimum, litteris oblata sit. Nam ex nundinis proximis Franckfordiensibus pervenerunt etiam ad me tua scripta[17] cum duobus tuis opusculis[18], quae quidem paulo post publice video Colonie extare, quod non item de aliis unquam contigit. Pro quibus immortales tibi gratias ago imprecans illud «Macte virtute, puer[19], sic itur ad astra»[20]. Et de oportunitate hero nostro tuam orationem de func- || [97v.] tione prophetica prelegendi tuo iussu[21] curabitur. Retulit praeterea fraterculus[22] ingentem vim pecunie Basiliensibus ereptam, vestras partes ad damnum illatum adversariis resarciendum teneri[23] et nescio quot ducatorum milia pro edibus sedecim combustis[24] renumeraturi[!], etiam, quomodo quaeque civitas vestrarum partium alteri exprobret[a] occasionem et ansam tanti mali, et incredibilem inter illas ipsas nunc ali discordiam[25], item, quod tu cum parentibus et fratre coacti sitis pristinas mansiones deserere[26], et hos iam nunc apud te Tyguri hospitari, innumeraque alia, que omnia deducere tediosum existimo. Quod si ita est, peto, ne pietatis in parentes et consanguineos obliviscaris studeasque inprimis, quantum citra divinam offensam fieri potest, paci et unitati. Putamus enim levius ceremonias quasdam ferri posse quam odium, rancorem et discordiam. Obvenit namque tibi divino munere publica functio episcopi et prophetę, etsi non ritu papistico.

Petis inter alia, ut hisce literis ita respondeam, ut sentias me et superiores[27] accepisse. Superioribus quidem, cum quibus libellum contra catabaptistas[28] transmiseras, respondi[29], nescius, an ea, qua decuerit, diligentia. Etiam ignoro, an ullis etiam tuarum ex instituto non responderim, quod inseris eisdem me, ut verba prae se fe-

---

[a] *in der Vorlage irrtümlich* exprobet.

[15] 600, in Analogie zu septingenti.
[16] Bezieht sich wohl auf einen Bericht über das Gefecht am Gubel vom 23./24. Oktober 1531, bei dem tatsächlich etwa 600 Innerschweizer über die etwa 6000 Mann starke Übermacht der Reformierten siegten; s. Helmut Meyer, Der Zweite Kappeler Krieg. Die Krise der Schweizerischen Reformation, Zürich 1976, S. 181–184.
[17] Nicht erhalten.
[18] Wahrscheinlich Bullingers Werke «De prophetae officio» (s. oben S. 41, Anm. 1), sowie die «Expositio in epistolam Ioannis» (HBBibl I 37), s. unten S. 175,11.
[19] Vgl. Vergil, Aeneis 9,638.
[20] Siehe Otto 43, Nr. 197.
[21] Offenbar hatte Bullinger Bitter gebeten, seine Schrift «De prophetae officio» Erzbischof Hermann von Wied zuzuspielen, vgl. *Krafft* 78f.
[22] Vgl. oben Anm. 5.
[23] Zur Frage der Kriegsentschädigung vgl. EA IV/1b passim.
[24] Vgl. die Forderung der V Orte nach Entschädigung für das verbrannte Blickensdorf, EA IV/1b 1569 und 1574.
[25] Zur Vertrauenskrise unter den reformierten Orten nach Kappel s. *Meyer*, aaO, S. 301–305.
[26] Über die Flucht der Familie Bullinger aus Bremgarten s. HBD 20,20–23; *Blanke* 149f.
[27] Siehe oben Anm. 3.
[28] Bullingers Schrift «Von dem unverschämten Frevel der Wiedertäufer» (HBBibl I 28), s. HBD 19,20f und *Fast* passim.
[29] Nicht erhalten.

runt, avaritiei taxans. Scribis enim post mentionem avaritię, ut sequitur: Tute igitur tuum illum hostem commendatum habe, ut ab eo non nisi cęso discedas. Huius tametsi, peccati inquam abominatissimi, me insimules, nequaquam tamen dei gratia conscius mihi sum. Pecunie etenim si studuissem unquam, fuerat olim longe commodior monstratus aditus, qui nunc quidem praesentibus contentus vix olus manduco modica patella. Ita, quod non ob aliud quam evangelii teporem maxime optem locum mutare, si apte fieri posset. Florebit tamen et brevi, speramus, nobiscum divina volente gratia evangelii gloria. Nam iamiam pullulat etiam. Multi enimvero plebei et docti apud nos clanculum evangelio favent. Sed nemo ob principum tyrannidem prorumpere audet et vitia et abusus quosque palam reprehendere. Prebuit et Iuliacensium dux[30] quoddam de se pietatis specimen, ut videas in appositis suis constitutionibus[31]. Audit etiam male a sacrificulis et monachis noster episcopus[32]. Abrogavit enim seu liberas potius fecit aliquot sanctorum solemnitates, ne pauperes tot diebus festivis gravarentur, et ne peccata flagitiaque tum fieri solita multiplicarentur. Nec vero magni facit bullas, fulmina et execrationes papisticas, quibus se opponit conferens libere beneficia ecclesiastica cuilibet in turno etiam apostolico[33], ut dicitur. Nam nuper collegium S. Cuniberti[34], eo quod iussu episcopi possessionem offerenti tedas apostolicas conferre nollet, excommunicavit papa, episcopus vero contra absolvit. Quamvis hec videbuntur ridicula et absona, ut sunt revera minutula, novi tamen aliquid portendere designantur. Nuperrime etiam Zusatum[35], opulenta Westphalie civitas, crassulos quosque explosit, et qui scripturas vere elucident, admisit. Idem fertur Monasterii[36], altera insigni Westphalie civitate, attentatum et itidem Vesalia inferiore[37] nonnullisque aliis minutulis civitatibus utpote Lippia[38] et Hammone[39], usque adeo, ut ni cacodemon dissidium, quale vobiscum fuit, seminarit aut tyrannos in subditos exasperarit, admittet brevi tota Westphalia verum dei ||[97ar.] evangelium. Sed o utinam idem omnes moribus et vite innocentia (tuo verbo) exprimerent. Sunt et in terra Iuliacensium magnates quidam purum evangelium admittentes, ut comes de Morsa[40], item opidula quedam, et hactenus dei gratia sine dissidiis et clade. Quod utinam hedere in morem[41] citra scandulum et offensam cuiusquam sic late proserpat, donec omnes uno ore glorificemus patrem nostrum, qui est in celis[42]. Quod nobis donare dignetur, «qui est benedictus in secula. Amen» [Röm 1,25].

[30] Johann III., Herzog von Kleve-Mark und Jülich-Berg, 1490–1539.
[31] Gemeint ist die Kirchenordnung Herzog Johanns III. vom 11. Januar 1532, abgedruckt bei Otto R. *Redlich*, Jülich-Bergische Kirchenpolitik am Ausgange des Mittelalters und der Reformationszeit, Bd. 1: Urkunden und Akten, 1400–1553, Bonn 1907. – Publikationen der Gesellschaft für Rheinische Geschichtskunde, Bd. XXVIII/1, Nr. 240, S. 246–251. – Ob das Bullinger zugeschickte Exemplar erhalten geblieben ist, ließ sich nicht nachweisen. Vgl. auch *Franzen*, aaO, S. 42f und Johann Friedrich Gerhard *Goeters*, Die evangelischen Kirchenordnungen Westfalens im Reformationsjahrhundert, in: Westfälische Zeitschrift 113, 1963, S. 111–168, bes. 120–124.
[32] Siehe oben Anm. 6.
[33] Über die Reformbemühungen Hermanns im Bereich des Benefizienwesens vgl. *Franzen*, aaO, S. 33f.
[34] Dazu s. *Krafft* 83f.
[35] Soest. Zur Reformationsgeschichte von Soest s. Schl. 26845–26853a. Ferner *Krafft* 86–88.
[36] Münster i. W.
[37] Wesel.
[38] (116: Lippia) Lippe; s. Friedrich Heinrich *Brandes*, in: RE XI 515f.
[39] Hamm.
[40] Wilhelm II. von Neuenaar, 1519–1553, Graf von Moers; s. *Krafft* 98–102.
[41] wie Efeu.
[42] Vgl. Mt 5,16.

Cęsar anno exacto innumerum in Brabantia pecuniarum thesaurum conflavit. In quem vero usum, cui constabit? Idem multis comitatus novissimis carnisprivii diebus Colonia Ratispanum discessit ibidem principum Germanie comitias accepturus[43] ibique nuntium, ut fertur, expectaturus super negotio Lutherano quod vocant, de quo responsionem petunt legatione imperatoris Svinpfordię[44] in Francia orientali Maguntinensium episcopus, comes Palatinus cum aliis quibusdam. Verum ut nobis relatum est ex epistola unius nostrorum consulum[45] Ratispanum missi, quam ad suam uxorem dederit, comitię fortassis frustrabuntur, ideo, utpote scripsisse dicitur, quod Germanie principes nollent in omnibus cęsari obtemperare, qui summo conatu studet pape protervian instaurare. Fertur etiam Romam denuo ab Hispanis et aliis stipendiariis militibus impetitam ob non solutum salarium obsidionis Florencię[46] et eos maxima damna cardinalibus intulisse papamque ipsum furibundas eorum manus vix erepsisse in castrum Sancti Angeli, quod nunc obsideant Romanis civibus id permittentibus a seseque malum hoc tanquam innoxiis deprecantibus.

Hec sunt, mi Henrice, que latere te nolui. His vale et amantem redama iubeasque communes nostros amicos meo nomine omnes saluere.

Datę Colonie, decimasexta aprilis anno 32.

Theodericus Bitter Wipperford.

[89]

Berchtold Haller an Bullinger

[Bern], 20. April [1532][1]

Autograph: Zürich StA, E II 360,61. Siegelspur. – Ungedruckt

Bedankt sich für Bullingers gehaltvolle Briefe, lobt Bullingers Fähigkeiten und christliches Wesen und berichtet vom Tod des Philipp Grotz und anderer. Sehnt sich nach einer Aussprache mit Bullinger; dieser soll sich um die Entsendung eines Nachfolgers für Pfarrer Jakob Otter nach Aarau bemühen.

S. Tanto gratiores mihi semper sunt epistolę tuę, charissime Heinrice, quod non inanibus verbis, sed pietate et doctrina abundant. Videor mihi ex illis doctior reddi nec minus etiam accedere pietati. Dominum in te, vase suo[2], non desino mirari, nec interim etiam sine sollicitudine sum, ne a sathana impetaris nimio. Qui vitiis dediti sunt totique sathanę, hi pacem habent, qui vero tot et tantis dei donis ditati pietateque illustrati, hic non cessat. Quare, mi charissime frater, pro te orare non desino, tibi[a] timere non cesso, monere non abhorreo, quo perpetuo in timore domini illius donis citra philautiam omnemque ambitionem utaris. Expertus scribo, nec a me

---

[43] Der Reichstag in Regensburg wurde am 17. April 1532 eröffnet.

[44] Seit dem 1. April 1532 tagten in Schweinfurt die Mitglieder des Schmalkaldischen Bundes und die Kurfürsten Albrecht von Mainz und Ludwig V. von der Pfalz, s. *Winckelmann* 187–209.

[45] Zu den Gesandten der Reichsstadt Köln gehörte u. a. Arnold von Siegen (vgl. *Westermann* 66). Ob er hier gemeint ist, bleibt ungewiß.

[46] Die kaiserlichen Truppen hatten im August 1530 Florenz belagert, um dort die vom Papst geforderte Wiedererrichtung der Medici-Herrschaft durchzusetzen.

[a] *in der Vorlage* tui.

[1] Das Jahr ergibt sich eindeutig aus den erwähnten Ereignissen.

[2] Vgl. Apg 9,15.

olim Zuinglius identidem egre ferebat. Applaudit tibi totus mundus, id est, quotquot vel micam pietatis habent, immo et urbis utriusque³ papistę. Sed quid addit sathan! Praebet gustum, imponit superbia et nescio quibus aliis vitiis. Dominus te nobis talem conservet, qualem dedit, qualem speramus. Prospere procede, regnet per te Christus, et vive.

Rumor erat apud nos uxorem tuam⁴ et liberos⁵ peste periisse, sed aliter retulit tabellio⁶. Philippum vero Grozium⁷ in Balstal absumpsit. Apud nos multi male valent capitis dolore, multi moriuntur optimi viri.

Ceterum, nuncius cum festinaret, non potui ad omnia respondere, ocio tamen dato id faciam. Nolui, ut ad te vacuus veniret, ea spe, quod nec a te vacuus redeat. Libelli⁸ illi plane mendaces utinam uno, et eo, tam brevi quam veraci a vobis diluerentur, ne tot mendaciis toti orbi traduceremur⁹. Ah, si daretur vel semel tecum ad saturitatem confabulari. Diem hunc vereor me non victurum¹⁰. Canescunt capilli quam maxime, valetudinarius fio quam maxime, optimaque egerem valetudine. Ora deum pro me et vale.

Otherus Eslingam vocatus est¹¹. Senatus noster ad annum permisit. Leoni scripsit Megander¹², si quis apud vosᵇ fuerit¹³, nos visitet, modo lingua nostra non sit usque adeo barbarus. Paulum Rasdorfer¹⁴ vellem, si posset ad nos solum divertere, ut audiremus eum. Quem alioqui scimus pie doctum. Curabimus pro ere viatico.

ᵇ nach vos *das Zeichen für einen am Rand nachgetragenen Einschub. Simler ergänzt* alius. *Wegen engem Einband und dem Fleck der Siegelspur läßt sich die Ergänzung heute nicht mehr lesen.*

³ Bern und Zürich.
⁴ Anna Bullinger, geb. Adlischwyler.
⁵ Anna und Margaretha.
⁶ Unbekannt.
⁷ Philipp Grotz, gest. 1532, seit 1510 Leutpriester an der St. Ursenkirche in Solothurn; 1522 wurde er wegen seiner entschlossenen Stellungnahme für die Reformation entlassen, 1529 jedoch wieder zum Stadtpfarrer gewählt. Grotz spielte eine führende Rolle im Kampf um eine auf Martini 1530 vorgesehene Disputation, die schließlich doch nicht zustande kam. Nach dem darauf erfolgten ergebnislosen Auszug der eifrigsten Reformierten wurde er Ende 1530 nach Balsthal versetzt, wo er bis zu seinem Tode wirkte. – Lit.: ASchweizerRef, Reg.; HBRG II 295. III 276; Z XI, Reg.; *Haefliger* passim; LL IX 259.
⁸ Gemeint ist der «Tanngrotz» von Johannes Salat, s. oben S. 80, Anm. 17.
⁹ Zu Bullingers Gegenschrift s. oben S. 92, Anm. 33.
¹⁰ Vgl. *Kirchhofer*, Haller 209.
¹¹ Zur Berufung von Jakob Otter nach Esslingen s. Otter an Ambrosius Blarer, 10. April 1532 (Blarer BW I 335f).
¹² Ein Meganderbrief dieses Inhalts an Leo Jud ist nicht erhalten.
¹³ Nämlich einer, der zum Nachfolger Otters geeignet ist.
¹⁴ Paul Rasdorfer, gest. 1564, aus Kempten (Bayern), wirkte eine Zeitlang im Tirol; des Glaubens wegen vertrieben, wurde er 1528 auf Empfehlung Bucers an Zwingli in Betschwanden (Kt. Glarus) zum Pfarrer gewählt. Er stand mit Zwingli im Briefwechsel. Rasdorfer, der sich bedingungslos für die Reformation eingesetzt und nach der Niederlage von Kappel ein Trostbüchlein mit dem Titel «Crütz mit sinen esten...», Zürich 1532 (Rudolphi 209), veröffentlicht hatte, mußte Betschwanden im Frühjahr 1532 verlassen. Nach kurzer Tätigkeit in Zurzach (Kt. Aargau) kehrte er in seine Heimat zurück und wurde 1533 Pfarrer in Kempten. Infolge des Interims erneut vertrieben, kam er 1548 als Pfarrer nach Wichtrach, 1550 nach Herzogenbuchsee, 1552 nach Huttwil (alle Kt. Bern), wo er bis zu seinem Tode wirkte. – Lit.: Z IX 383, Anm. 1. XI, Reg.; Gottfried *Heer*, Die Gemeinde Betschwanden während der Reformationszeit, Glarus 1917, S. 17–31; Otto *Erhard*, Die Reformation der Kirche in Kempten, auf Grund archivalischer Studien dargestellt, Kempten 1917, Reg.; Walther *Köhler*, Zu Paul Rasdorfer, in: Zwa VI 59; Jakob *Winteler*, Geschichte des Landes Glarus, Bd. I, von den Anfängen bis 1638. Zur 600-Jahr-Feier des Glarnerbundes 1352–1952 hg. v. der Regierung des Kantons Glarus, Glarus 1952, Reg.; Lohner 158.623.629.

Rursum vale.
20. aprilis.
Rustici nostri supra modum barbaras suevicasque abhorrent linguas. Confer cum Leone, et si quos habetis, indicate.

Tuus Berch. H.

[Adresse auf der Rückseite:] Heinrico Bullingero, ecclesiastę Tigurino, fratri suo charissimo.

[90]

Wolfgang Capito an Bullinger
Straßburg, 21. April 1532
Autograph: Zürich StA, E II 347, 27–28. Siegelspur. – Ungedruckt

Sorgt sich um das Verhältnis zu Bern und den Frieden mit den katholischen Orten. Heißt es gut, daß Bullinger eine Antwort an Fabri vorbereitet, und gibt Ratschläge für das Verhalten gegenüber Luther. Nachrichten betreffend Kaiser, Türken und Königswahl Ferdinands.

Gratia tecum.
Pridie tuas[1] accepi, hodie respondendum undique tot amicis. Nam Augustam, Memmingam, Esselingiacum, Basileam, Bernam[2] et Tygurum versus mihi derepente nuncii[3] obtigere. Itaque paucis ad tuas. Reystium consulem, virum integerrimum, tibi ac verbo amicum, quantum potes, retineas, deinde incumbe, ut operam det sedulo, ne concordia cum Bernatibus in spongiam cadat[4]. Intercessit, fateor, nostrae civitati nuper mira foeditas[5], quam nemo hominum reparabit, nisi sarcta tecta fuerit nova illa amicitia rerum publicarum tam similium, tam ęqualium, tam popularibus consiliis utrinque rem gerentium[6]. Vos moveat crudelitas victorum Quinquepagicorum[a], qui capitibus liberis contumeliose insultant[7] atque eos proscribunt, qui sacerdotibus antichristi dicere peccata in aurem horrent[8]. An non pręstaret convenisse cum paribus fide ac religione, an non donanda potius indigna, quę pertulimus, quam ut perferendis novis contumeliis nostros exponamus stomachum retinere[b]? Gaudeo studium pacis vigere apud vos, sed et ecclesiam recte habere auditu periucundum est[c]. Praeterea probo, quod responsionem paras ad Fabriles con-

---

[a] Quinquepagicorum *übergeschrieben.*
[b] stomachum retinere *übergeschrieben.*
[c] auditu periucundum est *übergeschrieben.*

[1] Bullingers Brief ist nicht erhalten. Er wurde vielleicht zusammen mit einem Schreiben des Zürcher Rates, vom 13. April 1532, nach Straßburg gebracht, s. PC II 109.
[2] Die Briefe nach Augsburg, Memmingen, Esslingen, Basel und Bern sind anscheinend nicht erhalten. Capito schrieb an diesem Tag ferner an Vadian, Vadian BW V 53f.
[3] Unbekannt.
[4] Die sprichwörtliche Wendung «in spongiam cadere» entspricht dem deutschen «in die Binsen gehen», s. Georges II 2772f.
[5] Bezieht sich wohl auf die im Zweiten Landfrieden von Zürich geforderte Auflösung des «Christlichen Burgrechts» mit den evangelischen Städten, dem Straßburg seit dem 5. Januar 1530 angehörte.
[6] Gemeint ist wohl ein neues Vertrauensverhältnis zwischen den evangelischen Städten des aufgelösten Burgrechts.
[7] Die Wendung ist bei Vergil und Sueton belegt, s. ThLL VII/1 2044,8f.
[8] Gemeint: non horrent?

tumelias[9]. Verum de furente Luthero[10] nescio, quid cogitem. Summa tamen hęc est, aut silentio adobruendam vanitatem eius libelli aut respondendum per hominem non tam coniunctum Zuinglio. Id egi, sed privatis literis[11] passim feci[d]. An aliquid in publicum liceat[e], nequeo statuere, donec resciero exitium conventus evangelici,
20 qui nunc agitur Susulci, zu Schwinfurt[f][12]. Ex eventu oportet consilium capiamus, interea vero non displicet, ut flagellum domini in generales causas reiicias repurgato Zuinglii zelo. Quem virum conferri seditiosis Muntzeranis quis feret[13]? At cave prolixius egeris. Mihi placeret oblique ageres oppresso nomine Lutheri[14], quo tuus stilus acrior esset in Fabrum. Nam et iniquus valde est Luthero. Dispice, num hoc
25 esset consultius. Equidem sane sic censeo, defendendum a contumelia Zuinglium, deinde cladis causam in deum reiiciendam, qui non punire voluit sententiam de eucharistia[15], sed occulto suo iudicio sic ei visum est ad ardentius studium erga se nostros inflammare, idque in illo libello adversus Fabrum, quam fieri potest paucissimis[16], et omisso, ut dixi[g], nomine Lutheri. Nam sunt et alii, qui similibus nęniis epi-
30 nicia canunt[17], ||[28] quos eadem opera scite perstringeres.

Consilia cęsaris prorsus huc spectant, ut impetret militem adversus Turcos, qui exercitu infinito nunc imminent Hungarię[18], deinde ut Ferdinandum evangelici principes regem agnoscant[19] – hactenus enim occlamatum est electioni utpote factę adversus praescriptum bullę, quam vocant auream –, postremo, quia evangelium
35 nostrum extingui hoc tempore nulla vi potest, in hoc sunt, ut imponant modum, ne

[d] feci *übergeschrieben.*
[e] liceat *übergeschrieben.*
[f] zu Schwinfurt *übergeschrieben.*
[g] omisso, ut dixi *übergeschrieben statt gestrichenem* oppresso.

[9] Johannes Fabri veröffentlichte im Jahre 1532 das «Drostbiechlin an alle frummen betrübten Christen des alten ungezweifelten heyligen Christenlichen glauben», s. *Büsser*, Zwinglibild 8, Nr. 9. Bullingers Antwort «Uff Johannsenn Wyenischen Bischoffs trostbůchlin ... verantwurtung» (HBBibl I 35) stand unmittelbar vor der Vollendung. Die «Abrede» (Nachwort) trägt das Datum vom 11. Mai 1532.
[10] Luthers «Sendschreiben an Herzog Albrecht von Preußen», 1532, s. oben S. 101, Anm. 12 und unten Anm. 13.
[11] Diesbezügliche Briefe Capitos sind nicht bekannt, *Erichson* schweigt dazu.
[12] Über die Verhandlungen zu Schweinfurt (1. April bis 9. Mai 1532) s. besonders PC II 106–150; *Winckelmann* 187–209; *Köhler*, ZL II 289–291; unten Anm. 21.
[13] In der genannten Schrift sieht Luther in Zwinglis Ende ein Gottesurteil über dessen Lehre und stellt ihn in eine Reihe mit Müntzer und Karlstadt, WA XXX/3 550,9–31, vgl. *Erichson* 29f.
[14] Tatsächlich vermied Bullinger in seiner Antwort an Fabri die Nennung von Luthers Name, was Capito später besonders vermerkt, s. unten S. 150, 13f.
[15] Siehe oben Anm. 13.
[16] Der Sinn von Bullingers Schrift ist der Nachweis, daß der Sieglose nicht den falschen Glauben haben müsse, s. bes. f. B6v.-C1r.
[17] Zu den negativen Urteilen über Zwinglis Ende von evangelischer (z. B. Bucer, Frecht, Luther, A. Blarer, G. Sailer) und katholischer (z. B. Salat, Fabri) Seite s. *Erichson* passim.
[18] Zu den Verhandlungen über die Türkenfrage auf dem Regensburger Reichstag siehe *Westermann*, bes. S. 58f.
[19] In seiner Eröffnungsrede zum Reichstag von Regensburg vom 17. April 1532 wies Karl V. zwar auf das ungelöste Türkenproblem hin, vermied es aber, die hängige Frage der Anerkennung Ferdinands I. als römischer König zu erwähnen (Text bei *Westermann* 172–176). Gegen die Wahl Ferdinands I., die am 5. Januar 1531 erfolgt war, erhoben sich rechtliche, politische und kirchliche Bedenken, weil entgegen den Bestimmungen der Goldenen Bulle vom Jahre 1356 Ferdinand zu Lebzeiten seines kaiserlichen Bruders gewählt worden war und der Wahlakt zudem in Köln und nicht in Frankfurt stattgefunden hatte. Hinzu kam die politisch und religiös motivierte Gegnerschaft Bayerns und Sachsens. Karl V. verfolgte im besonderen die Absicht, den in öffentlichem Protest verharrenden protestantischen Kurfürsten Johann von Sachsen zum Einlenken zu bewegen, s. bes. *Winckelmann* 10–21.58–61.196.

latius proserpat²⁰. Sesquimense nunc absunt legati nostri²¹ neque verbum quidem scripserunt. Unde coniiciendum nihildum convenisse. Nam prodere veritatem nostris non licet, neque cesari fortassis impune esset vel latum digitum a praescripto pontificis Romani discessisse. Certiora posthac²².

Iam vale cum eruditissimis symmistis tuis. Nostri ad unum omnes te tuosque resalutant. Quibus tuas ad verbum praelegi, quod me absente variis rumoribus eorum aures oppletę essent²³. Vale feliciter.

Argentorati, 21. aprilis anno 1532.

Commendo vobis omnibus Carolstadium²⁴. Vigilate, quominus non animadvertentibus aurum Gallicum irrepat²⁵.

Wolfg. Capito.

[Adresse darunter:] Claro ac pio viro Heinrico Bulingero, praedicatori verbi apud Tigurinos, domino et fratri suo observando, in Zürich.

[91]

Johannes Zehnder¹ an Bullinger

[Aarau?], 28. April 1532

Autograph: Zürich StA, E II 360, 257

Am rechten Rand beschädigt, Siegelspur. – Ungedruckt

Bittet Bullinger, ihn bei seiner Brautwerbung zu unterstützen und seiner Braut den beigelegten Brief vorzulesen. Vermittelt Briefe Juds und Bullingers an Megander und Haller in Bern. Grüße.

---

²⁰ Eine ähnliche Formulierung im Brief Capitos an Vadian, 21. April 1532, Vadian BW V 54.

²¹ Die Instruktion für die Straßburger Gesandten Jakob Sturm und Jakob Meyer wurde vor dem 23. März 1532 ausgefertigt, PC II 106f. Ihr erster Bericht über den Tag zu Schweinfurt und den Anfang des Regensburger Reichstages datiert vom 26. April, PC II 109–112.

²² Capito kam in seinem nächsten erhaltenen Brief (24. Juni 1532) auf den Reichstag zurück, s. unten S. 150,37–151,50.

²³ Möglicherweise bezieht sich Capito auf Gerüchte über eine wankelmütige Haltung Zürichs, welchen vermutlich in Bullingers Brief entgegengetreten worden war.

²⁴ Andreas Karlstadt weilte wohl seit Ende Januar wieder in Zürich, s. oben S. 34, Anm. 6; Luther nennt ihn namentlich in seinem «Sendschreiben», WA XXX/3 550,17–20, doch nehmen ihn die Zürcher in Schutz, s. unten S. 145, 184–187.

²⁵ Sicherlich schon im März 1532 warb Frankreich in der Eidgenossenschaft Söldner unter dem Vorwand, Truppen für einen Türkenzug zu benötigen (ASchweizerRef IV 1523), erst Ende Juni jedoch wandte sich Franz I. offiziell an die Eidgenossen, die erstmals Anfang Juli über dieses Ansuchen berieten, s. EA IV/1b 1368–1370.

¹ Johannes Zehnder, gest. 1549, aus Aarau, studierte 1517 in Freiburg i. Br., 1520 in Köln, wo er Magister wurde. Seit 1524 erscheint Zehnder in Aarau als Valentinskaplan. 1527–1531 wirkte er in Zofingen als Prädikatur-Chorherr. Zehnder nahm an der Berner Disputation teil und unterschrieb alle Schlußthesen (ABernerRef 1465, S. 596). Vom Herbst 1531 bis zu seinem Tode wirkte Zehnder als Pfarrer und Dekan in Aarau. In dieser Funktion trat er 1544 für die Beilegung der innerkirchlichen Streitigkeiten in Bern ein (s. *Hundeshagen* 76–97.190–193). Die persönliche Bekanntschaft mit Bullinger dürfte auf die Studienzeit in Köln zurückgehen. Einige weitere Briefe Zehnders an Bullinger sind erhalten. – Lit.: Franz *Zimmerlin*, Die Reformation in Zofingen, in: Taschenbuch der Historischen Gesellschaft des Kantons Aargau für das Jahr 1925, S. 24.26.29; Rudolf *Weber*, Zofingens Prädikanten. Die Pfarrer der reformierten Kirchgemeinde Zofingen seit 1528, in: Zofinger Njbl. 1977, S. 10; Pfister 49.144.

Gratia et pax a deo per Christum Iesum, salvatorem nostrum.

Omnium primum, mi frater, ingentes tibi refero gracias ea propter, quod tam amice, fraterne, tum denique, ut que ad corpus attinent, tam laute tractasti. Que omnia hec cum Gabriele² tum ceteris bonis amicis et intimis meis satis lucide detegissem, profecto omnes uno ore tue charitati gratulati sunt, ita quidem, ut si quando retaliandi occasio erga te vel tuos sese dederit, rependere velint. Faxit deus, ut aliquando ad nos venias, quo communem amiciciam inter nos habere et restaurare possimus etc. Sed interim, ne te diucius remorer, nosti, mi frater, quid proximis diebus, quum apud te Tyguri essem, convenerimus, nempe quod litteras ad illam personam³, quam, ut fateor, ex animo amo, scriberem, in quibus omnia, que et me et eam forsitan in nostro matrimonii negocio molestare et angi possent, enodarem, quo eo facilius ex utraque parte conveniri poterit. Quod quidem feci⁴, et ecce litteras non propter te sed tabellionem⁵ clausas, propterea quod ex ambulacione mea ad te apud nos quid suspicantur. Verum non dubium est, quin ipsa eas legere non noscat. Rogo igitur tuam charitatem, quod tu earum lector esse velis, et si quid rusticosum, inurbanum et minus elegans, ut plura erunt, inventum fuerit, tu pro singulari ingenii tui perspicacitate ea emendare, addere, minuere velis, quo eo facilius erga eam dilectam impetrare aliquidᵃ possimus. Quid enim plurimis verbis opus? Animus meus totus pendet ab eo. Audi, quid dicam. Prima, quod aiunt, fronte⁶, id est inspecto negocio, condicionesᵇ ab ipsa proposite non in totum Gabrieli neque ceteris amicis arridebant. Nihilominus tamen, ubi primum animum meum satis intellexissent et ipse unus ceteris bene persuasi amicis, in sentenciam meam pedibus ierunt et omnia boni consuluerunt꜀. Quod modo scribo, quo videas omnia recte esse acta. Quamobrem, ut inceptu nostro pergas, rogo. Spero enim universas eius obiecciones, id est, mutacionis loci⁷, census, puerorum, suppellectilium nihil imorare posse. Est autem preterea adhuc unum, quod te solicitatum esse volo, nempe quod, si negocium ipsum apud se denegare penitus instituisse, quod tamen non spero, videris, inquio autem, si videris; multa enim inter calicem summaque labra cadere solent⁸ – ut tu tum eam christiane admonere velis, ne ea vel divulgare vel propalare ne velit, ne quid vexacionis (omittam alias commoditates) inde consequar. Hoc volo erga te per Christum testari, quo eo solicitacior sis, quod non nummosᵈ eius, non census, sed magis honestatem, modestiam et satis eleganciam, ut persone meę decet, quero, et eo vehemencius, quod tu eam erga me tam christiane commendasti.

Vale. Bonum nuncium per illum tabellionem a te recipiam labora. Litteras

---

ᵃ aliquid *übergeschrieben.*
ᵇ *in der Vorlage* condiciones.
꜀ *Die Endung von* consuluerunt *in unklarer Weise korrigiert.*
ᵈ *in der Vorlage* numos.

² Gabriel Meyer, 1526–1563, Stadtschreiber von Aarau, verfaßte einen Bericht über die Einführung der Reformation in Aarau und über die beiden Kappelerkriege, s. HBLS V 96.
³ Der Familienname dieses Mädchens konnte nicht festgestellt werden. Sie hieß Barbara (s. unten S. 166,20), wohnte wohl in Zürich und war offenbar auch mit Bullinger und seiner Familie vertraut. Vgl. unten Nr. 137.
⁴ Brief nicht erhalten.
⁵ Unbekannt.
⁶ auf den ersten Blick; s. Otto 147, Nr. 718.
⁷ Gemeint ist der Umzug nach Aarau.
⁸ Man kann auch dem, was man in der Hand hat, nicht trauen; s. Adagia, 1,5,1 (LB II 181).

Leonis misi Casparo⁹ tuaque cum Berchtoldo¹⁰ colloquendo in proximo capitulo¹¹ curabo. Tuam uxorem¹², parentem¹³, Leonem et quotquott de me te rogaverint, salutato.

Datum 28. aprilis anno 1532.

Tuus Johannes Zender.

[Adresse auf der Rückseite:] Non minus integro quam erudito viro Magistro Henrycho Bullingero, apud Tigurinos ecclesiasti, amico et fratri observandissimo.

[92]

Hans Vogler an Bullinger

St. Gallen, 30. April 1532
Autograph: Zürich StA, E II 351,147. Ohne Siegelspur
Teildruck: ASchweizerRef IV 1582

Dankt für ein Schreiben Bullingers. Berichtet über die Appenzeller Landsgemeinde vom 28. April und die tapfere Haltung des Bartholomäus Berweger. Grüße.

Gottes gnad und sin erbärmbd erhalte unns.

Gelieptter herr und brůder, üwer zůschriben¹ und dancksagung gott für mich hab ich empfangen. Dancken gott, der welle sich üwer erbarmen an das end etc.

Demnach nüwe zittung von der lantzgmaind Appenzell sontag ghalten²: Es habend die evangelisch gnanten für³ meren⁴ mögen, gott syg danck. Es habend min herren die 5 ortt ain brieff ab dem tag Ainsidlen⁵ an die gmaind geschriben, summa⁶ der inhalt, daß ir ernstlich pitt, daß sy im land Appenzell in allen kilchhörinen⁷, in jeder, mess halten lassend, wer der beger⁸. Ist haiter⁹ abgemeret¹⁰, nit zů thůn, sonder das sy blibend ston, wi si standend, und vormals gmainden und groß rät¹¹ angenomen habend etc.¹² Es hat och Berweger¹³, der redlich, on glichs-

---

⁹ Über Zehnder scheinen häufig Briefe zwischen Zürich und Bern gegangen zu sein. Ein Brief Juds an Megander aus dieser Zeit ist nicht erhalten, jedoch durchaus möglich als Antwort auf Nr. 84.
¹⁰ Berchtold Haller.
¹¹ Versammlung des Pfarrkapitels.
¹² Anna Bullinger, geb. Adlischwyler.
¹³ Dekan Heinrich Bullinger.

¹ Ein Brief Bullingers an Vogler aus dieser Zeit ist nicht erhalten.
² Zu dieser Landsgemeinde in Appenzell am 28. April, für die der vorliegende Brief eine Hauptquelle ist, s. noch Vadian, Diarium 415 und Rainald *Fischer*, Walter *Schläpfer*, Franz *Stark*, Appenzeller Geschichte, Band I: Das ungeteilte Land, [Herisau/Appenzell] 1964, S. 397f.
³ mit gutem Vorsprung (vgl. SI I 960).
⁴ die Mehrheit bilden, das Mehr erringen.
⁵ Ein Tag der V Orte in Einsiedeln ist zur fraglichen Zeit in den EA nicht erwähnt. Vgl. aber die entsprechenden Beschlüsse der V Orte, eine Gesandtschaft nach Appenzell zu schicken (EA IV/1b 1323 g. und 1330 c.).
⁶ Zusammenfassung, hauptsächlicher Inhalt (SI VII 971f).
⁷ Kirchgemeinden, Pfarreien.
⁸ wer sie (die Messe) begehre.
⁹ klar, eindeutig.
¹⁰ durch die Mehrheit abgelehnt (SI IV 373).
¹¹ Der Große Rat war die gesetzgebende und zugleich richterliche Behörde Appenzells. Er setzte sich zusammen aus 74 Abgeordneten der neun Rhoden.
¹² 1525 hatte man an der Landsgemeinde das Entscheidungsrecht der Kirchhöre in der Glaubensfrage angenommen, so daß ein Nebeneinander von altem und neuem Glauben innerhalb der einzelnen Kirchgemeinden ausgeschaltet wurde; vgl. *Fischer, Schläpfer, Stark,* aaO, S. 336–340.
¹³ Bartholomäus Berweger von Appenzell

nery[14], gott durch in, ernstlich trutzlich[15] ghandlett und sin helden gmůt, über den aptt[16], deß amptlüt etwas wort etlicher brucht, und die supenesser[17] under inen bim apt inkerend[18], redlich antastett[19]. Deßhalb mich nit geruwen, daß ich in oft entschulgett gegen meister Haben[20] und ander. Gott welt[21], daß als wenig falsch in filer hertzen steckte, als ich in im hoff. Ich acht och, ain prediger uß dem land, so eß gott wil, werd uff sinody[22] zů üch komen etc.

O Bulliger, ir wissend, was ich üch oft gsagt: wenn der tüffel tůt, als ob er tapffer sin, ob der warhait zů halten[23], so ist er aim[24] aller ergstenn. Das hand ir jetz zway drü mal im schwären[25] gsechen. Deß fall[26] alle fromen klagend und ergerend. Wolhin, es ist aber überhin[27]. Der herr uns nit drü mal lognen[28] oder gar zů schanden werden. Es ist warlich not, mitt großem ernst Herodianem ins angsicht zů sagen[29]. Gott bhůt uns vor der haimlichen pestilentz[30].

Ich hab noch nüt ferkoft; will nit gon[31]. Ich bin och noch har[32] witer onangefochten bliben, so lang gott wil. So erst gott wil, wil ich komen, dancken und za-

führte 1512–1521 als Hauptmann Truppen in päpstliche Dienste und nahm 1513 an der Schlacht von Novara teil. Später nahm er offen für die Reformation Partei und mußte sich 1524 vor der Tagsatzung für eine Äußerung entschuldigen, in welcher er die Ausbreitung des «lutherischen Handels» befürwortet hatte (EA IV/1a 372 h. und 380 a.). Im Müsserkrieg 1531 befehligte Berweger ein Kontingent von 200 Appenzeller Knechten. Einige Male vertrat er Appenzell an den Tagsatzungen. Daß er auch nach 1531 zu den entschiedenen Anhängern der Reformation gehörte, beweist sein Auftreten an der Landsgemeinde vom 28. April 1532. – Lit.: EA IV/1a und 1b, Reg.; *Fischer, Schläpfer, Stark*, aaO, S. 352.371.389.397f; HBLS I 536.

[14] ohne Heuchelei (SI II 604).
[15] Widerstand leistend, sich widersetzend.
[16] Diethelm Blarer von Wartensee, Abt des Klosters St. Gallen.
[17] Schmeichler, Schmarotzer (SI I 529).
[18] einkehren, Beziehungen unterhalten.
[19] angegriffen, mit scharfen Worten angeredet (SI XIII 1977f). Bezieht sich wohl auf ein Votum Berwegers an der erwähnten Landsgemeinde.
[20] Johannes Haab (Hab), 1503–1561, aus Zürcher Stadtgeschlecht, wurde 1523 Mitglied des Großen, 1531 des Kleinen Rates und Zunftmeister, bekleidete mehrere Staatsämter und war 1542–1560 Bürgermeister. Haab wurde oft an die eidgenössischen Tagsatzungen abgesandt und mit wichtigen Gesandtschaften ins In- und Ausland betraut. Während des Zweiten Kappelerkrieges vertrat er Zürichs Interessen in Mellingen, Bremgarten und Bern und nahm auch an den Friedensverhandlungen teil. Haab war ein früher und entschiedener Anhänger Zwinglis, Mitverfasser des «Gyrenrupfens» 1523, Vertreter der Saffranzunft bei der Entfernung der Heiligenbilder aus den Kirchen, seit 1525 Eherichter, seit 1530 Synodalabgeordneter. Mit Bullinger war er wahrscheinlich seit 1527 persönlich bekannt und nach 1532 befreundet. Ihm und Diethelm Röist widmete Bullinger 1542 seinen Kommentar zum Matthäus-Evangelium (HBBibl I 144). – Lit.: EA, passim; ASchweizerRef, Reg.; AZürcherRef, Reg.; C[onrad] *Escher*, Bürgermeister Johannes Haab (1503–1561), in: ZTB 1903, NF, Jg. 26, 1–54; *Jacob* 181–183; HBLS IV 28.
[21] wolle, gebe.
[22] Eine zürcherische Frühjahrssynode 1532 läßt sich allerdings nicht nachweisen.
[23] um die Wahrheit zu sagen (vgl. SI II 1225).
[24] hyperkorrekte Schreibung von am.
[25] in schwerer Not.
[26] über diesen Unfall; gemeint ist wohl die Niederlage von Kappel.
[27] vorbei.
[28] verleugnen, vgl. Mt 26,34 par.
[29] die Herodias rund heraus zu nennen (vgl. SI VII 254.392f). Etwa im Sinne von: Den Feind direkt beim Namen zu nennen. Anspielung auf den Mut, mit dem Johannes der Täufer die Herodias anklagte, vgl. Mt 14,3ff par.
[30] Gemeint wohl die heimliche Ausbreitung des alten Glaubens.
[31] es will nicht gelingen.
[32] noch bisher (SI II 1559).

len. Min husfrow[33], die groß[34] ist, dancket üch. Grüst üch och mir üwer frowen[35], kind, den vatter[36], Leon[37] und andre etc. Gott sterck üch.

Actum Santt Gallen, 30. tag aprillen anno 32 jar.

Grüsend mir meister Kaspar[38], den trüwen.

Üwer armer w[illiger] Hans Vogler.

[Adresse auf der Rückseite:] An min fylgelieptten Maister Hainrich Bullingeren, prediger der statt Zürych, minem glieptten herrn und brůder.

[93]

Berchtold Haller an Bullinger

[Bern], 5. Mai [1532]

Autograph: Zürich StA, E II 343, 99r.–v. Siegelspur. – Ungedruckt

Die Berner bemühen sich, für die Reformierten in Bremgarten, Bullingers Wunsch entsprechend, das Beste zu tun. Bullinger und Pellikan sollen mit ihren allgemein geschätzten Bibelauslegungen fortfahren. Haller stimmt Bullingers Ratschlägen in Nr. 83 «De ratione studii» bei, beklagt sich jedoch über Zeitmangel und schildert seinen Tagesablauf. Er schließt mit Bemerkungen über einige ihm von Bullinger zugesandte Werke und mit der Nachricht vom Tode Heinrich Wölflins.

S. Quę fratribus in Bremgarten[1] minantur Imontani, ex ore Sebastiani[2] retuli nostris, maxime vero pandareto Pastori[3] nunc quattuor posterioribus comitiis legatum

---

[33] Seit 1517 war Vogler mit Appolonia Baumgartner verheiratet, s. J[ohannes] *Häne,* Das Familienbuch zweier rheinthalischer Amtmänner des XV. und XVI. Jahrhunderts. (Hans Vogler, der Reformator des Rheinthals), in: JSG 25, 1900, 67.

[34] schwanger.

[35] Anna Bullinger, geb. Adlischwyler.

[36] Dekan Heinrich Bullinger.

[37] Leo Jud.

[38] Wahrscheinlich der Ratsherr Kaspar Nasal, der in der ersten Jahreshälfte 1532 mehrmals als Gesandter Zürichs in der Ostschweiz weilte (ASchweizerRef IV 1422.1424.1443 a. 1476.1613.1622) und zur Unterstützung Voglers abgeordnet worden war (ebenda 1663).

[1] Bremgarten (Kt. Aargau).

[2] Sebastian Hofmeister (Oeconomus), um 1495–1533, Schaffhauser Reformator. Als Lesemeister des Barfüßerordens in Zürich, Konstanz und Luzern schloß er sich der Reformation an. Nach Schaffhausen zurückbeordert, entfaltete er dort seine reformatorische Wirksamkeit. Er nahm an beiden Zürcher Disputationen teil. Der gegen ihn nach Schaffhausen berufene Erasmus Ritter wurde ebenfalls ein Anhänger der Reformation. Trotzdem mußte Hofmeister infolge der Reaktion auf die Bauern- und Täuferunruhen seine Vaterstadt 1525 verlassen und wirkte als Prediger am Zürcher Fraumünster. Er nahm 1526 am Religionsgespräch zu Ilanz und 1528 an der Berner Disputation teil und wurde noch im selben Jahr Pfarrer in Zofingen. Er war einer der Hauptorganisatoren des Täufergesprächs von Zofingen im Juli 1532. Mit Bullinger war er spätestens seit dessen Studienaufenthalt in Zürich 1527 persönlich bekannt. – Lit.: HBRG, Reg.; Z VII 350, Anm. 1 und XI, Reg.; J[akob] *Wipf,* Sebastian Hofmeister, der Reformator Schaffhausens, in: Beiträge zur Vaterländischen Geschichte, 9, 1918, 1–62; *Wipf* 99–219; Hans *Lieb,* Sebastian Hofmeisters Geburtsjahr und Todestag, in: Schaffhauser Beiträge zur Geschichte, Bd. 57, 1980, S. 144–151; Martin *Haas,* Sebastian Hofmeister, in: Schaffhauser Biographien, 4. Teil, Schaffhausen 1981. – Schaffhauser Beiträge zur Geschichte, Bd. 58, S. 81–88; HBLS IV 266f; Leonhard *von Muralt,* in: ML II 335; Otto Erich *Straßer,* in: NDB IX 470.

[3] Hans Pastor, aus stadtbernischem Geschlecht, seit 1516 Mitglied des Großen, seit 1525 des Kleinen Rates, Venner 1532–1540, wurde oft zu Tagsatzungen und anderen auswärtigen Missionen abgeordnet. Pastor war ein Förderer der Reformation. – Lit.: ASchweizerRef, Reg.; ABernerRef, Reg.; Anshelm, Reg.; *Sulser,* Reg.; *Tardent* 320.332f; LL XIV 402; HBLS V 380.

agenti⁴. Hi cum nec verbum rescissent, tamen lectis comitiorum articulis, vulgo den abscheid⁵, id ipsum, quod Sebastianus retulerat, didicerunt. Lectę sunt literę Bremgartensium⁶, quibus se papismo Quinquepagico addixerunt, similiter et quae pii verentur, diacosiis⁷ proposita. Hinc legatis iisdem, Stürlero⁸ scilicet et pandareto Pastori, comissum⁹, quatenus moneant Quinque Pagos, ab instituto dehortentur. Qui si noluerint, iure forensi res transigatur. Tantum pro tua monitione¹⁰, et quod potuimus, effecimus.

Proinde, quod ad tuas literas¹¹ respondeam, singulas scilicet, per ocium non licet. Hoc unum monuerim, cum Pellicano pergas iisdem fratribus prodesse donis, quibus utrumque donatum affatim testantur, quę in lucem prodiere¹². Spectandum erit utrique, quod plus indoctis et linguas ignorantibus, pio tamen zelo verbum ministrantibus vestra in scripturis dexteritate succurratis, quam erga doctos vos quoque doctos ostentetis, siquidem charitas sola edificat solaque omnibus omnia esse novit, scientia vero inflet¹³. Uterque brevitati studet, ita tamen, quod vel mediocriter pii aut docti mox olfaciant, quid spiritus domini scripturarum simplicitate velit, quid proinde nobis docendum, quaque occasione omnia in vulgus spargenda sint. Hęc sunt, quae iam multi multis desiderarunt annis. Dominus igitur suppeditet, quatenus pergatis quam fęlicissime. Abhorruit Zuinglius noster plures edere commentarios, ne illis addicti citra iudicium a lectione bibliorum remoraremur. Sed cum non omnibus datum sit Corinthum adire¹⁴ maximaque pars remorata sit a lectione bibliorum, quod invia viderentur absque duce, pergite, pergite, et quousque sua quisque perduxerit, mecum communicate. Nec enim cesso fratres monere, quatenus a deo tandemque a vobis id impetrent.

«De ratione studii»¹⁵ quod optima sit, quomodo displicere posset? Sed in hoc deficio, quod per omnium rerum et negociorum tumultum ita dies et horas partiri non licet. Antemeridianas horas ad feriam secundam, quartam et sextam¹⁶ consistorio vendicare cogor, nec satis est eas huic locasse, quin cum domum redierim, omnibus etiam rusticis, quicquid unquam in consistorio agere habuerint, expositus consultor esse cogor. Is enim apud nos est mos, quod sua quisque negocia singulis exponat. Tres sunt deinde contiones cuilibet faciendę. Quibus cum animum dedero, nocturnas aliquando cogor suffurari[a] horas. Tu iudica, quantum temporis supersit vel ordinarię bibliorum lectioni vel linguarum aut historiarum studio. Taceo

---

[a] *in der Vorlage* suffurrari.

[4] Pastor vertrat Bern an allen Tagsatzungen des Jahres 1532, s. EA IV/1b 1248ff, passim.
[5] Baden, 8. April 1532, s. EA IV/1b 1321f.
[6] Siehe EA IV/1b 1265.1306ff.1321f.
[7] Rat der Zweihundert.
[8] Peter Stürler, aus Berner Patriziergeschlecht, wurde 1498 Mitglied des Großen, 1512 des Kleinen Rates, 1516, 1525, 1530, 1535 und 1538 Venner. Im Ersten Kappelerkrieg war er Zeugmeister, im Zweiten Venner und nahm an den Friedensverhandlungen teil. Stürler war ein Förderer der Reformation, aber ein Gegner von Zwinglis Politik. – Lit.: ASchweizerRef, Reg.; ABernerRef, Reg.; HBRG III 217; Anshelm, Reg.; *de Quervain* 42, Anm. 5; *Tardent*, Reg.; LL XVII 696f; HBLS VI 587.
[9] Teilabdruck der Instruktion an Pastor und Stürler vom 6. Mai 1532: ASchweizerRef IV 1600.
[10] Siehe oben Nr. 77.
[11] Nicht erhalten.
[12] Gemeint sind Konrad Pellikans Bibelkommentare, 1532–1535 (s. oben S. 46, Anm. 17) und Bullingers geplante Kommentare zum Neuen Testament (s. oben S. 46, Anm. 16 und unten S. 167, Anm. 6).
[13] 1Kor 8,1. 9,22.
[14] nicht jeder erreicht das höchste Ziel, vgl. Adagia, 1,4,1 (LB II 150 E-F); Otto 92, Nr. 431.
[15] Siehe oben Nr. 83.
[16] Montag, Mittwoch, Freitag.

ecclesiarum curam, quae sic distrahit me, tot expostulat epistolas, ut aliquando animus et mens deficiat, ne dicam verba. Si quid igitur habueris, quo[b] me ita obrutum iuvare poteris, consule.

Bertrami libellus[17] ab initio lectus Farello[18] ita placuit, ut ad se receperit. ||[99v.] Quodsi Froschouwer plures habeat, duos aut tres mittat, quos solvam. De praedestinatione quae miseras[19], legi, primaque fronte displicere non potuerunt. Sed sic nondum sunt a me expensa et diiudicata, ut cum iudicio illis respondere possim. Respondebo tamen quam ocissime, postquam a capitulis[20] domum rediderim. Sebastianus sua reliquaque omnia referet. Nobis commendatissimus est.

Vale, charissime Heinrice, et me ut cepisti commendatum, amare pergas nec desinas.

Lupulus[21] noster e vivis excessit[22].

5. maii.

Tuus, quantulus est, Berch. H.

[Adresse darunter:] Heinrico Bullingero, fratri suo charissimo.

---

[b] aus quod korrigiert.

[17] Beilage zum Sendbrief an Albrecht von Brandenburg, Zürich 1532 (HBBibl I 34), s. unten S. 141, Anm. 39.

[18] Guillaume Farel, 1489–1565, Reformator der französischen Schweiz. Mit Bullinger war er sicherlich seit der Berner Disputation 1528 persönlich bekannt; zahlreiche Briefe von Farel an Bullinger und einige von Bullinger an ihn sind erhalten. – Lit.: Guillaume Farel 1489–1565. Biographie nouvelle. 1530–1930. Quatrième centenaire de la Réformation Neuchâteloise, Neuchâtel 1930; Rudolf *Pfister*, Die Freundschaft zwischen Guillaume Farel und Huldrych Zwingli, in: Zwa VIII 372–389; Donald H. *MacVicar*, William Farel, Reformer of the Swiss Romand. His Life, His Writings and His Theology, Diss. theol., Brooklyn, New York 1954; Jean-Daniel *Burger*, Le pasteur Guillaume Farel, in: ThZ XXI, 1965, 410–426; Henri *Naef*, Les Origines de la Réforme à Genève, Tome II, L'Ère de la triple Combourgeoisie, l'Épée ducale et l'Épée de Farel, Genève 1968; Henri *Meylan*, Les étapes de la conversion de Farel, in: Colloque international de Tours (XIV[e]stage). L'Humanisme français au début de la Renaissance, Paris 1973. – De Pétrarque à Descartes XXIX, S. 253–259; Elfriede *Jacobs*, Die Sakramentslehre Wilhelm Farels, Zürich 1978. – ZBRG X; Joachim *Staedtke*, in: RGG II 876; Marie-Hubert *Vicaire*, in: LThK IV 25.

[19] Nicht erhalten, vgl. oben S. 56f, Anm. 18.

[20] Haller und Megander nahmen im April/Mai 1532 die Visitation der einzelnen Pfarrkapitel vor; s. de *Quervain* 16 und *Pestalozzi*, Haller 54; vgl. auch unten S. 123,4f.

[21] Heinrich Wölflin (Lupulus), 1470–1532, seit 1493 Vorsteher der lateinischen Schule in Bern, einer der gelehrtesten Schweizer Humanisten. Zwingli gehörte zu seinen Schülern. Wölflin war seit 1503 Chorherr am St. Vinzenzstift in Bern. Er wandte sich bald der Reformation zu, heiratete 1524 und verlor seine Pfründe. Nach dem Durchbruch der Reformation in Bern wurde er zum Chorrichter gewählt, seit 1529 amtete er als Notar. Wölflin verfaßte u. a. eine Lebensgeschichte des Bruder Klaus 1501, die Beschreibung seiner Pilgerreise ins Heilige Land 1520/21 und Epitaphien zum Tode Zwinglis. – Lit.: J[akob] *Stammler*, Heinrich Wölflin, genannt Lupulus. 1470–1534, in: SBB II 352–358; *Sulser* 84.107.160–163; Z VII 534, Anm. 10; *Farner* I 164–168; *Feller-Bonjour* I 164f; LL XIX 545; HBLS VII 579.

[22] Die bisher in der Literatur herrschende Unsicherheit über Wölflins Todesjahr ist damit behoben.

[94]

Peter Huber[1] an Bullinger

Winterthur, [9. Mai 1532][2]
Autograph: Zürich ZB, Ms F 62, 329. Siegelspur. – Ungedruckt

Klagt über seine mißliche finanzielle Lage. Auch der Zürcher Rat hat ihm die erhoffte Hilfe nicht gewährt. Während Unfähige unterstützt werden, müssen er und seine Studiengenossen Mangel leiden.

Petrus Huberus Heimrycho Bullingero S. P.

Mihi propemodum accidisse video, doctissime Bullinger, atque Themistocli olim. Qui cum huc deventum esse cerneret, ut aut contra patriam suam de se optime meritam sumenda essent arma aut regem, apud quem honorifice susceptus ex-
5 ulabat, hostem suum faciendum, φάρμακον ἐφήμερον προσενεγκάμενος[a]κατέστρεψε, ut habet Plutarchus[3]. Voluit fortissimus heros libentius mori quam egregia sua facta turpiter reliquum vitae suae spacium, quod exiguum restabat, ducendo contaminare. Quodcumque enim fecisset, turpitudine non caruisset. Itaque, ut meae res nactae sunt faciem, quid ego magis mihi conducibilius morte existimem,
10 nunc non in promptu est dicere. Tanto enim me aere alieno oppressi istic literis operam navando, et hoc spe ampla salarii ex Durchgaeanorum coenobiis[4] a senatu Tigurino constituti, ut me eo philosophus ille[5] Aristophanicus sua illa inferiori causa[6] liberare, et si maxime cupiat, non possit. Aut enim inhoneste quaerenda est terra alio sole calens, aut creditoris[b] vincula expectanda perpetuo duratura. Quod in
15 infortunium me intrusit tuus ille senatus Tigurinus, qui me nunc suum auxilium acclamantem turpiter deseruit, cum tamen, quod magis dolendum, me multo indoctiores etiam aliquando in sui perniciem alat foveatque. Sed non mirum idiotas et ἀμούσους hoc facere, cum et iis, qui studiorum columnae videri volunt, studiosi ipsi parum sint curae, quantumvis foris ad raucedinem[c] usque reclamitent. Id inde
20 maxime patet, Heimryche, quod omnes, qui istic politiori literaturae studuerunt,

[a] *in der Vorlage* προσεκάμενος.
[b] creditoris *am Rande nachgetragen.*
[c] *in der Vorlage* racedinem.

[1] Der Absender des vorliegenden Briefes ist vermutlich identisch mit Petrus Huber aus Frauenfeld, der sich im Sommer 1522 in Basel immatrikulierte (Basel, Matrikel I 351). Wo Huber vor 1531 wirkte, ist nicht bekannt. Nach 1531 gehörte er jedenfalls zu jenen vertriebenen Prädikanten, die vorübergehend mit Mitteln aus dem Tößer Klostergut unterstützt wurden (Zürich StA, F III 37, 25v.). Vor dem 6. Januar 1533 erhielt Huber eine Lehrstelle in Bern (Zürich StA, E II 343,13), die er noch am 16. November des folgenden Jahres innehatte (Füssli I 165). Huber scheint weiterhin im Berner Gebiet geblieben zu sein, denn 1539 wird er als Lateinschulmeister in Thun genannt. 1542 übernahm er die Pfarrei Wynigen, wurde aber 1545 im Amt eingestellt und mußte sich vor dem Rat über seinen Glauben verantworten. Dies scheint ihm gelungen zu sein, denn er erhielt die Helferei von Burgdorf und 1547 die Pfarrei Mühleberg. Woher Huber und Bullinger sich kannten, konnte nicht festgestellt werden. Andere Briefe Hubers sind nicht erhalten. – Lit.: Adolf *Schaer-Ris,* Die Geschichte der Thuner Stadtschulen (1266–1803), Diss. phil., Bern 1919, S. 40; Lohner 158.

[2] Für das Jahr 1532 sprechen die Tatsache, daß Huber im Frühjahr 1533 bereits in Bern ist, sowie Hubers Anspielung auf die vergeblich erhoffte Besoldung aus dem Thurgauer Klostergut, das nach dem Zweiten Kappelerkrieg der freien Verfügung Zürichs entzogen wurde.

[3] Vgl. Plutarch, Themistocles 31.

[4] Siehe Anm. 2.

[5] Anspielung auf Sokrates in den «Wolken» von Aristophanes.

[6] Vgl. Aristophanes, Wolken 112–118.882–1112, besonders 882–884.

mecum nunc fortiter esuriant, cum interim Penelopes sponsi bene curata^d cute ⁷ obambulant et rebus arduis passim praeficiantur. Haec obiter tibi scripsi hac suspicione carenti, ut mihi literis in hisce angustiis versanti consulas.
Vale.
Ex Vituduro, die ascensionis.

[Adresse auf der Rückseite:] Heimrycho Bullingero, fratri suo charissimo.

[95]

Oswald Myconius an Bullinger

Basel, 13. Mai 1532
Abschrift^a: Zürich ZB, Ms F 81, 308. Ohne Siegelspur. – Ungedruckt

Dankt für einen Gruß. Benützt den Anlaß dazu, einen Brief zu schicken. Sucht Bullingers Rat für seine persönlichen Probleme. Hat Bullingers Schrift gegen Fabri gelesen und ermuntert ihn, in diesem Sinne weiterzuarbeiten.

Salutem et pacem per Christum.

Quam grata fuerit salutatio illa tua mihi, quae per Utingerum¹ est nunciata, vel hinc licebit cognoscas, quod hasce literas quantumvis breves excitavit. Aliter enim non ausus fuissem ad te scribere nisi per grandem aliquam occasionem². Quia vero vel sic me per humanitatem tuam antevortisti, gaudio elatus non potui non te resalutare, interea quoque significare, quod mihi est inprimis curae, postquam docendi Christum munus suscepi³, quam opus foret ecclesiis mutua consolatione et hac quam frequentissima temporibus his calamitosissimis. Non dici potest, quantum ea carnis imbecillitatem adiutet. Et quamvis hac in re spiritus officium non ignorem, nihilominus tamen video, quid per apostolos, quid per sanctos viros olim ultro citroque sit factum. Qui per carnis amicitiam coniuncti sunt, quam sint in tali re frequentes, nemo nescit, imo non parum amori decessisse^b iudicant, si quis aliter fecerit. Quanto magis putas sic agendum iis, quorum amicitia in domino est? Quamobrem ita silere, tanquam inter nos non noverimus, videtur non negociorum excusationem vel aliquid simile posse recipere, sed oblivionis fratrum indicare culpam. Caveamus, te quaeso per dominum, hanc notam, ne tandem nobis ipsis coscientiae istam exprobremus iudicio, tum vero sequatur, quod vehementius nos gravet. Equidem in hoc sum totus, ut, quidquid est mihi gratiae (sentio, quam ea sit mediocris), destinarim impartiri fratribus et ecclesiis quibuscumque. Ita velim a vobis, qui abundatis per dominum, similiter factum iri. Hoc pacto et charitatis vinculum⁴

---

^d *in der Vorlage* curate.

⁷ Vgl. Horaz, Ep. 1,2,27f; Adagia, 2,9,49 (LB II 678 B).

^a *Bis zum 20. Juli 1533 sind mehrere Myconius-Briefe im Ms F 81 von derselben Hand eines unbekannten Schreibers geschrieben.*
^b *in der Vorlage irrtümlich* dececessisse.

¹ Heinrich Utinger.
² Tatsächlich ist dies der einzige Brief von Myconius an Bullinger bis zum Ende des Jahres 1532 (Nr. 165). Die Korrespondenz wird erst ab 1533 intensiver geführt.
³ Seit dem 22. Dezember 1531 wirkte Myconius als Pfarrer zu St. Alban in Basel, s. Willy *Brändly*, Oswald Myconius in Basel, in: Zwa XI 183.
⁴ Vgl. Hos 11,4.

stringeretur tandem arctius, fieremus alacriores in obeundo negotio domini et facilius resisteremus malo. Fac ergo, Bullingere mi, ut videam te nihil ab hoc adfectu meo, cum sit honestus, abhorrere.

Caeterum legimus 12. maii, quae scripsisti contra Fabrum⁵. Ea sic placuerunt bonis viris, ut contenderent esse, qui posset eius modi bestiis expugnandis obponi. Perge, sicut coepisti, pro domino laborare, nec unquam auxilio ipsius destitueris.

Vale per dominum cum tuis omnibus. Fratres nomine meo salutabis omnes in domino.

Basileae, 13. die maii anno 1532.

Osvaldus Myconius tuus.

[Adresse auf der Rückseite:] Domino Heinricho Bullingero, apud Tigurinos praeconi verbi domini.

[96]

[Bullinger] an Martin Bucer

[Zürich, zweite Hälfte Mai 1532]¹
Abschrift ᵃ: Zürich ZB, Ms S 31,4. – Ungedruckt

In Auseinandersetzung mit Bucers Vorwurf, die Zürcher hätten sich im und nach dem Zweiten Landfrieden treulos verhalten, hebt Bullinger hervor, daß der Friede den alten eidgenössischen Bünden gemäß sei und auch die Restitution des St. Galler Abtes vorsehe. Eine unterschiedliche Rechtsauffassung zwischen Zürich und Bern einerseits sowie Luzern andererseits herrscht indes über die Zulässigkeit der Behauptung, menschliche Satzungen seien Erfindungen des Teufels. Über diese Frage wird es eine Rechtsentscheidung geben.

Legi, Bucere doctissime, piissimam illam tuam epistolam ad Leonem² nostrum scriptam, in qua nihil est, quod non magnifice admirari et amplecti cogar. Incusas perfidiam nostram, quam et nos non tam, quod perfidia sit, execramur, quam quod malis artibus, nostrorum sociorum vero inconstantia et hostium composita sit violentia. Mones, ut nostros hortemur veritatem ac fidem servent, id quod satis sedule, quantum videlicet gratiae concessit omnipotens, facimus, sed sero nimis. Tum enim, quemadmodum Carthag[iniensibus] dicebat Hannibal, nobis flendum aut

---

⁵ Zu Bullingers Antwort auf Johannes Fabris Trostbüchlein, die Anfang Mai 1532 erschien, s. oben S. 110, Anm. 9.

ᵃ *Johann Jakob Simlers Kopie beruht auf Bullingers nicht mehr erhaltenem autographen Konzept aus der Bibliothek Schneebergers. Die ebenfalls aufgrund dieses Autographs hergestellte Kopie in der Sammlung Hottingers (Zürich ZB, Ms F 36, 484) bietet den schlechteren Text, weshalb Simlers Kopie dem Abdruck zugrundegelegt ist, s. oben S. 42, Anm. a.*

¹ Der Brief muß einerseits nach Bucers Brief an Leo Jud von Anfang Mai 1532 (siehe die folgende Anmerkung) und vermutlich nach der Badener Tagsatzung vom 10. bis 16. Mai 1532 (siehe unten die Anmerkungen 7 und 12) sowie andererseits vor Bullingers verlorenem Brief an Capito mit der Übersendung des sogenannten Messemandates von Juni 1532 (*Rott, Bullinger und Straßburg* 267, Nr. 11) geschrieben sein. Am wahrscheinlichsten ist eine Abfassung vor dem Erscheinen des Messemandates am 29. Mai 1532, also in der zweiten Maihälfte.

² Bucers Brief an Leo Jud (Zürich StA, E II 348,369f) ist zwar undatiert, läßt sich jedoch mit einiger Sicherheit auf Anfang Mai 1532 einreihen, da Bucer Einzelheiten der Schweinfurter Verhandlungen erwähnt, s. *Rott, Bullinger und Straßburg* 266, Nr. 9, der den Brief «kurz nach» dem 9. Mai einordnet.

moriendum fuisset³, cum durissimas illas pacis conditiones susciperemus. In illa pace⁴ abbas Sanctogalli exilio liberatus et regno est restitutus. Illa eadem oblata est impiis ansa stultas papae relevandi ceremonias, si qui sunt apud eos, quos communi imperio⁵ cum Quinquepagicis habemus subiectos. Illa pace vetusta illa renovata sunt Elvetiorum foedera, quae sic instituta sunt, ut in communibus illis provinciis, si vera narrant plerique, plurimorum vincant suffragia⁶, iam ergo libera sit apud omnes fidei religio. Oboriatur autem inter provinciales quaestio⁷ vindice digna, utpote violarit ille pacis conditiones, qui dixit humanas constitutiones daemonis esse inventa⁸. Hic senatorum Helveticorum, qui de provincialium caussis iudicaturi conveniunt, expectanda erit sententia. Consident ergo cantones octo⁹, proponitur caussa. Iudicat Tigurinus Paulli esse istam sententiam¹⁰, minime ab homine damnandam et proinde reum quoque esse absolvendum, ut qui pacis conditiones non violarit, qui suam fidem, quam liberam faciat pax, sit confessus. Idem iudicat et Bernas¹¹. Sed subiungit Lucernas¹² verba esse satis acerba et in fidem catholicam, cuius ipsi cultores sint et defensores, impie eiaculata et proinde in pacem peccatum reumque mulctandum.

³ Livius, Ab urbe condita XXX,44.
⁴ Obwohl der Text des Zweiten Landfriedens die Restitution des Abtes von St. Gallen nicht ausdrücklich vorsieht, wird sie doch durch die allgemeinen Bestimmungen des Vertrages für selbstverständlich erachtet, s. Kessler, Sabbata 385,1–25 (bes. 6f). 387, 15–389,9; HBRG III 302–306.
⁵ Bullinger spielt auf folgende Abschnitte des Zweiten Landfriedens an: «Ob ouch die selben [sc. die wieder katholisch Gewordenen], es wär an einem oder enden, die siben sacrament, das ampt der helgen meß und ander ordnung der cristenlichen kilchen ceremonia wider ufrichten und haben wellten, daß sy das ouch tuon söllen und mögen und das selb als wol halten, als der ander teil die predicanten», EA IV/1b 1568f.
⁶ Der Zweite Landfrieden bestätigt ausdrücklich die alten Rechte und Freiheiten (EA IV/1b 1568), wozu das vorreformatorische Prinzip des Mehrheitsbeschlusses in allen Angelegenheiten gehört. Über die Geltung dieses Grundsatzes in religiösen Fragen hatte es zwischen reformierten und katholischen Orten vor dem Kappelerkrieg immer wieder Auseinandersetzungen gegeben, s. Paul *Brüschweiler*, Die landfriedlichen Simultanverhältnisse im Thurgau, Frauenfeld 1932, S. 72–75.
⁷ Obwohl Bullinger hier allgemein von der strittigen Frage des «Schmähens» spricht, dürfte er die auftauchenden Differenzen im Herrschaftsgebiet des Abtes von St. Gallen im Auge haben. Es beschwerten sich nämlich Rheintaler Prädikanten am 4. Mai 1532 in Zürich darüber, daß sie des Friedensbruches beschuldigt würden, obwohl sie sich keines Vergehens bewußt seien (EA IV/1b 1335f; ASchweizerRef IV 1584). Der Zürcher Rat wies sie an die bevorstehende Tagsatzung zu Baden, 10. bis 16. Mai 1532. Dort kamen die Beschwerden tatsächlich zur Sprache (EA IV/1b 1341; ASchweizerRef V 149). Neben den Rheintalern trugen allerdings noch weitere Untertanen des Abtes bei dieser Gelegenheit Gravamina vor. Die Angelegenheit verschob sich auf die Frage, ob die Bestimmungen des Zweiten Landfriedens über die Gemeinen Herrschaften überhaupt auf das äbtische Gebiet angewendet werden können, oder ob der Abt als souveräner Herr zu gelten habe, wie die katholischen Schirmorte angaben, s. EA IV/1b 1341; *Frey* 188f.
⁸ Über das «Schmähen» stellt der Zweite Landfrieden fest: «Es soll ouch thein teil den andern von des gloubens wegen weder schmützen noch schmächen, und wer darüber tuon wurdi, daß der selbig je von dem vogte daselbs dorum gestraft werden söll, je nach gestalt der sach», EA IV/1b 1569.
⁹ Die sogenannten VIII alten Orte: Uri, Schwyz, Unterwalden, Luzern, Zug, Zürich, Glarus, Bern. Zur Bezeichnung s. Wilhelm *Oechsli*, Die Benennungen der alten Eidgenossenschaft und ihrer Glieder, in: JSG 41, 1916, 72. Die ersten diesbezüglichen gemeinsamen Verhandlungen der VIII Orte fanden am 23. Juli in Rorschach statt, EA IV/1b 1378f; HBRG III 362–364.
¹⁰ Vgl. 1Kor 7,21.
¹¹ Tatsächlich unterstützte Bern in einem Schreiben vom 25. Mai 1532 an den Abt offiziell Zürichs Standpunkt, ASchweizerRef IV 1645.
¹² An der Badener Tagsatzung vom 10. bis 16. Mai 1532 widersetzte sich Luzern ausdrücklich Zürichs Rechtsmeinung, EA IV/1b 1341.

[97]

Martin Frecht[1] an Bullinger
Ulm, 23. Mai 1532
Autograph: Zürich StA, E II 356,1. Siegelspur. – Ungedruckt

Obwohl Bullinger nicht bekannt, schreibt er auf Veranlassung Konrad Sams und des Briefüberbringers, berichtet über die Verhandlungen in Schweinfurt und Bucers Einigungsversuche; verspricht weitere Nachrichten. Grüße.

Salutem in domino, clarissime Bullingere.

Quę tua est humanitas, neque impudentię neque imprudentię meę dabis, quod ignotus ad te nunc scribam indoctisque literis meis sancta tua studia interpellem. Nam ut id facerem, non tam mea voluntas quam Chunradi[2] nostri et harum latoris[3] amica importunitas coegit, nimirum ut horum τῶν προξένων sollicitatione me in tuam insinuarem amicitiam. Verum et hoc concedes inque meliorem partem accipies, quod tam indiligenter et breviter principio ad te scribam. Neque enim ignorat charissimus ille frater noster, quibus occupationibus obrutus aliud, quam quod legis, nihil modo ad te dare potuerim.

Non te fortasse latet, quomodo omnes evangelici principes et urbes nuper Schwinfurdti, urbe Franconię, coierint tractaturi super facienda et stabilienda pace ad futurum usque concilium, quod cęsar cum commissariis huic negotio datis, Moguntino archiepiscopo[4] et palatino Rheni[5] principibus electoribus, amplo ore promittunt[6]. E comitiis Schwinfurdianis discessum est nondum imposito colophone[7]. Commissarii pręfati quae ultro citroque tractata sunt, ad cęsarem, qui nunc, ut audio, in venationem secessit ad Straubingen, Bavarię oppidum, rettulerunt. Rursus Nurnbergę, non Sveinfurdti, convenient ad quindenam proximam pertexturi, utinam foeliciter, quam nuper orsi sunt telam[8].

---

[1] Martin Frecht, 1494–1556, von Ulm, studierte in Heidelberg, wurde 1517 Magister, 1529 Professor der Theologie. An der Heidelberger Disputation 1518 war er ebenso wie Bucer und Johannes Brenz von Luther begeistert. Zwingli kannte er nicht persönlich, ließ ihn aber 1531 durch seinen Freund Oekolampad grüßen (Z XI 491). Zum Lektor der Hl. Schrift 1531 nach Ulm berufen, wurde er nach Sams Tod 1533 Leiter der Ulmer Kirche. Im Abendmahlsstreit vertrat er einen vermittelnden Standpunkt im Sinne Bucers, mit Annäherung an Luther und scharfer Wendung gegen die Täufer und die Spiritualisten. Er befürwortete die Wittenberger Konkordie 1536 und nahm an den Religionsgesprächen von Worms 1540 und Regensburg 1541 teil. Wegen seiner Ablehnung des Interims ließ ihn Kaiser Karl V. 1548 gefangennehmen und aus Ulm verbannen. Wieder in Freiheit wurde Frecht im Jahr darauf in Nürnberg aufgenommen. Seit 1551 wirkte er in Tübingen als biblischer Lektor, seit 1553 als Theologieprofessor, 1555 war er Rektor. Mehrere Briefe von Frecht an Bullinger und zwei von Bullinger an ihn sind erhalten. – Lit.: Z XI 490, Anm. 8; Heinrich *Fausel*, in: RGG II 1090f; Robert *Stupperich*, in: NDB V 384f.

[2] Konrad Sam.

[3] Unbekannt.

[4] Albrecht, Erzbischof und Kurfürst von Mainz, 1490–1545, s. Heinrich *Grimm*, in: NDB I 166f.

[5] Ludwig V., der Friedfertige, Kurfürst von der Pfalz, 1478–1544, s. [Jakob] *Wille*, in: ADB XIX 575–577.

[6] Zur Vorgeschichte des Konzils von Trient s. Hubert *Jedin*, Geschichte des Konzils von Trient, Bd. I, Freiburg i.Br. 1951²; *Müller* bes. 105–107.226–229.

[7] unvollendet, ohne die Sache zu Ende zu führen; vgl. Adagia, 2,3,45 (LB II 498f); Otto 88, Nr. 410.

[8] Zum Schweinfurter Konvent s. oben S. 110, Anm. 12.

Nostri «Apologię Saxonicę»⁹ subscripserunt. Bucęrus noster cum suis, quatenus pie in ratione sacramentorum cum Saxonibus convenire possimus, consilium meditatus est. Simul rationem excogitavit, quomodo nulla fere offensione, presertim in eucharistię negotio, cum illis agamus: Vere in coena corpus et sanguinem Christi animi pabulum piis dari, quod nunquam negavimus, asserimus. Voces, quibus scriptura non utitur ut illud eorum: «corporaliter», «substantialiter», «essentialiter» reiicimus¹⁰. Cęterum, quę resciero e comitiis illis futuris, sicubi commodum nactus fuero tabellionem, huic, quae te tuosque scire rettulerit semel, perferenda ad te committam. Nunc sane non licuit mihi esse longiori in scribendis literis, neque interim hunc satis facundum tabellionem, vivam ad te epistolam, suo volui fraudare officio. Is coram et de aliis tecum commentabitur.

Tu, quęso, pro tua insigni qua praedicaris humanitate boni ęquique consulas, quod hisce indoctis literis tibi obstrepere ausus fuerim, meque diligenter fratribus, nominatim Leoni Jud et Pellicano, commenda.

Vale foeliciter in domino, cuius spiritu conserveris. Salutat te et fratres Chunradus Som.

Raptim Ulmę, 23. maii 1532.

Martinus Frechtus.

[Adresse auf der Rückseite:] Clarissimo viro Heinrico Bullingero, Tigurinę ecclesię episcopo et pietate et integritate venerando suo in domino maiori.ᵃ

[98]

Berchtold Haller an Bullinger

[Bern], 25. Mai [1532]¹

Autograph: Zürich StA, E II 343,40. Siegelspur. – Gedruckt: Füssli I 91–93

Konnte Bullingers Schreiben über die Prädestination wegen der Kirchenvisitationen in Bern noch nicht studieren. Zur Basler Synode wird auch Capito erwartet. Die französischen Gesandten versuchen auf die bernische Politik Einfluß zu nehmen. Gefährliche Lage der Reformierten in Solothurn. Bullingers Antwort an Johannes Fabri wird in Bern sehr geschätzt.

S. et pacem.

Responsionem ad praedestinationis negocium² meditari hactenus, charissime Heinrice, per ocium non licuit, licebit autem, cum singula iam capitula per agrum nostrum Bernatem convenerimus. Unum adhuc restat, quod ad 28.maii visitabimus³. Cęterum ad eandem diem Basilienses synodum celebraturi⁴ vocarunt et nos. Quibus fratrem⁵ ex agro misimus. Sperant Capitonem adfuturum⁶.

ᵃ *darunter von Bullingers Hand:* Fraechtus.

⁹ Die Apologie der Augsburgischen Konfession.

¹⁰ Vgl. *Köhler*, ZL II 294, Anm. 4.

¹ Die erwähnten Ereignisse weisen zweifelsfrei ins Jahr 1532.

² Nicht erhalten. Zur Sache s.oben S. 56f, Anm. 18.

³ Siehe oben S. 117, Anm. 20.

⁴ Zur Basler Synode vom 28. Mai 1532 s. ABaslerRef VI 101; *Kirchhofer*, Myconius 106f.

⁵ Unbekannt.

⁶ Wolfgang Capito nahm an der Basler Synode tatsächlich teil, s.*Baum* 489.

Interim Gallorum legati⁷ ad urbem nostram venere atque senatum nostrum a duce Sabaudię⁴⁸, qui quottid[i]e foedus antiquum renovare meditatur⁹, avertere annisi, id quod impetrare non potuerunt¹⁰. Ego vero suspicatus sub hoc praetextu pensionum et funesti foederis¹¹ reditum attentari. Nam amicis quibusdam in aurem mentiri non est veritus Gallus post 14 dies Tigurinos inituros foedus gallicum, sicut et Quinquepagici¹². Id quod et de nobis apud vestros dici non dubito. Sed certe, si non maturassent abitum, plebem nostram turbassent. Acclamabat illis plebs in plateis: Ir metzgerknecht, hett üch der tüfel hartragen?

Salodori maxima est civium dissensio, ut omnibus horis alterius partis interitum formidemus propter verbum domini. Concionatorem evangelicum¹³, quem habebant, a functione suspenderunt¹⁴. «Durę cervicis populus est» [Ex 32,9 u. a.]. Hi, qui potiores sunt ab evangelio, muneribus et mensis Gallorum corrumpuntur¹⁵, quo minus audent aut volunt domini verbum promotum.

Postremo, valemus alioqui omnes. At quid in comitiis Badensibus¹⁶ agatur aut actum sit, nec verbum percępimus¹⁷.

Tu interea vale et perge, ut cępisti. Apud nos optime audis, immo et apud tuos. Dominus te conservet fidelem et irreprehensibilem in ministerio suo.

Fabrum pro dignitate tractasti. Arridet libellus¹⁸ omnibus lectoribus et in magno

---

⁷ Die französischen Gesandten waren: Louis Daugerant, Seigneur de Boisrigaut, der erste ordentliche Gesandte der französischen Krone bei der Eidgenossenschaft 1522–1544 und 1547/1548 (Edouard *Rott*, Histoire de la Représentation Diplomatique de la France auprès des Cantons Suisses, de leurs Alliés et de leurs Confédérés I, 1430–1559, Bern 1900, S. 305–330; Z X 484, Anm. 1 und XI, Reg.; HBLS II 293) und Lambert Maigret (Meigret), gest.1533 in Solothurn, außerordentlicher Gesandter in der Schweiz 1530–1533 (s.*Rott*, aaO, S. 380–387; Z X 457, Anm. 1 und XI, Reg.).

⁸ Karl III., Herzog von Savoyen.

⁹ Zu den Verhandlungen wegen der Erneuerung des Bündnisses mit Savoyen 1532 s. EA IV/1b 1282f.1337–1339.1345.1347.1351; ASchweizerRef IV 1409.1458a.1579. V 162; s. noch Anshelm VI 152f.

¹⁰ Zum erfolglosen französischen Versuch vom 22. und 24. Mai 1532, die Bündnisverhandlungen zwischen Savoyen und Bern zu stören s. EA IV/1b 1345f; Anshelm VI 150, 13–26.

¹¹ Gemeint ist die französische Allianz von 1521, die Frankreich das Anwerben von Söldnern erlaubte. Bern hielt sich ihr seit 1529 fern, Zürich war ihr nie beigetreten, s. *von Muralt*, Renaissance und Reformation 428–431; Peter *Stadler*, Das Zeitalter der Gegenreformation, in: HSG I 574f.

¹² Zur wirtschaftlichen Bedeutung der französischen Allianz für die V Orte s. *Stadler*, aaO, mit Lit.

¹³ Urs Völmi (Völmlin), gest. 1558, aus Solothurn, war seit 1512 Priester und Kaplan in Solothurn, bis er 1522 wegen Reformationsfreundlichkeit abgesetzt wurde, jedoch bis 1527 in der Stadt bleiben durfte. 1528/1529 war er Pfarrer in Koppigen (Kt. Bern), danach in Balsthal und vielleicht auch in Lüßlingen (Kt.Solothurn), 1530 wurde er an Stelle des nach Balsthal versetzten Philipp Grotz (s. oben S. 108, Anm. 7) Pfarrer in Solothurn. Nach dem Zweiten Kappelerkrieg mehrmals angepöbelt und bedroht, wurde Völmi 1532 zunächst mit Predigtverbot belegt (s. nächste Anm.), dann am 15. August entlassen. Anschließend wirkte er als zweiter Pfarrer in Thun (Kt.Bern), seit 1554 war er Dekan. – Lit.: ASchweizerRef, Reg.; Anshelm VI 23; Ludwig Rochus *Schmidlin*, Solothurns Glaubenskampf und Reformation im 16. Jahrhundert, Solothurn 1904, S. 176, Anm. 4; *Haefliger*, passim; Lohner 347.349.351.

¹⁴ «Am 30. April 1532 verbot die Obrigkeit trotz Einspruch der Evangelischen dem Prädikanten öffentlich zu predigen», *Haefliger* 161.

¹⁵ Solothurn war der traditionelle Sitz der französischen Gesandten (HBLS I 308f); ihre Anwesenheit stärkte zwar die katholische Partei, doch versuchten sie auch, auf beide Seiten mäßigend einzuwirken, s. *Haefliger* 57.161.163f.

¹⁶ Zur Tagsatzung in Baden vom 10.–ca.16. Mai 1532 s.EA IV/1b 1338–1344; vgl. ASchweizerRef IV 1618.

¹⁷ Vgl. oben S. 93,41–43.

¹⁸ Siehe oben S. 110, Anm. 9.

numero apud nos venditus est. Commendatur modestia et sermonis commoditas ac
gravitas. Rursum vale, cor meum alteraque animula[19].
25. maii.

Tuus B. Hallerus.

[Adresse auf der Rückseite:] Heinrico Bullingero, fratri suo charissimo.

[99]

Kaspar Megander an Leo Jud, Bullinger und Erasmus Schmid
Bern, 25. Mai 1532
Autograph: Zürich StA, E II 337, 48. Siegelspur. – Ungedruckt

In Bern wird das Gerücht verbreitet, Zürich wolle die französische Allianz bald erneuern. Megander warnt davor.

Gratiam a domino.

Quem non omnium ecclesiarum solicitudo torquet, fratres charissimi, modo pii, fidi et iuxta Christi comendacionem ministri vigiles[1] et prudentes dici velimus? Qum igitur malorum omnium fomentum καὶ ῥίζαν[2] ecclesias nostras tentare video, principum inquam corrupcionem, ut res apud nos sese habeat, vobis indicare nequaquam defatigor. Aurum gallicum in urbe nostra publice sese iactare non veretur Tigurum intra dierum paucorum spacium rege cum Fran[cisco][3] foedus iterum et fecisse et firmasse[4]. Etsi non dubitemus mendacia esse aperta (longe enim alia a Tiguro sancto et syncero nobis promittimus quam stulticiam, ne dicam facinus hoc nephandum), est tamen modus is et unicum medium, quo nobis idem persuadere nititur. Conetur quidem, sed incassum, id quod certe ex deo vobis promittere possum. Quare, charissimi fratres, si quis diversum de nostris apud vos ogganit aut iactat, ne credatis soliciteque studete, ne locum apud vos belli homines isti habeant, qui patrię nostrę neque utiles neque honesti sunt. Cęterum res ecclesię nostrę sanctissima est atque adeo sancta, ut nihil sit, quod in ea desyderarem.

Valete, fratres charissimi.
Bernę, 25. maii anno 32.

C. Megand.,
ex animo vester.

[Adresse auf der Rückseite:] Tiguri verbi ministris Leoni Jud, H. Bulling. et Erasmo Fabricio, fratribus suis charissimis.

---

[19] Vgl. Otto 25, Nr. 111.

[1] Siehe Mt 24,42ff par. 25,1ff.

[2] Vgl. 1Tim 6,10.
[3] Franz I. von Frankreich.
[4] Vgl. oben S. 124, 7–12.

[100]

Johannes Buchser[1] an Bullinger

[Suhr][2], 1. Juni 1532

Autograph: Zürich StA, E II 355, 44. Siegelspur. – Ungedruckt

Berichtet lobend über einen namentlich nicht genannten Diakon, den Bullinger für eine andere Aufgabe erbeten hatte, und ist bereit, ihn dafür freizugeben. Grüße.

Gnad und frid von got durch Christum unsern heyland zůvor.

Wussend, geliebter M. Heinrich, alß dan ir mir nechstmal[3] zůgeschriben[4] von wägen unsers diacons[5], an mich[6] begert, so wit und wir sin manglen möchtend[7], und syten, berden[8], frommes wesen und andre geschicklikeyten[9] an imme befunden mochtend werden eines eerlichen predicanten, inne dannenthin[10] uch zůzeschikken, an ettliche uns gemelte mangelhaffte[11] ort in zů fertigen[12] etc.

Uff semlichs ist mir[a] nit witers dan rechtz in alwäg[13] mit sampt allen, so ich hierum erfaren[14], ze wussen, nutzid anders, dan daß erlichen, mit sitten, gewonheyten wolgezierten predicanten wol anstat etc. Und wiewol wir sunderlichs fliß halb, so byßhar er by und umm unß gebrucht, sinen nit wol manglen mögen[15], noch[16] sol unser aller gemůt[17] so vyl witer[18] by unß geneygt sin, witere frucht evangelyuß zů furderen an sinen unerkanten orten[19]; dann unß oder unserem nutz, so on semlichen yetzund vilicht[20] enthalten[21], nit bedunckt uff dyß zyt kumlich[22], inn zů versagen[23]. Doch semlicher gentzlicher zůversicht zů uch, werdend in nach sinem verdienst[24], by unß erobret[24], nit verwysen[25] etc. Hieby sond ir gentzlich uch deß verse-

---

[a] *nach* mir *gestrichen* ouch ander, so wit ich erfaren.

[1] Johannes Buchser, gest. 1541, aus Aarau, studierte in Freiburg und Köln und wurde Leutpriester im aargauischen Suhr, wo er offenbar früh seine Sympathien für die Reformation äußerte. Im Sommer 1527 bereitete ein Kreis um Buchser eine Petition an den Rat von Bern vor, in welcher die Abschaffung der Messe und die Erlaubnis der Priesterehe gefordert wurde. 1528 nahm Buchser an der Berner Disputation teil und unterschrieb alle zehn Schlußreden. Im gleichen Jahr wurde er Dekan des Aarauer Kapitels. Buchser stand mit Megander in Verbindung, der im Juni 1535 dem Berner Rat vorschlug, ihn als Pfarrer nach Bern zu holen, um dadurch entlastet zu werden (Haller an Bullinger, 24. Juni 1535, Zürich StA, E II 360,25). Buchser blieb aber bis zu seinem Tod in Suhr. Weitere Stücke einer Korrespondenz zwischen Bullinger und Buchser sind nicht erhalten. – Lit.: ABernerRef 318.598.1295.1465, S. 596; EA IV/1a 351; Z IX 286,5–8; Beat Rudolf *Jenny*, Bullingers Briefwechsel mit dem Elsässer Reformator Matthias Erb (1539–1571), in: HBGesA II 66; Pfister 136.

[2] Vgl. Anm. 1.

[3] kürzlich, letzthin (vgl. SI IV 147).

[4] Ein Brief Bullingers an Buchser ist nicht erhalten.

[5] Unbekannt.

[6] von mir.

[7] wenn wir ihn entbehren könnten.

[8] Gebaren, Benehmen (SI IV 1540).

[9] Fähigkeiten (SI VIII 527f).

[10] daraufhin (SI II 1356f).

[11] mangelhaft bezüglich geistlicher Versorgung; ohne Pfarrer.

[12] schicken, senden (vgl. SI I 1004).

[13] in jeder Hinsicht.

[14] bei denen ich mich darüber erkundigt habe (SI I 896).

[15] seiner nicht leicht entbehren können.

[16] dennoch, so.

[17] Absicht, Wille (SI IV 587).

[18] umsomehr.

[19] an Orten, wo es noch unbekannt ist.

[20] vermutlich (SI III 1049).

[21] bewahrt, erhalten bleibt (SI II 1229).

[22] hilfreich (SI III 285).

[23] ihn (euch) zu verweigern; es abzulehnen, daß er zu euch kommt (SI VII 410f).

[24] das er sich bei uns erworben hat (vgl. SI I 52).

[25] verschicken; an einen Ort weisen, wo seine Fähigkeiten brachliegen (SI I 907f, 4b und 5).

hen, daß ir uwer begird und pyt, eines angezeigten an sin stat zů nemmen, minß vermugens geeret werden²⁶ etc.

Yetz nemmend in einer yl dyß kurtzen bericht vergůt²⁷ von mir, so es not wirt, witers zů erwarten etc.

Grůtzund[b] unß alle, so unß grůtzt hand, insunders unseren getruwen Leonem²⁸, mit begird, wellend altzyt mit uffsähen²⁹ unser sachen, alß uch, unseren vettern³⁰, gewonlich, nach uwer truw gelegenheyt³¹, alle zyt zieren etc.

Datum 1. iunii anno 32.

Joannes Buchser,
den ir den uweren kennend.

[Adresse auf der Rückseite:] Dem ersamen, wysen, sunders gelerten Meister Heinrichen Bulli³², predicanten zů Zürich, sinem insunders geliebten herrn und brůder.

[101]

Berchtold Haller an Bullinger

Bern, 3.–4. Juni 1532
Autograph: Zürich StA, E II 343, 6. Siegelspur
Gedruckt: QGTS III, Nr. 378. Teilübersetzung: *de Quervain* 129f

Berichtet von den Vorbereitungen zur Täuferdisputation in Zofingen. Auswärtige Theologen werden nicht eingeladen, Haller erbittet sich aber Bullingers Ratschläge. Die Täufer wollen nur das Neue Testament gelten lassen. Haller bedankt sich für Bullingers «Antwort auf Johannes Fabris Trostbüchlein», empfiehlt die Übersetzung des Büchleins von Ratramnus, bestätigt den Empfang von Bullingers Brief und des Zürcher Messemandates. Berichtet von Kriegsgerüchten.

S.[a] Literas¹ Wäbero² cuidam, ut ad me deferret, comissas nondum accępi, charissime Heinrice. Interim, cum vix tandem capitulorum per agrum Bernatem finem fęcimus³, nova nos obruit tragedia cum catabaptistis, quibus disputandi dies indictus est communi senatus edicto ultima huius mensis in Zofingen⁴, quod plerique urbem nostram horreant. Datus item est salvus conductus, ut ad se vocare possint exteros, undecunque fuerint, qui sectam eorum et fovent et coriphęos agunt[b], quo

---

[b] *undeutlich korrigiert aus* Grůtzuntz.

26 Dabei sollt ihr darauf gefaßt sein, daß euer Wunsch, einen der (von euch) Genannten an seine Stelle zu wählen, erfüllt wird, so weit es an mir liegt (SI I 397).
27 nehmt vorlieb mit (SI II 542).
28 Leo Jud.
29 aufpassen, acht geben (SI VII 549).
30 Das verwandtschaftliche Verhältnis zwischen Bullinger und Buchser ließ sich nicht ermitteln.
31 Umstände, Verhältnisse (SI III 1202).
32 Alte Kurzform des Namens Bullinger. Damals offenbar nur im Gebiet des Aargaus noch gelegentlich verwendet, s. unten S. 179, 39. 188, Anm. c. 241, 30; Verzeichnis¹

112; Aargauer Urkunden, Band VIII: Die Urkunden des Stadtarchivs Bremgarten bis 1500, hg. v. Walther Merz, Aarau 1938, Reg.

[a] *am Rande von fremder Hand:* De catabaptistis.
[b] expectant [?] *gestrichen,* agunt *darübergeschrieben.*

1 Nicht erhalten.
2 Weiter nicht bekannt.
3 Zur Kirchenvisitation in Bern s. oben S. 117, Anm. 20.
4 Zur Disputation von Zofingen, 1. bis 9. Juli 1532, s. QGTS IV 67–256; *Fast* 36–38; *Yoder* I 138–143; vgl. unten S. 167, 14–168, 24.

libere adire et abire possint, iis tamen conditionibus, ut catabaptistarum articuli soli ex verbo dei cum modestia citra iniurias et contentionem ab utraque proponantur. Ex nostris neminem vocamus, neque te nec Capitonem nec alios, non quod soli nobis videamur ad hos oppugnandos instructissimi, sed ne, quas in agro hincinde[c] habemus bestias lubricissimas, deinceps cavillari possint nos nihil potuisse contra eos et a seductione nostratum non cessent. Andreas Rappestein[5] Lucernas, is plurimum, laboravit, ut ad rationem fidei et dandum a se et accipiendum a nobis consentirent, quod hactenus ab illis, etsi familiarissimus, inpetrare non potuit. Nec interim a suis erroribus angulatim sęminandis desistunt. Visum ergo fuit fratribus hincinde[c] per agrum, quorum ecclesias perturbant simplicitatique multorum hypocrisi imponunt, ut ad senatum deferrent. Illius consilio conflictus ille indictus est. Aderunt ex nostris pastoribus viginti doctiores, aderunt ex oppidulis et dominiis Argoię deputati assessores, ex urbe nostra legati, ex quibus 4 eligentur in praesidentes, qui compescant immodestiam, si qua fuerit. Hoc tibi volui indicare, ut scias, qua ratione et quibus mediis hoc decretum sit. Quam vellem, ut et tu interesse[s][d] tua sponte, non solum auditor sed et consultor! Non enim dubito, ubi comparere voluerint, copiosissimum fore auditorium consiliisque multorum opus fore. [T]uum[e], ubi convalueris[6], clanculum a te exigo. Scis enim, quantus sit in te animus meus[f]. Senatus noster neminem vocabit. Interim audio principem eorum articulum fore, quod vetus testamentum non sint acceptaturi et ad novum nos non sine singulari versutia quasi solum audiendum sint compulsuri. Obsecro igitur, si quid habes in hęc, communica.

Cęterum libellum contra Fabri mendacia[7] accepi in domo Megandri, sed quem literis commendaras[8], non vidi. Perpetuo tibi gratias ago, non solum, quod me tuo donas labore, sed et toti rei publicae tuis studiis, pietate et eruditione prodesse studes. Modestiam tuam laudo, laudant et lectores quique. Perge prospere, procede et regna, immo regnet per te Christus, qui in suum te delegit organ[um][g].

Proderit Bertrami libellum[9] lingua germana donari; nam lectores habebit frequentiores. Tandem quicquid tibi consultum visum fuerit in catabapt[istarum] negocio, mone in tempore, et gratificaberis nobis quam maxime. Nec dubito, quin ab

---

[c] *in der Vorlage* hinccinde.
[d] *Rand stark abgeschnitten.*
[e-f] *von* Tuum *bis* meus *am Rande nachtragen.*
[g] *Rand stark abgeschnitten.*

[5] Andreas Rappenstein, gest. 1565, aus Luzern, mußte wegen geheimer Reformationspropaganda aus Luzern fliehen und hielt sich 1525/1526 in Basel auf. Unbehelligt nach Luzern zurückgekehrt, flüchtete er jedoch erneut im Juli 1531 nach Zürich. An der Zofinger Disputation 1532 spielte er als einziger Nichttheologe unter den Gegnern der Täufer eine wichtige Rolle und zeichnete sich durch Milde und Verständnis aus. Rappenstein lebte nun offenbar in Bern, 1537 wurde ein Gnadengesuch der Berner für ihn von Luzern abgelehnt. Er erlangte das Berner Bürgerrecht, heiratete 1545 wieder, ergriff den geistlichen Beruf und wurde 1550 Pfarrer von Frutigen. Rappenstein gehörte zu den überzeugten Zwinglianern in Bern; sein gegen die lutheranisierenden Tendenzen Bucers gerichtetes Werk «Dialogus. Ein Tütsch gespräch vom Ampt und dienst der kilchen...», Bern 1547, wurde allgemein verbreitet. Mit Bullinger war er möglicherweise schon 1531, sicher seit 1532 persönlich bekannt. – Lit.: Willy *Brändly*, Andreas Rappenstein, Bürger von Luzern, gestorben 1565 als Pfarrer von Frutigen, in: Zwa VII 537–547.601–631.
[6] Über Bullingers Krankheit ist nichts Näheres bekannt.
[7] Siehe oben S. 110, Anm. 9 und S. 124, 24.
[8] Unbekannt.
[9] Siehe unten S. 141, Anm. 39.

editione dialogorum tuorum¹⁰ interim multum occurrerint. Utinam per ocium mihi communicare posses. Nulla alioqui apud nos sunt nova.

Vale, charissimum pectus meum.

3. iunii, Bernę, anno 32.

Tuus Hallerus totus.

4. die iunii tuas literas¹¹ una cum mandato Tigurinorum¹² accępi, eademque hora illius diei occurrit Fabianus¹³ iam itineri accinctus. Cui has commisi, tuę condolens infirmitati non secus ac meę¹⁴. Dominus te ecclesiis suis omnibus servet incolumem. Cui sedulis instabimus precibus. Multa hic feruntur de submerso a vestris sacrificulo, de 500 volentibus Zugium obruere¹⁵. Vix expecto, donec sciam veritatem.

[Adresse auf der Rückseite:] Heinrico Bullingero, Tigurinę ecclesię ministro, fratri suo charissimo.

[102]

Bullinger an Berchtold Haller

[Zürich, nach dem 4. Juni 1532]¹

Abschrift (16. Jh.): Bern Burgerbibliothek, Mss. Hist. Helv. III. 59, 1r.–4v.
Gedruckt: Heinold *Fast* and John H. *Yoder,* How to deal with Anabaptists: An unpublished Letter of Heinrich Bullinger, in: MQR XXXIII, 1959, 83–95; QGTS III, Nr. 379

Gibt [als Antwort auf Nr. 101] Ratschläge zur Bekämpfung der Täufer an der bevorstehenden Zofinger Disputation, belegt durch zahlreiche Bibelstellen, welche die Gültigkeit des Alten Testamentes und die Berechtigung der reformatorischen Schriftauslegung beweisen sollen.

Gnad^a und frid von gott durch Jesum Christum.

---

¹⁰ Gemeint sind Bullingers «vier gespråch Bůcher»: Von dem unverschämten Frevel der Wiedertäufer, 1531 (HBBibl I 28).
¹¹ Nicht erhalten.
¹² Das Zürcher Messemandat vom 29. Mai 1532, mit dem der Zürcher Rat allen Gerüchten um eine baldige Wiedereinführung der Messe entschieden entgegentrat, AZürcherRef 1853. Zur anschließenden politischen Krise zwischen Zürich und den V Orten vgl. EA IV/1b passim und unten S. 288f, Anm. 7.
¹³ Fabian Windberger, gest. 1537, aus Zürich, Büchsenschmied. 1523 zum Büchsenmeister der Stadt Bern ernannt, gab er sein Zürcher Bürgerrecht auf, blieb aber mit seiner Heimatstadt verbunden. Er hielt sich häufig in Zürich auf. Als eifriger Anhänger der Reformation vermittelte er mehrmals Briefe zwischen Haller und Zwingli bzw. Bullinger. – Lit.: ABernerRef 253.1639.1945.2520;

Z VII 614f, Anm. 10; Friedrich *Hegi,* Meister Fabian Windberg(er), in: Zwa III 64; HBLS VII 547.
¹⁴ Zu Hallers Krankheiten s. oben S. 80, Anm. 13.
¹⁵ Zu diesen Gerüchten s. EA IV/1b 1346e.; vgl. auch unten S. 240f und Anm. 28.

^a *darüber als Titel von derselben Hand:* Quomodo agendum et disputandum sit cum anabaptistis, H. Bull. ad B. Hallerum.
¹ Als Antwort auf Hallers Anfrage vom 3. Juni (Nr. 101) entstand das Schreiben vor Beginn der Zofinger Disputation am 1. Juli 1532. Zum Inhalt des Briefes s. *Fast/Yoder,* aaO und Georg Gottfried *Gerner,* Der Gebrauch der Heiligen Schrift in der oberdeutschen Täuferbewegung, Diss. theol. Heidelberg, Gondelsheim 1973, S. 193–195.

Ordenlich mitt den töufferen handeln² ist halbe arbeit. Si werdend auch grad imm anfang so gar³ erleit⁴, das si hernach in der handlung nienen hin kommen mögend. Nun wäre aber min rhatschlag, das man also mitt inen handlete.

Principio refert definire, quibus armis haec pugna sit conficienda, ne in ipsa actione hoc, quod expeditum definitumque esse oportebat, omne negotium obscuret et interturbet. Proinde post habitas preces et praefationem protinus proponetis hanc propositionem:

Wenn span⁵ und stöss⁶ sich under christen von wägen dess glaubens zůtragend, söllend die mitt h[eiliger] biblischer gschrifft alts und nüws testaments entscheiden und erlüteret werden.

Nudam autem hanc ponatis positionem. Mox enim atque publice fuerit praelecta, clamabitis: Si quis diversum sentiat, prodeat. Extorquebitis igitur, sicubi latuerit veteris testam[enti] negatio.

Wenn si nun herfür trättend und disputation anhebend, ort inzůfůren⁷, damitt si vermeinend, das alt testament abgethan sin, so nemmend ir in üwren verantworten das eigentlich war⁸, daß ir üch nitt lassind von der position⁹ abfůren¹⁰, ouch nur das verantworttind¹¹, das zů verantworten ist. || ¹ᵛ· Demnach nemmend war der ortten, die si infůrend, und flyssend üch dess zum höchsten, das ir allwäg¹² hell bewysind, das die ingfůrten sprüch nitt wider üwer position syend, si auch nitt entkrefftiget habind, und habend allwäg ein oug uff die position. Das ander, daß ir üch nitt lassind von der gschrifft abfůren, ouch nitt von anzognen¹³ sprüchen wychen, bis mencklich¹⁴ sehe, das si dem ingfůrten spruch gwallt habind than und das er dahin nitt diene¹⁵. Und da lassend schlecht¹⁶ nütt nah¹⁷ und trengend sy und haltends im siln¹⁸ ad statum¹⁹. Da ziehen nur [!] gar nütt inhin²⁰, allein lůgend²¹, das inen ire gegenwürff²² verantwortet²³ werdind. Et ne verbum amplius ullum!

Verwarend aber üch²⁴ zevor²⁵ mitt dem wörttli: lex. In hoc vertitur maxima huius partis concertatio, illique impudenter abutentur amphibolia verbi. Sic enim paralogizabunt: «Lex abrogata est, Ebr. 8 [13]. Ergo nulla est veteris instrumenti in disputando autoritas».

Ecce eo loco Paulus tantummodo loquutus est de lege cerem[oniali] per synechdochen²⁶, de sacrificio et sacerdotio, ut patet ex praecedentibus et sequentibus, maxime ex cap. 7. Iterum inferent: «Lex damnat²⁷; ergo vet[us] test[amentum] dam-

---

2 verhandeln. – Zur bevorstehenden Zofinger Disputation s. oben S. 127, Anm. 4.
3 ganz, völlig (SI II 395f).
4 niedergestreckt, überwältigt, besiegt (SI III 1186f).
5 Streitigkeiten (SI X 279).
6 Wortstreit (SI XI 1581–1583).
7 Bibelstellen zu zitieren.
8 dann achtet in eurer Verteidigung genau darauf.
9 Hier eher: These, der eingenommene Standpunkt.
10 abbringen, ablenken.
11 verteidigt (Grimm XII/I 80).
12 immer.
13 beigezogenen, zitierten.
14 jedermann.
15 (zur Sache) nichts beitrage (SI XIII 152f).
16 schlechtweg.
17 gebt nichts zu, gesteht nichts zu (SI III 1410f).
18 im Zaume (SI VII 764).
19 beim Wortlaut, wörtlich.
20 Sinn: Zieht keine weiteren Argumente hinein.
21 seht zu!
22 Einwände (Grimm IV/I 2 2304).
23 beantwortet (Grimm XII/I 79f).
24 hütet euch, nehmt euch in Acht.
25 vor allem (SI I 933).
26 Zum rhetorischen Begriff Synekdoche s. Arbusow 84f; vgl. auch *Fast/Yoder*, aaO, S. 86, Anm. 13.
27 Vgl. Röm 7,5ff; Gal 3,10ff.

nat.» Non enim vident legem heic usurpari per μετάλιψιν²⁸ pro peccato, quod lege patefit Rom. 4 [15ff]. 7 [1ff]. Lex igitur, quatenus accipitur^b pro scriptura et perpetua voluntate dei, non est abrogata, nisi tropum²⁹ constituas in dictione «abrogata», ‖ ²ʳ· quod usurpari potest pro «impleta». Do lůgend, das ir inen die figgmüli³⁰ bald per etymon et nomen rei ac vocabuli gstellind³¹, das man allwäg erlütere, was in dem ingfůrten spruch «lex» heisse. Si enim non significat scripturam s[anctam], iam non quadrabit amplius locus.

Wenn ir si nun gnůgsam dess artickels halb verhörend, lassend üch aber kein anderen inflächten, so redend denn: «Wüssend ir nütt meh?» Wüssends dann nütt meh, und ir ander gründ mee dann si wüssend, so zeigends an mitt üwer antwortt. Nam hoc plurimum facit ad plebem.

Hieruff zůletst haltend an und sprechend: «Jetz wend mir üch unser gründ, unser position anzeigen, üch zeberichten wyter oder zů hören, ob ir neisswas³² darwider mögind³³, die ir doch bisshar üwer meinung nitt habend mögen befesten³⁴». Und hie lůgend, das ir üwer gründ zum kürtzsten, stercksten und hellisten, nun³⁵ die besten gstellt haben, und die mäldend³⁶ denn all, je einen nach dem andren in der ordnung. Und wenn si dann all vermäldet, so kherend dann wider zum ersten grund, meldend den wider und sprechend: «Wyll nun jemandts den umstossen, der thůye es mitt gschrifft.» Kömmend si dann mitt dem vorigen gschwätz, so sag man, es sy verantwortt ad statum rei praesentis. Und also thůnd mitt den volgenden gründen allen.

Zůletst so lůgend nun, das ir starck und dapfer³⁷ syend in der collection³⁸, uff die meinung: ‖ ²ᵛ· «Sittmal³⁹ es sich dann erfunden⁴⁰ hatt mitt gottswortt, das man die gschrifft erduren⁴¹» etc. (hic brevi epilogo recense, quae hactenus probata et quibus argumentis), «hoffen wir nunmalen erhalten sin⁴², daß man alle spän mitt altem und nüwem testament entscheiden sol, und bgärend, das sölichs nun angschriben⁴³ und in aller disputation usshin ghalten⁴⁴ und darwider nitt ghandlet werde» etc. Und da lassend nummen⁴⁵ nütt nah!

Si autem requiras quaedam pro veteri ex^c novo testamento robora et testimonia, haec accipe. Tu expolito, illustrato et digerito:

1. 2.Tim. 3 [14ff]: «At tu persistito» etc. Quaere, quae sint sacrae literae, in quibus educatus Timotheus, quum novum testamentum nondum scriptum esset. Sed mox sequitur expositio: «Omnis scriptura θεόπνευστος. Quae vero illa? Respondet Petrus 2. Pet. 1 [20f]: «Omnis prophetica scriptura» etc.

2. Evangelium est testimonium de Iesu Christo. Sed Christus dicit: «Scrutamini

---

^b vor accipitur *gestrichen* patefit.
^c aus et *korrigiert*.

²⁸ ι für η (Itazismus); zum rhetorischen Begriff Metalepsis s. Arbusow 47; vgl. auch *Fast/Yoder*, aaO, S. 86, Anm. 14.
²⁹ Zum rhetorischen Begriff der Tropen s. Arbusow 82–91; vgl. auch *Fast/Yoder*, aaO, S. 86, Anm. 15.
³⁰ Zwickmühle (SI I 713; s. noch *Fast/Yoder*, aaO, S. 87, Anm. 16).
³¹ abstellt, zum Stillstand bringt (SI XI 82).
³² irgendetwas.
³³ dagegen vorzubringen vermögt.
³⁴ stichhaltig machen (SI I 1120).
³⁵ nur.
³⁶ gebt an, nennt.
³⁷ energisch (SI XIII 972).
³⁸ Zusammenfassung.
³⁹ weil, da.
⁴⁰ herausgestellt, erwiesen.
⁴¹ prüfen, erforschen (SI XIII 1298–1300).
⁴² es sei erwiesen (SI II 1232).
⁴³ aufgeschrieben (SI IX 1503).
⁴⁴ ausgehalten, durchgehalten.
⁴⁵ nur (SI IV 751f).

scripturas, et illę sunt, quae testantur de me» [Joh 5,39]. Igitur script[ura] et evangelium in idem recidunt.

3. Paulus dicit se «segregatum in evangelium dei, quod ante promiserit per prophetas suos in script[uris] s[anctis]»: Rom. 1 [1f].

4. Ipse Christus erroris fontem Sadducęis aperiens inquit eos nescire scripturas et retro in prophetas reducit: Matt. 22 [29].

5. Idem in Luca prodidit Abrahamum respondisse: «Habent Mosem et prophetas» etc.: Luc. 16 [29].

6. In transfiguratione apparent simul cum Christo Moses et Helias: Matt. 17 [3].

7. Paulus dicit se nihil aliud praedicare, quam quod ||³ʳ· Moses et prophetae docuerunt: Act. 26 [22]. At in Galatis negat et pernegat se legalia docuisse.

8. Berrhoeenses omnia probarunt scripturis: Act. 17 [11].

9. Christus discipulis aperuit scripturas: Luc. 24 [27].

10. Paulus ecclesiis tradit scripturas: 1. Cor. 15 [3f].

11. Evangelistae sua firmant scripturis[46].

12. Propter nos omnia scripta esse dicit Paulus Rom. 4 [23f].

Infinita sunt huius generis alia, sed hęc incidenter.

Wenn man nun den artickel eroberet[47] hatt, mitt was gwehren[48] man fechten sölle, so wirtt dann von nöten sin, das man auch eins werde, wie man die gweer bruchen sölle. Secundo ergo loco disputabitis de genuino scripturae sensu. Dann hierin ist gross span, so einer seit: «Also verstan ichs», ein andrer aber: «Also ich». Damit mag man nitt wüssen, wers recht verstand oder nitt. Hie mögend ir nun dise position stellen:

Die gschrifft aber soll nitt ussgleit werden nach menschen gůtduncken und geist, sonder mitt und durch sich selbs, auch mitt der regel dess gloubens und der liebi.

Oder aber ir mögend reden, ir wellind jez ein wüssen haben, ob man die gschrifft dem bůchstaben nah ussgleit sölle verstan, oder ob man si usslegen sölle. Redend si, man sölls dem bůchstaben nah verstan, so stryt wider si: «Pater maior me est» [Joh 14,28], «Hoc est corpus meum» [Mk 14,22], «Nisi manducaveritis carnem filii hominis» [Joh 6,53], «Erue oculum abs te» [Mt 5,29], «Qui lotus est, non opus habet» etc. [Joh 13,10]. So můss mans je usslegen. Sed quomodo? Heic controvertitur. Ostendant ergo modum. Si falsum ostendunt, impugnate! Si verum, in tabulas scribite! Und lůgend, ||³ᵛ· das ir da alle ding klaar machind, wie gnůgsam im ersten artickel gmeldet, daß ir allwäg üwer hinderhůt[49] zůletst fürhin thůind[50]. Quae autem hac in re habeo, vobiscum communico.

Scripturam esse exponendam probatur exemplis:

1. Christi, qui legem exposuit Matt. 5 [17ff], locum Esaiae ex 61.cap. [1f] apud Luc. 4 [17ff], scripturas discipulis Luc. 24 [27].

2. Petri, qui nonnullos exposuit locos in Actis[51] et epistolis, sed et testatur quosdam Paulum perverso sensu intelligere: 2. Pet. 3 [16]. Est ergo sensus rectus et verus.

---

[46] Vgl. vor allem das häufige Zitieren von alttestamentlichen Stellen im Matthäusevangelium.
[47] für sich entschieden, gewonnen (SI I 52).
[48] Waffen.
[49] Nachhut, Reserve (SI II 1794).
[50] vorbringt. – Vgl. auch *Fast/Yoder*, aaO, S. 89, Anm. 24.
[51] Vgl. Apg 2,16ff.39; 3,22ff u. a.

3. Ecclesiae, quae exponit Psal. 2 [1f]: Actorum 4 [24ff].

4. Philippi, qui eunucho exposuit Isaiam: Act. 8 [35].

5. Pauli, qui in Actis plura, in Rom. de Abraham⁵² et aliis quaedam, in [1] Corinth. [5,7] pascha, in Galat. multa cap. 3.4.

6. Clarissmum est 1. Cor. 14 [28]: «Quod si non sit interpres, taceat in ecclesia» etc., et: «Spiritus ne extinguatis» etc.: 1. Tess. 5 [19]. Quibus verbis quid, oro, clarius?

Nunc ex ipsis scripturis s[anctis] docebimus, quomodo sit exponenda:

1. Non satis est unum locum produxisse, nisi opponantur et alii. Alias evicisset daemon: Matt. 4 [1ff]. Sadduc[aei]: Matt. 22 [23ff]. Adduxere quidem scripturas, sed et contraria et clariora loca opponit.

2. Obscuris igitur adhibenda clariora, ut Petrus docet 2. P[etr] 1 [19ff].

3. Ipse locus per se secundum circumstantias, fidem et charitatem exponendus est⁵³. Probo: Sic agit Christus cum libello repudii, Matt. 19 [3ff], Paulus cum dictione «imputatur», Rom. 4 [3ff], 1. Cor. 12.13 [?]⁵⁴, Jac. 2 [21ff].

|| ⁴ʳ· Ex istis iam sequitur, quod iste in scripturis fultus ex scripturis erutus et prolatus est. Item, ubi minus per maius, obscurius per clarius, secundum fidem et charitatem omnia directa sunt.

Hic imprimis curate, ut in haec dissentire desinant, sed consentiant, neque hinc discesseritis, quoadusque subscribant. Ad hoc enim utile erit, ut postea in ipsa disputatione neque spiritum suum iactare neque nuda litera uti ausint, et si scripturae locos produxerint, non minus sensum ex scripturis probare atque testimonia ex scripturis petere.

Da werdend ir nun fry allwägen mögen hämen⁵⁵, allweg reden: «Nun bewär⁵⁶ den verstand⁵⁷ mitt gschrifft oder aber ich will dir mitt gschrifft din verstand umkheren.» Exercitatum quidem haec in scripturis hominem requirunt, sed certissima speranda victoria.

Cave etiam, ne specie expositionis similes prorsus locos coacervent. Debent ii loci, quibus exponere volumus, aut clariores esse, quam is sit, de quo concertatio est, aut contrarii, ut quisque ex repugnantia videre possit alium subesse sensum quam eum, quem verba prae se ferunt. Ibi iam excutiendae circumstantiae, praecedens, consequens, fides, charitas⁵⁸.

Haec hactenus.

Darnach nemmend erst die artickel zehand, so werdend ir befinden, daß die arbeit hieruff ringer wirt. Und ob⁵⁹ sie daran nitt gern kommen⁶⁰ und das zevor wellend lassen handlen, so zeigend inen, daß es nitt beschäch uss keinem ufsatz⁶¹, sonder künfftig spän zvermyden und daß man dapfer⁶², sicher und warlich handlen möge.

---

⁵² Röm 4,1ff.
⁵³ Zur Problematik vgl. *Fast/Yoder*, aaO, S. 91, Anm. 25–27 und S. 95.
⁵⁴ Es ist nicht klar, warum Bullinger diese beiden Paulusstellen zitiert; das Problem der «Zurechnung» kommt in den Kapiteln 1Kor 12–13 nicht vor. Möglicherweise greift er hier auf den Leitsatz dieses Abschnittes (Zeile 122) zurück; s. noch *Fast/Yoder*, aaO, S. 91, Anm. 26.
⁵⁵ zurückbinden (vgl. SI II 1271.1276).
⁵⁶ beweise.
⁵⁷ Auffassung (SI XI 991f).
⁵⁸ Vgl. oben Anm. 53.
⁵⁹ wenn.
⁶⁰ nicht damit einverstanden sind, nicht darauf eingehen (SI III 267).
⁶¹ Hinterlist (SI VII 1533–1536).
⁶² wirksam, fruchtbar (SI XIII 972f).

|| ⁴ᵛ· Das hab ich jetzmal gehept, das ich dir rathe. Gott gäbe dir, Casparen⁶³ und Frantzen⁶⁴, ouch andren lieben brůderen wyssheit, verstand und sig bi sinem wortt.
150 Amen.

H. Bullinger

[103]

Wolfgang Wetter¹ an Bullinger

St. Gallen, 4. Juni 1532
Autograph: Zürich StA, E II 351,202. Siegelspur
Gedruckt: ASchweizerRef IV 1669

Schickt auf Bullingers Wunsch Urkunden die Gotteshausleute von St. Gallen betreffend. Berichtet über ein früher durch die vier Orte ergangenes Urteil zugunsten der Gotteshausleute von Rapperswil, das im jetzigen Konflikt vielleicht von Nutzen sein könnte. Wünscht weitere Exemplare des Zürcher Messemandates. Grüße von Jakob Riner.

Min beraitwillig dienst zůvor, früntlicher lieber Maister Hainrich.

Min her Doctor Vadianus hat mir anzaigt, ir begärind², den gotzhuslůten³ zů gůt etc., was man funde, an euch ze schicken⁴. Uff sölichs han ich etlich glöplich⁵ copien uß der lantschafft von gůtwilligen zewägen bracht⁶, och ain original von
5 denen zů Waldkilch⁷. Und sind dis copien von des abts schribern, uß den originalen zogen und in die lantschafften geschickt. Man kennt och die hantschrifften gar wol. Darum ich achten⁸, vast⁹ gůt wärden im rächten¹⁰. Bytt euch früntlich, mich nit ze vermären¹¹ und still sin, damit wyr nit zů mererem haß bracht wärdind¹², dann wyr sy sust vast gnůg und zevil hand.
10 Wyssend och hiemit, das gmanen¹³ gotzhuslůten zů Raperschwil under abt Francisco¹⁴ von den vier orthen¹⁵ ain urtail ist ergangen¹⁶, das der abt sy wyter mit kai-

---

⁶³ Kaspar Megander.
⁶⁴ Franz Kolb.

¹ Wolfgang Wetter, genannt Jufli, gest. 1536, stammte aus St. Gallen. Über seinen Bildungsgang ist nichts bekannt. 1509 wurde Wetter Frühprediger zu St. Mangen, 1519 Helfer zu St. Laurenzen. Als gebildeter und entschieden reformatorisch eingestellter Geistlicher wurde er vom Rat an die Disputation nach Baden geschickt. Von 1529 bis 1531, den Jahren, in welchen das Kloster St. Gallen in den Händen der Stadt war, wirkte Wetter dort als Münsterprediger. – Lit.: *Staerkle* 152f; *Stückelberger* 26; HBLS VII 501.
² Ein entsprechendes Begehren Bullingers ist nicht erhalten.
³ Siehe oben S. 92, Anm. 42.
⁴ Vermutlich wollte sich Bullinger über die Rechtsgrundlagen der äbtischen Rekatholisierungspolitik informieren, allenfalls auch die Zürcher Tagsatzungsgesandten entsprechend unterrichten.
⁵ glaubhafte, glaubwürdige (SI II 589).
⁶ in meinen Besitz gebracht.
⁷ Waldkirch (Kt. St. Gallen) gehörte zum Herrschaftsgebiet des Abtes von St. Gallen und betrieb eine traditionell antiäbtische Politik; vgl. dazu HBLS VII 366.
⁸ glaube ich.
⁹ sehr.
¹⁰ beim Rechten, beim Prozessieren (vgl. SI VI 308f).
¹¹ verraten (SI IV 361).
¹² damit wir nicht noch mehr Haß gegen uns haben.
¹³ gemeinen, gesamten.
¹⁴ Franz Gaisberg oder Geißberger wurde 1504 Abt des Klosters St. Gallen. Nach dem Durchbruch der Reformation in der Stadt St. Gallen floh er nach Wil, dann nach Rorschach, wo er 1529 starb; vgl. Kurt *Spillmann*, Zwingli und die zürcherische Politik gegenüber der Abtei St. Gallen, St. Gallen 1965. – MVG XLIV 21–33; Vadian DHS II 394–413; HBLS III 377.
¹⁵ Die vier Schirmorte des Klosters St. Gallen: Zürich, Luzern, Schwyz und Glarus.
¹⁶ Im Juli 1525 erörterten die in Rapperswil

nen nůwen beschwärden¹⁷ mer beladen söl¹⁸. Ob sin handlung ytz an die gotzhus-
lůt, den globen und gwůßne beträffende, nit ain beschwärd sye, mogend die glöbi-
gen urtailen etc. Ob¹⁹ diesälb erkantnus²⁰ möchte zů disem handel dienen, wyste ich
wol das ort, da brief und sigel wärind. Doch lond sölichs by euch, damit es nůt lut-
präch²¹ wärd, dann des abts amplůt²² mochtind den brief veraberwanden²³ und vil-
licht verschlähen²⁴, dann sy gnaigt sind, dem abt und nit den gotzhuslůten ze dienen etc.

Es wär och min bytt, wyr hetind deren mandaten²⁵ etlicher me, so euwer heren
hand lassen usgon, dann die harkomnen²⁶ nit klainen trost bracht hand, und so wyr
mer hetind, wurdind wyr sy hin und wider in der lantschafft schicken etc.

Item, so yr die brief²⁷ brucht hetind, das sy mir widerum zů minen handen wär-
dind etc.

Hiemit enbůt ich mich gnaigt und willig, euch ze dienen allzit.

Es lat euch grůsen herr Jacob Riner²⁸, etwan²⁹ ze Tail³⁰ predicant, by uns yetz
wonhafft.

Gäben zů S. Gallen, den 4. tag brachet im 1532 iar.

                Wolfgangus Weter alias Jufli,
                diener götlichs wortz zů S. Gallen.

[Adresse auf der Rückseite, zugeklebt:] Dem wolgelerten M. Hainrichen Bullinger
zů Zürich, minem günstigen herren.

[104]

Hans Mutschli an Bullinger

[Bremgarten]¹, 11. Juni 1532

Autograph: Zürich StA, E II 355, 43. Siegelspur. – Ungedruckt

Berichtet über die Schritte Berns bei den katholischen Orten gegen die bevorstehende Rekatholisierung Bremgartens. Hofft auf Unterstützung auch aus Zürich.

versammelten Gesandten der Schirmorte verschiedene Beschwerden der Gotteshausleute und fällten darüber ein Urteil, s. EA IV/1a 704–735.
17 Auflagen (SI IV 2149).
18 Siehe EA IV/1a 708.
19 wenn (SI I 53).
20 Der oben erwähnte Entscheid der Schirmorte.
21 ruchbar (SI III 1397; diese Stelle zitiert).
22 Amtsleute, Gerichtsbeamte (SI III 1519).
23 entwenden beseitigen.
24 verbergen, verheimlichen (SI IX 443).
25 Das Zürcher Messemandat, s. oben S. 129, Anm. 12.
26 die nach St. Gallen gelangten Exemplare des Mandats.
27 Gemeint sind die dem Brief beigelegten Dokumente.
28 Jakob Riner (auch Rhiner, Reiner, Rheiner), gest. 1532, aus St. Gallen, kam 1518 als Kaplan an die Pfarrkirche St. Laurenzen in St. Gallen. Schon früh bekannte er sich zur Reformation. 1526 wurde er vom Rat an die Badener Disputation gesandt. Riner wirkte dann in Rorschach und seit 1529 in Rheineck-Thal, wo er 1532 wegen angeblicher Schmähung der Messe von der Tagsatzung abgesetzt wurde (EA IV/1b 1327.1374). Nur noch kurze Zeit amtete er dann in seiner Vaterstadt als Pfarrer an St. Laurenzen. Von wo er Bullinger kannte, ließ sich nicht ermitteln. – Lit.: Z X 63, Anm. 2; Kessler, Sabbata passim; Vadian, Diarium 322.405f. 508; *Egli*, Analecta I 129f; *Staerkle* 264f; Stückelberger 99; HBLS V 607.
29 ehedem, einst (SI I 594).
30 hyperkorrekte Schreibung für Thal.

1 Siehe oben S. 65, Anm. 1.

Gnad und frid von got mere sich zů allen ziten bin² unß allen.

Insunders getrüwer her und fründ, ich wird uß her Berchtold schryben³ bericht: alsdan min heren von Bern verstanden hand⁴ zů tagen⁵, daß wir gezwungen werden zun bebschlichen⁶ satzüngen und fürgewent⁷, es sig bin unß wit⁸ daß mer⁹ und niemand, der anders welle¹⁰. Uff daß habent unser heren rett[a]¹¹ und burger zů Bern erkennt uff dem 9. tag brachmonet und den botten uff den tag gen Baden¹² in befelchs geben¹³, ze begeren, daß man drig botten zů uns verordne, einen von Zürich oder Bern, den anderen von lenderen¹⁴ minner heren, den dritten von schidlüten¹⁵, und da ze erfaren, wies umm unß stande, und vilicht noch einist bin unß ze meren¹⁶, und darmit üch nach aller noturfft¹⁷ und eren gotz mocht gehollffen werden. Hatt also unß deß bericht, obs solcher ir menig ein fürgang wurd han¹⁸, daß wir des handells halb nit uberfallen¹⁹ wůrdent und wir unß dester fürer²⁰ zesamen halten²¹ und beratten mogen. Dan ob glich min heren von lenderen vermeinet, nit ze statten²² und witter meren lassen und mit irem fürnemen fürfaren, habent miner heren botten in empfelch²³, innen recht fürzeschlachen²⁴. Hatt also in sim²⁵ schryben vermeitt, disen botten²⁶ zü üch mit der abschrifft²⁷ ze schicken, ob üch vilicht[b] ouch gut beduchti²⁸, witter in denen sachen ze handlin; dan ir woll wussent, das wir nützit zů und in dissen dingen dorent²⁹ thůn. Und sind³⁰ alwegen unser trüwer wechter, als³¹ dan wir üch getzlich [!] vertruwen. Darmit sind got befolchen. Wir vernend³² ouch, wie dan unser heren von lenderen mit vill geluttem geschwetz vor minen heren von Zürich gesin sind und vil guts sich erbotten³³ hand. Mag sin oder nit, well gott, daß mund und hertz bin einandern sig.

Datum uff zinstag nach Sant Medardus tag im 32 jar.

Hanß Mutschly,
ü[wer] alzit willig[er] d[iener] und frund.

---

[a] *Hier und weiter unten mehrere Wörter durch auseinandergelaufene Tinte etwas verschmiert.*
[b] *Nach* vilicht *irrtümlich ein zweites* üch.

2 bei (SI IV 900ff).
3 Der Brief Berchtold Hallers ist nicht erhalten.
4 vernommen haben (SI XI 655).
5 an Tagungen, Konferenzen (SI XII 796).
6 päpstlichen.
7 vorgegeben (werde).
8 weitaus.
9 Mehrheit, Stimmenmehrheit (SI IV 369f).
10 wolle. – Zu Bullingers Bemühungen in Zürich und Bern um die Rettung der Reformation in Bremgarten s. oben S. 65, Anm. 15 und Nr. 77; vgl. *Pestalozzi* 82f und *Blanke* 130–132; zur Rekatholisierung Bremgartens s. *Bucher* 170–176.
11 Räte.
12 Zur eidgenössischen Tagsatzung in Baden vom 10. Juni 1532 s. EA IV/1b 1353–1361. Berns Gesandte waren Peter Stürler und Hans Pastor.
13 Zur Instruktion der Tagsatzungsgesandten s. ASchweizerRef IV 1682.
14 von den V Orten.
15 Schiedsleute, Schiedsrichter (SI III 1524f) aus den nicht an der Gemeinen Herrschaft beteiligten Orten.
16 abstimmen zu lassen (SI IV 371f).
17 Notwendigkeit, Bedarf (SI XIII 1543f).
18 wenn es nach dieser ihrer Absicht (SI IV 313) zur Ausführung (SI II 346) käme.
19 überrascht, übereilt.
20 desto mehr, eher (SI I 967f).
21 Der Sinn ist wahrscheinlich: gemeinsam handeln.
22 nicht zu gestatten.
23 in ihrer Empfehlung, Instruktion.
24 das eidgenössische Recht anzurufen.
25 seinem (Hallers).
26 Unbekannt.
27 Nicht erhalten.
28 dünkte (SI XIII 696f).
29 getrauen, wagen (SI XIII 1519).
30 seid.
31 wie.
32 vernehmen.
33 anerboten, bezeugt, verheißen haben (SI IV 1869f). – Gemeint ist die von den V Orten zur Beschwichtigung der Reformierten auf den 9. Juni 1532 nach Zürich abgeordnete Gesandtschaft (s. EA IV/1b 1353 d.).

[Adresse auf der Rückseite:] Dem wollgelertten Meister Henrich Bullinger, minem lieben heren und fründ.

[105]

Johannes Zehnder an Bullinger

[Aarau]¹, 12. Juni 1532
Autograph: Zürich StA, E II 335, 2005. Siegelspur. – Ungedruckt

Dankt Bullinger für die ihm erwiesenen Wohltaten. Möchte mit ihm über viele Dinge sprechen, die er in Briefen nicht schreiben kann. Hofft auf ein persönliches Zusammentreffen. Johannes Sebastian Bestli wird Pfarrer in Aarau. Grüße.

Graciam et pacem a domino etc.

Tuę charitati pro universis in me collatis beneficiis² satis gratulari non possum. Spero tamen aliquando fortuito obventurum, quo etsi non omnia, aliqua tamen ex parte me compensurum; tu tamen interim me non minus atque semper fecisti commendatum habeto. Essent sane perquam plura, que libentissime, cum presens ore non possim, absens litteris colloqui vellem, si non litteras intercepturas [!] timerem. Proxime enim eciam ad te scripseram³, verum hasce litteras tabellarius in Mellingen⁴ oblitas reliquit. Gaudeo profecto in hiis nichil, quod timeam, scriptum, propterea quod hospitem in Mellingen, Faßbinder⁵, in cuius hospicio littere relicte sunt, neque tibi neque michi bene velle verear. Fiet autem in brevi, quod tu vel ad me, quum Bernam⁶ versus vis, vel ego ad te Tyguri veniam, ubi tum omnia ad societatem usque tractabimus.

Vale, et Ioannem Sebastianum Bestly⁷ apud nos in symmystam^a meum electum scias. Propterea has litteras⁸ magistratus noster ei mittit, ut ubi primum nunc possit, se ad nos vertat.

---

^a *in der Vorlage* synystam.

1. Es ist mit größter Wahrscheinlichkeit anzunehmen, daß Zehnder aus Aarau schreibt, wo er als Pfarrer wirkt.
2. Bezieht sich wahrscheinlich auf Bullingers Mithilfe bei der Heiratsangelegenheit Zehnders, vgl. dazu oben Nr. 91.
3. Dieser Brief, der Bullinger nicht erreichte, dürfte Ende Mai, Anfang Juni 1532 geschrieben worden sein.
4. Städtchen an einer wichtigen Reußbrücke im Freiamt. Nach der Schlacht von Kappel wurde Mellingen rekatholisiert, weshalb es nicht unbedenklich war, wenn ein Brief an Bullinger dort liegen blieb, vgl. HBLS V 73f.
5. Wahrscheinlich Kaspar Fassbind in Mellingen, bei dem die Zürcher Delegation auf der Reise zur Berner Disputation 1528 einkehrte, s. HBRG I 427; ASchweizerRef II 673.
6. Siehe unten S. 167, Anm. 7 und S. 171, Anm. 5.
7. Johannes Sebastian Bestli ist 1528/29 als Pfarrer zu Albisrieden bei Zürich belegt (Pfarrerbuch 186), gehörte zur Zürcher Delegation an der Berner Disputation 1528 (ABernerRef 1466, S. 599; HBRG I 429) und amtete hernach als Schulmeister und Prediger im Kloster Wettingen (HBRG II 221; vgl. Z X 274,2f). Anfang Mai 1532 wurde er zum Nachfolger Jakob Otters in Aarau ernannt, s. Martha *Reimann*, Die Geschichte der Arauer Stadtschulen von ihren Anfängen bis zum Ende der bernischen Herrschaft (1270–1798), Diss. phil. Bern, Aarau 1914, S. 34. Obwohl nicht bekannt ist, woher Bestli gebürtig war, dürfte er demnach mit dem bei Pfister 52 für die Zeit nach dem 12. Februar 1533 belegten Unbekannten «uss den fryen ämpteren» identisch sein.
8. Nicht erhalten.

Salutato mihi uxorem tuam⁹ cum liberis, M. Leonem[b10], Utynger¹¹ cum uxore sua¹², d. Heinricum Goldly¹³, d. Vyß¹⁴, et quotquott de me te rogaverint. Et caligarum¹⁵ pro uxore mea tuum me debitorem esse nondum oblitus sum.

Datum duodecimo die iunii anno 1532.

Ioannes Zender
semper tuus.

[Adresse auf der Rückseite:] Non minus integro quam erudito viro M. Heinrico Bullingero, ecclesiasti apud Tygurinos, amico et fratri observandissimo.

[106]

Geistliche von Zürich¹ an Albrecht von Brandenburg²

Zürich, 17. Juni 1532

Gedruckt: An den Durchlüchtigen Hochgebornen Fürsten vnd herren Allbrechten, Marggrauen zů Brandenburg inn Prüssen etc. Hertzogen etc. Ein sendbrieff vnd vorred der dieneren des wort Gottes zů Zürich. Item ein bůchlin Bertrami des Priesters von dem lyb vnd blůt Christi an Keyser Karle vertütscht durch Leonem Jud diener der kilchen Zürich. M.D.XXXII., f. A2r.–B 2r; Teildruck: *Pestalozzi* 164–168; Urkundenbuch zur Reformationsgeschichte des Herzogthums Preußen, hg. v. Paul Tschackert, Bd. II, Leipzig 1890. – Publicationen aus den K. Preußischen Staatsarchiven, 44. Bd., Nr. 861.

Die Zürcher übersenden Leo Juds Übersetzung der Schrift des Ratramnus «De corpore et sanguine domini» und wenden sich gegen Luthers Sendschreiben an Herzog Albrecht. Darlegung der eigenen Abendmahlsauffassung und Zurückweisung von Luthers Vorwurf, die Zürcher seien Ketzer. Luthers Verdienste um die Erneuerung der Kirche werden zwar von den Zürchern anerkannt, dessen massive

---

b am Rande nachgetragen.

9 Anna Bullinger, geb. Adlischwyler.
10 Leo Jud.
11 Heinrich Utinger.
12 Unbekannt.
13 Heinrich Göldli studierte 1496/97 in Basel; 1504 wurde er Kaplan am Großmünsterstift, und spätestens seit 1520 war er in Rom als päpstlicher Schildträger (scutifer). Göldli hatte den üblen Ruf eines Pfründenjägers und mußte sich gegen entsprechende Vorwürfe auf der Tagsatzung rechtfertigen (EA III/2 1217c. und 1220 l.). Nach 1526 versuchte er vergeblich, Ansprüche auf die Propstei Zurzach durchzusetzen. Wie Göldli, der der Reformation in Zürich eher ablehnend gegenüberstand, mit Zehnder bekannt wurde, ist nicht bekannt. – Lit.: *Pestalozzi*, Gegner Zwinglis 68–76; Jacques Figi, Die innere Reorganisation des Großmünsterstiftes in Zürich von 1519 bis 1531, Diss. phil. Zürich, Affoltern a.A. 1951, S. 44.117; HBLS III 582.

14 Erhard Wyß, gest. 1537, war zunächst Pfarrer in Bremgarten, dann seit 1506 Chorherr am Großmünster. Auch er zählte nicht zu den eifrigen Parteigängern der Reformation. – Lit.: Z VII 553, Anm. 8; *Pestalozzi*, Gegner Zwinglis 81; Pfarrerbuch 642.

15 Bezieht sich auf Bullingers gute Dienste bei der Eheangelegenheit Zehnders, s. oben Nr. 91.

1 Welchen Anteil Bullinger an der Abfassung dieses Briefes gehabt hat, kann nicht eindeutig bestimmt werden. Ein autographer Entwurf ist nicht bekannt. *Pestalozzi* 164 schreibt die Autorschaft Bullinger zu; *Weisz*, Jud 96f dagegen meint, daß der Text des Sendschreibens von Leo Jud stamme, während *Barge* II 447 vermutet, daß in die Schrift an Albrecht «größere Partien aus Karlstadts fertiger Gegenschrift übernommen sind». Staedtke reiht das Schreiben unter die eigenen Werke Bullingers ein (HBBibl I 34).

2 Albrecht von Brandenburg, Herzog in

Anschuldigungen aber entschieden zurückgewiesen. Bitte an Herzog Albrecht, keine reformierten Gläubigen in die Verbannung zu schicken.

An den durchlüchtigen, hochgebornen fürsten und herren, herrn Allbrecht, marggraven zů Brandenburg, in Prüssen etc. hertzogen etc.

Gnad und frid von gott unserem vatter durch Jesum Christum unseren heyland. Durchlüchtiger hochgeborner fürst, es ist kurtz verruckter zyt ein sendbrieff an u[wer] f[ürstliche] g[naden] vom Luter ußgangen³, in dem er understadt u. f. g. zebereden⁴, das sy unverhörter sach⁵ die jhene⁶, so syner leer des nachtmals halb widerwertig, des lands verwyse⁷, mit inen nüt ze schaffen habe, inen nit lose⁸, dann syn leer und artickel sye häll, klar, rein und ungezwyfelt und imm evangelio der maß gegründt, das im den⁹ niemand möge umbstossen. Der gründen aber zeygt er keinen an, sunder facht¹⁰ bald an, nit allein uns unschuldigen iämerlich und grusam schälten, heißt unser blůt (warlich nit uß apostolischem geyst) vergiessen¹¹, sunder understadt sich ouch u. f. g. angeborne sennftmůtigkeit ze bewegen und zereitzen wider die, die in u. f. g. fürstenthůmb unserer meinung sind¹², ze wůten, sy zů durchächten¹³ und des lands zeverwysen. Und wiewol wir einmůtiklich by uns beschlossen, uff syn bůch im nüt zeantwur- || ^(A2v.) ten (dann es des selben nit wärdt ist: wirt ouch sich selbs by allen vernünfftigen, recht verstendigen und gůthertzigen gnůgsamlich schenden¹⁴ und zenüte machen), so hatt uns doch nit wöllen für gůt ansähen, gantz unnd gar zeschwygen, bsunder gegen u. f. g., die er mit sölichem ruhen¹⁵ unnd ungeschickten¹⁶ schryben (wo sy gott nit verhůte) understadt ze verbitteren und wider die frommen unschuldigen ze verhetzen. Deßhalb wir in diser vorred nit dem Luter (der syn gmůt verhertet hatt und in syner bekentnuß sich thür¹⁷ verpflichtet, wo er anders bekant, das mans für ein unsinnigkeyt halten sölle, deßhalb er uns nit hört) antwurt geben, sunder ein demütige, trungenliche¹⁸ und

---

Preußen, 1490–1568. Aus der reichen Literatur über ihn (s. Schl.32529a-32663.51407-51410.61768-61783) seien besonders genannt: Urkundenbuch zur Reformationsgeschichte des Herzogtums Preußen, hg. v. Paul Tschackert, 3 Bde., Leipzig 1890 (Nachdruck: Osnabrück 1965); Paul *Tschackert*, Herzog Albrecht von Preußen als reformatorische Persönlichkeit, Halle 1894. – SVRG XLV; Walter *Hubatsch*, Albrecht von Brandenburg-Ansbach, Deutschordens-Hochmeister und Herzog in Preußen, 1490–1568, Heidelberg 1960. – Studien zur Geschichte Preußens, Bd. 8; Walter *Hubatsch*, in: NDB I 171–173; HBBibl I 34. – Auf diesen einzigen Brief der Zürcher antwortete Albrecht von Brandenburg nicht.
³ Luthers Sendschreiben an Herzog Albrecht von Preußen (WA XXX/3 541–553). Über die Hintergründe und die kirchliche Situation in Brandenburg-Preußen s. ebda. Einleitung, S. 541–543; ferner *Hubatsch*, aaO, S. 161–166.
⁴ zu überreden.
⁵ ohne Anhörung (der Gegenpartei).
⁶ diejenigen.
⁷ Vgl. WA XXX/3 552,32–34.
⁸ nicht auf sie höre.
⁹ Gemeint ist Luthers Lehre vom Abendmahl.
¹⁰ fängt an, beginnt.
¹¹ Es stimmt nicht, daß Luther in seinem Sendbrief Herzog Albrecht aufgefordert hätte, jemanden wegen seines Glaubens zu töten. Hingegen sah Luther in der Niederlage der Reformierten bei Kappel ein Gottesgericht (WA XXX/3 550,20–24).
¹² Seit ca. 1530 gab es im Herzogtum Preußen eine reformierte Kolonie niederländischer Emigranten. Vgl. dazu WA XXX/3 541 und Walther *Hubatsch*, Geschichte der evangelischen Kirche Ostpreußens, Band I, Göttingen 1968, S. 75–78.
¹³ gleichsam die Acht durchführen, eifrig verfolgen (SI I 78).
¹⁴ zuschanden machen.
¹⁵ rauhen, groben.
¹⁶ unschicklichen, ungehörigen (SI VIII 517).
¹⁷ auf das höchste (vgl. SI XIII 1329).
¹⁸ dringliche.

härtzliche bitt an u.f.g. thůn wöllend, mit ableynung¹⁹ der schmach und schältwort, die Luter nit allein uff uns, sunder uff die warheyt hatt getrochen²⁰. U.f.g. aber wölle uns gnädigklich losen, unnser verantwurtung²¹ hören und geduldig vernemmen, damit wir nit unverhört und unverantwurtet unschuldigklich verdampt und verurteilet werdint. Dann es sich ye nit zimpt, das Luter der kläger, der urteylsprächer und züge sye, des er sich in dem sendbrieff an u.f.g. undernimpt²²; wiewol er an dem teil, da er kuntschafft²³ wider uns solte dar thůn, wenig grund²⁴ unnd warheyt ynfůrt²⁵, und gadt aber die klag scharpff und das urteyl gar grusam wider uns.

‖ᴬ³ʳ Wir aber habend syn²⁶ bißhar (wie alle glöubigen wüssend) in vil wäg verschonet und im syn frävel²⁷ und ungerympt schryben nie wöllen mit glycher maß widerlegen; und noch uff den hütigen tag begärend wir frid und einigkeit (so ferr sollichs mit gott und der warheit syn mag) mit im zehaben. Aber über das alles schmächt, schmützt²⁸, schiltet und verlümbdet er uns, tastet²⁹ uns an mit schantlichen uneerlichen nammen, nennt uns schwermer, rottengeyster, kätzer, tüfelskinder, unnd andere schmachwort tricht³⁰ er uns uf, deren er doch (ob gott wil) mit der warheit keins zů eewigen zyten nimmermee mag bewysen. Es wäre billich, hochgeborner fürst und herr, das ein leerer der warheyt, ein diener gottes, nüt anders dann das geschäfft synes herren, der in gesändt hatt, fürnäme, schüffe und ußrichtete, und den mund, den gott syn warheyt und wort ußzekünden bereit und gesübert hatt, nit so mit bitteren falschen schmachreden und lesterungen, nit so mit ungegründtem ytelem und lärem gschwätz befleckte, dann ye sölichs einem botten gottes und der warheyt übel anstadt.

Was schwermer³¹ sygind, wissend wir nit³², rottengeister³³ aber und kätzer mag er uns mit keiner warheyt nennen, dann wir uns der götlichen gschrifft, der warheyt und einigkeit der kilchen Christi allweg beflissen und gehalten, habend kein irrige noch falsche meinung vor ‖ᴬ³ᵛ uns, sunder das göttlich wort, grund des gloubens und der gschrifft, ouch den verstand³⁴ der alten leereren³⁵, die von der heiligen kilchen adprobiert und angenommen sind, deren leer für kätzerisch und irrig (in disem articlel) nie gehalten; wie es dann Oecolampadius säliger gedächtnus³⁶ gnůgsamlich bewärt³⁷ unnd bezügt hatt³⁸, und es sich an imm selbs klarlich wirt er-

---

[19] Ablehnung, Zurückweisung (vgl. SI III 1284).
[20] gezogen, geladen (SI XIV 248f).
[21] Stellungnahme, Rechtfertigung.
[22] das er unternimmt, dessen er sich unterfängt (SI IV 742).
[23] Zeugnisse, Beweise (SI III 353).
[24] Begründetes, Fundiertes.
[25] anführt, vorbringt.
[26] seiner, ihn (Luther).
[27] frevelhaftes.
[28] beleidigt (SI IX 1040).
[29] greift (SI XIII 1977f).
[30] lädt er uns auf, legt er uns bei (SI XIV 253).
[31] Luther spricht in seinem Sendbrief von «Schwermer», vgl. WA XXX/3 548,37.
[32] Daß man in Zürich den Ausdruck «Schwärmer» in seiner Bedeutung als «Schwarmgeist», «Sektierer» nicht gekannt hätte, ist

unwahrscheinlich. Immerhin übernahm Zwingli schon 1527 den Ausdruck in den Titel seiner Schrift «Früntlich verglimpfung und ableynung über die predig des treffenlichen Martini Luthers wider die schwermer» (Z V 771,1–3). Diese Stelle ist der älteste schweizerische Beleg (SI IX 2150).
[33] Sektierer (SI VI 1789).
[34] Verständnis, Auffassung, Meinung (SI XI 991f).
[35] Kirchenväter, frühchristliche Theologen.
[36] Oekolampad war am 24. November 1531 gestorben.
[37] bewiesen.
[38] Bezieht sich vor allem auf Oekolampads Schrift «De genuina verborum Domini, Hoc est corpus meum, iuxta vetustissimos authores expositio liber», 1525 (Oekolampad-Bibliographie, Nr. 113), wo er die Über-

finden. Ouch wirt u.f.g. in disem bůchlin[39], das garnach[40] vor sibenhundert jaren ein frommer man mit namen Bertram[41] uff ansůchen keiser Karles[42], zů dess zyten sich diser span vom nachtmal ouch zůtragen[43], gemacht hatt, wol sähen, wie warlich der Luter uff uns[44] rede, das wir söliche meinung nüwlich erdacht oder uß einem finger gsogen habind, und wie war es sye, das syn meynung fünfftzehenhundert jar von der kilchen sye gehalten worden. Dann diser Bertram hatt gläbt zů den zyten des keysers Lotharii[45], imm jar, als man gzelt hatt achthundert und viertzig jar, weliches sich yetz fast loufft uff die sibenhundert jar. Deßhalb wir nit mögend verdacht[46] noch beschuldiget werden, als wäre sin bůch von uns erdacht. Zů Köln ist es funden unnd gedruckt im 31. jar durch Johannsen Prael[47], von unserem diener einem[48] u.f.g. zů gefallen vertütscht. Vor viertzig jaren ist Bertram von dem hochgelerten Johanne Tritemio[49], abbt zů Spanheim, under die fürnemen gelerten männer ge- ‖ ^A4r. zelt und sin leben beschriben worden[50], also das man nit findt, das sin leer und meynung vom sacrament yena[51] sye vonn der kilchen weder verworffen noch für kätzerisch verdampt, sunder vil mer vom keyser Karle[52] angenommen und gelobt worden.

einstimmung der symbolischen Abendmahlsauffassung mit den Kirchenvätern zu zeigen versucht; vgl. HBBW I 108,16f, wo ähnlich argumentiert wird.

[39] Gemeint ist Leo Juds Übersetzung der Schrift «De corpore et sanguine Domini» von Ratramnus (s. unten Anm. 43). Dieser nun veröffentlichten Übersetzung wurde der vorliegende Brief der Zürcher Geistlichkeit an Albrecht von Brandenburg als Vorrede beigefügt. Die Zürcher sahen in Ratramnus einen Kronzeugen für ihre eigene Abendmahlsauffassung. Vgl. dazu J. N. *Bakhuizen van den Brink,* Ratramnus in gereformeerde handen, in: Archief voor Geschiedenis van de Katholieke Kerk in Nederland 10, 1968, S. 38–62.

[40] nahezu.

[41] Andere Schreibweise für Ratramnus. Zur Person und zum Werk dieses Mönchs aus dem 9. Jahrhundert vgl. Jean-Paul *Bouhot,* Ratramne de Corbie, histoire littéraire et controverses doctrinales, Paris 1976; Klaus *Vielhaber,* in: LThK VIII 1001f; Heinz *Löwe,* in: RGG V 801f.

[42] Gemeint ist Karl der Kahle, römischer Kaiser, König des Westfrankenreiches (840–877), der sich von Ratramnus ein Gutachten erbeten hatte zu einem ihm gewidmeten Werk über die Eucharistie.

[43] Um 831 verfaßte Paschasius Radbertus, Mönch und später Abt von Corbie, eine Schrift über das Abendmahl mit dem Titel «De corpore et sanguine Domini» (MPL CXX 1255–1350). Diese Schrift erfuhr durch Ratramnus eine entschiedene Kritik in dessen gleichlautendem Werk «De corpore et sanguine Domini» (MPL CXXI 103–170; Ratramnus, De corpore et sanguine Domini, Texte établi d'après les manuscrits et notice bibliographique par J. N. *Bakhuizen van den Brink,* Verhandelingen der Koninklijke Nederlandse Akademie van Wetenschappen, Afd. Letterkunde, Nieuwe Reeks, Deel LXI, No. 1, Amsterdam 1954).

[44] über uns.

[45] Lothar, 840–855, römischer Kaiser, ältester Sohn Ludwigs des Frommen.

[46] verdächtigt (SI XIII 660).

[47] Johannes Prael, 1530–1538 Buchdrucker in Köln (s. *Benzing,* Buchdrucker 225). Bei ihm wurde 1531 das Werk «De corpore et sanguine Domini» von Ratramnus gedruckt. Vgl. dazu Hermann *Schüling,* Die Drucke der Kölner Offizin von Johannes Prael (1530–1537), Köln 1963, S. 15f; *Grimm,* Buchführer 1535.

[48] Leo Jud, s. oben Anm. 39.

[49] Johannes Trithemius, 1462–1516, nannte sich nach seinem Geburtsort Trittenheim bei Trier. 1482 trat er in das Benediktinerkloster Sponheim ein, wo er schon 1483 zum Abt gewählt wurde. Trithemius entfaltete eine umfangreiche literarische und wissenschaftliche Tätigkeit. 1506 übernahm er das Schottenkloster in Würzburg, wo er 1516 starb. – Lit.: Klaus *Arnold,* Johannes Trithemius, Würzburg 1971. – Quellen und Forschungen zur Geschichte des Bistums und Hochstifts Würzburg, 23; Paulus *Volk,* in: LThK X 366f; Heinrich *Büttner,* in: RGG VI 1042f.

[50] Trithemius behandelt Leben und Werk des Ratramnus im «Catalogus scriptorum ecclesiasticorum sive illustrium virorum», 1531, f. LVII r.; der Catalogus ist eine posthume Neuauflage des 1492 veröffentlichten «Liber de scriptoribus ecclesiasticis».

[51] jemals.

[52] Karl der Kahle, s. oben Anm. 42.

Uss wölichem u.f.g. erleernet und ougenschynlich sicht, das Luters meinung niena⁵³ so lange zyt, wie er fürgibt und rŭmpt, geweret⁵⁴ hatt, ouch unsere warhaffte leer nie von der kilchen verworffen ist. Das widerspil⁵⁵ aber findt sich gar klarlich, das von der zyt Jesu Christi und siner apostlen vil hundert jar das nachtmal Christi von allen glöubigen, wie wir leerend, gehalten worden ist; und so offt dise ungegründte meinung uff die ban ye kommen⁵⁶, so offt sind allweg fromme geleerte gotsförchtige männer gsin, die iro widerstrebt habend. Und mag Luter nit einen einigen⁵⁷ bewärten leerer anzeigen, der siner meynung gsin sye, biß uff Innocentium den bapst, den dritten des namens⁵⁸, der von der schůl zů Pariß sölichen artikkel⁵⁹ gesogen, imm concilio Lateranensi bestätet hatt⁶⁰. Dann er was ouch magister noster, dannenhar⁶¹ er siner schůl⁶² ze gefallen, söliche falsche irrige unnd schädliche meinung der kilchen für einen artickel des gloubens⁶³ uffgetrochen⁶⁴ und dem römischen stůl vil rychtag⁶⁵ domit angerichtet hatt; dem doch aller künigen und fürsten rychtumb nit gnůg ‖^A4v. warend. Es hat ouch Luter selbs nit einmal⁶⁶ geschriben, diser articket sye das buwfellig und krafftloß fundament des bapstthůmbs, das von not wegen⁶⁷ fallen můsse, so es weder uff Christum den waren grundstein, noch uff sin leer gegründt ist⁶⁸. Und ist warlich spötlich⁶⁹, ouch höchlich ze erbarmen, das Luter, ein sölicher geleerter man, ein sölich groß unnd schwär houptwee⁷⁰ überkommen hatt, das er sprechen gethar⁷¹, wenn er glych nüt umb syn meinung hätte⁷², wär im gnůg⁷³, das es die kilchen so lange zyt gehalten hatt⁷⁴. Wölche kilchen, o Luter? Die kilchen Christi? Nein nein, das wirt sich mit warheyt nimmermee finden. Des bapsts kilchen? Die gadt unns nüt an, o Luter. Sähend, g. fürst und herr, soll des Luters argument hie gelten von lenge der zyt, so stadt das bapsthůmb noch styff⁷⁵, dann sy⁷⁶ immerdar uff die kilchen und länge der zyt bochend. Denn aber wurde alle leer des Luters zboden gstossen⁷⁷, dann er ye anders

---

⁵³ gar nicht, keineswegs (SI IV 762).
⁵⁴ gedauert.
⁵⁵ Gegenteil (SI X 161).
⁵⁶ je aufkam, vorgebracht wurde (SI IV 1268).
⁵⁷ einzigen.
⁵⁸ Innozenz III., 1198–1216.
⁵⁹ Zur theologischen Diskussion der Transsubstantiationslehre während des 12. Jahrhunderts vgl. Burkhard *Neunheuser*, Eucharistie in Mittelalter und Neuzeit, in: Handbuch der Dogmengeschichte, Bd. IV, Faszikel 4b, Freiburg 1963, S. 24–44. Lothar von Segni, der spätere Papst Innozenz III., verfaßte selbst ein größeres Werk zu dieser Thematik mit dem Titel «De sacro altaris mysterio» (MPL CCXVII 773 B-916 A).
⁶⁰ Das 4. Laterankonzil von 1215 bestätigte die Lehre der Transsubstantiation und der Realpräsenz ausdrücklich, Denz. 802.
⁶¹ aus diesem Grund, weswegen (SI II 1566).
⁶² die Pariser Hochschule, an der Innozenz III. studiert hatte, s. Friedrich *Kempf*, in: LThK V 687.
⁶³ Das Dogma der Realpräsenz, vgl. dazu Burkhard *Neunheuser*, in: LThK X 311–314.
⁶⁴ aufgedrängt, aufgezwungen (SI XIV 252).
⁶⁵ Reichtum, materiellen Vorteil (SI XII 979–982).
⁶⁶ mehr als einmal, öfters.
⁶⁷ notwendigerweise.
⁶⁸ Bei aller Polemik gegen die römische Transsubstantiationslehre teilte Luther deren Auffassung, daß auf Grund der Konsekrationsworte Fleisch und Blut Christi in Brot und Wein kommen, s. Susi *Hausammann*, Realpräsenz in Luthers Abendmahlslehre, in: Studien zur Geschichte und Theologie der Reformation. Festschrift für Ernst Bizer, hg. v. Luise Abramowski und J. F. Gerhard Goeters, Neukirchen 1969, S. 164.
⁶⁹ Spott erregend, zu Schande gereichend (SI X 626f).
⁷⁰ Krankheit des Kopfes.
⁷¹ darf, wagt (SI XIII 1524).
⁷² wenn er nichts hätte, um seine Meinung zu begründen.
⁷³ würde ihm das (als Argument) genügen.
⁷⁴ Siehe Luthers «Sendschreiben», WA XXX/3 552,3–15.
⁷⁵ fest, unerschüttert (SI X 1426–1436).
⁷⁶ gemeint die Anhänger des Papsttums, die Katholiken.
⁷⁷ zu Boden gestoßen, zugrunde gerichtet (SI XI 1601).

leert, dann es die römische kilchen so lange jar gehalten hatt. Wo bringt der zanck einen menschen hin? Luter solt ermässen, das sich die kilch uff gottes wort gründet, nit uff lenge der zyt.

Und ob er glych vermeint, hälle[78], dürre[79] und ungezwyflete wort zehaben, so müßt er die selben ouch nach der meinung des geysts, nach art des gloubens und verstand der gschrifft ußlegen und verstan; sunst hätte der bapst ||^A5r. ouch hälle wort sines irsals[80], namlich: «uff disen felsen wil ich min kilchen buwen» [Mt 16,18]. Aber so er dise hälle wort der gschrifft gemäß nit ußleyt und verstadt, wirt erfunden ungetrüwlich mit gottes wort handlen[81]; wöliches dem Luter ouch gschicht in den hällen worten Christi («das ist min lyb, der für üch gegeben wirt» [Lk 22,19]), wöliche er wider den sinn des geysts, wider die art des gloubens, wider die gschrifft ußleyt und verstadt. Warend das nitt ouch klare hälle wort, do Christus sprach: «Es sye dann, das ir min fleisch essen und min blůt trincken, werdend ir kein leben in üch haben» [Joh 6,53]. Noch verstůndends etlich letz[82] und wurdend vom herren gestrafft[83]. Alsò do Christus sprach: «Lösend uff disen tempel, inn dryen tagen wird ich in wider uffbuwen» [Joh 2,19]. Diß warend ja hälle wort, aber sy wurdend im zůr kuntschafft wider syn läben uffgerupfft[84] und fürgeworffen. Ob den worten des herren («das ist min lyb» [Mt 26,26]) sind wir nit uneinß, wir verstond aber die wort Christi geistlich und wie dem glouben gemäß, nit lyblich wie der Luter, dann Christus selbs redt, sine wort sigend geyst und läben[85]. Wiewol Luter grosse arbeit hat u.f.g. zebereden, das sechst capitel Johannis ghöre nit ins nachtmal[86], des wir uns hie yetzmal nit beladen, aber was die alten leeren schrybend, lyt am tag und ist wider den Luter. Ouch sind wir nit so geschickt, nit so geystrych[87], das wir von geistli- ||^A5v. chem essen reden könnind noch mögind, als Luter unns bezycht[88]. Aber alle schmach unnd schand, die er uns zůleyt, wöllend wir gern tragen umb der warheyt willen und umb des willen, der für uns ouch geschmächt ist, werdend umb siner bitteren und gifftigen worten willen nit ein har breyt von der gfaßten und bekanten warheyt yena wychen noch abtretten, ob glych Luter noch so vil pluderet[89], wöliches er uns ufftricht[90], unnd ers aber warlich thůt. Dann was ist sin red imm sendbrieff an u.f.g. anders, dann ein hochmůtig stolz, verachtlich, frävel, unnütz, eytel unnd ungegründt gschwätz und pluderen? Wir aber, die uff die warheyt gottes gegründt sind, lassend uns mit pluderen nit abtryben[91], sonder man můß gschrifft und warheyt bringen. Darumb lassend wirs alles fallen[92] und verantwurtend allein das, das wir keyne kätzer noch rottengeister sind, dann wir noch nie mit gschrifft überwunden, noch des irrsals in einicherley[93] bewyßt[94] und überzügt[95] sind worden. Wir erbietend uns ouch noch hüt-

---

[78] klare, reine.
[79] einfache, ungeschminkte (SI XIII 1354).
[80] als Beweis für die Richtigkeit seines Irrtums oder seiner Irrlehre (vgl. SI I 411).
[81] erweist er sich als einer, der ungetreu mit Gottes Wort umgeht.
[82] falsch.
[83] getadelt, zurechtgewiesen (SI XI 2092).
[84] vorgehalten, zum Vorwurf gemacht (SI VI 1210).
[85] Vgl. Joh 6,63.
[86] Siehe Luthers «Sendschreiben», WA XXX/3 547,17–548,36.
[87] geisterfüllt; der Ausdruck scheint von Luther übernommen zu sein, vgl. Grimm IV/I 2 2789f.
[88] bezichtigt.
[89] schwatzt (SI V 30).
[90] andichtet, nachredet (SI XIV 253).
[91] von der Wahrheit abtreiben; von unserer Auffassung abbringen.
[92] lassen alles unberücksichtigt.
[93] in irgendeiner Weise.
[94] es konnte uns nie nachgewiesen werden.
[95] (durch Zeugen oder Zeugnis) überwiesen.

bytag⁹⁶, wär uns mit gschrifft und göttlicher warheyt bessers möge berichten, wöllend wir wychen⁹⁷, das aber biß har nie geschähen. Aber Luter wil nit mitt gschrifft wider uns fechten, sunder mit dem schwerdt, růfft und schrygt keyser, fürsten, herren und stett an, das man uns durchächte, vertrybe und tödte; ob das gött- ‖ ᴬ⁶ʳ⁻ lichem geyst gemäß sye, laß ich alle glöubigen urteylen.

Dwyl wir dann mitt der heiligen kilchen sind und mit der warheyt und mit dem warhafften verstand göttlicher gschrifft übereinstimmend, von keinem nie⁹⁸ mit göttlicher geschrifft des irrsals bezigen⁹⁹ und widerwisen¹⁰⁰, wie könnend dann wir rottengeister oder kätzer verurteylet werden? Warlich, durchlüchtiger fürst und herr, Luter brucht mit uns so gar kein christliche liebe noch erbermd, das wir ouch by unseren fyenden mee erbermbd und mitlyden findend. Ists aber nit ein grusam ding, so vil kilchen, in denen vil tusend frommer glöubiger menschen sind, dem tüfel geben und verschetzen¹⁰¹? Ulm, Memmingen, Eßlingen, Augspurg, Costentz, Lindouw, Zürich, Basel, Bern, Glariß, Solothurn, Schaffhusen, Appenzell, Mülhusen, Biel, all dry pünd¹⁰², Sant Gallen, das Ryntal¹⁰³, das Turgöuw, Straßburg und andere vil stett, land, fürstenthům, die in disem artickel dem Luter nit anhängig, die alle ja also verschetzen und hochmůtigklich verwerffen und dem tüfel geben, wil sich christenlichem geist nit zůziehen¹⁰⁴. Und ob wir glych in üsseren dingen zwyspaltig werind und irrtind, mûßte man darumb glych die schwachen brûder also dem tüfel geben? Wöliches evangelium leert doch das? Wo hat man ye söliches von uns gegem Luter und ‖ ᴬ⁶ᵛ⁻ sinen anhängern vernommen? Wiewol wir unsere meinung uß gottes wort, mit starcken gründen der gschrifft, offt wider in erhalten¹⁰⁵ habend und noch, wo es not ist, erhalten wöllend. Wir mögend ouch sin meinung der geschrifft ungemäß, gnůgsam anzeigen, ja das sy wider die art¹⁰⁶ des gloubens ist, ein uffheben¹⁰⁷ unnd entlösung¹⁰⁸ des gantzen lydens und opffers Christi am crütz gethan. Noch habend wir in und die im anhängig weder mit worten noch hertzen nie gekätzert, nie dem tüfel geben, nie heissen verjagen noch tödten. So die apostel zů Hierusalem radt hattend der beschnydung halb¹⁰⁹, gab Petrus ein radt, der näher sich zů christlicher fryheyt und warheyt zoch¹¹⁰ weder der radt Jacobi, noch läsend wir nit, das Petrus darumb Jacobum verschupfft¹¹¹ oder so gar schmächlich verachtet habe. Paulus, der volkomner¹¹², verachtet nit den radt Jacobi, der aber den ceremonien etwas zůgab¹¹³, laßt sich beschären¹¹⁴ und richtet die glübt uß, damit die liebe nit zerrüttet werde. Unnd diser volkommen man ward alles allen menschen¹¹⁵ umm Christus willen. Mögend dann wir umb christenlicher liebe willen, umb fridens und eintrechtigkeit willen nitt geduldet werden, so wir doch mit gschrifft nie berichtet¹¹⁶ noch überwunden sind?

⁹⁶ noch heute, noch jetzt (SI XII 1068).
⁹⁷ dann wollen wir von unserer Meinung abrücken.
⁹⁸ niemandem je.
⁹⁹ bezichtigt.
¹⁰⁰ überführt (Grimm XIV/1 2 1384).
¹⁰¹ verloren erklären, aufgeben (SI VIII 1684).
¹⁰² Die drei Bünde (Grauer oder Oberer Bund, Gotteshausbund und Zehngerichtebund), die dem heutigen Kanton Graubünden entsprechen, s. HBLS III 639.
¹⁰³ Die eidgenössische Landvogtei im St. Galler Rheintal, s. HBLS V 612f.

¹⁰⁴ geziemen.
¹⁰⁵ mit Gründen erwiesen (SI II 1232).
¹⁰⁶ Gemeint: die rechte Art.
¹⁰⁷ Aufhebung (SI II 896).
¹⁰⁸ Auflösung.
¹⁰⁹ Vgl. Apg 15,1–21.
¹¹⁰ bezog, dazu paßte.
¹¹¹ verstoßen (SI VIII 1084ff).
¹¹² als der Vollkommenere.
¹¹³ Rechnung trug (SI II 94).
¹¹⁴ das Haar schneiden (SI VIII 1128); vgl. Apg
¹¹⁵ Vgl. 1Kor 9,22. [18,18. 21,24.
¹¹⁶ berichtet.

Wie ist aber der tüfel unser meister, so wir uns allein uff gottes wort buwend? Wir be- ||^(A7r.)sorgend warlich, der Luter houwe zů wyt über die schnůr[117] christenlicher bscheidenheit, er solt billich des spruchs Pauli gedencken: «Wer stand, der lůg, das er nit falle» [1Kor 10,2], und wüssen, das hochfart[118] dem herren, deß diener wir sind, seer mißfalt. Mag doch Luter (dann er ouch ein mensch und menschlichen anfechtungen nit gar on[119]) ouch fallen und irren. Hat in dann gott anfänklich zů sinem werckzüg gebrucht (das wir ouch bekennend[120]), solt er dest mee demůtig syn und danckbar, solt darumb uns nit so gar stoltz unnd hochprachtlich[121] verschupffen. Dann wenn man vons tüfels schůl solte reden, bsorg ich, er wurde in siner bekantnus[122] ouch etwo ein stuck daruß genomen haben; dann alle frommen wol wissend, was es für ein bůch ist, wie es der warheit und glouben zůstimpt[123]. Wir lassends aber hie von züchten[124] wägen blyben mit sampt anderm hitzigem, zornwůtigem schryben, so er imm sändbrieff trybt: als so er den frommen Carlostad so gar verachtet, das er im ouch sin hertz und gwissen urteilet[125]. Item das er den thüren und frommen man Ulrichen Zwinglin, nach sinem tod, mit so lästerlichen worten antastet[126], das doch byn heyden nit gebrucht und schantlich gehalten wirt. Wir erkennend Andream Carlostad für einen frommen biderben man, der weder siner leer noch läbens halb strafflich[127] by uns wont. Wir versähend[128] uns ouch (so vil wir ||^(A7v.) usserlich urteylen mögend), sin hertz und gwissen sye frölich[129] in gott. Den Zwinglin haltend wir für einen frommen thüren leerer der warheit, berümend unns sines namens nitt, den man uns zů schmach uff tricht[130], dann wir uns niemants rümend dann Christi. Wir erkennend in für einen wärchzüg gottes, durch den uns gott siner warheyt berichtet[131] hatt; inn sinem läben hatt er grosse sorg, můhe und arbeyt gehebt, wie er die warheyt und eer gottes pflantzte, wie er die nidergfalne[132] gerächtigkeit[133] und fromkeit[134], die inn einer Eydgnoschafft ze grund gangen, wider uffrichtete, umb des willen hatt er alles mögen lyden unnd thůn. Und domit er sölichs volfůrte, ist er gstorben, und hat sin blůt umb keiner mißthat willen vergossen, sunder das er gottes eer und gmeyne gerächtigkeit möchte wider uffrichten; des sind zügen alle frommen inn der gantzen Eydgnoschafft. Warumb woltend dann wir in nit mögen einen marterer, das ist einen zügen der warheyt nennen, so er die warheyt biß inn tod bekennt und verjähen[135] hatt, ja umb der warheyt und gerächtigkeit willen erschlagen ist?

---

[117] Luther haue zu weit über die Schnur (SI IX 1295); zur Redensart vgl. *Röhrich* II 879f.
[118] Hoffart.
[119] von menschlichen Anfechtungen nicht völlig frei.
[120] Bullinger anerkannte stets Luthers Verdienste um die kirchliche Erneuerung, s. Ulrich *Gäbler*, Der junge Bullinger und Luther, in: Lutherjahrbuch, 42, 1975, S.138.
[121] hochmütig (SI V 393).
[122] Wahrscheinlich Luthers Schrift «Vom Abendmahl Christi, Bekenntnis», 1528 (WA XXVI 241–509).
[123] mit der Wahrheit und dem Glauben übereinstimmt.
[124] Anstand, Rücksicht.
[125] Siehe Luthers «Sendschreiben», WA XXX/3 550,17–20, wo Luther Karlstadt mit Kain vergleicht.
[126] Ebenda, S. 550,20–24 wird der Tod Zwinglis und die Niederlage der Zürcher bei Kappel als Gottesgericht gewertet.
[127] strafwürdig, tadelnswert (SI XI 2119).
[128] nehmen an, glauben (SI VII 567).
[129] ruhig, unbeschwert.
[130] den man uns (indem man uns zur Schmach Zwinglianer nennt) zulegt (SI XIV 253).
[131] gelehrt, unterrichtet (SI VI 436).
[132] die darniederliegende.
[133] Rechtlichkeit, Redlichkeit (SI VI 230).
[134] Rechtschaffenheit (SI I 1297).
[135] bezeugt (SI III 6).

Das aber die bäpstischen uns angesiget[136] und die unseren erschlagen habend, nimpt Luter zum argument und bewärung[137], das unser gloub nit gerächt sye[138]. Wie aber diß sin argument in der gschrifft grund habe, gib ich allen rächtverstendigen ze urteilen. Was Josias ||^(A8r.) gloub darumb ungerächt, das er imm krieg umkam[139]? Hatt der türck darumb den rächten glouben, das er vil christen erwürgt und inen ansiget? Hatt Nabuchodonosor den rächten glouben, darumb das er die juden gfangen hinfůrt[140]? Ach wie ist uns doch der man so gar verwächßlet[141]? Wir bekennend zwar, das wir billich von unser sünd wägen gstrafft sind und von des gloubens wägen, nitt das er ungerächt sye, sunder das wir im nit gmäß gläbt. Und wiewol söliche straff groß, ist sie doch minder dann unser mißthat erforderet; und ist ouch nit so groß, dann das wir die väterlichen růten und hand gottes, ja sin väterliche trüw gegen uns noch erkennend, und inn siner leer und gnaden mee dann vor ye zůnemend und bevestnet[142] sind. Es soll unns ouch sölicher fal[143] von unserem herren und gott, dem wir noch styff anhangend, keins wägs abfällig machen, so wyt fälts[144], das Luters prophetzy und zeychendüten[145] waar sye. Wir sůchend aber nit unser eer, wöllend ouch uns hiemit nüt růmen; das wir sind, sind wir uß gottes gnaden. Begerend ouch hiemit dem Luter sin eer und namen keins wägs zeschmeleren noch zeverkleyneren, verachtend im sin leer nit, haltend in für einen thüren diener gottes, erkennend, daß gott vil unnd grossen nutz durch in inn aller wält gschafft hatt. Das wöllend aber wir in ermant haben, das er gedencke, das er ouch ||^(A8v.) ein mensch sye, und das es nit alles geist sye, das er schrybt, redt und handlet; das er ouch irren möge, das er sine armen mitarbeiter imm wärck gottes (uns) nitt so gar verachte. Dann ouch Petrus nach dem empfangnen geist geirret und von Paulo straff[146] geduldet hatt[147]. Wir sollend ye fleisch nit für geist verkouffen[148]. Saul was von gott erwelt, irret ouch in vil dingen. Des glychen David, ein mensch nach gottes willen, wie kan der sinen eebruch under dem geist verkauffen? Es hatt doch Moses der getrüw diener gefält und gestruchlet. Darumb bitten wir den Luter, er wölle uns für brüder erkennen, sich nit von uns abtrennen, uns nit verschupffen, wir erbietend[149] uns alles fridens und liebe gegen im, allein er tringe uns nit von erkannter warheit.

Und dwyl aber Luter uns, den übelthäteren, die umb ir mißthat hinuß an die richtstat gefůrt werdend, verglychet[150], ist unser demütig bitt an u.f.g., ouch an alle frommen fürsten und herren, stett und alle ständ des heiligen römischen rychs, man wölle nitt glych uffs Luters schryben einen biderben man mit wyb und kind ins ellend[151] tryben[152], der nit glich kan glouben, was der Luter gloubt. Oder wo habend wir deß yena byspil in der leer Christi und der apostelen? U.f.g. wölle vil

---

[136] besiegt (SI VII 488).
[137] Beweis.
[138] Vgl. WA XXX/3 550,25–30.
[139] Vgl. 2Chr 35,20–24.
[140] Vgl. 2Kön 25.
[141] verwandelt.
[142] gefestigt, bestärkt (SI I 1120).
[143] Unfall, Unglück (SI I 734).
[144] fehlt es (gemeint an Richtigkeit).
[145] Vgl. WA XXX/3 551,33f.
[146] Tadel (SI XI 2059).
[147] Vgl. Gal 2,11–21.
[148] ausgeben für (SI III 172).
[149] entbieten (SI IV 1870).
[150] Bezieht sich wahrscheinlich auf Luthers Äußerung: «... denn wir auch die ubeltheter, so durch offentlich gericht gestrafft odder abgethan werden...» (WA XXX/3 551,2f).
[151] Ausland, Verbannung (SI I 177).
[152] Vgl. Luthers Ratschlag an Albrecht, die Reformierten des Landes zu verweisen (WA XXX/3 552,32–553,3).

styffer sin, dann das sy sich ab einer sölichen gschrifft¹⁵³ ‖ ᴮ¹ʳ· eines menschen lasse wider fromm unschuldig lüt verwilden¹⁵⁴. Nun vermeynend wir ye ouch christen sin, ob wir glych in disem artickel und mit den bilden¹⁵⁵ dem Luter nit könnend zůfallen¹⁵⁶. Die liebe mit dem glouben der worten gottes ist uns der thürest schatz. Den glouben der gschrifft haltend wir thür und hoch, forschend im täglich flyssig nach, bittend gott das er uns die gschrifft ufschliesse¹⁵⁷. Wo wirs ergryffend¹⁵⁸, sagend wir im danck und lassend uns davon nit abtryben, wir wöllends ouch weder gemeert noch gemindert haben. Der heiligen vätteren gschrifft nemmend wir mit aller zucht und eererbieten an, verglychend sy flyssig mit der gschrifft und haltend sy inn denen eeren, inn denen sy begerend gehalten werden; was die gschrifft nit verwirfft, verwärffend wir ouch nit; wir bietend allen menschen liebe an, und nemmend sy ouch an von anderen. Und so glych¹⁵⁹ etlich irrend, verwärffend wir sy darumb nit glych, sind alle zyt bereitet, mit senfftmůtigkeit bscheid¹⁶⁰ der leer zenemmen und zegäben. Wir sprächend nit, das es schlächt¹⁶¹ brot und wyn sye, redend ouch nit verachtlich darvon, sunder nennends mit Paulo ein brott des herren, ein brot derncksagung, nennends den lyb und blůt Christi mit Christo. Aber die zůgethanen wort vom Luter und anderen, uß wölichen zangk und strit ᵃ gefaßt¹⁶² mögend werden, vermeinend wir unnötig, ergerlich unnd ‖ ᴮ¹ᵛ· gfarlich sin. Wir bekennend ouch und gloubend, das der lychnam¹⁶³ Christi, der für uns in tod gegeben, unnd sin blůt, das zů abwäschung unserer sünnd am crütz vergossen ist, warlich imm nachtmal zegegen sye unnd vonn den glöubigen genossen werde; aber der gstalt wie es dem glouben und gschrifft gemäß ist; wie es von den glöubigen verstanden und genossen mag werden, und so vil es ein spyß der seelen syn mag. Wir begärend offenlich und klarlich vor unseren kilchen¹⁶⁴ von disem handel zereden unnd der maß, das uns die kilch verstande. Wir gand mit warheyt umb und begerend nieman zebetriegen, nieman zeverfůren, darumb schücht unns¹⁶⁵ ab dem liecht gar nüt. Diß sye, hochgeborner fürst, uf des Luters anklag unser kurtze antwurt an u.f.g. und alle glöubigen, die wir umb gottes willen bittend, in disem handel nit zegahen¹⁶⁶. Volge man dem rat Gamalielis¹⁶⁷, ist unser sach nit uß gott, so mag sy nit bstan; ist sy uß gott (deß wir nit zwyfel tragend), mag sy nieman ußrüten noch temmen¹⁶⁸. Was wil man sich dann eintwäders vergäbens bemüegen¹⁶⁹, oder wider gott verhouwen¹⁷⁰?

Des Bertrams bůchlin¹⁷¹, so wir u.f.g. zůschrybend¹⁷², ist von uns nit ußgangen, das wir ütz¹⁷³ unserer meinung zebevesten¹⁷⁴ damit wöllend ynfůren, sonder dar-

---

ᵃ *in der Vorlage* strick.

¹⁵³ Luthers Sendschreiben.
¹⁵⁴ wild machen, zornig machen.
¹⁵⁵ Bildern (SI IV 1197).
¹⁵⁶ zustimmen (SI I 757).
¹⁵⁷ verständlich mache.
¹⁵⁸ begreifen, erfassen (SI II 715).
¹⁵⁹ wenn gleichwohl.
¹⁶⁰ Auskunft, Belehrung.
¹⁶¹ gewöhnlich, einfach (SI IX 50–52).
¹⁶² entstehen könnte.
¹⁶³ Leib.
¹⁶⁴ Kirchengemeinschaft, Kirchenvolk (SI III 232f).
¹⁶⁵ unpersönliche Form von: scheuen vor, zurückscheuen (SI VIII 128).
¹⁶⁶ eilig handeln, überstürzt handeln (SI II 101f).
¹⁶⁷ Vgl. Apg 5,38f.
¹⁶⁸ abwehren, bezwingen, unterdrücken (SI XII 1783).
¹⁶⁹ bemühen, anstrengen.
¹⁷⁰ sich verfehlen (SI II 1810).
¹⁷¹ Siehe oben Anm. 43.
¹⁷² zueignen, widmen (SI IX 1525 und 1527).
¹⁷³ etwas.
¹⁷⁴ zu befestigen, zu untermauern.

umb, das u.f.g. und alle menschen sehind, das vor zyten unser mei- ‖ [B2r.] nung von den frommen leereren ouch gehalten ist. Es wölle sich ouch nieman ab etlichen worten, die von etlichen leerern in disem bůchlin gebrucht werdend, ergern, als consecrieren, opfferen, altar, wasser in wyn thůn etc. Dann sy uf ir zyt[175] doch in gůtem verstand also zereden gepflegt habend, vil mee sähe man uf den zwäck, daruff der fromm Bertram yemerdar tringt: namlich, das der lyb und das blůt Christi, das am crütz für uns geopffert ist, nit lyblich wäsenlich da sye, sonder allein imm glouben, in der gedächtnuß, in mysterio et sacramento. Nit on gefärd[176], sunder uß göttlicher fürsichtigkeit ist diß bůchlin yetz zů unseren zyten herfür kommen[177]; dann wie es vormals keiser Karle zů geschriben ist, also verhoffend wir, keyserliche maiestat[178] werde sölichs bůchly nit verachten, sunder, dwyl der namm mit einstimpt[179], flyssig läsen und sich der meynung ouch halten.

Wir bittend, u.f.g. wölle uns armen unwirdigen unser schryben nit verargen, sonder es der meinung, wie es geschähen, von uns empfahen und zů gůt halten.

Geben uf den sibentzehenden tag brachmonadts.

U.f.g. willige diener des worts zů Zürich.

[107]

Johannes Adlischwyler an Bullinger

Rheinfelden, 18. Juni 1532

Autograph: Zürich StA, E II 355, 40. Siegelspur. – Ungedruckt

Bedauert das Unglück und die Verluste, die Bullinger und seine Frau durch die Kriegsereignisse erlitten haben, freut sich, daß ihnen nichts Ernsthaftes zugestoßen ist, und beglückwünscht Bullinger zu seinem neuen Amt. Grüße.

Mein früntlich willig diennst unnd was ich eerenn liebs unnd gůts vermag, sye euch alzeit zůvor, früntlicher lieber herr unnd schwager.

Ewer schrybenn[1] der cleglichen verendrung, die sich verschiner[2] zeit by euch so unversehenlichen zůgetragen[3], darzů die groß widerwertigkeit, so euch und miner schwöster[4] inn solcher enpörung[5] zůgestanden[6], hab ich alles inhallts vernomen, unnd ist mir sölches alles inn trüwenn leyd. Ich hab ouch inn berürter hanndlung miner schwöster halben vil sorgelicher anfechtungen[7] gehept und erlitten; dann ich alwegen[8] besorget, das irn[9] etwas untzucht[10] und schmach von den unverwütten[11] lütten begegnette, das doch, gott sye lob, inn allweg verhüt worden. Nachdem

---

[175] zu ihrer Zeit.
[176] ungefähr, zufällig.
[177] entdeckt worden, bekannt geworden.
[178] Kaiser Karl V. Offenbar zielte diese Übersetzung der Ratramnusschrift auch auf den Kaiser.
[179] weil der Name übereinstimmt.

[1] Nicht erhalten.
[2] vergangener (SI VIII 824f).
[3] Gemeint ist die Niederlage im Zweiten Kappelerkrieg.
[4] Bullingers Frau Anna, geb. Adlischwyler.
[5] Erhebung, Aufbruch in Waffen (SI IV 1510).
[6] zugestoßen (SI XI 745f). – Gemeint ist die Vertreibung der Familie Bullinger aus Bremgarten, s. *Pestalozzi* 66f; *Blanke* 129f und 149f.
[7] Sorgen, Ängste (s. SI I 666. VII 1320).
[8] allewege, immer (Grimm XIII 2923f).
[9] ihr.
[10] Zuchtlosigkeit (Grimm XI/III 2306f).
[11] durch die Vorsilbe «un-» wohl verstärktes

aber euch hieruff uß göttlicher fürsehung dermassen ein christliche amptsverse-
hung[12] angevallen[13], zů derselben thůn ich euch vil glücks wünschen, dann mir
sölchs ein grosse freyd ist, inn gůtter hoffnung, ir werden dasselbig zů pflantzung
götlicher eeren und zů nutz der mentschen seelen versehenn. Desglichen wöllent ir
mein schwöster alzeit inn trüwem bevelch[14] haben, auch iren von minettwegenn[15]
vil gůts sagen[16].

Mein husfraw[17], die nun zwentzig wuchen ein bedtrys[18] gewesenn, laßt euch und
mein liebe schwöster gar früntlichen grüssen, mit hertzlichem begeren, ir wöllent
gott den herren für sy und unns alle pitten, auch unns alzeit lassen bevolhen sein.

Datum inn il uff den 18. tag juny anno etc. 32.

　　　　　　　　　　　　Ewer gůtwilliger Johann Adlischwyler,
　　　　　　　　　　　　　　　　　statschryber zů Rynfelden.

[Adresse auf der Rückseite:] Dem ersamen wolgelertten herrn Heinrichen Bullinger, fryer künsten Meister und des wirdigen stiffts Sannt Felix und Regula zů
Zürch predicannt, minem früntlichenn liebenn schwager.

[108]

[Wolfgang Capito][1] an Bullinger

Straßburg, 24. Juni 1532

Autograph: Zürich StA, E II 347,29f. Siegelspur. – Ungedruckt

Mahnung zum Frieden in der Eidgenossenschaft. Ist einverstanden mit der Schrift gegen Fabri, empfiehlt aber Zurückhaltung gegenüber Luther. Bedenken wegen der wenig maßvollen Schrift Juds. Berichtet über die Verhandlungen in Regensburg und Nürnberg. Grüße.

Gratiam et pacem.

Non dici potest, quanto nos gaudio edictum publicum[2] adiunctis literis tuis[3] affe-
cerit. Video afflictis rebus adesse cominus celestem favorem. Prospiciebam fore,
quod nunc in oculis est, Quinquepagicos victoriam acerbissime persecuturos, ut
fert insolentium militum natura. Premonui ad concordiam verbis coram, literis absens. Instantissime sum cohortatus tam fratres symmistas quam magistratum, quem

---

　　verwüt = rasend, wütend (Grimm XII/I
　　2412; vgl. SI I 297f).
[12] Besorgung eines Amtes (SI VII 576f).
[13] zugefallen, zuteilgeworden (SI I 753). – Ge-
　　meint ist die Wahl Bullingers ans Großmün-
　　ster in Zürich, s. Endre Zsindely, Heinrich
　　Bullingers Berufungen im Jahre 1531, in:
　　Zwa XII 668–676.
[14] Obhut, Fürsorge (SI I 798).
[15] von mir, in meinem Auftrag bzw. Namen
　　(s. Grimm XIII 3093f).
[16] In seinem gleichzeitig geschriebenen Brief
　　an seine Schwester wirft er ihr allerdings
　　vor, ihre drei Jahre früher erfolgte Vermäh-
　　lung mit Bullinger ihm nicht mitgeteilt zu
　　haben (Zürich StA, E II 355,50).
[17] Ehefrau. – Johannes Adlischwyler war zwei-
　　mal verheiratet. Da das Datum der zweiten
　　Eheschließung nicht bekannt ist, läßt sich
　　die Identität der Ehefrau nicht feststellen
　　(vgl. HBLS I 109).
[18] bettlägerig (SI VI 1363f).

[1] Zwar fehlt die Unterschrift Capitos, doch
　　ist der Brief zweifelsfrei von seiner Hand
　　geschrieben.
[2] Das Zürcher Messemandat vom 29. Mai
　　1532, s. oben S. 129, Anm. 12.
[3] Nicht erhalten.

in illis tribus rebuspublicis⁴ disiectissimum vidi. Detrimentum accipient, si non caverint nostri, ipsorum respublicę, nedum publica sermonis divini administratio. Neque ratio alia superest cavendi nisi redintegrata cum piis magistratibus concordia, quo fratri periculis exposito frater adsit, magistratui oppresso vicinię magistratus. Ergo tu virum praebebis atque adeo dei hominem, cuius est pacem conciliare inter mentes pugnantissimas. Aspiret bene conanti Christus.

Quę tuᵃ ad calumnias Fabri⁵, legimus et probamus, sed cum primis gratum omnibus cordatis fecisti, quod non exagitasti Lutherum, ut meretur⁶. At male vereor Leonis conatum⁷ vix casurum eque feliciter. Nam brevi adnitemur orbi planum facere nos utrinque currere extra metas⁸ et neutros alteros pro christiana modestia estimare, sed quodᵇ infestis congrediamur animis. Quę indignitas ingratissima deo est. Miseret me integerrimorum virorum, quos hoc nostrum dissidium in perniciem coniicit, certe nudat facultatibus, eiicit possessionibus, predę exponit. Consentiunt nobis prophani. Ecclesiastę odiosis vexantur in nos suspicionibus, quasi verbo autoritatem adempturi nos essemus. Timent sibi a nobis, quasi conaremur autoritatem verbi elevare. Ideo optarem quam esse moderatissima, quę Leoni scribuntur. Reputandum scripturo, quod principes et civitates evangelici Zuinglianos pro hostibus censeri nolint. Et nos tam procaciter proripimus nos in pugnam praecipitati. Lutherus lacessit priorᶜ⁹, sed a suis contemnitur, si illi respondendo insanienti suum locum non redderemus. Non periclitabitur causa, ||³⁰ si talione abstinemus causa fideliter explanata. Et tamen spero, ut es ingenio miti, vehementiam Leoninam, si quid ille immoderatius prae se tulerit, moderatam. Reliqua in hanc rem ad Carolstadium¹⁰, quę velim lecta, cognita, meditata et expensa piis omnibus, postquam nihil ęque detester, quam funestissimam inter pios dimicationem. Dilectionis mutuę amica contentio nos decet potius. Nam sunt inter Lutheranos, quos Christi esse non dubito. Et tamen coryphęi erroribus subscribere propterea nolo, ut amplectar volens, quod convenit, hoc est, abunde feliciter actum putabo constare utrisque Christum et fidei iustificationem seclusis operibus miserę superstitionis, qua orbis quassatus est seculis aliquot. Nec retalior convitium, quod illis impatientia extorsit, modo superet recti conscientia. Suis tandem feroculi viribus ruent.

Constantissime postulat cesarᵈ presidium militare adversus Turcam, quem asseverat nunc irruere exercitu infinito¹¹. Principes papistici pridem annuerunt. Nostri

---

ᵃ tu *übergeschrieben.*
ᵇ quod *übergeschrieben.*
ᶜ prior *übergeschrieben.*
ᵈ cesar *übergeschrieben.*

4 Wohl Basel, Bern und Zürich.
5 Zu Fabris Schrift und Bullingers Antwort s. oben S. 110, Anm. 9.
6 Capito hatte eindringlich darum gebeten, Luthers Namen in der Antwort an Fabri nicht zu nennen, was Bullinger befolgte, s. oben S. 110, 23.
7 Leo Jud übersetzte die Schrift «De corpore et sanguine domini liber» des Ratramnus ins Deutsche. Diese Übersetzung erschien zusammen mit dem Brief der Zürcher Geistlichen an Albrecht von Preußen (s. oben Nr. 106) im Druck. Vielleicht war Capito der Meinung, Jud habe diesen Brief verfaßt (vgl. dazu oben S. 138, Anm. 1).
8 Was mit dieser sprichwörtlich klingenden Wendung konkret gemeint ist, konnte nicht geklärt werden.
9 Luthers Ausfälle gegen die schweizerischen Theologen in seinem Sendschreiben an Albrecht von Preußen (WA XXX/3 547–553), das die Zürcher Antwort vom 17. Juni 1532 auslöste.
10 Der Brief (wohl Capitos) an Karlstadt ist nicht erhalten.
11 Capitos Mitteilungen über die Verhandlungen in Regensburg und besonders in Nürnberg decken sich im wesentlichen mit dem Bericht der Straßburger Gesandten Jakob Sturm und Jakob Meyer vom 10. Juni 1532 aus Nürnberg, PC II 150–153. Den verwik-

vix repugnabunt, etsi pacis conditiones cesar nondum acceperit^e. Donavit autem, ut iuxta nostras confessiones oblatas Auguste^12 doctrinam ac vitam continuaremus. Deinde permisit ecclesiasticorum bona, ut hoc tempore commutata sunt, in usus privatos, mox ne ecclesiastici suos census a nostris magistratibus in alium aliquem, papisticam iurisdictionem^f, transferant. Postremo arbitri principis^13 spem fecerunt se obtenturos esse tam a cesare quam imperii statibus, quominus Zuinglii nomen articulis concordię^g odiosius perstringatur. Nam voluerunt antea^14, ut nostri promitterent se refragaturos, erroribus Zuinglianis et anabaptistarum^15. Nostri hoc profitentur, se vitaturos esse ac repugnaturos omnibus, qui contra eorum confessiones faciant. Tanta fides prophanorum in gentem vestram, ut nolint ullam adversus vos inimicitiam prae se ferre, sed et adeo ipsis videtur rebus esse inter nos consensionem, ut renuant fateri erratum esse a Zuinglio. Utinam nos eadem moderatione susque deque ferremus, quę furiosuli destomachantur. Nam nihil incommodabunt nisi nostra impatientia adiuti.

Vale. Fratres omnes salutabis plurimum, dominum similiter Reschium^16, questores^17, maxime vero celebres pietatis nomine.

Argentorati, 24. iunii anno 1532.

[Adresse, p. 32:] Ornatissimo viro Henrico Bullingero, ecclesiastę Tygurino, tanquam fratri in domino observando. Zürich.

---

^e *am Rand von Capitos Hand:* Exercitum non penitendum evangelici conscribunt, opinor, immitendum Turcis.
^f iurisdictionem *übergeschrieben.*
^g articulis concordię *übergeschrieben.*

    kelten Gang der Verhandlungen beschreibt *Winckelmann.*
12 Die Augsburger Konfession mit der Apologie, s. PC II 129.
13 Als Unterhändler des Kaisers wirkten die Kurfürsten Albrecht von Mainz und Ludwig von der Pfalz.
14 Schon an den Verhandlungen in Schweinfurt stand das Problem der Zwinglianer und Täufer zur Diskussion, s. PC II 110; *Winckelmann* 190f.
15 Vergleiche den erwähnten Bericht der Straßburger Gesandten vom 10. Juni 1532: «wiewol die churfursten muntlich angezeigt, wu uns je der nam zwinglisch beschweren wolt, das si der hoffnung weren, denselben art. bei kai. mt. zu erlangen. wie si uns den vergangens samstags furgeschlagen», PC II 151f. Dieser Artikel sollte lauten: «das Sachsen und iere mitgewandtn denen, so nit glauben, das in dem heiligen sacrament, namlich under der gestalt des brots und weins der war leib und plut Christi unsers hern warhaftig zugegen sei, auch den widertäufern der leer und glaubens halber nit anhangen noch bistehn», PC II 152, Anm. 1.
16 Diethelm Röist.
17 Das Amt des Seckelmeisters bekleideten Jörg Berger und Hans Edlibach; Hans *Hüssy,* Das Finanzwesen der Stadt Zürich im Zeitalter der Reformation, Diss.phil.Zürich [1946], Maschinenschrift, Beilage 9; über die Genannten s. *Jacob* 127–129.145–147. Beide waren Capito vermutlich zumindest seit dessen Zürcher Aufenthalt zu Anfang des Jahres 1532 persönlich bekannt, Edlibach hatte außerdem im November 1531 sich in Straßburg vergeblich darum bemüht, ein Darlehen zur Begleichung von Zürichs Kriegskosten zu erhalten, s. ASchweizerRef IV 807.898; PC II 78.

[109]

Prediger aus Bern, Solothurn und Biel an die Prediger von Zürich

Zofingen, 9. Juli 1532

Original: Zürich StA, E II 337, 49. Siegel[1]. – Ungedruckt

Die zum Täufergespräch in Zofingen versammelten Pfarrer aus Bern, Solothurn und Biel wollen Bullingers Ratschläge befolgen; sie versprechen, sich ungeachtet der Annäherung zwischen Luther und den Straßburgern allein an das Gotteswort im Sinne der Berner Disputation zu halten, und wünschen dieselbe Standhaftigkeit auch von den Zürchern.

Gnad unnd frid von gott unnserm hern zuvor, günstigen liebenn brůder.

Üwer anzöig[2] habennt wir verstannden[3] unnd nach allem etc. unns gemeinlich unnd einhellengklich beraten unnd by uns beschlossnn, unangesechenn[4] die vereinbarung unnd verkherunng[5] dero von Straßburg und Luters[6] in demselben, by luterm heiligem wort gottes, uff unnser disputatz[7] erhaltten[8] unnd bißhar durch uns geprediget, war unnd stät[9] zů belyben, an[10] alle enndrung etc. Deßhalb ůch ouch zum trüwlichesten ermannt unnd gepettenn habenn, by demselben nach üwerm erpietenn[11], als wir hoffennt, getrüwlich unnd statthafft[12] zů belybenn[13]; wellnn wir wartenn, was joch[14] gott witer durch und mit uns wurcken, derselb uns ouch all in sinem namenn unnd sägen mit zugethaner[15] krafft sins geists[16] erhaltten, das wir üch insonderheit wünschent.

Datum 9. iulii anno etc. 32.

Ü[wer] gutwilligen gemein brůder, im wort diener, uß der statt unnd lanndtschafft von Bern, sampt etlichen von Solothurn unnd Bieln, uf dem gespräch Zoffingen.

[Adresse auf der Rückseite:] An die ersamen diener unnd vorständer[17] im wort des hern, Zürich, unnser insonnders getruwe liebenn brůder.

---

[1] Das Siegel ist identisch mit jenem auf Sebastian Hofmeisters Schreiben an Huldrych Zwingli wohl aus dem September 1528 (Z IX 566f). Hofmeister, Pfarrer von Zofingen, gehörte zu den Hauptorganisatoren des Täufergesprächs. Der Brief ist freilich nicht von seiner Hand.

[2] Mitteilung, Bericht. Es handelt sich wohl um Nr. 102.

[3] zur Kenntnis genommen (SI XI 656).

[4] ohne Rücksicht auf (SI VII 561).

[5] Mißdeutung, falsche Auslegung, möglich wäre auch: Kehrtwendung (gegenüber der früheren Haltung; vgl. SI III 439).

[6] Zur Annäherung der Straßburger Reformatoren an Luther am Schweinfurter Konvent im April/Mai 1532 und an der Tagung in Nürnberg am 3. Juli 1532, die als Wegbereitung zur Wittenberger Konkordie von 1536 dienten, s. oben S. 123,19–25. 151,39–50.

[7] Zur Berner Disputation von 1528 s. Alfred de Quervain, Geschichte der bernischen Kirchenreformation, in: Gedenkschrift zur Vierjahrhundertfeier der Bernischen Kirchenreformation, Bd. I, Bern 1928, S. 127–159; K. Lindt, Der theologische Gehalt der Berner-Disputation, aaO, S. 301–344; von Muralt, Renaissance und Reformation 482–484; Gottfried W. Locher, Die Berner Disputation 1528, in: 450 Jahre Berner Reformation. Beiträge zur Geschichte der Berner Reformation und zu Niklaus Manuel, Bern 1980. – AHVB 64/65, S. 138–155.

[8] durch Gründe erwiesen (SI II 1232).

[9] beständig (SI XI 1818).

[10] ohne.

[11] Anerbieten (vgl. SI IV 1869f). – Gemeint ist das Zürcher Messemandat vom 29. Mai 1532, s. oben S. 129, Anm. 12.

[12] standhaft, aufrecht (vgl. Grimm X/II 1 1022).

[13] Zur Befürchtung der Berner Pfarrer, Zürich könne von der Reformation abfallen, vgl. oben S. 80,38–48 und 99,3–6.

[14] auch immer (SI III 6).

[15] hinzugefügter (vgl. SI XIII 451).

[16] Vgl. Joh 14,26. 16,13.

[17] Vorsteher (SI XI 1002).

[110]

Bullinger an Martin Bucer

Zürich, 12. Juli 1532

Gleichzeitige Abschrift von Oswald Myconius [?] mit autographem Zusatz: Zürich StA, E II 338, 1362r.–1364r. Ohne Siegelspur. – Ungedruckt

In detaillierter Auseinandersetzung mit Bucers Brief an Leo Jud vom 23. Juni 1532 werden dessen Einigungsvorschläge und die Verteidigung Luthers zurückgewiesen. Falls die Unterschiede zwischen Luther und den Schweizern so gering seien, warum sind dann Konkordienanstrengungen überhaupt nötig? Luthers Verhalten gegenüber den Schweizern ist eines Christen unwürdig. Die größere Wahrheitsliebe ist bei Luthers Widersachern. Straßburgs Unterschrift unter die Confessio Augustana können die Schweizer, deren Lehre sich nicht gewandelt hat, weder billigen noch nachvollziehen. Verschiedene in diesem Bekenntnis gemachte Aussagen sind untragbar. Nicht nur Jud und Bullinger, auch die anderen Theologen Pellikan, Bibliander, Karlstadt und Schmid sind dieser Meinung. Wie aus einem Brief von in Zofingen versammelten Berner, Solothurner und Bieler Prädikanten [Nr. 109] hervorgeht, billigen diese Zürichs ablehnende Haltung. Bucer möge sich an seine Zustimmung zu den zehn Thesen der Berner Disputation erinnern.

Gratiam et vitae innocentiam a domino.

Adeo ad tuam illam Leoni scriptam obstupui epistolam[1], Bucere doctissime, ut non potuerim non ista haec nostra qualiacunque tandem tuis opponere. Quae cum amico profecta sint animo, non dubito, quin ea boni sis consulturus. Tota autem epistola tua in hoc versatur potissimum, ut nobis persuadeas Luthero vel subscribamus vel cedamus in eucharistiae negotio; sic quidem[a] vos dogmatis subscripsisse Saxonicis[2]. Priusquam vero ordiaris[3], impetrare niteris, ut te tua fide frui liceat, quandoquidem Leonem sua abundare permittas. Cui equidem non multum repugnaverim, modo fides suam servet regulam. Scimus enim «fidem ex auditu esse, auditum autem per verbum dei» [Röm 10,17]. Scimus item ab apostolo scriptum esse: «Si quis loquitur, loquatur ut eloquia dei» [1Petr 4,11]; «quodsi alii fuerit revelatum assidenti, prior taceat» [1Kor 14,30]; «spiritus autem prophetis subiiciuntur. Non enim confusionis author est deus, sed pacis» [1Kor 14,32f], et alibi: «Quotquot igitur perfecti sumus, hoc sentiamus. Quodsi quis aliud senserit, hoc quoque», nempe id, quod perfecti sentiunt, «revelabit deus, ita tamen, ut in eo, quod assequti sumus, idem sentiamus et in eadem regula procedamus» [Phil 3,15f]. Et proinde, si fides vel tua, mi Bucere, vel alterius cuiuspiam ex verbo veritatis est, suscipimus, sin secus, cum modestia declinamus. Ita et in Lutheri negotio. Si Lutherus spiritum habet propheticum, prophetis subiicitur, porro, si prophetis subiicitur, veritatem plane fatebitur, hanc vero si confessus fuerit, sublata erit omnis discordia. Caeterum,

---

[a] *in der Vorlage* siquidem. *Vgl. S. 193,30.*

[1] Bucer an Jud, 23. Juni 1532, Zürich StA, E II 345,126–141, Kopie Bullingers (*Rott*, Bullinger und Straßburg 266, Nr. 12). Zitate aus diesem Brief sind im folgenden durch Anführungszeichen kenntlich gemacht. Gleichzeitig mit Bullinger antwortete Leo Jud Bucer, Zürich StA, E II 345,122–125 (*Rott*, Bullinger und Straßburg 267, Nr. 15).

[2] In der Überzeugung, das Augsburger Bekenntnis widerspreche in der Lehre dem Vierstädtebekenntnis nicht, hatten Bucer und die Straßburger Prediger dessen Anerkennung empfohlen; s. das Gutachten vom März 1532, BucerDS IV 416–427 und *Köhler*, ZL II 302–305.

[3] Bevor Bucer in seinem Brief vom 23. Juni 1532 auf die eigentlichen Streitpunkte zu sprechen kommt, bittet er Jud, dieser möge ihm seinen Glauben lassen, wie er Jud den seinen lasse.

si non subiicitur, sed turbas movet, spiritum dei, qui pacis, non turbarum author est, non habet. Quis ergo illi subscribat? Equidem Paulus non vult concordię gratia suscipi imbecillius, sed infirmiores dicit ita a deo duci, ut id amplectantur, quod sit perfectius[4]. Iam vero tu ipse, quodnam illud in eucharistia perfectius sit, edisseras licebit. Edissere itaque nobis, doctissime Bucere, quodnam illud doctrinę genus sit, quod a deo in eucharistia assequuti sumus, in quo nos consentimus eademque regula procedimus, Lutherine an nostrum. Certe Lutheri dogma infirmius est, id quod vel tui convincunt libri[5], perfectius itaque nostrum. Si enim idem est utrorumque placitum, quid tu pro concordia laboras, quę alias per veritatis coiit assensum? Si vero diversum est et nostrum perfectius, illud infirmius, cur ad eam nos vocas concordiam, ad quam Paulus non vocavit?

Sed dicis: «Scio ex verbis et scriptis, quod nihil vel verbis vel sacramentis tribuat quam admonitionem et exercitationem animi ad fidem». Atque utinam sic haberet res, ipseque Lutherus id, quod nolenti obtrudis, libere confiteretur. Tu quidem impense velles Lutherum sic loqui, sic sentire, sic sua ipsius verba intelligere. Et fortassis faceret, si a contentioso appellares ad tranquillum. Sed talis esse non vult. Nam si unquam voluisset, tu non tot laboris in concordia sarcienda frustra insumpsisses, id quod ipse fateris, te infecta re subinde frustratum dialogo scripto, colloquiis item Marpurgi, Augustae et Koburgi habitis[6]. Quid igitur aliud sentientem facimus, quam ipse sentiat aut sentire velit? Quid eum, oro, sathanae obtrudimus, qui sese prius dęmoni tradidit, si ita, ut tu de eo praedicas, sentire coeperit? Quid, quod tu ipse in hac ipsa tua epistola: «Si circa eucharistiam», inquis, «credat et doceat ex promissione dei statui corporalem quandam Christi praesentiam supra eam, qua se nostris mentibus inserit, cum tamen nec praesentiam hanc nec eius fidem cuiquam saluti esse diserte fateatur, sed omnia in ea fide collocet, qua creditur Christum pro nobis mortuum, quantus, queso, error?». Hunc tu illi errorem censes condonandum. Et sane condonaremus, si unquam candidae synceritatis in hoc homine invenissemus quicquam, si is non abuteretur indulgentia nostra, imo, si hoc per veritatis simplicitatem condonare liceret. Quid enim opus est aliam praesentiam fingere quam eam, quę scripturis est tradita? Quas ille nobis promissiones dei de corporali citabit praesentia? Sed quid necessum erat corporalem statui praesentiam, denique aliam cum sophistis fidem excogitare, quam quę salutaris sit? Quod si omnia illa sua figmenta, de quibus interim disceptatur, nihil ad salutem facere fatetur, certe pro re nihili contendit, sed et perfido et impiissimo iuditio nos damnavit, imo et ecclesię dei hactenus illusit. Si enim caro commesta nihil prodest, quid ille perpetuo contentionis funem trahit? Quur hoc docentes insequitur, in exilium pellit et caedendos suadet? An vero hęc est viri theologi synceritas, veritatis lucem tenebris involvere, imposturas in || [1362v] re aperta tegere et tricas in simplicitate christiana nectere, idque totum contentionis et arrogantię studio facere? An illud nobis excidit, quod poeta dixit: «ἁπλοῦς ὁ μῦθος τῆς ἀληθείας ἔφυ, ὁ δ' ἄδι-

---

[4] Vgl. Röm 14.
[5] Bullinger konnte besonders aufgrund von Bucers «Vergleichung D. Luthers, vnnd seins gegentheyls vom Abentmal Christi. Dialogus Das ist eyn freündtlich gesprech», 1528, mit guten Gründen dieser Anschauung sein, da in dieser für Bucers Konkordienbemühungen grundlegenden Schrift die zwinglianischen Ansichten dominieren, s. Bucer DS II 295–383; *Köhler*, ZL I 770–791; unten Anm. 6.
[6] Bucer weist in dem Brief an Jud selbst auf seine Konkordienbemühungen hin und erwähnt den Dialog (s. oben Anm. 5) sowie

κος λόγος νοσῶν ἐν αὐτῷ φαρμάκων δεῖται σοφῶν»[7], vel illud sacratissimum Pauli: «Num ea, quae cogito, secundum carnem cogito, ut sit apud me, quod est etiam etiam, et quod est non non? Imo testor deum, quod sermo noster erga vos non fuit etiam et non. Nam dei filius, qui inter vos praedicatus est a nobis, non fuit etiam et non, sed constans de eo veritas fuit» [2Kor 1,17–19]. «Non enim sumus ut plerique καπηλεύοντες verbum dei, sed velut ex synceritate, sed velut ex deo in conspectu dei per Christum loquimur» [2Kor 2,17]? Quod ergo tu mones consyderandam esse omnem Christi ecclesiam, ipse iudica, Bucere charissime, num id sit ecclesię rationem habere, tenebrioni alicui consentire, ad illius imposturas connivere, pati, ut is verborum involucro simplicioribus imponat, cordatiores vero circumducat et deferat itaque totae ecclesię dei, sanctae Christi sponsę, in conspectu dei illudat idque totum agat, ne designatum errorem fateri videatur.

Cessit equidem Sauli David[8], sed in rebus ad regnum mundanum et ad suum ipsius corpus spectantibus. Nos in ecclesia sumus, quę regnum Christi et veritatis est, quae fidei verae et simplicitati purę nititur, iis ducitur, iisdem et conservatur. Ea si cordi sunt Luthero, aliam sane fidem praeter salutarem nesciet, sed et ipsam christianam simplicitatem tricis non involvet. Putas tu quidem rixanti nauclero, si illius morositas citra navis insigne periculum ferri possit, cedendum esse, ne tota per contentionem pereat navis. Sed illud interim, mi Bucere, in controversiam venit, num Lutheri morositas et intoleranda illa superbia, illa item dentata in optimos quosque dicacitas et plus quam rapida vesania, illa in sacrosanctam veritatem et simplicitatem libido, qua pro libito quęque figit et refigit, involuit et pervertit, num, inquam, ista citra veritatis dispendium ferri possint, rursus, an hoc proborum sit, in eadem navi navigari et ad nauclerі ebrietatem, temeritatem et improbitatem connivere, unde postea omnibus probis capitale existat periculum. Et tu quidem: «An non malis hunc ferre», inquis, «quam si quis ceremoniarum Mosis tantam necessitatem faciat, ut sine illarum observatione Christum satis esse non ducat?» Quid vero, mi Bucere, si neque hunc neque illum feram, quod hic prorsus Christum evacuet, ille vero agnitae veritati repugnet, nec repugnet solum, sed et singulari impudentia ausit petere, ut totus orbis in sua iuret verba neque alia usurpet, quam quae ipse usurpare solet? «Verum errorem illum tulit», inquis, «Paulus, nec tulit solum, verum se quoque ceremoniarum observatorem facto comprobavit.» Atqui tu hic videris, Bucere, quid tulerit Paulus, quur tulerit, et quamdiu tulerit. Ego sane longe alia invenio in Actis ca. 15 [1–21] et in Galatis maxime cap. 2 [11–21], ubi et Petro nonnihil iudaizanti palam resistit in fatiem et post paucula hęc subicit verba: «Quodsi, quae destruxi, ea rursum ędifico, transgressorem meipsum constituo» [Gal 2,18], et iterum: «Ecce ego Paulus dico vobis, quod si circumcidamini, Christus nihil vobis proderit» etc. [Gal 5,2]. Ecce, quid dici poterat planius? Quid vividius, quam quod ad Hebręos scripsit? Quid ergo dicemus? Idne, quod hęretici, si vera narrat Tertullianus, apostolos aliud aliis tradidisse[9]? Verum haec sententia ut falsissima iam olim e Christi theatro explosa est. Nam etiam si Paulus omnia factus sit omnibus, eadem tamen semper apud eum mansit Christi doctrina. Quod enim

---

die Gespräche von Marburg, Augsburg und mit Luther auf der Coburg im September 1530.
[7] Euripides, Phoinissai 469.471f.
[8] 1Sam 19,10. 21,11 u. a.
[9] Wahrscheinlich bezieht sich Bullinger auf «De praescriptione haereticorum», cap. 35 und 36.

unicum purificationis atinet exemplum, scimus aliam esse rationem facti, aliam iuris.

Sed tu, qui nullum non moves lapidem¹⁰, iterato ingeris: «Qui vero || ¹³⁶³ʳ· unum non sunt, Christi non sunt. At qui Christi esse dubitantur, nunquam evangelium digno fructu praedicaverint». Hic autem perpetuo omittis, charissime Bucere, quorum culpa fiat, quo minus unum simus. Sane non nostra. A nostra enim parte stat constans veritas et christiana simplicitas, quę a nobis tuto et sana consciencia deseri non possunt. Lutheri itaque culpa fit, quo minus congruamus. Is enim λογομαχίᾳ καὶ κενοδοξίᾳ¹¹· correptus neque veritati cedit neque novas subinde rixandi telas in medium ponere cessat. In illum itaque, non in nos congruit, quod dicis, nullo digno fructu a dissidentibus evangelium praedicari posse. Ideoque tu videris, quo iure et consilio Lutherum omnibus in orbe praetuleris doctoribus. Nam si, ut libere tecum loquar, maledicendi et garrulitatis studium quis spectet, ita primas inter doctos tenebit et Thersites¹² principem locum obtinebat inter heroas Graecanicos. Si vero quis pietatis restitutionem, eruditionem piam et iuditium in sacris acerrimum, laborem indefessum et constantiam prudentiamve exercitatissimam puro contempletur animo, iam Lutherus neque Capnioni¹³ neque Erasmo neque Pellicano neque Oecolampadio neque Zuinglio, primariis in vera religione viris, vel matulam poterit porrigere¹⁴. Quid itaque istis immoramur? Quid adhuc personas respicimus? Quibus illud Pauli iam olim perspectissimum oportuerat: «Ab his, qui videbantur aliquid esse – quales aliquando fuerint, nihil mea retulerit. Personam hominis deus non accipit – mihi quidem, qui videbantur esse in pretio, nihil contulerunt» [Gal 2,6], et iterum: «Quis igitur est Paulus, quis autem Appollos nisi ministri, per quos credidistis, et ut cuique dominus dedit? Non qui plantat, est aliquid, neque qui rigat, sed qui incrementum dat, deus» [1Kor 3,4f.7]. Quod profectum et incrementum Lutheranarum attinet ecclesiarum, scimus diem domini declaraturum, quale cuiusque opus sit. Nos interim scimus et Arrii¹⁵ et Machumetis¹⁶ doctrinam per universum pene orientem fuisse dispersam, quanquam Lutherum istis nondum prorsus conferamus. De incremento et assensu loquimur ecclesiarum.

Quęris hic, quo pacto itaque hoc malum a nobis propulsabimus. Certe nulla veritatis iactura. Nam praestabilius est istud mali nostro etiam malo ferre diutius quam male sartam pacem cum eo suscipere homine, qui malit sibi quam veritati omnem gloriam deferri. «Convitium itaque rependetis convitio»? Non puto. Neque enim id hactenus soliti sumus. Nam quoties adversarii in nos eiusmodi eiacularunt fulmina, quę nec ipsa dei et fidei gloria nec ipsum verbi ministerium dissimulare suaserunt, tanta tamen modestia extincta sunt, ut non pro dignitate tractaverimus istorum quemquam. Modesta itaque etiam nunc, et quoties dei gloria et ecclesiarum nostrarum suadebit commodum, veritatis negotium in praesenti causa et aliis necessariis non modo contra Lutherum, sed adversus omnes veritatis hostes, turba-

---

¹⁰ Adagia, 1,4,30 (LB II 161f).
¹¹ Vgl. 1Tim 6,4; Weish 14,14.
¹² Der durch Häßlichkeit und lästerliche Reden aus der Ilias bekannte Grieche vor Troja.
¹³ Johannes Reuchlin.
¹⁴ Adagia, 1,5,94 (LB II 217f).
¹⁵ Für Bullinger galt Arius als Prototyp eines altkirchlichen Ketzers, s. HBBW I 98.108.110.
¹⁶ Bullinger teilt die im 16. Jahrhundert vorherrschende Ansicht, Mohammed habe die christliche Lehre verfälscht, siehe den Abschnitt «Die Doctrina Machometi als Verfälschung des christlichen Glaubens» bei Rudolf *Pfister*, Reformation, Türken und Islam, in: Zwa X 356–360.

tores et perversores tuebimur iis viribus, quas divina nobis subministrabit gratia. Sed nihil proficietis «apud eos», inquis, «quibus defensio approbanda erat». Id vero non nobis primum, sed maximis etiam et sanctissimis viris ab ipso mundi exordio usu venit. Nihil enim proficiebant apud hostes veritatis neque prophetę neque apostoli etiam scriptis amantissimis. Sed nunquid eius rei gratia a defensione veritatis palma adversariis relicta discedebant? Proinde: «Qui nocet, noceat adhuc, et qui sordidus est, sordescat adhuc» [Apg 22,11]. Quodsi Lutherus ipse magis hoc irritabitur, quo strenuius nos simplicitatem[b] veritatis tuebimur, speramus fore, ut ex ea re omnes in ecclesia sancti discere possint, quo agatur spiritu Lutherus.

Quid vero multis? Non didicimus, charissime Bucere, duabus sedere sellis[17]. Si Christi corpus ad dexteram dei corporaliter est, certe in coena corporaliter non est. Nec interim ignoramus, quid et quomodo locuti sint veteres. Porro, si in dextera patris et in coena simul et semel corporaliter est, corpus Christi infinitum est. Quod autem infinitum est, corpus non est. Ergo Christi corpus corpus non est. Sane Helias clamabat: «Usque quo claudicabitis in utramque partem?» [1Kön 18,21] Clamat et Paulus: «Quae communia luci cum tenebris?» [2Kor 6,14] Clamavit et universa vetustas: «ἁπλᾶ καὶ σαφῆ τὰ δίκαια.»[18] Iam vero deum testamur, quod glorię Lutheri, quantum illi impartitus est deus, prorsus non invidemus neque volentes cum eo disceptamus, sed quęcunque facimus, amore veritatis et simplicitatis facimus. Id vero sic habere hac re probabimus ac nunc tibi pollicemur, quod Lutherum ut fratrem arctissimum[19] suscipiemus, quamprimum ille omnem gloriam veritati dederit, sanctos et optime de ecclesia Christi meritos viros, ipsos denique nostrum, imo non nostrum, sed dei de eucharistia dogma sequentes homines innoxios, Carolostadius[20] is sit sive Zuinglius[21] sive Oecolampadius[22] sive alius aliquis, mordere et persequi desierit, simplicitatem nebulis involvere, recta pervertere, pura captiose efferre, dentatas chartas[23] et famosos, ut aiunt, libellos scribere, maledicere, calumniari et hęreticos vel suermerios vates proclamare cessaverit. Haec porro gravia illi non erunt, imo promptissime et sua sponte, si modo nostrę nobiscum, ut ais, fuerit sententię, praestabit. Sin secus, iam malumus a turbulento Lutheranorum male audire manipulo quam ab omnibus sanctis hypocritę ipsa re et nomine appellari. Nam semel constituimus, quod et per gratiam dei praestabimus, veritati sanctę et pie simplicitati impendere vitam, nemini cedere, nisi melius aliquid «assidenti fuerit revelatum» [1Kor 14,30]. «Breve est tempus vitę, quod restat» [1Kor 7,29], inconstans mundus, inconstantiores homines, pavidi et ad sanctam dei crucem trepidi. At nolumus nos ista aliquando, si deus aspiraverit, Paulina notari sententia: «Quicunque volunt iuxta faciem placere in carne, hi cogunt vos circumcidi, tantum ne ob crucem Christi persequutionem patiantur» etc. [Gal 6,12].

---

[b] *in der Vorlage irrtümlich* simplitatis.

[17] Adagia, 1,7,2 (LB II 262f).
[18] Das Zitat ließ sich in dieser Form nicht nachweisen.
[19] Arctus ist Nebenform zu artus, hier in der Bedeutung: eng.
[20] Bullinger und die Zürcher nahmen Andreas Karlstadt wiederholt gegenüber Luther in Schutz, s. HBBW I 193; oben S. 145, 184–187.
[21] Bullinger verteidigte stets und ohne ausdrückliche Einschränkung Zwinglis Abendmahlslehre, s. z. B. HBBW I 105,24–26.
[22] Über Johannes Oekolampad, der Bullinger in der Abendmahlslehre beeinflußte, siehe bes. HBBW I 197, Anm. 1.
[23] «Bissige» Schriften, in diesem Sinne zuerst bei Cicero, Epistulae ad Quintum fratrem 2,15,6, s. Adagia, 3,6,87 (LB II 865E).

Iam vero, quod rebus publicis vestris non modo permisistis, verum etiam authores fuistis subscribendi Confessioni Saxonicę[24], nec probare nec improbare volumus, quum factum, ut fertur proverbio, infectum esse nequit[25]. Sane nos tale quippiam inconsultis vobis minime fecissemus. Verum ita fortassis a deo statutum, ut semel omni destituamur humano auxilio et sodalitio. Sed age, «fiat voluntas domini» [Apg 21,14]. Id vero manifestius est, quam negari possit, in ea confessione esse, quę syncerę doctrinę adversa sunt, quaedam item, quę a nobis ipsis olim impugnata et improbata sunt, quędam etiam satis obscura et puerilia. Cuiusmodi illud est, quod per sacramenta velut instrumenta donetur spiritus sanctus, quod iisdem confirmetur fides[26], quod baptismus necessarius sit ad salutem[27]. Loquuntur autem de baptismo aquae. Ea vero, quae de confessione, absolutione et missa philosophantur[28], notiora sunt, quam repetere necessarium sit, notissimum et illud, quod de eucharistia definierunt. Quae et nostra prorsus damnarunt[29]. Nam quos damnaverunt alios, si nos non damnarunt? Aut quomodo fieri posset, ut nostra post tot egregia opuscula nondum rite intellexissent? Scripserat perplurima Zuinglius, scripserat multa et religiosa Oecolampad[ius], scripserat et Bucerus, conveneratis Marpurgi, utriusque partis audita est confessio[30]. Et nihilominus impudens secuta est damnatio[31]. Neque vero aliud tum, aliud nunc dicebant nostri. Eadem semper fuit doctrina. Quid, quod ipse Zuinglius tam dilucide, tam etiam religiose de sacramentis, imo de tota religione et «Ad Carolum»[32] et «Ad principes Augustae congregatos»[33] scripsit, ut nemo unquam clarius de hac re scripserit? Sed ne tum quidem ulla pax potuit ab istis contentiosis et arrogantibus impetrari. Rata nihilominus perstabat damnatio, cui nunc tam prompte subscribimus.

Ex hac vero subscriptione illud nobis emerget, quod et nunc omnium apud nos ore volvitur, quod boni pariter ac mali nos accusabunt inconstantię. Quo praeter modum ministerii nostri periclitabitur authoritas, non ipsa per se quidem, sed quod veluti novatores ac trepidi aliud pridem, quod dicitur, aliud nunc sentire, credere et docere videbimur. Sed tu: «Ut multi putent nos», inquis, «a sententia nostra dis-

[24] Siehe oben Anm. 2.
[25] Otto 129f, Nr. 627.
[26] Confessio Augustana, Artikel V (BSLK 58,4–8): «Nam per verbum et sacramenta tamquam per instrumenta donatur spiritus sanctus, qui fidem efficit, ubi et quando visum est Deo...»; Artikel XIII (BSLK 68,2–8): «De usu sacramentorum docent, quod sacramenta instituta sint, non modo ut sint notae professionis inter homines, sed magis ut sint signa et testimonia voluntatis Dei erga nos, ad excitandam et confirmandam fidem in his, qui utuntur, proposita.»
[27] Confessio Augustana, Artikel IX (BSLK 63,2f): «De baptismo docent, quod sit necessarius ad salutem...»
[28] Bullinger spielt auf folgende Artikel der Confessio Augustana an: XI («De confessione»), XII («De poenitentia»), XXIV («De missa»).
[29] Confessio Augustana, Artikel X (BSLK 64,2–6): «De coena Domini docent, quod corpus et sanguis Christi vere adsint et distribuantur vescentibus in coena Domini; et improbant secus docentes.»
[30] Die 15 Marburger Artikel, Z VI/II 510–523.
[31] Die Verwerfungsformel in Artikel X der Confessio Augustana (zitiert oben Anm. 29) zielt zweifelsohne auch auf Zwingli, doch heißt es hier statt dem üblichen «damnant» oder «reiiciunt» abgeschwächt «improbant». Ob diese terminologische Differenz auf eine besondere Rücksichtnahme zurückgeführt werden kann, ist umstritten, s. Hans-Werner *Gensichen*, Damnamus. Die Verwerfung von Irrlehre bei Luther und im Luthertum des 16. Jahrhunderts, Berlin 1955. – Arbeiten zur Geschichte und Theologie des Luthertums, Bd. I, bes. S. 70–77.
[32] «Ad Carolum, Romanorum imperatorem, Germaniae comitia Augustae celebrantem fidei Huldrychi Zuinglii ratio», Z VI/II 753–817.
[33] «Ad illustrissimos Germaniae principes Augustae congregatos de conviciis Eccii epistola Huldrici Zuinglii», S IV 19–41. Eine kritische Edition befindet sich in Vorbereitung, Z VI/III, Nr. 167.

cessisse, malo hoc de me quidem praedicent quam me nihil habere Christi, verba
Christi discerpere, omnia dei metiri carnis ratione». Quasi vero nos, qui Luthero
non subscribimus vel hactenus consentire noluimus, nihil Christi habeamus, eius
verba discerpamus et omnia dei carnis ratione metiamur. Dolemus, Bucere, dolemus plurimum, et displicent hęc tua, displicent, inquam, plus, quam dici possit, nec
tale unquam a charissimis expectassemus fratribus. Nam si ista tua de Lutheranorum dixisti conviciis et maledicentia, miramur, si tibi tam cito illud domini exciderit: «Beati estis, cum probra in vos iecerint homines et dixerint omne malum adversus vos mentientes propter me» [Mt 5,11]. Miramur item, quid adhuc nobis scribas
|| 1364r. de concordia et dogmatum consensu, quum in istis adhuc sentias tam atrocia
in nos convitia.

Quod itaque Leo monuit[34], Bucere charissime, idem ego moneo, ita hanc agatis
fabulam, ne in atram desinat tragoediam. Nam etsi tu non citra emphasim[35] dicas
Zuinglium obstitisse[36], quominus ista hactenus a nostris sint recepta, qui tamen obsistere non potuerint, ne admitterent graviora, agnoscimus equidem, quod nunc
quidem omnis infortunii, damni et mali culpa non modo ab adversariis, sed a nostris[37] quoque in sanctę memorię virum Zuinglium reiicitur, sed quo iure, nunc non
disputabimus. Id autem nescimus, quid gravius nostri admiserint, cum solidae et
syncerę apud nos doctrinae nondum decesserit quicquam. At hoc probe scimus,
quod Paulum apostolum illesa dei gloria et veritatis doctrina aversati sint omnes,
qui erant in Asia. Scimus et eundem dixisse: «Omnes, qui pie volunt vivere in Christo, persecutionem patiantur oportet. Mali vero homines et impostores proficient in
peius, dum et in errorem abducunt et errant ipsi» [2Tim 3,12f], et iterum: «Solidum
tamen fundamentum dei stat habens signaculum hoc: Novit dominus, qui sint sui,
et discedat ab iniquitate omnis, qui invocat nomen Christi» [2Tim 2,19]. Oramus
ergo, frater charissime, per dominum Iesum Christum, ut negotium hoc propius
introspicias, Luthero non nimium cedas neque credas. Scorpio est, quem si omni
etiam studio observes, punget tamen, quantumvis initio lingere videatur. Oramus
item, ut nos eo amore prosequamini, quo vos syncere amplectimur. Hunc vero animi mei aestum apud te utpote singularem amicum et fratrem charissimum, imo
praeceptorem observandum effundere volui. Oro autem, ut eum boni consulas.
Valeas una cum symmistis tuis, maxime vero Capitone meo, quem et unice obsecramus, ne nos illi immisceat libello[38], quo pollicetur se orbi expositurum nos utrinque currere extra metas[39]. Expendat ille, quid eiusmodi libelli in ecclesia cum apud
infirmos tum firmiores parere possint. Salvos vos volunt Pellicanus, Theodorus[40],

---

[34] Jud schreibt im gleichzeitigen Brief an Bucer: «Vos vero admonitos volumus, charissimi fratres, ut sic cum decoro hanc fabulam agatis, ne tragoedia fiat et orbi quid det mali,» Zürich StA, E II 345,123v.

[35] Zur Emphase s. Z XIII 842; Lausberg I 578.905f; HBBW I 213,26.28. Die Wendung «non citra emphasim» läßt sich etwa mit «nicht ohne Nachdruck» wiedergeben.

[36] Bucer spielte in seinem Brief auf Zwinglis scharfe Ablehnung des Vierstädtebekenntnisses an; zu Zwinglis Haltung s. z. B. dessen Brief an Capito und Bucer vom 12. Februar 1531, Z XI 341,3–342,21.

[37] Zur Kritik der Straßburger an Zwinglis Verhalten im Zweiten Kappelerkrieg siehe oben S. 67, 25–33 und Anm. 7.

[38] Was für ein Büchlein Capitos Bullinger hier meint, ist nicht klar.

[39] Bullinger zitiert wörtlich aus Capitos Brief vom 24. Juni 1532, s. oben S. 150,16.

[40] Theodor Bibliander (Buchmann), 1504 oder 1509–1564, von Bischofszell, besuchte die Lateinschule in Zürich, wo Myconius unterrichtete, und seit ca. 1525 die Universität Basel. 1527–1529 wirkte er als Lehrer in

Carolstadius et Erasmus Fabritius, qui omnes eiusdem nobiscum sunt sententię et totidem vos verbis obtestantes, quot Leo⁴¹ et ego in hac re obsecravimus.

Tiguri, 12. iulii 1532.

Tuus ille Heynrichus Bullingerus.

Scripsereᶜ item hisce diebus Bernenses ex urbe et agro, Solodornii quoque nonulli et Biele fratres episcopi in hanc ad Tigurinorum antistites sententiam: «Wir habend unß gemeinnlich und einhällencklich beradten und by unß beschlossenn, unnangesähen der vereinbarung Luthers und Straßburg, by lutherm [!] heyligem wort gotts, uff unser disputatz erhallten und bißhar durch unß gepredget, waar und stät ze blyben, one alle änderung. Deßhalb üch ouch ernstlich gepätten haben, by demselben nach üwerm embieten getrüwlich ze blyben. Wöllend wir rächt erwarten, was gott mitt unß würcken wölle etc. Datum Zofingen inn unser aller versammlung, 8. [!] iulii 1532.»⁴²

Memineris, Bucere, istius tuae pollicitationis et subscriptionis⁴³, quam senatus populusque Bernensis scripto de vobis habetᵈ.

[Adresse auf separatem Blatt:] Martino Bucero, fratri charissimoᵉ.

ᶜ⁻ᵈ *Von* Scripsere *bis* habet *von Bullingers Hand.*

ᵉ *Bullinger machte neben der Adresse eine Notiz, welche die Haltung der oberdeutschen Städte bei der Zustimmung zur Confessio Augustana (zur Sache s. Anm. 2) zusammenfaßt:* Urbes. Wir mögend üwer confession näbend der unsernn allss die uns nitt ze wider wol annemmen, so vil die leer betrifft.

Liegnitz (Legnica, Schlesien). 1529 kehrte Bibliander nach Zürich zurück, wo er nach dem Tod Zwinglis dessen Nachfolger als Professor für Altes Testament an der Prophezei wurde. Wegen theologischen Streitigkeiten mit Peter Martyr Vermigli über die Frage der Prädestination wurde Bibliander 1560 seines Amtes enthoben. Bibliander war ein hochqualifizierter Philologe und Orientalist. Berühmt wurde er vor allem durch seine hebräische Grammatik und eine wissenschaftliche Edition des Koran (1543). Mit Bullinger stand Bibliander in familiär freundschaftlicher Verbindung; 1539 war er Pate bei Bullingers Sohn Johannes, 1552 bei der Enkelin Anna. – Lit.: HBD, Reg.; *Egli*, Analecta II 1–144; Rudolf *Pfister*, Das Türkenbüchlein Theodor Biblianders, in: ThZ IX, 1953, 438–454; Joachim *Staedtke*, Der Zürcher Prädestinationsstreit von 1560, in: Zwa IX 536–546; HBLS II 227; Kurt *Guggisberg*, in: NDB II 215.

41 Siehe Juds gleichzeitigen Brief, oben Anm. 1.
42 Siehe oben S. 152, 2–12.
43 Laut *Köhler*, ZL II 310 ist mit dieser Wendung Bucers Unterschrift unter die Thesen der Berner Disputation gemeint. Dessen Name fehlt zwar in den Verzeichnissen derer, die die Thesen unterschrieben haben (ABernerRef 1465; *Straßer* 14), doch spricht dieser Umstand nicht gegen eine Übereinstimmung Bucers mit den zehn Schlußreden. Bullinger wußte als Teilnehmer an der Disputation sehr genau über die damalige Haltung des Straßburgers Bescheid und konnte zudem einerseits auf die «Embietung Zuinglii, Oecolampadii, Capitonis, Butzers etc.» (Z. VI/1 440–442) anspielen und sich andererseits auf Bucers Vorrede zum Johanneskommentar, 1528 (Bibliographia Bucerana Nr. 20) beziehen.

[111]

Martin Bucer an Bullinger

Straßburg, 12. Juli [1532]¹
Autograph: Zürich StA, E II 348, 412. Beschädigt, Siegelspur. – Ungedruckt

Wegen der Bedrohung durch die Türken wünscht der Kaiser in Deutschland Frieden. Gefahr für die Evangelischen, gegen die der Kaiser dann vorgehen könnte. Landgraf Philipp von Hessen und einige Städte sind die einzigen zuverlässigen Beschützer der evangelischen Sache. Hat von der Gefahr gehört, in der Zürich steckt. Wünscht Nachrichten darüber. Grüße.

Salve, mi Heylryche.

Thurcarum vis quamlibet viribus nostris maior immineat idque agnoscat iam caesar cupiatque ideo pacatam inter se Germaniam, obstinati tamen sunt adeo papistae² ducem suae pervicaciae nacti ᵃ Joachimum Brandenburgium³, ut huc usque deseratur negocium concordiae inter nos vel ad concilium usque restituendae. Thurcarum interim tyrannum autem desidere, forsan frangere nos et ita sensim expugnare statuit. Occasionem querit scilicet, ut sicut alia regna minimo suorum discrimine nos frangat et sibi obnoxios reddat. Dominus adsit nobis! Hessus unus cum paucis rebus publicis evicit tandem, ut nec vos nec alii pactis huius concordiae excludendi sitis⁴, si modo ulla constituantur. Unus⁵ prope – inter principes nimirum; de nostrorum fide, puto, nih[il dub]itatis ᵇ – hic christiani officium rite obit, dum o[mnium] Christo credentium parem habet rationem. Propedi[em, utin]am non communi nostrum omnium malo, comitia – – – solvi oportebit. Dominus det, ut ea decernant, quae sunt e gloria Christi! Narratum hic est de periculo, in quo fueritis⁶. Ipsi, obsecro, nos certiores reddite. Optime valete.

Argentorati, 4. idus iulii.

Martinus Bucerus,
tuus ex animo.

Saluta nostro nomine Leonem⁷, Pelicanum, Bibliandrum et reliquos.

ᵃ in der Vorlage nactum, *was keinen guten Sinn ergibt.*
ᵇ *Hier sowie weiter unten mußten Ergänzungen wegen eines Risses im Papier vorgenommen werden. Die Hinzufügungen entstammen der Abschrift Johann Jakob Simlers, Zürich ZB, Ms S 32, Nr. 77.*

1 Die erwähnten Zeitereignisse lassen an der Datierung auf 1532 keinen Zweifel.
2 Anfang Juli hatten die kaiserlichen Unterhändler, Albrecht von Mainz und Ludwig von der Pfalz, ihre Verhandlungen mit den protestierenden Ständen wieder aufgenommen. Tatsächlich konnte sehr rasch eine Einigungsformel erarbeitet werden, die hernach allerdings auf den Widerspruch der katholischen Reichstagsmehrheit stieß, s. *Winckelmann* 245–248.
3 Kurfürst Joachim I. von Brandenburg (1484–1535). Über die Unnachgiebigkeit des Kurfürsten siehe *Winckelmann* 242.
4 Ursprünglich sollten Zwinglianer und Täufer unter namentlicher Nennung vom Frieden ausgeschlossen werden. Philipp von Hessen und den oberdeutschen Städten gelang es, von Sachsen und weiteren evangelischen Ständen den Verzicht auf die Namensnennung zu erreichen. Schließlich verlor die Frage an Bedeutung, so daß keine der vorgeschlagenen Formulierungen in den Abschied des Nürnberger Tages vom 23. Juli 1532 Eingang fand, s. zusammenfassend *Köhler*, ZL II 289–292; *Winckelmann* 175–177.182.190f.
5 Philipp von Hessen.
6 Bucer dürfte damit auf die Klagen der V Orte gegen Bullingers Predigt vom 16. Juni 1532 anspielen, ASchweizerRef IV 1739; HBRG III 326–328.
7 Leo Jud.

[Adresse auf der Rückseite:] [Ve]re pientissimo viro et singulariter docto Heylrycho, pastori ecclesiae Tigurinae, fratri observando.

[112]

Die Prediger von Basel an die Prediger von Zürich

Basel, 17. Juli 1532

Autograph von Oswald Myconius[a]: Zürich ZB, Ms F 81, 314. Ohne Siegelspur. – Ungedruckt

Die Mitteilung der Zürcher über die Annäherung der Straßburger Kirche an Luther halten sie für eine voreilige und lieblose Vermutung. Sie wollen sich in Straßburg Klarheit verschaffen und bitten die Zürcher um Zurückhaltung und Stillschweigen. Die Türken sind eine Geißel Gottes, darum sollte man, anstatt dem Kaiser Militärhilfe gegen sie zu leisten, zuerst Buße und Besserung im eigenen Volk erwirken. Die unmittelbare Gefahr dürfte ohnehin überschätzt werden.

Salutem et pacem per dominum.

Legimus literas vestras[1], fratres charissimi, plane longas et inflammatiores nostro quidem videre quam pro charitatis spiritu[2]. Hic etenim lenior est neque tam suspicax, quam is est, ex quo vos scripsisse videmini. Ex multis, quae novimus aperte, de Argentinensibus res omnino videtur aliter habere, quam vos suspicamini. Nusquam enim descivisse a nobis vel subscripsisse Luthero possumus animadvertere[3]. Quodsi in prioribus ad vos hac de causa literis[4] aliquid tale significaverunt, nobis non constat, ut a quibus hae lectae non fuerint. In posterioribus vero, quas quidam ex nobis viderunt, liberum de libello vestro seu praefatione in Bertramum[5] iudicium deprehendimus, praeterea nihil. Hoc quidem an placeat necne, scribere non est praesentis loci. Certe, quod per vos est aeditum, displicere plane non potest. Inter caetera tamen et illud adiectum comperimus, de coena dominica eos[6] poenitus sentire vobiscum[7], id quod tam nobis satisfecit, ut aliud non cogitaverimus. Videtur certe longe aliud esse, quod in Luthero dicuntur adprobasse. Id tamen quia in praesens non probe constat, curabimus, ut certiores reddamur. Tum vero diligentius omnia praesentis negocii diiudicabimus. Illud interea fraterno petimus animo, caveatis pro virili, ne concepta suspicio in vulgus exeat. Nam si vera sunt, quae suspicamini (quod absit) citius constabit, quam ut vel nobis vel verbo conducat. Sin aliter, qui mali sermones de nobis futuri essent, non dubito quin exacte perpendatis. Hoc constat, sive sit verum sive non, rem esse dissimulandam. Convenimus inter nos, ut ab Argentinensibus petamus negocii totius certitudinem[8], ut, inquam, dicant, quid sibi sit rei cum Luthero, vel an sit, quod ad hoc praesens negocium pertinet, in quo cum illo consentiant. Quod postquam cognovimus esse, ut vos suspicamini, nos rectum sequentes deseremus potius homines quam veritatem dei.

---

[a] *Mit Randbemerkungen von J. H. Hottinger.*

[1] Nicht erhalten.
[2] Vgl. 2Tim 1,7.
[3] Zur Frage der Annäherung der Straßburger an Luther s. oben S. 152,2–6 und Anm. 6.
[4] Vgl. Bucer an Leo Jud, 23. Juni 1532, s. oben S. 153, Anm. 1.
[5] Siehe oben Nr. 106.
[6] Nämlich die Straßburger Pfarrer.
[7] Vgl. den in Anm. 4 erwähnten Brief Bucers an Leo Jud.
[8] Vgl. Oswald Myconius an Capito, 14. Juli 1532, Zürich ZB, Ms S 32, Nr. 68.

Sed si fuerit eorum mens, uti speramus, solida et firma in ea confessione⁹, quam hactenus tenuerunt, expendemus tunc tandem utriusque scripta exactius agemusque, quod viros christianos decebit. Quod dicimus, non quidem ad iudicandi rationem referetis (non altum sapimus¹⁰ enim), sed ad pietatem, per quam admonebimus, utra tandem partium videbitur aberrasse a scopo. Per dominum Iesum precamur vos, fratres amantissimi, charitatis regulam¹¹ diligenter consideretis, ut iuxta illam, quicquid estis vel acturi vel scripturi, perficiatis, deinde autem malum expendatis suspicionum, quibus nihil peius esse potest inter homines, ne in hoc praecipitati aliquando et vobis et evangelio immedicabiliter noceatis. Nam nos quidem deum orabimus, ut vel ab hoc malo nos servet in perpetuum.

De Turca sic iudicamus: Nostrum officium esse, si modo contra caesarem fert arma, ut dicitur, docendo populum ad emendationem vitae pertrahere. Frustraneum etenim esse concitare ad resistendum, dum nos tales sumus perpetuo, contra quales deus flagellum istud immittit. Tum si magistratui videbitur etiam armis obsistere, obsistat in nomine domini. Nostrum non erit resistere. Caveat interim tamen, ne malum lateat. Quamvis enim in hac nostra civitate bis iam admoniti simus a caesare, tamen nondum audimus quenquam, cui certum sit Turcam in armis esse. Imo non solum nos incerti, sed etiam, qui versantur in his locis, quibus exercitus Turcae dicitur imminere¹². Sturmius¹³ enim Argentinensis ille superioribus diebus ex Ratispona scripsit rumorem esse apud se Turcam in dies magis magisque crescere etc. Hic dicit rumorem esse, nos evocamur, tanquam iam cęsaris urbes invaserit. Orandum itaque putamus deum, ut «Turcam» occidat, qui in carne est. Tum procul dubio erit, qui vel funda prosternet, si quis haereditatem domini pessundare conabitur¹⁴.

Valete, fratres, et scripta haec ut a fratribus suscipite. Nam in eucharistiae negocio aliisque omnibus, quibus hactenus constanter hęsimus ut veritati dei, tales per virtutem domini in finem usque sentietis. Orate deum pro nobis mutuo.

---

⁹ Gemeint ist die Confessio Tetrapolitana von 1530, BucerDS III 13–185; vgl. Robert *Stupperich*, in: RGG I 1860.
¹⁰ Vgl. Röm 11,20. 12,16.
¹¹ Vgl. Joh 13,34 u. par.
¹² Über die kirchenpolitischen Aspekte des von Karl V. im Herbst 1532 ergebnislos geführten Türkenzuges s. *Müller* 195–197.223–229; zu Bullingers Standpunkt vgl. unten S. 167, Anm. 5.
¹³ Jakob Sturm, 1489–1553, studierte in Heidelberg und Freiburg i. Br., wurde 1505 Magister artium, befaßte sich dann mit Theologie und Rechtswissenschaften. Nach anfänglich starken humanistischen Einflüssen wurde er ein überzeugter Anhänger der Reformation und Kampfgenosse Bucers. Als Mitglied des Großen Rates 1524, später des Fünfzehner- und Dreizehnerkollegiums sowie als Stettmeister übte er einen entscheidenden Einfluß auf die Politik Straßburgs aus. In zahlreichen diplomatischen Missionen unterwegs und fast bei allen Reichstagen anwesend, spielte er bei der Gründung und Erhaltung des Schmalkaldischen Bundes eine wichtige Rolle. An verschiedenen Verhandlungen mit dem Kaiser maßgebend beteiligt, gelang es ihm nach der Niederlage von 1547, für Straßburg günstige Friedensbedingungen zu erreichen. Die Gründung des Gymnasiums von Straßburg 1538 war hauptsächlich sein Verdienst. Am Zustandekommen der Confessio Tetrapolitana und der Wittenberger Konkordie war er selbst beteiligt. Mit Zwingli stand er in brieflicher Verbindung. – Lit.: Z X 237, Anm. 1 und Z XI, Reg.; Anton *Schindling*, Humanistische Hochschule und freie Reichsstadt. Gymnasium und Akademie in Straßburg 1538–1621, Wiesbaden 1977. – Veröffentlichungen des Instituts für Europäische Geschichte Mainz 77, Reg.; Otto *Winckelmann*, in: ADB XXXVII 5–20; Robert *Stupperich*, in: RGG VI 438.
¹⁴ Vgl. 1Sam 17,40ff.

Basileae, 17. iulii anno 1532.

Praecones verbi divini apud Basileam vestri.

[Adresse auf der Rückseite:] Ministris verbi apud Tigurum, fratribus charissimis in domino.

[113]

Michael Schlatter an Bullinger

Fischingen¹, [nach dem 19. Juli 1532]²
Autograph: Zürich StA, E II 441, 134. Siegelspur. – Ungedruckt

Muß sich wegen der unerwarteten Entwicklung kurz fassen. Die katholischen Orte haben im Kloster Fischingen die päpstlichen Zeremonien wieder eingeführt und ihn seiner Stelle entsetzt. Seine mißliche Lage zwingt ihn, bei Freunden Hilfe zu suchen. Er bittet Bullinger, ihn in seiner Not zu unterstützen und ihm für eine gewisse Zeit eine Stelle zu verschaffen.

S. Pluribus tecum egissem, integerrime vir, nisi temporis angustia exclusus fuissem, siquidem fortuna in eo temporis articulo inopinantem me subvertit, ut neque tantum spacii mihi datum sit, quo vel apud te meam infoelicitatem conqueri vel prae dolore tibi significare potuerim. Ne autem prolixius te immorer, quam possum brevissime, statum fortunae meae exponam: Helvetii³ in coenobio nostro Fischingen papisticas ceremonias restaurantes me loco moverunt⁴, unde mihi non mediocris iactura cum fortunae secundioris tum boni temporis fuit facienda.

Iamque adeo mihi fortiter esuriendum est aut amicorum auxilium implorandum, quo imminenti inopiae occurere liceat. Quod sane non commodius praecaveri posse arbitror, quam si in mea miseria tu mihi patronus⁵ contigeris. Habebis procul dubio viros non vulgariterᵃ probos, qui una tecum sedulam operam navabunt, ut mihi apud vos quam commodissime prospiciatur, modo ratio temporis conficiendi negotii satis idonea offeratur⁶.

ᵃ *vor* vulgariter *gestrichen* sing.

¹ Fischingen (Kt. Thurgau), Benediktinerkloster und Dorf. In der Reformationszeit löste sich der Konvent praktisch selbst auf. Auch die dem Kloster inkorporierten umliegenden Gemeinden wurden reformiert. Nach der Schlacht bei Kappel 1531 erfaßten die Rekatholisierungsbestrebungen der V Orte im Thurgau auch Fischingen, wo es 1532 zur Wiedereinführung des katholischen Kultus kam. – Lit.: HBLS III 168; Willy Keller, Die Benediktinerabtei Fischingen im Zeitalter der Glaubensspaltung und der katholischen Reform, 1500–1700, Freiburg i. d. Schweiz 1946. – ZSKG, Beiheft 3.

² Am 19. Juli 1532 fand in Fischingen eine Tagsatzung der VII Orte statt (EA IV/1b 1377f), auf der beschlossen wurde, daß das Kloster künftig nur noch fünf statt wie bisher sechs Prädikanten besolden solle, um durch die Einsparung zwei Priester zum Messelesen anstellen zu können. Alles deutet darauf hin, daß Schlatter unter dem unmittelbaren Eindruck dieses Beschlusses an Bullinger schrieb. Vgl. auch *Keller*, aaO, S. 55f.

³ Die VII alten Orte, unter denen die katholische Partei die Mehrheit hatte.

⁴ Vgl. oben Anm. 2; die Art der Anstellung Schlatters durch das Kloster Fischingen ist nicht bekannt.

⁵ Bullinger wurde schon am 31. Dezember 1531 durch Heinrich Lüthi über die bedrängte Lage Schlatters informiert, HBBW I 246,1–21.

⁶ Offenbar konnte Bullinger dem Bittsteller nicht sofort Hilfe gewähren. Immerhin wurde Schlatter 1532/33 mit Mitteln aus dem Tößer Klostergut finanziell unterstützt

Vale et me ama, quoniam te odisse non possum[7]. Caetera ex tabellario[8] cognosces.
Datum e coenobio Fischingen. Raptim ut omnia.

Michael Schlatterus
tuus ut suus.

[Adresse auf der Rückseite:] Eximio theologo Henricho Bulingero, celeberrimae urbis Tigurinae episcopo, domino suo incomparabili.

[114]

Johannes Zehnder an Bullinger

[Aarau], 21. Juli 1532

Autograph: Zürich StA, E II 343,10. Siegelspur. – Ungedruckt

Bittet Bullinger um Mithilfe in der Heiratsangelegenheit von Ludwig Zehender. Hofft, daß Bullinger anläßlich der Hochzeit von dessen Bruder in seinem Hause wohnen und in seiner Kirche predigen werde. Grüße.

Salutem in Christo.

Non egre feras, mi Heinrice, pertinaciam meam. Audi enim, qui factum. Nempe propterea, quod tam fraterne, imo iucunde, ut taceam tam christiane, in meis negociis mecum egeris[1], non possum, quin plurimo gravioribus te agredi non verear. Verum hoc non abs re fit. Quis enim hoc, quod ego primum a domino[a], deinde a te accepi, non magnanimum faceret? Loquimur autem nunc de rebus matrimonialibus. Inquio igitur matronam prudentem, honestam et satis domesticam me tuo auxilio habere. Faxit modo deus, ut eadem tibi scribere in perpetuum liceat. Ea[b] igitur me amplius te solicitare urgerunt. Sed ut interim ad rem redeamus, audias sub compendio verborum, quibus te solicitum esse velim, nempe, ut communem nostrum amicum Ludowicum Zechender[2] erga viduam[3] michi sane et nomine et pa-

(Zürich StA, F III 37,25v.). Wahrscheinlich hielt er sich nach seinem erzwungenen Weggang von Fischingen zunächst in Frauenfeld auf, vgl. den Brief Heinrich Brennwalds an Bullinger vom 2. Januar 1533 und denjenigen Schlatters an Bullinger vom 9. August 1533. Erst 1534 wird Schlatter als Pfarrer in Wädenswil genannt (Pfarrerbuch 96).

[7] Vgl. Adagia, 2,1,72 (LB II 434 D).
[8] Unbekannt.

[a] *vor* domino *gestrichen* te.
[b] *nach* Ea *übergeschrieben und gestrichen* ex re.

[1] Bullinger hatte Zehnder bei dessen Heiratsangelegenheiten geholfen (s. oben Nr. 91).
[2] Ludwig Zehender, 1503–1577, entstammte einer Aarauer Familie, die im 16. Jahrhundert in Bern Fuß faßte und dort zu den patrizischen Geschlechtern gehörte. Ludwig Zehender war bereits Bürger von Bern, seit 1540 Mitglied des Großen Rates, 1546 Landvogt von Biberstein, 1570 von Interlaken. Seine Schwester Elisabeth (gest. 1532) war mit Bullingers Bruder Hans Reinhart verheiratet. Bullinger kümmerte sich um Zehenders Sohn Hans Ulrich, als dieser um 1560 bei Hans Ulrich Stampfer in Zürich eine Goldschmiedelehre absolvierte. In den Jahren 1548–1562 führte Zehender eine intensivere Korrespondenz mit Bullinger, wovon noch sechs Briefe Zehenders erhalten sind. – Lit.: Verzeichnis[1] 101; Walther *Merz*, Wappenbuch der Stadt Aarau, enthaltend die Siegel und Wappen der bis 1798 in Aarau verbürgerten Geschlechter, Aarau 1917, Stammbaum Zehender zw. S. 312 und 313; *Sulser* 148; HBLS VII 630; s. noch Eduard *Bähler*, war Ursula Tremp die Schwester Zwinglis?, in: Zwa IV 21, Anm. 4.
[3] Unbekannt.

rentela ignotam, sibi autem satis notam commendatum habere velis, imo iuxta necessitatem patronum exhibere. Est enim iuvenis, iam hactenus verbo non admodum refragans, eciam bonorum morum et, ut non obticeam – in hoc omnium primum,
15 in fidelitatem[c], spectamus –, facultatum non admodum tenuis. Que omnia tecum communicabit. Rogo igitur, quantum in te sit, in hoc negotio ei auxilio esse velis. Deinde te invitaturum et parentem[4] ad nuptias fratris sui[5] scio. Rogo, hortor, imo adiuro, ut venias[6], sed ea condicione, ut in nullis edibus preterquam in meis divertas, in quibus rem gratissimam mihi facies. Sin minus, nescio que convicia, imo tra-
20 gediam[d] uxoris mei Barbarę erga te excitabis. Huius tamen te admonitum volo, ut te veniente in nuptiis ecclesia nostra ex ore tuo verbum domini promulgari audiat. Spero enim te hoc faciente ecclesiam nostram plurimum utilitatis percepturam.

Vale. Salutant[e] te ego et uxor mea, uxorem[7] cum liberis et parentem, et quotquot de me te rogaverint.
25 Datum dominica ante Marie Magda[lene] anno 32.

Ioannes Zender,
in totum tuus.

[Adresse auf der Rückseite:] Non minus integro quam erudito viro M. Heinrico Bullingero, apud Tigurinos concionatori, amico et fratri observandissimo.

[115]

Berchtold Haller an Bullinger

[Bern], 25. Juli [1532][1]
Autograph: Zürich StA, E II 343,103. Leicht beschädigt, Siegelspur
Teildruck: Johann Heinrich *Ott*, Annales Anabaptistici, Zürich 1672, S. 57

Entschuldigt sich wegen der Kürze seines Briefes, lobt die ihm zugesandten Schriften Bullingers, vor allem den Kommentar zum Hebräerbrief, freut sich über den angekündigten Besuch Bullingers und berichtet vom Täufergespräch in Zofingen, dessen Akten in Zürich unter Bullingers und Juds Aufsicht gedruckt werden sollen.

Gratiam et pacem a domino.
Longas a me exigis chartas[2]. Longiores praestassem, ubi per ocium licuisset, hoc saltem nuncio[3], qui a senatu amandatus quam ocissime iter arripuit. Hunc remorari non licebat. Toto vero mane et contioni et consistorio cum interessem, non potui
5 praestare, quod animus meus summe desiderabat.
Omnia placent, quae Bucero respondisti[4], similiter et magistratui de turcica ex-

---

[c] in fidelitatem *am Rande nachgetragen.*
[d] *in der Vorlage* tragedia.
[e] *in der Vorlage* Salutat.

[4] Wohl Bullingers Vater, Dekan Heinrich Bullinger.
[5] Ob damit Hans Ulrich (1501–1545) oder Simon Zehender (1504–1566) gemeint ist, bleibt unklar; vgl. *Merz*, aaO.

[6] Bullinger folgte der Einladung nicht, s. unten S. 179,33f.
[7] Anna Bullinger, geb. Adlischwyler.

[1] Aufgrund des Inhalts läßt sich der Brief einwandfrei ins Jahr 1532 einordnen.
[2] Nicht erhalten.
[3] Unbekannt, ein amtlicher Berner Bote.
[4] Siehe oben Nr. 110.

peditione[5]. In eandem sententiam nobiscum egit Megander pro contione. Super omnia vero placent, quae in Hębreos congeris[6]. Perge et age, ut habeam quotidie, quae excud[untur][a]. Nam hactenus nunquam ausus fui pro suggestu illam plebi proponere epistolam, nunc autem, cum omnia tam clara reddas tantamque cogitandi ansam ministres, tentabo sequenti septimana.

Cęterum quae pollic[itus][b] es, nempe te mihi futurum hospitem Bernę, hoc praestare matura, ut vicissim consolemur[7].

Quę cum anabaptistis Zofingę per 9 dies egimus[8], iam in ordinem rediguntur, ut imprimantur[9]; scribo nunc denuo Christofero[10]: 1. egimus de statu disputationis, fide et caritate, 2. de catabaptistarum missione, 3. de ecclesia, 4. de excommunicatione et illius executione, num per ecclesiam aut delegatos nomine ecclesię, num perpetuo standum huic verbo: «Sit tibi ethnicus» etc. [Mt 18,17], an in aliam mutari possit mulctam etc., 5. de magistratu, 6. de iure iurando, 7. de censibus, 8. de missione et victu nostro, 9. de pedobaptismo. Megander et Se[basti]anus[c] Oeconomus[11] actores tragedię[12] fuere, a catabaptistis Linggius[13], homo doctus, versipellis, e[lo]quens[d] et mirus hipocrita, ad imponendum aptissimus, alter Ioannes Hotz[14] uss

---

[a-f] *Rand abgeschnitten.*

[5] Gemeint ist Bullingers und Juds Fürtrag vom 17. Juli 1532 zum Türkenzug, Zürich StA, E II 341,3510r.-3511r.; gedruckt: ASchweizerRef IV 1772. Der Fürtrag wurde veranlaßt durch die der Tagsatzung vom 9. und 10. Juli 1532 vorgetragenen Bitten des Kaisers und des französischen Königs, die Eidgenossen möchten sie im Kampf gegen die Türken unterstützen (EA IV/1b 1368–1371). Eine Antwort sollte an der nächsten Tagsatzung gegeben werden. Im Rahmen des Meinungsbildungsprozesses rieten Bullinger und Jud im Namen der Zürcher Geistlichkeit dem Rat, mit einer Teilnahme am Türkenzug vorsichtig zu sein, die Ereignisse abzuwarten und der Kreuzzugspropaganda von Kaiser, Papst und französischem König nicht blindlings zu vertrauen.

[6] Bullingers «Commentarius in epistolam ad Hebraeos», 1532 (HBBibl I 38). Das Werk erschien im August und ist Philipp von Hessen gewidmet (unten Nr. 124 und 129). Haller hatte offenbar bereits einige Druckbogen zur Lektüre erhalten, s. noch HBD 22,8f; *Pestalozzi* 305.

[7] Zu einem Besuch Bullingers bei Haller in Bern kam es nicht.

[8] Zur Disputation von Zofingen, 1. bis 9. Juli 1532, s. oben S. 127, Anm. 4.

[9] Auf Wunsch des Berner Rates (AZürcherRef 1874) wurden die Disputationsakten bei Froschauer in Zürich gedruckt (Rudolphi 207; HBBibl I 701; Edition in: QGTS IV 69–256).

[10] Christoph Froschauer.

[11] Sebastian Hofmeister.

[12] Vgl. Otto 350, Nr. 1795.

[13] Martin Lingg (Wininger, Weniger, genannt Lincki) aus Thayngen, Weber, bedeutender Täuferführer von Schaffhausen. Schon 1525 nahm er als Täufer an der Disputation vom 6. bis 9. November in Zürich teil und wurde danach ausgewiesen. Er entfaltete eine rege Tätigkeit zwischen Basel, Straßburg, Bern und Solothurn, hielt sich aber zwischendurch auch in Dießenhofen und Appenzell auf. Auf ausdrücklichen Wunsch Berns nahm Lingg an der Disputation von Zofingen teil; als Wortführer der Täufer verteidigte er ihre Prinzipien mit Geschick. Im Oktober 1532 predigte er auf zürcherischem Gebiet, 1535 widerrief er seine Lehre öffentlich in Schaffhausen und Schleitheim. – Lit.: QGTS II 41, Anm. 1. IV 71, Anm. 18 und Reg.; *Peachey* 115; Samuel *Geiser*, in: ML II 658.

[14] Hans Hotz, aus dem Grüninger Amt, wurde wahrscheinlich bereits 1525 von Jörg Blaurock getauft und wirkte seither als überzeugter Verteidiger des Täufertums. Als der Zürcher Rat energisch gegen die Täufer im Grüninger Amt auftrat, wurde auch Hotz 1526 in den Zürcher «Ketzerturm» gesetzt. 1527 wieder gefangengenommen, blieb er, zusammen mit anderen Täufern, anderthalb Jahre lang in Haft. 1532 konnte er wieder frei wirken: Er nahm an der Zofinger Disputation teil und ließ sich u. a. zur Frage des Predigtamtes und der Taufe vernehmen. Am Täufergespräch von Bern 1538 verteidigte er die Glaubenstaufe in einem Bekenntnis und wurde daraufhin aus dem Gebiet Berns verbannt. – Lit.: QGTS IV 71, Anm. 18 und Reg.; *Peachey* 117; Samuel *Geiser*, in: ML II 351f.

Grůninger am[pt]ᵉ, Hottinger¹⁵ von Zolliken, in summa illorum 23. In actis omnia videbis. Quae dum Christofer[us]ᶠ imprimenda susceperit, tuę committo limę¹⁶ et
²⁵ Leonis¹⁷. Non potui remittere, quae misisti¹⁸. Transcribam per amanuensem.

Vale et perpetuo mitte in Hebreos. Pellicano scripsissem, sed expectat nuncius. Ich mein nitt, daß mir zitt mög werden ze schriben. Vale.
25. iulii.

Tuus Hallerus.

³⁰ Salvi sint omnes symmistę.

[Adresse auf der Rückseite:] Heinricho Bullingero Tiguri, fratri suo omnium longe charissimo.

[116]

Peter Schnyder an Bullinger

Laufen¹, 28. Juli [1532?]²

Autograph: Zürich StA, E II 375, 578. Siegelspur. – Gedruckt: QGTS II 63f

Berichtet über seine Schwierigkeiten mit Täufern und ersucht Bullinger um schriftlichen Rat, wie er sich diesen gegenüber verhalten soll.

Gott der herr hat mir min kilchen bis hie har trulich beschirmpt vor den thuöfferen³, frommer herr unnd getrawter⁴ bruoder im herren Jesu. Aber sidertt⁵ Sant Johans tag, als mich das furkomen⁶, hab ich die all, wib unnd man, beschickt⁷ unnd in gegenwürtikeit miner egomeren⁸ sy vermant, umb gottes willen unnd us ansehen⁹

---

¹⁵ In den Akten des Täufergesprächs wird ein Hottinger nicht namentlich erwähnt. Es ist deshalb nicht genau feststellbar, welches Mitglied der zum Teil täuferisch gesinnten Familie aus Zollikon gemeint ist, möglicherweise der Bauer Jakob Hottinger der Ältere, das Haupt der Gemeinschaft in Zollikon. Dieser gehörte bereits 1523 zu den eifrigsten Anhängern der Reformation und wurde wegen seiner radikalen Ablehnung der Messe bestraft. Am 12. Januar 1525 fiel er Kaspar Megander während der Predigt ins Wort und bestritt die Kindertaufe, am 7. Februar wurde er durch Felix Manz getauft. Hottinger taufte auch selbst. 1525 und 1526 stand er in Zürich dreimal vor Gericht und war eingekerkert, hielt jedoch an seiner Überzeugung fest. Nach längerer Haft «bei Wasser und Brot» versprach er Besserung und wurde entlassen. – Lit.: AZürcherRef, Reg.; QGTS I passim; Fritz *Blanke*, Brüder in Christo. Die Geschichte der ältesten Täufergemeinde (Zollikon 1525), Zürich (1955). – Zwingli-Bücherei 71, S. 81 und passim; Samuel *Geiser*, in: ML II 350.
¹⁶ Vgl. Adagia, 1,5,58 (LB II 205 C).
¹⁷ Zum Beitrag Bullingers und Leo Juds s. *Fast* 37, bes. Anm. 168.

¹⁸ Gemeint sind vielleicht Bullingers Ratschläge zur Disputation mit den Täufern (oben Nr. 102), sein Brief an Bucer (oben Nr. 110), oder das Manuskript seines Kommentars zum Hebräerbrief.

¹ Laufen am Rheinfall (Kt. Zürich).
² Der Brief trägt keine Jahreszahl, doch ist er sicherlich in die Zeit zwischen Bullingers Amtsantritt in Zürich und Schnyders Absetzung in Laufen bzw. dessen Amtsantritt in Aarburg (1536) zu setzen. Nähere Anhaltspunkte ließen sich nicht finden, doch scheint Schnyders Unsicherheit im Verhalten gegenüber dem Täufertum eher für eine Datierung am Anfang der in Frage kommenden Zeitspanne zu sprechen.
³ Täuferische Gruppen waren in der Umgebung von Laufen tatsächlich anzutreffen, vgl. z. B. AZürcherRef 1869 und QGTS I 364–368.
⁴ vertrauter.
⁵ seit.
⁶ als ich das erfuhr.
⁷ kommen lassen (SI VIII 523).
⁸ Mitglieder des kirchlichen Sittengerichts, Kirchenpfleger (SI II 304f).
⁹ Mit Rücksicht auf, aus Respekt vor.

des mandattz[10] von unseren herren usgangen (das ich inen vorlaß) von irem fürnemen[11] abzeston, das da[a] ist: sy gond[12] an der thuöfferen predig, stond ze nacht uff von den kinden ab dem bett, luoffend an dan[13] unnd hinweg, gond nit zuo unns ze predig, sagend, unser herren[14] habend nüt zuo inen ze thuon[15], lib unnd leben wellind sy by dem handel lassen, das die thuöffer recht habind etc. Darby mich ouch enbotten, habind si etwa an mangel an der lere, so sollind si zuo mir komen, welle ich mich fruntlich unnd si mit mir underreden, darmit si abstandind etc. Daruff si geantwortet: Ja, so bald si uß der ernd komind, die yetz inen uff dem halß lig, wellind si mir den tag anzaygen unnd zuo mir komen etc. Als die ernd[b] uberenkomen[16], hend sy mir enbotten[17] unnd lassen mercken, welle ich, so seyind si berait, vor der gantzen gmaynd mit mir den bericht[18] anzenemen. Daruff ich, frommer bruoder, an verdanck[19] gnomen, dann ich schmock[20], dass sy die seckt gern meren wettend unnd[c] so bösfätig[21], das si mir die sach zetreffen[22] gebind, damit ich einen grosseren unwillen erlange[d], unnd weys, wo ich offenlich mit inen nach irem anbringen[23] handlete, das sy schon voran im hertzen hend, bricht nicht anzenemen, sünder ergerß anzerichten.

Dorumb, frommer herr unnd bruoder, wie ich mich mit inen inschicken[24] sölle, beger ich geschrifftlich ewers ratts. Ich darff nit von der pffar komen[25], argwon ze vermiden, damit ich mich umb der unnd anderer ursachen mit üch beriet, die min ampt berierend. Darumb thuond allwegen als ein trewer bruoder, das will ich ouch thuon, als witt mir gott verstand verlicht, unnd gern das best thuon unnd waß ich möcht erfinden in ratt by uch, das das aller christelichest were, an die hand zenemen mit den luten[26], das will ich thuon. Dan ich dermassen die menschen so woll beken[27] in der pffar, das guöte wenig beschüst[28], ruhe[29] nüt helfen will. Mine egomer habend ouch semlichs langest anzaigt dem underwagt[30], da by ouch gebetten, das er darob sey[31], das zuo Dachsen[32] ouch egomer verordnet werdind, da sidert winechten[33] keyne gwesen, aber keinen bescheyd hatt der full[34] unnd treg vogt noch nie geben.

Damit sind gott dem herren trulich empfolet. Amen.
Datum Luoffen, 28 iulii.

Petrus Frick,
uwer williger bruoder im herren Jesu.

[a] nach da gestrichen wast.
[b] in der Vorlage irrtümlich erd.
[c-d] Von unnd bis erlange am Rande nachgetragen.

[10] Um welches Mandat es sich handelt, ist nicht sicher. Vgl. aber das große Sittenmandat vom 26. März 1530 (AZürcherRef 1656) und das Mandat vom März 1532 (ebenda 1832).
[11] Verhalten.
[12] gehen.
[13] fort (SI XIII 93).
[14] die Zürcher Obrigkeit.
[15] hätten ihnen nichts zu befehlen.
[16] vorbei war (SI III 272).
[17] sagen lassen (SI IV 1869).
[18] Schlichtung, Unterrichtung (SI VI 321f).
[19] Bedenkzeit (SI XIII 616).
[20] rieche, wittere.
[21] listig, tückisch (SI I 1134).
[22] daß sie mir diese Sache zuschieben.
[23] Vorschlag.
[24] verhalten.
[25] ich darf nicht von der Pfarrgemeinde weggehen.
[26] Leuten.
[27] so gut kenne.
[28] fruchtet, nützt (SI VIII 1414).
[29] Strenge (SI VI 189f).
[30] Untervogt; unbekannt.
[31] dafür sorge.
[32] Dorf im Bezirk Andelfingen, das kirchlich zu Laufen gehörte (s. HBLS II 660).
[33] Weihnachten.
[34] faule.

[Adresse auf der Rückseite:] Minem getrawten lieben herren unnd bruoder, M. Heinrichen Bullinger zuo Zurich.

[117]

Petrus Dasypodius an Bullinger

Frauenfeld, 1. August 1532

Autograph: Zürich StA, E II 358, 95. Siegelspur. – Gedruckt: *Büeler* 32

Ersucht Bullinger im Namen der Thurgauer Pfarrer, sich beim Zürcher Rat für die Abhaltung einer Synode im Thurgau einzusetzen.

Salutem et conscientię pacem per Christum.

Meministi haud dubie, quid nuper tecum et cum Leone[1] sim locutus de συνόδῳ nobis permittenda[2]. Exposuimus idem nostro pręfecto[3]. Per omnia facilem habuimus, quoque magis gratificaretur, operam ultro suam nobis pollicitus est. Cęterum, ne quid temere fiat, per literas censuit senatum Tigurinum prius admonendum esse, ut ille ad comitia Badensia[4] vel scripto vel per legatos referat istud, quam commode queat. Eas igitur literas[5] per te petimus reddi consuli vestro[6] simulque nos et rem ipsam maximopere commendari. Quod a te, quae tua fides est et humanitas, summa diligentia factum iri nihil dubitamus.

Vale.

Datum Frowenfeldię raptim, kalendis augusti anno 1532.

Petrus Dasypodius,
nomine fratrum per agrum Durgeanum[7].

---

[1] Leo Jud.
[2] Die Bemühungen des Dasypodius und seiner Amtsbrüder blieben erfolglos: «Nach dem zweiten Landfrieden wurde die Einrichtung der Synode aufgehoben und die Pfarrer im Jahre 1567 den Synoden in St. Gallen und Zürich zugeteilt», *Knittel*, Reformation 286.
[3] Hans Edlibach, 1487–1559, reicher Junker von Zürich, Sohn des Chronisten Gerold Edlibach und selbst Verfasser einer Geschichte des Kappelerkrieges; er vertrat die Constaffel als «Achtzehner» bereits seit 1513 im Großen Rat, war 1525–1541 Mitglied des Kleinen Rates, seit 1527 Seckelmeister, 1530 Landvogt zu Andelfingen und 1532–1534 im Thurgau. Danach wurde er Obervogt zu Wollishofen, 1541 Amtmann von Winterthur, 1549 Reichsvogt und wieder Ratsherr bis zu seinem Tode. Edlibach war evangelisch gesinnt, nach 1528 jedoch ein Gegner von Zwinglis Politik. Bullinger kannte ihn möglicherweise seit seinem Studienaufenthalt in Zürich 1527 persönlich; er benützte Edlibachs Werk bei der Abfassung der Reformationsgeschichte. Ein Brief Edlibachs an Bullinger vom 19. Mai 1533 ist erhalten (QGTS II 549f). – Lit.: AZürcherRef, Reg.; ASchweizerRef, Reg.; *Knittel*, Kirche 29; *Feller-Bonjour* I 138f; *Jacob* 145, mit Lit.; LL VI 207; HBLS II 781.
[4] Die eidgenössische Tagsatzung in Baden, 2.–4. August 1532, s. EA IV/1b 1386–1388.
[5] Hans Edlibach an Zürich, 1. August 1532, ASchweizerRef IV 1811.
[6] Als Bürgermeister amtierte zu dieser Zeit Heinrich Walder, etwa 1460/1470–1542, seit 1489 Mitglied des Großen, seit 1505 des Kleinen Rates, 1524–1541 Bürgermeister. Er nahm 1507 an der Krönungsfahrt des Kaisers Maximilian I. teil und zog als Kriegsrat in die Mailänderkriege. 1515 war er in der Schlacht bei Marignano, 1521 befehligte er als Hauptmann das Hilfsvolk für Papst Leo X. Walder war ein Anhänger der Reformation, die während seiner Amtszeit als Bürgermeister durchgeführt wurde. Bullinger kannte ihn wahrscheinlich schon vor 1531 persönlich. – Lit.: AZürcherRef, Reg.; ASchweizerRef, Reg.; Z X 153, Anm. 8; *Jacob* 289–291; LL XIX 64; HBLS VII 365.
[7] Thurgau.

[Adresse auf der Rückseite:] Henrico Bullingero, evangelii fidissimo preconi apud ecclesiam Tigurinam, fratri.ᵃ

[118]

Berchtold Haller an Bullinger

[Bern], 5. August [1532]¹
Autographᵃ: Zürich ZB, Ms F 62, 321. Siegel. – Ungedruckt

Megander kann nun in Zürich persönlich über die Berner Kirche berichten. Haller hofft auf Bullingers Besuch in Bern; er sendet den an Bucer gerichteten Brief Bullingers [Nr. 110] zurück und wünscht weitere Informationen, bittet um Rat zur Behandlung der Täufer durch die Obrigkeit, lobt Bullingers und Pellikans Bibelkommentare und verlangt Auskunft über [Johannes Ramsauer].

S. Habes Megandrum² nostrum, charissime Heinrice, vivam epistolam omnium eorum, quae de ecclesię nostrę rebus scire desideras. Hoc fruere, illius colloquio saturare. Et utinam mihi vel semel hec contingeret fęlicitas, qua vel tibi soli vel Pellicano, Leoni ceterisque loqui liceret in longas noctes! Semper cogor, nolim velim, in angulo meo delitescere et non nisi cartis apud fratres quę potius vellem atque possem agere coram. Tu ex omnibus unus es, quem nec pudet nec pęnitet ad omnem meam necessitatem se accommodare, atque id, quod longe omnium maximum censeo, syncero plenoque caritatis animo. Dominus, dum me suo dignari velit ministerio, vel te mihi totum praestet vel Tiguri multos in annos servet incolumem non solum nostris ecclesiis et fratribus, sed toti reipublicae christianę! Age tu, quae pollicitus es ut praestes. Bartholomei ferias³ expecto, quibus dum nos non accesseris, vera tandem aliquando me scripsisse⁴ experieris, nempe te me Bernę nunquam visurum⁵.

Epistolam tuam ad Bucerum scriptam⁶ remitto una cum consilio, quod et nos dedimus⁷. Placent omnia, et utinam ęquos habeant iudices. Age sciam, ut se res nunc habeat cum Bucero. Vellem ego et illius epistolę⁸ copiam habere, aut a quibus tandem persuasi talia per Sebastianum⁹ Zofingam¹⁰ nunciaveritis¹¹. Integritas fratrum Argentinensium alioqui constat, nisi alii nunc facti sint.

Hebreorum commentarii¹² cui displicerent, nisi cui nihil placet? Perge. Me nihil remoratur, quod Megander linguarum peritus nullos videt commentarios. Pellicani¹³ simul et tuis delector, id quod citra adulationem dixerim. Video abesse osten-

---

ᵃ darunter eine alte Signatur: No. 2.

ᵃ Mit Randbemerkungen von J. H. Hottinger.

1 Aufgrund des Inhalts kommt nur das Jahr 1532 in Frage, s. bes. Anm. 2.
2 Kaspar Megander brachte die Akten der Zofinger Disputation zum Druck nach Zürich (s. Bern an Zürich, 4. August 1532, AZürcherRef 1874; ASchweizerRef IV 1816a), vgl. unten Z. 24–27.
3 24. August.
4 Nicht erhalten.
5 Zu einem Besuch Bullingers bei Haller in Bern ist es nicht gekommen.
6 Oben Nr. 110.
7 Nicht erhalten.
8 Bucer an Leo Jud, 23. Juni 1532, Zürich StA, E II 345,126–141 (Kopie Bullingers).
9 Sebastian Hofmeister.
10 Zum Täufergespräch von Zofingen s. oben S. 127, Anm. 4.
11 Es handelt sich um die Nachricht von der Annäherung der Straßburger an Luther, s. oben S. 152, Anm. 6.
12 HBBibl I 38; s. oben S. 167, Anm. 6.
13 Pellikans Bibelkommentare erschienen bei Froschauer 1532–1535 in fünf Bänden, s. Ru-

tationem, disceptationem, adesse vero sinceritatem, et ut sensus scripturarum nobis reddatur genuinus, modo pergatis uterque.

Actis catabaptistarum[14] disces, quae Zofingę acta sunt. Tuo egerem consilio, quibusnam mediis profliganda hęc secta foret magistratui. Timeo, ne nimium sanguinem illorum sitiat, timeo etiam nimiam indulgentiam ecclesiis plurimum incommodaturam[15]. Ubi igitur poteris, per Megandrum epistola reddas me certiorem. Proinde quae Hebreis addita sunt et Pellicani commentariis, fasciculo composita per servum Megandri[16] mitti cures.

Tete, te, inquam, semel videre et audire coram desidero. Ero viaticum, tu sis viator, charissime simul et dilectissime Heinrice, nec opus est, ut pluribus adventum tuum communices, modo ego illius certus esse possem.

Vale, atque id perpetuo cum uxore[17], familia, fratribus et symmistis, et ut frater[18] se vobiscum habuerit, vel uno indica apice.

5. augusti.

Tuum minimum sed deditissimum nummisma.

Es ist bi unß einer, sol ze Boswil inn empteren[19] pfarrer sin gsin, gehört übel[20]. Si tibi fuerit notus, indica mihi, quale habeat testimonium. Cęterum literas meas, animi mei in te testes locupletissimas, tibi soli scribo. Semper perpetuoque salve et vale.

[Adresse auf der Rückseite:] Heinrico Bullingero, Tigurino ecclesiastę, fratri suo charissimo.

dolphi 25, Nr. 208; vgl. auch oben S. 46, Anm. 17.
[14] HBBibl I 701; s. oben S. 167, Anm. 9.
[15] Vgl. *Fast* 38.
[16] Unbekannt.
[17] Anna Bullinger, geb. Adlischwyler.
[18] Gemeint ist Kaspar Megander.
[19] Boswil im Freiamt (Kt. Aargau).
[20] hört schlecht. – Johannes oder Hans Ramsauer (Ramseyer), gest. nach 1532, aus Appenzell, war nach der 1529 erfolgten Reformation des Freiamtes Pfarrer in Boswil (s. *Bucher* 97.132). 1531 vertrieben, wurde er nach Affoltern a. Albis zum Prädikanten abgeordnet, am 14. Februar 1532 jedoch nach einer Prüfung wegen ungenügender Bildung abgesetzt und zur Fortsetzung des Studiums aufgefordert. Er wandte sich nach Bern, wo ihm am 23. April 1532 zugestanden wurde, das «gotzwort zu verkhinden, wo er darzu berüft» (*Köhler*, Ehegericht I 350). Hallers Bemerkung läßt darauf schließen, daß Ramsauer 1532 bereits ein älterer Mann war. Als Pfarrer in Bremgarten kannte Bullinger seinen Amtsbruder im nahen Boswil sicherlich seit 1529/1530. – Lit.: AZürcherRef 1811; Pfarrerbuch 476.

[119]

Konrad Geßner[1] an Bullinger und Theodor Bibliander
Straßburg[2], 10. August 1532

Abschrift von Johannes Hanhart (19. Jh.)[a]: Winterthur, Stadtbibliothek, Ms 4° 196, mittlerer Teil, p. 15f

Teilübersetzung: *Hanhart* 16

Beklagt die Undankbarkeit Zürichs gegenüber dem toten Zwingli. Rühmt Zwinglis Qualitäten überschwenglich.

Doctissimis, clarissimis et integerrimis viris Henrico Bullingero et Theodoro Bibliandro, Tiguri munus Huldrychi Zwinglii, herois invictissimi, sustinentibus, praeceptoribus et patronis colendis, Conradus Gessnerus salutem.

Quotiescumque animo meo, praeceptores reverendi, summam illam nostrae aetatis ingratitudinem[3] volutare coepero, dictu mirum, quanto mens mea dolore tota inuratur. «Tam rara in amicitiis fides, tam parata oblivio mortuorum», ut Plinii[4] verbis utar. Neque enim ullus est nostrorum, qui vel unico verbulo gratum aperiat animum erga strenuissimum illum heroem, patriae patrem lucemque orbis terrarum Huldrychum Zwinglium, in cuius vestigiis (quod toti Tigurinorum reipublicae feliciter cadat) vos quoque nunc insistitis. Heroem merito appello, utpote quem nulla unquam vis, nullae minae, || [16] nullae insidiae, nulla denique invidia a vero et honesto labefecerit. Itaque non solum verbis laudari, verum etiam auro, ebore, argento parioque marmore[5] effingi dignissimus erit. Ille, inquam, heros, vir solius laudis, perfectae cumulataeque[b] virtutis, cum apud exteras gentes summo honore

---

[a] *Trotz intensiver Nachforschung konnte das Autograph dieses Briefes nicht gefunden werden. Wir geben ihn deshalb nach einer Abschrift Johannes Hanharts aus dem frühen 19. Jahrhundert wieder. Hanhart hat das Autograph offenbar noch gesehen. Seine diesbezüglichen Angaben führten aber nicht weiter.*

[b] *in der Vorlage irrtümlich* camulataeque.

[1] Konrad Geßner, 1516–1565, erhielt seine erste Ausbildung bei Oswald Myconius und Thomas Platter in der Fraumünsterschule, später bei Rudolf Collin und Johann Jakob Ammann am Carolinum. 1529 bat er Zwingli um Gewährung eines Stipendiums (Z VII 325f), das er auch erhielt. Nach kurzem Aufenthalt in Straßburg, wo er Capitos Famulus war, setzte er seine Studien 1533 in Bourges, 1534 in Paris fort. Nach seiner Rückkehr nach Zürich 1535 heiratete er und war zunächst als Lehrer tätig. Auf medizinische Studien in Basel folgte 1537 die Berufung an die neugegründete Akademie in Lausanne als Professor der griechischen Sprache. Während jener Zeit wandte sich Geßner entschieden den Naturwissenschaften zu. 1540 nahm er in Montpellier das Medizinstudium wieder auf, das er ein Jahr später in Basel mit dem Doktortitel abschloß. In der Folge wirkte er als Professor und Arzt, seit 1554 als Stadtarzt, in Zürich. Geßners vielseitige Forschungstätigkeit spiegelt sich in zahlreichen, grundlegenden Werken zur Bibliographie, Zoologie, Botanik, Medizin und Sprachwissenschaft. Seit 1531 war Geßner mit Bullinger persönlich befreundet, 1557 widmete er ihm seine Edition der Apologie des Athenagoras (HBBibl II 1019). – Lit.: *Hanhart; Fischer*; Conrad Gessner 1516–1565. Universalgelehrter, Naturforscher, Arzt. Mit Beiträgen von Hans *Fischer*, Georges *Petit*, Joachim *Staedtke*, Rudolf *Steiger*, Heinrich *Zoller*, Zürich (1967); HBLS III 498f; Eduard K. *Fueter*, in: NDB 342–345.

[2] Geßner war im Juni 1532 nach Straßburg gekommen (*Hanhart* 14f).

[3] Gemeint ist die massive Kritik an Zwingli, wie sie auf der Zürcher Landschaft und teilweise auch in der Stadt nach dem Zweiten Kappelerkrieg laut wurde.

[4] Plinius, Epistulae VI, 10,5.

[5] Der auf der griechischen Insel Paros gewonnene Marmor war wegen seiner reinen Qualität berühmt und in der antiken Literatur öfters erwähnt, s. Nachträge zu A. Otto, Sprichwörter und sprichwörtliche Redensarten der Römer, eingeleitet und mit einem

celebretur, apud nos tamen solos, de quibus maxime omnium bene meritus est, iacet. Nullus ei honor, reverentia nulla, nulla prorsus beneficiorum ei gratia habetur.

Illud est, quod doleo, quod me maxime mordet φίλον τετιμένος ἦτορ[6]. Eius enim cum[c] saltem audio nomen, vox mea fletu debilitatur, mensque tota dolore impeditur. Ferrei ille profecto, immo impii fuerit animi, quem tanta totius reipublicae christianae clades non·moverit. Virum enim amisimus, cui similis nostro seculo nemo fuit, dicere priori religio est[7]. Ille enim in omni virtute facile princeps, eruditus, utilia miscens honestis, iura, iudicia, leges edoctus et arma, Christi ecclesiae non minori iustitia quam fortitudine praefuit vir intelligentia magna, veritate maiori, fide maxima praeditus. Cui exiguum vitae curriculum natura circumscripsit, immensum glorie. Quam sane quanto minus ambiit, tanto magis illam vivam et perpetuam habiturus est apud omnes fideles.

Argentinae in aedibus D. Wolfgangi Fabricii Capitonis, 10. augusti anno 1532.

[120]

Dietrich Bitter an Bullinger

Köln, 12. August 1532

Autograph: Zürich StA, E II 361,98. Siegelspur. – Gedruckt: *Krafft* 108f

Schickt diesen Brief durch einen Kaufmann, der nach Zürich reist. Ist selbst bei guter Gesundheit. Wünscht Bullingers Johannesbriefkommentar. Sein Neffe studiert in Wittenberg und hat über den Streit zwischen Luther und den Zürchern berichtet. Eine Schrift, in der Bullinger seinen Standpunkt darlegt, will Bitter an Luther und Melanchthon senden.

Mein williger dienst myns kleynen vermoegens altzeit zofoern[1].

Lieber Heinriche, dusser[2] myn guder frunt[3] plegt[4] bin uch zo handelen. So hait[5] er offt von myr gehoirt, wie ich eynen guten frundt daeselbs habe. Hait myr darum zogereedt, habe ich etwas hinuff[6] zo schrieben, er wills gern mit im foeren.

Wie woll ich sunders neit[7] zo schrijben weys dan van unser aller (dem herren sy lob) gesuntheit. Was sunst leuffischer[8] hendell by uns weren, als mit rustung widder den Turcken, wirt er beß muntlich vertzellen. Moigt ir im gude anwysung syner hendel thoin, beger ich synent wegen.

Wyder ist myn bitt, das tu na fridden[9], so vill durch gott moegelich, arbeitz[10], und laiß mich verstain[11], ab uch myn letste brieb behandicht[12].

---

[c] *in der Vorlage irrtümlich* tum.

Register hg.v. Reinhard Häußler, Darmstadt 1968, S. 185.
[6] Homer, Odyssee 1,114.
[7] Man scheut sich zu sagen, in der vorigen Epoche.

[1] In Bitters Rechtschreibung zeigen e und i nach Vokalen oft deren Dehnung an.
[2] dieser.
[3] Freund; unbekannt.
[4] pflegt.
[5] Siehe oben Anm. 1.
[6] hinauf, gemeint: nach Zürich.
[7] nichts Besonderes.
[8] laufenden, aktuellen.
[9] nach Frieden.
[10] arbeitest, dich bemühst.
[11] wissen.
[12] Ob euch mein letzter Brief ausgehändigt worden ist. – Der letzterhaltene Brief Bitters ist vom 16. April 1532 datiert (s. oben Nr. 88).

Ur[13] Annotaciones in canonicam epistolam Ioannis[14] schickt myr doch tzo, dan ich habe die lest gesanten[15] eynem Augustiner monnich[16] in fruntschaff geleint[17], kan si nitt widder krygen, und was ir sunst gefertigt[18]. Und enbuet myr dairgegen[19], was du gern von myr hettes. Will mich in glychen und merrem altzeit vlyssigen.

Groitz myr all gute frunde.

Adolfus[20], myn neve, hait zo Wittenberg und Bruyswick[21] studiert, ist neulich by uns gesyn und widder gereist. Laist dich seyr groitzen und spricht, das Martinus[22], Ph[ilippus][23], Pomeranus[24], Otto Brunsfeldius[25] und etliche mehr anderen hefftig widder uch kempffen [in] yren sermonen[a] des sacramentz halber[26]. Moigt ir myr kortz verfaste schrifft[27] und scharffe[28] zostellen. Will verschaffen, das sy Martino ach[29] Ph[ilipp]o uberantvort werden, mit anhangender bitt, daruff zo antworden. Will dich mitt dussen kortzen dem almechtigen befollen haben. Laist mich doch verstain von uren handelen, anslegen[30] und fridden der Eydgnossen.

Datum zo Coln, 12. augusti anno 32.

Dirich [!] Bitter van Wipperfoird,
scholmeister zo Sant Ursulen[31].

[Adresse auf der Rückseite:] Dem ersamen und waillgeliertenn[32] Maister Heinrichen Bullinger, meinem gunstigen frundt zo handenn. Gen Zürich.

---

[a] yren sermonen *am Rande nachgetragen.*

[13] Eure.
[14] Bullingers «Expositio in epistolam Ioannis», erschienen 1532 (HBBibl I 37).
[15] letzthin, kürzlich geschickten; vgl. oben S. 105, 38 und Anm. 18.
[16] Wer dieser Augustinermönch war, ließ sich nicht ermitteln.
[17] geliehen.
[18] Was Bullinger sonst noch geschrieben und publiziert hat.
[19] tu mir dafür zu wissen (Grimm III 494f).
[20] Die Wittenberger Matrikel enthält zur fraglichen Zeit keinen Studenten dieses Namens, es sei denn, man bringe die Eintragung vom 25. Januar 1529: «Magister A P C» (Wittenberg, Matrikel I 133) mit Bitters Neffen in Verbindung, über den sonst nichts Näheres bekannt ist; vgl. *Krafft* 109.
[21] Braunschweig.
[22] Martin Luther.
[23] Philipp Melanchthon.
[24] Johannes Bugenhagen, 1485–1558; s. Oskar *Thulin*, in: RGG I 1504 und Ernst *Wolf*, in: NDB III 9f.
[25] Ein Otto Brunsfeld oder Braunsfeld läßt sich nicht nachweisen. Wahrscheinlich liegt eine Verwechslung mit dem Humanisten Otto Brunfels (1488–1534) vor, der sich allerdings zu jener Zeit in Straßburg bzw. Basel aufhielt und nie als Gegner der schweizerischen Abendmahlsauffassung auftrat; s. Heinrich *Grimm,* in: NDB II 677f.
[26] Zur Haltung der Wittenberger in der Abendmahlsfrage und der durch Luthers Sendschreiben an Herzog Albrecht von Brandenburg neu entfachten Kontroverse s. oben Nr. 106.
[27] Ob damit «kurz abgefaßte» oder «kürzlich verfaßte» Schrift gemeint ist, läßt sich nicht sicher entscheiden. Im zweiten Fall käme der Sendbrief an Albrecht von Brandenburg (oben Nr. 106) in Frage, wie *Köhler*, ZL II 296, Anm. 1 annimmt.
[28] Auf «schrifft» bezogen, also «kurz abgefaßte und scharfe Schrift»? Der unbeholfene Stil läßt eine Deutung kaum zu.
[29] auch.
[30] Vorhaben, Absichten (Lexer I 77).
[31] Über die Aufgaben des Schulmeisters am Kölner Damenstift St. Ursula s. Gertrud *Wegener*, Geschichte des Stiftes St. Ursula in Köln, Köln 1971. – Veröffentlichungen des Kölnischen Geschichtsvereins e. V. 31, S. 113.
[32] wohlgelehrten.

[121]

Martin Bucer an Leo Jud, Bullinger, Konrad Pellikan und Theodor Bibliander

Straßburg, 12. August [1532]¹
Autograph: Zürich StA, E II 337, 235r.–236r. Siegelspur. – Ungedruckt

Wegen Arbeitsüberlastung und Erkrankung der Gattin war eine frühere Antwort nicht möglich. Klagt über die verständnislose Haltung der Zürcher gegenüber seinen Vermittlungsbemühungen und fordert größere Zurückhaltung in der Auseinandersetzung mit den Gegnern. Man soll sich vor übereiltem Urteil hüten und angesichts der überall drohenden Feinde nicht auch noch aufeinander losgehen. Stellt eine ausführliche schriftliche Auseinandersetzung in Aussicht. Aufruf zu gegenseitigem Verzeihen. Bitte um Gebet für die Straßburger Krieger, die gegen die Türken gezogen sind.

Salvete fratres observandi.

Ab eo, quod nuper scripsistis² de mea quam fingetis ad Lutheranos defectione, eiusmodi ecclesiae nostrae negotiis ac morbis cum meis tum meorum detineor – erraticae enim quaedam admodum noxiae febres hic grassantur³, etsi illas nondum
5 mihi, sed uxori⁴ tamen et minimae natu⁵ dominus immiserit –, ut rescribere ad vestras literas non licuerit. Dolet, quod sic mihi, qui nihil aliud egi, quam quod quatuor iam integros annos ago, indignamini, desideroque istuc in vobis candoris, quod meam epistolam non sustinuistis vel ipsi plane intueri vel eam mittere testimonium contra me ad eas ecclesias⁶, quibus meum nomen tam graviter voluistis de-
10 ferre. Sum ego vobis adeo ignotus? Fui hactenus tam futilis, ne dicam impius, ut tantam mihi fraudem in religionis negotio impingere debueritis? Sed feram propter dominum omnia spectans, qui sitis Christo et ecclesiis, qualesquales vos mihi hac vice praestiteritis. Vellem agnosceretis, quos habetis in vinea domini συνέργους⁷ etiam inter eosᵃ, qui vos errore detenti non ‖ ²³⁵ᵛ· agnoscunt. Vellem, quo hos habetis
15 hostiliores, hoc tractaretis circumspectius, et ne quid inimicitiae dare videremini, nihil illis, quam quod res est, impingeretis, ne ut illi vos, vos invicem illos, calumniis potius quam argumentis oppugnaretis. Sed vellem simul me quoque multa longe aliter instituere et gerere, quam facio et ipse mihi, tum amicis persevero. Ita vobis, dum fertis ipsi me, Christi amicitiam non renuntio videns in vobis opus do-
20 mini. Idem facio erga Lutheranos, in quibus hoc plus quam in vobis requiro, quod priores vos regno Christi ac me vobiscum proscripserunt. Quae in hoc negotio egi, scribam ad vos omnia, simul et quas in singulis rationes secutus sum. Vestrum sit deinde iudicium⁸. Interea, dum caussam vere non cognoscitis, iudicare nolite. Sin [quod] accusato apud alios esse libet, dicite diem, facite et mihi locus sit defenden-

---

ᵃ inter eos *übergeschrieben.*

¹ Die Datierung auf 1532 ist wegen der Anspielungen auf den Brief Bullingers vom 12. Juli 1532 (oben Nr. 110) sowie die Erwähnung des Türkenzuges sicher.
² Oben Nr. 110.
³ Dieses Fieber ließ sich sonst nicht nachweisen.
⁴ Martin Bucer war seit 1522 mit der ehemaligen Nonne Elisabeth Silbereisen (gest. 1541) verheiratet, s. *Adam* 49.
⁵ Vorname unbekannt.
⁶ Siehe die Bucer durch Bullinger übermittelte Erklärung der Berner, Solothurner und Bieler oben S. 160, 246–254.
⁷ Vgl. 1Kor 3,9.
⁸ Tatsächlich setzte sich Bucer schriftlich in ausführlicher Weise mit dem Brief Bullingers auseinander, indem er den Text fortlaufend kommentierte, s. unten Nr. 128.

di, quod verum est. Est satis, o fratres, hostium undique. Non erat opus, nos ipsos sic invicem grassari. Scribitis ||²³⁶ʳ· de magnis apud vos turbis⁹. Quis, quaeso, illas excitavit? Privatas ego ad vos scripsi literas. Si offenderunt, poterat res inter nos transigi tot ecclesiis^b et vobis metipsis haud quoque sic turbatis. Sed condono omnia. Condonate et vos mihi, quod vestra, quae non video probanda, apud vos improbavi. Idem sit vobis in me iuris. Per me illaesa stabit amicitia Christi.

Valete, et dum militare non libet contra Thurcos, precibus, quaeso, militantes iuvate. Nam nisi Christus respiciat, nimium impendet periculi Germaniae. Nostri equites 80 heri profecti sunt, nono hinc die pedites quingenti¹⁰.

Argentorati, pridie idus augusti.

Salutant vos fratres.

M. Bucerus vester,
si libet, ut semper.

[Adresse auf der Rückseite:] Pientissimis ac doctissimis viris, Leoni Jud, Heylricho Bullingero, Chunratho Pelicano, Theodoro Bibliandro ac fratribus reliquis Tigurinis, symmystis observandis.

[122]

Ludwig Zehender an Bullinger

[Aarau?]¹, 13. August 1532
Autograph: Zürich StA, E II 360, 261. Siegelspur. – Ungedruckt

Bedankt sich für den Brief Bullingers an den Stadtschreiber [Gabriel Meyer] und die Förderung seiner Heiratspläne. Legt im Hinblick auf eine weitere Vermittlung Bullingers in dieser Angelegenheit seine Vermögensverhältnisse dar.

Min früntlich grüß, und waß ich eren, liebs und gůtz vermag zevor, erender, lieber her schwager².

Üwer schriben³, ann minen fetteren statschriber⁴ minenthalb gelangtt, hab ich lutt inhaltz wol verstanden und des ersten harus⁵ üwer früntlich gemüott gegen mir erkänndt. Sölichs und merers stat mir⁶ mit minem dienst⁷ um üch ze beschulden⁸.

^b nach ecclesiis *gestrichen* Helvetię [?].

⁹ Oben S. 153, 20–154, 22.
¹⁰ Nach PC II 170f zogen am 12. August 1532 die Reiter und am 29. Juli das Fußvolk von Straßburg ab. Am 15. August sollten sich die Truppen in Wien versammeln, s. *Janssen* 248 und *Westermann* 216. Zum Aufgebot gegen die Türken siehe den Abschnitt «Das große internationale Kreuzzugsheer des Jahres 1532 gegen die Türken» bei *Turetschek* 306–317.

¹ Der gebürtige Aarauer hielt sich möglicherweise noch in seiner Vaterstadt auf, vgl. auch seine Beziehungen zum Stadtschreiber (Z. 3) und zum Pfarrer, Johannes Zehnder (s. oben S. 165,10f).
² Zur Verschwägerung s. oben S. 165, Anm. 2.
³ Ein Brief Bullingers nach Aarau aus dieser Zeit ist nicht erhalten.
⁴ Gemeint ist der Aarauer Stadtschreiber Gabriel Meyer, ein enger Vertrauter auch von Johannes Zehnder (s. oben S. 112,4 und Anm. 2).
⁵ daraus.
⁶ steht mir zu, geziemt sich mir (SI XI 531).
⁷ Dienstbereitschaft, Dienstbietung (SI XIII 763).
⁸ vergelten (SI VIII 659).

Danne deß fürschlags⁹ halb, harin angezöügtt, gefalt mir zů dem höchsten wol, dan¹⁰ das ich in sorgen stan, sölichen lüten gůtz halb nitt verglichen mögen¹¹.

Derohalben, lieber schwager, ich min vermögen üch hie angezöügt wil haben, darüber üwers witern entscheids ze erwarten, domitt die sach¹², ee und vor¹³ sy lut-
prechtt¹⁴ gemachtt, beider siten wol erwägen und nit nachmals unfruchbar an die hand genomen wärde; dan ich je nitt besint¹⁵, mer, wan¹⁶ mins inkommens, ye-mans fürzeschlachen¹⁷, das nachmals üch, eincm getruwen vorstender¹⁸ der warheitt, minemm underthädiger¹⁹, und ouch mir nachtheilig sin möchte.

Min müöterlin²⁰ württ diser zitt mich mitt fünfhundert oder filichtt mer gulden beratten²¹, und nach irem abgang (den gott lang wend) mir 800 oder 900 gulden ge-digen²² sampt ander kleinnotten²³ und husratz etc. Das ich üch alß minem vertruw-ten fründe in geheimd wil angezöügt haben, harüber mir²⁴ ze erfragen, ob ich der sach verer²⁵ nachfrag bedörffe²⁶ gäben oder anderschwo mich gedenken ze versä-chen²⁷, ouch mir hiemitt zů schriben, weß willens der fatter der dochter halb sin wurde, wie vil der kinden und ob eß inen²⁸ nit zewider, mich etwaß erlichen gwärbs ze bruchen²⁹, unser ußkommen dester bas³⁰ ze haben. Danne so ir über sö-licheß mir witter nachjagens³¹ anzelegen³² raten bedörften, welte ich one verzug zů üch hinüber kummen, dan dis aller miner meinung inhalt ist, alß ob ich sälbs per-sänlich [!] by üch wäre. Sunst bin ich gůter hofnung, die dochter keins wägs vervä-len³³, dan wir ein erlich, lustig³⁴ und folkummen³⁵ wäsen (wie ir wol wüssend) by unß hand. Ouch wurde min müöterlinª uns ir müeterlich trüw mitdeilen und ich (wie einem frommen, redlichen zůstatt) mich halten; deshalb kein mangel, dan das ich sorg trag³⁶, söliche eerenlütt ab minem gegenwurff³⁷ vilicht bedurens³⁸ erho-len³⁹. Dorum ich dise meinung sälbs persönlich üch zůschriben, domitt ir min hertz erkennend, hiemit flissig bittende, mich in allen trüwen befolen ze haben. Ouch ist

---

ª *in der Vorlage* müötelin.
⁹ Wahrscheinlich ein Vorschlag für das weitere Vorgehen.
¹⁰ außer, nur (SI XIII 30).
¹¹ daß ich mich mit solchen Leuten in bezug auf das Vermögen nicht vergleichen kann.
¹² gemeint die Heiratsangelegenheit.
¹³ ehe und bevor.
¹⁴ offenkundig, bekannt (SI V 393).
¹⁵ gesonnen (SI VII 1065f).
¹⁶ als.
¹⁷ in Aussicht stellen (SI IX 450f).
¹⁸ Bürge (SI XI 1001).
¹⁹ Vermittler, Unterhändler (SI XII 448f).
²⁰ Anna Langnauer, 1501 als dritte Frau mit Markwart II. Zehender verheiratet, s. Walther *Merz*, Wappenbuch der Stadt Aarau, enthaltend die Siegel und Wappen der bis 1798 in Aarau verbürgerten Geschlechter, Aarau 1917, Stammbaum der Zehender, zw. S. 312 und 313.
²¹ aussteuern (SI VI 1613).
²² zuteil werden (SI XII 1202).
²³ Kleinodien, Schmuck (SI III 655).
²⁴ für mich.
²⁵ weiter.
²⁶ dürfe (SI XIII 1538).
²⁷ sich versehen (gemeint in Sachen Brautwerbung).
²⁸ Gemeint die Familie der Braut, weiter nicht bekannt.
²⁹ daß ich ein redliches Handwerk betreibe (SI V 354f).
³⁰ desto besser.
³¹ eifriges Streben, Verfolgen (s. Grimm IV/II 2215).
³² vorzunehmen (SI III 1181).
³³ daß die Tochter (mit der Heirat) keineswegs einen Fehler begeht.
³⁴ fröhlich, angenehm.
³⁵ Hier vielleicht im rechtlichen Sinn gebraucht: durchaus rechtsfähig (s. Grimm XII/II 682).
³⁶ mir Sorgen mache.
³⁷ Einwand, Bedenken (vgl. Grimm IV/I 2 2304).
³⁸ Kränkung, Mißfallen (SI XIII 1309).
³⁹ zuziehen (SI II 1154).

min begär, wellends nitt verargens haben, daß min antwurtt nitt angentz⁴⁰ uff üwer schriben gfallen; dan obbemelter min fetter nitt anheimsch⁴¹ gwäsen.

Aldan begär ich underich ze wärden, waß üch uffgehalten, unser hochzitt⁴² ze besůchen, do wir mit sunderer begird üwer gewartett etc.

Datum 13. augusti anno domini 32.

Ludwig Zechender,
üwer gůtwilliger.

[Adresse auf der Rückseite:] Dem erwürdigen, wolgelertten herrenn Meister Heinrichen Bully⁴³, forstendern⁴⁴ götlichs worttes zů Zürich, minem lieben schwager.

[123]

Heinrich Strübi¹ an Bullinger

Marbach², 15. August 1532

Autograph: Zürich StA, E II 355,45. Siegel. – Ungedruckt

Klagt über die schwierige Lage der Evangelischen im Rheintal. Ersucht Bullinger um Rat und versichert ihn seines völligen Vertrauens.

Heinrycho Bullingero, Tigurinae ecclesiae pastori ac doctori fidelissimo, Heinrychus Strüby gratiam optat et vitę innocentiam a domino.

Inanem sermonem tibi iniucundum esse cum sciam, brevitatem secutus sum te magistro, doctissime Heinryche. Breviter ergo accipe turbulentum rei evangelicę statum esse in Reni valle. Nam nos omnes evangelii ministri coacti sumus (quod tibi ignotum non est) suspendere citharas nostras³, quibus Christus decantari deberet, sicuti legimus factitatum esse de Israelitis in Baboloniam abductis⁴. Hasce enim litteras mihi a senatu Tigurino datas⁵ curavi ut praesidi⁶ nostro darentur. Quibus il-

---

⁴⁰ sogleich.
⁴¹ zuhause (gemeint in Aarau).
⁴² Die Hochzeit von Ludwig Zehenders Bruder, s. oben S. 166,17f und Anm. 6.
⁴³ Siehe oben S. 127, Anm. 32.
⁴⁴ Vorsteher.

¹ Heinrich Strübi soll aus Wolsen (Gemeinde Obfelden im Kt. Zürich) stammen. Über seinen Bildungsweg ist nichts bekannt. 1529 erscheint er als Pfarrer in Witikon bei Zürich, 1530–1532 in Marbach im Rheintal, von wo er im September 1532 weichen mußte. Von 1533–1536 war Strübi Pfarrer in Affoltern a. Albis, anschließend in Eglisau, wo er 1548 starb. Wann und wo Strübi die Bekanntschaft Bullingers gemacht hat, ließ sich nicht feststellen. – Lit.: Z XI 228–230; *Frey* 190; *Stückelberger* 138; *Pfarrerbuch* 551.
² Dorf im St. Galler Rheintal, zur eidgenössischen Landvogtei Rheintal gehörig. Die Kirche war dem Kloster St. Gallen inkorporiert (s. HBLS V 20).
³ Über die Schwierigkeiten, mit denen die evangelischen Prädikanten im Rheintal seit 1532 zu kämpfen hatten, s. oben S. 121, Anm. 7. Auf dem Tag vom 10. Juli 1532 in Altstätten und Rheineck erließen die im Rheintal regierenden Orte außer Zürich ein Mandat, wonach u. a. kein Prediger oder Meßpriester die Kanzel besteigen dürfe, sofern er nicht zuvor 100 Gulden Bürgschaft geleistet habe, daß er nichts gegen den neuen Landfrieden predigen wolle (EA IV/1b 1373 c. 1376f). Auf der Badener Tagsatzung vom 23. Juli 1532 protestierte Zürich gegen dieses Mandat (s. ebenda 1381f).
⁴ Vgl. Ps 137,1–3.
⁵ Es ist nicht klar, um was für einen Brief des Zürcher Rates es sich hier handelt.
⁶ Wahrscheinlich der eidgenössische Landvogt im Rheintal. Zu dieser Zeit war es Götschi Z'Hag von Zug (EA IV/1b 1601).

le cicius perlectis nauseabundeᵃ respondit, et quasi sublime dixit hoc, quod sibi demandatum sit a Quinque Pagis ac Glaronę⁷ oratoribus⁸ nec non Abbatis Cellę⁹ nunciis, se exequuturum esse, donec aliud iniungetur ei¹⁰. Idcirco populus noster privatus est pabulo animarum, caeteri autem hinc inde gloriantur se veram indubitatamque habere fidem¹¹, nos non item. Nam si rata esset fides nostra fundataque in evangelicis litteris, non sic muti essemus quasi pisces¹². Sed sic Trasonum¹³ impiorum sunt mores et sic assolent fari. Tu ergo, prestantissime frater, si quid boni consilii habes (si prae negociis potes), ad me scribe. Nam tibi magno erit ornamento nos misellos beneficio tuo esse salvos. Quid multis? Omnia plena sunt omnibus illis viciis, de quibus Esa[ias] ca. 1.¹⁴, ita ut fit, ubi deus abest. Putares coniuratos in omnem nequiciam. Adeo omnia fervent plasphemiis[!], coniuracionibus, caedibus, perversis ac corruptisᵇ iudiciis, ut credam levius habituros Sodomitas ultimo iudicio¹⁵. Nihil igitur ecclesiae nostrę superest coram hoc mundo praeter «Christus et ille crucifixus» [1Kor 2,2], quamvis spe aliqua (sit vera vel vana, in dubio sum) alimur Tigurinos tuos nostras partes suscepisse. Tu, velim, sic existimes tibique persuadeas omne perfugium bonorum apud nos in te et in tui similibus positum in nostris illis ingentibus calamitatibus, quibus premimur. Proinde fac tantum animum habeas, quantum opus est ad universam rem evangelicam recuperandamᶜ. Nam et potes, nam et modestum hominem te cognosco et prudentem et a cupiditate omnium remotissimum, pręterea magni laboris summęque industrię. Hoc igitur tempore opto, ut vere piis virtutis ac fidei nec non candoris tui lumen eluceat. Qui si intelexerunt comoda sua tibi curae esse, debere etiam se tibi omnia putabunt. Sunt autem permulta, quibus erit medendum. Quapropter, si me meum iudicium de te fallit, et oneri ferendo non sufficis, invenies et Theseum¹⁶ aliquem, scilicet Christum ipsum. Denique ob tuam in me benevolentiam habeo tibi ingentes gracias et ob hanc ego quae te velle scio omnia studiose diligenterque curabo. Rescribere si velis¹⁷, ille, qui hasce tibi attulit schedas, mihi reportabit¹⁸.

Cura, ut valeas. Salutato michi tuam piissimam uxorem¹⁹ cum tota tua familia. 1532, 15. die augusti.

Heinrychus Strüby,
indignus evangelii minister in Marpach apud Renivallanos,
infimus ac subditus tuus frater, et hoc ex animo pio.

ᵃ *in der Vorlage irrtümlich* nausabunde.
ᵇ *in der Vorlage* coruptis.
ᶜ *in der Vorlage* recupurandam.

⁷ Glarus.
⁸ Gesandte mit mündlichem Auftrag. Hier Tagsatzungsboten.
⁹ Appenzell.
¹⁰ Der Landvogt beruft sich hier offenbar auf den Beschluß der sieben regierenden Orte vom 10. Juli 1532.
¹¹ Wörtliche Übersetzung der im Landfrieden verwendeten Formulierung «wahrer und ungezwifleter Glaube», vgl. EA IV/1b 1568 (Abschnitt I.a).
¹² Adagia, 1,5,29 (LB II 192f).
¹³ Thraso, der Bramarbas. Name des prahlerischen Soldaten im «Eunuchus» des Terenz, s. Adagia, prolegomena (LB II 13 B); damals offenbar geläufiger Begriff, s. auch HBBW I 115, Anm. 8.
¹⁴ In Jes 1 ist von Israels Abfall und Strafe die Rede.
¹⁵ Vgl. Mt 10,15.
¹⁶ Theseus gilt wegen der Unterstützung seines Freundes Perithoos als Inbegriff der Hilfsbereitschaft, vgl. Otto 347, Nr. 1779.
¹⁷ Ein Brief Bullingers an Strübi ist nicht erhalten.
¹⁸ Der Überbringer des Briefes ist nicht bekannt.
¹⁹ Anna Bullinger, geb. Adlischwyler.

[Adresse auf der Rückseite:] Doctissimo ac piissimo Magistro Heinrycho Bullingero, sanctę ecclesię Tigurinę doctori, suo in Christo quam charissimo.

[124]

Bullinger an Philipp von Hessen[1]

Zürich, 17. August 1532

Gedruckt: In piam et eruditam Pauli ad Hebraeos epistolam Heinrychi Bullingeri commentarius, Zürich 1532, f. A2r.–A7r. (Widmungsvorrede)[2]

Dankt dem Landgrafen für die Verteidigung des zwinglianischen Glaubens in Schweinfurt und Nürnberg. Bullinger hofft, der Landgraf lasse sich nicht von den altbekannten Argumenten der Zwingli-Gegner beeinflussen. Will im Kommentar zum Hebräerbrief beweisen, daß die Zürcher Lehre nichts Ketzerisches enthält. Verteidigt Zwinglis Tod in der Schlacht, der nicht als Gottesgericht über einen Ketzer zu verstehen ist. Sieg oder Niederlage beweisen nichts über die Wahrheit oder Falschheit der verteidigten Sache. Klagt, daß niemand ernsthaft gegen die Schlechtigkeit der Welt ankämpft. Versichert, daß Zürich fest beim reformierten Glauben bleibt.

Illustrissimo Cattorum principi Philippo Heinrychus Bullingerus gratiam et vitae innocentiam a domino.

Ago tibi gratias, illustrissime princeps, communi omnium piorum nomine, quod caussam nostram, imo non nostram, sed Christi domini multis iam annis, maxime vero proximis diebus Schvinfordiae primum, deinde Norinbergae[3] adversus eos strenue defenderis, qui nos et nostram quam Zuinglianam vocant doctrinam voluere proscriptam[4]. Vidisti enim acri illa qua a summo principe deo donatus es prudentia non hominis proscribi doctrinam, sed dei veritatem, quam Zuinglius non minus pie quam cordate toti orbi praedicavit. Memor itaque verborum apostoli, quibus Timotheum suum contestatur et dicit: «Ne pudeat te testimonii domini nostri neque te pudeat mei, qui sum vinctus illius» [2Tim 1,8], noluisti veritatem ullo humani nominis praetextu proscribi. Quapropter gratulamur hic quoque tibi, prin-

---

[1] Philipp, Landgraf von Hessen, 1504–1567, führte eine konsequent territorialstaatliche, antihabsburgische und reformatorische Politik. Seit 1526 erfolgte in Hessen ein planmäßiger Aufbau der neuen kirchlichen Ordnung, 1527 wurde in Marburg die erste evangelische Universität gegründet. Die Bemühungen um eine politische Allianz aller antihabsburgischen Kräfte erklären Philipps Versuche, die dogmatischen Streitfragen zwischen Zwingli und Luther aus dem Wege zu räumen (vgl. das Marburger Gespräch 1529). Mit dem Ausgang des Zweiten Kappelerkrieges erlitten die politischen Pläne Philippes einen schweren Rückschlag. Mit Bullingers Widmungsvorrede und Nr. 129 werden die Beziehungen zwischen Zürich und dem Landgrafen wieder aufgenommen. Die beiden Männer unterhielten bis zum Tode Philipps eine kirchlich und politisch gleichermaßen bedeutsame Freundschaft, von der ein reger Briefwechsel zeugt. – Lit.: HBD passim; Walther *Köhler*, Hessen und die Schweiz nach Zwinglis Tode im Spiegel gleichzeitiger Korrespondenzen, in: Philipp der Großmütige. Beiträge zur Geschichte seines Lebens und seiner Zeit, Marburg 1904, S. 460–503; *Hauswirth*; Walter *Heinemeyer*, in: RGG V 332f.

[2] HBBibl I 38; vgl. auch oben S. 167, Anm. 6.

[3] Philipp von Hessen hatte sich weder an den Sonderverhandlungen von Schweinfurt vom 1. April bis Anfang Mai 1532 noch an der Ausarbeitung des Nürnberger Anstandes, der Ende Juli 1532 zustande kam, persönlich beteiligt, war aber durch seine vertrautesten Räte vertreten. Zu den Verhandlungen und deren Ausgang s. *Winckelmann* 186–209.230–256.

[4] Zur ursprünglich geplanten Ausschließung der Zwinglianer vom Frieden s. oben S. 161, Anm. 4.

ceps piissime, de illa praeclara, quae in te est, prudentia et constantia et deo nostro
patri benignissimo gratias agimus, quod te nostrae caussae dederit aequum et iudi-
cem et tutorem. Illum, porro, indefessis ora- ||^(A2v.) mus precibus, ut quod coepit,
confirmet et dona sua in te augeat, imperium quoque securum, domum tutam, exercitus fortes, senatum fidelem, populum probum et obedientem, prophetas quoque sanctos et veraces tribuat et te nobis diu incolumem et in via veritatis conservet. Scimus enim absque singulari numinis afflatu tenuem esse principum pietatem,
ut nunc id totum, quod per te nobis confertur, divinae bonitati feramus acceptum,
quae te et tuo ministerio ceu honorifico vase⁵ ad gloriam nominis sui utitur in domo sua. Neque enim ista in hoc scribimus, quod veritatis negotium sine tuo aut
aliorum principum consensu interiisse aut constare non posse censeamus, qui iam
olim didicimus ipsam veritatem per se quidem esse invincibilem et immortalem⁶,
qua non principes solum, sed omnia regna mundi conserventur, et quicquid laudis
vel vituperii, commodi vel incommodi principes habeant, id omne aut ex veritatis
cultu aut neglectu oriri. Quid enim apertius, quam quod Christus dixit: «Ego vero
ab homine testimonium non accipio» [Ioh 5,34]? Quid evidentius, quam quod propheta scripsit: «Nolite fidere principibus aut quoquam hominum, in quibus non est
salus. Ab homine enim cum abit spiritus eius, redit ad terram suam. Tunc pereunt
universae cogitationes eius. Foelicem autem eum, cuius robur est deus Iacob, cuius
spes est ad dominum deum suum, qui coelos, terram ac mare ||^(A3r.) condidit, et quic-
quid in eis est, qui fidem in perpetuum servat» [Ps 146,3–6]? In historiis quoque
sacris videmus Saulem, Achab, Ioas et Zedechiam, praecipuos veritatis hostes, per
omnem vitam periclitari, tumultuari, nihil satis tuti aut firmi habere et tandem foe-
da etiam suorum strage et vita et regno exui, interim vero veritatem, quam illi ex-
tinctam volebant, nihilominus perennem manere⁷, contra vero Davidem, Iosaphat,
Ezechiam et Iosiam, fidelissimos veritatis cultores, veritatis beneficio etiam in mediis periculis impavidos obdurare, in ipsis quoque tumultibus tranquillos perstare,
foeliciter et summa cum laude res gerere et aeterna demum immortalitatis gloria a
deo fidelissimo agonotheta munerari. Ex quibus constat veritatem per se quidem
esse foelicem et immortalem. Qui enim veritatem propugnant, ab ipsa quidem de-
fenduntur et eius beneficio multis perfruuntur bonis. Qui vero impugnant eam, ii
foelicitate non modo destituuntur, sed ne illud quidem quod voluerunt assequun-
tur. Siquidem veritas ab ipso mundi exordio immota adversus omnium tyrannorum
insultus perstitit. Benigne itaque tecum egit pater coelestis, princeps illustrissime,
qui tibi veritatis studium insevit et te honorifico vase in ecclesia sua uti voluit. Unde
nunc pietas tua prudenter fecerit, si illius vocationi non desit et in timore domini
veritatem impense coluerit.

||^(A3v.) Neque vero ignoramus, quid hostes nostri tibi hic obiiciant nostram doctri-
nam inconstantem esse, factiosam et haereticam, nos vero ut schismaticos et sedi-
tiosos homines vitandos⁸. Scimus, quanta linguae virulentia, quantis calumniis nos
deferant atque proscindant. Verum cum aequum te nobis hactenus praestiteris
spectatorem, futurum speramus, ut ne nunc quidem talibus conviciis nobis iniquus

---

⁵ Vgl. 2Tim 2,21.
⁶ Zu Bullingers früheren Aussagen über die Wahrheit s. *Staedtke* 81.
⁷ Vgl. Ps 117,2.

⁸ Zu dem im Frühjahr 1532 erneut aufgebrochenen Streit zwischen Luther und den Zwinglianern s. oben S. 101, Anm. 12, S. 103, 14–18 und Nr. 106.

reddaris. Nam doctrinam nostram sanctam esse et veram evicit compluribus scriptis ille sanctae memoriae antecessor noster H. Zuinglius, evicit et inculpatae vitae et incomparabilis eruditionis vir Ioan. Oecolampadius. Eandem illam doctrinam, quam illorum ministerio ex sacris a deo accepimus, utpote non hominum, sed dei discipuli, cuius illi erant servi, adhuc illibatam custodimus. Id quod hoc meo in Hebraeos Pauli commentario, imo et ipsa Paulina epistola comprobamus. Ex qua, si per occupationes legere liceret, intelligeres nos de scriptura, testamento et lege dei, de deo, unitate et trinitate dei, de Christo deo et homine, mediatore, sacerdote et sacrificio, de vera salute et iustificatione, de ecclesia, de vocatione ad munus docendi, de vera fide, de sacramentis et vero dei cultu, primariis nostrae religionis capitibus, nihil novum, factiosum aut haereticum, sed prorsus sana, catholica et orthodoxa credere et praedicare.

Igitur cum ipsa res clamitet sanctam et veram esse do- ‖ A4r. ctrinam, quam sequimur, tuarum partium erit, princeps clarissime, veritatem non deserere et ipsa re, quod diceris, esse, princeps veritati et iusticiae consecratus, qui non modo calumniis iniquorum adversus innocentes non irritetur, sed ne periculis quidem a vero et iusto absterreatur. Vere enim Cicero omnem laudem facti esse putavit, quod prudentia sine constantia nihil sit[9]. Plato in eo opusculo, cui titulus Laches, putavit scientiam sine iusticia caeterisque virtutibus calliditatem potius esse quam sapientiam[10]. Et sane non dubitamus isti tuo tam generoso animo tantum a numine roboris esse inditum, ut is neque Cappellana nostra clade neque Zuinglii nostri insperato interitu concutiatur. Scimus enim quanto dicendi, imo nugandi apparatu adversarii, quo magis caussae nostrae incommodent, hostium iactitent victoriam. Scimus, inquam, quod alii quidem clamitant, factiosum hominem iusto dei iudicio per tumultum esse oppressum, alii vero contendunt huius interitum, haereticae doctrinae certissimum esse argumentum[11]. Sed audi, clementissime princeps: Non potuit propter tumultum occubuisse, qui verae pacis, aequitatis, iusticiae et patriae amantissimus fuit. Bello quidem et tumultu non pessimi sed optimi quique plerunque oppressi sunt. Plura autem pro hoc viro hac in re nunc non dicam, qui eatenus hominem defendo, quatenus illi veritatis caussa coniuncta est et ita coniuncta est, ut veritati aut commodet aut incommodet. ‖ A4v. Alias agnoscimus illud Paulinum: «Quis est Caephas, Paulus aut Appollos nisi ministri, per quos credidistis?» [1Kor 3,4]. Neque vero plura de caussa aut iure belli, bellumne an tumultus fuerit, scribam, cum quod nihil istius ignores, tum quod praelo potissima eius generis ante acceptam cladem a clarissimo nostro senatu Tigurino in lucem aedita sunt[12]. Hoc adiiciam, interitum qualemcunque tandem vel fidem vel doctrinam neque probare neque improbare posse. Videas enim homines impiissimos faustissimis excedere fatis, rursus videas optimos quosque viros a pessimis mortalium inhonestissimo fere mortis genere extingui. Isaias enim, omnium prophetarum princeps, serra dissectus sub prophetarum latrone Manasse occubuit. Ieremias, prophetarum constantissimus, et Zacharias, longe fidelissimus, a sceleratissimis mortalium lapidati sunt.

---

[9] Cicero, Briefwechsel mit Brutus, I,16,10, wo allerdings Brutus diese Aussage macht.
[10] Vgl. Platon, Laches 196e–198a.
[11] Zu den Reaktionen und Kommentaren auf Zwinglis Tod in der Schlacht s. *Erichson*.
[12] Siehe z. B. die Proklamation Zürichs vom 27. Mai 1531, worin die Proviantsperre gegenüber den V Orten begründet wurde (EA IV/1b 1001–1003).

Quid praeterea commemorem Ioannem, Zachariae filium, quo sanctior alius a mulieribus nemo prognatus est, quid vas electionis Paulum nostrum? Quorum ille consilio turpissimi scorti ab omnium impurissimo Herode etiam in carcere caesus, hic vero ceu publicae pacis interturbator ab omnium, qui sunt et fuerunt, crudelissimo latrone Domitio Nerone truncatus est capite. Interim vero nemo nisi impiissimus quisque doctrinam et vitam istorum propter supplicia posuit in dubium[13]. Cur ergo isti Zuinglii nostri interitum trahunt ad damnationem fidei eius ‖ [A5r.] et doctrinae, cum satis constet in iis a piis desiderari nihil? An vero obliti sunt verborum domini: «Si me persecuti sunt et vos persequentur» [Joh 15,20]? Item: «Veniet tempus, ut quisquis interficiat vos, videatur cultum praestare deo» [Joh 16,2]. An ignorant, quod «per multas afflictiones oporteat nos intrare in regnum dei» [Apg 14,21]? An vero evangelium ita orbi praedicabunt, ut nihil patiantur, semper placeant, neminem offendant, delitiis fruantur et securi sequacibus securitatem polliceantur? Novus sane praedicandi modus, prophetis et apostolis incognitus. Illi enim omnium hominum odia in se suscipientes clamabant: «Si hominibus placuissemus, servi dei nequaquam essemus» [Gal 1,10]. Et: «Qui iuxta faciem volunt placere in carne, cogunt vos circumcidi, tantum ne ob crucem Christi persecutionem patiantur» [Gal 6,12]. Quodsi aliud sentiunt isti, cur, obsecro, nos adeo vilipendimur, idque eo potissimum nomine, quod ab hostibus veritatis affligimur, contumeliis afficimur, substantia nostra exuimur, caedimur et quotidie mortis expectatione angimur? Cur indies minantur interituros etiam superstites eius (ut aiunt) sectae viros? Quasi vero ipsi doctrinae genus invenerint, cui qui adhaereat, extra omnem teli iactum constiterit. At mihi crede, illustrissime princeps: Non ea sunt nostra tempora, quae lenitatem et securitatem mereantur, neque tales hodie sumus, qui liberam veritatem ferre aut possimus aut velimus. Cum itaque nobis, ‖ [A5v.] qui verbo praesumus, cum mundo (nemo enim piis probari vetat) tam bene conveniat, verendum est plurima a nobis per adulationem fieri et multo plura per ignavum timorem omitti. Et ut libere tecum loquar, princeps clementissime, id non minus timendum est, eo res nostras brevi deventuras, ut communibus votis optemus nos una cum iis, quos nunc diris devovemus, illa clade Capellana interceptos dicamusque eos esse foelicissimos, quibus pro veritate et patria fortiter oppetere contigit, quod miseri longe crudeliora tandem per universam Germaniam experiri cogemur. Atque utinam vanus sim vates. Atqui scriptura prodit, Iosiae quoque temporibus legis librum esse repertum, prophetiam quoque una cum vero dei cultu restitutam: at nihilominus paucis post annis sanctissimum regem Iosiam impiissimi idololatrae Nechaonis manu esse interfectum, adeoque eum esse interfectum, qui oraculo a domino acceperat[14]. «Quoniam audisti legem et humiliatus es in conspectu dei, ego quoque exaudivi te et colligam te ad patres tuos, nec videbunt oculi tui malum, quod ego inducturus sum super locum istum» [2Chr 34,26–28]. Siquidem non multis post annis maxima et principum et populi strage Hierusalem, urbium laudatissima, ab impiis direpta, incensa, et funditus excisa est[15]. Caussam istis reddidit Ieremias in 16 [11f]: «Eo,

---

[13] Daß die Niederlage keineswegs die Falschheit einer Lehre, bzw. der Sieg deren Wahrheit beweist, erörtert Bullinger ausführlich in seiner «Antwort auf Johann Fabers Trostbüchlein» 1532 (HBBibl I 35), f. B6v.– C1r.; vgl. auch Bullingers Verteidigung von Zwingli in «De prophetae officio» (*Büsser*, De prophetae officio 256f) und oben S. 44,45–57.

[14] Vgl. 2Chr 34 und 35.   [15] Vgl. 2Chr 36.

quod patres vestri dereliquerunt me, ait dominus, et secuti sunt deos alienos, quos et coluerunt et ado- ||^(A6r.) raverunt, me autem deseruerunt et legem meam non custodierunt. Vos quoque sceleribus vestris malitiam patrum vestrorum superavistis. Quisque enim vestrum sequitur pravas cogitationes cordis sui mali, quominus mihi pareat». Quibus si nostra conferamus tempora, quid, oro, similius? Restituta enim est lex domini, sed pereunt protinus optimi viri. Et quid postea? Praedicatur equidem alicubi veritas, sed ea nihilosetius una cum deo floccipenditur. Nam ex prophetis alii quidem in papa mendacium prophetant, alii vero, qui a veritate stare videntur, ea parte plus, quam decet, muti sunt, qua tamen maxime vocales esse oportebat, siquidem de charitate, lenitate et divina miseratione suaviter et maximo vulgi plausu commentantur, ubi de iusticia disserendum erat eaque severiter protrahenda scelera, quibus totus orbis hodie scatet. Ipse enim magistratus, cuius erat aequitatem et iusticiam colere, partim innocentes veritatis nomine in exilium pellit et iugulat, veritatem ipsam proscribit et sanguine civium vivit, partim religionem simulat ideoque et iudicium et iusticiam negligit, imo et ipse vim facit, personas suscipit, perpotat, scortatur, luxu vestium, alea, immoderatis venationibus, fastu et pompa concoquit, quicquid in publico erat aerario, deinde vero novis exactionibus, alienis bellis et malis artibus totas populi enervat cum vires tum opes. Populus quoque ipse frau- ||^(A6v.) dat, mentitur, iurat et peiurat, potat et nihilo segnius luxu dissipat, quod malis artibus collegerat. Interea vero omnes suaviter commentamur de evangelio, sed nemo vitam mutat in melius, nemo ita, ut decebat, accusat scelera, nemo protrahit et conficit[16]. Quid autem dicam de monopolis, crematistis[!], publicanis et usurariis, qui omnes suas illas iniquitatis radices tam alte egerunt, tu annosam quercum minori negotio evellas, quam istos redigas in ordinem? Hi impune totum orbem expilant, in horum manibus sunt totius orbis negotiationes et thesauri, cumque eo per furtum, fraudem et rapinam evecti sint, nemo tamen ex illis, qui christianae religionis columina videri volunt, se illis vel mediocriter opponit. Ita fit, ut vi quadam res nostrae agantur, pauperes opprimantur ipseque iudex (ut propheta ait) in reddendo sit[17]. Quid ergo nobis nisi communis aliqua pestis, vel Nabuchodonosor vel Sanherib vel Antiochus vel alia generis humani lues, expectanda, quae semel ferro et flamma, fame et peste[18] execrabilem hanc terram lustret? Quod ergo Zuinglium sustulit dominus, quod cum eo tot sanctos, tot probos, tot doctos, tot patritios et senatores, tot denique innocentes cives et colonos una hora sustulit, nimirum omine et divino quodam consilio factum est. Procul dubio quod graviora, ni prorsus convertamur, miseros nos maneant.

Ut nunc ea clades te ma- ||^(A7r.) gis animare quam a sancto instituto debeat retrahere.

Neglecta itaque quorundam dicacitate memineris, inclyte princeps, verborum domini tui, quibus culto res suos affatur et ait: «Venite ad me omnes, qui laboratis et onerati estis, et ego reficiam vos. Tollite iugum meum super vos et discite a me, quod mitis sim et humilis corde, et invenietis requiem animabus vestris. Iugum enim meum commodum est, et onus meum leve est» [Mt 11,28–30]. Equidem quod

---

[16] Was Bullinger hier zusammenfaßt, führt er detailliert aus» in «De prophetae officio» (HBBibl I 33) f.XIIIIr.–XXIIIIv., wo die Aufgabe des Propheten als Kritiker in der Öffentlichkeit dargestellt ist.
[17] Vgl. Mich 7,3.
[18] Vgl. u. a. Jer 14,12.

nos attinet, libere hoc de veritate et benignitate domini cum gratiarum actione referre possumus, quod ecclesiae nostrae in mediis afflictionum procellis nunquam defuit, sed perinde suos animavit, imo ne nunc quidem deserit, siquidem senatus noster perstat et prophetia[19], perstant leges quoque adversus papismum et luxum aeditae[20], perstat et populus. Atque utinam sic benefacere pergat dominus. Patri itaque tam potenti et benigno te quoque totum trade, veritatem eius cole, in hac persta huic immorere. Id si feceris, illud sane praestiteris, quod Paulus tota hac ad Hebraeos epistola ambit. Quam ita, ut nostris illustrata est commentariis, tuo nomini voluimus dicatam. Dominus Iesus confirmet te spiritu suo sancto. Amen.

Tiguri, 17. augusti 1532.

[125]

Georg Distel[1] an Bullinger

Zofingen, 21. August 1532

Autograph: Zürich StA, E II 360, 259. Siegelspur. – Ungedruckt

Dankt für die von Bullinger früher empfangenen Wohltaten. Berichtet über seine jetzige Lage in Zofingen, wo er als Sprachlehrer tätig ist. Bullinger soll seiner gedenken. Grüße.

Gracia tibi et pax a deo patre et domino Iesu Christo.

Quod tam officiose me tuis literis erga Bernenses ministros ac meiis comodis tantopere studuisti[2], gracias habeo et habiturus immortales, Heinrice humanissime. Tua in me multa, cum apud te Bremgarten agerem[3], et maxima. Quibus sacrarum literarum muneribus me non donasti? Quibus me salibus inter ambulando non alloquutus? Quibus me refectionibus in edibus tuis non saciasti? Quibus honoribus[a] non honorasti? Denique animum tuum erga me tuis salutationibus, quamvis non literis, detinere non potuisti. Huiusmodi omnium nulla unquam deletura erit oblivio.

---

[19] Gemeint ist wohl die Verkündung des evangelischen Glaubens.

[20] U. a. das Messemandat vom 29. Mai 1532; s. oben S. 129, Anm. 12.

[a] *in der Vorlage* honorius.

[1] Georg Distel (Cardelius) muß dem Inhalt und dem familiären Ton dieses Briefs nach mit Bullinger und dessen Familie gut bekannt gewesen sein. Er stammte vielleicht aus dem Solothurnischen, von wo er in späteren Briefen wiederholt Neuigkeiten mitteilt. Offenbar besuchte er Bullinger in Bremgarten und wurde möglicherweise von ihm, den er praeceptor nennt, unterrichtet. In Verehrung für Bullinger und dessen Bruder taufte er seinen im Dezember 1533 geborenen Sohn auf die Namen Johann Heinrich. 1532/33 war Distel Lehrer an der deutschen Schule in Zofingen und wirkte gleichzeitig als Helfer. Im September 1534 besuchte er Ambrosius Blarer in Tübingen (Blarer BW I 565) und trat 1535 eine Stelle im württembergischen Entringen an, wo ihm von Seiten der Gemeinde Schwierigkeiten bereitet wurden. – Lit.: Ludwig Friedrich *Heyd,* Ulrich, Herzog zu Württemberg. Ein Beitrag zur Geschichte Württembergs und des deutschen Reiches, 3. Band, Tübingen 1844, S. 88.92; Gustav *Bossert,* Die württembergischen Kirchendiener bis 1556, in: Blätter für württembergische Kirchengeschichte, 9. Jg., Stuttgart 1905, S. 20. – Die Identität des in der Matrikel der Universität Wien unter dem 13. Oktober 1500 aufgeführten Georgius Distel de Rottenburg (Wien, Matrikel II 284) mit dem Briefschreiber ist fraglich.

[2] Ein Brief Bullingers an die Berner Prediger, in dem er sich für Distel einsetzt, ist nicht erhalten.

[3] Wann und unter welchen Umständen Distel im Hause Bullingers weilte, ist nicht bekannt.

Item, ut eciam te de meo statu cerciorem reddam, me scias adhuc[b] Zofingen inhabitare, iuventutem lingua vernacula ibidem instituere et aliquantisper evangelii ministris in oppido[4] et circum me dei verbo, ut solitus tecum, inservire.

Uxor[5] vero proxima partui, quatuor puelle, annona exigua[6], onus ad laborandum vel lucrandum quasi nullum. Tamen auxilium a domino et spes fortissima in deum, qua me et domum meam hactenus mirabiliter enutrivit. Domini Bernenses[7] me in Zofingen manere iusserunt ad expectandum[8] etc. Quare multum t[uam] h[umanitatem] rogatam facio nostre mutue familiaritatis memor, uti non diffido te fore: Mihi et meiis in adiumento tanquam dei instrumentum esse, ubi comodum et faciendum, velis, iterum oro. Quod autem me adhortatus es per certos nuncios, videlicet Sebastianum Oeconomum[9] et Iohannem Bryttnow[10], tuis expensis circa autumnum deo favente fiet, vel quo tempore me tuis literis expostules: Mox tuus Gůtschenckel[11] et tue uxori Fenderli[12] praesto ero.

Ceterum est, ut salvere iubeas, flagito tuam dilectissimam Penolopen[13] [!] ac Syrenem[14], parentem illum Griseum[15], den wyldpret verjäger, den vogel schöcher[16], den visch verderber[17], et episcopum Iohannem[18] fratrem tuum de valle lacrimarum[19] von Ottenbach, dilectissimam ac suavissimam matrem tuam[20], dominum Wernherum Steyner[21], prothonotarium civitatis, Iacobum Funck[22], denique totam familiam tuam.

Vale incolumis et me commendatum habe. Iterum vale.

---

[b] *in der Vorlage* aduc.

[4] In der Stadt Zofingen.
[5] Unbekannt.
[6] Über die spärlichen Einkünfte des Helfers von Zofingen vgl. Pfister 168.
[7] Der Rat.
[8] Vgl. die Bezeichnung «Exspectanten» für junge Geistliche, die auf eine Pfründe warten müssen.
[9] Sebastian Hofmeister, der Pfarrer von Zofingen.
[10] Johannes zur Mühle, der 1528–1560 Pfarrer in Brittnau (Kt. Aargau) war (s. Pfister 70).
[11] Beiname eines bekannten Possenreißers (SI VIII 970).
[12] Mensch, welcher herumreist, statt bei seiner Arbeit zu bleiben (SI I 832).
[13] Penelope, die treue Gattin des Odysseus. Gemeint ist Anna Bullinger, geb. Adlischwyler.
[14] Der Vergleich mit einer Sirene ist etwas befremdlich. Der Briefschreiber will wohl das anziehende Wesen von Bullingers Frau loben.
[15] Greis, wohl aus dem Mundartlichen latinisiert (SI II 800); zweifellos ist Bullingers Vater gemeint; vgl. die folgenden Attribute, die auf dessen Jagdleidenschaft hinweisen, s. *Pestalozzi* 6.
[16] der die Vögel scheu macht, der den Vögeln nachstellt (vgl. SI VIII 111).
[17] der die Fische tötet (vgl. SI XIII 1421 und 1431f).
[18] Johannes Bullinger, Heinrichs älterer Bruder. Demnach wäre er (entgegen *Egli*, Analecta II 165 und HBBW I 114, Anm. 17) schon vor November 1532 als Pfarrer in Ottenbach im Reußtal tätig gewesen. Dies stünde im Einklang mit der Angabe in Verzeichnis[1] 101, er sei im Januar 1532 dorthin gekommen. Die Absetzung des früheren Pfarrers Joseph Haas durch den Rat am 6. November 1532 (AZürcherRef 1903) wäre dann nur als nachträgliche, offizielle Bestätigung eines bereits bestehenden Zustandes zu verstehen (s. auch oben S. 47,46).
[19] Vielleicht eine Anspielung auf die Schwierigkeiten in Ottenbach.
[20] Anna Bullinger, geb. Wiederkehr.
[21] Möglicherweise lernten sich Distel und Steiner im Hause Bullingers kennen, den Steiner wiederholt besuchte (s. HBBW I 45, Anm. 1).
[22] Jakob II. Funk, gest. 1564, gehörte zur berühmten Glasmalerfamilie. Jacob war der Bruder von Hans (s. HBBW I 242, Anm. 2). Jakob Funks erste Frau, Magdalena Lüscher, stammte aus Zofingen. In welchem Verhältnis Funk zu Bullinger stand, konnte nicht geklärt werden. – Lit.: *Jacob* 159–164 (über Hans und Ulrich Funk); SKL I 533.

Raptim ex Zofigen, 21. die mensis augusti servatoris anno etc. 32.

Tuus humilis
Georius [!] Cardelius²³ Eripolitanus²⁴.

Sepe ad me scribe, ut ansam scribendi ad te habeam.

[Adresse auf der Rückseite:] Venerando ac fideli M. Heinrico Bullero [!], ecclesiasti Tygurino, praeceptori suo multum colendo etc.ᶜ

[126]

Heinrich Strübi an Bullinger

Marbach¹, 24. August 1532

Autograph: Zürich StA, E II 355, 46. Siegelspur. – Ungedruckt

Berichtet über die schwierige Lage der Evangelischen im Rheintal. Schildert sein Verhör durch den Landvogt in Berneck, die gegen ihn erhobenen Anschuldigungen und seine Verteidigung. Hofft auf Unterstützung Zürichs, wenn seine Sache vor die Tagsatzung in Baden kommen wird.

Summam foelicitatem per Christum tibi opto, fidelissime ac doctissime Heinryche. Praeteritis diebus ad te scripsi², in quanta perturbatione sit respublica in Reni valle. Quapropter iam supersedebo de illa plura scribere, et quod ad me pertinet, oro, ne graveris audire, ut et facis. Die vicesimaᵃ augusti præses noster³ nuncium ad me misit, ut ad eum veniam in Bernang⁴, cuius iussis obedivi et apparui tempore constituto. Eo autem cum suis harpygiis [!] me intuente in consistorio sic incepi fari, me iussuᵇ suo iam adesse, spectare, quid velit. Tunc sic me adloquutus est, me accusatum coram eo annotasse aliquos articulos uni sacrificulo concionem habenti 15. die augusti contra sanccionem 7 cantonum⁵ et sic me reputatum foedifragum⁶. Insuper quantis me flagitiisᶜ obnoxium ob has annotaciones esse intonuerit, iam non est dicendi locus. Ad hęc humilima voce respondi non novum esse me conciones adnotare; nam me ante novem annos conciones et lectiones conscripsisse. Denique novum non est. Nam et illi nostras conscribunt. Quid autem colegissem per aliquos annos, demonstrabam illi codicillo dato. Sed surdo fabulam narrabam⁷. Adeo obduratis auribus obnitebat [!]. Ad hęc quoque adieci: Cum Christum nostrum salvatorem ebuccinat, nonne merito scribi debet? Nam et ego illum meam

---

ᶜ *darunter von anderer Hand:* Dem Meister Heinrich Bully.

²³ Nach dem Wort carduelis bzw. cardelis = Distelfink gebildete Latinisierung des Familiennamens Distel oder Disteli (vgl. Georges I 998).

²⁴ Die dem Ton des Briefendes entsprechend wohl scherzhaft gemeinte Gräzisierung der Herkunftsbezeichnung läßt sich nicht mit Sicherheit auflösen. Vielleicht könnte das solothurnische Kriegstetten gemeint sein.

ᵃ *in der Vorlage* vigesima.
ᵇ *in der Vorlage* iusu.

ᶜ *in der Vorlage* flagiis.

¹ Siehe oben S. 179, Anm. 2.
² Siehe oben Nr. 123.
³ Landvogt Götschi Z'Hag von Zug, s. oben S. 179, Anm. 6.
⁴ Alter Name für Berneck im unteren Rheintal (s. HBLS II 187f).
⁵ Das Mandat betreffend die Geistlichen im Rheintal vom 10. Juli 1532, s. oben S. 179, Anm. 3.
⁶ Vgl. auch die schon früher erhobenen Anklagen gegen Strübi (EA IV/1b 1373 i.).
⁷ Siehe Adagia, 1,4,87 (LB II 178 C).

salutem nosco. Sin minus, necesse est resistere impietati. Hec et multa alia argumentabar, sed frustra. Ad hec mea argumenta respondit necesse esse eos omnes multo doctiores et peritiores esse rei evangelicę quam me et mei similes. Quid multis? Reputabar pro periuro. Etiam ad me dixit, quis mihi potestatem dediderit concionandi vel legendi, cum non dediderim vel promiserim per fide iussores[d] 100 aureos[8]. Ad hęc respondi me nec predicasse nec legisse, sed tantum dominicam oracionem[9] orasse cum angelica salutacione[10] et symbulo apostolico[11], et ultimo subiunxi hanc oracionem et[e] presidi demonstravi eam[f], quam tu oras concione habita. Et hęc egi propter instantem necessitatem et quoque propter tria matrimonia, que habui iis duabus dominicis, quae ritu ecclesiastico coniunxi. Nam[g] saltem iis duobus dominicis diebus oraveram[h]. Sed ovis excusatio coram lupo[12] frustra erat.

Hęc sunt mea crimina, flagicia, scelera, dilectissime frater, quae admisi. Ob hęc me incusaturus est in comitiis Ferenę [!] Thermopoli futuris[13]. Quapropter, pręstantissime Heinryche, tui muneris erit, nam et hoc expecto et postulo, ut Tigurini causam meam deffendant et omnium apud Renivallanos verbi ministrorum[14]. Nam ne orare nobis licet in ecclesia. Sed cum hortacione non egeas, ut superioribus literis scripsi[15], non utor ea pluribus verbis et tibi mea studia, officia, curas, cogitaciones committo[i]. Tibi enim existimo tantum debere, quantum persolvere difficile est. Res, cum hęc scribebam, erat in extremum deducta discrimen.

Vale.

Raptim, die Bartolomei 1532.

Heinrychus Strüby,
verbi dei indignus minister in Marpach apud Renivallanos,
infimus tuus minister et ex animo tuus.

Multę cavillaciones adhuc essent tibi scribendę nostri pręsidis, sed non multis te volui obtundere, ne sanctissimum tempus iis deliramentis te terere oporteret. Vale.

[Adresse auf der Rückseite:] Integerrimo ac pręstantissimo M. Heinrycho Bullingero, ecclesiastę fidelissimo sanctę ecclesię Tigurinę, mihi in Christo dilectissimo fratri.

---

[d] per fide iussores *am Rande nachgetragen.*
[e-f] *übergeschrieben.*
[g-h] *am Rande nachgetragen.*
[i] *in der Vorlage* comito.

[8] Zu der im oben erwähnten Mandat geforderten Bürgschaft s. oben S. 179, Anm. 3.
[9] Herrengebet, Vaterunser.
[10] Englischer Gruß oder Ave Maria, das seit dem Spätmittelalter mit dem Vaterunser verbunden wurde, s. Josef Andreas *Jungmann*, in: LThK I 1141.
[11] Das Apostolische Glaubensbekenntnis, s. John N. D. *Kelly*, in: LThK I 760–762.
[12] Zum Bild vgl. Mt 10,16.
[13] Diese Tagsatzung in Baden wurde nicht am St. Verenentag (1. September) sondern am 4. September 1532 eröffnet. Dabei wurde auch der Fall Strübis verhandelt (EA IV/1b 1402 bbb.).
[14] Zürich sprach sich auf dieser Tagsatzung für die Abschaffung des Mandats im Rheintal aus, drang aber nicht durch (EA IV/1b 1399 l.).
[15] Siehe oben Nr. 123.

[127]

Peter Im Haag an Bullinger

[Bern], 27. August 1532

Autograph: Zürich StA, E II 355,49. Siegelspur. – Ungedruckt

Spricht sich, in Beantwortung von Bullingers Brief, gegen den Gedanken aus, die eidgenössischen Bündnisse mit den V Orten aufzulösen und die Gemeinen Herrschaften mit diesen zu teilen. Schlägt einen Städtetag vor, auf dem über den Plan geredet werden soll.

Die gnad gotes sig mit allen, die mit warheit nach got iffrend[1] etc., bevor, lieber her und brůder.

Wuier [!][2] schriben[3] han ich wol ferstanden. Kan ich jeczmal nit comlich[4] antwurt geben; dan mich der handel eben schwer wil ansehen[5], semliche meinung anzegriffen[6]. Dan zů besorgen[7], mit den puinden uffzůsagen[8] geben wier ursach, das sy[9] mogend anderschwo by fuirsten und herren sich ferpuinden. Der teilung[10] geben wier die, so gotes wort anhengig[11] in den gmeinen herschaften[12] und von uns geteilt wurden[13], grad uff die metzgbenck. Dunckt mich und ander from erenluit[14] entweders[15] nutzlich. Kriegen zů diser zitt ist nit gůt, wie ier selbs schribend. Aber under allem můs man denocht sorg haben[16], in hoffnig, got werd gnad bewissen. Duecht mich gůt, das unser vögtt im Ergöuw[17] ein schiessott[18] ansehend[19], als vorhanden ist[20], und ier, unser lieb brůder und ander mitbrůder zů Bremgarten, in Frien Emptren etc., und aber ander der glichen mer zůsamen kemend und alda red von disen dingen hetend, und dan uff das ein burger oder[a] brůderlicher tag, etwa von drien oder fier steten[21], zesamen kemend und red darvon hieltind. Friburg und

---

[a] *vor* oder *gestrichen* tag.

[1] auf Gott ihren Eifer richten.
[2] Euer.
[3] Nicht erhalten.
[4] passende, günstige (SI III 285f).
[5] die Angelegenheit dünkt mich schwer (SI VII 557).
[6] in Angriff zu nehmen (SI II 714).
[7] zu befürchten (SI VII 1313f) ist.
[8] zu kündigen (SI VII 402). – Es handelt sich um die Auflösung bzw. Kündigung des eidgenössischen Bündnisses mit den V Orten, die Bullinger in seinem vorausgegangenen Brief offenbar vorgeschlagen hatte. Bullingers ausführlicher Vorschlag in dieser Angelegenheit: «Radtschlag, wie man möge vor kriegen sin und der V Orten tyranny abkummenn», September 1532, Zürich ZB, Ms F 95, Nr. 8, 122r.–131v. (Autograph) und Zürich StA, A 238.1 (Abschrift von Heinrich Utinger); gedruckt: ASchweizerRef V 176. Auf Grund des vorliegenden Briefes scheint es wahrscheinlich, daß Bullinger eine frühere und vermutlich kürzere Fassung dieses Planes bereits im August nach Bern gesandt hatte, s. Hans Ulrich *Bächtold*, Bullinger und die Krise der Zürcher Reformation im Jahre 1532, in: HBGesA I 283f.
[9] die V Orte.
[10] durch die Gebietsaufteilung.
[11] anhängen, Anhänger sind.
[12] Zur schwierigen Lage der evangelisch Gesinnten in den von den Eidgenossen gemeinsam bzw. der Reihe nach verwalteten Gemeinen Herrschaften infolge des Zweiten Landfriedens von 1531 vgl. u. a. HBRG III 306–314.
[13] Nämlich solche, die den V Orten zugeteilt würden.
[14] tüchtige, angesehene Ehrenleute; vgl. Veronika *Günther*, «Fromm» in der Zürcher Reformation. Eine wortgeschichtliche Untersuchung, Diss. phil. Basel, Winterthur 1955, S. 17–25.
[15] keines von beiden.
[16] vorsichtig, wachsam sein.
[17] Der bis 1798 zu Bern gehörende Teil des Aargaus.
[18] Wettschießen, Schützenfest (SI VIII 1437). – Ob dieses geplante Schützenfest im Aargau durchgeführt wurde, ist sonst nicht bekannt.
[19] anordnen, veranstalten (SI VII 555).
[20] bevorsteht (SI II 1391).
[21] Tagung von drei oder vier (evangelischen) Städten. Berchtold Haller erwähnt am 7. Oktober 1532 den Plan eines Städtetages in

Soloturn halb[22] ist grad fergeben[23] zů diser zitt. Helffend ouch, das des schiessend[24] fuirgan[25].

Gott ferlich uns allen sin gnad.

Dattum uff dem 27. tag ougsten im 32. jar.

Wuier [!] gůtwiliger Petter im Hag. 20

[Adresse auf der Rückseite:] Dem errenden, fromen und glerten herren Heinrich Bullinger, minem lieben und gůten fruind etc., ze Zuirich.

[128]

Martin Bucer an Bullinger

[Straßburg, Ende August 1532][1]

Kopie[a]: Straßburg, Stadtarchiv, AST 174, 260r.–278r. – Ungedruckt

Antwortet auf Nr. 110, worin sich Bullinger erstaunt und empört über die Unterzeichnung der Augustana und deren Apologie durch die Straßburger gezeigt hatte. Bucer will die Zürcher zu nichts dergleichen überreden, er wünscht nur, daß beide Parteien für Christus «unterschreiben». Einigkeit bedeutet für ihn Toleranz ohne Preisgabe der Wahrheit und Rücksichtnahme auf die Schwächeren, wie sie durch Paulus gegenüber den Judenchristen in Jerusalem geübt wurde, um einen Bruch zu vermeiden. Niemand hat den Geist allein. So sollte man auch den Lutheranern, die doch Brüder sind, gewisse Redewendungen zugestehen; ihre Irrtümer sind ja nicht gravierend. Luther ist zwar «morosus» und vehement, hat aber große Verdienste durch Betonung des «sola fide» und des «solus Christus» erworben und ist kein Ehrsüchtiger, auch kein Skorpion, sondern Glied Christi wie die Zürcher. Er sollte genausowenig beschimpft werden wie Zwingli. In Bucers Augen bedeutet Luther für die Welt dasselbe wie Zwingli für die Eidgenossenschaft. Zur ironischen Frage Bullingers, wofür Bucer sich denn bemühe, wenn in der Abendmahlsfrage ohnehin Einigkeit bestehe: In der Sache selbst herrscht tatsächlich Einigkeit, nur in den Worten bestehen Gegensätze; die menschliche Natur, das Fleisch, liebt eben Strei-

Brugg, der aber anscheinend nicht durchgeführt wurde (Vadian BW V 98; auch Vadian, Diarium 502,38–42).

[22] wegen.
[23] gerade jetzt vergeblich (SI II 88).
[24] Siehe oben Anm. 18.
[25] vor sich gehen, stattfinden kann (SI II 29).

[a] Das Original des Briefes ist nicht erhalten. Die Überlieferungsgeschichte der verschiedenen auf uns gekommenen Fassungen und deren Verhältnis zueinander hat Jean Rott, Straßburg, aufgehellt. Für seine im folgenden mitgeteilten Beobachtungen und die Kollationierung der Texte sei auch an dieser Stelle freundlich gedankt. – Martin Bucer machte sich zur Beantwortung von Bullingers Schreiben vom 12. Juli 1532 (oben Nr. 110) ein Konzept (Straßburg, Stadtarchiv, AST 38, Nr. 14, S. 403–492, im folgenden: K). Aufgrund von K wurde von fremder Hand eine Reinschrift erstellt, die selbst noch ein- oder zweimal stilistisch und auch sachlich überarbeitet wurde und deren endgültiger Text jenem der verlorenen Ausfertigung am nächsten kommen dürfte.

Aus diesem Grunde geben wir den Wortlaut der verbesserten Kopie und nicht jenen von K, der in Bucers Schriften, Abteilung: Abendmahlsgutachten, herausgegeben werden soll. Im textkritischen Apparat sind die wichtigsten Varianten zu K aufgeführt. Die in der Vorlage gestrichenen Textstellen standen in der Regel in K, die erwähnten Ergänzungen und Einschübe dagegen, wenn nicht anders erwähnt, nicht.

[1] Der Brief antwortet auf Bullingers Schreiben vom 12. Juli 1532 (oben Nr. 110) und setzt Bucers Brief vom 12. August (oben Nr. 121), wo eine ausführliche Auseinandersetzung in Aussicht gestellt wird (S. 176,21–23) voraus. Deshalb dürfte unser Brief nicht lange nach jenem Schreiben abgefaßt sein, obwohl Bucer von einer «späten» Antwort (siehe den Briefanfang) spricht. Dies dürfte sich indes auf die Zeit zwischen dem 12. Juli und dem Abfassungstermin beziehen. Die Einordnung an dieser Stelle bleibt jedenfalls unsicher, doch hat kein anderer Zeitpunkt eine größere Wahrscheinlichkeit für sich.

tigkeiten. Die Zürcher verstehen Luther nicht, sie hören etwas bei ihm und legen ihm etwas in den Mund, was er nie gesagt hat, nämlich die Präsenz des «wesenlichen» Leibes Christi im Abendmahl. Sie hassen und verachten Luther und urteilen ungerecht über ihn, wie auch Bullingers Bemerkung, Luther könne Reuchlin, Zwingli etc. nicht einmal den Topf reichen, zeigt. Die Zürcher verheimlichen Zwinglis Fehler, dabei ist der schmähliche Frieden auf seine Bündnispolitik (auf seine Weigerung, die Tetrapolitana zu unterzeichnen und somit den Beistand der lutherischen Stände zu sichern) zurückzuführen. Das zürcherische Argument aus dem Credo («Sitzet zur Rechten Gottes») verfängt nicht, denn diese Wendung ist nur eine Allegorie. Über so schwierige Fragen sollte man nicht so selbstsicher reden, eher schweigen und abwarten. Ein Rückblick auf den Abendmahlsstreit seit Marburg zeigt, daß Zwingli Luther von Anfang an mißverstanden hat, andererseits kam auch Luther zur falschen Überzeugung, daß nach Zwinglis Lehre im Abendmahl nichts als Brot dargereicht werde; darum beharrt er auf der Verdammung. Die Straßburger sollen Zürich von der Unterzeichnung nicht vorher unterrichtet haben? Sie wurden ja vor dem schändlichen Friedensschluß der Zürcher erst recht nicht konsultiert! Bei aller Übereinkunft mit den Lutheranern haben die Straßburger eine Verdammung der Zürcher nicht unterzeichnet. Der Vorwurf der Unbeständigkeit ist unbegründet, weil die Straßburger ja bereits seit dem Augsburger Reichstag immer bekundet haben, daß sie mit Luther in der Sache einig seien und nicht als seine Feinde gelten wollten. Er, Bucer, wird von den Zürchern verleumdet, dabei will er nur helfen, den Riß unter den Kirchen zu heilen, und versteht sich als Botschafter Christi. Die Zürcher dürfen an seiner brüderlichen Liebe nicht zweifeln, auch wenn er so offen schreibt. In Zukunft sollte keine der Parteien in dieser Angelegenheit etwas ohne Wissen der anderen Seite veröffentlichen. – Abschließend faßt er zusammen: Die Zürcher sollen 1.) beten, daß Christus sie von Eigenliebe und Haß befreie, 2.) alle Schriften Luthers lesen, 3.) sich auf die Kriterien des Christseins einigen, 4.) christliche Liebe und Versöhnung zeigen, 5.) Toleranz üben, 6.) die Sakramentslehre aus der Schrift neu überdenken, damit die Gläubigen besser begreifen, daß Christus in ihrer Mitte ist, 7.) mit den Schwachen Nachsicht üben.

Gratiam et pacem, Heylriche observande[b].

Sero respondeo[2]. Id nulla alia causa factum suspiceris, quam quod volui respondere, quoad licet, quemadmodum id te et me dignum fore et ad conservandam nostram in domino amiciciam facturum arbitror. Quo id vero clarius faceram ac
5 eciam syncerius, tua tibi rescribere meis responsionibus subiectis volui. Sic enim facilius collata inter se tua et mea iudicare poteris. Quod ita, ut par est ministrorum Christi et in re tam sacra, facere velim. Sic ergo tu orsus es.

Heylrichus Bullingerus[3]: Adeo ad tuam illam Leoni scriptam epistolam obstupui, Butzere doctissime, ut non potuerim non ista hęc nostra qualiacumque tandem tuis
10 opponere. Quę cum amico profecta sint animo, non dubito, quin ea boni sis consulturus.

Martinus Butzerus: Quod opponis tua, quando opponenda censes, gratum est, nedum non molestum. Sua enim quemque fide agere ubique, maxime autem, dum Christi negocium geritur, oportet. Quod autem tantopere ad mea obstupuisti, alio
15 es animo, quam erat Zwinglius pręstantissimus Christi minister, qui cum eadem ex Augustanis comitiis a me scripta[4] sibi legisset, nihil se offensum significavit. Sed etiam hunc stuporem tuum boni consulo. Sua quisque fide afficiatur.

Heylrichus: Tota autem epistola tua in hoc versatur potissimum, ut nobis persuadeas Luthero vel subscribamus vel cedamus in eucharistię negocio.

---

[b] *darüber Überschrift von anderer Hand:* Apologia ad Heinricum Bullingerum. 1532 sub finem augusti.

[2] Zum Datum siehe oben Anm. 1.
[3] Bucer zitiert im folgenden abschnittsweise den Bullingerbrief vom 12. Juli 1532 (Nr. 110) in dessen vollem Wortlaut.
[4] Bucer schrieb Zwingli am 18. September 1530 aus Augsburg und äußerte sich verärgert über Zwinglis unnötige Angriffe auf Eck und die Lutheraner, was ihm dieser offenbar nicht übelnahm, s. Z XI 138–143; *Köhler,* ZL II 233.

Martinus: Neutrum persuadere volui optarimque, ut quocies fratrum scripta prima facie non arrident, ea relecta paulo diligencius excuteremus, antequam vel apud nos de eis iudicaremus, nedum oppungnanda[5] susciperemus. Hoc agebam in illis litteris[c], concordiam cum Luthero vobis non temere esse reiiciendam eoque illum absque urgente causa haudquaquam irritandum, deinde, si istuc non liberet, dandam[d] operam tamen vobis, ut[e] que ille scribit, rite intelligeretis. Tum modestius quoque oppungnaretis, nos denique non adnumeraretis inter eos, qui ab illo dissentiunt. Re enim ipsa non dubitamus nos idem utrinque sentire, etsi hoc ille non agnoscat. Si, quod petii, meas mihi litteras vel exemplum earum remisissetis[6], sic, ut ego scribo, rem habere meis verbis evincerem.

H.: Sic quidem vos dogmatis subscripsisse Saxonicis.

M.: Neque hoc in meis litteris hac generalitate legisti. Non enim illorum dogmatis subscripsimus, sed recipiendum censuimus, ne quid illis contrarium apud nos palam doceretur. Porro, quia non processit ea ratio pacis a cęsare impetrandę, in qua hęc futura conditio erat, nihil receptum aut subscriptum est sumusque omnes in ea libertate, in qua eramus ante hunc conventum etc.

H.: Priusquam verum ordiaris, impetrare niteris, ut te tua fide frui liceat, quandoquidem Leonem sua abundare permittas.

M.: Fidei nomen hic accepi in eo significatu quo Paulus, cum ait: «Quicquid non est ex fide, peccatum est» [Röm 14,23], ubi cuiusque persuasionem de iis, que deo probentur aut improbentur, sive[f] vera ea sit sive falsa, fidem vocat[g]. Nam si eciam falso credas aliquid displicere domino et facias tamen, peccatum est.

H.: Cui ecquidem non multum repugnaverim, modo fides suam servet regulam. Scimus enim «fidem ex auditu esse, auditum autem per verbum dei» [Röm 10,17]. Scimus item ab apostolo scriptum esse: «Si quis loquitur, loquatur ut eloquia dei» [1Petr 4,11]; «quodsi alii fuerit revelatum assidenti, prior taceat» [1Kor 14,30]; «spiritus autem prophetarum prophetis subiiciuntur. Non enim est confusionis author deus, sed pacis» [1Kor 14,32f], et alibi: «Quotquot igitur perfecti sumus, hoc senciamus. Quodsi quis aliud senserit, hoc quoque», nempe id, quod perfecti sentiunt, «revelabit deus, ita tamen, ut in eo, quod assecuti sumus, idem senciamus et in eadem regula procedamus» [Phil 3,15f]. Et proinde, si fides vel tua, mi Butzere, vel alterius cuiuspiam ex verbo veritatis est, suscipimus, sin secus, cum modestia declinabimus.

M.: Si mea dignati essetis propius intueri, vidisses his ad me opus non esse. Quis nesciat, mi Bulingere, nullius sequendam || [260v.] fidem, nisi que vera sit, hoc est, verbo dei nitatur, solosque qui hoc vere loquuntur prophetas esse audiendos. Nec ego postulavi, ut meam sequeremini fidem, sed non exigeretur, ut sequerer vestram,

---

[c] *am Rande von anderer Hand:* Status epistolę Buc. ad Leonem Judae.
[d-e] *am Rande nachgetragen für ein gestrichenes* dare vos operam, ut.
[f] *vor* sive *gestrichen* loquitur.
[g] fidem vocat *am Rande nachgetragen.*

[5] Schreibweise aufgrund mouillierter Aussprache von oppugnanda.
[6] Vermutlich hätte Bucer gern den Brief an Jud vom 23. Juni 1532 (*Rott,* Bullinger und Straßburg 266, Nr. 12) zurückerhalten, weil er sich bereits darin breiter über seine Vermittlungsbemühungen ausspricht und sich Bullinger mit diesen Äußerungen in seinem Antwortbrief vom 12. Juli 1532 (oben Nr. 110) auseinandersetzt. Der Ort, wo Bucer seinen Originalbrief oder eine Abschrift davon zurückverlangt, ließ sich nicht feststellen.

ubi eam veram non agnosco, hoc est, pecii, usus paulino tropo, ut non exigeretis a me aliud loqui, quam quod verbum dei esse ipse credere possum[h].

Sepe enim usu venit, ut eciam sanctissimi non idem ex verbo dei intelligant, et tamen quisque se verum sensum scripture deique voluntatem indubitatam sequi persuasus est. Certe, cum Paulo et Barnabe non posset convenire de Marco, neuter aliud quam dei verbum sequi voluit.

H.: Ita et in Lutheri negocio. Si Lutherus spiritum habet propheticum, prophetis subiicitur, porro, si prophetis subiicitur, veritatem plane fatebitur, hanc vero si confessus fuerit, sublata erit omnis discordia. Ceterum, si non subiicitur, sed turbas movet, spiritum dei, qui pacis, non turbarum author est, non habet. Quis ergo illi subscribat?

M.: Si ista procedit argumentacio, nemo omnino mortalium spiritum dei habet, et nulli prorsus ulla in re subscribi poterit. Nemo enim hominum est, qui non fallatur et fallat sepe turbasque interdum moveat, easque eciam tum, cum maxime instaurare regnum dei sibi videtur. Exemplorum plus nimio ipsi quoque habemus. Sed vide Petrum ac Barnabam iam «non recto pede ad evangelium ambulantes» [Gal 2,14]. Spiritus, hoc est prophetandi vis, prophetis, qui vere sunt et eadem vi pollent, subiicitur cedens in loco et deferens, ut recte et ordine in ecclesia verbum dei administretur. Istuc recipit Lutherus. Sed in quo vos illi repugnatis, prophetas vos non agnoscit, ut suum vobis subiicere spiritum debeat. Idem vos iudicatis de illo, quum illius prophetia obsistit vestrę. Et fieri potest, ut non minus alicubi vos quam ille erretis. Tamen hoc animo estis, ut spiritum vestrum veris prophetis subiicere scientes detrectaturi nunquam sitis. Non consequitur ergo, si eius spiritus aliquo in dogmate se eciam veris prophetis non subiiciat – eo quod illos, non se labi putet –, quod propterea nunquam veritatem loquatur. Sed nec illud valet: Si prophetis subiicitur, veritatem loquitur. Possunt enim falli utrinque. Carne eciamnum tamen gravamur, seminario errorum et mendaciorum, nec illico vel in omnibus ex spiritu veritatis loquimur, qui eo tamen vere donati sumus, neque illo statim in totum caremus, «si eciam labamur in die septies» [Lk 17,4]. Proinde nos in hac sentencia sumus, nemini esse ideo subscribendum, quod sepe vera dixit, nec ideo non subscribendum, quod sepe fefellit, sed probanda pocius omnia, quacumque authoritate ingerantur, et quod quisque suo spiritu verum agnoverit, id demum illi amplectendum, iustus siquidem sua, non aliena fide vivit[7]. Sed ista omnia extra causam disputantur. Michi enim in mentem nunquam venit, ut iuberem vos subscribere Luthero. Hoc egi, ut agnosceretis in negocio eucharistie utrinque vos a veritate tam procul non abesse – si modo alteri alteros probe intelligere sustineretis –, quin possetis, si non vel vos illis aut illi vobis subscribere, fateri tamen invicem utrosque subscribere Christo.

H.: Ecquidem Paulus non vult concordie gracia suscipi inbecillius, sed infirmiores dicit ita a deo duci, ut id amplectantur, quod sit perfectius. Iam vero tu ipse, quodnam illud in eucharistia perfectius sit, edisseras licebit. Edissere itaque nobis, doctissime Butzere, quodnam illud doctrinę genus sit, quod a deo in eucharistia assecuti sumus, in quo nos consentimus eademque regula procedimus, Lutherine an nostrum. Certe Lutheri dogma infirmius est, id quod vel tui convincunt libri, per-

---

[h] ipse credere possum *am Rande nachgetragen.*   [7] Vgl. Röm 1,17.

fectius itaque nostrum. Si enim idem est utrumque placitum, quid tu pro concordia labores, quae [?] alias per veritatis coiit assensum? Si vero diversum est et nostrum perfectius, illud infirmius, cur ad eam nos vocas concordiam, ad quam Paulus non vocavit?

M.: Quam ||²⁶¹ʳ· optandum, ut ita aliorum scripta expenderemus, sicut expendi nostra volumus. Quanto minus esset pugnarum et plus in veritate concordie. Nec Paulus nec ego, qui Paulum adduxi, in hac sentencia sumus, ut quisquam a perfectiore sentencia ad imperfectiorem desistat. Sed neque veritas alia alia perfectior, hoc est, magis veritas est. Omne dogma simpliciter aut verum aut falsum est. Fides autem alia alia perfectior esse potest, quia alius alio de pluribus veritatibus et de eisdem certius persuaderi potest. Hinc vocat Paulus alios in fide firmiores, qui quam late pateat christiana libertas, tenent plenius, alios infirmiores, qui Christo quidem credunt et redemptorem suum amplexi sunt, non vident tamen, quod hinc omnium rerum domini facti uti quibuslibet ad gloriam dei possunt, hortaturque, ut qui fide firmiores sunt, eos, qui fide non quo ipse pervenerunt ac ita infirmiores sunt, suscipiant non ad contenciosas et anxias disputaciones, sed ut amice tollerent caveantque urgere, ut quod licere nondum possunt agnoscere, contra conscienciam faciant⁸. Ex his ego sic colligere soleo. Paulus iubet amplecti, qui ob imbecillitatem fidei putabant esse adhuc necessitatem ceremoniarum legis, quod sane inferebat non omnem esse a Christo iusticiam expectandam, quod tamen illi infirmiusculi fide non agnoscebant inde consequi alioqui Christum diserte negassent, id quod idem Paulus recte affirmat scribens Gallatis⁹. Multo magis ergo amplectandi sunt, qui in eucharistia pie senciunt, putant autem ita loquendum veramque sentenciam efferendam iis verbis, que nos credimus non satis perspicua et vulgo occasioni fore errandi. Et esto, quod plane sensu quoque errent credantque Christum in coena corpus suum miraculo quodam cum pane presens statuere preter eam presencie rationem, quam nos salvificam ex scripturis eoque solis credentibus concessam affirmamus. Si quos adhuc tenebat supersticio ciborum eoque nondum omnem iusticiam a Christo petebant, adeo tamen fratrum loco habendi fovendique fuerunt, ut perfectiores Christiani cedere eis suam libertatem in loco debuerunt dicereque¹⁰ de his Paulus ausus fuit eos domino non edere atque ideo domino suo permittendos. Quanto magis convenit, ut habeamus fratrum loco Lutheranos eisque nostram in tempore libertatem cedamus, ut, qui illud fictum miraculum domino credant, eoque domino et ipsi relinquendi sint. Nequaquam enim hic error, in quo tenebantur illi iudaisantes Romani¹¹, conferendus est, ex quo scilicet sequebatur Christum non esse nostrum servatorem – scitis enim, que inferat ex eo Paulus in epistola ad Galatas¹² –, cum hic simplex error sit ex falso verborum Christi intellectu natus, nullamⁱ ita partem veritatis christianae per se evertatᵏ. Nam Lutherani diserti ubique predicant omnia sola in Christum fide collocanda. Tumˡ Christum non minus verum hominem quam verum deum naturis impermixtis praedicantᵐ. Sed hoc, quod Lutherani falso opinantur, obtrudunt omnibus credendum damnantque, quicumque id credere non sustinent. Hęc natura erroris est. Nemo enim

---

ⁱ⁻ᵏ *am Rande nachgetragen.*
ˡ⁻ᵐ *am Rande nachgetragen.*

⁸ Vgl. 1Kor 8,7. 10,23–29.
⁹ Siehe Gal 2,21.
¹⁰ Vgl. Röm 14,6.
¹¹ Vgl. Röm 14.
¹² Siehe Gal 2,14–21.

errans novit se errare, sed putat recte sentire, errare autem, qui senciunt diversum.
Eoque, quantum possunt, si boni viri sunt, qui errant, et veri amantes, in senten-
145 ciam suam pertrahere conantur, quoscumque omnino licet, damnantque omnes,
qui persuaderi idem non possunt. Et merito sane. Quid enim gravius peccet homo
quam fidem negans deo suo? Quod isti facere putant, quicunque, que ipsi sequun-
tur, repudiant. Nam se dei sensum habere non dubitant, quia errant. Sic animati et
Romani illi erant. Existimabant peccatum esse, si quis Iudeorum vesceretur cibis in
150 lege prohibitis. Non ergo hos cibos tantum sibi, sed aliis vitandos arbitrabantur et
damnabant, quicumque vitare illos nollent[13]. Hinc Paulus hortatur, ut de se invicem satis habeant, quod Christo utrinque credant et non obstante, quod alteri alteros errare putabant, christianam tantum charitatem inter se colerent, illi hos non
iudicarent, hi illos non contemnerent neve offenderent intempestive ad ea solici-
155 tantes, que licere credere nondum poterant. Iam infirmiores nunquam hortatus fu-
isset, ne iudicarent eos, qui erant firmiores, nisi huic malo fuissent obnoxii. || [261v.]
Non exigebat autem ab eis, ut agnoscerent illos recte sentire – si hoc enim potuissent, iam sublata fuisset omnis inter eos distencio, desiisentque [!] esse infirmi ac
citra offendiculum aliorum potuissent libertatem imitari – sed satis habiturus erat
160 impetrare ab eis, ut errorem, quo putabant teneri eos, qui recte credebant, non
tantum existimassent, ut propterea abiiciendos illos putarent, sed Christo tantum
tribuissent, ut non obstante eo errore servare eos et queat et velit.

Idem contendebat et a forcioribus. Inde illud erat, qui manducat domino, manducat, qui non manducat domino, non manducat[14]. Iam ad eundem modum ego
165 soleo Lutheranos et vos hortari, ut cum persuaderi non potestis re ipsa vobis convenire, quod mihi est persuasissimum, et omnino existimatis utrique alteros et
aliud, et quod falsum sit, de presencia domini in eucharistia credere, eo hunc errorem, quem invicem vobis tribuitis, mea sentencia falso, tantum putetis, ut propterea debeatis alteri alteris Christi amiciciam renunciare. Id iam vobis ipsi persuasistis
170 et hanc conditionem pridem Lutheranis ultro obtulistis, hactenus ergo fide, id est
recti sciencia, firmiores estis, Lutherani idem persuaderi nondum potuerunt, sunt
igitur fide infirmiores. Iam nemo iubet vos horum infirmitatem amplecti relicta vestra firmitate. Quod recte de eucharistia sentitis qui deserere iuberet, is quid aliud
quam negare Christum iuberet? A quo volo abesse vos quam longissime. Hoc au-
175 tem velim, cum Lutheranis ultro id benevolencie pridem obtuleritis, ut fratrum loco eos, si id modo invicem facere voluissent, haberetis, hunc animum sinceriter
prestetis, perpetuo eoque sicut fratres hos agnituri essetis, si tamen mutuum hoc
facere liceret, nihil obstante, quod putatis errore quodam teneri in negocio eucharistie. Ita detis operam, ut hii, si non omni, saltem eo errore liberentur, quo fit, ut
180 religio illis sit vos in fratrum numero habere. Hic siquidem error unus obstitit hactenus, quominus pax ecclesiarum componeretur. Huc vero faceret, tolerare eorum
iniurias nec paria cum eis facere acerbitate scribendi, multo minus perversitate calumniandi, queque scribuntur ac fiunt ab his, non interpretari in partem deterio-
rem, cum possent in meliorem. Denique cum omnis causa illis est, cur sic a nobis
185 abhorreant, quod videmur eis perperam sentire de verbis et sacramentis domini, idque inde, quod alienis a scriptura verbis uti nos, cum de his disseritur, existimant,

---

[13] Siehe Röm 14,1–4.   [14] Siehe Röm 14,6.

iis loquendi formis cum scribendo tum loquendo uteremur, que cum scriptura plusculum congruunt et communem ac veram^n sentenciam plenius exprimunt. De qua re fusius in epistola communi[15]. Hoc pacto optarim a vobis firmioribus Lutheranos infirmiores, non infirmius aliquod eorum dogma suscipi. Porro quod iubes, mi Heylriche, ediserere, utri perfectius dogma sequantur, vos an Lutherani, aio mea sentencia idem esse dogma utrorumque, sed a neutro eiusmodi semper verbis proponi, ut vel alteros imitari per omnia licere mihi putem. Lutherus certe sic inicio et vestra oppugnabat et sua propugnabat, ut, ingenue dico, putarem illum statuere rationem presencie Christi in coena crassiorem, quam postea, cum edidit ultimam suam confessionem[16], cognovi ex ipsius verbis. Unde statim, antequam Zwinglius et Oecolampadius illi confessioni responderent[17], edito dyalogo[18] concordie, quam videbam in re esse, viam munire conatus sum.

Illud vero miror, mi Heylriche, cur tibi momentum aliquod haberi visum sit, cum rogas, si idem sit utrorumque placitum, quid ego laboravi pro concordia, quasi non multo plures sint hominibus presertim eruditis verborum quam rerum controversię. Quot locis tu in hac tua epistola mecum || $^{262r.}$ delitigas, ubi prorsus nobis convenit? Idque cum exponere tibi laboro, laboro pro concordia inter nos, eciam si de re de qua tu mecum pugnam instituisti, utrinque eadem penitus sit sentencia. Concordia et discordia animorum eoque sepe plus refert, quid quisque opinetur, quam quid sit in re ipsa[19].

H.: Sed dicis: «Scio ex verbis et scriptis, quod nihil vel verbis vel sacramentis tribuat quam admonitionem et exercitationem animi ad fidem». Atque utinam sic haberet res, ipseque Lutherus id, quod nolenti obtrudis, libere confiteretur. Tu quidem impense velles Lutherum sic loqui, sic sentire, sic sua ipsius verba intelligere. Et fortassis faceret, si a contencioso appellares ad tranquillum, sed talis esse non vult. Nam si unquam voluisset, tu non tot labores in concordia sarcienda frustra insumpsisses id quod ipse fateris, te infecta re subinde frustratum dialogo scripto, colloquiis item Marpurgi, Auguste et Coburgi habitis. Quid igitur aliud sencientem facimus quam ipse senciat aut sentire velit? Quid eum oro sathane obtrudimus, qui prius sese dęmoni tradidit, si ita, ut tu de eo praedicas, sentire ceperit?

M.: Qua in re, mi Heylriche, vanum me unquam deprehendisti, ut suspicari tibi permittas me ista, que Luthero tribuo, mentiri? Et si Lutherani non ita, ut scripsi, de sacramentis ac verbis sentiunt aut sentire se fatentur, cur, queso, Zwinglius «Ar-

---

^{n} communem ac veram *über einem gestrichenen* vestram.

[15] Gleichzeitig mit dem Brief an Bullinger richtete Bucer ein Rechtfertigungsschreiben an die Prediger in der Schweiz, das den Titel «Epistola communis» trägt (Kopie mit autographen Korrekturen und Ergänzungen Bucers in: Straßburg, Stadtarchiv, AST 174, 239–259, s. *Rott,* Bullinger und Straßburg 268, Nr. 19). Die aus zwei Teilen bestehende «Epistola communis» behandelt in einem ersten Hauptabschnitt die Haltung der Straßburger und Bucers in den Schweinfurter Verhandlungen sowie die Gründe für die Zustimmung zur Augsburger Konfession (f. 241v.–247v.). Der zweite Teil beinhaltet eine Darlegung von Bucers Abendmahlslehre. Bucer spielt an unserer Stelle beispielsweise auf f.248r. an, wo er sich über die Begriffe ausspricht. Siehe noch unten S. 198,222f.

[16] Vom Abendmahl Christi, Bekenntnis, 1528, WA XXVI 241–509.

[17] Über D. Martin Luthers Buch, Bekenntnis genannt, zwei Antworten von Johannes Oekolampad und Huldrych Zwingli, 1528, Z VI/II 1–248.

[18] Siehe oben S. 154, Anm. 5.

[19] Übersetzung: Eintracht und Zwietracht sind eine Sache der Anschauungen und darum kommt es oft mehr darauf an, welche Meinung jeweils einer hat, als was inhaltlich vorliegt.

ticulos Marpurgenses»[20] nobiscum subscripsit? Nichil ergo hic nolenti Luthero obtrudo, nihil sentire eum facio, quod sentire se non ipse suis verbis ubique testatur, verba eius adduxi in epistola communi[21] et ex eo libro[22], in quo nominatim, quid in ecclesiis de sacramentis docendum sit, precipit. Quod vero pro concordia laboravi, de eo fuit, de quo Marpurgi convenire non potuit, de racione presencie Christi in coena, non de virtute verborum et sacramentorum. Fateor, frater, doluit hoc mihi satis, meam fidem non esse vobis spectaciorem, quam, ut putetis me scientem tanta in re imponere vobis velle.

H.: Quid, quod tu ipse in hac ipsa tua epistola: «Si circa eucharistiam», inquis, «credat et doceat ex promissione dei statui corporalem quandam Christi praesenciam supra eam, qua se nostris mentibus inserit, cum tamen neque praesenciam hanc nec eius fidem cuiquam saluti esse diserte fateatur, sed omnia in ea fide collocet, qua creditur Christum pro nobis mortuum, quantus, queso, error?»?

M.: Quorsum hęc? Scribo «si», agnoscis conditionem. Hunc errorem olim suspicabar et Lutherum adserere, posteaquam autem suam sentenciam in ultima sua confessione[23] plenius exposuit, didici eum nihil quam statuere Christum in coena suum corpus vere exhibere nec admittere quęstionem quomodo. Quod Osiander[24] quoque nuper cuidam amico scripto attestatus est[25]. Istud vero hic volui, si eciam hoc, quem memoravi, errore teneretur, non esse hunc tamen errorem tantum, ut propter eum renunciare ei debeamus amiciciam Christi.

H.: Hunc tu illi errorem censes condonandum. Et sane condonaremus, si unquam candidę synceritatis in hoc homine invenissemus quicquam, si non abuteretur indulgencia nostra.

M.: Ita censeo, siquidem eo teneretur. Racionem, cur id putem, ex Paulo[26] modo adduxi, quam existimo satisfacere. Sed quid, quod scribitis vos Luthero eum errorem condonaturos, si in illo quippiam candoris unquam invenissetis et non abuteretur vestra indulgencia? Quicquid sane per se condonari a christiano potest, id ne condonetur, nulla hominum improbitas efficere[o] debet. Non enim, quid alii mere-

---

[o] efficere *über gestrichenem* impedire.

[20] Die fünfzehn Marburger Artikel wurden am 3. Oktober 1529 u. a. auch von Zwingli und Bucer unterschrieben, Z VI/II 523.
[21] Zum Beispiel f. 251v., s. oben Anm. 15.
[22] Siehe oben S. 197, Anm. 16.
[23] Siehe oben S. 197, Anm. 16.
[24] Andreas Osiander, geb. 1498 in Gunzenhausen, kam nach seinem Studium in Ingolstadt 1522 als Prediger an die St. Lorenz-Kirche in Nürnberg, wo er für die Reformation maßgebend wurde. Er war beteiligt am Marburger Gespräch 1529, am Augsburger Reichstag 1530, an den Einigungsverhandlungen in Hagenau und Worms 1540 sowie an der Abfassung der Brandenburg-Nürnbergischen Kirchenordnung von 1533. Im Jahre 1542 berief ihn Pfalzgraf Ottheinrich zur Einführung der Reformation in Pfalz-Neuburg, wofür er 1543 die Kirchenordnung redigierte. Der Durchführung des Interims in Nürnberg (1548) widersetzte er sich, verließ die Reichsstadt und ging nach Königsberg, wo ihn Herzog Albrecht zum Pfarrer und Professor an der theologischen Fakultät ernannte. Um Osianders Rechtfertigungslehre entbrannte ein langwieriger und weite Kreise ziehender Streit, der noch nach seinem Tode (1552) die Protestanten erregte. Bullinger stand mit Osiander im März 1538 in brieflicher Verbindung. – Lit.: Andreas Osiander d. Ä., Gesamtausgabe, hg. v. Gerhard Müller, Bd. Iff, Gütersloh 1975ff; Bibliographia Osiandrica. Bibliographie der gedruckten Schriften Andreas Osianders d. Ä. (1496–1552), bearb. v. Gottfried Seebaß, Nieuwkoop 1971; *Gottfried Seebaß*, Das reformatorische Werk des Andreas Osiander, Nürnberg 1967. – Einzelarbeiten aus der Kirchengeschichte Bayerns, Bd. XLIV.
[25] Eine diesbezügliche Stelle ließ sich nicht nachweisen.
[26] Bucer spielt wohl auf Röm 14 an.

antur, sed quid se dignum sit, christianus consideret, perfectus scilicet bonitate, «ita ut pater celestis perfectus est» [Mt 5,48] benefaciens quoque malis. Et me oportet fateri cum multis Lutheranis nos non posse communicare, ||262v. sed id non ob hunc, de quo loquimur, errorem, si eciam constaret eo illos teneri, sed quia illi nos falso existimantes impie de sacramentis sentire nos priores abiiciant nec sustinent admittere ullam quamlibet iustam a nobis satisfactionem. Neque enim cum invitis communionem habere licet. Hunc autem, quem vos illi errorem, tribuitis, numquam non condonandum censuimus, utcumque cum nolentibus societatem Christi colere haud possumus.

H.[p]: Imo, si hoc per veritatis simplicitatem condonare liceret.

M.: Quod per veritatis simplicitatem condonare non licet, neque condonari potest, quamlibet candide Lutherus vobiscum ageret nihil vestra indulgentia abusus. Atqui dicitis vos hunc errorem ei condonaturos, si modo egisset vobiscum candide.

H.: Quid enim opus est aliam praesentiam fingere quam eam, quae scripturis est tradita? Quas ille nobis promissiones dei de corporali citabit praesentia? Sed quid necessarium erat corporalem statui praesentiam?

M.: Nihil opus erat nec huius quicquam statuit. Scripsi: «Fac esse, quod statuat – quantus, quaeso, error[27]?» Maxime cum ista simul diserte et ante omnia dogmatizet, Christum verum hominem factum fideque nos nullis operibus iustifficari. Nihil ergo ad rem, que hic rogas. Ceterum Lutherus cum nihil amplius adserat, quam quantum in his verbis «Hoc est corpus meum» continetur, preter hec ipsa verba nullas promissiones ab eo postulare debes.

H.: Denique aliam cum sophistis fidem excogitare, quam quae salutaris sit?

M.: Quid, queso, excogitat, mi Bullingere? An non agnoscitis vos omnibus verbis scripture habendam fidem et tamen, nisi quis simul crediderit deum per Christum sibi[q] esse patrem, salvum esse non posse atque ideo fidem esse, quae necessaria quidem sit, nec tamen salutarem? Paulum nisi credas, ita ut ipse et Lucas meminerunt, prope Damascum luce celica circumfusum[28], salvus esse non poteris. Spiritui enim sancto fidem derogas. At si preterea non credas tuum servatorem, quid illud credidisse tibi proderit? Ita in praesenti, quantumvis credas Christum in cena offerre suum corpus saluti, id tamen non erit, etsi futurum sit exicio, ni credas, simul hoc precium tue redemptionis[r]. Iste, mi Hylriche[!], non satis consultę obiectiones aliis habentur calumnie ac ita, cum et apud vos, quod in Luthero detestantur, offendunt, putant non minus vos quam illum in hac disputatione homines esse hocque magis hanc pugnam vel quovis modo sopitam cupiunt. Quam vetus hoc est, si vel minimum eorum, quae scriptura memorat, non credas, te omnem scripturam negasse et tamen historicam fidem, si sola sit, ad salutem per se[s] prodesse. Hoc tamen et ego, priusquam viderem, quamnam praesentiam domini in cena statuant Lutherani, illis semper obieci, quando id modo in verbis hisce domini videre non possemus, quod, ut ipsi quoque fatentur, eciamsi credas, per se tamen saluti non

p-t *von anderer Hand.*

q sibi *über gestrichenem* vobis.

r redemptionis *über gestrichenem* remissionis.

s ad salutem per se *am Rande für ein gestrichenes* haud inquam [?].

27 Bucer gibt hier die angespielte Bemerkung aus dem Brief an Leo Jud vom 23. Juni 1532 (Zürich StA, E II 345, 127) gekürzt wieder. Es heißt dort: «Iam, mi frater, fac esse, ut circa...», hierauf folgt der von Bullinger in seinem Antwortbrief zitierte Text, oben S. 154,42–46. 198,228–232.

28 Siehe Apg 9,3.

sit, consentientes interim cum illis de omnibus, quae salutiffera utrimque fatemur, caussam eos habere, ut nos tractarent mitius, fassus tamen omnino et hoc ipsum, quod nos cernere non possemus, si in verbis domini sit, credi debere, utcumque id credidisse, nisi simul credas Christum pro te mortuum, nihil ad salutem conficeret. Non est igitur tam absurdum poscere, ut credas, quod tamen creditum per se salutifferum non sit[t].

H.: Quod si omnia illa sua figmenta, de quibus interim disceptatur, nihil ad salutem facere diserte fatetur, certe pro re nihili contendit, sed et perfido et impiissimo iudicio nos damnavit, imo et ecclesię dei hactenus illusit. Si enim caro comesta nihil prodest, quid ille perpetuo ||[263r] contencionis funem trahit? Cur hoc docentes insequitur, in exilium pellit et cedendos suadet?

M.: Ubi vero hic, mi Bullingere, candor? Ubi cristiana modestia? Ego volens ostendere causam esse, ut christianam amiciciam Luthero non renuncietis, nam si constet eciam statuere eum quandam preter salviferam illam, quam utrinque predicamus Christi presenciam, cum tamen nullis operibus, sed sola fide in Christum adeoque in presencia illa, que a nobis quoque agnoscitur et predicatur, nos iustificari ac servari ubique inculcet, non esse errorem hunc eiusmodi, ut ferri in eo nequeat – contra hęc tu illa tua tam dira obiicis, que ut procedant, quęso, attende. Iam monui, quod ipse non ignoras, sed in indignacione contra Lutherum transversum raptus non cogitabas cum hęc scriberes multa esse credenda et facienda, quae licet per se nihil ad salutem faciant, cum sola fide in Christum servemur, tamen, nisi credas ea et facias, salvus esse non possis. Pro quibus qui pugnat, pro authoritate et fide pugnat verbi dei, non pro nihilo. Nam etsi sola nihil sint, attamen, quę omnia sunt, sine his esse et haberi non possunt. Ubi Lutherus hoc non crepat, se propter authoritatem verborum dei adeo contra nos sevire? Omnia siquidem scripture negavit, qui vel unum apiculum negavit sciens illum in scriptura contineri. Nam si comperiatur in uno loco falsa, iam scriptura dei non est. Quantum, queso, campum hic exagitandi vestram vel oscitanciam vel malevolenciam Luthero aperueritis, si sic contra eum scribere vobis permittatis? Caro carnaliter comesa nihil prodest, sic nec auditum verbum dei aut susceptus baptismus prodest. Pugnat autem propterea pro nihilo, qui adserit eciam carnaliter, hoc est externe, verbum dei audiendum et baptismum suscipiendum? Aut perfido et impio damnat iudicio is, qui damnat eos, quos non dubitat conari iussa dei velle abolere? Quomodo vero illudit ecclesię, qui id contendit ille conservandum, sine quo ecclesia esse non potest, nempe authoritatem et fidem verborum dei in re quavis eciam per se nihil momenti ad salutem conferente? Bina ergo hic se prodit vestra hallucinacio, quod et de errante ita ut de sciente usque iudicatis et, quum Lutherus fatetur non esse salutiferam credere presenciam Christi sine fide in redemptionem eius, colligitis eum certare pro re nihili, cum presenciam Christi affirmat, quam agnoscit per se non esse saluti, ac ideo et damnare vos perfide et ecclesię illudere, cum hoc nomine damnat, quod quę verbo dei statuuntur, vos negetis.

H.: An vero hęc est viri theologi synceritas, veritatis lucem tenebris involvere, imposturas in re apperta tegere et tricas in simplicitate christiana nectere idque totum contencionis et arrogancie studio facere? An illud nobis excidit, quod poeta dixit: «ἁπλοῦς ὁ μῦθος τῆς ἀληθείας ἔφυ, ὁ δὲ ἄδικος λόγος νοσῶν ἐν αὐτῷ φαρμάκων δεῖται σοφῶν», vel illud sacratissimi Pauli: «Num ea, que cogito, secundum carnem cogito, ut sit apud me, quod est eciam, eciam, et quod est non, non? Imo testor deum, quod sermo noster erga vos non fuit eciam et non. Nam dei filius, qui inter vos predicatus est a nobis, non fuit eciam et non, sed constans de eo veritas fuit» [2Kor 1,17–19]. «Non enim sumus ut plerique καπηλεύοντες verbum dei, sed velut ex synceritate, sed velut ex deo in conspectu dei per Christum loquimur» [2Kor 2,17]? Quid ergo tu mones, considerandam esse omnem Christi ecclesiam? Ipse iudica, Butzere carissime, num id sit ecclesię racionęm habere, tenebrioni alicui consentire, ad illius imposturas connivere, pati, ut is verborum involucro simplicibus imponat, cordaciores vero circumducat et deferat itaque toti ecclesie dei, sancte Christi sponsę, in conspectu dei illudat idque totum agat, ne designatum errorem fateri videatur.

M.: O charitas, quo te avertisti? || ²⁶³ᵛ· Quo, quęso, pacto tu, mi Bullingere, unquam probabis Lutherum scientem involvere lucem tenebris in re aperta tegere imposturas, tricas in simplicitate texere[?], idque totum contencionis et arrogancie studio? Quod credit, loquitur, quod adversum esse verbo dei non dubitat, impugnat. Non facit hic tam perspicue nec tam modeste, quam par erat, imo facit furibunde, immaniter, crudeliter. Sit, quia de vobis persuasus est sub pretextu vos ministerii evangelici evangelium velle extinguere, rogo, dignus est istis que hic accumulasti elogiis: Tenebrio, impostor, qui componetur[!] verbum dei, illudat ecclesię dei, idque omne ideo ne errorem fateatur suum? Quando, obsecro, tu cor eius ita introspexisti, ut scias, quid spectet quove studio feratur? Paulus²⁹ potuit preferre traditiones talmudicas evangelio et hinc adeo sevire in Christum tamquam destructorem legis divine ex ignorancia, et huic impossibile est ex ignorancia et saniorem sensum verborum coene, et qui hunc tuentur, oppugnare? Si autem hoc possibile, cur non dictat nobis dilectio in miciorem partim inclinare, maxime cum Christum alias syncerissime et doceat et vivat, idque maiore successu quam omnes nos? Cuius vero charitatis est, quod subiicis? Ego admonueram Leonem³⁰ tocius ecclesię, cui tam probe et feliciter servit Lutherus, si precipua Christi spectamus, racionem hactenus habendam, ne damnaretur hic vir temere neve concordie cum ipso restituende ulla negligatur occasio, que quidem glorię Christi non pugnet, cumque respondendum ei est, omnia reverenciam viri resipiant. Hęc tu mihi sic interpretaris, quasi velim vos connivere ad Lutheri imposturas et pati, ut verborum involucro simplicioribus imponat, cordaciores vero circumducat et deferat. Non volo hoc, mi Heylriche, sed optarim, ut multa, quę in scriptis huius viri nondum plane intelligitis, daretis operam penitus cognoscere presertim, cum impugnare illa suscipitis, que in utramque partem accipi possunt, non raperetis in deteriorem, tum satis haberetis vos et alios defendisse, non eciam calumniis et contumeliis cum eo faceretis paria. Veritatem volo predicetis quam sincerissime et planissime, verum sic, utut possit veritas agnosci, utque cum scriptura et patribus consentire videri vultis. Sic optarimᵘ modos loquendi scripturę et patrum sine causa non aversaremini, ne cum vobis videamini loqui planius et simplicius, aliis, qui non vestris novis, sed scripture ac patrum vetustis loquendi formulis adsueti sunt, loquamini ut insolencius ita ob-

---

ᵘ Sic optarim *am Rande nachgetragen.*

²⁹ Vgl. Apg 8,1–3. 9,1f; Gal 1,13f.
³⁰ Im Brief an Leo Jud vom 23. Juni 1532 (Zürich StA, E II 345, 126). Bullinger spielte in seinem Antwortbrief auf diese Passage an, oben S. 155,67–72; oben Z. 339–344.

scurius ac perplexius. Noscis illud Aristotelis «senciendum ut pauci, loquendum ut multi»³¹. Ah, lesit vos Lutherus, impietatis damnat, in quo nos ipso pręstare et egregie consolvisse populo dei videri postulamus. Irascimur ergo et iratis digna cum dicimus tum scribimus.

380 H.: Cessit equidem Sauli, sed in rebus ad regnum mundanum et ad suum ipsius corpus spectantibus. Nos in ecclesia sumus, que regnum Christi et veritatis est, quę fidęi[!] vere et simplicitati pure nititur, iis ducitur, iisdem et conservatur. Ea si cordi sunt Luthero, aliam sane fidem preter salutarem nesciet, sed et ipsam cristianam simplicitatem tricis non involvet.

385 M.: Exemplum Davidis cedentis ac deferentis Schauli in hoc adduxeram, ut monerem, quantopere sit eorum colenda authoritas, quantumque eis omnia peccantibus deferendum, quos instituendo moderandoque suo populo deus prefecit. Tu iuxta rethorum[!] precepta³² ostendere conaris exemplum dissimile. Cessit, inquis, David in rebus pertinentibus ad regnum mundanum et ad suum corpus, nos in ec-
390 clesia sumus. ||²⁶⁴ʳ· Quasi vero ego cuiquam ob ullam authoritatem aut functionem concedere vos velim, quod sine iniuria veritatis concedi non possit, et non pocius in Davide hoc consideratum iri optarim, quod munus regium in imperio Schaule id muneris impie quoque administrante, quamlibet contra se fureret, tantopere tamen sacrosanctum habuit, ut nimirum vocacionem et munus deiᵛ in Luthero et pio et pie
395 atque feliciter in hoc versante pluris faceremus, quam quod ubi gloria domini id non exigit, imminuere huius authoritatem sustineamus, aut cum vel restitui cum illo concordia vel retineri possit, occasionem ullam negliendam[!] putemus. De cedendo illi veritatem ne somniavi quidem. Id autem non agnosco, Davidem cessisse Schauli in rebus ad mundanum regnum pertinentibus, cum cessit administracionem
400 regni. In hoc enim cura religionis, quod tot psalmi cum sacra hystoria et ipsa lege testantur, precipua est. Que Davidem quoque unice solicitum habuit. Nam religio regnante Schaule neglecta fuerat, 1.Para. 13[3]. Sed ego non, que aut quanta David cesserit, sed quanti vocacionem domini in reiecto iam rege, rege tamen, fecerit, ad invitacionem proposui. Scio ecclesiam regnum veritatis et fidei ac ideo necesse
405 adeo ducoʷ, ut qui in hoc administrando velint digni versari, hos oportere in summo illos precio habere, quos dominus donaverit in eo provehendo et illustrando plus aliis prestare. Nec agnoscit se Lutherus alia de causa vobiscum pugnare quam propter simplicem fidem veritatemque puram, quam vos tricis, humane racionis commentis, involvere conemini. Cum quo haud pugnat, quod cum omni scriptura
410 fidem vocat, qua in parte verbis dei creditur, queque ideo non salvet sola.

H.: Putas tu quidem rixanti nauclero, si illius morositas citra navis insigne periculum ferri possit, cedendum esse, ne tota per contencionem pereat navis. Sed illud interim, mi Butzere, in controversiam venit, num Lutheri morositas et intolleranda illa superbia, illa item dentata in optimos quosque dicacitas et plus quam rabida ve-

---

ᵛ et munus dei *am Rande nachgetragen.*
ʷ adeo duco *am Rande für ein gestrichenes* esse.

³¹ Dem Sinn nach, wenn auch nicht wörtlich steht diese Aussage in Aristoteles' Topik, 2. Buch, Kap. 2. Bucers Quelle für die zitierte Sentenz war möglicherweise die zu Beginn des 16. Jahrhunderts weit verbreitete Florilegiensammlung «Auctoritates Aristotelis», in welcher der Spruch folgendermaßen lautet: «Loquendum est ut plures, sapiendum vero ut pauci», s. Jacqueline *Hamesse,* Auctoritates Aristotelis, Bd. I: Concordance, Louvain 1972, S. 104.
³² Zum «exemplum dissimile» als Beweismittel siehe Lausberg I 420,2.

sania, illa in sacrosanctam veritatem et simplicitatem libido, qua pro libito queque figit et refigit, involvit ac pervertit, num, inquam, ista citra veritatis dispendium ferri possint, rursus, an hoc proborum sit in eadem navi navigare et ad naucleri ebrietatem, temeritatem et improbitatem connivere, unde postea omnibus probis capitale existat periculum.

M.: Quam vero mansueti ac modesti vos sitis, ex his tantis tanque immanibus conviciis quis non discat? Fateor, est in viro hoc non vulgaris morositas et vesania prope, ut scribis, ac rabida maledicencia et incomparabilis dicacitas non in quosque, sed multos bonos. Superbiam dicere non audeo, quia adscribere[x] me mea consciencia compellit[y] zelo Christi quamvis imprudenti ista deberi, multo minus libidinem in sacrosanctam veritatem et simplicitatem. Sed tribue viro quantavis mala, si in controversia est, num ferri citra veritatis dispendium possint, cur tu non mavis probare non ferenda quando quidem vides me non dubitare, quin ferri debeant, quam quot tot congeris maledicta, que odium inconsultum viri tanti plus quam studium simplicis veritatis pre se ferunt? Ego, cum hic vir Christum unum mundi servatorem ante omnes nos predicare et purissime et constantissime cęperit in eoque hodie perseveret, primusque illud impugnaverit, sacramenta conferre graciam ex opere operato, ubique inculcans nos fide, nullis operibus iustificari, et tantum ideo ita in nos furit, quod credit nos usum externi verbi et sacramentorum velle evertere atque scripture non plus deferre, quam racione consequi possimus – ego illum habeo virum dei, cumque videam per eius lucubraciones hodie quoque lacius cognicionem Christi veram quam per quorumcunque aliorum propagari hostesque ipsum || 264v. potissimum ut omnium recte sencientium antesignanum petere, primum quoque habere in navi ecclesię hac quidem tempestate gubernatorem, eoque censeo ei, ne per contencionem inter nos navis evertatur, permultum[z] condonandum esse, eciamsi quando non optima racione temonem regat. Quamdiu enim in hac doctrina perseverat, sola fide in Christum, que semper per dilectionem efficax est, nos servari ac nullis operibus, quicquid errat, quicquid labitur, navem non evertet. Nos quidem dare operam debemus, ut quisque pro se, quod ille peccat, sarciat, at citra sedicionem, que scilicet alteros navi eiiciat. Ego, fratres, tantum video malorum dedisse istud inter nos dissidium, ut magno redimendum putem quęstionem istam de modo presencie Christi in coena numquam esse attactam, ipse siquidem Lutherus iam nihil aliud eque urgebat, quam nihil esse credere Christum presentem, nisi credas tibi mortuum et se tibi dare cibum vitę ęternę. Per se evanuisset illa crassior vulgi opinio. Non nego tamen deum, qui semper ex nostris malis bona elicit, ex hoc dissidio multa piis vehementer utilia et salubria pretulisse. At hęc non iste rabide contencioni, sed bonitati dei nostris peccatis eciam ad suorum salutem abutentis accepta ferenda sunt. Sed ad rem. Ecquidem non dubito, quin pleraque in Zwinglio desideraveritis. Verum cum videretis non posse vos illi contradicere nisi cum graviore mali metu, quam erat id, quod ille peccabat, dissimulastis ea propterea, quod dominus eo ad proferendum evangelium suum utebatur tam magnifice. Iam mihi Lutherus in orbe est, quod Zwinglius fuit Helvecie. Velim igitur et huic concedi quedam, que non possunt emendari in eo, nisi eam admittere velis contencionem atque[aa] inter nos sedicionem[bb], unde multis vel vos vel illum non paucis

---

[x-y] *am Rande nachgetragen für ein gestrichenes* scio.
[z] permultum *am Rande nachgetragen.*
[aa-bb] *am Rande nachgetragen.*

utrosque reddatis perfidie suspectos, idque in religionis negocio (in quo perfide
agere nullo scelere non execrabilius est, dumtaxat apud bonos) ac inde plane inep-
tos, qui Christi negocium cum fructu administrent. Ad ea nolim quenquam connivere unde bonis imineat exicium, sed utinam Christi gloria omnia meciamur, et que
omnino avertenda cognoverimus, iis repellamus armis, que deceant christianos.
Nos ubi lesi sumus, ipsa Christi imminuta est maiestas, periclitatur ecclesia, vim
patitur scriptura. Nam sub his titulis videmur nobis eciam cum laude agere homines. Sed habet purus Christi zelus suam acrimoniam, suam vehemenciam, quam ab
ea, que a carne est, facili dignoscas.

H.: Et tu quidem: «An non malis hunc ferre», inquis, «quam si quis ceremoniarum Mosis tantam necessitatem faciat, ut sine illarum observacione Christum satis
esse non ducat?» Quid vero, mi Butzere, si neque hunc neque illum feram, quod
hic prorsus Christum evacuet, ille vero agnite veritati repugnet, nec repugnet solum, sed et singulari impudencia ausit petere, ut totus orbis in sua iuret verba neque alia usurpet, quam que ipse usurpare solet.

M.: Tulit et ferre, immo et fratrum numero habere precepit Paulus[33] eos, qui
quamlibet Christum servatorem essent amplexi, tamen, nisi abstinuissent simul a
cibis lege Mosis vetitis ac alias quasdam ceremonias observassent salutem se conse-
qui haud posse arbitrabantur. Unde monebat Paulus huiusmodi, dum in fide plusculum proficerent, non invitare ad usum libertatis, quam citra religionem usurpare
non audebant. An vero non faciebant isti tantam ceremoniarum Mosis necessitatem, ut sine illarum observacione Christum satisfacere non ducerent? Sane si Christus satis illis ad salutem fuisset, non obstrinxissent eos religione vesci quibuslibet.
Quales si tu nolis ferre, mi Bullingere, facies id contra sentenciam Pauli adeoque
Christi, qui ferendos in Paulo docuit. Veruntamen illud tu recte ex hoc istorum errore, quo putabant ad salutem necessariam observacionem ceremoniarum, colligis,
Christum eos evacuasse, quem qui non solum ad salutem sufficere credit, || [265r.] ser-
vatorem esse negat. Atqui hoc isti non agnoscebant, in Christum videbantur sibi
pulchre credere et simul tamen, quia in lege quidam cibi prohibiti erant, putabant
se non posse non offendere eorum usu deum ac ita suam ipsorum salutem con-
tempto deo intercipere. Proinde multum interest, an quid ex dogmate vel sentencia
aliqua in se, vel ut habet in eius consciencia, qui id dogmatis vel sentencie ample-
xus est, consequatur. Nichil est quamlibet leviculi erroris, ex quo non tocius veritatis, id est, dei ipsius sequatur negacio. Quis autem tam sevus, qui huius fratrem
eciam enormius errantem reum faciat, cum is nec erroris alicuius sibi nec eorum,
que in errore eo continentur, conscius est? Tu plane erras, quod putas Lutherum
scientem veritati circa eucharistiam repugnare. Iam si ego tibi velim ea impingere,
que iste error secum trahit, vide, qualem te facturus sim. Primum, quicumque falsum testimonium de fratre dicit[34], contemnit preceptum dei, qui id vetuit. Qui contemnit, non credit. Qui unum in scriptura locum non credit, nullum credit, sed nec
deum. Nam quisquis deum esse agnoscit, is supra omnia et observandum eiusque
scripture et preceptis morem gerendum dubitare non potest. Dicam ergo te prorsus
nihil credere, omni scripture fidem derogare, nullum agnoscere deum[cc], totum esse
impium et atheum eoque mancipium satane, instrumentum ad omne scelus para-

---

[cc] agnoscere deum *am Rande für ein gestrichenes* deum credere.

[33] Vgl. Röm 14,3.13ff.
[34] Siehe Ex 20,16; Dtn 19,18.

tum. Certe omnia ista in eo sunt, quod scribis Lutherum agnite veritati repugnare. Verum cum tu istuc vero te putare credis, nullo horum teneri te agnoscis, que tamen ex illo tuo de Luthero iudicio, quia falsum est, certo consequuntur. Spectandum ergo non, quid in quaque sentencia per se sit aut ex ea noscatur, sed ut ab animo cuiusque tenetur aliorum omnis error, quacumque demum in re erras, veritati pugnat. Et veritati vero qui in uno non assentit, spiritui sancto, a quo omne verum est, non assentit. Quod quid aliud est quam negare deum? Huius tamen nemo sanus quemquam condemnavit, nisi quam pugnet eius error cum veritate, plenius fuerit edoctus. Sed ad institutum: Errori quo tenebantur, qui nisi observassent ceremonias Mosis peccare se arbitrabantur, quamlibet Christum redemptorem suum esse credebant, contuli ego cum eo, quem vos Luthero errorem circa eucharistiam tribuitis. Ego non agnosco, quo scilicet putent Christum se in coena arcana quadam racione preter eam presenciam, qua in animis salutem nostram operatur, presentem exhibere. Huncque errorem, si omnino constet Lutherum eo teneri, cum tamen per id nolit vel humanitatem imminuere in Christo vel negare Christum sedere ad dexteram patris vel eciam quicquam dicere saluti esse preter fidem in Christum pro nobis mortuum, adhuc non video, quin hunc quem Lutheri errorem tribuitis debeam multo quam illum, quem Paulus ferre in fratribus iussit agnoscere tollerabiliorem[35]. In hoc enim quid est quam falso crediti miraculi opinio? At in illo errore cum excluderet libertatem Christi et ceremonias, quibus alioqui equo sumus addictiores et nostra[?] vera bona opera posthabemus, pluris equo faceret, quanto plus fuit mali, quam possit esse in inani ficti miraculi opinione. Non inficior tamen, quando error quilibet veritati pugnat, si velis excutere, quid parere ex se eciam hic error[dd] possit, ostendes facile eum celum et terram evertere ipsumque deum profligare. Sed istas consequencias merito deprecamini fieri ex vestris erroribus. Non debetis ergo eas educere ex iis, in quibus labuntur alii. Illud iam aliquocies dictum, me scire Lutherum nulli agnite veritati repugnare. Quare te in domino hortor, mi frater, ne iudices, quod cognoscere non potes. Quid Lutherus agnoscat, quid minus, ei soli cognitum est, qui corda fingit omnium. Ex me ipso animadverto, quam graviter offendatis bonos, qui in censendis sanctorum peccatis nondum quo vos profecerunt, spiritumque et institutum vestrum suspectum ista non temeraria tantum, sed amara nimis iudicii precipitacione reddatis. Porro, quod Lutherus in verba sua omnes iurare et usurpare, que usurpat, poscit, non impudencia est, sed necessaria || 265v. animi sibi bene conscii condicio. Que enim verba dei se habere et usurpare non dubitat, cur non poscat totum orbem amplecti et usurpare? Indubie, que vos recte docere putatis, non minus quam ille toti orbi persuasa esse optatis. Multum[?] hallucinamini, quod quantus possit eciam sanctos tenere error, quidque error valeat, parum animadvertitis. Quod utrumque tamen perspectissimum habere debeant, quicumque moderandis ecclesiis et tractandis scripturis prefecti sunt.

H.: «Verum errorem illum tulit», inquis, «Paulus, nec tulit solum, verum se quoque ceremoniarum observatorem facto comprobavit.» Atqui tu hic videris, Bucere, quid tulerit Paulus, qur tulerit, et quamdiu tulerit. Ego sane longe alia invenio in Actis cap. 15 [1–21] et in Galatis maxime cap. 2 [11–21], ubi et Petro nonnihil iudaizanti palam resistit in faciem et post paucula hec subiicit verba: «Quodsi, que de-

---

[dd] eciam hic error *am Rande nachgetragen.*   [35] Vgl. Röm 14,13–23.

struxi, ea rursus edifico, transgressorem me ipsum constituo» [Gal 2,18], et iterum: «Ecce ego Paulus dico vobis, quod si circumcidamini, Christus nihil vobis proderit» etc. [Gal 5,2]. Ecce, quid dici poterat planius? Quid vividius, quam quod ad Hebre-
550 os scripsit? Quid ergo dicemus? Idne, quod hęretici, si vera narrat Tertullianus, apostolos aliud aliis tradidisse? Verum hęc sentencia ut falsissima iam olim e cristianorum theatro explosa est. Nam eciam si Paulus omnibus factus sit omnia, eadem tamen semper apud eum mansit Christi doctrina. Quod enim unicum purificacionis attinet exemplum, scimus aliam esse racionem facti, aliam iuris.

555 M.: Iam ostendi[36] ex 14 ad Romanos, quid Paulus in fratribus ceremoniis Mose plus ęquo deferentibus ferri voluerit. Porro cum iis ego nihil volo habere commune, qui dicunt apostolos aliud aliis dixisse et hac ipsa de causa nec tecum sensero, siquidem in ea es sentencia, quam significas, quando ad obiectum Pauli exemplum respondes aliam esse facti, aliam iuris racionem. Etenim[!] si sentis Paulum purifi-
560 cacione illa, quam Hierosolymis suasu Iaacobi[!] suscepit, fecisse, quod iure non debuerit, tu recte in ea sentencia es, quam scribis pridem ut falsissimam e christianorum theatro explosam. Quid enim refert, facto an verbis doceas? Certe tale factum, quale hoc Pauli est, quo se tante ecclesię approbare legis Mosaice observantem iubebatur, quid aliud quam publica quedam doctrina erat? Quamquam non sit
565 verisimile, quod Paulus Hierosolymitanis faciendum suscepit, idem non eciam verbis faciendum confirmasse. Hoc autem recte dicis, Paulum sic omnibus factum omnia, ut eadem tamen semper apud illum Christi maneret doctrina, cui quoque promovende omnia attemperavit. Verum si tu, que ipse citasti loca, cum 14 ad Romanos, octavo, nono et decimo prioris ad Corinthios, tum eo, quod habes Acto-
570 rum 18 et 21 de tonsione, voto et purificacione Pauli[37], conferre voles, facile videbis, Paulum se alium erga eos, qui gentibus observacionem cęremoniarum obtrudebant, exhibuisse, alium erga eos, qui Iudeos in earum observacione retinebant, tum alium quoque erga eos, qui has simplici errore observandas existimabant, et alium erga eos, qui animo sua querenti iugum legis imponere christianis conabantur, ut
575 videlicet ipsi hoc pacto illis dominarentur. His sane apostolus non solum nunquam voluit aliquid deferre, sed fortissime semper restitit, illis autem, qui simplici errore ceremonias observabant, non tantum detulit ipse nunc circumcidens Timotheum[38], nunc votum suscipiens, nunc se purificans, sed et deferre alios quam studiosissime docuit et hortatus est[ee]. Ita, cum Petro restitisset gentes exemplo suo ad iudaisan-
580 dum pertrahenti, Iacobo Hierosolimis paruit[39], ut se ceremoniarum studiosum facto comprobaret. Quamquam ||[266r.] quod purificacionem suscepit, quasi convictu gencium contaminatus fuisset, et exemplo suo studium legis, cui alioqui ecclesia illa plus satis addicta erat, confirmavit, non dubito donasse concordie cum ea ecclesia conservande. Alioqui, quoniam aboleri sensim illas ceremonias oporteret et iam
585 vix tam libere observari possent, quin libertatem evangelicam circumciderent, maluisset omnino, quod alibi curabat, facto suo docere tempus iam exactum umbrarum ac iis pocius incumbendum, que corpore sunt Christi merequę cęlestia, quam ceremoniis illis Mosaicis. Verum cum pseudoapostoli toti in eo essent, ut illum per omnes eas regiones, in quibus evangelium predicaverat, infamarent, ut qui aposto-

---

[ee] et hortatus est *am Rande nachgetragen.*

[36] Siehe oben S. 204,474–477.

[37] Siehe Apg 18,18. 21,23–26.
[38] Siehe Apg 16,3.
[39] Siehe Gal 2,11ff.

lis et ecclesię columnis improbaretur, eo quod ceremonias evangelio Christi non coniungeret, ferre non potuit nec debuit se a tanta ecclesia damnari evangelii perperam predicati. Confirmasset id enim, quicquid de eius cum primis apostolis dissidio pseudoapostoli sparserant, maxime, cum hec damnacio propter neglectum ceremoniarum evenisset. Proinde cum videret in presenciarum non esse locum, ut ecclesiam Hierosolymitanam de libertate Christi ceremoniarumque abolicione, quod res erat, ad plenum persuaderet, sed omnino futurum, si non aliquo declarasset se ceremoniarum observantem, ut ab ea ecclesia tanquam profanator legis abiiceretur, maluit ad tempus illorum condescendere infirmitati et facere, quod non per omnia quadrare videri potuit cum iis, que ad Galatas et alibi de Mosaicis ceremoniis abolendis scripsit, ut interim horum consensu puriorem Christi predicacionem suis ecclesiis contra pseudoapostolos confirmaret et ipsis quoque Hierosolymitanis, ut eadem olim reciperent, viam intercludi prohiberet, in sancta scilicet concordia evangeliique societate retentis. Infirmos videbat, sed Christi et ab hoc in ea auctoritate constitutos, ut ad eos christiani quicumque in orbe erant respicerent. Ideo admittere non potuit, ut ab eis damnatus diversum evangelion predicare criminaretur. Id quod non minus eciam Hierosolymitanam ecclesiam iis, qui erant addictiores Paulo, invisam reddidisset, quam has Hierosolymitane fuissetque adeo divisus Christus, imo secum pugnasset utrisque insectantibus, alteros insectantibus. Ita, ut hodie, proh dolor, fit inter nos et Lutheranos. Istuc autem mali tam abhorruit Paulus, ut longe prestare iudicaret ad tempus illos circa ceremonias legis errare, quam ut Christum in se ac suis ecclesiis regnantem apercius oppugnarent et oppugnandos se invicem obiicerent, quo utrinque regnum Christi horrendum in modum accisum fuisset. Id quod nunc nostro dissidio fieri iam per multos annos. Utinam tandem Paulinis videre oculis possemus. Satis videbat multos hoc suum factum rapturos eo, ut in suo errore erga ceremonias confirmarentur, plerosque eciam ad perturbandos recte sencientes abusuros, nonnullos denique suam inconstanciam accusaturos. Sed quid faceret, qui omnium debitor[40] erat, quemque attemperare sua hacque racione fieri omnibus omnia decebat, ut vel aliquos lucraretur? Id ista necessitate constrictus elegit, quod etsi apud infirmiores hos quidem, profectum cognicionis Christi, quantum ad usum attinet ceremoniarum, remorari, apud alios ęstimacionem eius et authoritatem aut eciam rectam de christiana libertate senteciam labefactare, denique multos ad supersticionem confirmandum propagandumque et ad sinceritatem eius calumniandum posset armare, relinquebat tamen cum ecclesia hac, que tante tum erat || [266v.] precellencie et auctoritatis, ac inde cum omnibus, qui ab his pendebant sanctam in Christo concordiam et societatem eoque mutuum inter hanc et ipsum easque ecclesias, quas ipse domino genuerat rite administrati evangelii[ff] testimonium promovendique studium, quantum quidem attinet ad ea, in quibus versatur cardo salutis[41]. Que sancta in domino ecclesiarum concordia, in provehenda gloria Christi societas operaque mutua facile compensare ac eciam suo tempore sanare potuit, quicquid supererat aut eciam ex illa Pauli dispensacione augeri videbatur vel infirmitatis bonis vel occasionis ad nocendum malis, cum admisso scismate et inflamatis iam studiis non solum infirmiores, ut est humani in-

---

[ff] rite administrati evangelii *am Rande für ein zwischen* studium *und* quantum *gestrichenes* rite praedicati evangelii.

[40] Siehe Röm 1,14.
[41] Siehe Otto 76, Nr. 351.

genii in tuendis suis, simulatque in contencionem ventum est, pertinacia, in suo fuissent amplius errore confirmati et ab iis, per quos curari eorum infirmitas potuisset, plusculum abalienati – ita, ut hodie usu venit quam plurimis in Lutheri partibus vere piis alioqui ac eciam cordatis hominibus –, verum eciam mali, quibus ut tantum occasione opus est, ita eam facile undecumque arripiant, isto dissidio et mutua ecclesiarum dimicacione ad oppugnandum regnum Christi longe maiore sucessu, quam umquam ex illa Paulina dispensacione potuerunt[gg], fuissent abusi, sicut eciam ea res per se perniciosa et ad destruendam pietatem extitisset acomodacior, cum dispensacio ista nihil aliud fuerit quam eius, quod per se malum non erat, eciamsi eo abuterentur quidam, in hoc usurpacio, qua pacem Christi ille ac locum sibi tuebatur abusum istum olim corrigendi. Hoc quid aliud quam officium dicas apostoli in munere suo veri et vigilantis, quamlibet iuxta infirmi aliqui eo non nihil offendi et mali ad nocendum instrui potuerint? Hoc Pauli exemplum ut mihi cum doctrina et vocacione eius probe convenire videtur, ita imitabile esse semper duxi. Nec minus enim doctrinam quam facta pro ingenio eorum, quibuscum agendum est, attemperare oportet – hoc semper fui proposito –, ut Christi cognicio provehatur. A quo fini cum Paulus in omnibus suis quamlibet in speciem variantibus actionibus mentem nunquam deflexerit, recte dicemus idem eum ubique et apud omnes et docuisse et fecisse, nimirum predicasse nomen Christi, sed non eadem racione, ita ut non eadem erat omnium, quibuscum illi negocium erat, condicio. Huic iam Pauli exemplo conferre sic nostra soleo: Lutheranos video predicare Christum sinceriter, quia fidei in Christum tribuunt omnia, deinde non minore hodie apud Christi studiosos ubilibet gencium pollere auctoritate, quam Pauli tempore pollebant Hierosolymitani. Iam non dubitamus nos eandem predicacionem administrare, quidam putant purius. Illis autem delati sumus, quasi verbum externum atque sacramenta non suo numero habeamus, ita ut Paulus infamatus erat apud Hierosolymitanos, tanquam qui Iudeos doceret ceremonias legis negligere. Ergo sicut Paulus non solum tulit, ut hi in sua infirmitate adhuc, quando nondum possent ea liberari, hererent, sed eciam, ut in fide Christi perstarent nec sibi et aliis Christum plenius consecutis fraternitatem renunciarent, dixit fecitque apud eos, quo se consencientem eis testaretur, que alibi aliter et dicere et facere solebat, ita videtur nobis quoque incumbere, ut cum videamus Lutheranos domini esse et domino illa sentire, scribere et loqui, que emendatiora ||[267r.] vellemus, a quo eciam in tanta sunt apud ecclesias authoritate constituti, non solum feramus sic cognicione Christi, ut nobis videntur, imbecilles, sed eciam, dum apud illos sumus cernimusque non posse adhuc capere, que data nobis putamus, sic attemperemus cum dicta tum facta nostra, ne illis alienandi se a nobis aut nos damnandi ullam causam demus, caventes non solum, quas et Paulus scribens Rom. [14,1] vetuit «διακρίσεις διαλογισμῶν», sed quicquid omnino offendere illos possit. Imo audeamus eciam in graciam illorum et ad conservandam cum eis concordiam in domino et dicere et facere, quecumque tantum cum evangelii professione congruere possunt commissa nobis quantum cum hac congruebat demandata Paulo, quod Iacobo obsecutus purificacionem illam suscepit Hierosolymis. Nunc sit penes unumquenque christianum iudicium, an Lutheranis relinquere quasdam loquendi formulas, quas nos putamus paulo obscuriores, cum tamen omnino constet eas uti omnia eo sensu ab illis

[gg] potuerunt *am Rande nachgetragen.*

tradi, ut ab uno Christo omnem salutem fide petendam doceant, ac eciam in graciam eorum usurpare quasdam, que utcumque explicacione interdum opus habeant, verę tamen et a sanctis sancte usurpatę sunt, denique fateri consensum, quem nos vere esse agnoscimus, illi autem nondum agnoscunt – hec[hh] enim sunt illa que nos concedenda deferendaque Lutheranis suademus[ii] – minus glorię Christi veroque evangelii profectui conveniant, cum his nihil aliud quam ecclesiarum concordiam, que sine his vel retineri vel restitui nequeat, queramus, quam convenerit Paulum post tot annos predicatum Christum traditamque, quę per hunc parta est libertatem tamque libere passim neglectas ceremonias legis gentesque in Christo Iudeis equatas nusquam non damnato Iudeorum supercilio, qui gentes tamquam impuras pre se contemnebant in ea ecclesia, que ceremoniis adhuc erat addicta plus satis pollens interim ea authoritate, ut plurimum retulerit, quid illis concederetur, suscepta[kk] purificacione testari se ceremoniarum observatorem et promiscuo gencium convictu contaminari potuisse, cum tamen nihil quam Christi evangelium, quo solo vera puritas confertur, apud illas predicasset[ll]. Michi sane coram domino inter se conferenti, quod nos dandum Lutheranis existimamus et quod Paulus dedit Hierosolymitanis, tum hos et illos, tempora ipsumque evangelion utrinque predicatum et reliqua omnia, nihil dubitarim nos nondum tantum concessuros Lutheranis, si eciam dederimus, quecumque danda mihi videntur, quantum concessit Hierosolymitanis Paulus, et si nobis modo Christi regnum serio propagare querimus, non minor sit Lutherane concordie ambigende necessitas, quam fuerit Paulo retinende gracię Hierosolymitanorum. Sed que nos in hanc sentenciam adduxerunt, ostendere possumus, ut ea apud vos idem valeant, eficere non possumus. Oro autem et hortor vos in domino deposito aliquando illo vere iniquo et falso de Luthero iudicio, quo illum tam impie superbum, arrogantem dataque opera veritatem obscurare conantem facitis, certe gravi peccato, cuius vos olim plurimum penitebit, cum venerit ille dies[42], in qua dominus abscondita tenebrarum reteget et cordium secreta in lucem proferet, libeat videre, que sit Lutheranorum de Christo deque omni religione sentencia, quod studium vere pietatis propagande, que || [267v.] vitę innocencia, quanta eorum apud omnes timentes dei authoritas, quantum adhuc sit messis super, non apud nos tantum sed multo amplius apud Gallos, Italos, Hispanos, Anglos, aliasque adde eciam orientales naciones, que sit racio vera pomeria Christi proferendi, quantum ad hoc obsit nostra discordia, quantum prosit concordia, denique, quam deceat primum omnium dicta et facta in meliorem partem interpretari, deinde, quanta sit cuique omnium verborum et rerum concedenda libertas, postremo, quam male conveniat iis, qui se scripture et patrum sentenciam sequi iactant, tantopere abhorrere a formis loquendi, quibus usi illi sunt et utendum precipiunt[mm]. Nolo ego evangelion Christi obscurari, nolo obscurantibus connivere, nedum deferre, sed puto eum rectius curare, ut quippiam videatur, qui attemperatam eorum oculis, quibus ea res ostendenda est, lucem adhibet, quam qui maiorem quidem, sed unde horum oculi excęcati a conspectu eius rei penitus detinentur. Sunt verba, que vobis ac plerisque aliis misterium eucharistię luculentius considerandum exhibent, sed ea Lutheranis ita oculos perstringunt, ut in eis longe aliud

[hh-ii] *am Rande nachgetragen.*
[kk-ll] *am Rande nachgetragen.*
[mm] et utendum precipiunt *am Rande nachgetragen.*

[42] Vgl. Joh 3,19ff.

quam vos videant. Quid nunc prestat, uti vestris, hoc est, luce maiore, quam illorum oculi queant ferre, ut illi nihil, imo diversum ei, quod dicitis et videndum illis exhibere queritis, videre se putent, an verbis scripture et patrum, in quibus illi etsi non omnia cernant, imo eciam aliquid appareat, quod in his verbis non sit, id tamen, quod precipuum est, rite illis monstratur, ita ut et in re ipsa videant, quantum ad salutem satis est et vel, cum inter nos consensum agnoscant, sine quo nec illi nec nos munere nostro rite fungemur? Sed dum istud Lutheranorum odium, quod littere vestre spirant, non evanuerit, frustra de his apud vos disseruero. Oro itaque dominum, ut vobis ostendat, quam non possint ex animo christiano veroque Christi zelo iste calumnie, quas Lutheranis facitis, proficisci, ut radicem horum veprium agnitam eradicare studeatis tum demum de his omnibus ex vero iudicaturi.

H.: Sed tu, qui nullum non moves lapidem, itterato ingeris: «Qui vero unum non sunt, Christi non sunt. At qui Christi esse dubitantur, nunquam evangelium digno fructu predicaverint». Hic autem perpetuo omittis, carissime Bucere, quorum culpa fiat, quominus unum simus. Sane non nostra. A nostra enim parte stat constans veritas et christiana simplicitas, que a nobis tuto et sana consciencia deseri non possunt. Lutheri itaque culpa fit, quo minus congruamus. Is enim «λογομαχία καὶ κενοδοξίᾳ» [Weish 14,14; 1Tim 6,4] correptus neque veritati cedit neque novas subinde rixandi telas in medium ponere cessat. In illum itaque, non in nos congruit, quod dicis, nullo digno fructu a dissidentibus evangelium predicari posse.

M.: Volui monere, mi Bullingere, quam studendum sit iis, qui Christum predicant, ut non solum sint, sed eciam habeantur unus, eo quod, qui unus non sunt, vel alteros vel utrosque a Christo alienos esse oporteat. Iam ubi a Christo habemur alieni, quo, queso, fructu evangelium predicabimus? Nam ut vere in rhetoricis Aristoteles scripsit «σχεδὸν κυριωτάτην πίστιν τὸ ἦθος»[43]: Qui recte evangelion predicant, ||[268r] hos eodem spiritu loqui oportet. Tum est proprium christianorum insigne inter se summa charitate convenire. An igitur non sit necesse, ut cum in omnibus quidem probatos nos et eiusmodi exhibere deceat, ut nemo ullis vel verbis vel factis nostris offendatur, – precipuo studio dare operam, ne quis senciat nos variare in causa religionis aut animis esse invicem parum amicis? Hinc ergo hoc colligebam, cum et Lutherani et nos idem evangelium predicamus, hoc debere nos eniti vehemencius, ne dissidium inter nos fructum evangelii remoretur, cum tam pusilla adhuc orbis porciuncula illo illustrata sit, quo Lutheranos huius minus solicitos, imo ita prope se gerere videmus, ut iures eos dissidio studere. Nam christiani cuiusque est, si possit, quod totus orbis peccat, emendare et sarcire, nedum eorum, qui in tanto munere college sunt. Iam tu dissidii, quod inter nos est, omnem culpam transscribis Luthero, vos omni culpa eximis. Quod utinam possis, quantum quidem ad vos attinet, tam vere, quam facis audenter. At vero, cum tam multa pie et sinceriter a Luthero scripta in deteriorem partem rapitis, cum tribuitis ei, quod aliis rebus quam Christo salutem addicat, qui primus omnium istum errorem oppugnavit, et quantum ad hanc religionis nostre summam attinet, tocius prope orbis, forsan eciam tuos oculos apperuit, cum preterea superbie, arrogancie et animi plane perversi, quem nosse non potestis, palam traducitis, cum denique omnem adeo ei crudicionem et religionem adimitis, ut tu ausis scribere eum non esse dignum,

---

[43] Aristoteles, Ars rhetorica 1356a 13. Der ungekürzte Text lautet: «ἀλλὰ σχεδὸν ὡς εἰπεῖν κυριωτάτην ἔχει πίστιν τὸ ἦθος».

qui matulam prebeat Capnioni⁴⁴, homini, quem ego paulo melius quam tu novi, nolo autem turbare manes eius, hęc et huius generis multa alia cum facitis, que nihil quam odium Lutheri testantur, non video, quo pacto culpam huius dissidii a vobis ex vero reiecturi sitis. Taceo, quod indignum vobis putatis conari illum micioribus responsis et formulis loquendi, que ut per se sancte sunt, ita illum a falsa possent revocare quam de nobis concepit suspicione, iram illius mitigare, quod tamen faciendum sit illis, qui velint esse filii dei vere εἰρηνοποιοί [Mt 5,9]. Certe cuicumque malo arcendo quis non pro virili studuerit, eo se ipse obligavit.

H.: Ideoque tu videris, quo iure et consilio Lutherum omnibus in orbe pretuleris doctoribus. Nam si, ut libere tecum loquar, maledicendi et garrulitatis studium quis spectet, ita primas inter doctos tenebit, ut Thersites principem locum obtinebat inter heroas Gręcanicos. Si vero quis pietatis restitucionem, erudicionem piam et iudicium in sacris acerrimum, laborem indefessum et constanciam prudenciamve exercitatissimam puro contempletur animo, iam Lutherus necque Capnioni neque Erasmo neque Pellicano neque Oecolampadio neque Zwinglio, primariis in vera religione viris, vel matulam poterit porrigere. Quid itaque istis immoramur? Quid adhuc personas respicimus? Quibus illud Pauli iam olim perspectissimum esse oportuerat: «Ab his, qui videbantur aliquid esse – quales aliquando fuerint, nihil mea retulerit. Personam hominis deus non accipit – mihi quidem, qui videbantur esse in precio, nihil contulerunt» [Gal 2,6], et iterum: «Quis igitur est Paulus, quis autem Appollos nisi ministri, per quos ||²⁶⁸ᵛ· credidistis, et ut cuique dominus dedit? Non qui plantat, est aliquid, neque qui rigat, sed qui incrementum dat, deus» [1Kor 3,4f.7].

M.: Quamlibet libere apud me loquaris licet, sed utinam ista me apud te quidem loqui liberet. Recte tu mones nullius personam, sed in omnibus Christum respiciendum, cuius sunt omnia hec, que memoras, restitucio pietatis, pia erudicio et cętera. Horum autem quam, queso, multa tu in Capnione deprehendisti? Quem ut familiarius novi⁴⁵, ita scio me semper pro dignitate veneratum esse. Nolo ego, que de huius viri iudicio, pietate ac omni prope racione vite comperta habeoⁿⁿ, hic memorare. Civilis fuit et humanus multeque lectionis in tribus linguis, quo iudicio, testantur lucubraciones. Erasmus⁴⁶ et iudicio et eloquencia nemini quidem est secundus, quam autem sibi constet quamque sit certo in religionem animo, satis prodit, dum vos ipsos pre omnibus mortalibus insectatur, quem nos nulla quoque re eque

---

ⁿⁿ comperta habeo *über gestrichenem* constant.

⁴⁴ Johannes Reuchlin.
⁴⁵ Anscheinend begegneten sich Bucer und Reuchlin nur einmal persönlich, im Sommer 1519 in Schwaben. Den «Dunkelmännerstreit» erlebte Bucer als Parteigänger Reuchlins aus nächster Nähe mit, Rhenanus BW 201–204; *Baum* 101.
⁴⁶ Bucer stand früh unter dem starken Einfluß des Erasmus, dem er seine höchste Bewunderung entgegenbrachte. Die Hinwendung zur Reformation und die scharfe Abkehr von Erasmus im Jahre 1524 hinderten Bucer trotz der theologischen Auseinandersetzung von 1530, in welcher Erasmus die Protestanten und insbesondere Bucer heftig angriff, nicht, in Erasmus einen der Verantwortlichen für den Anfang der reformatorischen Bewegung anzuerkennen, vgl. Karl *Koch*, Studium Pietatis. Martin Bucer als Ethiker, Neukirchen 1962. – Beiträge zur Geschichte und Lehre der Reformierten Kirche, Bd. 14, S. 27; Friedhelm *Krüger*, Bucer und Erasmus. Eine Untersuchung zum Einfluß des Erasmus auf die Theologie Martin Bucers (bis zum Evangelien-Kommentar von 1530), Wiesbaden 1970. – Veröffentlichungen des Instituts für europäische Geschichte Mainz, Bd. 57 (Abteilung abendländische Religionsgeschichte), S. 44ff, bes. 54f.

offendimus, quam quod vestrarum ecclesiarum patrocinium suscepimus. Hic audet scribere rem ipsam poscere, ut gladio nos compescat cęsar⁴⁷, tribuensque homini aliquid conatus ad pietatem redemptionem Christi penitus evacuat. Non idola modo non adoranda et latinas in missa unica reiecto canone lectiones ac canciones, queque suam habent communionem, ut apud Lutheranos quosdam missa habetur, sed eciam cultum idolorum, divorum invocacionem, missas quaslibet, canonem ipsum non defendit tantum⁴⁸, sed nos eciam excindendos confitetur, quod in his corrigere aliquid ausi simus. Hic cum sit Erasmus, tamen, si quis pietatis restitucionem, piam eruditionem, iudicium in sacris acerrimum, laborem indefessum, constanciam, prudenciam pio contempletur animo, Lutherus dignus non est, qui Erasmo prebeat matulam? O Heylriche, o puri animi contemplacionem. Alius iuret te ista tam pure considerasse, cum hec scriberes, quam purum est, cum adhuc indignum ministerio Lutherum facis. Zwinglium⁴⁹ scio virum fuisse ingentem in his omnibus, sed quam puduisset eum tanto se Luthero preferri. Oecolampadius, quo ego non puto ecclesiam intra multa secula absoluciorem habuisse theologum, sive linguarum cognicionem, sive in scripturis iudicium, sive vitam consideres⁵⁰, – sed quam sepe mihi hic fassus est se ex Lutherana lectione promovisse? Existimo et Pellicanum⁵¹, quem nolo in os laudere [!], libenter fateri se Luthero debere nonnihil⁵². Non ideo, mi frater, quod nos oppugnat Lutherus, adeo est contemnendus et nihili faciendus. Quanta bona Christi agnosceres in hoc viro et predicares, si nobis non ita adversaretur. Iam ista tam apperta iniqua non iudicia tantum, sed tam temere quoque elogia cui, queso, spiritui debent adscribi? Et qui pacem vos ecclesiarum promovetis, dum istiusmodi apud alios eciam evomitis? Zwinglius Luthero ingenue tribuit⁵³, quod primus pontificem tantam satane arcem invadere ausus est. Iam non est dignus, qui matulam prebeat Capnioni, si piam erudicionem spectes et constanciam? Bona, queso, verba? Sed ad rem. Ideo quia Christi sunt omnia, hortor vos in Christo, demus operam nostri amorem, consultorem pessimum, paulisper, dum de ministris Christi certisque virtutibus iudicandum est ‖²⁶⁹ʳ· ablegare et ingenue tum cognoscere, tum colere Christum, in quocumque ipse sese ostentat.

---

47 Beispielsweise stellt Erasmus in der «Epistola in Pseudevangelicos» vom 4. November 1529 fest, er habe nie bestritten, daß die Obrigkeit das Recht habe, über Ketzer die Todesstrafe zu verhängen, LB X 1575D–1576D; *Krüger*, aaO, S. 56; Nicole *Peremans*, Érasme et Bucer d'après leur correspondance, Paris 1970. – Bibliothèque de la Faculté de Philosophie et Lettres de l'Université de Liège, Fasc. CXCIV, S. 77f.

48 In der «Epistola in Pseudevangelicos» äußert sich Erasmus allerdings positiv über Bilder, Messe und Riten und lehnt deshalb ihre totale Abschaffung durch die Protestanten ab, obwohl er die Beseitigung von Auswüchsen und Mißständen befürwortet, LB X 1585D–1586D.

49 Zu Bucers Beurteilung von Zwingli s. auch oben S. 203,456 und unten 228,1441f.

50 Auch an anderen Stellen spricht sich Bucer lobend über Oekolampads theologische Fähigkeiten aus, Oekolampad BA II 715 (Nr. 958; 11. Dezember 1531 an Ambrosius Blarer); vgl. noch *Staehelin* 612f, 616.

51 Zwischen 1529 und 1537 wechselte Bucer einige Briefe mit Pellikan, *Zürcher* 287, Nr. 55–61; *Rott*, Bullinger und Straßburg, passim.

52 Bucers Urteil trifft zu. Im Rechtfertigungsbrief von 1523 an Alexander Molitor (s. Das Chronikon des Konrad Pellikan. Zur vierten Säkularfeier der Universität Tübingen hg. durch Bernhard Riggenbach, Basel 1877, S. 84) äußert sich Pellikan ebenso bewundernd über Luther wie im Brief an Erasmus vom Oktober 1525, wo er betont, wie nützlich ihm Luthers Schriften gewesen seien, Erasmus, Corr. VI 1639,60–66; vgl. *Zürcher* 252.

53 Vgl. etwa das bekannte Loburteil Zwinglis über Luther in der Amica exegesis, Z V 722,1–724,24; zur Beurteilung der Stelle s. Arthur *Rich*, Die Anfänge der Theologie Huldrych Zwinglis, Zürich (1949). – QAGSP VI, S. 78f.

Nolo, que in hoc viro eminent, singula proferre, ne plus animos exulcerem vestros. Valde tamen obsecro sustineas, mi Bullingere, considerare, cum dominus noster hoc viro usus sit ad faciendam tantam in regnum pontificis impressionem et donarit ei fidem in se lacius quam nos omnes eciam hodie propagare, ut tam multę sanctę animę per Italiam, Galiam [!] et alias naciones incredibile successu ex eius lucubracionibus ipsum servatorem nostrum didicerint hactenus et hodie discant, quam non conveniat, ut eum nos conservi tam foede abiiciamus, tantum glorię Christi organum.

H.: Quod vero profectum et incrementum Lutheranorum attinet ecclesiarum, scimus diem domini declaraturum, quale cuiusque opus sit. Nos interim scimus et Arrii et Machumetis doctrinam per universum pene orientem fuisse dispersam, quanquam Lutherum istis nondum prorsus conferamus. De incremento et assensu loquimur ecclesiarum.

M.: Sic scribimus, dum regnant affectus. Ego id monere volebam, ut pensi haberetis, quod nemo hactenus hanc doctrinam, per dominum nostrum Iesum Christum totam nostram constare salutem, felicius Luthero provexit, nec hodie esse, quibus dominus ad tutandam hanc ęque utatur. Credite mihi: Cum eciam apud Christi studiosos, non solum hostes, de reformanda ecclesia, de repurganda doctrina agitur, nostri et vestri haud ita magna habetur racio. Ad Lutherum et Lutheranos fere solos respicitur. Hinc ergo, fratres charissimi, quod id evangelii, quod et nos propagatum cupimus, dominus per Lutheranos pocius quam nos propagat ac tutatur, animadvertere nos optarim eos non solum non a predicacione Christi reiectos, sed in hac nobis divinitus pręlatos, ut cum nihil quam Christum predicari querimus, illos nobis plusculum ambiendos et observandos crederemus. Quicquid sane evangelii in Italia, Hyspania, Gallia, Anglia et Polonia est, minima portio nobis debetur. Luthero accepta feruntur tantum non omnia, quia ex ipsius scriptis Christum didicerunt atque eos [!] quoque, qui nostra postea amplexi sunt, per Lutherum primum instituti acceperunt, ut nobis assensum preberent. Nihil ego loquebar de dogmate eucharistie, in quo qui errant, id pocius a priscis scriptoribus quam a Luthero acceperunt. Nihil item de eo loquebar, quod mundus eius doctrinam admittat tanquam minus puram, sed quod id, quo mundus nihil fert iniquius et quo non potest non vera religio propagari, fide nos in Christum servari, quod et ipsi per Lutherum didicimus, per nullos ęque provehitur et defenditur, idque tanto studio. Iam tu videris, Bullingere, qua consciencia cum isto incremento et assensu ecclesiarum in hanc doctrinam, que sola salvifica est, conferes incrementum imposture Mahumetane et consensum impii mundi.

H.: Queris hic, quo pacto itaque hoc malum a nobis propulsabimus. Certe nulla veritatis iactura. Nam prestabilius est istud mali nostro eciam malo ferre diucius, quam male sartam pacem cum eo suscipere homine, qui malit sibi quam veritati omnem gloriam deferri.

M.: Liberet te dominus a perverso isto et falsissimo iudicio de Luthero, quem glorię sue serio studuisse Christus olim tibi ostendet non sine tuo magno pudore. Ceterum nullam ego pacem cum iactura veritatis cum quoquam ||²⁶⁹ᵛ· suscipi volo, sed prestare puto, ut feramus quosdam in accessoriis christianismi adhuc quedam ignorare pocius, quam ignoranciam sic profligare, ut totas interim naciones arceamus a cognitione eorum, sine quibus nulli christiani esse possunt, deinde, ut si parem omnium cognicionem ex ęquo inferre omnibus contra doctrinam et exempla non solum Christi et apostolorum, sed eciam nostra ipsorum libeat, ne id faceremus admissis tot conviciis et usurpantes eiusmodi loquendi modos, quibus Christi studiosos eciam ab his ipsis dogmatis, pro quibus adeo satagimus, absterremus, sepe eciam contra nos provocamus, tum impios in omnem Christi veritatem armamus.

H.: «Convicium itaque rependetis convicio»? Non puto. Neque enim id hactenus soliti sumus. Nam quocies adversarii in nos eiusmodi iaculati fulmina, que nec ipsa dei et fidei gloria nec ipsum verbi ministerium dissimulare suaserunt, tanta tamen modestia extincta sunt, ut non pro dignitate tractaverimus istorum quemquam. Modeste itaque eciam nunc, et quocies dei gloria et ecclesiarum nostrarum suadebit comodum, veritatis negocium in presenti causa et aliis necessariis non modo contra Lutherum, sed adversus omnes veritatis hostes, turbatores et perversores tuebimur iis viribus, quas divina nobis subministravit gracia.

M.: Tueri causam veritatis fortissime studete iis tamen armis quas Christus subministraverit spiritualibus. Inter hęc nihil erit perversi iudicii, nihil attrocium adeo conviciorum, que miror vos non agnoscere et tantam vobis tribuere modestiam. Si ista non sunt convicia, ex superbia et arrogancia data opera veritatem obscurare, ecclesię dei illudere, sibi omnem gloriam, nihil Christo deferre «κενοδοξίᾳ καὶ λογομαχίᾳ» [Weish 14,14; 1Tim 6,4] novas continuo rixandi causas iniicere, pios et sinceros Christi pręcones cupere extinctos veritatis hostes, turbatores, perversores se pręstare[oo], tantum ne errasse deprehendatur, et huius generis multa eademque tocies in hac sola cui modo respondeo epistola repetita, quid, queso, vobis convicium dicitur? Hic istius monere libet, cum adeo ad tuendam veritatem ardetis contra quoslibet eius hostes, cur non pridem contra Hispanum[54] illum, item Campanum[55] totam semel Christi religionem evertentes ac[pp] alios paulo saniores[qq] armati spiritualibus armis proditis?

H.: «Sed nihil proficietis apud eos», inquis, «quibus defensio approbanda erat.» Id vero non nobis primum, sed maximis eciam et sanctissimis viris ab ipso mundi exordio usu venit. Nichil enim proficiebant apud hostes veritatis neque profete neque apostoli eciam scriptis amantissimis. Sed nunquid eius rei gracia a defensione veritatis palma adversariis relicta discedebant? Proinde: «Qui nocet, noceat adhuc, et qui sordidus est, sordescat adhuc» [Apg 22,11].

M.: Ut vero infeliciter scripsi. Nam nusquam prope id legistis, quo [!] ego volui. Quibus, quęso, putatis me censore approbandam esse vestri defensionem? Hostibus veritatis? Ego scilicet adeo desipere vobis sum visus, ut existimetis me velle vos

---

[oo] se pręstare *am Rande für ein zwischen* extinctos *und* veritatis *gestrichenes* esse.

[pp-qq] *am Rande für ein gestrichenes* tum Erasmum nihil vestri non passim traducerem pestilentissime.

[54] Michael Servet (1511–1553). – Lit.: Roland H. *Bainton*, Michael Servet 1511–1553, Gütersloh 1960. – SVRG 66/67,1 (Nr. 178).

[55] Johannes Campanus, etwa 1500–etwa 1575. Die Jugendzeit ist nicht bekannt. Wegen seiner reformatorischen Neigungen mußte er 1520 die Universität Köln verlassen, kam 1528 zum Studium nach Wittenberg und wandte sich allmählich täuferischen und besonders antitrinitarischen Anschauungen zu. Zusammen mit Michael Servet gilt er als Hauptvertreter des frühen Antitrinitarismus. Campanus starb nach 20jähriger Gefangenschaft in Kleve. – Lit.: J. F. Gerhard *Goeters*, in: RGG I 1605; Chalmers *MacCormick*, The «Antitrinitarianism» of John Campanus, in: Church History 32, 1963, 278–297; Schl. 2574–2578. 53413f.

Christi causam approbare veritatis hostibus, cum cuivis ψιχικῷ hęc stulticia sit nec intelligi possit? Christianis, puto, vestras scribitis apollogias hisque approbare causam vestram queritis. Hii iam vel vestri sunt vel minus. Si iam vestri, nulla apud eos defensione opus est, sin alienati, res ipsa docet vos, quo modestius calumnias adversariorum reieceritis et minus de verbis anxii fueritis, tum ab iis, quibus sancti probe usi sunt, non tantopere abhorrueritis, hoc cicius causam apud eos victuros. Id vero est, quod ut studeretis hortabar. Impiis scio nos id oportere haberi, quod Christus. Quare tua, mi Bullingere, hic responsio ad me nihil attinet.

H.: Quodsi Lutherus ipse hoc magis irritabitur, quo strenuius[rr] nos simplicitatem veritatis tuebimur, speramus fore, ut ex ea re omnes in ecclesia sancti discere possint, quo agatur spiritu Lutherus.

M.: Bono spiritu agi eum certum est, sed cui spiritus carnis plurimum sepe negocii exhibeat. Vos ergo si queritis, ut sancti eum malo agi spiritu credant, quid aliud quam deiectum queritis ministerium eius et obscuratam Christi predicacionem, que huic commissa est et in qua feliciter adeo domino servit? Ita autem fit, proh dolor: Quo vos strenuius hac, qua adhuc, strenuitate, in qua caro se satis exeruit, vestra contra Lutherum defenditis, hoc ille magis carni sue indulget suspectusque fit multis eius spiritus. Sed de vestro haud melius interim iudicatur, et efficitis, quod iam dixi, ut utrinque parum in negocio Christi valeatis, cum apud neutros eam videant homines synceritatem, candorem et simplicitatem ac etiam prudenciam, quam remergentis evangelii administros prestare convenit.

H.: Quid vero multis? Non didicimus, charissime Bucere, duabus sedere sellis.

M.: Vae mihi[ss], si hoc vel ipse coner vel vos conari iubeam. Christi sella unica utinam sedeamus utrique sicque, ut ea electos omnes admittit tam humiles, quam grandes, tam infirmiusculos, quam firmos, nos nullos conemur illa arcere aut depellere. Lutherus Christi est eoque membrum in Christi corpore; idem estis vos. Vę igitur mihi, si cum alteris sedere nolim. Dominus donet, ne umquam, cum turgidi sellam Christi soli occupare volumus, in sella sedeamus carnis.

H.: Si Christi corpus ad dextram dei corporaliter est, certe in cęna corporaliter non est. Nec interim ignoramus, quid et quomodo locuti sint veteres. Porro, si in dextra patris et in cęna simul et semel corporaliter est, corpus Christi infinitum est. Quod autem infinitum est, corpus non est. Ergo Christi corpus corpus non est.

M.: Primum plurimum oro, cum istis aut aliis argumentis in rebus sacris uti libet, presertim quando res vobis fuerit cum doctis, qualis sane Lutherus habendus est, detis operam paulo cercius loqui et attencius colligere detis operam. Scriptura Christum sedere ad dexteram patris predicat volens significare eum prima a deo patre potestate pollere, ita ut solent apud reges primi esse, qui eis sederent ad dextram. Est enim allegoria. Corpus domini ad dexteram dei esse non dicit, etsi suo sensu hoc quoque dici queat. In cęlos subvectum esse corpus domini magis proprie dicitur. Iam colligis a repugnantibus. Si corpus domini est in cęlo corporaliter, non est in cęna corporaliter. Verum, at qui hoc ἐπιχείρημα δοκεῖ σοι ἄλυτον[56], cum verbo solvi possit, nimirum, cum dicimus non ea corporalitatis – liceat sic loqui – racione offerri in cęna corpus domini, qua est in cęlis, hoc est, secundum proprias

---

[rr] *in der Vorlage* streuius.
[ss] Vae mihi *über gestrichenem* mira claritas.

[56] «Der Schluß scheint dir unausweichlich», zum Begriff ἐπιχείρημα s. Lausberg I 357. 371.

dimensiones? ‖ ²⁷⁰ᵛ· Id quod nec scolastici affirmarunt⁵⁷. Est ergo corpus domini in celis corporaliter, id est, localiter, in cęna est corporaliter, id est, vere, solide, non localiter. Et offertur in hoc, ut habitet in nobis corporaliter communicacione carnis sue, ut scilicet simus de corpore eius, caro de carne eius, os de ossibus eius⁵⁸. Paulus⁵⁹ scribit totam plenitudinem divinitatis habitare in Christo σωματικῶς, id est, corporaliter. Ad hunc modum aiebat ad me Philipus Melanchton Auguste⁶⁰ se accipere corporaliter, cum dicunt in cęna corpus domini offerri corporaliter. Si iam non ignoras, ut locuti patres sunt, et constat hos hac eadem voce «corporaliter» usos esse, haud certe conveniebat ad hunc modum isto epichiremate⁶¹ assultare, quasi vero nullo pacto utrumque recte dici queat, Christum et in cęlis et in cęna corporaliter adesse, sed diversa racione. Ita ut nihil opus fuisset adiicere de infinitate vel proprietate humani corporis. Cumque abunde Lutherus ipse testatus sit, cum ait⁶² Christum offerre suum corpus in cęna corporaliter, haud quaquam se id affirmare crassa illa corporalitatis racione, sed unum hoc contendere, ut agnoscamus dominum non tantum panem sed simul suum corpus exhibere, idque verum, poteratis hisce argumentacionibus vobis temperare apud nos quidem, quiᵗᵗ nec vos nec quemquam sic loqui iubemus, sed hoc[?] solum agimus, neᵘᵘ Lutheranos sic loquentes abiiciatis aut, dum nos confessionem et appologiam⁶³ – qua lege, sepe dictum – admisimus, in qua altera vox «corporaliter» non est, in altera ad sensum Cyrilli⁶⁴, quia ex verbis eius posita est, non interpretemini id defectionem a veritate Christi, quam antea vobiscum adseruimus. Certe, dum istam vestram vehemenciam propter istud «corporaliter», licet tocies explicatum, propius considero, miror admodum, quidnam vos sic exagitet, cum equidem nihil videam cause, nisi forsan corporaliter ubique nihil aliud significare putetis quam nobis nostrum «lyblich».

H.: Sane Helias clamabat: «Usque quo claudicabitis in utramque partem?» [1Kön 18,21] Clamat et Paulus: «Que communio luci cum tenebris?» [2Kor 6,14] Clamavit et universa vetustas: «ἁπλᾶ καὶ σαφῆ τὰ δίκαια».

M.: Lutheri predicacio cum Christum verum servatorem mundi ubique preclare et ardentissime commendet, neque Baal neque Belial neque tenebrę, sed ea est veritas, religio, iusticia, quam vos quoque sectamini. Quos itaque in fide et pręedica-

---

ᵗᵗ⁻ᵘᵘ *am Rande für ein gestrichenes* qui non volumus aut vos aut quemquam sic loqui sed tamen [?] ne.

⁵⁷ Zum Problem der verschiedenen Weisen des Am-Ort-Seins des Leibes Christi in der mittelalterlichen Theologie und im Abendmahlsstreit s. *Hilgenfeld*, bes. 183–203 («Die Verwendung von Raumbegriffen in der Lehre von der Realpräsenz in der scholastischen Tradition und bei Luther») sowie 369–376 («Das Sitzen zur Rechten Gottes und die Lokalisierung des Leibes Christi im Himmel»).
⁵⁸ Vgl. Gen 2,23.
⁵⁹ Vgl. Kol 2,9.
⁶⁰ Eine diesbezügliche Unterrichtung Bucers durch Melanchthon in Augsburg ließ sich anderweitig nicht nachweisen. Zum Verständnis der Gegenwart Christi im Abendmahl bei Melanchthon s. Wilhelm H. *Neuser*, Die Abendmahlslehre Melanchthons in ihrer geschichtlichen Entwicklung (1519–1530), Neukirchen 1968. – Beiträge zur Geschichte und Lehre der Reformierten Kirche, Bd. 26, S. 414ff, bes. 435.466.
⁶¹ Siehe oben S. 215,949.
⁶² Zu Luthers Anschauung von der Realpräsenz s. Susi *Hausammann*, Realpräsenz in Luthers Abendmahlslehre, in: Studien zur Geschichte und Theologie der Reformation. Festschrift für Ernst Bizer, Neukirchen 1969, S. 157–173.
⁶³ Die Augsburger Konfession und deren Apologie.
⁶⁴ Apologie der Augsburger Konfession, BSLK 248,21–39. Das Cyrillzitat stammt aus dessen Johanneskommentar X,2, MPG LXXIV 341 A-B.D.

cione nominis sui is coniunxit, qui ut unum essemus, pro nobis mortuus est, deus et servator noster, hos monere volui, ut se ita iunctos agnoscerent, meque utrisque iunctum professus sum et profitebor, dum dominus nec vos nec me abiecerit. Nec scio, quid simplicius et largius haberi debeat quam verbis uti servatoris et his in suo germano sensu. Etsi quiddam obscuri in fratribus nostris toleramus, quod illustrare scilicet nondum possumus et, si conemur, adhuc nihil quam obscuritatem hanc conduplicaverimus et, quod lucis utrinque est, plurimum quoque obfuscaverimus, tam crediderim nos nihil a synceritate christiana et luce recedere, quam nihil ab his recessit Paulus[65], cum ad retinendum infirmiores in officio ceremonias Mosaicas observavit, quas docebat abolendas, aut recedere iussit, cum precepit infirmiores sic suscipere, ut se[vv] qui[ww] firmiores erant ad illorum[xx] infirmitatem aliquatenus demittere[yy] observando[zz] discrimen ciborum et dierum hortatus sit[aaa].

H.: Iam vero deum testamur, quod glorie Lutheri, quantum illi impartitus est deus, prorsus non invidemus neque volentes cum eo disceptamus, sed quecunque facimus, amore veritatis et simplicitatis ||[271r.] facimus. Id vero sic habere hac re probabimus ac nunc tibi pollicemur, quod Lutherum ut fratrem arctissimum suscipiemus, quamprimum ille omnem gloriam veritati dederit, sanctos et optime de ecclesia Christi meritos viros, ipsos denique nostrum, imo non nostrum sed dei de eucharistia dogma sequentes homines innoxios, Carolostadius is sit sive Zuinglius sive Oecolampadius sive alius aliquis, mordere et persequi desierit, simplicitatem nebulis involvere, recta pervertere, pura captiose efferre, dentatas chartas et famosos, ut aiunt, libellos scribere, maledicere, calumniari et hereticos vel schwermerios vates proclamare cessaverit. Hec porro gravia illi non erunt, immo promptissime et sua sponte, si modo nostre nobiscum, ut ais, fuerit sentencie, prestabit.

M.: Christiani haudquaquam dici possetis, si scientes et prudentes glorie Christi in Luthero invideretis aut aliud quam hanc ipsam in tractandis Christi dogmatis spectaretis. Sed non minus indigni hoc nomine fueritis, si arrogetis hoc vobis, nihil vos non veritatis amore facere. Homines enim estis et tam non potestis omni invidia nominis alieni quam omni studio vestri poenitus vacare. Nec ullos unquam fratres habebitis, si nullos amplecti certum est, quam qui omnem gloriam veritati cesserint, nullos, siquidem huiusmodi hec terra habet. Quod obscurius quedam loquitur Lutherus et nos attrociter insectatur – antea dixi[66] – zelo facit Christi, sed qui sit preter scienciam, verumtamen christianis, dum ille cum lingua tum vita predicando Christum perseveraverit, ferendus. Hunc zelum missum facere ei perquam facile foret, si ut revera nobiscum ipsi convenit, ita convenire sibi nobiscum agnosceret. Istuc autem adhuc non potuit, et ne possit, satis eciam a nobis cause datum est ac eciam nunc datur. Ideo semper de eo dissero, quod errantes in plerisque dum Christo errant, hoc est, Christum in ipso eciam errore synceriter, quantum ipsi sibi conscii sunt, querunt, nobis non ferendi modo, sed et amplectendi fovendique sunt nec ulla vel acriore[bbb] disputacione exagitandi, Ro. 14 [1–23], hocque magis fatendum et predicandum quem dedit dominus in se consensum, quo hunc illi pertina-

---

vv *korrigiert aus* te.
ww-xx *am Rande für ein gestrichenes* ad illorum.
yy *korrigiert aus* dimittas.
zz *korrigiert aus* observans.
aaa hortatus sit *eingefügt*.

bbb nec ulla vel acriore *am Rande für ein gestrichenes* omissa omni acriore.

[65] Siehe oben S. 204,474–479.
[66] Oben S. 208,675–209,678.

cius pernegant – donum siquidem dei tantum, quodque persuasum esse piis tantum refert, quis pius non cupiat esse omnibus quam notissimum? Quid enim omnino potuisset accidere, quod cursum evangelii ęque remoraretur atque hoc, quod vulgo creditur nos adeo dissentire?

H.: Sin secus, iam malumus a turbulento Lutheranorum manipulo male audire quam ab omnibus sanctis hypocrite ipsa re et nomine appellari.

M.: Manipulum Lutheranorum, quibus de ego vobiscum ago, ecclesiam Christi esse scio. Quare eciam apud hos bene audire optandum, cum christiani sit omnibus placere ad bonum et, quantum licet, eciam incredulorum testimonio commendari. Verum ego, dum ad querendam colendamque concordiam hortor, non adeo, quid Lutheranis, sed quid electis ubique gencium audiamus, iubeo consyderare. Dum enim tantopere dissidere nos orbis putat, nemo ab utrisque, multi vero a neutris predicari Christum haud ab re iudicant, sicque ipsi ||²⁷¹ᵛ· quam plurimis, ne quam ingerimus facem evangelii videant, oculos prestringimus, quodque vite pharmacum offerimus, ipsi, ne recipiatur, fidem nostram deiiciendo obsistimus. Porro, cum suademus ferre in Lutheranis loquendi modos obscuriores quidem, sed quos in ipsis non queas conari emendare, nisi^{ccc} simul efficias has ipsas obscuriores loquendi formulas^{ddd} apud hos plus obtinere et tuis purioribus aditum ad bonos amplius obstruere, tum evangelium cum ab illis, tum a te administratum apud sane multos non solum penitus inutile, sed horrendis eciam blasphemiis obnoxium reddas, deinde his loquendi formis uti, que ut Christi sunt et apostolorum, ita et veritatem et melius exprimunt et lacius proferunt libertate semper retenta omnia ad edificacionem explicandi, hęc, inquam, cum persuadere studemus, a nullis prorsus sanctis, nedum omnibus, dum ex vero modo iudicarint, hypocrite vel nomine vel re appellabimur. Si qui errantes id fecerint, ferendum hoc pocius, quicquid est false condemnacionis, quam ut re ipsa destructores simus regni Christi, cuius audire volumus «πιστοὶ οἰκονόμοι» [Lk 12,42]. Quare nihil huius vobis a nostro quidem consilio metuendum erat, nedum nos aliter, ut confido, vobis cogniti tanti mali insimulandi.

H.: Nam semel constituimus, quod et per graciam dei prestabimus, veritati sancte et pie simplicitati impendere vitam, nemini cędere [!], nisi melius aliquid «assidenti fuerit revelatum» [1Kor 14,30].

M.: Idem et nos in domino constituimus. Ipse donet, ut perstemus. Verum simul cedere, imo fieri^{eee} volumus omnibus, omnia ut obtineat ubique Christus⁶⁷. Sepe dictum nobis in mentem nunquam venisse iubere vos vel tantillum Christi cuiquam cedere. Nam cum permittitis alios suo more loqui, quod scilicet sine ingenti regni Christi detrimento mutare adhuc non potestis, et veritatem Christi sic studetis predicare, ut a quam plurimis recipiatur, offendat quam paucissimos, presertim electorum, temperantes interim vobis a conviciis, calumniis ac eciam iis loquendi formis, que bonis quam propagare Christi veritatem queritis magis invisam reddunt quam claram aut excipiendam, nihil ceditis veritatis.

H.: «Breve est tempus vite, quod restat» [1Kor 7,29]^{fff}, inconstans mundus, in-

---

^{ccc-ddd} *am Rande für ein gestrichenes* nisi *et und ein zwischen* plus *und* obtinere *gestrichenes* eos.
^{eee} simul cedere, imo fieri *am Rande für ein gestrichenes* cedere.

^{fff} *Randbemerkung:* Locus communis omnibus, qui ob dogmata, quamlibet impia, paciuntur.

⁶⁷ Vgl. 1Kor 9,23; Kol 3,11.

constanciores homines, pavidi et ad sanctam dei crucem trepidi. At nolumus nos ista aliquando, si deus aspiraverit, Paulina notari sentencia: «Quicunque volunt iuxta faciem placere in carne, hi cogunt vos circumcidi, tantum ne ob crucem Christi persecutionem paciantur» [Gal 6,12].

M.: Neque nos hoc Pauli dicto notari volumus, utcumque in nos id vos torqueatis. Consilium meum tocies iam exposui, quod aliud non est quam fratribus persuadere inter Lutheranos et nos non re, sed verbis pugnatum esse, illosque a domino eo loco in ecclesia constitutos, ut eos hostes habere non sine incredibili iactura evangelici profectus possimus, eoque modis omnibus studendum, quo evanescat ex animis hominum hęc opinio, qua putant[ggg] nos dissidere, presertim tantopere et habere nos invicem pro hostibus, hacque de causa illis quosdam loquendi modos esse concedendos, quos ut prestaret puriores esse, hac maxime tempestate negare tamen non possis, sicut recte usurpati sunt patribus, ita hodie recte usurpari posse, tum nobis eos in usum sumendos, qui non solum in scriptura traditi, sed ab omni eciam semper ecclesia cum fructu pietatis observati sunt et huc nobis quoque egregie servient, ut cum huius dogmatis, de quo digladiatum est, verum sensum, tum tocius evangelion Christi pluribus persuadeamus. Nam hic unicus nobis in omnibus scopus est, ut Christi doctrina et pateat latius et regnet efficacius. Istuc studere neminem sane facit secundum ||[272r.] faciem placere in carne[68] nec est persecutionem ob crucem Christi fugiencium. Nam nihil principem mundi in nos ęque exagitat atque Christum predicare unum servatorem, qui solus iustus est et iustificat. Certe dogma illud de eucharistia sicut non est tota doctrina Christi, ita quancunque de eo sentenciam secteris, si istuc urgere non remittas, nos sola fide in Iesum Christum iustificari, quo vel maxime tyrannis principis mundi solvitur, hic[hhh] ipse mundi deus monere tibi persecucionem hanc haud unquam cessabit[iii], nec unquam placere huius filiis poteris, plurimumque orandum tibi erit, ut nunquam non cogites, quam breve sit vite tempus, quam inconstans mundus et inconstanciores homines, quo tu tibi in hac predicacione, que ferri a mundo nunquam potuit nec nunc poterit et sanctam dei crucem omnibus, qui ei accedent, imponit, probe et impavide constes. Id utrinque orabimus, simul et hoc, ut evangelion, quod profitemur, ea fide, synceritate, prudencia spiritus[69] administremus, ut principi mundi causa sit, cur nobis indignetur et, quicquid est malorum, in nos excitet, et ne cuiquam carnalium eo queramus placere, quod videmur in dimicacione nemini cedere, immoti stare in eo, quod vel quovis modo semel amplexi[kkk] sumus, retinereque mordicus[lll] ea[mmm], que videntur peculiariter nostra, unde pręrogativam quandam, tanquam qui inventi [?] alius authores simus, nobis vendicamus. Dici enim non potest, quam faveat caro dissidiis et pugnis, unde certe facta [!], ut virtus bellica omnibus prope aliis eciam carni, cui alioqui nulla virtus per se placet, anteferri soleat, tum nihil aliud hec quam in omnibus, eciam sacris rebus, que tamen per se odit, πλεονεκτεῖν querat, quanquam est uti ad hec rite amplectanda stupida, ita ad falso pretexendum horum studium ingeniosa. Quod tamen non scribo, quasi vos putem scientes pugnare pro

---

[ggg] qua putant *am Rande nachgetragen.*
[hhh-iii] *am Rande für ein gestrichenes* persecutionem ab hoc perpetem sustinere te necesse est.
[kkk-lll] *am Rande für ein gestrichenes* excidit *und gestrichenes* retinere mordicus *am Ende des Satzes nach* vendicamus.
[mmm] *in der Vorlage blieb* eaque *aus der früheren Satzstellung versehentlich unkorrigiert stehen.*

[68] Siehe Gal 6,12.
[69] Siehe Röm 8,6.

pręrogativa inventi verioris sensus circa sacram eucharistiam constanciaeque laudę [!], et ne cedere adversariis vel aliquid videamini non satis circumspecte tradidisse. Sed quoniam nemo sanctus est, qui istos carnis sue dolos satis caverit, monere tamen horum volui, ut probe recessus animorum vestrorum, quod et nos studebimus, excuciatis, necubi se satan in angelum lucis transformet[70]. Certe, ubi tam multa carnem redolent, verendum carnem suum negocium simul agere. Solet enim hęc eciam, ubi finis actionis planc sanctus est, nihilominus tamen inficere, que pro eo fini consequendo institueris, quo saltem minus plene minusque pure eo, quod recte queris[nnn], pociaris.

H.: Iam vero, quod rebus publicis vestris non modo permisistis, verum eciam authores fuistis subscribendi Confessioni Saxonice, nec probare nec improbare volumus, quoniam factum, ut fertur proverbio, infectum esse nequit. Sane nos tale quipiam [!] inconsultis vobis minime fecissemus.

M.: Quomodo nostris, si res ita tulisset, subscribendi Saxonice Confessioni authores fuimus, abunde exposui in epistola communi[71]. Quod scribitis vos nihil tale facturos fuisse nobis inconsultis, puto nunc sic vobis videri, cęterum, cum nulla omnino de re hactenus nos consulueritis, nisi quod Leo a proxima clade de legibus pacis vestre cum Quinque Pagis me consuluit[72], cum tamen tentaveritis ea et leges ecclesiasticas eiusmodi tuleritis, que maximi momenti sunt, fieri potest, ut in tali quoque re contenti fuissetis consuluisse scripturam et spiritum dei. Utinam autem hoc inter nos servari, ut ecclesie nihil, quod alicuius momenti sit, nisi communicato inter se consilio agerent, tam placeret aliis, quam placet nobis. Nos certe exorta primum disputacione de eu- || [272v] charistia, antequam hic ceremonias et alia quedam novaremus, proprium nuncium ad omnes precipuas ecclesias misimus[73] cupientes in communi statui, et quid de eucharistia doceretur, et quid in ceremoniis novaretur. Verum aliis aliter visum est. Erat siquidem in fatis, ut isto dissidio tam horrende exagitaremur et probati, quorum tamen nimis quam parvus est numerus, manifesti fierent.

H.: Verum ita fortassis a deo statutum, ut semel omni destituamur humano auxilio et solacio. Sed age, «fiat voluntas domini» [Apg 21,14].

M.: Istud quantum ad nos attinet, non est, ut queramini. Diserte enim semper testati sumus vos non deserturos, ut quos scilicet synceros Christi ministros habeamus.

H.: Id vero manifestius est, quam negari possit, in ea confessione esse, que syncere doctrine adversa sunt, quedam eciam, que a nobis ipsis olim impugnata et improbata sunt.

M.: Horum tu plane nihil ostendes, si modo velis, ut debes, omnia eo sensu accipere quo scripta sunt et Lutheranis eam concedere loquendi libertatem, quam vides traditam a scriptura ipsa et patribus usurpatam. De qua re in epistola communi[74] fuse satis, in qua id quoque apperui, andabatarum more[75] non uno in loco pugna-

---

[nnn] quod recte queris *am Rande nachgetragen.*

[70] Siehe 2Kor 11,14.
[71] Siehe oben S. 197, Anm. 15.
[72] Der Brief Juds an Bucer (Ende April/Anfang Mai 1532) ist verloren, s. *Rott,* Bullinger und Straßburg 267, Nr. 8.
[73] Worauf Bucer anspielt, ist unklar.
[74] Siehe oben S. 197, Anm. 15.
[75] Die Andabatae waren wahrscheinlich mit verbundenen Augen kämpfende Gladiatoren, P. J. *Maier,* in: Pauly/Wissowa II 2116; Adagia, 2,3,33 (LB II 533f).

tum a nobis esse. Marpurgi cum utrinque, quo sensu quisque sua scribat, exposi- 1145
tum fuisset, convenit de omnibus excepta sola presencia Christi in cęna corporali⁷⁶.
Cur iam pugnam renovaremus aut consensum nostrum negaremus, cum illi nihil in
hac confessione prodiderint, quod non et tum, quando convenit Marpurgi, scripsissent?

H.: Quedam eciam satis obscura et puerilia. Huiusmodi illud est, quod per sa- 1150
cramenta velut instrumenta donetur spiritus sanctus, quod iisdem confirmetur fides, quod baptismus necessarius sit ad salutem. Loquuntur autem de baptismo
aque. Ea vero, que de confessione, absolucione et missa philosophantur, nociora
sunt, quam repettere necessarium sit.

M.: Ritus eorum non recepimus⁷⁷, quamquam et illi, si veteris ecclesie ritus pro- 1155
bamus, censeri queant inter tollerabiles. Si non alias istis hominibus paulo iniquiores essemus! Nam quo spectent, ut scilicet cum veritate evangelii vel aliqua sit in
populo horum reverencia et disciplina, satis scimus. Sed ut dixi, diserte testati sumus⁷⁸ nos ritus eorum non esse admissuros. De aliis, quo sensu ab illis scripta sint,
in communi epistola ostendi⁷⁹, certe pio, et quem in apologia abunde ipsi exposue- 1160
runt⁸⁰. In eo vero illis luculentam iniuriam facitis, quod scribitis eos, qum dicunt
baptisma necessarium, loqui de baptismo aque, quod satis videre potestis cum alias,
tum in apologia «de usu sacramentorum»⁸¹. Imo hoc illi maxime in nobis detestantur, quod putant nos baptismum aque facere, cum non sit christianis nisi baptismus
Christi, sed qui ut verbis, ita et symbolo tinctionis in aqua offeratur. 1165

H.: Notissimum et illud, quod de eucharistia deffinierunt, quo et nostra prorsus
damnarunt. Nam quos damnarunt alios, si nos non damnarunt?

M.: In communi epistola⁸² ad hoc respondi. Sed rogo te: Si quis putaret te negare Christum verum deum esse scribensque contra hoc dogma damnaret, quicumque illud amplecterentur, et videretur sibi omnino te damnasse, quod scilicet existi- 1170
maret te dogmati isti accessisse, nolles tu huiusmodi damnacioni, in qua non te aut
quenquam nominatim, sed illos, quicunque essent, qui impium illud dogma amplecterentur, damnasset, subscribere ac testari nihil eius ad te pertinere qui interim
Christum verum esse deum crederes? Confessi sunt ||²⁷³ʳ· de eucharistia, que nos,
sentiunt, quod impium non est et re ipsa idem, quod nos damnarunt diversa docen- 1175
tes, quos et nos damnamus. Quid igitur, queso, obstitisset, quominus recipiendam
hanc confessionem suasissemus? Nam nec nos nec vos diversa docere sentire potuimus et, ut alii idem senciant°°°, probare iam publice solebam. Porro, quo pacto
nos ea ipsorum verba intelligamus, in nostra apologia⁸³ et alias satis declaravimus.

°°° idem senciant *am Rande für ein gestrichenes* putarent.

⁷⁶ Bucer erläuterte die Marburger Artikel in einem Brief an die Marburger Professoren vom 20. März 1530, *Köhler*, ZL II 156f.
⁷⁷ Daß die Straßburger Liturgie sich von der lutherischen unterscheidet, stellen die Straßburger Prediger bereits am 23. November 1524 an Luther fest, WA Br III 384,112–121. Hauptunterschied ist, daß der Gottesdienst in Straßburg ganz in deutscher Sprache gehalten wird, s. Markus *Jenny*, Die Einheit des Abendmahlsgottesdienstes bei den elsässischen und schweizerischen Reformatoren, Zürich (1969). – StDTh XXIII, S. 13.22ff.
⁷⁸ Siehe oben Anm. 77.
⁷⁹ Siehe oben S. 197, Anm. 15, bes. f.241v.–242v.
⁸⁰ Die Apologie der Augsburger Konfession.
⁸¹ Der 13. Artikel der Augsburger Konfession trägt die Überschrift «De usu sacramentorum», in der Apologie wurde er zu «De numero et usu sacramentorum» (BSLK 291–296) ergänzt.
⁸² Siehe oben S. 197, Anm. 15.
⁸³ Apologia Martini Buceri qua fidei suae atque doctrinae circa Christi caenam ... ratio-

1180 H.: Aut quomodo fieri posset ut nostra, post tot egregia opuscula nondum rite intellexissent? Scripserat perplurima Zwinglius, scripserat multa et religiosa Oecolampadius, scripserat et Bucerus, conveneratis Marpurgi, utriusque partis audita est confessio. Et nihilominus impudens secuta est damnatio. Neque vero aliud tum, aliud nunc dicebant nostri. Eadem semper fuit doctrina. Quid, quod ipse Zwinglius
1185 tam dilucide, tam eciam religiose de sacramentis, imo de tota religione et «Ad Carolum» et «Ad principes Auguste congregatos» scripsit, ut nemo unquam clarius de hac re scripserit? Sed ne tum quidem ulla pax potuit ab istis contenciosis et arrogantibus impetrari. Rata nihilominus perstabat damnatio, cui nunc tam prompte subscribimus.

1190 M.: Quod^{ppp} isti sentenciam nostram non pridem rectius acceperunt^{qqq}, ego quoque sepe stupui. Sed quoniam hi^{rrr} inicio et semper hoc contenderunt, Christum in cęna non solum panem, sed simul suum corpus dare, et ex eo, quod scripta eorum oppugnavimus, crediderunt nos diversum statuere, cum tamen nihil quam panem ipsum non esse domini corpus graciaeve canalem et corpus domini non posse fieri
1195 cibum ventris contenderimus, factum est, ut quicquid postea dederimus presencie Christi in cęna, suspicionem tamen hanc – videntes nos adhuc abhorrere ipsorum verbis uti – ponere non possint, qua suspicantur nos in eo esse, ut dum aperte et semel non licet, tecte et sensim id aboleamus, Christum se in cęna offerre nobis in cibum. Nec alia de causa censent nos tantopere conari, ut voces illas, que solide pre-
1200 senciam Christi et plene exprimunt, ecclesię extorqueamus ac eciam ipsorum consensum obtineamus. Simul ergo et voces illas retinent tam mordicus et nostram amiciciam respuunt adeo pertinaciter prestantque in damnacione nostri arbitrati id Christi zelum et in conservanda evangelii synceritate caucionem, cum sit falsa suspicio, quam illis sugerit amor sui offensis scilicet, quod contradicere eis ausi su-
1205 mus, idque ita prestrinxit illis oculos, ut videre nequeant nos haudquaquam negare Christum se offerre in cęna, sed negare se offerre in pane cibum ventris et cum pane sic unitum, ut quicumque panem edat eciam ipsius corpus edat et graciam percipiat. Quanquam, si verum est apud vos dicendum libere, nec nostri multis sane in locis intellexerunt Lutherum, quamlibet et ipse multa scripserit, nolo addere, quam
1210 perspicuo Lutherus in libro suo contra schwermeros edito anno 27, ubique cum sua firmans, tum nostrorum argumenta solvens. Hanc conclusionem facit: «Ergo, es ist nit itel brott da, ergo der lyb des herrn ist im nachtmal»[84] et sub finem maiusculis litteris scripsit. Multisque, ut solet, hortatur, ut nostri omissis aliis hoc scripturis certis probent, quare pugnent hec: Christi corpus est ad dextram patris et simul est
1215 in cęna[85]. At Zwinglius, cum respondet, hanc statim inicio proposicionem ponit: «Damit du erkennest, ||^{273v.} das er durch den glouben in unserem hertzen wonet, Ephe. 3[17] nit durch das lyblich essen des munds, als du one gottes wort leren wylt»[86]. Iterum in responsione ad confessionem Lutheri semper hanc Lutheri opi-

---

ppp-qqq *am Rande für ein gestrichenes* Id.
rrr *vor* hi *gestrichen* Lutherani.

nem simpliciter reddit, 1526 (Bibliographia Bucerana, Nr. 13).

[84] In dieser Form läßt sich die Schlußfolgerung in Luthers Schrift «Daß diese Wort Christi ‹Das ist mein Leib› noch fest stehen, wider die Schwärmgeister», 1527, nicht nachweisen, doch zieht er sinngemäß diese Folgerungen, s. WA XXIII 267,7–275,29.

[85] Ebenda, S. 275,6f.

[86] In der Schrift «Daß diese Worte: ‹Das ist mein Leib› etc. ewiglich den alten Sinn haben werden etc.», 1527, stellt Zwingli tatsächlich die These an den Anfang, Christus

nionem facit, quod panem ipsum faciat esse corpus domini. «Luther sagt, brott sy wesenlich brot und wesenlich der lyb Christi»⁸⁷. Iterum: «Luther macht das brot selbs den lychnam Christi»⁸⁸. Iam Lutherus diserte negat panem esse idem quod corpus domini affirmans distinctas esse naturas panis et corporis domini nec uniri nisi unione sacramentali⁸⁹. Fateor tamen Zwinglium, ut ista Luthero tribueret, ex ipsius verbis occasionem habuisse. Nam est hoc viro, proh dolor, nimium familiare, ut cum contendit, hyperbolis fere utatur nec satis habeat ęquum obtinuisse: Eciam iniquum non tam petere quam obtinuisse vult videri⁹⁰. Ea est ingenii eius vehemencia. Sic illi non satis erat contendere in hac oracione «Hoc est corpus meum» «est» non accipi significative. Contendit nusquam scripturarum pro «significat» usurpari. Nec id satis erat: Addit in nulla omnino lingua idem quod «significat» valere. Ex hac improbitate, simul quod calumniandi et conviciandi nullum nec modum nec finem faceret, moti nostri sunt, ut homines erant et ipsis quoque offusa est caligo aliqua, ut plerisque sane in locis id, quod Lutherus voluit, haudquaquam assecuti sint et contra illi tribuerint, que nunquam sensit, nedum docuit, ut certe sunt proposiciones ille preter secundam omnes, quas Zwinglius in responsione sua ad Lutheri librum, cui tytulum fecit «Quod hec verba Christi ‹Hoc est corpus meum› etc. adhuc firma stant contra schwermeros» sub nomine errorum ad finem responsionis sue tanquam ex ipso Lutheri libro sublectas posuit⁹¹. Neque enim confundit Lutherus naturas in Christo nec ulli rei remissionem peccatorum preterquam Christo per fidem recepto fert acceptam nec veritatem humani corporis in Christo negat nec externe sumptioni per se aliquid virtutis vel fidei augende in animis vel immortalitatis parande in corporibus tribuit, que omnia tamen illi Zwinglius impingit, diversum licet testentur omnia eius et scripta et verba, que cotidie tot millibus hominum predicat. Ista vero cum legunt Lutherani, non minus queruntur Lutheri a nobis scripta non legi et, si iuremus ea nos^sss legere, non minus stupent, quod ea non rite intelligamus, quam possitis vos de illis vel queri vel mirari. Mei nulla aut per pauca apud Lutherum habita racio est. Deinde semper hoc quoque de me senserunt, quod medium quoddam affectarem inter ipsos et Zwinglium, ad quod et Oecolampadium plusculum propendere existimarunt. Quare Marpurgis [!] Oecolampadii et meam dumtaxat presenciam optarunt⁹², non venturi illo, si prescissent Zwinglium

---

sss iuremus ea nos *am Rande für ein gestrichenes* dicamus.

könne wegen seiner leiblichen Himmelfahrt nicht leiblich anwesend sein, Z V 809,13–15.

⁸⁷ «Über D. Martin Luthers Buch, Bekenntnis genannt, zwei Antworten von Johannes Oekolampad und Huldrych Zwingli», 1528, s. Z VI/II 32,24f: «Luter sagt, brot sye wäsenlich brot und wäsenlich der lychnam Christi miteinander».

⁸⁸ Ebenda, Z VI/II 33,18f: «Luter macht das brot selbs den lychnam Christi unnd blybe dennocht brot».

⁸⁹ Luther nennt in der Schrift «Vom Abendmahl Christi, Bekenntnis», 1528, tatsächlich die Zuordnung von Brot und Leib «Sacramentliche Einickeit», WA XXVI 442,24; vgl. dazu *Hilgenfeld* 425f.

⁹⁰ Nach dem Gespräch mit Luther auf der Coburg (26. September 1530) meinte Bucer: «Ihr wißt ja, er läuft zwar oft abseits vom Wege, aber Zurücklaufen verträgt er nicht ... So hat ihn uns nun einmal der Herr gegeben, so müssen wir ihn nehmen», s. *Köhler*, ZL II 234; PC I 513.

⁹¹ Der dritte Teil von Zwinglis Antwort an Luther (s. oben Anm. 87) besteht aus einer Auseinandersetzung mit zwölf «irrthumb und argwön» (Z VI/II 234,24) des Wittenbergers. Im zweiten Punkt wirft Zwingli Luther eine mißverständliche Aussage über Maria vor, die falschen Vorstellungen über das Verhältnis von göttlicher und menschlicher Natur in Christus Vorschub leisten könne, Z VI/II 235,17–236,13.

⁹² Zwar scheinen die Wittenberger nicht ausdrücklich diesen Wunsch geäußert zu ha-

adfuturum, eo quod hunc putarunt pugnare secum ex diametro. Nam cum de presencia Christi loquitur, eo sermone utitur, ut videatur solam localem illam et expositam sensibus agnoscere, qua scilicet dominus in cęlis est et hinc abest, raro et modice attingens eam, qua se nobis sistit per verba et sacramenta ac eciam spiritum[93]. Inde igitur existimavit Lutherus Zwinglium in eo usque perseverare, quod nihil Christi in cęna preter quam panem offerri dogmatiset[94]. Licet enim quedam in sua «Ad principes Auguste congregatos» responsione ex Augustino pręclare scripserit[95], unde eciam ego concordie conficiende spe iterum concepta cum Lutheranis et Luthero ipso agere rursus institui, ||[274r.] simul tamen et illud adiicitur et in confessione[96] et in responsione[97] eius, dari in cęna corpus domini typicum, et que sunt de presencia Christi in hac vita, ad divinitatem omnia refert, cum scriptura tam diserte testetur et omnis id semper ecclesia agnoverit, nos hic carnis quoque Christi communionem consequi, qua scilicet caro de carne eius et os de ossibus[98] eius evadimus. Que cum ego eciam a Zwinglio credita testor, nullam mihi habent fidem. Et quanquam eciam Oecolampadius eadem mecum expresse docuit[99], putant tamen semper nos ea aliter quam ipsi intelligere ipsisque velle fucum facere[100] et os his loquendi formulis oblinere[101], ut abusi postea pretextu consensus eorum veritatem sacramenti facilius enervemus. Hinc est, fratres, quod nec Marpurgi nec postea plene potuerit conveniri et perstiterit illa apud illos nostri damnacio. Si dominus dedisset, ut omissis aliis omnibus, que agetate [!] questiones sunt, utrique in id animum intendissent, quod utrinque causa scribendi precipua fuit, pridem depugnatum fuis-

ben, doch erfuhren sie erst sehr spät von der Teilnahme Zwinglis am bevorstehenden Zusammentreffen in Marburg. Ursprünglich war nur von «Oekolampad und den Seinen» die Rede, s. *Köhler*, ZL II 50–53.

[93] Schon in der Vorunterredung mit Melanchthon hatte Zwingli in Marburg am 1. Oktober 1529 die leibliche Gegenwart Christi im Himmel behauptet und daraus die bekannten Schlüsse für die Abendmahlslehre gezogen, s. Z VI/II 508f; in den folgenden Gesprächen mit Luther war die Begrenztheit des Leibes Christi bzw. dessen Himmelfahrt wiederum eines der beherrschenden Themen, s. Z VI/II 530,1–5; Walther *Köhler*, Das Marburger Religionsgespräch 1529. Versuch einer Rekonstruktion, Leipzig 1929. – SVRG XLVIII/1 (Nr. 148), S. 28–31. 97–107. Zwingli meinte, Luther in dieser Frage widerlegt zu haben, s. Z VI/II 525f.

[94] Bucer gibt mit dieser Charakterisierung Luthers Schlüsse aus dem Marburger Religionsgespräch nur teilweise wieder, da Luther zwar als Hauptargument Zwinglis die leibliche Himmelfahrt Christi bezeichnete, gleichzeitig jedoch auf die schwankende Haltung der Schweizer hinwies, die sogar eine im Glauben empfangene leibliche Gegenwart zugestanden hätten, s. *Köhler*, ZL II 139–143.

[95] Tatsächlich scheint Zwingli in seiner Schrift «Ad illustrissimos Germaniae principes Augustae congregatos de conviitiis Eckii», 1530 (S IV 19–41; Neuausgabe in Z VI/III Nr. 167 vorgesehen), sich auf Augustin stützend, seine Abendmahlslehre modifiziert zu haben, s. bes. S IV 33–40.

[96] Siehe in der Fidei ratio besonders den achten Artikel über das Abendmahl, Z VI/II 806–812. Den Wandel in Zwinglis Abendmahlslehre beschreibt Fritz *Blanke* in der Einleitung zu der Schrift, Z VI/II 770f.

[97] Siehe z. B. S IV 33: «Et nos nunquam negavimus corpus Christi sacramentaliter ac in mysterio esse in coena, quum propter fidei contemplationem, tum propter symboli, ut diximus, totam actionem». Siehe noch oben Anm. 95.

[98] Vgl. Gen 2,23.

[99] Im Jahre 1527 trat Oekolampad in der gegen Luthers Abendmahlslehre gerichteten Schrift «Das der miszverstand d. Martin Luthers uff die ewigbstendige wort: ‹Das ist mein leib› nit beston mag, die ander billich antwort Joannis Ecolompadii» (Oekolampad-Bibliographie, Nr. 143) in aller Form für Bucers Anschauungen ein, s. *Staehelin* 317f.

[100] Adagia, 1,5,52 (LB II 201f); Otto 148, Nr. 723.

[101] Eigentlich «os sublinere», Adagia, 1,5,48 (LB II 200 D–F); Otto 259, Nr. 1312. Entspricht der deutschen Redewendung «Honig ums Maul schmieren».

set. Vidissent enim nostri Lutherum nihil aliud contendere quam ex verbis cęne id haberi, quod dominus suum corpus, non solum panem det discipulis, Lutherus vero vidisset id a nostris haudquaquam negari, sed hoc eos agere, ne qua statuatur presenciae corporis Christi in cęna racio, que tollat veritatem humani corporis au[t] salutem elemento externo adfigat. Quorum cum neutrum Lutherus adserat, disputassent pocius de eo, qualis natura censenda sit, imo magis, quomodo vocanda hęc Christi in cęna presencia quaque nostri parte percipiatur et ad quid instituta. Sic facile apparuisset nec Lutherum affirmare, quod nostros opporteat impugnare, nec a nostris negari, pro quo illum sit necesse inire tantum certamen, minimoque negocio tandem vel penitus convenisset vel de eo solo quomodo. Reliqua mansissent, quid impiis hic non tam perciperetur, quam offerretur. In quo ipso haud dubie pariter in idem postremo venissemus, si tantum affectibus non prime fuissent delate. Sed ita, ut accidit, visum domino est. Is condonet omnibus nobis, quod dissidere ab iis, qui Christum ab hac et illa parte predicant, tam parvi fecimus, et donet, ut quisque, quod in hac re viderit concordie, manifestum facere omnibus pro virili studeat, cumque huius in re ipsa plurimum sit et discordie minimum, faciat, ut hoc demum videant, qui nisi pugnent, se non putant christiane rei publice satis bona fide operam suam locasse. Id vero tanto rerum usu exercitos ac veterum lectione tritos non debet in tantam admiracionem adducere, si inter vos et Lutheranos re conveniat, quantumvis id vobis hactenus nemo persuadere potuerit. Cum id legamus veteribus et videamus quotidie presentibus tam multis et magnis in rebus usu venire, amamus nos ipsos plus nimio omnes, nihil minus nobis convenire arbitramur quam aliis cedere prudenciamque interpretamur et caucionem nemini fidere, omnia interpretari in partem iniquiorem sicut pervicaciam et maledicenciam, constanciam atque zelum. Ad[ttt] hęc, si eciam iste nebule menti non offunderentur, caligamus tamen admodum in rebus quibusvis, nedum in sacris atque iis, que nullas habent in humano sermone apellaciones proprias. Hec in nobis mala non dubito quin observamus atque oppugnamus bona fide omnes[uuu], sed cognata adeo. Fallunt nos, ubi minime putamus, et eos sepe amplius, qui ab eis se existimant penitus immunes. Sed illa communia sunt, isthoc poterat sibi temperare candor christianus. Quod subiicis hic, Bullingere, «cui nunc tam prompte subscribimus»: Eciamsi Confessioni Saxonum simpliciter subscripsissemus, quod ut in communi epistola[102] exposui, non est factum, num ideo damnacioni vestri subscripsissemus, cum tanto iam tempore publice et privatim contendamus vos, que illi confessi sunt, nunquam oppugnasse, nunquam siquidem in cęna suo modo domini corpus exhiberi negastis?

H.: Ex hac ||[274v.] vero subscripsione[!] illud nobis emerget, quod et nunc omnium apud nos ore volvitur, quod boni pariter ac mali nos accusabunt inconstancie. Quo pręmodum ministerii nostri periclitabitur authoritas, non ipsa per se quidem, sed quod veluti novatores ac trepidi aliud pridem, quod dicitur, aliud nunc sentire, credere et docere videbimur.

M.: Ex qua vero subscripsione[!]? Ubi subscriptum? Quid subscriptum? Tu, dices, de hac nobis scripsisti. Si peccasse ergo putabatis, fratris peccatum tectum opportuit, ne boni et mali illud pariter rescirent. Sed nec subscripsimus nec subscrip-

---

[ttt-uuu] *am Rande nachgetragen. Die ganze Partie wörtlich auch in K.*   [102] Siehe oben S. 197, Anm. 15.

sisse nos ex nostris litteris didicistis. Aliis de nobis scribentibus credere tam impia, ut vos videri vultis, nobis inauditis non erat necesse. Nos testatos esse re nobis convenire cum Luthero nec velle haberi inter adversarios eius, hoc scripsimus. Cęterum nihil vel a nobis vel a nostris factum. Et illud Auguste[103] et postea semper testati sumus, non primum Schwinfurti[104]. Quam autem in hac omni disputacione de eucharistia constemus, testabuntur nostra scripta. Quid autem dicant, quibus volupe est nos non convenire, domino committimus, quanquam, si liceat, mallemus eos loqui, quod verum est. Sed quottus quisque huic se pugne admiscuit syncero studio Christi, et quottus quisque adhuc novit, quid pugnatum sit? O rem nimis arduam vel informe rudimentum christianismi. Quam securi sunt, qui huic rite student, de omnibus, que per se non sunt officia pietatis! Quam abhorrent ab omni contencione, flagrantes scilicet syncera dilectione, que multitudinem obtegit peccatorum! Quam candide senciunt et loquuntur de fratribus! Quam iudicant cunctabunde in omnibus! Sed eciam infirmorum habenda racio est. Habenda, atqui sic deferendum paucioribus et minus sanis, ut non ledantur plures et saniores, tum semper offensa, que obest cursui evangelico, minus cicius negligenda. Petrus[105] sane deferebat infirmis, cum propter eos, qui a Iacobo venerant, subduceret se a cibis vulgaribus. Nihilominus reprehendebatur, a Paulo[106] eo quod plurium et meliorum, eorum scilicet, qui ex gentibus crediderant, racionem posthaberet et hos offendere in re graviori quam illos in leviori malebat. Quis vero novandi morbo laboret et ad veritatem trepidet, domino committemus, sine cuius spiritu omnes nihil sumus.

H.: Sed tu: «Ut multi putent nos», inquis, «a sentencia nostra discessisse, malo hoc de me quidem predicent quam me nihil habere Christi, verba Christi discerpere, omnia dei metiri carnis racione». Quasi vero nos, qui Luthero non subscribimus vel hactenus consentire noluimus, nihil Christi habeamus, verba eius discerpamus et omnia dei carnis racione meciamur. Dolemus, Bucere, dolemus plurimum, et displicent hec tua, displicent, inquam, plus, quam dici possit, nec tale unquam a charissimis expectassemus fratribus.

M.: Nec minus mihi dolet, fratres ęque charissimi, nec minus inexpectatum hoc mihi evenit, quod meas litteras legistis animo tam iniquuo. Ego testor re nobis convenire cum Luthero et contendo hunc pre nobis consensum ferendum esse. Quod vero iam vos et alii veremini, id si studeamus, multos dicturos nos a sentencia nostra descivisse, hoc scripsi me ferre malle, quam ut plures dicant nos verba Christi concerpere, omnia dei humana metiri racione, immo nihil habere Christi. Ex his tu quo ||[275r.] candore nescio, certe nulla dialectica infers: «Quasi vero nos, qui Luthero non subscribimus vel hactenus consentire noluimus, nihil Christi habeamus etc.» Mi Bullingere, aliorum scripta obsecro legas attencius. Ergo, quicquid calumniantur homines, ego verum habeo? Quis non videat me hic calumnias et falso iactatos rumores inter se conferre? Si enim studemus haberi concordes cum Luthero, calumniantur multi nos a prior sentencia descivisse, sin, plures clamant nos eorum reos, quorum nos insimulavit Lutherus, nempe quod racionem scripture preferentes hanc concerpamus eoque penitus a Christo alienos esse nos declaremus. Iam

---

[103] Am Reichstag zu Augsburg 1530.
[104] Zu den Verhandlungen des Schmalkaldischen Bundes in Schweinfurt s. oben S. 151, Anm. 14. 181, Anm. 3 und noch 197, Anm. 15.
[105] Vgl. Gal 2,11ff.
[106] Vgl. Gal 2,14ff.

censeo, cum alterum ferre oporteat – malim autem neutrum – tollerabilius esse dici de nobis, falso tamen, mutasse circa eucharistiam sentenciam quam prorsus nihil habere Christi. Velim utrunque vitari possit. At quia non potest, cur non putem ferendum pocius, quod levius est? Quanquam neutrum ferri velim cum iactura veritatis, quantum huius per nos caveri poterit. Verum sic sunt homines, ut nihil tam circumspecte, nihil tam sancte geri queat, quod non multi trahant ad calumniam. In presenti ergo negocio sic ego racionem ineo. Ut alias, ita et in hoc loco danda opera est, ut Christi veritatem ea commoditate proponamus, qua pluribus hęc commendari queat. Hanc commoditatem esse non dubito, si his utamur verbis, que ut domini beneficium augustius exprimunt, ita cum scriptura et tocius ecclesię usu magis consonant, tum eciam ad id faciant, ut perniciosissimum istud cum Lutheranis dissidium vel ex parte sopiatur. Nam qum eadem cum illis Christi legacione fungamur, nihil prius aut magis sollicite curandum nobis arbitror, quam ut conveniat cum eis per omnia, sique id minus obtineri queat, quam minimum tamen sit discordie et, quod fuerit, maximopere tegatur. Hęc ipsam Christi religionem exigere a nobis nos quidem extra dubium ponimus. Iam ergo consequens est, ut quantum licet, curemus, ne hoc bonum hominum malidicencie fiat obnoxium, cumque totum id caveri haud possit, operam tamen demus cum[!] rite explicando omnia, et que de veritate presencie Christi in cęna sanctorum scripsimus, commemorando, ut hoc mali vel ex parte aliqua imminuatur. Id studentes bonis, qui veritatem Christi et sanctorum concordiam ex animo promovere cupiunt, causam nostram facile approbamus, maxime nostris, qui nos cotidie audiunt. Quodsi quidem consensus hic noster in re ipsa sit, facile eum negocio omni rite explicato boni cordatique agnoscunt. Si qui vero, cum nostri videri voluerunt, Christi non sunt, nihilominus nos inconstancie insimulabunt, prestat hoc tollerare quam cum iis, qui vere Christi sunt et evangelion tanto cum successo nobiscum administrant, in tam horrendum et perniciosissimum offendiculum orbis fovere simultatem et discordiam istam adeo diram. Ad eundem modum, qui hactenus nos impii circa eucharistiam erroris accusarunt, alii boni, alii minus, illi ergo, si putent nos sibi cessisse, dabunt id laudi et hoc habebunt nos cariores nostramque authoritatem tamquam symmystarum confirmatam posthac volent non labefactatam. Hi, ut calumniabuntur nos recantasse, minus tamen || 275v. nostram ledent authoritatem, quam si perstent nos infamare tante impietatis, quasi animus nobis sit verba Christi pervertere, imo Christum habere ludibrio nihilque ei plus credere, quam queat percipere racio. Iam enim horum ipsorum testimonia dicentur rediisse in viam et nunc sectari veritatem; in [hanc] ego sentenciam scripsi tollerabilius esse predicari de nobis, quod a priori sentencia desciverimus, quam quod verba Christi conscerpamus[!][107] etc. Cuius tot iam annis per universum prope orbem cum maxima sane regni Christi iactura et evangelii utrinque predicati damno incomparabili infamati sumus, sed non minus falso, quam hoc quoque falso dicetur, nos nunc sentenciam mutasse. Et isthuc sane me voluisse in meis litteris videre haudquaquam difficile fuisset, si animus tum vester non fuisset nobis equo offensior. At cum fratres sumus charissimi, non oportebat vos contra nos commoveri tam temere.

H.: Nam si ista tua de Lutheranorum dixisti conviciis et maledicencia, miramur,

---

[107] Bullinger zitierte Bucers Brief an Jud (s. oben S. 153, Anm. 1) zwar nicht wörtlich, sinngemäß aber durchaus zutreffend.

si tibi tam cito illud domini exciderit: «Beati estis, cum probra in vos iecerint homines et dixerint omne malum adversus vos mencientes propter me» [Mt 5,11].

M.: Volo nos beatos arbitrari, cum falso homines omne de nobis malum dixerint, sed propter nominem Christi, non nostra culpa. Danda tamen opera est, ut quam minimum hoc quoque sit. Ut enim Christum omnes agnoscant, facienda sunt nobis omnia. Cur igitur non doleret et mutatum quererem per eos infamari nos violati verbi dei ac ita cursum eius impediri, qui illud nobiscum predicant eiusque pre nobis habentur administri? Sic autem non dolebit, ut propterea prodere veritatem aut aliquid indignum nobis facere velim.

H.: Miramur item, quid adhuc nobis scribas de concordia et dogmatum consensu, qum in istis adhuc sencias tam atrocia in nos convicia.

M.: Ego vero miror istud tuum mirari. Quocies enim testatus sum in re esse consensum, non autem in animis. Alioqui que racio tam multis cum apud vos, tum apud Lutheranos agere, ut hunc consensum agnoscetis?

H.: Quod itaque Leo monuit, Bucer charissime, idem ego moneo, ita hanc agatis fabulam, ne in atram desinat tragediam.

M.: Ecquidem nihil minus velim quam nove turbe in ecclesia dare occasionem eoque certe respondeo vobis tam sero oroque per dominum, si quid eciam vobis in his non probetur, a me eius vel explicacionem vel satisfactionem pettere velitis nec ecclesiam sine causa commovere. A Lutheranis hoc mercedis retuli, ut dum pacem componere inter nos anniterer, me prope importunius quam vos pecierint. De vobis spero humaniora. Certe ego pars huius pugne nunquam factus fuissem, nisi huc pertraxisset studium Zwinglii et Oecolampadii et defendendi et Lutheranis conciliandi. Verum, quod dominus avertat, si nec vos agnoscere hic animum meum sustinueritis, non dubito tamen multos esse, quos interim ex ista pugna subducere licebit ostenso, quidnam sit in controversia, quid minus. Nichil vobis tribuam, nisi quod ipsi agnoscitis, nec quidem Lutheranis. Ea autem quoniam utrinque in publicum edidistis, si ex his ipsis ostendero vos non tam pugnare, ||²⁷⁶ʳ· quam multi putant, merito mihi id concedetis, quod sine utriusque vestrum iniuria fuerit. Si ne sic quidem vobis uti amicis licebit, dabo tamen equidem operam, ne quisquam hic meam culpam faciat. Reliqua committam domino, nullam unquam vel ipse tragediam excitacturus [!] aut aliis ut excitent occasionem ullam sciens daturus.

H.: Nam etsi tu non citra emphasim dicas Zwinglium obstitisse, quominus ista hactenus a nostris sint recepta, qui tamen obsistere non potuerint, ne admitterent graviora, agnoscimus equidem, quod nunc quidem omnis infortunii, damni et mali culpa non modo ab adversariis, sed a nostris quoque in sancte memorie virum Zwinglium reiicitur, sed quo iure, nunc non disputabimus. Id autem nescimus, quid gravius nostri admiserint, cum solide et syncere apud nos doctrine nondum decesserit quicquam.

M.: Sanctior est apud me viri incomparabilis Zwinglii memoria, quam ut quicquam culpe in hunc reiicere libeat, nedum «omnis infortunii, damni et mali», ut tu, Bullingere, scribis nimis copiose. Verumtamen tollerabilius equidem censeo, si vel magistratibus vestris permisisset nostram confessionem agnoscere veram, qualem re ipsa esse fatebamini, quo foedus cum omnibus reliquis principibus atque rebus publicis Christum confitentibus coiisset, quam hoc unum, quod postea nomine rei publice vestre supersticio Quinque Pagorum antiqua et indubitata christiana fides predicata est in publico pacis restitute instrumento[108]. Nolo de desercione sociorum et aliis adiicere porro. Quod in reliquis apud vos solide et syncere doctrine nihil decessit, gratulor vobis beneficium Christi et oro, ut sit perpetuum. Nichil enim possit accidere molestius, quam si hanc uspiam, nedum apud vos nobis sic in Christo iunctos, imminui contingeret.

H.: At hoc probe scimus, quod Paulum apostolum illesa dei gloria et veritatis doctrina aversati sint omnes, qui erant in Asia. Scimus et eundem dixisse: «Omnes, qui pie volunt vivere in Christo, persecucionem paciantur oportet. Mali vero homines et impostores proficient in peius, dum et in errorem abducunt et errant ipsi» [2Tim 3,12f], et iterum: «Solidum tamen fundamentum dei stat habens signaculum hoc: Novit dominus, qui sint sui, et discedat ab iniquitate omnis, qui invocat nomen Christi» [2Tim 2,19].

M.: Omnia hęc vobis collatis Quinquepagicis libenter tribuero, collatis nobis non tribuero. Nam neque Zwinglium nec vos aversamur, multo minus persequimur. Sed nec Lutheranos malos homines et impostores agnoscimus. Hortor vero vos in domino ita velitis vos consolari eo, quod eos, «qui volunt pie vivere in Christo, persecucionem pati oporteat», ut tamen nihil immerito apud deum passos vos predicetis. Nam nemo unquam tam sancte res multo leviores administraverit, quin si perpendamus, quanta sit dei maiestas, graviora minimo negocio, ut carni videtur, meruerit. Notum est exemplum Nadab et Abiu, Bethsamitarum et Oze[109]. Causa optima est, quam agimus, at semper orandum, ut satis digne eam agamus, magnumque inter eos discrimen faciendum, qui Christum in nobis persequuntur et qui vel nostra peccata, vel quod peccare alicubi et Christo putant adversari.

H.: Oramus ergo, frater charissime, ||[276v.] per dominum Iesum Christum, ut negocium hoc propius introspicias. Luthero non nimium sedas neque credas. Scorpio est, quem si omni eciam studio observes, punget tamen, quantumvis inicio lingere videatur.

M.: Exorasse vos ne dubitetis. Quam proxime licebit, omne hoc negocium considerabimus, ut sane adhuc facere studui. Verum quo omnia acuracius excucio et perpendo, hoc video cercius Lutherum nihil minus quam scorpium habendum. Salutem querit omnem per evangelion domini nostri Iesu Christi, nullius perniciem. Hoc vero nemo ignorat ab ingenio eius alienissimum esse, ut ullis falsis blandiciis ad se homines pertrahere studeat. Hoc[vvv] pocius queruntur de eo omnes, quod quam plurimos ultro advenientes aut sic comparatos, ut facile adduci possent, intempestiva asperitate repellat[www]. Ecquidem, quod video virum constanter voce et scriptis docere, id ego sequor, ex[xxx] hoc iudicium de eo facio[yyy]. Cordis cognicio[zzz] dei est[110]. Nihil volo quemquam ulli cedere, sed Christo omnia. Si vero meas invicem preces audire sustineretis, orarem, ne tale de hoc viro iudicium faceretis aut adeo ab eo vobis vel aliis metueretis. Nam, ut video, vobis adhuc plane incognitus

---

vvv-www *am Rande für ein gestrichenes* pręfractius et importunius esse queruntur omnes. *Dieselbe Korrektur in K.*
xxx-yyy *am Rande nachgetragen. Dieselbe Ergänzung in K.*
zzz cognicio *über gestrichenem* iudicium. *Dieselbe Korrektur in K.*

[108] Zur Kritik Bucers am Zweiten Kappeler Landfrieden s. oben Nr. 96.
[109] Siehe Lev 10,1f; Num 3,4; 1Sam 6,19f; 2Chron 26,16ff.
[110] Vgl. Apg. 1,24.

est. Nec mirum: Nunquam congressi cum eo estis et pauca eorum, que scripsit, libero animo legistis, maxime, que scripsit et scribit extra contencionem.

H.: Oramus item, ut eo amore nos prosequamini, quo vos syncere amplectimur.

M.: Ne dubitetis: Tantillum in amore vestri apud nos imminutum non est, qui probe cognoscimus, quantis periculis et laboribus negocium Christi nunc geratis. Utinam liceat hunc amorem nostrum seria aliqua in re declarare. Et sane, nisi vos in Christi ecclesia eximios haberemus, quid adeo de vobis, utcunque vestras ecclesias administraretis, soliciti essemus? Nunc autem, quia inter precipuos vos Christi ministros ponimus, ideo tantopere querimus, ut aliquando vobis conveniat cum hiis, quos videmus dominum ut ab inicio, ita adhuc ad predicandum evangelium suum prę omnibus elegisse.

H.: Hunc vero animi mei ęstum apud te utpote singularem amicum et fratrem charissimum, immo preceptorem observandum effundere volui. Oro autem, ut eum boni consulas.

M.:Quod scripsisti libere, eciam ago gracias, quod autem inique adeo pleraque mea interpretatus es, doluit quidem, sed dum testaris nihil ob id imminutum vestrum erga nos amorem, fero hec omnia ęquo animo. Tamen oro, ut hanc meam responsionem pari animo excipiatis.

H.: Valeas una cum symystis tuis, maximo vero Capitone meo, quem et unice obsecramus, ne nos illi immisceat libello, quo pollicetur se orbi expositurum nos utrinque currere extra metas. Expendat ille, quid eiusmodi libelli in ecclesia cum apud infirmos tum firmiores parere possint.

M.: Optant vicissim nostri hic symmystę omnes et vos valere in Christo singulos quam fęlicissime securumque te iubeo esse de Capitone. Vos nulli negocio invitos admiscebit. Sed ita oramus nos quoque nullius omnino dogmatis aut sentencie quam huius: Iesus Christus est omnium in se credencium servator, et que certe ex hoc consequuntur, vel authores vel subscriptores feceritis nuliusque amicos vel inimicos, nisi prout quisque hanc fidem vel confitetur nobiscum vel contra nos oppugnat. In accessoriis, circa que fere semper ecclesie turbate et scisse sunt, || ²⁷⁷ʳ· ea invicem agamus caucione, ut nemo de alltero sine eius consciencia quicquam pronunciet. Gracia domino viciniores vobis sumus, quam ut magno vel tempore vel negocio opus sit, ut nos invicem de hisce rebus consulamus. Atqui si verum fateri oporteat, tam certum est, quam quod certissimum, vos et Lutheranos ipsos invicem nondum esse assecutos et cęcum plane in multis certamen certare pugnamque in principali plane ἀσυστάτην esse. Sed de eo in epistola communi[111].

H.: Salvos vos volunt Pellicanus, Theodorus, Carolostadius et Erassmus Fabricius, qui omnes eiusdem nobiscum sunt sentencie et totidem vos verbis obtestantur, quot Leo et ego in hac re obsecravimus. Tiguri, 12. iulii 1532. Tuus ille Heinricus Bullingerus.

M.: Meis et omnium symystarum verbis hos Christi ministros et observandos nobis symmystas resalutes et, que tibi respondi, legenda trade. Quos que te oramus, item et obtestamur omnia. Summa horum est: 1 Primum, ut animis quam purissimis ad servatorem nostrum Iesum Christum conversis oretis, ut ipse vobis prorsus eximat, quicquid est cum preposteri amoris tam vestri quam vestrorum, tum fastidii

---

[111] Siehe oben S. 197, Anm. 15. Der Gedanke, daß sich in der Sache eigentlich beide Parteien einig seien, taucht in der Epistola communis mehrmals auf, z. B. f. 253v.; f. 244v.–245r.

et Lutheranorum et omnium, qui ad animum vestrum maligne respondent. Quo in hac causa id, quod res est, synceriter intueri et percipere plane possitis. Vero verius est illud Aristotelis: «οὐ γὰρ ταὐτὰ φαίνεται φιλοῦσιν καὶ μισοῦσιν, οὐδ'ὀργιζομένοις καὶ πράως ἔχουσιν, ἀλλὰ ἢ τὸ παράπαν ἕτερα ἢ κατὰ τὸ μέγεθος ἕτερα.»[112] – 2 Deinde, cum res, de qua disceptamus, tanti sit momenti et tot sint causę, cur merito suspicari debeatis Lutheri dogmata vobis nondum esse rite satisque cognita, ut donet vel semel accuracius evolvere et bona fide excutere, quę hic vir non solum de hoc negocio, verum eciam de tota causa religionis scripsit, nihil absterritis, quod pleraque vobis parum arridebunt, multa eciam graviter offendent. Patres, quamlibet in multis haud satisfaciant, tanto tamen in pręcio habemus, et merito. Cur ergo sordeat adeo hic noster, qui tractacione evangelii, quantum ad doctrine puritatem attinet, omnes patres tanto post se intervallo reliquit? – 3 Tercio, ut largiatur semel statuere, quid demum illud sit, quo christianismus constat, quo sine nemo esse christianus possit et quocum non esse christianus non possit, tum quatenus hoc ipsum cognosci a nobis oportet queve signa, ut quem habere inter christianos conveniat, satis sint. Nam cor solus deus scrutatur[113]. Unde intempestive iudicaverimus, in utram partem certo de hominibus pronunciare velimus. Utinam vero de hoc, quidnam christianum faciat, quanta fide et quorum errorum tollerans ad id sufficiat, inter sanctos semel constaret. Quam multo plus concordie ubique foret quantoque potencius erroribus ire obviam liceret! – 4 Quarto, ut videatis et sensiatis [!], que sit vis charitatis, qua christiani se mutuo complecti, observare et colere debent membra mutuo Christi, quantam hęc peccatorum et errorum obtegat multitudinem, quas vocet iniurias, quo studio se insinuare, approbare, reconciliare, que cedere, que deferre, que fieri iis satagat, quos esse Christi sibi persuasit id quod facilime eciam sibi persuadere sustinet in alienis malis minime curiosa aut suspicax. «Μακροθυμένει [!] γάρ, χρυστεύεται, οὐ ζηθεῖ [!], οὐ ζηλεῖ [!] τὰ ἑαυτῆς, οὐ παροξύνεται, πάντα στέγει, πάντα πιστεύει, πάντα ἐλπίζει, πάντα ὑπομένει» [1Kor 13,4–7]. Quid? Ut uno verbo dicam, omnia caritas est deus est. – 5 Quinto, quanto par sit studio eos, quos verus Christi spiritus agit, quicquid uspiam ab hoc spiritu profectum est, inquirere, quam candide agnoscere quamque serio id et gnaviter sibi, immo Christo vindicare et cum illo eorum, que ipsi ab eodem spiritu acceperunt, consensum predicare, ut quęcunque dei dona, dei oracula sunt, hęc esse quoque agnoscantur suoque in pręcio habeantur ac in unum nos cogant, ad quod a domino nobis precipue quamlibet varia variis donantur. Paulus sane et, que ab ethnicis, ac ea quoque, que illi falso sensu, vera tamen eoque a spiritu dei profecta acceperant, evangelio Christi et congruere et servire faciebat. Quod si idem studeremus nos, innumeris bonis authoritate sanctorum patrum commode usi nostram causam pridem approbavissemus, qui novitate et insolencia verborum offensi lucem evangelii, quam intulimus, aspicere non valuerunt. Tum etiam tanta inter nos scismata exorta nunquam fuissent. – 6 Sexto, ut probe consideretis, quo pacto scriptura de sacramentis, visibili Christi predicacioni et nove atque eternę vite, que sita est in certa ac solida carnis Christi communione, solemniori exhibicione, loqui soleat quanque nobis conveniat omnia in ecclesia sic loqui et exponere, ut intelligant se electi in regno celorum esse Christumque in me-

---

[112] Aristoteles, Ars rhetorica 1377b 31–33.   [113] Siehe 1Chron 28,9.

dio sui habere, qui ipse intus cum loqui, tum agere velit, que tam verbis quam symbolis mandavit nobis offerre externe. Ne enim quis vel nobis tribuat, quod Christi est, aut iis, que sensibus ingeruntur, adfigat, que cęlestia sunt, simul facile cavere licet discernendo a domino ministros et, que ecclesię Christi ut ecclesię ordinata sunt, ab iis, que usurpat caro. – 7 Septimo, que evangelio rite administrantibus conveniat dispensacio καὶ οἰκονομία, quid infirmioribus concedere interdum oporteat et qua potissimum racione Christi dogmata coram quibusvis depromenda, que primo, que secundo loco, que tercio habenda, offerenda, urgenda, ut in cognicione Christi promovendum, cuius tantum in unoquoque desyderatur, ||²⁷⁸ʳ· quantum eius vita abest ab exemplari vite Christi, cumque nemo ea dexteritate ac fide, que Christi sunt, dispensare unquam poterit, quin non malorum tantum, sed eciam imperitorum obtrectacioni obnoxium esse oporteat, quorum nos falso vituperari tollerabilius sit. Hęc si Christus, pax et vita nostra, nobis et^{aaaa} cognoscere et complecti^{bbbb} concesserit, id quod ipsum unice precamur, nihil dubitamus ita nos utrinque gesturos, ut et apud ipsum et bonos omnes racio nobis administrati evangelii pulchre constet magnoque cum fructu ecclesiis nostris ac aliis inserviamus in gloriam Christi, servatoris nostri, cui sit imperium ac decus in omne seculum. Amen.

[129]

Bullinger an Philipp von Hessen

Zürich, 1. September 1532

Abschrift[a]: Zürich ZB, Ms K 40, 53r.-54r., Nr. 4a

Regest: *Pestalozzi* 170

Widmet und übersendet dem Landgrafen seine Auslegung des Hebräerbriefes. Bittet, daß diese Schrift in Hessen frei gelesen werden dürfe. Die Zürcher lehren die reine Wahrheit. Ihr Unglück ist nicht nur göttliche Strafe, sondern auch Gnade. Zürich, Bern, Basel, St. Gallen und Schaffhausen bleiben fest beim Evangelium. Auch wenn der Bund äußerlich aufgelöst ist, halten die Evangelischen weiterhin zum Landgrafen.

Demm christlichen durchlüchtigen fürsten und herren, herrenn Philippen, lantgraffen inn Hessen, sinem gnedigen herrenn.

Cristenlicher, durlüchtiger fürst und herr, min underthenig dienst mitt erbietung alles gůten sye üwer fürstlich gnad bevor an bereyt. Erstlich bitten ich u. f. g. zum höchsten, sy wölle mir min wolvertruwen[1] nitt für ein freᷓvel rechnen, daß ich iro gedören[2] hab die Epistel zůn Hebreiernn zůschryben[3] und hiemitt ouch überschikenn. Dann es warlich us besonderbarer lieb und trüw beschehen ist. Diewyl mir min vorfaar[4] seliger gedächtnus, M. Huldrych Zwingly, by sinem läbenn[5] vil eeren, redliche, dappferkeit und früntliche von u. f. g. erzelt[6], dorumb ich ouch verhofft[7],

---

^{aaa-bbb} *am Rande nachgetragen.*

[a] *Die Abschrift fällt in die Zeit der Abfassung.*

[1] Zutraulichkeit.
[2] erlaubt habe.
[3] widmen; zum Werk und zur Widmung s. oben S. 167, Anm. 6 und Nr. 124.
[4] Vorgänger im Amt (als Pfarrer am Großmünster in Zürich).
[5] während seines Lebens.
[6] Zur Beziehung zwischen Zwingli und Philipp von Hessen s. *Hauswirth*.
[7] deshalb hoffe ich auch.

sy wurde min trüw ouch gnedenklichen annemen und sich des zůschrybens, die wil
es nüzid dann die luter warheit ist, gar nitt beschämen. Demnach bitt ich, u. f. g.
wölle sölich geschryfften[8] furohin[9] wie bishar inn iro landen lassen läsen[10], und die
niemands, der iro begęrte, versperren, wie uns dann in ettlichen stettenn anderer
landenn unbeschult[11] beschicht[12]. Dann wyr je ghein ander fürnemmen[13] nitt habend, dann daß die ||[53v.] eewig warheyt, wen oder was sy beträffe, reyn und klar an
tag gebracht, unnd die herlich eer gottes aller welt hęll geoffenbaret werde inn der
krafft und zůkunfft unsers herren Jesu Christi.

Hat uns gott glich jezend gedemůtiget und gesůcht[14], hatt er uns doch väterlich
gesůcht, nitt wyter versůcht, dann wyr ertragen gemögen[15], und die sinen als das
gold in fhüwr bewęrt[16], ouch unser sünd hie mitt zytlicher schand gstrafft, daß er
uns der ewigen schand entlůde[17]. Darumb wir imm ouch dank sagend und syn
vętterlich trüw erkennend. Nütisterminder[18] hie zů Zürich in statt und uff dem
land, dessglych ze Bernn, Basel, Santgallen, Schaffhusen etc. noch styff[19] an gott
und sinem wort, wider alles bapstům, in gottes gnad und hand bestand, und wyter
mitt synem gnadenn biß in das end zů beharren willens sind.

Und ob glych wol der usserlich geschryben pundt[20] durch zwang, mee dann allenn frommen lieb, geschwecht, sol doch u. f. g. wüssen, daß alle liebhaber evangelischer warheyt nüt dister weniger grosse lieb und treffenlichen gunst zů u. f. g. tragend, uwer trüw und gůthęt[21], unns unnwyrdigen bewisen, erkennend und ||[54r.] ye
lęnger ye meer u.f.g lieb gwünnend, desshalb sy[22] u.f.g. bestand[23] und dappferkeit
by gottes wortt mit grossen fröudenn vernämend.

Hierumb bitt ich, u. f. g. wölle allwäg[24] zůnemmenn, uns iro befolhen haben, dis
min einfalt schryben und hiemitt überschykt büchlin gnedenklich uffnemmen, das
commentarium, so ver[25] es gerecht und der warheit nitt zůwider ist, schyrmen, wie
dann u.f.g., insonders christenlichenn namens halben, wol gepüren und one zwyfel
der warheit dienstlich sin wil. Gott welle üwer furstlich gnad mit sampt ira[26] volk in
synem willen fůrenn und erhalten tzů sinen eeren und ewigem heyl.

Geben Zürich, des 1. tags in herbstmonat in 1532.
Uwer f. g. unterteniger diener

H. Bullinger,
predicant zum münster, Zürich.

---

[8] Gemeint sind hier kirchliche und theologische Schriften zwinglianischer Provenienz, deren freie Verbreitung in Deutschland von Seiten der Lutheraner bekämpft wurde. Vgl. dazu *Köhler*, ZL II passim.
[9] weiterhin, in Zukunft.
[10] Landgraf Philipp hatte tatsächlich die Verbreitung von Büchern schweizerischer Herkunft gestattet, s. *Köhler*, ZL II 158.
[11] ungerechtfertigterweise, unverdient (SI VIII 661).
[12] Schon Zwingli hatte darüber geklagt, daß die Lektüre seiner Bücher, im Gegensatz zu denjenigen Luthers, in Deutschland – besonders in Sachsen – verboten sei, s. Z V 562, Anm. 6. VI/II 24,29f.35,11.
[13] Absicht.
[14] (mit der Niederlage bei Kappel) heimgesucht.
[15] Vgl. 1Kor 10,13.
[16] Siehe Weish 3,6.
[17] befreie (SI III 1061).
[18] nichtsdestoweniger.
[19] fest, entschieden.
[20] Gemeint ist das Christliche Burgrecht, das nach den Bestimmungen des Zweiten Landfriedens aufgelöst werden mußte (s. EA IV/1b 1569 und *Hauswirth* 251f).
[21] Guttaten, Wohltaten, Wohlwollen (SI XIII 2025).
[22] Gemeint sind die entschiedenen Anhänger der Reformation in der Eidgenossenschaft.
[23] Standhaftigkeit.
[24] in jeder Weise.
[25] fern, weit (SI I 912f).
[26] ihrem.

[130]

Berchtold Haller an Bullinger

Bern, 8. September [1532]
Autograph: Zürich StA, E II 360, 51. Siegelspur. – Ungedruckt

Haller benützt die Gelegenheit von Simlers Reise nach Zürich zum Briefschreiben. Er lobt Bullingers Kommentar zum Hebräerbrief und berichtet über Megander. Bullinger soll den Druck der Akten des Täufergesprächs von Zofingen überwachen und vorantreiben, sowie für deren Übersendung nach Bern besorgt sein. Für seine Predigten über den Römerbrief wünscht er sich Bullingers Auslegung, hofft auf dessen Besuch und bittet um Nachrichten. Grüße.

S. Tametsi Simlerus[1] noster certissime omnia referre possit, charissime Heinrice, quae de nostrarum rerum statu desideras, nolui tamen vacuus ad te veniret, quo perpetuos mei in te amoris testes habeas.

Vidi, quae in Epistolam Hebreorum a doctis temporum nostrorum ferme omnibus neglectam edideris[2]. Placet studium hoc et quidem absolutum, quod in sacris habes. Placet charitas, qua donis a domino tibi datis foenorari[3] proximis omnibus velle videris. Placet laconismus et is ad sensus genuini scopum absolutissimus. Dominus tibi vitam, ocium et prae omnibus spiritum tribuat, quo in aliis quoque bibliorum libris reipublicae christianę commodare possis. Tribuat etiam, ut quae a domino habes, illi accęta referas, ne usquam extra te feraris in quantulamcunque ambitionis notam. Gloria te manet perpetua, qua te dignum illustrabit, cuius dono hec praestas, ubi solius illius glorię studueris.

Ceterum Megander optima de vobis omnibus retulit[4], quod maxime me exhilaravit. Spero de homine in dies meliora. At quid de conditione sua, quam apud vos adhuc habet, egerit, nondum communicavit. Male audit apud aliquos nostratum, quasi utramque sellam sibi paraverit[5]. Si quid habes, quo hominem excusare liceat, mone.

Proinde age acta Zofingę[6], quam primum excusa fuerint, ad nos veniant magistratus sumptu; nam catabaptistarum fex ad mentiendum et imponendum instructissima augetur in dies, et qui in agro facile illorum trichis moventur, quottidie clamant procrastinationem illam indicium esse certissimum veritatem a catabaptistarum parte esse. Urge igitur typographos, ne excusa diutius delitescant et negligamur. Optarem utique te omnia iudicio perpendisse, ut ubi ubi erratum esset, alia via resarciretur[7].

Tandem, ut sepe abs te petii, si quid superesset, quod congessisses in Epistolam ad Romanos[8], communicares. Trado eam pro contionibus, et quamvis iudicium ha-

---

[1] Gemeint ist wahrscheinlich der Berner Heinrich Simler (s. HBBW I 215f, Anm. 56), eventuell Peter Simler.

[2] Zu Bullingers Hebräerbrief-Kommentar (HBBibl I 38) s. noch oben S. 167, Anm. 6 und Nr. 124.

[3] Vgl. Mt 25,14–30 par.

[4] Kaspar Megander kam kurz vorher von Zürich nach Bern zurück, vgl. oben S. 171,1.

[5] Vgl. Otto 316, Nr. 1621. – Gemeint ist die etwas zweideutige Lage Meganders in Bern: er fühlte sich als Zürcher und hielt sich die Wege für eine Rückkehr nach Zürich offen, was ihm dann bei seiner Entlassung aus Bern 1537 zugute kam.

[6] Akten der Täuferdisputation von Zofingen, 1532 (HBBibl I 701); zur Disputation s. oben S. 127, Anm. 4 und S. 167,14–168,24.

[7] Zu Bullingers Mitwirkung vgl. *Fast* 37, bes. Anm. 168.

[8] Bullingers Römerbrief-Kommentar, Haller gewidmet, erschien im Februar 1533, s. HBD 22,18f und HBBibl I 42.

beam, tamen ita mihi non sum addictus, quin ad summum desiderem tuum maxime iudicium audire. Occurrit proxima contione locus de conscientia accusante et excusante⁹ in die domini tractandus. Quem cum forte pro modulo spiritus mei absolverim, tamen ego in multis adhuc de conscientia hęsito. Intelligo conscientiam legem intellectam aut naturę legem cordibus nostris insitam¹⁰ atque iis iudicari et contestari, quae bona sunt et quę mala. Cęterum, unde sit, quod conscientia reddatur uni lata, alteri arcta, quibusve causis erronea, ut absolute non potui praestare, ita cum silentio praeterii a te pendens, ut quemadmodum in omnibus, ita et hac in re iudicium tuum describas. Tam importunum tibi amicum tua collegisti humanitate.

Postremo obsecro, me semper commendato ad vota utere, nec pęniteat te mihi aliquando operam praestare, qui absque praecęptoribus viva voce docentibus omnia iuxta domini bonam voluntatem utcumque peregi. O utinam hunc viverem diem, quo tua praesentia refocillaretur caro mea, hoc est affectus ille, quem iuxta spiritum et carnem et totus erga te habeo. Et utinam quam secretissime ad me venire posses¹¹, quo te nemo resciret, quousque ad aliquantulam saturitatem tibi locutus essem.

Vale, animę meę pars non minima¹².

Bernę, 8. septembris.

De rebus publicis penitus nihil habeo. Quid Zuickius apud vos egerit¹³ et de turcico apud vos feratur bello¹⁴, vel verbo indica.

Salva sit familia tua, Pellicanus, quem opere suo pergere vellem, quod fratres agri nostri linguarum inscii maxime desiderent, Leo¹⁵, Carolstadius, quem tibi comitem vellem – sed fiat, ut tu vis –, reliquosque omnes nostra salutatione non neglectos velim. Ora pro me dominum.

                                            Tuum minimum nummisma,
                                     ad obsequia quaevis addictissimum.

[Adresse auf der Rückseite:] An Meister Heinrich Bullinger, prędicanten ze Zürich, sinen insunders geliepten brůder.

---

[9] Röm 2,15.
[10] Vgl. Röm 2,14; zur ganzen Frage s. HBBW I 69, 6–28 und Anm. 13, mit Lit.
[11] Zu Bullingers geplantem Besuch s. oben S. 167,12f und 171,10–13.
[12] Vgl. Otto 26, Nr. 111.
[13] Über den Besuch von Johannes Zwick in Zürich gegen Ende September 1532 s. unten S. 244, Anm. 3.
[14] Vgl. oben S. 161.
[15] Leo Jud.

[131]

Erasmus Ritter an Bullinger

Schaffhausen, 10. September 1532

Autograph: Zürich ZB, Ms F 62, 453. Siegelspur. – Ungedruckt

Empfehlung für Ludwig Oechsli, der über die kirchliche Lage in Schaffhausen berichten wird.

Gracia et pax etc.

Habes hic epistolam vivam, Henrice doctissime, Ludovicum Bovillum[1] nostrum, qui tibi rem omnem[2] exponet, cum quo libere ac tuto loqui vales, quae nostra, imo non nostra, sed Christi interesse putaveris. Erit enim nuncitus certus.

5 Vale.

Ex Scaphusia, 10. septembris 1532.

Erasmus Ritter,
ex animo tuus.

[Adresse auf der Rückseite:] Henrico Bullingero, apud Tigurum Christi evange-
10 lium adnunccianti, fratri charissimo.

[132]

Berchtold Haller an Bullinger

Bern, 12. September [1532]

Autograph: Zürich StA, E II 343, 45. Siegelspur

Gedruckt: Füssli I 93–95; Teildruck: Johann Heinrich Ott, Annales Anabaptistici,
Zürich 1672, S. 55

Haller ist wegen der durch Täufer und Katholiken gefährdeten Lage der Reformation in Solothurn besorgt, bezweifelt jedoch die Berechtigung und Zweckmäßigkeit der Todesstrafe gegen die Täufer, zumal die Katholiken straflos ausgingen. Er wiederholt seine Bitte um eine Interpretation des Begriffs «Gewissen» in Röm 2,15 und um die baldige Übersendung der gedruckten Zofinger Akten.

---

[1] Ludwig Oechsli (Bovillus), gest. 1569, von Schaffhausen, studierte 1519/1520 in Krakau, seit 1520 in Wittenberg, wo ihn Luther begeisterte (Vadian BW II 338f). 1523 als Magister heimgekehrt, wurde er Schulmeister und 1525–1530 Rektor der Lateinschule in Schaffhausen. Im Auftrag des Rates nahm er an der Badener Disputation 1526 teil und unterschrieb die Thesen Oekolampads. Später bekleidete er verschiedene öffentliche Ämter. 1543–1552 war er Probst zu Wagenhausen, 1543 stritt er gegen die Täufer. Er wurde mehrfach mit kirchlichen Angelegenheiten betraut, war Eherichter, Klosterpfleger und Synodalabgeordneter, 1536 erläuterte er dem Rat die Erste Helvetische Konfession, 1557 gehörte er einer evangelischen Gesandtschaft aus der Schweiz an Heinrich II. von Frankreich wegen der Waldenser an. Oechsli stand mit Zwingli und Vadian im Briefwechsel (vgl. Z XI, Reg.; Vadian BW, Reg.). Ein Brief von ihm an Bullinger aus dem Jahre 1535 ist erhalten. – Lit.: Z VIII 601, Anm. 1; *Wipf,* passim; LL XIV 240; HBLS V 333.

[2] Gemeint ist möglicherweise der Streit mit Benedikt Burgauer, der die Eingabe der reformierten Pfarrer an den Schaffhauser Rat von Anfang August 1532 nicht unterschrieb, s. Ritter an Vadian, 6. August 1532 (Vadian BW V 87f); *Wipf* 290f.309.

S. Symlerus¹ noster procul dubio tibi reddidit literas², quas commiseram deferendas, charissime Heinrice.

Interim aliud nihil accessit, quam quod Salodorensium defectio³ nos maxime perturbat. Dominantur illic catabaptistę, etiam hi, qui partem evangelii se fovere gloriantur contemptis omnibus verbi ministris, adeo ut nihil verear, quam quod propediem et catabaptistę et papistę in universum omnes sint amandaturi. Vulgus ubique, etsi in 24 parrochiis templa repurgarint, sibi timet. Neminem pudet fidem Christi etsi cognitam abnegasse. Infestant supra modum anabaptistę et plus quam antea agrum nostrum libere conveniunt et aperte in Solodorensi. In nostro, quanto occultius, tanto plebs magis ad conventus illorum allicitur⁴. Me movet, ut et in prioribus ad te scripseram⁵ et tuum super his iudicium intellexerim⁶, quod papistis omnia sunt libera, etiam si conventus sacros negligant, verbum domini traducant et de toto Christi negocio male loquantur. Vitia etiam, etsi suas habeant mulctas, tamen suos habent propugnatores. Nemo, quod magistratus decrevit, exequi studet, cum legislatores non solum sint primi transgressores, sed et transgressoribus conniveant, et qui se evangelium vorasse videntur, facti sunt tepidissimi, inter se contentiosi. Qui vero ab anabaptistis sunt, vitia cavent, in ipsa invehuntur, inter se arctissime conveniunt suis legibus addictissimi et hypocrisi. Mire etiam simplicibus imponunt, etsi multi per ipsos a decimis et censibus liberari sperent.

Quodsi iam morte plectendi sunt, quia errant, quia tumultum pariunt, cur non et eadem lege in papistas et vitiosos advertendum? De errore illorum nihil dubito per te in multis certior redditus⁷, sed de ipso abolendo per gladium nondum certus sum, cum morte illorum error confirmetur in multis et numerus potius crescat quam decrescat, cum item nos, qui ab evangelio sumus et persecutionem ab omnibus propter Christum expectare deberemus⁸, etiam eos habeamus, quos et nos persequamur, qui de cruce et afflictione potius gloriari deberemus⁹. Ita soleo erga te effundere meos affectus, quibus eo facilius succurrere poteris, quod etiam veterum lectione sis exercitatissimus¹⁰.

Proinde, quid sit conscientia¹¹, unde lata, stricta, perturbata, erronea, mala, bona et recta sit, aliquando, dum per ocium posses, novissime precatus sum¹² et nunc obsecro atque, ut indices, obtestor.

Quodsi acta Zofingę¹³ sint excusa, urge, quatenus quam ocissime ad nos vehantur. Mora in periculo est et eo quidem maximo¹⁴. Megander aiebat et tibi et

---

1 Wahrscheinlich Heinrich Simler, vgl. oben S. 234, Anm. 1.
2 Nr. 130.
3 Zur kritischen Lage der Reformierten in Solothurn nach Abbruch ihrer Protestaktion und Abschaffung des reformierten Gottesdienstes innerhalb der Stadt s. *Haefliger* 162–165.
4 Zur auffallenden, aus taktischen Gründen zur Spaltung der Reformierten praktizierten Toleranz der Solothurner Regierung gegenüber den Täufern s. *Haefliger* 124–128.
5 Siehe oben S. 124, 15–19.
6 Eine briefliche Äußerung Bullingers zu diesem Thema ist nicht erhalten.
7 Haller hatte Bullingers Buch «Von dem unverschämten Frevel der Wiedertäufer», 1531 (HBBibl I 28), sowie die an ihn gerichteten Briefe Bullingers zur Hand (s. HBBW I 207, 33–214,23 und oben Nr. 102; vgl. *Fast* 36f).
8 Vgl. Mt 5,10–12; Lk 20,12; Joh 15,20.
9 Vgl. Röm 5,3; 2Kor 11,16–33.
10 Zur unterschiedlichen Auffassung von Bullinger und Haller in dieser Frage s. *Fast* 37f.
11 Vgl. Röm 2,15.
12 Siehe oben S. 235, 27–34.
13 Siehe oben S. 127, Anm. 4 und S. 167, Anm. 9.
14 Vgl. oben S. 234, 17–23.

Leoni¹⁵ commendasse, ut limam vestram adhiberetis¹⁶, et utinam id factum sit¹⁷!
35 Iam vale valeantque, quotquot tecum Christum diligunt et in ipso te amant.
Bernę, 12. septembris.

Tuus B. Hallerus.

[Adresse auf der Rückseite:] An Meister Heinrich Bullinger, predicanten ze Zürich, sinen günstigen, geliepten herren und brůder.

[133]

Dietrich Bitter an Bullinger
Köln, 13. September 1532
Autograph: Zürich StA, E II 361, 100r.-v. Siegelspur. – Gedruckt: *Krafft* 109f

Erklärt die Schwierigkeiten der Briefübermittlung über Frankfurt; erwähnt seinen früheren Brief [Nr. 120] und die darin enthaltene Bitte um Zustellung von Werken Bullingers. Freut sich über die günstige Situation der Kirche in Zürich und äußert sich über die Schwierigkeiten der Evangelischen in Köln. Nachrichten über Kaiser und den Türken sind ungewiß.

Gratia et pax a domino.

Accepi tuas literas¹ una cum iis, quorum in iisdem facis mentionem, quibus supra modum ut ante crebro[a] delectatus sum. Sed vereor illa, que Franfordiam² miseris, egrius ad me perventura, eo quod desit, qui meas tradat et tuas, ut constitueram,
5 reposcat et referat. Nam ille³, quem subornaram, interea, quod sororiis nuptiis in patria intereram, insperato citius discessit. Solet is cum libris venalibus singulis interesse nundinis inque eodem cum Tigurinis versari hospitio, si vera mihi relata sunt. Posthac, si deus vitam dederit, rectius curabitur.

Dedi ad te in mense augusto proxime elapso literas⁴ cum quodam cive Coloniensi⁵, qui mihi sancte recepit easdem ad tuas manus perlaturas [!], quibus petieram, ut annotaciones tuas [!] in Epistolam Ioannis secundario⁶ mitterentur. Nam priores fraterculo cuidam concredidi, qui eas non reddit⁷, nec prostant adhuc Colonie ut nuper. Alioqui huius gratia te minime gravarem. Commentarios in Epistolam ad Hebreos⁸ anxie cum charissimis tuis[b] scriptis adhuc[c] expecto, et si, ut spero, non as-
15 sequor, nemini quam mihi ipsi imputabo.

Congratulor sane de successu et pace ecclesie vestre precorque, ut idem nobis quandoque liceret scribere. Nam nobiscum, qui evangelio et glorie Christi favent,

---

¹⁵ Leo Jud.
¹⁶ Vgl. Adagia, 1,5,58 (LB II 205 C).
¹⁷ Siehe oben S. 234, 22f.

[a] *in der Vorlage irrtümlich* crebo.
[b] tuis *übergeschrieben.*
[c] adhuc *übergeschrieben. Darunter gestrichen* causas ex scriptis.

¹ Die erwähnten Briefe Bullingers sind nicht erhalten.
² Bullinger und Bitter scheinen ihre Verbindungen durch Besucher der Frankfurter Buchmesse aufrecht erhalten zu haben.
³ Unbekannt.
⁴ Siehe oben Nr. 120.
⁵ Unbekannt.
⁶ Zu Bullingers Johannesbrief-Kommentar (HBBibl I 37) s. noch oben S. 175, Anm. 14.
⁷ Siehe oben, S. 175, 11–13.
⁸ Zu Bullingers Hebräerbrief-Kommentar (HBBibl I 38) s. noch oben S. 167, Anm. 6 und Nr. 124.

clam faciant oportet. Ita pharisaicis constitutionibus undique, ut nosti, vallati sumus. Condonandum sane meo iuditio rudi popello, qui optat summo conatu deo servire et ea, quae facit – aliud enim non docetur –, unice putat deo placere. Nihil igitur principio mavelim quam evangelium pure admitti. Tum enim indubie ceteri abusus quique facile paulatim marcescent et interibunt. Tu cum vestris pro nobis oretis dominum.

Apud nos || 100v. nihil novi est. Ea, quae sparguntur de imperatore et Turca, incerta adhuc sunt[9]. Ut fertur, brevi publicus habebitur conflictus, cui in propria affuturum se scripsit imperator[10]. Sit gloria domini in secula.

His vale et fratrem[11] meo nomine salutes.

Colonie, 13. septembris 1532.

Theodericus Bitter tuus.

[Adresse darunter:] Dem ersamen unnd wolgelertenn Meister Heinrichen Bullinger, meinem gelieptem frundt zon handenn. Gen Zůrich.

[134]

Philipp von Hessen an Bullinger

Kehrenbach[?][1], 15. September 1532
Original mit autographer Unterschrift: Zürich StA, E II 363, 1. Siegelspur
Gedruckt: Reformationsbündnisse 106

Bestätigt den Empfang von Bullingers Brief [Nr. 129] und sichert ihm seine Unterstützung zu in den Bemühungen um die Einheit der Evangelischen.

Philips von gots gnaden lantgrave zu Hessen, grave zů Catzenelnbogen etc.

Unsern gnedigen grůs zůvor, hochgelarter lieber besonder.

Wir haben ewer schreiben[2] an uns empfangen. Unnd ist nicht one[3], wir hetten bey euch[4] und ewern mitvorwanten[5] gern daß best gethon, dormit absonderung unnd trennunge[6] vorhut wurden were. Unnd was wir noch, dormit trennunge und absonderung unter den standen[7], so das evangelium angenomen haben, vorhut[8] und jederman[a] bey dem evangelio in ruhe und frieden pleiben und gelassen werden

---

[9] Über die Türkengefahr und die diesbezügliche kaiserliche Politik in den Sommermonaten 1532 s. *Westermann.*

[10] Tatsächlich hielt sich der Kaiser vom 23. September bis 4. Oktober 1532 in Wien auf, s. *Turetschek* 334.

[11] Johannes Bullinger, der ebenfalls in Emmerich und Köln studiert hatte und aus dieser Zeit auch mit Bitter befreundet gewesen sein dürfte.

[a] *in der Vorlage* jderman.

[1] Wahrscheinlich ist mit der im Brief gegebenen Ortsbezeichnung «Korembach» das hessische Kehrenbach gemeint, s. Reformationsbündnisse 107, Anm. 5.

[2] Oben Nr. 129.

[3] Doppelte Negation als Ausdruck der Affirmation.

[4] Gemeint ist wohl Zürich.

[5] Die mit Zürich ehemals verbündeten reformierten Städte der Eidgenossenschaft.

[6] Bezieht sich auf die erzwungene Auflösung des Christlichen Burgrechts durch den Zweiten Landfrieden und die anschließend zutage getretenen Spannungen zwischen den ehemaligen Bündnispartnern, vgl. Reformationsbündnisse 106, Anm. 2.

[7] Ständen, eidgenössischen Orten.

[8] verhütet.

mucht, thun konnen, sovill der almechtige gnade vorleihet, das seint wir genzlich geneigt. Solchs wolten wir euch hinwidder gnediger meynunge nit bergen⁹.

Datum Korembach, am sontagk noch nativitatis Marie anno etc. 32.

Philips L. z. Hessen etc. s[ub]s[cripsi].

[Adresse auf der Rückseite:] Unserem lieben besondern, dem hochgelarten Henrichen Bullinger, zů Zürich ecclesiaste.

[135]

Peter Simler an Bullinger

[Kappel], 16. September 1532
Autograph: Zürich StA, A 238.1. Siegelspur
Gedruckt: ASchweizerRef IV 1880; Teildruck: *Maeder, Unruhe* 143

Teilt Bullinger vertraulich Gerüchte aus dem benachbarten zugerischen Gebiet mit: Die Zürcher sollen die Zuger wegen der angeblich kaum zu bändigenden kriegerischen Stimmung ihres eigenen Volkes gewarnt haben. Deshalb stünden die Bewohner von Baar in Alarmbereitschaft, ihre Feindseligkeit und Angriffslust gegen das zürcherische Gebiet nehme zu.

Min früntlich diennst zů vor.

Ersamer, wolgelerter, lieber her gfatter¹. Wie wol ich mich gentzlich hat verwägenn², ich welte mich diser gfarlichen zitenn keiner hendlen³ beladen, der gstallt, das ich die gschrey⁴, so zů ziten unnder den 5 orten fürgond⁵, wellte erfaren unnd minen heren fürtragen⁶, angesähen⁷ das vergangner zit trüwe warner nit allein veracht, sonnder uffrürisch geschulten sind⁸; jetz aber zwingt mich der yfer des vatterlands, das ich disenn hanndel, welcher mich nüt annders dann ein uffrürischer tuck⁹ (damit die bübery¹⁰ unersůcht¹¹ unnd die frommen unndertruckt) sin bedunckt, anzöuge. Namlich den handel: Ich bin uff hütt gan Blyggenstorff¹² gangen, zů den räben unnd trodten¹³ zelůgen, da ist mir ongfärd¹⁴ ein vertrüwter gsell von Barr¹⁵ begegnot, hat mir gseyt, sy habind vergangner nacht unrow unnd ein wacht gehept; die ursach diser wacht hab im einer des rats gseyt, also das inen¹⁶ sye ein brieff warnungs wyß von den heren von Zürich kommen, das sy söllind gůt

---

⁹ verbergen.

¹ Bullinger war Taufpate von Simlers erstem Sohn Josias (s. HBBW I 53, Anm. 2).
² hatte mich entschlossen (Grimm XII/I 2154f).
³ Händel, politische Streitigkeiten, vgl. Z. 7 und 9.
⁴ Gerücht, Gerede (SI IX 1448f).
⁵ umgehen.
⁶ berichten. – Zur Bedeutung von Kappel für Zürich als Informationszentrum an der zugerischen Grenze vor dem Zweiten Kappelerkrieg s. *Egli,* Affoltern 108–111.
⁷ in Anbetracht (SI VII 561).
⁸ Nämlich nach dem verlorenen Krieg.
⁹ tückischer Anschlag (SI XII 1278f).
¹⁰ Bubenstück, schändliches Treiben (SI IV 946).
¹¹ unbehelligt, ungeahndet (SI VII 222).
¹² Blickensdorf (Kt. Zug).
¹³ Gebäude, in welchem die Kelter untergebracht ist, Trotte.
¹⁴ zufällig (SI I 880).
¹⁵ Baar (Kt. Zug).
¹⁶ den Zugern.

sorg han¹⁷, dann sy¹⁸ mögint die iren nümen¹⁹ gemeisteren. Unnd habe der selbig des rats zů im gseyt: «Summer bocks lyden²⁰, unns ist nun warnung gnůg kommen, dwyl²¹ uns ein oberkeit warnung thůt, so hettind wir rechts gnůg, das wir uff wärint²²; wenn sy nit wend růw han, so ist wäger²³, wir gryffint sy an, dann das wir von inen werdind überfallen.» Es seyt mir ouch diser gsell, sy arguierint²⁴ allerley uß diser warnung. Etlich sagent: «Die in der statt²⁵ fürchtent, die gmeind²⁶ falle inen für²⁷ die statt, unnd damit sy růw haben mögint, woltend sy unns wider die landtschafft richtenn.»²⁸

Söllichs hab ich üch als einem trüwen wechter nit wellen verhallten²⁹, darinn zehanndlen nach üwerm bedüncken unnd nach gstalt der löuffen³⁰. Ich schrib sunst niemant nüt zů; es sind vil lüten also corrupt oder den corruptis der maß anhengig, das niemant weyßt, hinder wem er sicher ist. Lassent mich, ob etwas infallen wurd, üch nach minem vertrüwen bevolchen sin³¹. Damit sind gott bevolchenn.

Datum mentag spat nach exaltationis crucis 1532.

Petrus Simler.

[Adresse auf der Rückseite:] Dem ersamen, wolgelertenn heren Meister Heinrichenn Bulli³², predicanten Zürich, minem liebenn herenn unnd gfatter.

[136]

Kaspar Megander an Leo Jud, Bullinger und Erasmus Schmid
Bern, 22. September 1532
Autograph: Zürich StA, E II 343,9. Siegelspur. – Ungedruckt

Übersendet zwei Schreiben des Valerius Anshelm an Jud, bedauert das schwere Schicksal der Reformierten im Thurgau, von dem er durch den Pfarrer von Gachnang [Konrad Wolf] gehört hat, und ruft die Zürcher zur Hilfeleistung auf; er wünscht Nachrichten über den Prozeß des Onofrius Setzstab.

---

17 acht geben, sich vorsehen (SI VII 1300).
18 die Zürcher.
19 nicht mehr.
20 Fluchformel, verhüllend für: So mir gotts liden; eigentlich: Wie mir Gott helfe (vgl. SI IV 1123. VII 904f).
21 dieweil, da.
22 aufbrächen, auszögen (zum Krieg; SI VII 1042).
23 besser.
24 räsonieren, diskutieren (SI I 447).
25 Zürich.
26 das Landvolk, hier vielleicht auch allgemein: die Leute (SI IV 302).
27 vor.
28 Zur allgemeinen Spannung im Sommer und Herbst 1532, die zur Entstehung solcher Gerüchte geführt hat, s. *Maeder, Unruhe; Pestalozzi* 112–115.
29 vorenthalten, verhehlen (SI II 1233).
30 Zeitläufte, Vorgänge, Ereignisse (SI III 1112f).
31 Laßt mich, falls etwas (Schlimmes) eintreten sollte, euch gemäß meinem Vertrauen befohlen sein.
32 Siehe oben S. 127, Anm. 32.

Gratiam a domino.

Habes hoc nuncio¹, Leo charissime, usum agarici^a, quem Valerius² noster, homo pius, tibi signavit³. Accipies iterum alteras quoque quas ad me dederas Valerii literas⁴, nuncio, ut opinor, satis certo, parocho Gachlingensi⁵, qui, inquam, magnam apud nos miseriam et, ut verbo dicam, divinę veritatis omnisque innocencię suppressionem Durgoici agri⁶ conquestus est. Et quia [homi]ni^b, ut nobis visus est, pio, candido et cordato fidem non habere non potuimus, vobis, in domino charissimis nostris, scribere placuit atque quam maxime rogare, quo fratribus isthic et consilio et opera adesse velitis, ne unus et alter secedat, denique ecclesiam relinquat atque ita, et nostro quoque malo, opus domini et structura iterum corruat. Non enim vos fugit, quę homo quantumvis pius et doctus aliquando meditetur et quo penuria rerum miserięque molestia redigatur. Quid de indoctis et oretenus piis dicetis? Quare, charissimi, vestrum erit fratrum penurię opitulari. Nos nostrum quoque faciemus.

De Onofrio⁷ quid actum sit, scire omnes adfectamus. Num tormentis quęstus et quę aperuerit, oro, si licet, quam ocissime sciamus.

Valete.

---

^a *darüber von fremder Hand:* dannschwamm.
^b [homi]ni *am Rande nachgetragen; Randtext wegen engem Einband nicht zugänglich.*

¹ Siehe unten Anm. 5.
² Valerius Anshelm (Rüd), 1475–1547, aus Rottweil im Schwarzwald. Nach Studien in Krakau und Tübingen war er seit 1505 Schulmeister, seit 1509 Stadtarzt in Bern. Er verfaßte eine Darstellung des Jetzerhandels und ein Kompendium der Weltgeschichte, den «Catalogus Annorum», 1510. Im Jahre 1520 erhielt er zum ersten Mal den Auftrag, die amtliche Stadtchronik fortzusetzen, doch kam dies damals noch nicht zur Ausführung. Anshelm gehörte zu den ersten Anhängern der Reformation in Bern und war mit Zwingli, Vadian, Haller und Manuel befreundet. Wegen reformatorischer Äußerungen seiner Frau gebüßt, verließ er 1525 Bern und hielt sich bis 1528 in Rottweil auf, wo er als Reformierter ebenfalls weichen mußte. Nach dem Durchbruch der Reformation in Bern wurde er, wahrscheinlich auf Zwinglis Empfehlung, im Januar 1529 erneut als amtlicher Chronist nach Bern berufen, wo er bis zu seinem Tode an seiner Chronik arbeitete. – Lit.: Anshelm I–VI; Z XI 586, Anm. 1; *Feller-Bonjour* I 165–174; HBLS I 382; Franz *Moser,* in: NDB I 312f.
³ Ein Werk Anshelms über den Nutzen des Lärchenschwammes, der als Heilmittel gebraucht wurde, ist nicht bekannt. Zur Bezeichnung Tannenschwamm (s. textkritische Anm. a), die im 16. Jahrhundert anstelle von Lärchenschwamm mehrfach belegt ist, s. SI IX 1875f.
⁴ Nicht erhalten.
⁵ Gemeint ist Konrad Wolf, gest. 1563 oder 1564. Er war seit 1522 als Kaplan in Gachnang (= Gachlingen; Kt. Thurgau), 1523–1528 auch in der Filiale Ellikon an der Thur (Kt. Zürich) tätig. 1528 setzte er in seiner Gemeinde die Reformation durch. Nach der mit Zürichs Hilfe erreichten Absetzung des katholisch gebliebenen Pfarrers Sebastian Hofer erhielt Wolf 1530 die Pfarrei Gachnang, die auch nach dem Zweiten Kappelerkrieg evangelisch blieb. 1554 wurde Wolf Pfarrer in Sirnach (Kt. Thurgau). Bis zu seinem Tod war er auch Dekan des Frauenfelder Kapitels. In welcher Beziehung Wolf zu Megander und Bern stand, ist nicht geklärt, Bullinger kannte er wohl seit der Übergabe dieses Briefes persönlich. – Lit.: ASchweizerRef II 1308a.1658. III 103; *Knittel,* Reformation 241–243; *Knittel,* Kirche 120f; Sulzberger 14.47.
⁶ Zur schwierigen Lage der Reformierten im Thurgau s. oben Nr. 55 und 113.
⁷ Onofrius Setzstab aus Zürich, berüchtigter Reisläufer, war ein lautstarker Gegner Zwinglis und der Reformation. 1526 wegen eines Spottliedes auf Zwingli aus Zürich verbannt, hielt er sich u.a. in Luzern auf. Megander spielt auf Setzstabs Inhaftierung in Zürich im Sommer 1532 wegen Schmähredens an. Am 30. Oktober wurde er, nach Fürsprache der V Orte, milde verurteilt zu Widerruf und Hausarrest (EA IV/1b 1400.1424 und AZürcherRef 1901). – Lit.: ASchweizerRef, Reg.; HBRG I 427f; *Farner* IV 99; HBLS VI 354.

Bernę, 22. septembris, a prandio hora 3., anno 32.

Ca. Megander
ex animo vester.

Has literas et Bullingero et Erasmo lectum dabis.

[Adresse auf der Rückseite:] Leoni suo apud Tigurum, Bullingero et Erasmo, fratribus charissimis.

[137]

Barbara Zehnder[1] an Bullinger
Aarau, 24. September 1532
Original[2]: Zürich StA, E II 360, 263. Siegelspur. – Ungedruckt

Antwortet Bullinger auf eine Anfrage betreffend Weinkauf. Sie will den Wein noch länger lagern. Grüße.

Min fruntlichen grouß und waß ich goütz[3] vermag zuo befor, leiber[4] her M. Heinrich.

Es hatt mir mys Anly[5] anzeygtt, wey[6] das im empfolen[7] syg, an mir[8] ze erfaren, ob mir min wyn feyl syg ader nitt, und das in kürtzem uch lassen wüssen. Hand wir unß berett under einanderen, und wend[9] in nach mer[10] lassen byeinanderen liggen byß eptwan uff ein wynachtt; so ich dan selber hinuber küm[11], wyl[12] ich den loügen[13], wey ich im theüge[14].

Nitt mer[15] dan gott syg mitt uch alzytt, und greusend[16] mir uwere frouwen[17] und die kynd und wer uch leyb ist.

Geben uff zynstag vor Michaelis im 32. jar.

Von mir,

Barbel Zenderin,
zu Arow.

[Adresse auf der Rückseite:] An den ersammen und volgelerten heren M. Heinrich Bullinger, predicanten Zürich, minem leyben heren.

---

[1] Die aus Zürich stammende Gattin von Johannes Zehnder, s. oben S. 112, Anm. 3.
[2] Da Barbara Zehnder offenbar nicht lesen konnte (s. oben S. 112, 14f), stammt der vorliegende Brief kaum von ihrer Hand.
[3] Gutes.
[4] lieber.
[5] Nicht näher bekannt.
[6] wie.
[7] befohlen, aufgetragen.
[8] von mir.
[9] wollen.
[10] noch länger.
[11] kommen würde.
[12] will.
[13] schauen, sehen (SI III 1221).
[14] tun, machen werde.
[15] Nicht mehr als... (will sie schreiben).
[16] grüßet.
[17] Anna Bullinger, geb. Adlischwyler.

[138]

Johannes Zwick an Bullinger

[Konstanz, Ende September 1532][1]
Autograph: Zürich StA, E II 364, 24. Siegelspur. – Ungedruckt

Der von Bullinger empfohlene, unglückliche [Ulrich Eckstein?] ist in Konstanz aufgenommen worden. Zwick dankt für die erwiesenen Wohltaten bei seinem kürzlich abgestatteten Besuch in Zürich. Will Nachrichten über den Türkenkrieg sofort weiterleiten, wenn solche eintreffen, hat aber im Augenblick nichts anderes, als was ihm Wilhelm von Zell geschickt hat. Grüße.

Salus et pax per Christum.

Miserum illum[2], quem commendasti, in curam nostram accepimus. Speramus eum brevi melius habiturum. Quantas vero gratias dicam pro tua erga me benevolentia eorumque omnium, qui me, cum nuper apud vos essem[3], tam liberaliter tractaverunt. Optarem et mihi[a] occasionem dari referendi beneficii. Interim, cum non possum adsequi, quod volo, prędico bonis omnibus humanitatem vestram laude maiorem.

Abiturus pollicitus sum scripturum me vobis, si quid e bello turcico ad nos ferretur, neque ea in re quicquam[b] negligam. Sed nihil audivimus hactenus exceptis, quę ad nos Wilhelmus a Zellis[4] misit, ut hic vides[5]. Alioqui nihil omnino audimus.

[a] et mihi *am Rande nachgetragen*.
[b] quicquam *übergeschrieben*.

[1] Die Erwähnung von Zwicks Besuch in Zürich (Z. 4; vgl. dazu S. 252,35), der am 8. September von Haller als bevorstehendes Ereignis angeführt wird (s. oben S. 235,45) und den Zwick um die Mitte des Monats abgestattet haben dürfte (s. auch *Moeller*, Zwick 168), sowie der Hinweis auf die erwarteten Nachrichten über den Türkenkrieg (Z. 8–10) machen eine Datierung des Briefes in die zweite Hälfte des Monats September 1532 wahrscheinlich.
[2] Es handelt sich wohl um einen der vielen Prädikanten, die im Anschluß an die Rekatholisierungswelle nach dem Zweiten Kappelerkrieg ihre Pfarrstelle verloren. Möglicherweise könnte hier Ulrich Eckstein gemeint sein (s. unten Nr. 166). Der Umstand, daß der Betreffende offenbar krank ist, unterstützt diese Vermutung (s. auch Zwick an Bullinger, 10. März 1533, Zürich StA, E II 346,90f). Über die Bedeutung von Konstanz bei der Stellenvermittlung für solche Vertriebene s. *Moeller*, Zwick 166.
[3] Siehe oben Anm. 1. Aus welchem Anlaß Zwick nach Zürich kam, ist nicht bekannt.
[4] Junker Wilhelm von Zell, gest. 1541, aus Mindelheim bei Memmingen, war einer der Vorkämpfer der zwinglianischen Reformation in Oberdeutschland. Zwingli, Vadian, die Gebrüder Blarer, mit denen allen er korrespondierte, zählten zu seinen Freunden. Er hielt sich 1525 (s. Z VIII passim) und 1531 (s. Vadian BW V 27f) vorübergehend in Zürich auf. Zell war Pate von Zwinglis Sohn Wilhelm. 1527 widmete ihm Zwingli sein Werk «Früntlich verglimpfung und ableynung über die predig des treffenlichen Martini Luthers wider die schwermer» (Z V 771). Seit 1533 galt er als Anhänger Schwenckfelds und hatte auch einen wesentlichen Anteil an dessen Einfluß auf Leo Jud in jenem Jahr (*Weisz*, Jud 101–107). 1539 übersiedelte er von Memmingen nach Konstanz, wo er seinen Lebensabend im Hause Zwicks verbrachte. Mit Bullinger kam er wahrscheinlich schon früh in Zürich zusammen. 1525 widmete ihm Bullinger die Schrift «Vom einigen, waren, läbenden, ewigen Gott und von vil falchen, gmachten Götteren...» (*Staedtke* 276). Ursprünglich war auch «De origine erroris» (HBBibl I 10) mit einer Widmung an Wilhelm von Zell versehen (s. Joachim *Staedtke*, Blarer und Bullinger, in: Blarer-Gedenkschrift 194. 203, Anm. 3). – Lit.: Blarer BW, Reg.; Vadian BW V, Reg.; Z IX 327, Anm. 1 und Reg.; *Moeller*, Zwick 213f.
[5] Es handelt sich wahrscheinlich um die Ende August 1532 in Memmingen gesammelten, von Gregor Mangolt in Konstanz kopierten und offenbar durch Zwick an Bullinger weitergeleiteten Nachrichten zum Türkenkrieg, Zürich StA, E II 350,311f.

Fratres omnes salutabis meo nomine centies, inprimis fratrem meum et patrem Pellicanum, deinde Theodorum[6], Leonem[7], Carolstadium et convivas omnes.

Io. Zwick.

[Adresse auf der Rückseite:] Ornatissimo viro Heinricho[c] Bullingero, amico veluti fratri incomparabili.

[139]

Leo Jud an Bullinger

[Zürich, Spätsommer oder Herbst 1532][1]
Autograph[a]: Zürich ZB, Ms F 62, 342. Ohne Siegelspur. – Gedruckt: *Fast* 195f

Wehrt sich dagegen, daß der Rat Kirchengesetze erlassen soll; wenn dies aber trotzdem geschehen müsse, dann sollen sich die Pfarrer wenigstens nicht aktiv daran beteiligen.

S. Quandoquidem ad constitutam horam vix adesse possum – neque enim licet duobus in locis simul esse, nisi lutheranum quoddam corpus effingam[2] –, volui admonere, charissime frater, ne ministri verbi ceremoniis et legibus ullis subscribatis[3]. Si non potestis obstare et senatus omnino pergit leges[b] ecclesiasticas statuere, dissimulandum nobis erit et ferendum, modo ne simus authores. Facilius aliquando cadet, quod non fieret, si per religionis antistites authoritatem sumeret. Augustum nimis est, quod cuique specie religionis irrepit, et plus laboris in abolendo quam statuendo exhauritur. Mordicus enim tuemur, quae ratio nostra invenit. Consydera, qua specie totus apparatus papisticus in ecclesiam Christi irrepserit, at quantum negocii dederit et adhuc det.
Vale.

Leo tuus.

[Adresse auf der Rückseite:] Bullingero suo.

---

[c] vor Heinricho *gestrichen* Hulderi.

[6] Theodor Bibliander.
[7] Leo Jud.

[a] *Mit Randbemerkungen von J. H. Hottinger.*
[b] *aus* legem *korrigiert:* m *gestrichen,* s *darübergeschrieben.*

[1] Terminus ad quem ist der 22. Oktober, die Zeit der Zürcher Herbstsynode (s. unten Anm. 3); zur Datierung s. *Pestalozzi*, Jud 41 und *Fast* 33.
[2] Anspielung auf die von Luther vertretene Lehre von der «Ubiquität» Christi, die im Abendmahlsstreit eine nicht unwesentliche Rolle gespielt hat, vgl. *Köhler*, ZL II 81–83.87. 102f u. a.
[3] Juds Bedenken galt der Mitarbeit an der Vorbereitung der neuen Prediger- bzw. Synodalordnung, die jedoch an der Synode vom 22. Oktober 1532 angenommen und neben Bullinger auch von Jud selbst unterzeichnet wurde (AZürcherRef 1899).

[140]

[Berchtold Haller] an Bullinger

[Bern], 2. Oktober [1532]

Autograph: Zürich StA, E II 360, 49. Siegelspur. – Ungedruckt

Berichtet von der ungünstigen Aufnahme von Bullingers Ratschlag in Bern; man hängt zu stark an den alten Bünden und befürchtet den Abfall von Oberland und Aargau, sobald die V Orte ihnen politische Versprechen machen würden. Die Berner suchen zu verhindern, daß sich Zürich im Mandatstreit einem eidgenössischen Schiedsgericht unterwerfen muß. Hinter den Umtrieben der V Orte vermutet man Intrigen des päpstlichen Legaten Ennio Filonardi mit dem Ziel, ein neues, gegen die Reformierten gerichtetes Bündnis abzuschließen. Wird von vielen in der Hoffnung bestärkt, daß Bullinger zum ganzen Neuen Testament Kommentare herausgeben werde.

Gratiam et pacem a domino.

Accępimus consilium tuum, quo caveri putas posse Quinquepagiorum tyrannidem¹. Quod quidem etsi verum fateri omnes cogantur optimeque consultum, sed in hoc paucos fore qui consentiant. Ita caro est addicta carnalibus illis foederibus maximeque vereri nostro agro, cum sine eius consensu fieri non possit id suggeri, quod potius vallenses nostri², immo et Aergoia [se] dederet Pagicorum foederibus urbemque nostram negaret, quam quod huic obsequerentur consilio, atque id ea conditione, ubi Immontani³ pollicerentur ex utraque parte, ut vulgo vocant, ein ort z'machind uß Thun sampt dem gantzen oberland und Ärgöw. Scis, quam in varios plebs rapiatur affectus, quam inconstans, quam facile illi imponatur blanditiis, quam cito vana spe illudi illi posset. Sępe tamen in ore et corde piorum volutabitur id, quod indicasti. Convenit Sępianus⁴ cum sex aliis me cęna. Illic ad longum disseruimus de omnibus. Tandem eo ventum est.

Acta comitiis Badensibus[a]⁵ nondum sunt audita a magistratu. Sic enim non sine periculo solet differri usque ad diem, quo iam ad alia comitia abequitandum est. Quam primum audientur, scribent, si pii per suffragia hoc obtinere possunt, ad vos⁶, ne his comitiis respondeatis, sed qualicunque excusatione responsionem differatis. Nostro legato⁷ committetur, quatenus precibus adoriatur Quinquepagicos, ne praetendant, sed ab instituto hoc cedant. Cum pax illa infęlix exigit, ut ipsi maneant apud suam fidem, ongearguiert⁸, eadem sit et conditio nostra et ius, daß sy unß bi unserm globen bliben lassind⁹ ungrechtfertiget¹⁰. Nam nec Bernates id pati possint aut velint. Sic concludere nihil poterunt: muß jederman¹¹ das heimbringen. In-

---

[a] *vor* Badensibus *gestrichen* Basili[ensibus].

1. Siehe oben S. 190, Anm. 8; Hans Ulrich *Bächtold*, Bullinger und die Krise der Zürcher Reformation im Jahre 1532, in: HBGesA I 288.
2. Zum Widerstand der Berner Oberländer gegen das reformierte Bern s. Hermann *Spekker*, Die Reformationswirren im Berner Oberland 1528. Ihre Geschichte und ihre Folgen, Freiburg i.d. Schweiz 1951. – ZSKG, Beiheft 9; *Guggisberg* 132–136.
3. die V Orte (s. Vadian BW V, Reg.).
4. Peter Im Haag; vgl. oben S. 92, 33.
5. Die Badener Tagsatzung vom 4.–5. September 1532, EA IV/1b 1397–1405.
6. Bern an Zürich, 4. Oktober 1532, ASchweizerRef IV 1909.
7. Berner Tagsatzungsboten in Baden am 8.–9. Oktober 1532 waren Hans Pastor und Hans Franz Nägeli (EA IV/1b 1415).
8. unangefochten (SI I 447). – Siehe Zweiter Landfriede, Art. I (EA IV/1b 1568).
9. Ebenda.
10. ohne daß wir zur Rechenschaft gezogen werden (vgl. SI I 1010f).
11. Nämlich alle Tagsatzungsabgeordneten.

terim vel nostrates vel tui civitates christianas ad Brugg convocarint¹², atque illic convenientes mox consultarint, ut dum Immontani omnino velint ius a tuis exigere¹³, postea civitates illę alios Helvetios convocarent, Glareanos, Appezellanos, Salodurenses et Friburgenses, und sich vor denen hoch und tür beclagtind und liessend mercken, ee daß si thůn wellind, ee ein anders an d'hand nämen¹⁴, und als bald den rattschlag¹⁵; dann suss¹⁶ mag es nitt erhept¹⁷ werden by den unsern.

Mir hett in diser stund einer anzeigt, wohar die practick¹⁸ kumen. Immontani miserunt ad regem Gallorum quendam ex Rapperswil¹⁹, ut omnino solvat, quae debet, atque id numerata pecunia. Quod si non fecerit rex, wellend sy als bald die vereinung²⁰ harusß fordren oder gäben ᵇ²¹ und sich sampt den Pündten²², Walliseren, hertzog von Meyland²³ und bapst in perniciem fidei nostrę zemmen verbünden et contra Gallum et nos²⁴, atque ut id fieri possit, vestros nunc hoc medio affectari consilio Ennii Verulani²⁵ legati. Sperat enim papa, quam primum Tigurum ad fidem suam rediisset, actum esse de nobis. So wil die Immontanos bedüncken, der küng schätzi sy nitt vil meer. Also wellend die gloggen zemmen lüten²⁶. Pręterea nobis minari nil dubites ab Hyspanis, ubi ab expeditione turcica redierint, invasuros fidei nostrę confessores²⁷. Dominus sit protector noster.

Ceterum, quem tu mihi commendas²⁸, ego eum vicissim tibi commendo. Ipse viam indicabit, quam tu tibi serves.

Vale et me, ut cępisti, amare perge ac dominum pro ecclesia nostra orare non cesses. Faciunt multi mihi spem te ęditurum annotationes in totum no[vum] test[amentum]. Perge et vive.

ᵇ oder gäben *übergeschrieben.*

¹² Vgl. ASchweizerRef IV 1909.
¹³ das eidgenössische Schiedsgericht anrufen. – Zum Zürcher Messemandat und zu den nachfolgenden Auseinandersetzungen s. oben S. 129, Anm. 12 und unten S. 288f, Anm. 7.
¹⁴ eher als sie das tun wollten, würden sie etwas anderes unternehmen.
¹⁵ Was damit gemeint ist, ist nicht ganz klar; vielleicht Bullingers Ratschlag zur Auflösung der Bünde?
¹⁶ sonst, andernfalls.
¹⁷ durchgesetzt (SI II 906).
¹⁸ geheime Umtriebe, politische Intrige (SI V 568).
¹⁹ Vgl. Luzerns Antrag am Tag der V Orte in Luzern am 28. September 1532, eine Botschaft an den König von Frankreich zu schicken (EA IV/1b 1406 d.). Der Name des Boten ist nicht bekannt.
²⁰ Zur Französischen Allianz von 1521 s. oben S. 124, Anm. 11.
²¹ kündigen.
²² Graubünden.
²³ Francesco II. Sforza.
²⁴ Zu den antifranzösischen Intrigen bei den V Orten vgl. Édouard *Rott,* Histoire de la Représentation Diplomatique de la France auprès des Cantons Suisses, de leurs Alliés et leurs Confédérés, Bd. I, 1430–1559, Bern 1900, S. 386f.
²⁵ Ennio Filonardi, 1466–1549, Bischof von Veroli, wurde zwischen 1513 und 1533 achtmal als päpstlicher Nuntius in die Eidgenossenschaft abgeordnet. Seine von Juli 1532 bis September 1533 dauernde Gesandtschaft bezweckte die Rückgewinnung der reformierten Orte für den katholischen Glauben sowie den Abschluß eines Bündnisses zwischen der Eidgenossenschaft und dem Papst. Wurden diese beiden Ziele auch nicht erreicht, so unterstützte Filonardis Anwesenheit doch die harte Haltung der V Orte im Mandatstreit; s. HBRG III 330f; Johannes Stumpfs Schweizer- und Reformationschronik, II. Teil, hg. v. Ernst Gagliardi, Hans Müller und Fritz Büsser, Basel 1955. – Quellen zur Schweizer Geschichte, NF, I. Abt.: Chroniken, Band VI, II. Teil, S. 300–302; J. Caspar *Wirz,* Ennio Filonardi, der letzte Nuntius in Zürich, Zürich 1894, S. 77–95.
²⁶ So treffen verschiedene Umstände zusammen; so greifen verschiedene Pläne ineinander (SI II 609; Grimm IV/1 5 153).
²⁷ Zu den Befürchtungen der Protestanten und zu den anderen kirchenpolitischen Zusammenhängen des erfolglosen Türkenzuges von Kaiser Karl V. im Herbst 1532 s. *Müller* 183–188. 223–229 mit Lit.
²⁸ Unbekannt.

Rursum vale.
2. octobris.
Me nosti.

[Adresse auf der Rückseite:] Heinrico Bullingero, ecclesiastę Tigurino, fratri suo semper charissimo.

[141]

Gervasius Schuler an Bullinger

Basel, 4. Oktober 1532

Autograph: Zürich StA, E II 361, 332. Siegelspur. – Ungedruckt

Tröstet Bullinger in der kritischen Lage der Zürcher während des Mandatstreites und ermuntert ihn zu weiterer Festigkeit. Grüße.

Ut pristini propositi perseverantiam nobis ille conferat, qui huius tam sanctissimi operis in utrisque classicum cecinit[1], quottidie precari non desino, charissime frater, quoque magis video tenebrionum technas apricari, eo magis in orando fervescit animus meus. Nec est, quod desit, qui in mediis turbis mirum in modum consoletur. Carnis internitionem spiritus alimentum esse[2] in dies experior. Quo fit, ut communium adflictionum particeps[3] fratrum adflictionibus non possim non supra modum condolere.

Quod igitur essem tuarum miseriarum[4] nuper amicorum relatione certior factus, condolui certe, sic tamen, ut pellucentis futurae glorię Christi[5] radios poenitius inde introspexerim, quibus recensitis – spiritus est, qui loquitur[6] – eternarum divitiarum[7] acervos vidi, mox in laudes mens mea prorupit, energiam potentissimi[a] patris expendi, cuius ingenium est preter omnem humanę sapientie captum in mediis turbis extremę foelicitatis nervos prodere[8]. Non dubito omnipotentem illum omnium rerum fotorem hactenus tuas, fratris inquam, partes iuvisse, nec quod istud beneficium desuper tibi collatum[9] sana fide hactenus percensueris; sum tamen non ignarus humanarum, hoc est nullarum virium, quibus «carnulentis pectoribus», ut Prudencii verbo utar[10], sepe ad ima tendimus. Quo fit, charissime frater, ut his meis litteris incepto operi calcar addere[11] non verear. Perge, perge igitur, consors futurae foelicitatis atque communium adflictionum particeps, noli huius mundi calliditate[12]

---

[a] *auch als* praesentissimi *lesbar.*

[1] Vgl. Adagia, 3,5,88 (LB II 848 B).
[2] Vgl. 1Kor 5,5.
[3] Vgl. 2Kor 1,7; Apk 1,9.
[4] Gemeint ist wahrscheinlich die kritische Lage der Zürcher Reformation bzw. die gefährlich anwachsende Spannung während des Mandatstreites (s. unten S. 288f, Anm. 7). Bullinger mag außerdem noch persönlich darunter gelitten haben, daß sein Ratschlag zu einer friedlichen Lösung in der Eidgenossenschaft vom September 1532 weitgehend auf Unverständnis stieß (vgl. oben S. 190, Anm. 8 und S. 246, 2–4).
[5] Vgl. Röm 5,2f. 8,17f.
[6] Siehe Mt 10,20.
[7] Vgl. Mt 6,20; Lk 12,33.
[8] Vgl. 1Kor 2,5; Phil 4,4–7.
[9] Vgl. Jak 1,17.
[10] Aurelius Prudentius Clemens, Peristefanon X 372 (CChr CXXVI 342).
[11] Vgl. Adagia, 1,2,47 (LB II 89 B-C); Otto 103, Nr. 486.
[12] Vgl. 1Kor 1,19ff. 3,19.

deterreri. Ulcus Sathanę cauterium sentit, vociferatur, intonat, extrema minatur. In proximo est delinquentie filium, ut Tertulianus[13] loquitur, ad interitum iri. Agit animam certe. Interim hac via sub alteri quiescentium[14] numerus in dies adinpletur. Satis est divine misericordie nos in salutem animę[b] esse convictos, qua sic fulcimur, ut in media morte etiam preter eternam vitam sentiamus poenitus nichil[15]. Consoletur te sumopere Gervasium[c] tuarum erumnarum, quas ob Christi gloriam pateris, consortem esse. Refocillet animum tuum me in dies tui praecipue memorem esse apud deum in pręcibus meis. Perrumpe forti, hoc est fideli animo inpiorum cuneos. In procinctu stat dominus, cuius presentissimo subsidio victores abituri sumus[16]. O foelices nos, si ob Christi gloriam periclitari contigerit[17]! Modo dominus adsit iuxta quod pollicitus est[18].

Ceterum de rebus meis non est quod aures tuas obtundere velim. Posthabitis omnibus hoc unum est, quod opto, ut sese mentibus nostris in dies magisque deus insinuet[19], quo consortes[!] adflictionum Christi ipsius vita in nobis manifestetur[20]. Sic transformati ad claritatem corporis eius[21] olim reviviscamus in vitam nunquam interituram[22].

Vale, mee delicie. Uxorem tuam[23], parentem[24] de me semper bene meritum nomine meo plurimum saluta. Ora pro me, frater.

Datum Basilee, 4. octobris anno sesquimillesimo tricesimo secundo.

Gervasius tuus.

[Adresse auf der Rückseite:] Heinricho Bullingero, in domino fratri charissimo meo, Tiguri.

[142]

Bullinger an Philipp von Hessen

Zürich, 22. Oktober 1532
Autographes Konzept[a]: Zürich ZB, Ms K 40, 55, Nr. 4b. Siegelspur
Teildruck: *Pestalozzi* 170f

Dankt für Philipps Brief [Nr. 134]. Wünscht die Einigung aller Evangelischen besonders auch in der Abendmahlsfrage. An den Zürchern soll es nicht fehlen, wie der Landgraf ersehen kann.

b in salutem animę *am Rande nachgetragen.*
c Gervasium *aus* me *korrigiert.*

[13] Quintus Septimus Tertullianus, De carnis resurrectione 24 (CSEL XXXXVII 60).
[14] Vgl. Apk 6,9.
[15] Vgl. Mt 10,39; Joh 5,24f. 11,25f.
[16] Vgl. 1Kor 15,57.
[17] Siehe Mt 5,11.
[18] Siehe Mt 28,20.
[19] Vgl. u. a. Phil 2,13.
[20] Vgl. Gal 4,19.
[21] Vgl. 2Kor 3,18; Phil 3,21.
[22] Vgl. Röm 8,11ff; Kol 3,1ff; 1Petr 1,3f.
[23] Anna Bullinger, geb. Adlischwyler.
[24] Dekan Heinrich Bullinger.

a *Obwohl der Brief adressiert und gefaltet ist sowie Siegelspuren aufweist, handelt es sich nicht um den abgesandten Brief. Anscheinend hat Bullinger, nachdem er den Brief bereits verschlossen hatte, diesen nochmals geöffnet und die in den folgenden textkritischen Anmerkungen erwähnten Korrekturen, bzw. Zusätze angebracht. Wohl wegen dieser Änderungen schien Bullinger das vorliegende Blatt zur Übermittlung nicht mehr geeignet. Tatsächlich trägt es keine Gebrauchsspuren; außerdem wäre es singulär in der Korrespondenz zwischen Philipp und Bullinger, daß ein abgesandter Brief wieder in die Hände des Verfassers gekommen wäre.*

Christlicher durchlüchtiger fürst und herr, min underthänig dienst syend üwern gnaden bevor.

U. g. schryben 15. septembris gethon¹, hab ich mitt fröuden^b empfangenn. Sag uwern fürstlichen gnaden höhen danck alleß früntlichen embietens². Begär ouch vonn gott nitt mee dann einer rächtmässigen³ verglychung⁴ und einigung inn christlicher leer mitt allen denen, so Christum^c rein und luter predigend, und das ghein zwyspallt deß nachtmols Christi under unß wäre, die wir doch sust einmündig⁵ Christum Jesum leerend. Deßhalb wir ouch alleß das willig ze thůn bereyt, das wir mitt der warheyt verantwurten mögind. Hättend deßhalb vermeynt⁶, der hochgelert D. Martin Luther söllte unß nitt wyter trängen⁷, dann wir ye und ye⁸ nachgäbenn und noch⁹ gloubend und beckennend, das inn dem nachtmol Christi der lychnam¹⁰ und blůt Christi also zůgägen sye, wie Christus under den Galathen crützget was, Galath. 3 [1], namlich inn anschowen deß gloubens¹¹, welcher gloub den lychnam Christi warlich, aber nitt natürlich zegägen macht, wie sich dann wyter inn unsern geschrifften¹² erfindt. Schrib ich dorumb, das u. f. g. sähe, daß es an unß der verglychung und einigheyt halben nitt mangel habe und dero begyrig, so ferr wir von der einfallten¹³ warheyt nitt genötigt¹⁴.

Bitt hiemitt u. f. g. abermols, wölle min schryben gůtlich uffnemmen, iro die warheyt vorab und mich befolhenn habenn, ouch^d zöügern¹⁵ dises brieffs gnädencklichen inn u. g. gunst und diensten uffnemmen^e.

Gott wölle üch sinem volck lang bewaren und zů sinen eeren erhallten.

Zürych, 22. oktober 1532.

Üwer fürstlichen genaden underthäniger diener

Heinrych Bullinger.

[Adresse auf der Rückseite:] Dem christlichen durchlüchtigenn fürsten und herren h. Philipsen lantgraffen ze Hessen, minem gnedigenn herrenn.

---

^b *vor* fröuden *gestrichen* grossen.
^c *nach* Christum *gestrichen* Jesum.
^d-e *von* ouch *bis* uffnemmenn aRvB *nachgetragen. Nach* uffnemmenn *gestrichen* und beradten ungezwyfelt wie ich u. f. g. gedienen.

¹ Oben Nr. 134.
² für alle freundlichen Anerbietungen.
³ gerechten, angemessenen (SI IV 443).
⁴ Beilegung des Streits (SI II 601).
⁵ einstimmig, wie aus einem Mund.
⁶ wir hätten deshalb erwartet.
⁷ nicht weiterhin bedrängen. Zur Abendmahlskontroverse zwischen Luther und den Zürchern, die seit dem Frühsommer 1532 mit neuer Heftigkeit entbrannt war, vgl. *Köhler*, ZL II 292–296; *Pestalozzi* 162–168 und oben Nr. 106.
⁸ immerfort (vgl. SI I 21).
⁹ dennoch (SI IV 641).
¹⁰ Leib.
¹¹ Zu dem von Zwingli öfters gebrauchten Begriff «im Anschauen des Glaubens» (contemplatione fidei) s. *Locher,* Grundzüge 585–587.
¹² Zur Abendmahlslehre Bullingers vgl. *Staedtke* 234–254. Ferner auch *Köhler,* ZL II passim.
¹³ einfachen, schlichten (SI I 817).
¹⁴ weggedrängt, gezwungen werden (SI IV 862).
¹⁵ Überbringer, Vorzeiger (Grimm XV 507); unbekannt.

[143]

[Johannes Zwick an Bullinger][1]

Konstanz, 26. Oktober 1532

Autograph: Zürich StA, E II 364, 1f. Siegelspur. – Ungedruckt

Berichtet Gutes über die Lage in Konstanz. Ambrosius [Blarer] ist vorläufig noch in Isny. Günstige Nachrichten von den Türken, die abgezogen sind; die eigenen Truppen sind aber noch nicht zurück. Hat vom Unrecht gehört, das die Zürcher erleiden müssen. Mahnt zur Geduld. Entschuldigt sich dafür, daß er zu wenig häufig schreibt. Grüße.

Salus et pax per Christum.

Summum gaudium est mihi, quod omnes recte valetis, charissime frater. Utinam diu audiam hoc nuntium, maxime ut in domino et virtute spiritus sui quam diutissime salvi sitis. Dominus autem ipse augeat hanc salutem publicitus atque privatim. Et nos bene habemus, maxime cum bene habeat ecclesia nostra dempta zizania[2]. Ambrosius, frater noster, manet Isne. De reditu non sumus certi, sed speramus eum statuisse hybernare apud nos[3].

De bello turcico[4] audimus non infoelicia, scilicet hostem evanuisse. Nescio, quem timorem illi dominus incusserit, cum interim alii hoc tribuant pugnis, idque cum potentiae dei aut voluntatis suae ignominia. Faustum vero nuntium esse potest, si peiora respiciantur. Sed certe satis infęliciter pugnat Germania, cum tanto impendio alternis ferme annis gravatur, etiam si nullum aliud periculum sit. Hostis satis est versipellis. Nam illato damno, occisis et in captivitatem abductis multis, multis incendio perditis, terra misere devastata ipse tandem salvus abit assequutus certe, quod voluit. Nocere enim voluit et nocuit satis superque, rediturus insperato, cum primum voluerit. Quam infoeliciter prudentes sunt in belli negociis Germani, cum non pugnatum credunt, nisi fusis utrinque innumeris copiis, imo nisi ipsi sese miserrime prosternant!

Milites nostri[5] non redierunt, sed reditum expectamus in dies. Abituros hortabar, quibus moribus et quo animo redeundum esset. Utinam tales videamus. Alioqui nosti quid doceant bella. Quodsi vero abusi fuerimus hac victoria, videbimus et experiemur, quam facile sit domino rependere ingratitudinem nostram.

||2. Pręterea audimus vos multis iniustitiis nescio a quibus gravari. Sed utilius exercitium est gravari[6] quam alios gravare. Memineritis vos quoque regnasse. Nolite statim excandescere ad quamvis iniuriam, ne invocetis carnis brachium nec meditemini pro iustitia forte vindictam. Suspectus sit zelus, suspecti sint instigatores quidam, qui pro privatis iniuriis patientia vincendis turbas vellent excitari. Sic dominus

---

[1] Der inhaltliche Zusammenhang mit Nr. 138 ist offenkundig. Als Adressat hat mit größter Wahrscheinlichkeit Bullinger zu gelten.
[2] Vgl. Mt 13,25–30.
[3] Blarer hielt sich auf seiner Heimreise aus Esslingen von September 1532 bis Februar 1533 in Isny auf und kehrte erst im März 1533 nach Konstanz zurück, s. Blarer BW I 387; *Brecht*, 151f; Immanuel *Kammerer*, Die Reformation in Isny, o. O. 1954, S. 22–25.
[4] Über den Verlauf und Ausgang des Türkenzuges von 1532 s. *Turetschek* 318–336 und im speziellen noch Gertrud *Gerhartl*, Die Niederlage der Türken am Steinfeld 1532, [Wien] 1974. – Militärhistorische Schriftenreihe, Heft 26.
[5] Das Aufgebot der Stadt Konstanz.
[6] Zu den Schwierigkeiten Zürichs nach dem Zweiten Landfrieden, insbesondere zum Streit um das Zürcher Messemandat s. HBRG III 329–348; oben S. 129, Anm. 12; unten S. 288f, Anm. 7.

tuebitur tandem causam non vestram, sed suam. Humilitate et patientia in nostram sententiam trahimus et deum et homines. Dominus autem sit nobiscum. Amen.

Exigis[7] a me frequentes literas, quas ego abs te quoque exigo, quanquam sciam, quibus negotiis et studiis obruaris [!]. Mihi etsi otium esset, non tamen ingenium est scribendi. Alioqui nunquam non scriberem «obruaris».

Quantum fieri potuit, subventum est huic misero[8], sed non pro necessitate. Non credis, quam non possit a nobis fieri, quod tamen omnibus votis optamus.

Pro humanitate et benevolentia vestra mihi praestita, cum apud vos essem[9], non cesso habere gratias. Et per te saluto omnes hospites et convivas. Tu adde nomina.

Pellicanum patrem in primis salvum iubeo. Utinam uxor tua[10], liberi, familia et omnia tua salva sint.

Atramentarium parabo.

Vale.

Constantiae, 26. octobris 1532.

[Ohne Adresse.]

[144]

Konrad Geßner an Bullinger

[Straßburg, Ende Oktober 1532][1]

Abschrift[a]: Zürich ZB, Ms S 32, 156. – Übersetzung: *Hanhart* 17–19

Beklagt sich über die zeitraubenden Verpflichtungen, die ihn daran hindern, seinen Wünschen gemäß das Studium zu betreiben. Bittet Bullinger um Rat und Hilfe. Ein Stipendium würde ihm erlauben, womöglich in Zürich weiter zu studieren.

Incomparabili heroi M. Henrico Bullingero, verbi apud Tigurinos ministro, patrono reverendo.

---

[7] Ein diesbezüglicher schriftlicher Wunsch Bullingers ist nicht erhalten.

[8] Vielleicht Ulrich Eckstein, s. oben S. 244, Anm. 2.

[9] Siehe ebenda, Anm. 1.

[10] Anna Bullinger, geb. Adlischwyler.

[a] Nach einer Notiz Simlers wurde dieser Brief nebst 7 weiteren Geßnerbriefen aus den in Schaffhausen liegenden Originalen kopiert. Ebenfalls Schaffhausen als Standort der Autographen nennt eine weitere Zürcher Abschrift von 8 Geßnerbriefen (Zürich ZB, Ms V 320, Nr. 3). Die Nachforschungen des Schaffhauser Staatsarchivars, Dr. Hans Lieb, ergaben folgendes Resultat: Diese Briefe Geßners kamen offenbar im 17. Jahrhundert in die Sammlung des Basler Gelehrten Ludwig Lucius (ADB XIX 354f; Basel, Matrikel II 383) und mit seinem Nachluß in die Hände seines Schaffhauser Enkels und Urenkels Heinrich Screta (1637–1689) und Ludwig Lucius Screta (1662–1715), die sie 1688 der Bürgerbibliothek schenkten (HBLS VI 318; Verzeichnis der Inkunabeln und Handschriften der Schaffhauser Stadtbibliothek, Schaffhausen 1903, S. 94). Die einst in vier Bände gebundene Briefsammlung (Stadtbibliothek Schaffhausen, Scaphusiana 5–8) enthielt nach dem zeitgenössischen Verzeichnis der 7. Abteilung des 4. Bandes an neunter Stelle ‹Cunradi Gesneri epistolae IIX ad varios nunquam hactenus editae› (Scaphusiana 8/7,1), die bei der Auftrennung und Erschließung des Bestandes im Januar 1968 fehlten. Offenbar waren sie irgendwann zwischen dem 18. und 20. Jahrhundert aus dem Band herausgenommen worden. Ob sie für immer verloren sind, oder ob ein Zufall sie einmal wieder ans Licht bringen wird, bleibt freilich offen.

[1] Der Brief wurde wahrscheinlich in der zweiten Hälfte von Geßners Straßburger Aufenthalt, wohl nicht allzu knapp vor der von Capito am 17. November angekündigten Rückkehr (s. unten S. 261,2) verfaßt.

S. Mearum hic rerum plane suspensus haereo, quid agam incertus². Ad te confugio, opem imploro tuam. Spe et consilio destitutus sum omni tu nisi tuteris opem, actum erit de me. Quid enim misero reliquum esset spei, cui adeo citra omnem fructum iuventutem perit irreparabile tempus³? Praetervolat, inquam, iuventus[b], articulus studendi optimus, meque relicto clamat: οὐδεὶς ἐμὲ δράξεται ἐξόπισθεν. Quantulum studendi relictum sit illis tempus, qui in tantis dominorum versantur negotiis, ipse coniicere potes. Nulla hora, immo nullum momentum est, quod meum dicere licet, quodve libere musis indulgeam. Nosti illud Homericum:
Ἥμισυ γάρ τ' ἀπετῆς ἀποαίνυται εὐρύοπα Ζεύς
'Ανέρος, εὖτ' ἄν μιν κατὰ δούλιον ἦμαρ ἕλῃσιν⁴.
Rogo itaque humanitatem tuam, consilium aliquod rerum mearum mihi dubio praestare dignetur. Si mihi stipendium non tenuius aliorum stipendio permittetur, ad vos, cum licebit, redibo⁵. Sin minus, musae invito relinquendae erunt. Certior per te fieri, quam primum licebit, cupio, ut, quid agam, quamprimum sciam.
Vale, et me tuae humanitati commendatum habe.
Γουνοῦμαί σε, ἄναξ, σὺ δέ μ' ἐντρέπῃ ἠδ' ἐλέησον⁶.
Plurimum te salutat cum reliquis fratribus dominus meus Capito. Vale iterum.
Datum raptim in aedibus Capitonis.

Tuus ad pedes
Conradus Gesnerus.

[145]

Sebastian Locher¹ an Bullinger

[Ohne Ort, Ende Oktober/Anfang November 1532?]²
Autograph: Zürich StA, E II 441, 593. Siegelspur. – Ungedruckt

Dankt umständlich für einen Brief Bullingers. Erinnerung an den gemeinsamen Freund Leonhard Wirth, über den er nichts Neues weiß. Über Bullinger hat er von verschiedenen Seiten Nachrichten bekommen. Bullingers außergewöhnliche Qualitäten sind ihm schon während der gemeinsamen Studienzeit bekannt gewesen.

Pridie nonas octobris³ praeter spem mihi tue advolarunt litere⁴, doctissime Heinriche, easque perinde ac germano fratre conscriptas exosculatus ibi, inquam, veteris

---

[b] iuventus *übergeschrieben, ersetzt ein gestrichenes* tempu.

2 Zur Situation Geßners im Hause Capitos vgl. *Hanhart* 16f.
3 Vgl. Vergil, Georgica 3,284.
4 Homer, Odyssee 17, 322f.
5 Ende November 1532 war Geßner wieder in Zürich, s. oben Anm. 1 und *Hanhart* 19f.
6 Vgl. Homer, Ilias 21,74; αἴδεο καί μ' bewußt durch ἐντρέπῃ ἠδ' ersetzt.

1 Sebastian Locher war, wie aus diesem Brief hervorgeht, ein Studienfreund Bullingers und ist auch im Mai 1522 in Köln immatrikuliert worden (Köln, Matrikel II 846). Er stammte wohl aus dem schwäbischen Friedberg. In Bullingers Diarium und bei *Krafft* wird Locher nicht erwähnt. Über seinen Aufenthalt und seine Tätigkeit ist nichts bekannt. Weitere Briefe von oder an Locher sind nicht erhalten.

2 Oktober/November 1532 scheint als frühestmögliche Datierung in Frage zu kommen. Hätte der Briefwechsel 1531 stattgefunden, im Jahr als das erwähnte Werk Francks erschien (s. unten Anm. 12), würde man mindestens eine Andeutung zur damaligen kriegerischen Situation erwarten.
3 6. Oktober.
4 Nicht erhalten.

amici memoriam nondum obliteratam cernere licuit. Quum ergo tu prior me literis tuis mellitissimis, tum munere haud penitendo salutaveris et veterem amicitiam ex animo restauratam utrinque exoptes, certe inhumanum non solum, verum inniquum tam iusta postulanti denegare arbitratus, ipse ego mihi subducar, priusquam te veteranum amicum simul et Leonhardum Wirt[5], cuius in tua epistola meministi, in memoria habere destitero, quorum familiaritate multum usum [!] fueram. Certe, si monito obtemperassem[a] utrorumque, literis melioribus auspiciis navassem. Tandem sero sapiunt Phriges[6]. Is, inquam, comunis noster amicus mihi necessitudine adeo astrictus, ut ipsum in praesidium habuerim, anne in vivis agit, certum non habeo. Is Doctore Cesario[7] brevi eminebat doctrina, ut miraculo dabatur. De te autem subinde certior factus tum fratre Iacobo, viatore Coloniensi[8], tum relatu doctorum, quum adhuc Capelle[9] agebas. Ut autem illesa maneat amicicia, vicissim te meis salutem literis imperas. Pudore certo suffundor inscitiam meam prodere, presertim quum ab ineunte etate omnibus numeris non modo literis, sed morum integritate absolutissimum te iam olim perspectum habeam, preterquam quod in confinio una[b] agitabamus, scilicet studium comune erat, apud predicatores subinde librariam[10] frequentabamus tibique in tantum frequens erat lectio, ut oculis tuis multum detrimentum attuleras, ut mihi tanquam intimo sepe conquestus. Inprimis Crisostomo[11], aureo illi ori et huius farine maximeque orthodoxe fidei doctissimo quo non alius magis insudabas. Facile omnium testimonio iam tum specimen magni viri praebueras. Nunc orbis tante indolis fetura fruitur. Non solum patriam illustres[!] tuam, imo citra controversiam piorum celebre nomen posteritati relinquis. Lucubrationes diurne tibi patrocinantur, ne dicam, quod Francus ille Werdensis te orbi comendavit[12]. Proinde, quo arctior nostra amicicia utrinque permaneat, tibi rescribere non gravatus – non enim polliciem[13] scripti, sed animi candorem in me agnos-

---

[a] obtemperassem *übergeschrieben.*
[b] una *am Rande nachgetragen.*

[5] Leonhard Wirth aus Lichtensteig (Kt. St. Gallen) studierte 1518 in Basel (Basel, Matrikel I 338, Nr. 30) und zusammen mit Bullinger in Köln (HBD 7,7f). Von 1523–25 war Wirth Kaplan in Lichtensteig (*Staerkle* 275). Nach Kessler, Sabbata 155,6–11 gehörte ein Leonhard Wirth aus Lichtensteig seit 1525 zum täuferischen Kreis in St. Gallen. Mit dem später in Basel ansäßigen Leonhard Wirt (Hospinian; s. oben S. 38, Anm. 21) scheinen keine Verbindungen zu bestehen.

[6] Adagia, 1,1,28 (LB II 37f).

[7] Johannes Caesarius, ca. 1468–1550, war ein Repräsentant der «devotio moderna» und wirkte als Lehrer am Niederrhein und in Westfalen. Außer Bullinger zählten zu seinen Schülern u. a. Glarean, Petrus Mosellanus, Agrippa von Nettesheim. Bullinger unterhielt mit seinem Lehrer eine dauernde Brieffreundschaft (s. *Krafft* 123–137). – Lit.: *Krafft* 32–36; Heinrich *Grimm*, in: NDB III 90f.

[8] Der Kölner Bote ist nicht näher bekannt, s. oben S. 104, Anm. 5.

[9] Kappel am Albis, wo Bullinger als Klosterlehrer gewirkt hatte.

[10] Bullinger berichtet in seinem Diarium über seine Besuche in der Bibliothek der Dominikaner (HBD 5,22–26); vgl. dazu noch *Blanke* 50f.

[11] Vgl. HBD 6,1f; zu Bullingers Kenntnis des Chrysostomos s. *Staedtke* 17.19 und *Hausammann*, Reg.

[12] Sebastian Franck zitiert in seiner 1531 in Straßburg erschienenen «Chronica, zeytbüch und geschychtbibel» Bullingers Werke gegen Bilder und Messe (f.405r.) und vor allem gegen die Wiedertäufer (f.405r.–406v.). Letzteres (HBBibl I 28) erschien nur kurze Zeit vor Francks Chronik ebenfalls 1531. s. *Fast* 30 und S. L. *Verheus*, Zeugnis und Gericht. Kirchengeschichtliche Betrachtungen bei Sebastian Franck und Matthias Flacius, Nieuwkoop 1971, S. 37.

[13] Offenbar neu gebildetes Substantiv zu politus.

cas velim – agerem tecum diffusiore epistola, ni mole rerum districtus foret ob vindemiam. Ceterum de statu condicioneque mea per tabellionem[14] patefiunt[!].

Vale in domino.

Sebastianus ille tuus Locherus.

[Adresse auf der Rückseite:] Perspectae eruditionis viro, Magistro Heinricho Bullingero, amico suo veteri.

[146]

Berchtold Haller an Bullinger

[Bern], 9. November 1532

Autograph: Zürich StA, E II 343,7. Siegelspur. – Ungedruckt

Amtsgeschäfte verhinderten Haller, Bullingers Briefe früher zu beantworten; die Visitation der Berner Kirche nahm drei Wochen in Anspruch. Haller bedauert die Freilassung von Onofrius Setzstab. Eine Anstellung für Paul Rasdorfer zu finden, war noch nicht möglich.

S. Quod ad frequentes et eas quidem gratissimas epistolas[1], charissime frater, nihil responderim, non negligentię, sed absentię potius ascribas. Invisimus capitulatim universi agri ministros[2], atque id per tres septimanas, et ecclesiarum, ministrorum, simul et praefectorum tum negligentiam, tum vigilantiam ita percontati sumus, ut nihil certius nunc senatui nostro offerre possimus quam sui agri statum. Convocantur 10. novembris omnes praefecti in urbem nostram. Commendabitur illis, quatenus maiori studio dei gloriam promoveant, vitiis obstent, quam hactenus factum sit. Utinam senatus uterque pro voto et ex animo omnia agat. Dedimus illi in manus, quid, cum quibus et quo ordine omnia agere debeant. Invenimus etiam profectum capitulorum, dum ita a nobis visitantur. Observamus doctrinę, morum et vitę, familię, ecclesiarum et praefectorum censuram, instamus monendo et minando quam constantissime, et sentimus, quantum obfuerit hactenus oscitantia nostra. Monuimus fratres omnes, quatenus omnibus viribus, sed solida veritate et modestia, se papismo opponant totamque illam religionem ita depingant, ut nemo non sit, qui imposturam illam intelligat. Monuimus, ut omnium rerum et hominum turbam, temporum pericula, iram domini imminentem perpendant instare securim ad arboris radicem[3]. Hęc me impedierunt, ut hactenus nihil responderim.

Remitto, quae petis. Displicet nebulonis illius redempta captivitas[4], et utinam non reddatur illa benignitate deterior, quemadmodum apud nos omnes fieri soleat.

Paulum Rasdorffer vellem ex animo apud nos habere locum, sed nulla dum se obtulit occasio. Quam primum hominem iuvare poterimus, nemo apud nos illi deerit. Ipse scis, quam plebs abominetur linguam alienam[5].

[14] Unbekannt.

[1] Nicht erhalten.
[2] Zur Visitation vom Oktober 1532 vgl. *de Quervain* 16f; *Pestalozzi, Haller* 54.
[3] Vgl. Mt 3,10 par.
[4] Onofrius Setzstab wurde am 30. Oktober 1532 nur zum Widerruf seiner Schmähungen verurteilt und freigelassen, s. oben S. 242, Anm. 7.
[5] Zum Mißtrauen des Landvolkes fremden Predigern gegenüber vgl. *de Quervain* 231.

Nulla apud nos sunt nova. Expectamus a comitiis⁶. Interim si quid apud vos acciderit, scribe.

Vale et deum pro nobis ora.

9. novembris anno 32.

Tuum minimum nummisma.

[Adresse auf der Rückseite:] Heinrico Bullingero, Tigurinę ecclesię ministro vigilantissimo, fratri suo omnium et semper charissimo.

[147]

Hans Vogler an Bullinger

Elgg[1], 11. November 1532
Autograph: Zürich StA, E II 351, 148. Siegelspur
Regest: ASchweizerRef IV 1976

Nachricht über seine Angelegenheiten auf der Tagsatzung in Frauenfeld. Will selbst an einem Tag in Zürich erscheinen und dort mit Peter Weber zusammentreffen. Grüße.

Gnad und frid von gott unserem fatter durch Christum etc.

Min herr, gliepter brůder. Mins handels[2] halb stat es also in der sum[3], daß ich nie gen Frowenfeld[4] komen bin, sonder min husfrowen[5] dar[6] geschickt mit den frůnden[7]. Also haind[8] die übrigen ortt, Bern, Basel, Schafhusen, für mich mit mi[ne]r husfrowen petten[9], der gstalt: so sy mich der ernn[10], lips und lebens sichren[11], so welt[12] ich mich ergeben[13]. Welches mi[ner] herren botten und aller gfallen also gsin. Also haind sy das pitt[14] inn abschaid[15] genomen an ir herren und uff nächsten täg zů Baden, sontag über 4 wochen[16], gsetztt[17] zů antwurten. Doch haind m[in] g[nädig] h[erren] die acht ortt[18] min widerpart haim lassen gon[19] und inen kain witer uftrag geben, welches[20] sy fast[21] unwillig sind gsin. Des übrigen, wils gott, wil ich üch muntlich brichten.

---

[1] Elgg (Kt. Zürich).
[2] Über Voglers Rechtshandel mit den Rheintalern und den katholischen Orten vgl. oben S. 33, Anm. 5.
[3] in der Hauptsache, Zusammenfassung (SI VII 971).
[4] In Frauenfeld fand vom 4. bis 10. November 1532 eine Tagsatzung statt. Vogler, der schon auf der Septembertagsatzung in Baden erschienen war (EA IV/1b 1398 g.), wurde auf diesen Tag verwiesen. Vogler bat in Baden auch um Verlängerung seines Geleits (EA IV/1b 1400 t.).
[5] Ehefrau. – Appolonia Baumgartner.
[6] dahin.
[7] Verwandten (SI I 1303f).
[8] haben.
[9] gebeten.
[10] Ehren.
[11] sicheres Geleit zugestehen.
[12] wolle.
[13] Vgl. EA IV/1b 1424 l.
[14] die Bitte von Frau Vogler und der genannten Städte.
[15] das Verhandlungsprotokoll der Tagsatzung (SI VIII 202).
[16] Diese Tagsatzung in Baden begann am 16. Dezember 1532. Zur Sache vgl. EA IV/1b 1452 k.
[17] festgesetzt, bestimmt.
[18] die acht im Rheintal regierenden Orte.
[19] gehen.
[20] dessen.
[21] fest, heftig, sehr (SI I 1111).

[6] Gemeint ist die Eidgenössische Tagsatzung in Frauenfeld vom 4. bis 10. November 1532, s. EA IV/1b 1422–1427.

Witer hör ich, m[iner] g[nädigen] h[erren] von Zürich und h[err] apt S. Gallen sach²² syg überhe²³. Item ich hör, m[iner] heren botten habend für Peter Weber²⁴ petten. Hab h[erren] apt geantwurt, sinthalb²⁵ dörff nit sorg²⁶; desglich well er gegen den puren²⁷, welche der handel betreffe, das best thon²⁸. Doch werden potten alle ding gruntlich ansagen. Pitt üch, so es üch komlich²⁹ ist, Petern Weber, wie ich hör³⁰, zu offnen³¹, bis ich kom.

Item ich hör, es syg ain tag gen Zürich uff Othmary³² gsetzt³³, von Müsser gelt wegen³⁴. Ich acht, hoptmann Berweger kom dar bott³⁵ von Apenzell. Des wil ich warten, wils gott, mit im komen.

M[ine] h[erren] die aidtgnossen kond³⁶ morn erst gen Tänicken³⁷.

Gott sterck üch und uns. Grützend mir üwer lieb husfrowen³⁸, fatter³⁹, müter⁴⁰, gsind. Bittend gott für uns.

Actum Elgow, uff Martini anno 32 jar.

Ü[wer] armer Hans Vogler.

[Adresse auf der Rückseite:] An min gelieptten hernn und günner M. Hainrich Pullingern, prediger der statt gmain Zurych, zů hannden.

---

²² Dazu EA IV/1b 1425 s.; ferner auch ASchweizerRef IV 1966 und 1977.
²³ wohl «überhin» im Sinne von: vorbei, erledigt.
²⁴ Peter Weber, Statthalter von Wil (Kt. St. Gallen), spielte hier eine ähnliche Rolle wie Vogler im Rheintal und erlitt ein analoges Schicksal. Nach der Wende von Kappel wurde er sowohl durch den Abt von St. Gallen als auch durch seine Untertanen mit Rechtsansprüchen bedrängt. Zürich machte sich dabei in allerdings zurückhaltender Weise zum Anwalt der Interessen Webers, vgl. dazu EA IV/1b 1325.1333; ASchweizerRef IV 1565.1655; Vadian, Diarium 320,25–39.
²⁵ seinetwegen.
²⁶ wohl: bedürfe es keiner Sorge.
²⁷ gegen die Bauern.
²⁸ Vgl. das Schreiben des Abtes von St. Gallen an Zürich vom 17. November 1532 (ASchweizerRef IV 1994).
²⁹ passend, gelegen (SI III 285).
³⁰ gehört habe.
³¹ eröffnen, bekanntgeben.
³² 16. November.
³³ Eine Tagsatzung fand in Zürich vom 19. bis 21. November statt (s. EA IV/1b 1435–1440).
³⁴ Tatsächlich ging es auf dieser Tagsatzung um die Frage von Entschädigungen für Auslagen anläßlich des Müsserkrieges. Über den Krieg selbst vgl. Heinrich Zeller-Werdmüller, Der Kampf gegen den Tyrannen von Musso am Comersee in den Jahren 1531–1532, Zürich 1883. – 78. Njbl., hg. v. der Feuerwerker-Gesellschaft in Zürich auf das Jahr 1883.
³⁵ komme dahin als Bote. – Ob Bartholomäus Berweger tatsächlich an diese Tagsatzung abgeordnet wurde, ist nicht bekannt.
³⁶ kommen.
³⁷ Tänikon (Kt. Thurgau). Das dortige Zisterzienserinnenkloster wurde seit 1532 von einem weltlichen Vogt verwaltet, dessen Rechnung am 12. November 1532 abgenommen wurde (vgl. EA IV/1b 1429 b.).
³⁸ Anna Bullinger, geb. Adlischwyler.
³⁹ Dekan Heinrich Bullinger.
⁴⁰ Anna Bullinger, geb. Wiederkehr.

[148]

Berchtold Haller an Bullinger

[Bern], 12. November [1532]¹

Autograph: Zürich StA, E II 343,41. Siegelspur. – Ungedruckt

Meldet Gerüchte über geheime Angriffspläne der V Orte und mahnt zur Wachsamkeit.

Gratiam et pacem a domino.

Ad nundinas nostras martinianas scribunt Miconius et Sultzerus noster², quis sit non solum rumor, sed et fama apud eos, nempe, cum in extendendo imperio suo Immontanos³ totos esse constet, non solum communis ditionis⁴ partem subigere sibi proposuisse, sed et lacum Tigurinum et Bernatium superiorum vallium partem lacubus adiacentem, atque id molituros esse non aperte, sed conspirationibus clanculariis⁵. Hoc igitur ubi ignoraveris, te monuisse velim, non quod verear facto nefandum facinus aggressuros, nisi ea sit virga, qua dominus e cęlo minatur, sed ut accuratius consilia quorundam notentur, qui sibi videntur patrię patres. Nos apud privatos, quibus erat credendum, ęgimus, quae potuimus, id quod te quoque facturum minime dubito. Cęterum salvi sitis omnes. Scribe, quoties ocium permittat negociumque exigat.

12. novembris.

Tuum minimum nummisma.

[Adresse auf der Rückseite:] Heinrico Bullingero, fratri suo charissimo.

[149]

Lorenz Meyer¹ an Bullinger

Stammheim, 14. November 1532

Autograph: Zürich StA, E II 441, 768. Siegelspur. – Ungedruckt

Läßt Bullinger durch Erasmus Schmid ein deutsches Gedicht und ein lateinisches Epigramm gegen die Verunglimpfungen Zwinglis zukommen. Erhofft wohlwollende Aufnahme, da ihm Bullingers Urteil besonders viel bedeutet. Grüße. Bittet um Bullingers Fürsprache bei seinem Gläubiger, Froschauer, den er bald zu befriedigen verspricht.

1. Der Inhalt des vorliegenden Briefes, Sulzers Anwesenheit in Basel, die nervöse politische Atmosphäre, die Gerüchte über geheime Pläne der V Orte hinsichtlich der Gemeinen Herrschaften etc. weisen auf das Jahr 1532 hin. In der Simlerschen Sammlung (Zürich ZB, Ms S 32, Nr. 152) wurde das Datum von 1533 auf 1532 korrigiert; vgl. auch unten Nr. 150.
2. Der Brief scheint nicht erhalten zu sein.
3. Die V Orte.
4. der Gemeinen Herrschaften.
5. Zur gespannten Atmosphäre und zu ähnlichen Gerüchten im November 1532 vgl. ASchweizerRef IV 1984; HBRG III 330f; *Pestalozzi* 113f. Zum Mandatstreit s. unten S. 288f, Anm. 7.

1. Lorenz Meyer (Agricola), 1497–1564, aus Winterthur, studierte 1520 in Basel und wurde 1523 Helfer Leo Juds an St. Peter in Zürich. Wegen des Verdachts der Beteiligung an Bilderzerstörungen wurde er gefangengenommen, doch mangels Beweisen wieder freigelassen (AZürcherRef 414). Als Pfarrer in Stammheim (Kt. Zürich), 1524–

Laurentius Agricola Vituduranus Heinricho Bullingero, viro claro, docto, pio et imprimis humano. S.

Mitto ad te, Bullingere doctissime, carmen lingua nostra, hoc est germanica, scriptum² et epigramma «In Zingliomastigas»³, propterea ut tibi, viro humanissimo, partim amorem erga defunctum Zinglium exponerem, partim, quę pollicitus, cum in urbe essem, praestarem, et quod tunc postulabas, nunc ferente Erasmo Fabritio⁴, viro erudito et gravi, acciperes. Etsi leviora tua gravitate, tamen tua meam afficit tenuitatem humanitas, immo amor erga te meus perennis iussit hęc macra ad te dare poemata. Sanctissime mecum egisse deos arbitror, si hęc tibi – cęteros tetricos censores nihil moror – placuerint iudicioque tuo vel steterint vel ceciderint.

Vale in Christo servatore nostro. Is te nobis diu servet superstitem et incolumem. Amen.

Sthammę, 14. novembris anno cędis Zinglii nostri altero⁵.

Saphico⁶ extremam manum nondum imposui. Brevi ad te mittam vel ipse portabo. Parentes⁷ valere tuos sanctissimos una cum honestissima uxore tua⁸ cupio valde. Acerbitatem Christophori calcographi⁹, oro, tua dulcedine velis redulcorare; ob debiti ęris tarditatem in me factus inhumanior. Ego vero sic me urgente necessitate non malitia pecco, sed ęris penuria. Vina¹⁰ nondum vendidi, redditus annales nondum accepi. Quam primum vina vendidero, sancta fide polliceor iustam ei debiti pecuniam missurum. Fac, quod postulo. Quod promisi, curabo sedulo.

[Adresse auf der Rückseite:] H[einricho] B[ullingero], ecclesiasti Tigurino.

1543, setzte er sich für die Reformation ein. 1527 wurde er Dekan des Kapitels Stein, 1528 nahm er an der Berner Disputation teil. Wegen Ehebruchs wurde er im Oktober 1543 abgesetzt und kurz gefangengehalten (Zürich StA, Synodalakten, E II 1,295f). Dank Frechts Empfehlung fand er Anstellung im pfalz-neuburgischen Gebiet, wo er an verschiedenen Orten als Prediger, bzw. als Diakon wirkte. Im Frühjahr 1545 wurde Meyer wieder in die Zürcher Synode aufgenommen, blieb aber noch in Ottheinrichs I. Dienst. Nach kurzer Tätigkeit in Augsburg wurde er 1547 Pfarrer in Schwanden (Kt. Glarus), 1552 in Dällikon (Kt. Zürich), 1555 in Lauingen an der Donau und von 1557 bis zu seinem Tod im zürcherischen Oberglatt. Meyer darf als einer der originellsten Köpfe der Zürcher Reformation angesehen werden, war aber offenbar von unstetem, schwierigem Charakter. Er verfaßte Gedichte auf Zeitereignisse und ein militärwissenschaftliches Werk. Mehrere Briefe Meyers an Bullinger, den er möglicherweise an der Berner Disputation kennenlernte, sind erhalten. – Lit.: AZürcherRef, Reg.; Z XI, Reg.; Basel, Matrikel I 344; Karl *Schottenloher,* Pfalzgraf Ottheinrich und das Buch. Ein Beitrag zur Geschichte der evangelischen Publizistik, Münster 1927. – RGST L/LI, S. 26.41.63.133–135.193; Emanuel *Dejung,* Die Meyer von Winterthur, Njbl. der Stadtbibliothek Winterthur 1939, S. 10–12; Markus *Jenny,* Zwingli-Epitaphe, in: Zwa X 258–260; Jean-Pierre *Bodmer,* Eine antitridentinische Karikatur von Pfarrer Lorenz Meyer, in: Festgabe Leonhard von Muralt, Zürich 1970, S. 221–227; Pfarrerbuch 434; Weigel-Wopper-Ammon, Neuburgisches Pfarrerbuch, Kallmünz 1967, S. 2, Nr. 11; Hans Wiedemann, Augsburger Pfarrerbuch. Die evangelischen Geistlichen der Reichsstadt Augsburg 1524–1806, Nürnberg 1962. – Einzelarbeiten aus der Kirchengeschichte Bayerns, Band XXXVIII, S. 29, Nr. 161.

2 Nicht nachweisbar.
3 Gedruckt bei *Jenny,* aaO. Der Titel des Gedichts bedeutet soviel wie «Gegen die Zwingli-Geißelungen».
4 Der aus Stein am Rhein stammende Erasmus Schmid, damals Pfarrer in Zollikon, kam vermutlich anläßlich eines Besuches seiner Vaterstadt bei Meyer vorbei.
5 Im zweiten Jahr nach Zwinglis Tod, d. h. 1532.
6 Eine sapphische Ode Meyers ist nicht nachweisbar.
7 Dekan Heinrich und Anna Bullinger, geb. Wiederkehr.
8 Anna Bullinger, geb. Adlischwyler.
9 Weshalb Meyer bei Froschauer Schulden hatte, ist nicht bekannt.
10 Der Weinzehnte, der zu einem Teil verkauft

[150]

Berchtold Haller an Bullinger

[Bern], 15. November [1532][1]

Autograph: Zürich StA, E II 343, 102. Siegelspur. – Ungedruckt

Mitteilungen von Nachrichten aus Basel: Die Armee des Kaisers soll in Oberitalien überwintern, was die V Orte in ihrer unnachgiebigen Haltung gegenüber den Reformierten weiter bestärken dürfte; darum sollten diese zusammenhalten. Dem bernischen Abgesandten Hans Franz Nägeli kann man vertrauen. Haller bittet um weitere Nachrichten.

Gratiam et pacem a domino.

Hac die denuo monemur a Miconio[2], monentur et primates nostri a primis urbis Basiliensis[3] cesarem Mediolanensi arce hiematurum dissipato exercitu[4] per totam Italiam ad lacum Cumanum et Bellinzonam usque. Quo potissimum freti Immontani vos urgent pro veritate ex edicto[5] eluenda. Quod si impetrarint, maiora in nos sint attentaturi. Proinde eliminato ex Helvetia evangelio imperii civitates facile sit papismo restituturus. Hinc consultum videtur Basiliensibus, quatenus cum civitatibus et inter nos maxime conveniret, qui civitate iuncti fuimus[6]. Nec nobis defuturum Gallum – cui tamen parum fido –, quod suum habeat cum christianis civitatibus colloquium. Fama item apud nos publica est Immontanos a Gallo defecisse[7]. Sed missa sint hęc[8]. Tu cogita, et communica, quibus debes.

Legatus ille noster Franciscus Nägeli[9] talis est, cui omnia tutissime credere poteris. Quem velim non sinas abire insalutatum. Pius est et auctoritatem habet apud nos. Quantumvis iuvenis sit, constans tamen est et virum agit. Si quae tu nova habes, communica. Aliud nihil habeo.

Vale.

---

wurde, bildete eine wesentliche Einnahmequelle.

[1] Die Jahreszahl ist aus dem Inhalt ersichtlich, s. noch Anm. 4 und 5.

[2] Der Brief von Oswald Myconius an Haller oder an die Kirche in Bern ist nicht erhalten.

[3] Das betreffende Schreiben von Basel an Bern ist nicht erhalten.

[4] Gemeint ist die kaiserliche Armee nach dem erfolglosen Türkenkrieg von 1532, vgl. oben S. 251, 8–18. Zum Gerücht vom Winterlager des kaiserlichen Heeres s. PC II 177.

[5] Das Zürcher Messemandat vom 29. Mai 1532, s. oben S. 129, Anm. 12; zu dem mit den V Orten um dieses Mandat geführten Streit s. unten S. 288f, Anm. 7.

[6] Zu den Bemühungen der Basler, vor allem des Myconius, um die Einigkeit unter den evangelischen Städten s. *Kirchhofer*, Myconius 114–127 und Friedrich *Rudolf*, Ein Aussöhnungsversuch zwischen Zürich und Bern nach dem Briefwechsel Bullinger-Myconius 1533–1534, in: Zwa VII 504–521.

[7] Vgl. oben S. 247, 29–31.

[8] Eine schriftliche Mitteilung ist nicht bekannt.

[9] Hans Franz Nägeli, etwa 1500–1579, aus Berner Adelsgeschlecht, oberster Hauptmann bei der Eroberung der Waadt 1536, 1540–1568 Schultheiß und während mehr als dreißig Jahren mächtigster Mann in Bern. Nägeli kam als Abgeordneter Berns an die Tagsatzung in Zürich vom 19. bis 21. November 1532 (EA IV/1b 1435–1440) und traf bei dieser Gelegenheit Bullinger wohl zum ersten Mal. Ein Brief Bullingers an Nägeli aus dem Jahr 1548 ist erhalten. – Lit.: R[udolf] *von Sinner*, Hans Franz Nägeli. Ein biographischer Versuch, in: Berner Taschenbuch, Jg. 22, 1873, S. 1–113; Oskar *Vasella*, Der Krieg Berns gegen Savoyen im Jahre 1536 und die Unterwerfung savoyischer Territorien nach den amtlichen Aufzeichnungen der bernischen Kanzlei, in: ZSKG XXIX, 1935, 239–274. XXX, 1936, 1–24.81–106.201–224.293–319; *Feller* II 330f; Emil *Blösch*, in: ADB XXIII 219–221; HBLS V 230.

Nocte intempesta, 15. novembris.
Scribe, num acceperis et tuas et meas literas[10].

Tuum minimum nummisma.

[Adresse auf der Rückseite:] An Meister Heinrich Bullinger, prędicanten ze Zürich, sinem günstigen herren und brůder.

[151]

Wolfgang Capito an Bullinger und Leo Jud
Straßburg, 17. November 1532
Autograph: Zürich StA, E II 347, 33. Siegelspur. – Ungedruckt

Lobt Konrad Geßner, der als Briefüberbringer von Straßburg nach Zürich kommt, und rät, ihn mit einem Stipendium in der Fremde studieren zu lassen. Angeblich überwintert der Kaiser mit spanischen Truppen zur Einschüchterung der Eidgenossen in Mailand. Grüße.

Gratiam et pacem.
Cur nunc vos adeat Conradus meus, adolescens non solum spei summę, sed rei non penitendę, ipse coram exponet[1]. Quem oro curabitis aut provisum stipendio[2] aut velut emancipatum factumque sui iuris. Ego tum eius indolis primę curam in me suscipiam daboque operam, ut praeter ingenii cultum et fructum pietatis conditionem vivendi opportunam inveniat. Comites[3] itineris invenit me non sperante. Iccirco paucis vix licuit. Alioqui fortassis avidum consilium iuvenis meamque indulgentiam levem dicetis, qui ex abrupto in iter nos coniecimus. Verum existimo pensitaturos vos, quid iuveni[a] tum patriam, tum parentem[4] solatio destitutum amanti[b] permittendum. Valete, et communem foeturam nostram – nam eius partem et mihi vendico – absolvite tandem in perfectum, id est, operam date, ut honesto pro voto stipendio adornatus aliquo abmandetur invisurus varios hominum mores et urbes.
Rumor, scio, istic adversus est cesarem cum suis Hispanis Mediolani hiematurum causa territandę gentis Elveticę[5]. In consiliis cesareanis talia multa iactantur, nihil addubito, et forte terrores in speciem intentabunt adversarii. Atqui nihil serii adversum vos geretur gnaviter ac pie conantes. Duo sunt, quę considero in cesare, animum a bellis abhorrentem et studium thesauri infiniti aggerendi. Novit bellum

---

[10] Es handelt sich sicherlich um diesen Brief und ein von Haller zurückgesandtes Schreiben Bullingers.

[a] iuveni *statt gestrichenem* amanti.
[b] amanti *übergeschrieben.*

[1] Zu Konrad Geßners Wunsch, nach Zürich zurückzukehren s. oben S. 253, 14f.
[2] Tatsächlich erhielt Geßner im folgenden Jahr ein Stipendium und verließ im Februar 1533 zusammen mit Johannes Fries für zwei Jahre Zürich, s. *Fischer* 13f.
[3] Unbekannt.
[4] Geßners Mutter Agathe, geb. Frick. Der Vater fiel in der Schlacht von Kappel, s. *Fischer* 9.11f.
[5] Karl V. verbrachte von Wien kommend die Zeit zwischen 6. November und 7. Dezember 1532 in Mantua und hielt sich hernach in Bologna auf, um mit Clemens VII. zu verhandeln, s. Karl *Brandi*, Kaiser Karl V. Werden und Schicksal einer Persönlichkeit und eines Weltreiches, Bd. I, München 1937, S. 299. Bd. II, München 1941, S. 241; *Müller* 229–237. – Über das Gerücht von der Überwinterung des kaiserlichen Heeres in Mailand s. oben S. 260, 3f, und Anm. 4.

sumptuosum et foecundum novorum tumultuum. Quod nostrum est, nos admoliemur cum nostris, precabimur Christum protectorem, adauctam in nobis fidem donet ocio, quo freti tranquille pietatem colere liceat.

Iterum valete. Reliqua ex Gesnero nostro.

Argentorati, 17. novembris anno 1532.

Professores et concionatores omnes, in primis Theodorum[6], ex me salutate. Diethelmum[7] consulem et optimum quemque ex me salutabitis.

V. Capito, vester ex animo.

[Adresse auf der Rückseite:] Viris integerrimis iuxta ac pie eruditis Hen[rico] Bullingero et Leoni Jud, ecclesiastis Tigurinis, dominis ac fratribus in Christo observandis.

[152]

Joachim Vadian an Bullinger

[St. Gallen], 20. November 1532

Abschrift: Zürich ZB, Ms F 64, 648. – Gedruckt: Vadian BW V 102f

Schickt seinen Ratschlag, wie man sich gegenüber den V Orten verhalten soll. Mahnt zu Standhaftigkeit und Festhalten am Evangelium gegen alle Drohungen der Feinde.

Ioach.Vad. Bullingero, 20. novembris 1532.

Mitto ad te, Bullingere amantissime, suggestionem[1], quam subito quodam calore conscripsi, quum quid animi paganis nostris adversum Tigurinos quidem specie, caeterum re ipsa adversum evangelii nostri sanctitatem esset, animadvertissem. In hoc est meo iudicio innitendum, ut qui Christo sincero ex captu verbi eius nomen dedimus, utcunque spoliati foederibus[2] et afflicta societate, animis tamen constantibus et eo amore, quo colendam nobis veritatem proposuimus, receptam semel et cognitam perspectamque fidem longe maxime concordibus votis promoveamus. Ea re inductus malui noctuas, quod dicitur, Athenas ferre[3] quam deesse aut officio aut ipsi, quae omnis officii magistra est, charitati. Cura id maxime, o Bullingere, frater amantissime, ut in hoc tuos animes, inflammes, cohorteris, ne deiici se de gradu fidei in Christum malis artibus sinant. Tum demum Christum amplexi videbuntur, quum tot exantlatis aerumnis nihilo segniores in huius honore retinendo victi erunt, quam erant victores, ut non memorem eam demum verissimam victoriam atque adeo propriam Christianae professionis esse, qua in angustiis et tribulationibus exaltati animis spiritu uni sunt, non robore, confessione, non armis, gloria Christi,

---

[6] Theodor Bibliander.
[7] Diethelm Röist.

[1] Der in Briefform abgefaßte Ratschlag Vadians betreffend die weitere Haltung der Reformierten in der Streitfrage um das Zürcher Messemandat (unten Nr. 153).
[2] Mit dem Ausgang des Zweiten Kappelerkrieges und den Bestimmungen des Landfriedens vom 20. November 1531 war die Bündnispolitik Zürichs zusammengebrochen. Die Burgrechtspartner waren auch verstimmt über den raschen Friedensschluß Zürichs, der ohne ihre Beteiligung zustande gekommen war.
[3] Zum Ausdruck «Eulen nach Athen tragen» s. *Röhrich* I 249.

non hostium strage. Hac certe via per medias satanae catervas iuvat ire patientiam, modo ne quid committat adversum decoro pietatis. Amamus enim armorum usum, qualem amavit Zuinglius, non ad vindictam, sed ad retinendam tuendamque veritatem institutum. Eo ipso, si pereunt, qui militant, magna gloria vincunt, quum non habeant usum celebriorem, quam quo cum Christo, non cum Acciis aut Brutis[4] oppetant. Qui non hauriendi sanguinis, sed verbi dominici retinendi sunt avidi. Dabit autem et fidentibus fortitudinem vel armorum et virium dominus, modo rectum sit institutum, quod molimur. «Non deseram enim te neque derelinquam» [Jos 1,5], Iosuae in hostes profecturo et difficilimam provinciam obeunti dixit plenus fidei et veritatis deus noster. Proinde non est, ut nos ulla tyrannis sinistros rapiat. Hoc ingenium est nostrae professionis, ut exerceamur malis atque adeo quassati ceu procellis mundo non fidamus, sed illi, qui vicit mundum[5]. Antronio[6] nostro probe successit, nimirum suis artibus freto. Manus habet longas[7] et pingue pecuarium. In hanc nassam sunt qui ultro repant, modo esca potiantur[8], quanquam cum animae periculo, quod fere solent stulta natatilia. Sed o gloria deo, qui nos tot malis petitos veritate victores constituit[9]! Superat ille, sed arte et dolo, hoc est satana. Nos in hoc vincimus, quod[a] gratiam dei habemus in manu, quo frontem huius pudore suffundamus. Denique ut ille maxime sit adeptus, quo stultitiam expleat, nobis tamen incolumibus agere prae eius libidine licet, nec nobis solum, sed et agro et subditis. His enim libera fidei optio gratia domini relicta est, neque carebunt ministris suo aere alendis. Tantus est amor in Christum eorum, qui vere crediderunt. At vero nos passi graviora. Dabit deus his quoque finem. Dabis operam, ut et Bernates et Basileienses, praeterea et Schafhusiani ministri admoneantur, ne communi causae defendendae segnes manus admoveant. Non credis, quam nihil concutiantur his technis, qui rore spiritus compluti sunt. Agit caro interim suo more et muliebriter triumphat, nescia sane, quam sit ridiculum agnoscere, cuius nullam evidentem rationem reddere possis. Nos habemus in numerato Davidicum illud: Consilia impiorum peribunt[10]. Sela[11] etc.

---

[a] *oder* qui.

[4] Attius Varus und M. Iunius Brutus als Gegner Caesars und Tyrannenmörder.
[5] Vgl. Joh 16,33.
[6] Geringschätzige Bezeichnung für einen großen, dummen Menschen, s. Adagia, 2,5,68 (LB II 571f). Vadian meint hier wohl den Abt von St. Gallen.
[7] Seine Macht reicht weit, s. Otto 210, Nr. 1037.
[8] Vgl. Otto 238, Nr. 1196.
[9] Vgl. 1Kor 15,57.
[10] Vgl. Ps 1,1.6.
[11] In vielen Psalmen auftauchende Vortragsbezeichnung, die eine Pause, bzw. das Einsetzen eines Zwischengesangs anzeigt, s. Claus *Westermann*, in: RGG IV 1204.

[153]
Joachim Vadian an [Bullinger]
[St. Gallen, November 1532]¹
Autograph: Zürich StA, A 238.1
Gedruckt: ASchweizerRef V 175, S. 81–86; Vadian BW VII 42–49
Teildruck: HBRG III 332–336

Gutachten zur Frage, ob das von Zürich erlassene Mandat die Bestimmungen des Landfriedens verletze. Die Reformierten haben das Recht, in ihrem Herrschaftsbereich Maßnahmen zur Festigung ihres Glaubens zu ergreifen, wie umgekehrt die katholischen Orte dies auch tun. Das Mandat ist nicht als Beleidigung der Altgläubigen aufzufassen. Hinweis auf die Verhältnisse in den Gemeinen Herrschaften. Entschiedene Ablehnung des Vorschlags der V Orte, die Mandatfrage einem Schiedsgericht zu unterbreiten.

Der artikel dess landfridens² den glouben betreffend³ vermag⁴ nit anders, dan das wir ünser lieben eydgnoßen von den fünf ordten sölllind und welllind bey irem alten, waren, ongezwyfelten christenlichen glouben bleyben lassen etc.⁵ Habend sy denselben, das ist üns lieb. Ja, si habend in in zwölf artikeln⁶, wie man denselben üns all von jugend an gelert hat und wir den ouch habend und haltend; darum wir nit gesinnet sind, jemand darus ze tryben. Und diewil wir üns vornacher⁷ allweg erbotten hand, ünsern glouben mit der geschrift alts und nüwes testamentz erduren⁸ ze lassen, sind wir in disem ufgerichten friden nit dess fürnemens⁹ gsin, eynichen¹⁰ glouben gůt oder böß zů geben¹¹ (dann der gloub nit ab disen orten¹², sonder mit andern gründen und ab andern orten gůt oder böß geben werden můß), sonder um frid und růw willen; diewyl sich also zůtragen, das dess gloubens halb zwüschet üns¹³ span und misshell endtstanden, sölllichs gern nachgelassen, sy, ünser lieb eygnossen, bei irem glouben ondisputiert und gearguiert ᵃ¹⁴ und in sonderheit bey irem alten, waren, ongezwyfelten christenlichen glouben zebleyben lassen, mitt lůterem vorbehalt, das wir gleychermaß bey ünserm glouben irendhalb¹⁵ onangefochten bleyben söllend. So aber sy, ünser lieben eydgnoßen der fünf orten, mit form und anmaßung¹⁶ obaingezaygtz artikels die meynung vor inen ghan, samm¹⁷

ᵃ ondisputiert und gearguiert *am Rande nachgetragen.*

¹ In Vadian BW VII 42 und ASchweizerRef V 175 wird dieses Schreiben auf August 1532 datiert (vgl. auch Vadian BW VII 49, Anm. 1). *Näf*, Vadian II 367 hingegen sieht darin den oben in Nr. 152 erwähnten Ratschlag (s. S. 262,2f), der demnach erst im November entstanden wäre, was als zutreffend gelten darf.
² Der Zweite Landfriede zwischen den V Orten und Zürich vom 20. November 1531 (s. EA IV/1b 1567–1571).
³ Die Glaubensfrage wird im 1. Artikel des Friedensvertrages geregelt.
⁴ bedeutet, besagt (SI IV 111).
⁵ Siehe EA IV/1b 1568.
⁶ Gemeint ist das Apostolische Glaubensbekenntnis.
⁷ vorher, früherhin (SI II 1564).
⁸ überprüfen (SI XIII 1300).
⁹ Meinung, Absicht (SI IV 746).
¹⁰ irgend einen (SI I 280).
¹¹ erklären, halten für (vgl. SI II 72).
¹² Gemeint sind wahrscheinlich die politischen Instanzen, die den Landfrieden ausgefertigt und unterzeichnet hatten.
¹³ Zwischen den katholischen Ländern und reformierten Städten in der Eidgenossenschaft.
¹⁴ Vgl. die Formulierung im Zweiten Landfrieden, EA IV/1b 1568.
¹⁵ von Seiten der V Orte.
¹⁶ Darstellung (vgl. SI IV 440 und Grimm I 405).
¹⁷ als ob (SI VII 902f).

wir inen iren glouben damit gůt machen[18], wie sy denselben mit allen umstenden[19] vor inen habend etc., und üns also ze hindergon oder zů fassen[20] fürgnommen hettend, so gäbind wir aller erberkheit[21] zů ermessen und zů gedenken, mit was ufsatz[22], list und argwonß söllichs von inen beschechen; deß wir üns doch gegen inen, so einen frommen, ufrechten, bestendigen friden ze machen und ze halten üns fürgeben hand, gantz nit versechen[23] könnend. ||

Zů dem allemm mag ein y[e]der, ouch schlecht verstendiger, wol abnemen und merken, so der anzug[24] ünserer lieben eydgnossen von den fünf orten, den sy gegen und über ünsere mandaten[25], in ünsern eygnen landtschaften und allein zů den ünsern ußgangen, zů haben vermeynen wellend, samm sy dadurch geschmützt[26] oder geschmächt sygend etc., für ansechlich[27] und rechtmässig zůgelassen werden sölt, wie schlechtlich wir gefridet werind[28], ja wie gar wir an ünserm vorbehalt ünsers gloubens[29] nit habind sin[30] köndend noch möchtend. Dann so wir in ünsern landen, gerichten und gebieten gegen und mit den ünsern nach erhöuschung[31] ünsers gloubens ze handlen underston[32] würdend, eß were mit mandaten, missyfen, mit gebott, mit verpott, mit warnen, strafen gegen ünsern vögten, undervögten, predicanten oder andern, so üns pflichtig sind, und[b] aber söllicher ünser verwaltung von zwyspaltz wegen deß gloubes zwüschet inen und üns ünser eydgnossen der fünf orten sich anemen, samm sy (wie gmeldt ist)[c] geschmützt wärend und also für fridbrüchig anziechen[33] und belestigen[34] weltend, wie jetzmal von ünsers jüngst ußgangnen mandatz wegen üns begegnen wil, so wurde[d] eß zwar[35] darzů khommen (weltend wir anderst irem begeren und gedunkhen[36] nach frid halten), das wir der bekantnuss ünsers gloubens und aller verwaltung deß selben gegen den ünsern gar und gantz still oder abston müßtend und an dem vorbhalt, so der lantzfriden üns nit weniger dann inen bestimpt und zůgibt[37], nit habind sin noch by gedachtem landtzfriden diser sach halb ghandhabt[38] werden möchtend.

Dan wir je khein anders ünsers gloubens halb bekennend, || haltend noch predigen lassend, dann das die oppfermess, wie man sy täglich brucht[39], ein warer missbrauch deß insatzes deß nachtmals Christi[40] und ain grüwel vor gott sy, wellicher zů schmelerung und abbruch deß todes Christi rayche[41]. Item das der bruch der sa-

---

[b] vor und gestrichen wie jetz und ouch in unserm jüngst ußgangenen mandat beschechen.
[c] (wie gmeldt ist) am Rande nachgetragen.
[d] wurde am Rande nachgetragen. Ersetzt das an dieser Stelle gestrichene müßte.

[18] als den richtigen Glauben anerkennen.
[19] Einzelheiten (vgl. SI XI 972).
[20] festzulegen, beim Wort zu nehmen (SI I 1059).
[21] ehrbaren Gesellschaft, anständig denkenden Menschen (SI I 396).
[22] Hinterlist, böser Nachstellung (SI VII 1533f).
[23] nicht gefaßt waren, nicht erwartet haben.
[24] Vorwurf, Beschuldigung (Grimm I 530).
[25] Zum Zürcher Messemandat vom 29. Mai 1532 s. oben S. 129, Anm. 12 und unten S. 288f, Anm. 7.
[26] beschimpft (SI IX 1040f).
[27] betrachtenswert, gewichtig (SI VII 561f).
[28] wie ungenügend der Friede wäre.
[29] Vgl. EA IV/1b 1568, Abschnitt I.b.
[30] festhalten.
[31] Erfordernis.
[32] in Angriff nehmen, versuchen (SI XI 619).
[33] des Friedensbruchs anklagen.
[34] belasten (mit dem Vorwurf des Friedensbruches).
[35] in Wahrheit.
[36] Ansicht.
[37] zubilligt.
[38] geschützt (SI II 914).
[39] wie man sie täglich feiert (bei den Katholiken).
[40] Vgl. 1Kor 11,23ff par.
[41] gereiche. – Vgl. den Wortlaut des Messemandates, AZürcherRef 1853, S. 798. Einige der hier zitierten Ausdrücke erregten vor allem das Mißfallen der V Orte.

cramenten, wie sy der bapst in übung hat, mit der schrift nit gegründt noch der leer Christi gemäß syge. Item das wir durch achtung ünserer werchen nit sälig, sonder durch den eynigen glouben⁴² vor gott grecht werdind etc., mit sölichen und dergleychen puncten und artiklen mer, in welichen ünser gloub mit irem glouben sich nit wil noch mag vergleychen⁴³. Und wir aber alles das, so wir in disen stuken⁴⁴ vor üns habend, handlend und bekennend, nit jemantz zů abbruch sines fürnemens, vil minder zů schmach, tratz oder verachtung, sonder uss gůter, berichter⁴⁵, christenlicher gwüssne, das ist uss verwaltung und gruntlichem ansinnen ünsers gloubens, thůnd und handlen, wie das durch unsere mandat und ordnungen täglichs von üns, gegen denen wir desse macht und gwalt habend, on underlaß gehandlet und braucht wirdt.

Und so dem nun also ist, das ünser lieben eydgnoßen der fünf ordten forhaben dess gloubes halben und ünserer verstand⁴⁶ und bekantnuss desselbygen straks wider und gegen ainandern stond und strebend, so ligt am tag, was uns zů beyden teylen in abredung dess fridens verursachet hab, jetwederm⁴⁷ teyl seynen glouben vorzůhalten, und das wir durch söllich mittel zů frid und růwen khomen, ouch der pundten⁴⁸ und anderer gerechtikheyten⁴⁹ halb, wie wir die in unsern eygnen gerichten, gebieten, herschaften, lüten und landen habend, dester fürderlicher in einhelikheit verharren und bleyben möchtend, onangesehen was jeder teyl sines gloubens halber in den selben sinen eygenthomen⁵⁰ gebruche oder handle oder nit. ||

Wir wellend geschwygen, das der inhalt dess artikels unser gemein herschaften betreffend⁵¹ wol anzeygt, das man in denselben allein, und nit in eygnen oberkheiten⁵² und gerichten, jetweders teyls glouben sol fry und onangefochten fürgen⁵³ lassen und daselbst dhein teyl dess andern forhaben verletzen, schmützen noch antasten, und so das von jemand gescheche, das sy von einem vogt darum gebützt⁵⁴ und gestraft werden mögind; uss wellichem allem offenbar ist, das wir von den ordten und oberkheiten, so usserhalb gmeiner ünserer herschaften in gemelten landtzfriden khomen und verfasset sind⁵⁵, nit mögend noch söllend umm verwaltung dess gloubens, der gstalt wie in gmeinen herschaften zůglassen, angefochten werden⁵⁶. Oder aber die artikel, uns zů beyden teylen ußgedingt⁵⁷, würdend eytel und vergeblich dess gloubens halb gstelt sin, und aller unfriden da dannen⁵⁸ sinen ursprung haben und üben⁵⁹ als wol als vor⁶⁰, das aber der heyter und ußtruk[t] verstand dess landtfridens in allen sinen artikeln nit ertragen noch gedulden mag; mit

e verletzen *am Rande nachgetragen, jedoch irrtümlicherweise vor* forhaben *gesetzt.*
f *vor* eytel *gestrichen* vergeblich.

⁴² einzig durch den Glauben (vgl. «sola scriptura»).
⁴³ vereinbaren (SI II 691).
⁴⁴ Punkten (SI X 1806).
⁴⁵ unterrichteter (SI VI 436f).
⁴⁶ Verständnis, Auffassung.
⁴⁷ jedem der beiden.
⁴⁸ Bündnisse.
⁴⁹ Herrschaftsrechte (vgl. SI VI 231f).
⁵⁰ in seinem eigenen Herrschaftsbereich.
⁵¹ Siehe den 2. Artikel des Zweiten Landfriedens, EA IV/1b 1568.
⁵² Herrschaftsgebiet.
⁵³ gelten.
⁵⁴ gebüßt.
⁵⁵ in einem Rechtsverhältnis stehen (SI I 1061).
⁵⁶ Vadian will hier sagen, daß laut Landfrieden jeder Ort innerhalb seines Herrschaftsbereiches eine unbeschränkte Vollmacht über kirchliche Angelegenheiten in Anspruch nehmen kann; dies im Gegensatz zu den Verhältnissen in den Gemeinen Herrschaften.
⁵⁷ ausbedungen.
⁵⁸ von da an (SI XIII 96f).
⁵⁹ weitergehen (SI I 61).
⁶⁰ ebensosehr wie vorher (vor dem Abschluß des Landfriedens).

beger, das ünser eydgnoßen der fünf ordten söllichs eygenlich zů hertzen fassen
und wol bedenkhen wellind etc.

Es befrömbdet üns daby nit unbillich, diewil unser geschworn pündt uns imm
landtzfriden heyter vorbhalten und zů allen teylen volkhomne gwaltsame gegen
den ünsern[61] mit herlikheiten, fryheiten, gerechtikheiten und anderm loblichem
harkhomen unsers verwaltens zůgeben[g][62] habend, das unser lieben eydgnoßen von
den fünf ordten onangsechen desselben uns erst[63] (sam wir beherschet werend) uß-
zylen[64] und anmaßen[65] woltend, in was gstalt wir mit und gegen den || unsern in
eygnen landen, gerichten und gebieten ze handlen und ze faren[66] hettend, das wir
doch inen uss ansechen obgemelter artiklen dess fridens ungern zůmůten[67] weltend.

So aber in unserm jüngst ußgangnen mandat oder andern unsern gebotten oder
verbotten gegen den unsern gethon sich befinden wurd, das wir sy[68] mit namen an-
zogen, gemalet[69] oder uß merken lassen, sy in iren landen und oberkheiten von
irem glouben ze tringen[70] und nit zů gedulden, das sy mit den iren ünserm glouben
zegegen[71] fürnämind oder handlottind etc., oder das wir söllich mandat, gebott
oder verbott gemeynen unsern iren[72] herschaften ubersandt und zů halten oder uf-
zenemen nach gemachtem friden zůgeschriben hettend (wellichs sich alles nit er-
findet), so hettend sich ünser lieben eydgnossen zwar nit unbillich zů beklagen, als
wol als wir üns der ryntalischen mandatz[73] zů beklagen habend, in wellichen den
evangelischen predicanten usserhalb und wider vermög gemeltz ufgerichtz landtfridens trostung[74] von irer leer wegen ze thůn ufgleyt ist, dess wir uns umm irenß
erbietens willen und uss vermög dess fridens billich nit zů gedulden beladen und
angnomen habend.

Es ist niemand verborgen, dan das ünser lieb eydgnoßen von den fünf ordten
styff uff dem verharrind, namlich niemand wider eynig ceremoni oder gebruch
iren glouben antreffind, eß sy fleyschessen, kutten, blatten[75], der mess oder anderer kilchgwonheiten, ze reden oder ze faren ongestraft zůlassend oder gestattend,
sonder an lyb, gůt oder ander weg bůtzend, wie vast[76] joch[77] dasselb ünserm glou-
ben zůgegen und wider ist, darab wir || gleychermaß, nit weniger dan sy, üns zů
beschweren hettend. Ja, wo sollichs mit ußgetruktem vorbhalt dess fridens inen nit
zůgelassen und als wol als uns gegen den iren nach irem wolbedunkhen ze faren
vergonnen[78] were. Und wir aber soltend gedachten ünsern lieben eydgnossen ire
klag losen und als die, so den friden brochen, zum rechten ston[79] oder aber ünsere
gebürliche, rechtmässige mandat verendern oder abthon, wann wir allein umm

---

g zůgeben *am Rande nachgetragen. Ersetzt das an dieser Stelle gestrichene* bevestnet worden.

[61] gegenüber unsern Untertanen.
[62] zugestanden (SI II 94).
[63] gar (SI I 471).
[64] einschränken.
[65] festsetzen, vorschreiben (SI IV 440).
[66] verfahren.
[67] zutrauen (SI IV 586).
[68] die V Orte.
[69] mit einem Bild angedeutet, d.h. ohne direkte Nennung (vgl. SI IV 152).
[70] drängen.
[71] entgegen.
[72] sollte heißen: und iren.
[73] Das am 10. Juli 1532 im Rheintal erlassene Mandat, s. oben S. 179, Anm. 3.
[74] Zu der im erwähnten Mandat geforderten Bürgschaft s. oben, aaO.
[75] Tonsuren (SI V 194).
[76] sehr.
[77] auch.
[78] erlaubt.
[79] uns einem Rechtsspruch stellen (SI VI 268).

fürderung dess, so wir gegen gott gesinnet und uss sinem wort bericht, darzů für und für zů gruntlichem bericht und erdurung der schriften altz und nüws testamentz gegen inen und menklichen das ünser mit warheit zů bevestnen begirig und urbietig gsin und noch sind etc., gegen den ünsern mit unvergriffenlichen⁸⁰ manda-
120 ten, schriften, gbotten und verbotten, on einich fürnemen jemantz ze schmützen oder zů verachten, handlotind? Und das inen in irer eygnen oberkheyten wider unsern glouben recht und billich ist, das solte üns in unsern oberkheiten unzimlich und umb dess willen, das eß irem glouben nit änlich ist, abgestrikt⁸¹ und verbotten undʰ wir inen darum zum rechten ze ston verbundenⁱ⁸² und schuldig sinⁱ?

125 Ob das billich, rechtmäß oder gegründt sy und ob eß im glych seche, samm man frid und růw ze halten und jederman by seynen rechten und demjenigen, so imm zimpt und gebürt, ja der heyter landtzfriden zůgibt etc. bleyben lassen welle, das wellend wir aller verstendiger erberkheit und denen, so dess landtzfridens eygentlich belesen und genyedt⁸³ sindt, in trüwen zů ermessen heimgesetzt⁸⁴ haben. ‖

130 Hieharum⁸⁵ und dieweyl wir khein anders vor uns habend, dann das wir unser lieben eydgnoßen von den fünf orten, wie vor gmelt, ongesumpt und ongeyerdt⁸⁶, ouch (diewyl sy also wellend) ondisputiert und arguiertᵏ by irem glouben bleyben lassen wellend, soˡ wil zwar harwiderum alle billikheit erfordernᵐ, das sy üns lut dess landtfridens by unserm glouben und bey verwaltung⁸⁷ desselben gegen den ün-
135 sern nach unserm willen und gfallen, wie wir inen sollichs in iren eygnen oberkheiten und landtschaften zůlassend und gonnend, gleycher weyß und maß onanzogen⁸⁸ bleyben lassend.

Dann wir straks und onverrukt⁸⁹ by dem ze bleyben gsinnet sind, das gedachtem ünserm christenlichen glouben bey und gegen den ünsern bstand, fürschub und
140 handthabung⁹⁰ thůn mag, darzů ünser offenbar verjechen⁹¹ deß gloubens, wellichs wyr in vilfaltigen, offenbaren gesprächen, niemantz zů tratz⁹² oder schmach, sonder umm handthabung willen der eer gottes uffthůn⁹³ und bekendt hand, nit verendern noch mindern wellend, eß sey dan, das üns jemantz uss gottes wort, ünserm erbieten nach, eineß andern berichte. Sonderer gůter und vertruwter hoffnung,
145 ünser lieben eydgnoßen werdind uns uff söllich ünser so rechtmässig darthůn und uff die lauter, wolgegründt vorbhaltung ünsers gloubens zůfriden sin und irer vermeindter beschwerd, so sy uss ünsern mandaten ziechen wellend, samm wir iren darinn gedacht oder umm irendt willen sy ußgon lassen habind, sy selbs und üns růwig machen und das thůn, das uff ir anfenklich erbieten zů frid und einikheit
150 reychen mag. Dann wo söllichs uff ünser so vilfaltig erbieten nit gescheche, und wir je ‖ mit söllichen und derglychen eingriffen und ansprachen⁹⁴ der gestalt furo⁹⁵

---

h-i *von und bis* sin *am Rande nachgetragen.*
k *nach* arguiert *gestrichen* blyben lasse.
l-m *von* so *bis* erfordern *am Rande nachgetragen.*

⁸⁰ in die Rechte anderer nicht eingreifenden (SI II 717).
⁸¹ verweigert (SI XI 2194).
⁸² verpflichtet.
⁸³ kundig (SI IV 852).
⁸⁴ anheimgestellt.
⁸⁵ Aus diesen Gründen.
⁸⁶ ungehindert (SI I 409).
⁸⁷ Handhabung, Ausübung.
⁸⁸ unangefochten.
⁸⁹ ohne jede Abweichung, ohne Konzessionen (SI VI 858).
⁹⁰ Schutz (SI II 914).
⁹¹ Bekenntnis (vgl. SI III 6).
⁹² niemandem zur Beleidigung.
⁹³ eröffnet.
⁹⁴ Ansprüchen, Forderungen (SI X 722).
⁹⁵ weiterhin.

soltent vexiert und belestiget und mit so vergrifnen[96] und verdächtlichen umstenden von luterm und hellem vermög[97] ünsers gemeinen landtzfridens getrungen werden, wurdend wir zwar verursachet, mittel und weg ze sůchen, durch wellich wir und die ünsern by demjenigen beschirmpt und ghandthabt[n] werden möchten, das sy von den fünf ordten uns mit brief und siglen bevestnet, verwilget und nachgeben, und wir uns anfangs dess fridens luter vorbhalten habend.

Hactenus de summa controversiae et quibus argumentis adversariorum intentio dilui et confutari possit. Sequitur consilium de caussę qualitate; nam et hoc belle expendendum erit.

Dieweyl ünser eydgnoßen von den fünf ordten uff iren vermeinten intrag[98] achten wellend, mit üns das recht nach lut der pündten ze bruchen und einen sölichen wichtigen, großen handel (um desse willen man concilia zů beschreyben[99] in radtschlegen ist) wolten zůletzst uff eineß manß erkantnuss und urteyl hinsetzen, villichter[o] der hoffnung, daß der zů inen fallen[100] und wir also unserm gegründten glouben mußtend mit merklichem anstoß[101] und ünserer eeren verletzung ‖ einen baggenstreych geben lassen und von dem tretten, das wir in unser gwussninen gefasset und uss der warheit erlernt habend etc., wellicher grund vast anhin, meinß gedunkens, alles anzugs fürneme[102] ursach ist (nam id saxum volvit vulpecula illa mytrata[103], sui nomine pontificis). So ist zů ermessen, das man nit schuldig ist, uff all anmůtungen inen rechtz uff der pündten lut und sag zů gestatten. Dann so man söllichen brauch, besonder zů disen zyten und löuffen[104] zůlassen und ein jede ansprach, wie fräfel und ungegründt die were, solt von stund an nach abschlag der gůtlikeit uff eines mans endtschyd oder erkantnuss gsetzt werden, wohin und zů was übertrang[105], arglist und ufsatz[106] das schlecht[107], fromm und getrüw ansehen der pündten gebrucht werden möcht, ist allen verstendigen leychtlich zů ermessen, und das ringer sin wurd, diser gstalt on pündt sin, dann in pündten sin. Besonder wo man usserhalb rechtmässigs und gebürlichs verstandes uff den bůchstaben dess fridens tringen und nit den sinn uß vor und nachgenden artikeln und capittlen abnemen, fassen und zůlassen welte.

Haruf vor allen dingen die schidordt und die botschaften derselben orten umm diser sach willen anzelangen und an sy mit allem ernst ze wenden und anzebringen: so sich zůtrůge, das die fünf ordt söllichs irens anmůtenß je nit still stan noch růwig sin weltend, das man sy früntlich und gůtenklich darvon weysen und sy erinneren, damit sy dem lutern und heytern[p] friden geleben[108] und söllichen ongegründten anzug fallen lassen weltend. Dann wo sy das by inen ze erhalten[109] nit

---

[n] *in der Vorlage* ghandthalbt.
[o] villichter *am Rande nachgetragen.*
[p] lutern und heytern *am Rande nachgetragen.*

[96] verdächtigen, zweideutigen (SI II 717, diese Stelle abgedruckt).
[97] Inhalt, Wortlaut, Aussage (SI IV 107).
[98] vermeintlichen Eingriff (in die Bestimmungen des Landfriedens).
[99] auszuschreiben.
[100] daß er zugunsten der V Orte entscheide.
[101] Bedrängnis, Gefahr (SI XI 1590).
[102] hauptsächliche, wichtigste.
[103] eine Mitra tragend. – Bezieht sich wohl direkt auf die Person des päpstlichen Nuntius, Ennio Filonardi. Vadian will damit sagen, daß hinter der Politik der V Orte die päpstliche Diplomatie steckt.
[104] Ereignisse, Begebenheiten (SI III 1112).
[105] Unfug, Nachteil, Schaden (Grimm XI/2 159f).
[106] Anfechtung, Anfeindung (SI VII 1536).
[107] einfach, schlicht (SI IX 49f).
[108] nachleben.
[109] erlangen (SI II 1232).

vertruwtind und wir aber kheins andren willens, dan styff zů verharren etc., wurde man von nöten wegen geursacht, anfangs darum ein luter erklärung der artiklen zů erfordern etc. ‖ Wo sy aber söllichs mit hengen[110] der schidordten je erobern söltend, als ich doch nit vermein, das man inen um gemelter ursachen willen glimpf geben[111] mög, so můßt doch mir das der erst rechtsatz sin: ob der landtzfriden söllich der fünf ordten ansprach anzenemmen bezwinge[112], und ob man inen umm sollich erforderung, sam sy geschmecht syend, antwort und rechnt ze gestatten schuldig sye oder nit. Nach welchem erst diser rechtsatz statt han wurde: ob der von Zürich jungst ußgangen mandat und derselben gleychen mandat dem landtzfriden zůgegen werind oder nit etc. Söllicher gstalt möcht sich der handel streken und verziechen ein lang zeyt, und mitler zyt man allerley löuffen vernäme. Wiewol mir nit zwyfelt, dann das man inen dises anzugs halber ze loßen nit schuldig, und so verr man zůsammen welt sitzen mit hertzen und willen, gottes eer und wort ze fürderen etc., inen ireß fürnemens gar nit glingen wurd. Gott[q] welle sy einß besseren berichten. Amen[r]. Vigilandum ergo nobis et attente circumspiciendum, ne quid admittamus, quod professe pietati ulla in parte incommodet.

Valebis et boni consules suggestionem nostram. Est enim, nisi fallor, nobis caussa communis, ut ratio expostulare videatur, et consilia communia esse oportere; quanquam sine intermissione deum precamur, quo mentem illis mutet sua gratia in melius et ita afficiat ultorios animos, ut positis affectibus saltem avitae libertati et patriae decori non desint, si tandem pietati adesse nolint. Olim et haec illis fortassis dominus impertiet. Utinam autem ita fiat, ut illius gratia dispensante ultimi primi fiant et primi ultimi, modo non prorsus nulli!

Vale rursum.

Tuus ex animo
Ioachimus Vadianus.

[154]

[Joachim Vadian an Bullinger]

[St. Gallen, nach dem 27. November 1532][1]
Abschrift: Zürich ZB, Ms F 64, 648v.–649r.
Gedruckt: Vadian BW V 104–106

Ist befriedigt über die gemeinsame Haltung der reformierten Städte gegenüber den katholischen Länderorten und lobt die Standhaftigkeit der Gemeinen Herrschaften im Glauben. Nimmt Stellung zur Frage Bullingers betreffend das Verhältnis zu den katholischen Eidgenossen. Eine Lösung der Bünde scheint ihm aus politischen Gründen gefährlich. Anderseits sollen aber die Beziehungen mit andern Partnern sorgfältig gepflegt werden. Hofft auf die Zukunft. Von Seiten des Kaisers ist im Augenblick nichts zu befürchten.

---

q-r *von* Gott *bis* Amen *am Rande nachgetragen.* [112] zwingend fordere.

[110] mit Vorschub, durch Nachgiebigkeit (vgl. SI II 1445f). [1] Das im Zusammenhang mit dem erwähnten Bullinger-Brief genannte Datum (s. Z.1) hat als Terminus post quem zu gelten.
[111] Recht geben, Vorschub leisten (SI II 625).

5. calendas decembris² literas tuas plenas consolationis accepi³, ex quibus intelligo
partum esse vestra solertia, ut in fide retinenda et avertendis paganorum⁴ – sic eos
Myconius vocat⁵ – calumniis urbes consentirent. Profecto auspicatum est, et nescio
quid eximiae miserationis dominicae nobis adumbrat Bernatium, Basileensium,
Scaphusianorum auxilium. Significat enim, nisi fallor, solidam pietatem et ipsam
non ita multis annis nobis agnitam fidem, quae verbo illius nititur, suas radices altius egisse, quam ut ullis malorum procellis facile queat obrui. Idem in hominibus
fidelibus communium praefecturarum experimur, qui quanquam doctrinae libertate spoliati iacere atque adeo rapti et oppressi tyrannide videantur, in media tamen
afflictione sic stant erecti animis nec desinunt de ministris suo aere alendis inire
consilia, ut palam videre habeamus verbum domini in terram frugiferam seminatum⁶ non posse non reddere suum fructum. Quod restat igitur, hoc ipsum gratia
domini videntur assecuti, nempe constantiam⁷ Tigurinae urbis, quae re ipsa nostra
metropolis est. Cogita vero, quantum scandali inde nasceretur, si quae viris, quae
ordine, quae authoritate valet civitas vestra quaequeᵃ ceu pia mater reliquis urbibus
Helveticis lac illud purum defecatae religionis praebuit, obortis conspirationum et
malarum artium procellis de gradu caderet receptae et tanta cum asseveratione
professae pietatis. Nam quod illorum furori pro tempore est in militari illo foedere
datum, non attinet ad illius fidei rationem, quum nemo non videat consuta [?] violentaque esse, quae tunc adversariorum versutia postulavit, atque adeo factum,
quod plerumque in hoc doli genere usu venit, ut quo illi consilio sua in militia confirmare et nostra infirmare tentarunt, eodem consilio iam nunc nos capite illo foederis recte inspecto diluere dolum et calumniam declinare cum assertione religionis
nostrae facile possimus.

Legi vero magna cum voluptate consilium tuum circumspectissimum⁸, et quandoquidem rogas, quid equidem agendum existimarem, respondeo mihi non videri
consultum, ut initio negocii ea ratio ineatur, cum quod spes sit futurum, ut illi palam cernant suos conatus assequi non posse, quod moliuntur, tum maxime, quod
ad foederum solutionem vulgus nostrum⁹ varie affici et novis artibus adversum nos
ceu rerum novarum cupidis et libertatis Helveticae negligentibus aut excitari aut
alienari animis possent. Praeterea vix mihi persuadeo id ita fore, quod tu quidem
candide coniectas, quum foederibus nos renunciarimus, pacem illos facile ullis

---

ᵃ in der Vorlage quoque, was keinen Sinn ergibt.

² 27. November.
³ Der Brief Bullingers ist nicht erhalten. Möglicherweise handelte es sich um einen Begleitbrief zu Bullingers «Ratschlag, wie man möge vor kriegen sin und der V Orten tiranny abkommen» (ASchweizerRef V 176; s. dazu auch oben S. 190, Anm. 8), auf den Vadian in seinem Brief Bezug nimmt (s. Z. 25).
⁴ Der Ausdruck ‹pagani› für die Leute der V Orte wurde offenbar mit dem ebenfalls möglichen Bedeutungsgehalt ‹bäurische Kerle› und ‹Heiden› belegt.
⁵ In einem Brief an Vadian vom 24. Oktober 1532 schrieb Myconius: «... unde non est obscurum coniicere, quinam animus sit paganis» (Vadian BW V 100,6f).
⁶ Vgl. Mt 13,3ff par.
⁷ Bezieht sich auf die Haltung Zürichs im Streit um das Messemandat vom 29. Mai 1532; vgl. dazu Vadian, Diarium 440,27–29.
⁸ Bullingers Ratschlag, s. oben Anm. 3.
⁹ Die den Städten untertänige Landschaft dachte durchaus eidgenössisch und wäre zweifellos gegen eine Auflösung der Bündnisse mit den V Orten aufgetreten, wie sie Bullinger vorgeschlagen hatte. Während und nach dem Zweiten Kappelerkrieg hatte die Landschaft eine ernstzunehmende Machtposition erreicht, vgl. *Maeder*, Unruhe. – Vadians Beurteilung der Situation deckt sich mit jener Berchtold Hallers, s. oben S. 246, 2–11.

conditionibus servaturos. Quin magis id metuerem, quibus possent artibus daturos operam, ut praetextu veteris libertatis et Helvetici nominis atque gloriae retinendae
35 agros passim ab urbibus alienarent, quod quidem bello cepto et alienis[b] adductis auxiliis praesidiisque facile consequerentur, si Pagis aliquot exustis et vexatis, qui sunt rure, passim suos facerent, qui iam nostri videntur. Scis enim, quam fidem praestiterint senatui Tigurino nuper, hoc est, proximo bello quidam ex agro, qui rebus suis nondum petitis aut adflictis secedere tamen et cum hoste nescio et con-
40 tempto magistratu pacisci sunt ausi[10]. Quorum, ut libere dicam, perfidiae hocce tam speciosum foedus debemus et acceptum referimus. Proinde primum tentanda humaniora et placabilior ratio ineunda, si forte illi humanitati et gravi mansuetudini cedant locum. Ea si assequi nequit, quo ex aequitate est, proxima via erit minitandi, de solvendis scilicet foederibus. Nobis enim foedera hoc modo calumniis pa-
45 tentia non foedera, sed vincula esse negatae libertatis. Quis scit, an ad has minas fiant tractabiliores? Non enim sunt tam stupidi, quin expendere queant, quid mali illis paritura esset nostra discessio. Quodsi ne hoc quidem consilium posset proficere, tum in hoc esse, quod consulis, nempe nostrae libertatis retinendae gratia foedera illa rescindenda, scilicet interim multa vigilantia de novis ineundis et ser-
50 vandis amicis sociis, de urbium Transrhenanarum[11] et principum christianorum[12] ambienda concordia, de Gallo[13] salutando ac agris privatis hostiatim[14] rogandis, in fidene mansuri, et inibi de caussae genere, nempe hoc esse in foribus, ut non libertatem modo pristinam, sed et fidem primaevam et religionem apostolicam, qua nulla antiquior est, amissuri simus, si foederati paganis esse velimus. Multa sunt,
55 quae pro tuo acerrimo iudicio rectius vides, quam ego ||[649r.] monstrare possem. Haec postrema erit et, quod dicitur, sacra ancora[15]. Cura tantum, id quod sedulo facis, ut animis tuorum nihil decedat ad veritatem retinendam. Veniet dies, quae resarciet etiam seculo, quicquid damni clade superiori respublica vestra pertulit. Dives est deus noster et se diligentibus [!] beare etiam regnis assuevit.
60 De caesare securi estote. Dimisit magnum militum Germanicorum numerum, nec putant illi aliud esse consilii, quam ut primo vere undis se committat Hispaniis reportandum.

[155]

Berchtold Haller an Bullinger

[Bern], 30. November [1532]

Autograph: Zürich StA, E II 343,101. Siegelspur. – Ungedruckt

Gleichzeitig mit einer Anfrage des Berner Rates an Zürich wegen zwei Problemen der Ehegesetzgebung stellt Haller dieselben Fragen an Bullinger: 1. Ob die Heirat eines schuldig Geschiedenen, wenn

[b] et alienis *übergeschrieben.*

[10] Zu den Kontakten zwischen den V Orten und Vertretern der Zürcher Landschaft vgl. *Maeder,* Unruhe 122–124.
[11] Vadian denkt hier wahrscheinlich an die süddeutschen reformierten Städte von Straßburg bis Konstanz.
[12] Die protestantischen Fürsten in Deutschland, besonders Philipp von Hessen.
[13] Der König von Frankreich.
[14] Gemeint ist ostiatim = von Tür zu Tür.
[15] Vgl. Adagia, 1,1,24 (LB II 35f).

sie ohne Erlaubnis, gegen das im Gesetz ausgesprochene Verbot geschieht, eine Ehe bewirke. 2. Ob wegen Ehebruch Geschiedene jene Person heiraten dürfen, mit der sie die Ehe gebrochen haben.

S. Querit consilia senatus noster a vestrate in negocio iudicii censorii, quod consistorium vocant[1]. Duę sunt sanctiones ante biennium institutę[2], quibus casibus experientia quottidiana obvenientibus imposterum occurrere volebamus; sed crescente hominum malicia ita nihil effęcimus, quod quottidie novis conatibus impellant nos, quorum malicia nullo obice impediri potest.

Prior sanctio hęc est: die dess eescheidenß schuld tragend, söllend zů dem minsten ein jar lang still stan[3], sich eerlich und frommklich tragen, sich onn dess egrichts erlouben und gnůgsame [k]untschafft[4] der[a] besserung nitt[b] vereelichen; welche es aber tätind wider das verbott, sollend unser statt und land miden, doch uff unser gnad und straff[5]. Hic sunt duę declarationes, super quibus senatus concordari non potuit. Ein teil wil es nütt dess minder für ein ee han, diewil sy von gott niemant versperret soll sin[6], und die leistung[7] von der statt für ein straff der ungehorsami lassen sin. Altera pars: diewil eebruch so ein lichte straff hab, die ze besorgen[8] nitt grösser gmachet werde, müsse man den zůgang ad secundas nuptias nitt so gmein lassen sin; sust wurde ursach und anlaß gäben zu hůry, eescheiden und eebrechen. Desshalb, diewil ouch der jugent under jaren[9] die ee versperret, so si bezugind[c][10] on verwilgung der eltern, und so sy sich vereelichetend, nitt gestattet, sölle ouch das kein ee sin noch bliben, sunder ein hůry, deren, so scheides schuld treyt und über[11] das verbott sich vereelichet. Zůhend sy uss unser herren biet, halte man sy, worfür man welle, an andren orten. Faciles sunt magistratus, personas accipere et semel proscriptos rursus in urbem admittere, quo fieret, ut quisque sic ad divortium anhelaret. Tu igitur cogita, quod divinius, id est minus offendere videatur; nam verbum domini super his non habemus[12].

Posterior lex: es sol hinfür kein person sich mitt der person vereelichen, mitt deren sy geebrechet hett, si trage scheidenß schuld oder nitt. Dise satzung wil sich so wyttleuffig zůtragen, daß die gscheidnen ire hůren oder bůben[13] nämend, vermeinend, wenn es nitt in klag oder recht kummen sye ab innocente[14] und scheidens kein schuld trage, sölle inen nitt versperret sin[15], quantumvis notorium fuerit adulterium. Ettlich meinend, ergernuß ze vermiden, söllen man salutem ecclesię höher

---

a [k]untschafft der *am Rande nachgetragen.*
b nitt *übergeschrieben.*
c so si bezugind *am Rande nachgetragen.*

1 Zusammenfassung der Anfrage aus Bern vom 29. November 1532 sowie des Gutachtens des Zürcher Ehegerichtes und der danach erfolgten Antwort Zürichs: AZürcherRef 1908; ASchweizerRef IV 2022. Gutachten der Zürcher Prediger: ABernerRef 2929. – Zur ganzen Frage s. *de Quervain* 40f; *Köhler,* Ehegericht I 334–337.
2 In den Erläuterungen zur Ehegerichtsordnung, 13. November 1530, s. ABernerRef 2905; *de Quervain* 217; *Köhler,* Ehegericht I 330–334.
3 zuwarten (SI XI 730).
4 Zeugnis, Beweis (SI III 353).
5 mit Vorbehalt von Begnadigung oder Bestrafung.
6 Vgl. Gen 2,24; Dtn 24,1ff; 1Kor 7,9.
7 Verbannung, Verweisung (SI III 1473).
8 (wie) zu befürchten; «ze besorgen» = eine Art Parenthese (SI VII 1313).
9 minderjährigen.
10 die sie eingehen.
11 gegen.
12 Weil nämlich der Ehebruch im Alten Testament ohnehin mit dem Tod bestraft wurde, vgl. Lev 20,10.
13 Huren-Buben, Hurer (SI IV 928).
14 wenn es von Seiten des unschuldigen Teils nicht zu Klage oder Prozeß gekommen sei.
15 soll ihnen (die Ehe) nicht verboten sein.

schätzen, dann sunderer¹⁶ lüten. Begärend ettlich by der satzung styfft¹⁷ ze bliben on allen inbruch¹⁸. Ettlich ouch, aber mitt dem zůsatz, daß ein chorgricht gwalt hab, nach billicheit und gstalt der sachen¹⁹ ze urteilen. Hoc quoque perpende et scribe sententiam tuam fulciasque argumentis, quibus potes²⁰. Non dubito Megandrum Leoni etiam scripsisse²¹.

Vale; nulla alia sunt apud nos nova.
Ultima novembris.

Tuus B. H.

[Adresse auf der Rückseite:] Docto iuxtaque pio Heinrico Bullingero, suo fratri semper charissimo.

[156]

[Rudolf Weingartner]¹ an Bullinger

[Zug, nach dem 3. Dezember 1532]²
Autograph: Zürich StA, E II 355,48. Siegelspur. – Ungedruckt

Dankt für einen Brief Bullingers und bittet um dessen weitere Fürsprache wegen seines dem Zürcher Rat eingereichten Entschädigungsgesuches, das gleichzeitig durch ein Empfehlungsschreiben von Zug unterstützt wird. Eine Botschaft für Werner Steiner.

S. P. D. Günstiger herr und brůder.

Üwer schriben³ han ich verstanden und mitt fröuden enpfangen, in welchem ich alwegen die liebe und früntschaft, so ir zů mir hand, spüren, deß ich üch zum aller höchsten danken etc. Witer, günstiger herr und brůder, so hab ich in üwerem schriben verstanden, wie das min suplicacion an mine herren von Zürich⁴ von burgermeister und den räthen verhört sye etc. Daruf man sich erkent habe, fier mannen vom rath den handel ze enpfelen, daß die darüber sitzen söllind und ein rathschlag ze thůn, wie man mir möge helfen, daß es zum aller heimlichisten beschechen möcht, darmitt mir kein nachteil daruß entstůnde. Dise meinung hett mir zum teil min herr gfatter und brůder M. W[erner] Steiner ouch zůgeschriben⁵ etc.

Uff sömlichs schriben und handlung han ich by mir selber gedacht: Nu wolhin,

¹⁶ einzelner (SI VII 1140).
¹⁷ fest, beharrlich (SI X 1426f).
¹⁸ ohne Schmälerung (des bisherigen Rechtes; SI V 371).
¹⁹ nach den Umständen (SI XI 344).
²⁰ Die Zürcher Prädikanten beantworteten in ihrem Gutachten beide Fragen negativ, s. ABernerRef 2929 und die oben (Anm. 1) angeführte Lit.
²¹ Ein Brief Meganders an Jud aus dieser Zeit ist nicht erhalten.

¹ Handschrift und Inhalt des Briefes weisen Weingartner zweifelsfrei als Absender aus.
² Der Brief muß kurz nach dem im Interesse von Weingartner verfaßten, unten (S. 275, 33) erwähnten Schreiben von Zug an Zürich vom 3. Dezember 1532 entstanden sein.
³ Nicht erhalten.
⁴ Ein undatiertes, autographes Exemplar von Weingartners Gesuch: Zürich StA, E II 355,47r.–v.; möglicherweise war es dem früheren, nicht erhaltenen Brief Weingartners, auf den Bullinger geantwortet hatte (s. oben Z. 2f), oder eventuell dem vorliegenden beigefügt. Mit dieser Bittschrift wiederholte Weingartner sein Gesuch aus dem Jahre 1527, das seine Entschädigung als ehemaliger Konventherr von Kappel betrifft, s. AZürcherRef 1322.
⁵ Nicht erhalten.

es blibt nüt verschwigen; sölte man mir etwas verordnen ze geben und heimlich beschechen⁶, und es aber mitt der zitt ußkeme, brechte es mir mee schadens und nachteil gegen minen herren, dann so es mitt irem wüssen bescheh, angesechen daß mine herren vor ouch uff den tagen ze Baden⁷, deß glichen durch ir bottschaft vor burgermeister und räthen in miner sach und ansprach⁸ gehandlet hand etc. Und darmit sömliche nachred verhüt wurde und mich ouch nüt hinderte, an minem ampt styf anzehalten⁹ und fürzefaren, han ich die sach gwaget und bin zůgfaren und han min suplicacion, wie ichs üch und minen herren von Zürich zůgschikt han, minem herr amman¹⁰, dem statthalter¹¹ mitt sampt den anderen räthen anzeigt und sy gebätten, ob etwas in der suplicacion vergriffen¹² were, daran sy ein mißval, weltind mir das selbig anzeigen, welte ichs enderen (wie wol ich min suplicacion vor und ee ichs minen herren von Zug anzeigt han, üch zůgeschikt, wie dann die selbig vor burgermeister und den räthen verhört ist); hand sy min suplicacion für grecht, geschikt und wolgesetzt erkent und gantz kein mißval daran gehebt.

Sömlichen handel hab ich in verrukten tagen Zug¹³ meister Haben¹⁴ erzelt, was mich darzů geursachet habe, alein daß es mich besser und geschikter bedücht hatt, minen herren sömlichs selbs anzezeigen, weder das sy es sust hettend söllen vernemmen; brechte mir minder nachteils etc. Welches nun meister Haben wolgefallen hett, und mir hieruf gerathen: diewil ich alle handlung minen herren von Zug anzeigt habe, sölle ich sy bitten um ein fürdernuß¹⁵ an burgermeister und räth¹⁶; werde mir nüt schaden, sunders fürderen. Dem han ich gefolget und mine herren um ein fürgschrift gebätten, welches mir gůtwilliklich vergunnen ist, als sich mitt der fürgschrift¹⁷ befint. Hieruf ist min früntlich bitt, ir wellind witer das best thůn und in der sach handlen, wie ir vermeinend am aller geschiktisten zů sin; dann ich üch hierinn allen gwalt giben ze handlen nach üwerem gefallen etc.¹⁸

---

⁶ und das heimlich geschehen würde.
⁷ An welchen früheren Tagsatzungen in Baden Weingartners Angelegenheit verhandelt wurde, läßt sich nicht nachweisen; erwähnt wird sie erst im Abschied vom 16. Dezember 1532 (s. unten Anm. 17).
⁸ Anspruch, Forderung.
⁹ festzuhalten (vgl. SI II 1228).
¹⁰ Oswald Toß, gest. 1541, war 1527–1541 Ammann von Stadt und Amt Zug und vertrat Zug an zahlreichen Tagsatzungen und in verschiedenen auswärtigen Angelegenheiten. Er spielte eine wichtige Rolle bei den Verhandlungen um den Zweiten Landfrieden 1531. Sein Name ist eng mit der energischen Bekämpfung der Reformation in Zug und in der Eidgenossenschaft verknüpft. – Lit.: EA, passim; ASchweizerRef, Reg.; Ernst *Zumbach,* Die zugerischen Ammänner und Landammänner, in: Gfr LXXXV, 1930, 127–129; HBLS VII 29.
¹¹ Stellvertreter des Ammanns von Zug; nicht identifizierbar.
¹² enthalten (SI II 716).
¹³ zusammengezogen aus z[e] Zug.
¹⁴ Aus welchem Grund Johannes Haab zu jener Zeit in Zug war, ließ sich nicht nachweisen.
¹⁵ Empfehlungsschreiben (SI I 1001).
¹⁶ von Zürich.
¹⁷ Das Empfehlungsschreiben von Zug an Zürich vom 3. Dezember 1532: Zürich StA, Acta Zug, A 259.1. – Obwohl sich der Vertreter von Zug an der Tagsatzung am 16. Dezember 1532 für Weingartner einsetzte (s. EA IV/1b 1453 w.), blieben dessen Bemühungen offenbar doch erfolglos: Zug wiederholte das Gesuch am 13. Oktober 1537 (Zürich StA, A 259.1), und auch Weingartners Kinder blieben nach seinem Tode 1541 unversorgt (s. Zug an Zürich, 2. und 12. November 1541, ebenda).
¹⁸ Wieweit sich Bullinger für Weingartner, den er selbst des Verrates an seiner Heimat im Zweiten Kappelerkrieg bezichtigte (HBRG III 120), in Zürich eingesetzt hat, ist nicht bekannt.

Sagend M. W[erner] Steiner, er sölle sich nüt lassen verlangen[19] um die 3 kronen um das fenster[20]; min herr amman Toß wil in darum zefriden stellen.

Hiemitt sind gott befolen. Grützend mir unsere brüder. Hiemitt sind gott befolen.

[Adresse auf der Rückseite:] Dem wirdigen, wolgelerten und hochgeachten M. H. Bulinger, diener deß evangelions der kilchen Zürich, sinem insunders vertruwten und geliebten.

[157]

Jakob Meyer[1] an Bullinger

Basel, 4. Dezember 1532
Autograph: Zürich StA, E II 335, 2006. Siegelspur. – Ungedruckt

Die einem seiner Zürcher Freunde zugedachte Schrift schickt er an Bullinger, da jene alle tot sind. In der Angelegenheit mit den V Orten muß man das Volk zu Gebet, Geduld und Gottvertrauen ermahnen. Grüße.

Gott wolle sin gnad in euch meren.

Lieber herr, ich hab dise ingeschloßne schrifft[2] einem vertrüwten Zuricher züschicken wellen. Diewil ich aber zů niemant kein kuntschafft[3] hab, dann die allten[4] mir all von gott hingenommen sind, weiß ich die nyemant zůzesenden dann eüch, dem ich yetzmol, oder dem Leo[5], vertrüw. Wollen die selben uff thůn und läsen, und so ir gedächten, das es etwas frucht bringen möchte, andren ouch vertruwten und gotgeliebten männeren läsen und hören lassen. Wo aber das nit, die selben brieff by eüch ze behalten.

Aber sonst die handlung[6] der 5 orten betreffen, wellen das volck zů ernstlichem

---

[19] solle sich nicht bekümmern (vgl. SI III 1331f. 1334f).
[20] Zu dieser Angelegenheit läßt sich nichts Genaueres feststellen. Vielleicht handelte es sich um die Übernahme einer von der Familie Steiner gestifteten bemalten Glasscheibe in Zug, vgl. Wilhelm *Meyer*, Der Chronist Werner Steiner 1492–1542. Ein Beitrag zur Reformationsgeschichte von Zug, Diss. phil. Freiburg/Schweiz, in: Gfr LXV, 1910, 158, Anm. 2.

[1] Jakob Meyer, genannt «zum Hirzen», 1473–1541, war als Tuchhändler ein typischer Vertreter der frühkapitalistischen Kaufmannsschicht Basels. Seit 1509 bekleidete er verschiedene öffentliche Ämter, nahm 1515 an der Schlacht von Marignano teil und wurde 1530 Bürgermeister. Als gebildeter Kaufmann unterhielt Meyer freundschaftliche Beziehungen zu humanistischen Gelehrten wie Pellikan, Beatus Rhenanus, Oekolampad u.a. Allgemein gilt Meyer als wichtigster weltlicher Führer der Reformationsbewegung in Basel. Entscheidenden Anteil hatte er auch bei der Reform der Universität. Bei welcher Gelegenheit Meyer und Bullinger sich kennenlernten, ist nicht bekannt. Von ihrem Briefwechsel sind mehrere Briefe Meyers an Bullinger erhalten. – Lit.: Paul *Meyer*, Bürgermeister Jakob Meyer zum Hirzen 1473–1541, in: Basler Zeitschrift für Geschichte und Altertumskunde, Bd. 23, 1925, S. 97–142; René *Teuteberg*, Jakob Meyer, in: Der Reformation verpflichtet. Gestalten und Gestalter in Stadt und Landschaft Basel aus fünf Jahrhunderten, Basel 1979, S. 13–19; August *Bernoulli*, in: ADB XXI 582; HBLS V 98.
[2] Um was für eine Schrift es sich handelt, ließ sich nicht ermitteln.
[3] persönliche Bekanntschaft, Freundschaft (SI III 353).
[4] die alten Freunde.
[5] Leo Jud.
[6] Der Streit um das Zürcher Messemandat, s. oben S. 129, Anm. 12 und unten S. 288f, Anm. 7.

gebett, zů gedult und zů starckem vertruwen in gott vermanen^a; dann gott ist gewaltig uff unser syten und nympt uns offt zitliche mittel, uff daß wir allein uff in hoffen, sonst wurde unser ewangelium ze fleischlich, und werden wir entlich obligen[7], auch in diser zit. Dann der Christus, der in uns ist, würt herr und könig bliben wider allen trotz der welt. Wo wir doruber liden, ja ouch sterben, so ist es unser gewinn[8]. Doch ist got getrüw; er gibt im anfechten[9] ein ußkommen[10] und leßt uns nit wyther versucht werden, dann wir wol ertragen mögten[11] etc.

Ich hab von kurtze der zit euch nit wyther schriben konnen. Nemmen uß disem cleinen vyl, wie ichs dann gegen allen gloubigen gůt mein.

Grüssen mir den Leo, den Pellican[12] und andre brůder, so den herren von hertzen lieben. Die gnad gottes sye mit euch allen. Amen.

Datum Basel, den vierden decembris anno etc. 32.

Uwer Jacob Meyger,
burgermeister der statt Basel.

[Adresse auf der Rückseite:] Dem ersamen herr Heinrich Bullinger, prädicant zů Zürich, minem gunstigen lieben herren.

[158]

Lorenz Meyer an Bullinger

Stammheim[1], 4. Dezember 1532
Autograph: Zürich StA, E II 355, 39. Siegelspur. – Ungedruckt

Die Synodaldekrete haben unter den Pfarrern in seiner Gegend Uneinigkeit ausgelöst. Bullinger soll weitere Anweisungen schicken. Berichtet von einer Zusammenkunft der Pfarrer des Steiner Kapitels, bei der die Verhältnisse in Laufen, Ossingen, Stammheim und Stein am Rhein besprochen wurden.

Gratiam et pacem per Christum.

Decreta synodalia tandem habemus, Bullingere doctissime, tuo et Leonis auspitiis emissa[2], authoritate senatus munita[3]. Nunc sic fratrum feruntur manibus, sic ancipiti et diverso multorum consilio onerantur, ut quidam ea in sententia, ecclesiis

---

a   vermanen *am Rande nachgetragen.*

7   Oberhand haben (im Gegensatz zu unterliegen; vgl. SI III 1208).
8   Vgl. Phil 1,21.
9   in der Anfechtung, in der Gefahr.
10 Ausweg (vgl. SI III 276).
11 Vgl. 1Kor 10,13.
12 Meyer war mit Konrad Pellikan befreundet und hatte ihm 1524 zur Annahme der Zürcher Stelle geraten, vgl. *Meyer*, aaO, S. 103f.

1   Stammheim (Kt. Zürich).
2   Die von Bullinger in Zusammenarbeit mit Jud verfaßte Prediger- und Synodalordnung wurde von der Herbstsynode am 22. Oktober 1532 verabschiedet und erschien anfangs November desselben Jahres im Druck (HBBibl I 605; gedruckt: AZürcherRef 1899; vgl. auch *Pestalozzi* 132–140; Ulrich *Gäbler*, Heinrich Bullinger und das Verhältnis von Staat und Kirche im Zürich des 16. Jahrhunderts, in: Volkshochschule, 10. Jg., 1976, S. 22–25; Kurt *Maeder*, Bullinger und die Synode, in: Bullinger-Tagung 1975. Vorträge, gehalten aus Anlaß von Heinrich Bullingers 400. Todestag, im Auftrag des Instituts für Schweizerische Reformationsgeschichte hg. v. Ulrich Gäbler und Endre Zsindely, Zürich 1977, S. 72–75).
3   Die Prediger- und Synodalordnung wurde vom Rat in Form eines Mandates veröffentlicht und erhielt dadurch Rechtskraft, vgl. AZürcherRef 1899, S. 825f.

minime promulganda, quidam vero maxime, versentur. Sic alia discordia nata est. Is perhibet ei inhibitam publicam lectionem, alter contendit nihil minus oportere fieri quam nudam et apertam earum rerum, quę in usum spectent ecclesiarum inhibitionem. Lucis esse res, non tenebrarum, veritatis, non mendacii, honestatis, non turpitudinis. Tuum nunc erit et Leonis et fratrum urbis[4], hanc sopire novę discordię discordiam. Diligentiam, curam et vigilantiam ex epistolis senatus[5] ego collegi, taciturnitatem rerum actarum minime. Quapropter ne peccemus omnes, ille vel negligentia, alter vero temeritate, occurrite. Decanis, fratribus vestris, quid faciundum, rescribite omnes vel tu solus[6].

Cęterum et nos, qui ad Rheni fluenta et Durae[7] siti sumus, de diacono[8] pridie congregati[9] nonnihil tractavimus, rem siquidem honestam, gravem vero propter sustentationem et vitę rationem, hoc est victus tractantes. Summam negotii ad te remittere placuit. Aiunt otiosam ad Rheni catapultas sive cataractas[10] esse sacellani, ut dicunt, prebendam. Macra sitne, pinguis, ignoro. Hinc iuvari ministrum provincię satis latę et populose non satis potuimus discernere. Ossingę[11] alia est, sed trunco[12] potius quam homine gravata[13], Sthammę una, nunc vero sic onerata, ut minime possit tam grave onus[a] abiicere, Stainię cęnobium[14] – quid hinc spei, rerum statu nostrarum sic fluctuante?

Voluimus hęc tibi, optime vir, literis significare, fidei tuę et orationi res nostras et nos cum ecclesiis commendare.

Vale in Christo. Is te, fratres et ecclesias servet incolumes. Amen.

Sthammę, raptim, 4. decembris anno 32.

Laurentius Agrico. tuus etc.

[Adresse auf der Rückseite:] H. Bullingero ecclesiastę Tigurino, viro claro et pio, fratri et amico charissimo.

---

[a] *in der Vorlage irrtümlich* omus.

[4] Die Prediger der Stadt Zürich.
[5] Wohl die Vorrede zur Predigerordnung (AZürcherRef 1899, S. 825f).
[6] Eine Antwort der Pfarrer oder Bullingers ist nicht bekannt.
[7] die Thur.
[8] Unbekannt.
[9] Über diese Zusammenkunft ist sonst nichts bekannt.
[10] Rheinfall. Gemeint ist die Pfarrei Laufen (Kt. Zürich).
[11] Ossingen (Kt. Zürich).
[12] schwerfälliger, stumpfsinniger Mensch, s. Otto 332, Nr. 1695.
[13] Pfarrer von Ossingen war zu jener Zeit Thomas von Gachnang (s. AZürcherRef 1391.1714, S. 732.1757; Pfarrerbuch 66.290).
[14] Das Benediktinerkloster St. Georgen in Stein am Rhein (Kt. Schaffhausen) war 1525 aufgehoben worden, doch blieben einige Mönche auch nachher im Kloster, vgl. *Wipf* 336–339.

[159]

Sebastian Grübel[1] an Bullinger

St. Gallen, 7. Dezember 1532
Autograph: Zürich StA, E II 351,201r.-v. Siegelspur
Gedruckt: ASchweizerRef IV 2033; Teildruck: *Knittel,* Kirche 42f

Berichtet über die zunehmende Bedrängnis der Evangelischen im Rheintal und in den äbtischen Gebieten. Überall wird versucht, die Messe wieder einzuführen, auch gegen den Willen der Bevölkerung. Schikanen gegen reformierte Prädikanten. Grübel schreibt Bullinger auf Anraten Vadians und hofft auf die Hilfe Zürichs.

Gnad und frid von gott durch Christum etc.

Besonders lieber herr und brůder. Wie dan uff verschinen osteren Jacob Riner selig[2] und ich für mine g[nädigen] h[erren] von Zürich uß bevelch aller brůder, der predicanten im Rintall und Gotzhuß[3], abgefertigat warend[4], damit der uffgericht landtsfriden[5] erlüttert, ouch was articell den landfriden brechen mügend, worend mir in hoffnung, alle sach in mittler zitt[6] dahin gebracht werd, das mir gottes bevelch[7] fry, unverhollen hettend dörffen predigen, so ist es je lenger je ferner. Dan ich üch unverhalten will haben, das der appt[8] ain solliche tyranner im Gotzhuß brucht, das es zů erbarmen ist. Dan uff jetz verschinen fritag hatt er sine anwalt[9] zů Berg[10] kain[11], mit sollichem boch[12] und trutz, besonders als sich die biderben lütt der meß und des gantzen grüwels wideretend[13], das sy tapffer heruß liessend, mine herren von Zürich hettend im zů Frowenfeld zůgesait[14], in by siner herlikait, gerechtikait und allen sinen bruchen schutzen, schirmen und handtha-

---

[1] Sebastian Grübel, gest. 1574, aus St. Gallen, studierte von 1510 bis 1512 in Krakau, anschließend in Tübingen, wo er 1516 Magister artium wurde. 1520 kam er als Pfarrer nach Berg (Kt. St. Gallen). Grübel war mit Vadian befreundet und verwandt. Schon früh engagierte er sich für die Sache der Reformation und wurde zu einem der aktivsten Prädikanten der St. Galler Synode. Er war einer der vier Pfarrer, die seit 1529 im Auftrag der Kapitelsversammlung zu Rheineck die gemeinsamen Anliegen der ostschweizerischen Gemeinden wahrnahmen. Infolge der nach 1531 einsetzenden Rekatholisierung in der Ostschweiz mußte Grübel seine Pfarrei 1532 verlassen. Er hielt sich zunächst in St. Gallen auf und kam 1533 als Diakon nach Schaffhausen. 1536 wurde er dort Pfarrer im Spital. Als solcher war er den Pfarrern Heinrich Linggi an St. Johann und Simprecht Vogt am Münster gleichgestellt und leitete gemeinsam mit diesen die Schaffhauser Kirche. Einige Briefe Grübels an Bullinger sind erhalten. – Lit.: Z X 417, Anm. 6; Vadian, Diarium 411. 507; ASchweizerRef II 998b; *Egli,* Analecta I 94f.133; *Staerkle* 262f; *Wipf* passim; HBLS III 773.
[2] Jakob Riner war am 11. Oktober 1532 an der Pest gestorben, s. Kessler, Sabbata 398,31-37.
[3] Das Herrschaftsgebiet des Abtes von St. Gallen.
[4] Der Vortrag der Delegation der «diener des wortes Gottes» aus der Landschaft der Abtei St. Gallen ist abgedruckt in ASchweizerRef IV 1584.
[5] Der Zweite Landfriede von 1531 (EA IV/1b 1567-1571) bezieht das Rheintal und die äbtischen Gebiete nicht ausdrücklich in die Friedensregelung ein. Vgl. dazu auch *Frey* 181-191; *Näf,* Vadian II 341-355.
[6] inzwischen.
[7] Auftrag, d.h. Gottes Wort bzw. die reformatorische Lehre.
[8] Der Abt von St. Gallen, Diethelm Blarer von Wartensee.
[9] Bevollmächtigten.
[10] Berg (Kt. St. Gallen).
[11] hyperkorrekte Schreibung für «ghan» = gehabt.
[12] Übermut, Prahlerei (SI IV 969).
[13] widersetzten.
[14] An der Tagsatzung vom 4. bis 10. November 1532 in Frauenfeld wurde der Konflikt zwischen Zürich und dem Abt von St. Gallen bereinigt (EA IV/1b 1425 s.).

ben¹⁵, das menger biderman redt, das gott müsse geklagat sin, das sy in by dem grüwell und aller gotzlesterung schützen weltend. Habend uns also pfründen abgekündt und schier an allen ortten die bebschlichen meß uffgericht, doran ain mechtig mißvallen ain¹⁶ den biderben lütten ist, dan besonderlichen in miner pfarr (doch nit mer min) ob¹⁷ 600 personen horrend¹⁸, und hatt sy¹⁹ kain anige²⁰ person von wib noch man me begertt. Doch so sind die biderben lütt so bigirig und yffrig umm gottes wortt, das sy der merenthail die predicanten uff iren aignen kosten enthalttend wend²¹. Doch so ist der trutz und boch so groß, wo mine herren von Zürich nit ain besonderlich drinsehen thond, das mir nit bliben mügend. Dan des apts hoffmaister, Fridrich von Hadaham²², hatt zů Berg in des aman huß fry heruß geredt, es thů nit recht, biß sin g[nädiger] h[err] ain 4 oder 5 predicanten in ainen thurn zemen saltze²³ und inen darnach blatten schere²⁴, das köpff ainweg fallend und blutt übersich spring. Es hand ouch die biderben lütt begertt, damit der meßpfaff umm die 8 oder 9 grech²⁵ sige, damit sy iren predicanten ouch uffstellen möchtind. Ist inen gar abgeschlagen, dan der bricht²⁶ vermügs nit²⁷, sonder man sölle in nit hindern, ob er schon erst umb die 12 stund grech würde. Das also ain sonetag verschinen der predicant zů Stainach²⁸ nit hett künden predigen, dan er erst umm den mittag grech ist worden. Semlichs hab ich uß besonderem vertruwen, so ir zů der worhait und allen predicanten hand, nit wellen verhaltten.

Es hats michs ouch der from und wiß ||²⁰¹ᵛ· burgenmaister von Watt üch kaissen²⁹ ze schriben und anzaigend. Ist also min früntlich bitt und beger, mir und uns allen predicanten ze rattend, wie der sach ze thůnd were. Dan, der herr sigs gelobt, die predicanten sind all tapffer und handtlich³⁰. So witt und irß ouch riettend, möcht ich liden³¹, das vertruwtten, als burgenmaster Rösten (dan er selbsᵃ in kurtz verschinen tagen die handlichait und yffer by miner gemand gesehen hatt³²), anzaigt würde, damit mir nit gewaltigett, und der trutz und boch abgestelt wurde. Des will ich mich gentzlich, ouch alle bruder, zů üch versehen³³.

ᵃ *in der Vorlage* sebs.

¹⁵ beschützen, verteidigen (SI II 914).
¹⁶ hyperkorrekte Schreibung für «an».
¹⁷ mehr als (SI I 49).
¹⁸ gehören.
¹⁹ gemeint: die Messe.
²⁰ einzige.
²¹ erhalten wollen; die Tagsatzung vom 4. bis 10. November 1532 bestimmte, daß jene Untertanen des Abtes von St. Gallen, die einen reformierten Pfarrer einsetzen wollen, die Kosten dafür selbst tragen müssen, vgl. oben Anm. 14.
²² Niklaus Friedrich von Heidenheim, gest. 1548, Hofmeister des Abts von St. Gallen, bemühte sich nach dem Zweiten Landfrieden als entschiedener Gegner der Reformation mit Erfolg um die Wiedereinführung der Messe in Homburg (Kt. Thurgau). – Lit.: Rudolf *Wigert*, Homburg und die ehemaligen Herrschaften von Klingenberg, in: Thurgauische Beiträge zur vaterländischen Geschichte, 44. Heft, Frauenfeld 1904, S. 28–44; HBLS IV 117.
²³ mit Gewalt an einen unerwünschten Ort bringen (SI VII 895).
²⁴ Tonsuren schneide; euphemistisch für enthaupten.
²⁵ fertig (mit der Meßfeier; SI II 699f).
²⁶ Das Abkommen zwischen dem Abt und Zürich, s. oben Anm. 14.
²⁷ enthalte das nicht (vgl. SI IV 111).
²⁸ Als Pfarrer von Steinach (Kt. St. Gallen) nahm an der St. Galler Synode von 1530 ein weiter nicht bekannter «Herr Lux» teil (s. *Egli*, Analecta I 125.132; Vadian BW IV 163). Ob es sich hier um denselben handelt, ließ sich nicht nachweisen.
²⁹ geheißen.
³⁰ standhaft, mutig (SI II 1405).
³¹ gestatten, zugeben; oft geradezu: würde ich gern sehen, wäre mir erwünscht (vgl. SI III 1089).
³² aus welchem Grund Diethelm Röist zu jener Zeit in der Ostschweiz war, ließ sich nicht ermitteln.
³³ von euch erwarten (SI VII 566f).

Hiemit bewar uns die gnad gottes, und troste uns ouch der rich gott, damit mir stiff in siner verjechung³⁴ und crütz blibend, dan er ain richer bezaller ist, das zittlich mit dem ewigen. Amen.

So üch min schwager Gebhartt Brunner³⁵ begegnaty, so sagend im vill gutts und eeren von mir, ouch den ergangen handell.

Geben zů Sant Gallen, uff 7. tag december im 1532 jar.

Sebastian Grubell,
diner zů Berg, üwer früntlicher brůder.

[Adresse auf f. 202v.:] Dem fromen und getrüwen Hainricho Bullinger, predicanten zů Zürich, minem besonders herren und brůder.

[160]

Petrus Dasypodius an Bullinger

Frauenfeld, 13. Dezember 1532

Autograph: Zürich StA, E II 358,96. Siegelspur. – Gedruckt: *Büeler* 33

Ist mit dem Zürcher Landvogt im Thurgau [Hans Edlibach] zusammengekommen und hat mit ihm über Bullinger gesprochen. Empfiehlt diesem, im Interesse der evangelischen Sache bei Gelegenheit mit Edlibach persönlich in Verbindung zu treten.

Salutem et conscientię pacem per Christum.

Cum nuper ad colloquium me pręfectus¹ admisisset, accidit, ut dum ultro citroque² familiarius quędam inter nos iactarentur, in tui quoque mentionem inciderimus. Ibi post multa dixit ille congressum tuum non mediocriter se iam pridem expetivisse, sed nescio quo genio deterritum fuisse hactenus. Tum ego: «Atqui nihil est, quod te prohiberi a Bullingeri colloquio debeat amplius, si cupis. Facilem et paratum quovis cum loco tum tempore scio illum se tibi prębiturum esse». – «Non dubito», inquit, «sed nolo impudenter illi me ingerere, si desit iusta occasio». – Quod cum ille serio pre se ferret, non abs re facturum esse putavi me, si te huius rei submonerem clanculum, ita ut quam primum audires illum Tiguri esse, non expectando illius occasionem, quam forsan observat, quemadmodum lunam Accessęus³ ille, qui locum fecit adagio, prior hominem compellares atque quomodocumque iniecto sermone de singulis paulatim rebus ad negotium evangelicum pertinentibus exacte cum illo colloquereris, constanter tamen interim dissimulando me instigatore hoc fieri. Protinus ille, qua est facilitate dicam an imprudentia nescio, sese tibi aperiet.

Hęc in pręsentia ad te pro nostra veteri consuetudine, qua mihi quidvis erga te licere puto, scribere placuit. Quod superest, facile tabellio⁴ referet, a quo etiam causam audies, cur literas tuas⁵ pręfecto reddi noluerimus⁶.

---

³⁴ Bekenntnis (vgl. SI III 6).
³⁵ Unbekannt.

¹ Landvogt im Thurgau war zu jener Zeit Hans Edlibach, s. oben S. 170, Anm. 3.
² Vgl. Adagia, 1,3,84 (LB II 142 F–143 A); Otto 354, Nr. 1814.
³ Die Redensart gilt Zauderern, die immer glauben, die günstigste Gelegenheit abwarten zu müssen, s. Adagia, 1,5,85 (LB II 214 D).
⁴ Unbekannt.
⁵ Nicht erhalten.
⁶ Die Zusammenhänge sind nicht bekannt.

Vale, ac nos, ut hactenus fecisti, amice semper complectere.

Frowenfeldię, idibus decembris anno 1532.

Petrus Dasypodius tuus.

[Adresse auf der Rückseite:] Domino Henrico Bullingero, vigilantissimo Tigurinorum ecclesiastę, amico suo non vulgari.

[161]

Berchtold Haller an Bullinger

[Bern], 14. Dezember 1532

Autograph: Zürich StA, E II 343,8a. Siegelspur. – Ungedruckt

Zürichs Antwort an die V Orte wegen des Mandatstreites sowie Bullingers Ratschlag an Peter Im Haag fanden in Bern allgemeine Zustimmung. Bernhard Meyer will sich in Basel für die Wiederherstellung der Eintracht unter den evangelischen Städten einsetzen. Die Reformierten in Solothurn, die den evangelischen Gottesdienst nur außerhalb der Stadt besuchen dürfen, wollen Paul Rasdorfer zum Pfarrer berufen. Haller drängt auf die Beantwortung von zwei Eherechtsfragen und berichtet von einem Brief der Straßburger Kirche an Bern.

S. Habes responsionem vestram comitiis Badensis[1] propositam[2], charissime Heimrice, quae usque adeo placuit piis, quod nec apicem addere vel demere potuerint. Tuoque consilio ad Hagium[3] totus senatus est obsecundatus. Dominus omnia pro sui nominis gloria vertat.

Fuit apud nos 14 ferme dies Bernardus Meyer Basiliensis[4], tibi probe notus, cui etiam tuto fidere potuimus[5]. Hunc cordatiores ita adornarunt, immo et persuaserunt, quod apud suos omnem lapidem movebit[6], quo per eos civitates[7] in mutuam redeant gratiam. Suscępit promptissime hoc onus speratque non in cassum se operam daturum. Immo apud eos, qui nobis papistę videntur, causam vestram contra Pagos[8] egit quam diligentissime.

[1] Die eidgenössische Tagsatzung von Baden, 16. und 17. Dezember 1532, s. EA IV/1b 1450–1458.
[2] Zürichs Antwort auf die Forderung der V Orte, das Religionsmandat vom 29. Mai 1532 zurückzunehmen (s. ebenda S. 1451; zum Mandatstreit s. unten S. 288f, Anm. 7). Offenbar hatte Bullinger bereits kurz vor der Tagsatzung eine Abschrift dieser Antwort an Haller gesandt.
[3] Bullingers Brief an Peter Im Haag ist nicht erhalten.
[4] Bernhard Meyer zum Pfeil, 1488–1558, Bruder des Bürgermeisters Adelberg Meyer, gehörte seit 1521 dem Großen Rat an und wurde ein Anhänger der Reformation. 1529, nach dem Durchbruch der Reformation in Basel, wurde er zum Ratsherrn gewählt. Meyer vertrat Basel an zahlreichen Tagsatzungen sowie an Verhandlungen und Gesandtschaften im In- und Ausland. Nach dem Tod seines Bruders 1549 wurde er dessen Nachfolger und blieb Bürgermeister bis zu seinem Tode. – Lit.: ASchweizerRef, Reg.; ABaslerRef, Reg.; Basler Chroniken, hg. v. der Historischen und Antiquarischen Gesellschaft in Basel, Bd. VI, bearb. v. August Bernoulli, Leipzig 1902, S. 386f; Z XI 389f, Anm. 2; LL XIII 125; HBLS V 98.
[5] Meyer hielt sich vom 1. bis 13. Dezember 1532 in Bern auf; er vertrat Basel in einem Rechtsstreit mit Solothurn, der mit einem Schiedspruch Berns endete, s. EA IV/1b 1445; ABaslerRef VI 210–212.214.217.
[6] Vgl. Adagia, 1,4,30 (LB II 161 C–162 A); Otto 185, Nr. 910.
[7] Bern und Zürich, vgl. oben S. 46,35f sowie S. 260, Anm. 6.
[8] die V Orte.

Cęterum Salodorenses pii[9], qui in urbe sunt, extra urbem in pago quodam vicino[10] verbum audiunt a fratre quodam[11], quem suis impensis fovent etsi modicissime. Hi Paulum Rasdorfer desiderarent[12] a nobis, ut dignus est, commendatum, si adhuc apud vos esset. Tu itaque percontare ab homine et proxime, dum poteris, ad me scribe, num uxorem et liberos habeat[13], nunc hanc suscipere vellet provinciam. Quod quam primum per me intellexerint Salodorenses, scribam ego ad te, quam victus rationem habere possint et velint. Opus enim haberet locus ille homine docto propter catabaptistarum fecem[14], quae ita invaluit, ut paucissimi sint, quin evangelium suum ab huiusmodi hominibus didicerint[15].

Consilium vestrum super duobus articulis[16] nondum accępimus. Vellem equidem, ut vel uno verbo indicasses, quo dum nonnulli in nos iis quippiam machinantur, id cautius praevenire possemus. Iam dudum, ni fallar, a te petieram, quibus argumentis probari et persuaderi possit adultero separato alias licere nuptias citra scandalum[17]. Sed occupationes tuas tantas esse audio, quod vix decimus satisfacere illis posset. Attamen, ut me nunquam tua in scripturis interpretandis dexteritate operaque deseruisti, ita et nunc quoque a te peto et pro amicicia nostra expostulo. Nam Constantienses[18] negant omnino, quod apud nos fieri non poterit aut a divortio cessandum aut adulteris alia et severior pęna infligenda aut, quod divortii culpam habet, non tam facile novum admittendum coniugium. Quę omnia, dum longe lateque[19] circumspicio, nostrates non facile admittent. Ita malum malo additur, dum non iuxta verbum recta omnia agimus. Quare, mi Heinrice, si quid habes consilii, ut certe habes, mecum communica[20].

Vale, et semper, quae apud vos aguntur, scribe. Audio minus pios senatui vestro additos. Dominus vos omnes dirigat et conservet. Rursum vale.

14. decembris anno 32.

Tuum minimum nummisma.

Fratres Argentinenses senatum nostrum epistola gratissima monuerunt pro concordia civitatum resarcienda et piorum misere oppressorum defensione[21].

[Adresse auf der Rückseite:] Charissimo fratri suo Heinrico Bullingero.

[9] Zur Lage der Reformierten in Solothurn s. oben S. 237,3–19 und *Haefliger* 162–165.
[10] Den Reformierten von Solothurn standen seit dem 15. August 1532 nur noch die Kirchen der Nachbargemeinden, vor allem Biberist und Zuchwil, für den Gottesdienst zur Verfügung, s. [Ludwig Rochus *Schmidlin*], Solothurns Glaubenskampf und Reformation im 16. Jahrhundert, [Solothurn 1904], S. 270; *Haefliger* 164.
[11] «Biberist scheint keinen eigenen Prädicanten gehabt zu haben» (*Schmidlin*, aaO, S. 251; vgl. *Haefliger* 87). In Zuchwil amtete seit dem 15. August 1532 Urs Egli, der jedoch 1533 entlassen wurde (vgl. *Schmidlin*, aaO, S. 252, Anm. 2 und S. 270f).
[12] Offenbar stand die Entlassung Eglis bereits kurz bevor; zu einer Berufung Rasdorfers kam es schließlich nicht, vgl. oben S. 108, Anm. 14.
[13] Rasdorfers Ehefrau und Kinder werden in den Akten öfters erwähnt, freilich ohne Namen, s. ebenda, Lit.
[14] Bodensatz; niedrigste, unterste Schicht, vgl. Otto 130f, Nr. 633.
[15] Siehe oben S. 237,4–6.
[16] AZürcherRef 1908 und oben Nr. 155, zur ganzen Frage s. S. 273f, Anm. 1 und 20.
[17] Siehe ebenda.
[18] Zum Konstanzer Eherecht nach der Zuchtordnung von 1531 s. *Köhler*, Ehegericht II 106–111.
[19] Vgl. Adagia, 1,10,70 (LB II 386 C).
[20] Bern schloß sich dann weitgehend dem Zürcher Gutachten an, s. *de Quervain* 44; *Köhler*, Ehegericht I 335–337.
[21] Der Brief der Straßburger Prediger an Bern vom 26. November 1532 ist gedruckt in

[162]

Hans Rudolf Lavater[1] an Bullinger

[Kyburg?][2], 22. Dezember 1532

Autograph: Zürich StA, E II 335, 2003. Siegelspur

Gedruckt: Carl *Pestalozzi*, Hans Rudolf Lavater, Bürgermeister, 1491–1557, Zürich 1864. – 27. Njbl. zum Besten des Waisenhauses, hg. v. der Gelehrten Gesellschaft auf der Chorherren, S. 23; *Stucki* 286f

Gute Wünsche zum neuen Jahr. Schickt Bullinger und seiner Frau Käse und einen Kapaun. Ist beunruhigt über die Nachricht, daß Zürich sich zu einem Vergleich mit den V Orten herbeilassen will. Bittet Bullinger um weitere Nachrichten und erkundigt sich nach dem Stand seines Streits mit [Jörg] Berger.

Der allmechtig gütig her und gott verlich üch und allen üwern verwanten ein gůt glůkhaft jar etc. zů vor.

Wolglerter, ersamer, min sunders günstiger und lieber herr, ich schick üch und üwer hußfrowen[3] hiemit den keß und kapunen zům gůten jar[4], mit ganz früntlicher pitt, sömlich kleinfüge gab vergůt zů nemen[5], dann üch und den üwern alle zitt früntschaft unnd dienstlichen willen zů bewisen, wer ich insonders begirig und zum höchsten gůtwilig.

Dem nach, lieber Meister Heinrich, hab ich gestern zů Winterthur vernomen, wie sich min herren begeben in recht zů lassen[6] mit den 5 orten[7]. Darab ich ser übel erschrocken, dan wir mit den rechten[8] am ruggen gligen[9] müsend. Harub[10] ist min

---

ASchweizerRef IV 2019. Er wurde am 12. Dezember vor dem Rat verlesen (s. *Straßer* 125, Anm. 2).

[1] Hans Rudolf Lavater, 1492–1557, stammte aus eher bescheidenen Verhältnissen, gelangte aber später zu großem Vermögen und politischer Macht. 1516 wurde er in den Großen Rat aufgenommen, 1521 nahm er als Fähnrich am Papstzug teil. Seit 1524 wirkte er oft als Verordneter und förderte als Parteigänger Zwinglis die Reformation auf der Landschaft. 1525–1536 verwaltete Lavater als Landvogt von Kyburg die bedeutendste zürcherische Vogtei. In dieser Eigenschaft spielte er eine wichtige Rolle bei den Verhandlungen mit den aufrührerischen Bauern zu Töß (5. Juni 1525, vgl. auch HBRG I 277–279). 1529 führte Lavater die Zürcher Truppen im Thurgau. Im Zweiten Kappelerkrieg wurde Lavater mit dem Oberkommando betraut, geriet aber nach der Niederlage unter harten politischen Beschuß von Seiten der Landschaft, auf deren Verlangen hin eine Untersuchung über Lavaters Verhalten in der Schlacht bei Kappel erfolgte. Es gelang Lavater jedoch, sich zu rechtfertigen (s. HBRG III 297–302) und seine politische Karriere fortzusetzen. 1536 erfolgte seine Wahl in den Kleinen Rat, 1544 wurde er Bürgermeister. Mit Bullinger verband Lavater seit 1532 eine persönliche Freundschaft. Der Antistes nahm im Frühling jenes Jahres Lavaters Sohn Heinrich als Tischgänger und Schüler bei sich auf. Ein weiterer Sohn, der Theologe und spätere Antistes Ludwig Lavater, heiratete 1550 Bullingers Tochter Margareta. Bullinger widmete Lavater seinen 1543 erschienenen Kommentar zum Johannes-Evangelium (HBBibl I 153). Einige Briefe Lavaters an Bullinger sind erhalten. – Lit.: HBRG, Reg.; HBD, Reg.; *Egli*, Analecta I 150–164; *Jacob* 208–211; *Stucki*.

[2] Es ist anzunehmen, daß Lavater aus seiner Vogtei schreibt.

[3] Ehefrau (SI I 1246). – Anna Bullinger, geb. Adlischwyler.

[4] als Neujahrsgeschenk (SI III 58–60).

[5] wohlwollend aufzunehmen (vgl. SI II 542).

[6] sich ins Recht einlassen, den Rechtsgang akzeptieren.

[7] Zum Konflikt zwischen Zürich und den V Orten wegen des zürcherischen Messemandats s. unten S. 288f, Anm. 7.

[8] Im Rechtsstreit, d. h. im Falle eines Entscheides durch ein eidgenössisches Schiedsgericht.

[9] den Kürzeren ziehen, unterliegen (vgl. Grimm IV/1 2 3025f).

[10] darum.

früntlich pitt an üch, mich zů berichten, wie es darumb gstaltodt, ouch was Bern und ander cristenlich stett[11] hier zů sagindt[12], und wie es standt.

Land mich ouch wüssen, wie min handel zwüschend Berger[13] und mir stande.

Und sind hiemit dem allmechtigen gott in sinen schirm befolchen, der üch gnedicklich kreftigen, damit ir sinen handel tapfer verstrecken[14] mogindt.

Datum in ill, suntags nach Thome anno etc. 32.

Üwer gůtwiliger diener
Hans R. Lafatar[!].

[Adresse auf der Rückseite:] Dem wolglerten, ersamen herren Meister Heinrichen Bulinger, predicant zum großen münster Zürich, minem insonders lieben unnd vertruwten herren.

[163]

Gervasius Schuler an Bullinger

[Basel][1], 25. Dezember 1532
Autograph: Zürich StA, E II 361, 333. Siegelspur. – Ungedruckt

Entschuldigt sein langes Stillschweigen und lobt Bullingers Kommentar zum Hebräerbrief. Hat sich von einer Krankheit erholt und fühlt sich in Basel wohl. Grüße.

Gratiam et pacem a domino, doctissime vir idemque frater charissime.

Quanquam proximis litteris[2] ad me missis nonnichil meam in scribendo tarditatem conquestus sis idque optimo iurę factum non ignorem, litteras meas tamen interceptas esse oportuit, quo minus mearum rerum sciens iustam expostulationem in me causaris. Porro nunc non habeo, quod vel iuste respondeam tibi, quum per famulum Myconii[3] nostri queris, quid in causa sit, ut non semel scribam. Possem certe negotia causare. Sed quid opus hac hypochrisi? Potius apud te, amicum in orbe non chariorem, restim adfero[4] ingenueque tarditatem – quid dicam? segnitiem fateor. Ignosce igitur, frater, delinquenti Gervasio, tuo inquam, cui vel maiora condonare hactenus non desiisti.

---

[11] reformierte Städte, die Mitglieder des aufgelösten Burgrechts.
[12] Über die Haltung Berns, Basels und Schaffhausens vgl. EA IV/1b 1439f.
[13] Jörg Berger, nach 1470–1533, war ein reicher und politisch mächtiger Vertreter der zürcherischen Führungsschicht. 1513–1529 war er Landvogt in Grüningen, 1529 Mitglied des Kleinen Rates. Im Ersten Kappelerkrieg war er Bannerhauptmann, wurde aber im Herbst 1529 durch Hans Rudolf Lavater ersetzt. Obwohl Berger und Lavater in verwandtschaftlicher Beziehung standen, war ihr persönliches Verhältnis gespannt. Berger war zwar nicht reformationsfeindlich, vertrat aber eine Politik des friedlichen Ausgleichs, was ihn in Gegensatz bringen mußte zum entschiedenen Anhänger der kompromißlosen Linie, als der Lavater bis 1531 zu gelten hat. Ob es sich beim hier erwähnten Handel um eine politische oder persönliche Streitfrage handelt, konnte nicht geklärt werden. – Lit.: Leonhard *von Muralt*, Jörg Berger, in: Zwa V 66–71 und 103–126; *Jacob* 127–129; *Stucki* 11–13; HBLS II 120.
[14] vollstrecken, ausführen (SI XI 2172).

[1] Der Abfassungsort ergibt sich aus dem Inhalt des Briefes (Z. 26–28 und Anm. 13).
[2] Nicht erhalten.
[3] Unbekannt.
[4] Vgl. Otto 298, Nr. 1528.

Ceterum que in Paulinam Epistolam scripsisti Hebreis praenotatam[5], non possum non summe laudare. Dum enim decimi capitis nodum pro contione explicandum suscepissem, maxime eum, propter quem Erasmus ille magnus Pauli opus esse negat[6], insperato in manus venit tuus in eam epistolam elegans adeoque et pius commentarius, quem tam avide legi, ut fere totam noctem in eo transigere non fastidierim. Quo paululum perlecto nummis meum feci, quanquam parum supersit ęris, quo librorum aliquot, maxime tuo ingenio propinatorum comparem.

Quod reliquum est: Assiduus apud deum sum in hoc certe, ut tuos hosce celebres conatus[7] magis magisque iuvet, quoque ipsius gloria per te foelicius orbi innotescat et fratrum iuvetur parvitas.

Postremo me corpore nunc bene valere una cum uxore[8] et liberis[9] non ignores. Tametsi longo tempore egrotarim, tamen pristinę sanitati restitutus non desino in bonis deliciari litteris plus quam in auro atque quibuscumque mundi deliciis.

Vale in domino. Uxorem tuam[10] una cum pio parente[11] atque fratre[12] tuo plurimum ex me et uxore mea saluta.

Adde, quod senatus noster michi hisce diebus egregiam domum, amplam, musis accomodatissimam comparavit, que me una cum copiosa librorum supellectile ędis divi Leonardi[13] supra modum delectat. Iterum vale.

Datum vicesima quinta die decembris anno 1532.

Gervasius,
ex animo frater tuus.

[Adresse auf der Rückseite:] Doctissimo viro Heyricho Bullingero, fratri in Christo charissimo meo.

[164]

Berchtold Haller an Bullinger

Bern, 28. Dezember [1532][1]

Autograph: Zürich StA, E II 360,35. Siegelspur. – Ungedruckt

Besorgt darüber, daß sich die Zürcher im Mandatstreit dem eidgenössischen Schiedsgericht unterwerfen wollen, bittet er um Bullingers Rat, was nun zu tun sei. Er begrüßt das baldige Erscheinen von Bullingers Römerbriefkommentar, berichtet von der Kriegsmüdigkeit in Bern und fragt an, ob Bullinger einen Lehrer an Bern empfehlen könne. Grüße.

---

5 HBBibl I 38; s. oben S. 167, Anm. 6 und Nr. 124.
6 Annotationes Novi Testamenti, LB VI 1011 E und 1023f.
7 Gemeint ist offenbar Bullingers Absicht, zu den meisten Büchern des Neuen Testaments möglichst bald Kommentare herauszugeben, vgl. oben S. 247,43f.
8 Schulers Frau war eine geborene Lübegger. Sie starb wahrscheinlich Ende 1545, s. HBBW I 222, Anm. 4.
9 Schuler hatte wahrscheinlich zwei Töchter, s. HBBW I 222,16f.
10 Anna Bullinger, geb. Adlischwyler.
11 Dekan Heinrich Bullinger.
12 Johannes Bullinger.
13 Das ehemalige Basler Chorherrenstift St. Leonhard; Schuler war Pfarrer der Kirchgemeinde St. Leonhard.

1 Das Jahr ergibt sich aus dem Inhalt des Briefes.

S. Quod tui causam tam periculoso iuri commendarunt², nisi consolationem a te accepissem, me cum aliis turbasset quam maxime. Unus enim es, qui ob oculos posuisti incommoda, quę nobis omnibus vigore foederum et iuris illius imminere possunt³. Quicquid igitur nobis nunc curandum aut faciundum sit, indica. Non deerunt cordatiores, nisi penitus nihil fidei homini tribuendum sit⁴.

Gaudeo te nobis Romanos illustraturum⁵, et utinam totius novi testamenti commentarios possemus impetrare a te. Ministri enim agri nostri tuis ut summe delectantur, ita etiam illis uti desiderant. Quicquid igitur poteris, ad communem ministrorum et ecclesiarum utilitatem dare nihil cuncteris et donis tibi datis domino foenorare. Citra adulationem scribo. Sed quando te Bernę videbo⁶? Spes omnis ablata est. Nusquam tantum pacis dabitur, ut liceat tuto nos invisere.

Belli calamitatem mire timet plebs nostra et facile induci non poterit nisi maxime irritata, quod ad bellum consentiat, et si quid pro contione tentaremus, universum evangelium redderetur exosum. Qui ex senioribus sunt, pacem qualemcunque evangelio praeponunt. Qui ex iunioribus magistratui et divitiis amplisque possessionibus initiati sunt, sese non facile in pericula ponent⁷. Omnia igitur cogitanda vobis sunt, ne posteriora prioribus fiant deteriora. Discordia et multorum malevolentia apud nostros et tuos me plus terret quam hostis. Quicquid ita apud nostros curandum fuerit, non deerimus.

Cęterum scripsimus ad vos pro hypodidascalo scholę nostrę⁸. Si quem commodum huic provincię habueritis, mittite. Opus erit, ut linguarum elementa pueris tradere norit.

Interim vale, et salva sit uxor⁹, liberi totaque familia, symmistę et Pellicanus. Bernę, Innocentum die.

Tuus B. H.

[Adresse auf der Rückseite:] An Meister Heinrich Bullinger, sinen gliepten herren und brüder.

---

2 Im Streit um das Zürcher Messemandat willigte Zürich schließlich unter dem Druck der V Orte in ein eidgenössisches Schiedsgerichtsverfahren ein, was von evangelischer Seite als Bedrohung empfunden wurde (ausführlicher s. unten S. 288 f, Anm. 7).
3 Gemeint ist Bullingers «Radtschlag ...» vom September 1532, s. oben S. 190, Anm. 8.
4 Vgl. Eph 2,8.
5 Bullingers Römerbriefkommentar erschien im Februar 1533 (HBBibl I 42).
6 Zu Bullingers geplanter Zusammenkunft mit Haller s. oben S. 167, Anm. 7.
7 Zur Stimmung in Bern vgl. *Guggisberg* 145.
8 Nicht erhalten.
9 Anna Bullinger, geb. Adlischwyler.

[165]

Oswald Myconius an [Bullinger][1]

[Basel, Ende Dezember 1532][2]

Autograph[a]: Zürich ZB, Ms F 81, 415r.–v. Ohne Siegelspur
Teilübersetzung: Friedrich *Rudolf*, Ein Aussöhnungsversuch zwischen Zürich und Bern nach dem Briefwechsel Bullinger-Myconius 1533–1534, in: Zwa VII 507

Wird sich des [von Bullinger] empfohlenen Otto [Werdmüller] annehmen. Ist besorgt über Zürichs Haltung im Mandatstreit. Gegenüber den katholischen Orten muß ein harter Kurs eingeschlagen werden. Die V Orte und der Kaiser sollen gemeinsame Aktionen planen. Bericht über ein Schreiben der Straßburger betreffend Einigung in der Abendmahlsfrage.

S. Ottonem[3] habebo vel tuo nomine commendatissimum[4], etiamsi discipulus ante non fuisset[5]. Adeo gratum est, dum quid obvenit, quo tibi gratificari possum.

Caeterum audio de Tigurinis, quae tam mihi dolent, praesertim post nonnullam spem ex superioribus tuis literis[6] conceptam, ut de vobis pene desperaverim. Vos in
5 ius concedere cum illis, apud quos neque ius neque fas habet locum circa res dei[7]?

---

[a] *Mit Randbemerkungen von J. H. Hottinger.*

[1] Obwohl der Brief «an die Zürcher», d. h. an die Zürcher Pfarrer, adressiert ist, richtet er sich nach Inhalt und Anrede in der Einzahl offenbar in erster Linie an Bullinger.

[2] Die Abfassung des Briefes fällt in die Zeit des Mandatstreites, 1532/33 (vgl. u. a. HBRG III 329–343), aber zweifellos noch in das Jahr 1532: der in der Vorlage erwähnte und in Basel erst erwartete Otto Werdmüller (s. unten Anm. 3 und 4) war am 7. Januar 1533 dort bereits anwesend. Die unten Z. 4f angedeuteten Ereignisse der Tagsatzung vom 16. Dezember erlauben die sichere Datierung auf die zweite Hälfte Dezember 1532 (vgl. Anm. 7). Die in der Simlerschen Sammlung (Zürich ZB, Ms S 33, Nr. 60) angegebene, fehlerhafte Datierung auf den 19. März 1533 wurde übernommen in *Kirchhofer*, Myconius 121f und *Rudolf*, aaO, S. 507.

[3] Otto Werdmüller (Myliander), 1513–1552, Sohn des reformationsfreundlichen Ratsherrn Heinrich Werdmüller, Schüler von Thomas Platter und Oswald Myconius in Zürich. Im Wintersemester 1532/1533 studierte er als Zürcher Stipendiat in Basel, dann 1533–1535 in Straßburg und seit 1535 in Wittenberg, wo er die Magisterwürde erlangt haben soll. 1538 lehrte er Latein und Griechisch in Basel, im Jahr darauf unterrichtete er in Paris und Orléans. 1540 kehrte er nach Zürich zurück, wurde 1541 Mitglied des Ministeriums und Professor der Philosophie, 1545 Leutpriester und 1547 zweiter Archidiakon am Großmünster. Er hinterließ hochgeschätzte philologische, philosophische, theologische und praktisch-kirchliche Werke. Werdmüller war mit Bullinger befreundet und widmete diesem 1544 eine von ihm herausgegebene Schrift des Aristoteles (HBBibl II 1010). Bullinger nannte ihn nach dessen Tod «vir clarissimus et piissimus, symmista meus charissimus» (HBD 40,19f). Einige Briefe Werdmüllers an Bullinger sind erhalten. – Lit.: [Anton Salomon *Vögelin*], M. Otto Werdmüller. – Njbl. der Stadtbibliothek in Zürich, 1838; Z VIII 532, Anm. 2; Leo *Weisz*, Die Werdmüller. Schicksale eines alten Zürcher Geschlechtes, Bd. I, Zürich 1949, S. 60–72; Pfarrerbuch 611; Basel, Matrikel II 2; *Bonorand*, Studierende 231f; LL XIX 310–312, mit Verz. seiner Werke; HBLS VII 487.

[4] Werdmüller, dessen Ankunft offenbar in einem nicht erhaltenen Brief Bullingers angekündigt worden war, muß um die Jahreswende 1532/1533 in Basel eingetroffen sein: Konrad Geßner ließ ihn bereits am 7. Januar 1533 in einem Brief an Myconius grüßen (St. Gallen, Kantonsbibliothek Vadiana, Ms 32, Nr. 147).

[5] Nämlich in der Fraumünsterschule in Zürich, wo Myconius 1523–1531 unterrichtete, s. HBBW I 226, Anm. 15.

[6] Nicht erhalten.

[7] Gemeint ist die von den V Orten nach mehreren Tagsatzungen vom Oktober bis Dezember 1532 schließlich errungene Einwilligung Zürichs, sich im Streit um das zürcherische Religionsmandat vom 29. Mai 1532 (AZürcherRef 1853) dem Rechtsspruch eines eidgenössischen Schiedsgerichts zu unterwerfen (zum Mandatstreit s. EA IV/1b 1415. IV/1c 41–48.63f; ASchweizerRef IV

Unde, quaeso, consilium istud, si non ex timore? Quodsi timetis, non est fides, non est veritas in vobis[8]. Fides non timet perfidiam nec veritas mendacium. An violastis pacem, quod poenam statuistis audienti missam papae[9]? Qua parte? Qua ratione? Quia confessi estis, inquiunt, inter pacis conditiones fidem nostram veterem illam esse, «indubitatam, christianam» etc.[10]. Si verum dicunt, profecto miseri estis, imo impii, qui sequimini, cuius contrarium ita comprobastis; sin falsum, cur non negastis palam, cur non docuistis falsitatem, cur non patimini, quicquid id est tandem, ut veritas maneat integra? An vos violastis pacem, qui mandata promulgastis in ditione vestra pro iussu dei recta, salubria, nomen domini sanctificantia[11]? An non illi[12] potius violant non pacem dico, sed iusticiam dei, quia quod egistis, conantur non solum reprimere, sed et mendax et impium reddere? Atque hoc quidem contra pacis conditiones. Illic enim scriptum, quod in civitatibus et ditionibus ipsorum fidem eorum nolitis vel argumentando vel disputando quovis modo vellicare[13], id quod egistis. Quid enim mandatum ad ipsorum populum? Quid disputastis apud eos? Quid moliti estis contra eos? Praeterea duo sunt inter pacis articulos, contra quae manifeste repugnat istorum audacia, unum de fide vestra[14], alterum de imperio, iure, privilegiis vestris[15]. Quod factum est, an non fides vestra iussit ita fieri, et si fecissetis aliter, an non contra fidem esset? Tum an non licebit agere vobis per ditionem vestram, quod est libitum? Cum igitur hoc conentur prohibere, quid non potius ipsos accusatis vos? Ignoratis adhuc, quod estis iam olim experti de istis hominibus et quod solet dici de mulierum astu? Dum timent viros ob malefactum aliquod, rixari cum his incipiunt priores, ut a rixando maritos deterreant. Profecto vobis deest animus fide suffultus, nisi me fallant omnia, deest vobis prudentia. Prudentes enim audire noluistis, id quod prae caeteris desperationem incutit mihi. Bone deus, qualia proposita sunt vobis consilia? Si non respuissetis, huc res pervenerat, ut vel cedendum fuisset Pagis vel palam ab his[b] violenter contra foedera, contra pacem, contra fas omne agendum. Consilium petieratis[16], datum est, egistis gratias[17], sequi recepistis – et, cum tempus adesset utendi, disertis verbis reiecistis[18].

[b] ab his *am Rande nachgetragen.*

1697.1909ff passim. V 175–176.203; HBRG III 329–343; *Pestalozzi* 112–116). Bern, Schaffhausen und vor allem Basel suchten Zürich von diesem Schritt zurückzuhalten (vgl. den den Zürchern an der Tagsatzung in Zürich, 19. bis 21. November 1532, mitgeteilten Basler Ratschlag, EA IV/1b 1439, und die Basler Instruktion vom 16. Dezember 1532, ABaslerRef VI 218). Als dies an der Tagsatzung vom 16. Dezember in Baden mißlang und die Zürcher Gesandten den Basler Instruktion nicht einmal verlesen ließen, wurde diese, obwohl die Zürcher doch um ein Exemplar baten, von den gekränkten Basler Tagsatzungsboten wieder nach Hause mitgenommen (Myconius an Capito, um den 30. Dezember 1532, Zürich ZB, Ms F 81,418; *Kirchhofer,* Myconius 118); in jenem Myconius-Brief finden sich zahlreiche Parallelen zum vorliegenden. Die gleiche Enttäuschung über das Nachgeben Zürichs zeigt auch der Brief von Marcus Bersius an Vadian vom 31. Dezember 1532 (Vadian BW V 110). Ein zweites Gesuch Zürichs um Zusendung der Instruktion wurde von Basel am 6. Januar 1533 ebenfalls abgelehnt (ABaslerRef VI 231).

[8] Vgl. Jes 28,16; Mk 5,36; 1Joh 4,18.
[9] Im Mandat vom 29. Mai 1532, aaO.
[10] Zweiter Landfriede, Art. 1 (EA IV/1b 1568). Zum Gebrauch dieses Arguments im Mandatstreit s. die oben Anm. 7 angegebene Lit.
[11] Vgl. Mt 6,9.
[12] Die V Orte.
[13] Landfrieden, Art. 1, aaO.
[14] Ebenda.
[15] Ebenda, Art. 3 (EA IV/1b 1569).
[16] Zürich an Basel, 7. November 1532 (ASchweizerRef IV 1964; ABaslerRef VI 198). In den oben Anm. 7 erwähnten Dokumenten EA IV/1b 1438 o.-p. und ABaslerRef VI 231 wird auch betont, daß die Ratschläge auf Wunsch Zürichs erteilt worden seien.
[17] Ein Dankbrief von Zürich ist nicht erhalten.
[18] Siehe oben Anm. 7.

Et quis deinceps consulet vel anxie petentibus vobis, aut quis fidem habebit pro fi-
35 de, pro iusticia dei, pro bono et tranquillo statu vos acturos posthac serio? Timeo
profecto, ne ira dei communiter immineat nobis omnibus. Vos infelices, quia bene
et iuste consulentibus non obeditis, nos infelices, quia quae bona consulimus, non
valent apud vos. Unde malis aeque tandem involvemur. Auditis autem pravos, ma-
lignos, impios, quibus displicet verum et iustum, quibus displicet, per quicquid
40 emendare liceret vitam ad haereditatem dei[19], quales sunt, quos reipublicae vestrae
proponitis hodie. Nam cui non arridet evangelium, an tu aliter de ipso praedicabis?

Sed audi, quid rei sit. Fuit apud me, qui[20] certo mihi narravit apud Lucernanos et
Svitenses comperisse se, etiamsi lis de articulo missae ad concordiam fuerit perduc-
ta, aliam de integro futuram, unde unde capiatur occasio. Nam ||[415v.] ita Pagis de-
45 cretum sine omni tergiversatione fidem illam extirpaturum se vel morte moriturum.
Alteri ex his adiecerant, Svitenses nempe: Tantam promissionem accepimus a caesare, ut po[st]quam[c] is paulo fuerit quam hactenus tranquillior, mox finis erit istius
pravitatis[21]. Hoc si vobis persuadere, imo probare possem, ut est probatum apud
me, non certe pigeret vel ad senatum vestrum perscribere[22]. Quamvis quid opus est
50 his, cum certo sit certius Pagos niti subsidio caesariano, agere[d] consilia adversum
nos omnes cum legato papistico[23], quem non ita multo antehac in vincula coniece-
rant apud Urios[e][24]? Verum hoc non est violare pacem. Quamobrem ausim dicere
pacem istam nobis, non Pagis factam – toties iam violarunt impune – ergo futurum, ut vel a iusto discedere cogamini tandem vel volentes, quod verum, deseratis.
55 Sed audi, quod exciderat pene: Quid aliud est cum istis in ius de missa concedere
quam iudicem constituere scripturae sanctae? Nemo vos cogere potuit in disputatione Badensi, dum res erant fallacissimae, et nunc tam levi m[o]mento[f] compelli-
mini? Si istud permiseritis, iusto iudicio dei verbum tolletur[25] a vobis, si quando tolletur, quod absit.

60 Quod scribo tam inepte, quod ex dolore scribo. Tam sunt aspera et horrida. Do-
lori concedas quaeso per dominum. Insuper autem, si quid aberratum fuerit a vero,
te rogo rem, ut est, significes. Sin vere diximus omnia, solare, quocunque modo

---

[c] *Randtext wegen engem Einband nicht zugänglich.*
[d-e] *von* agere *bis* Urios *am Rande nachgetragen.*
[f-h] *Randtext wegen engem Einband nicht zugänglich.*

[19] Vgl. u. a. Eph 1,14; Hebr 1,14; 1Petr 1,4.
[20] Unbekannt.
[21] In Wirklichkeit lehnte es Karl V., trotz wiederholten Aufforderungen aus Rom, ab, sich in die innereidgenössischen Auseinandersetzungen einzumischen, vor allem weil er eine Intervention Frankreichs fürchtete, s. *Müller* 164.175f, mit Lit. Den Wunsch der V Orte nach Beistand, 16. und 17. bzw. 21. Oktober 1532 (EA IV/1b 1420), beantworteten der Kaiser und sein Bruder, König Ferdinand von Österreich, inmitten ihrer Vorbereitungen zum Türkenkrieg nur mit vagen Versprechungen und Gunstbezeugungen, 24. bzw. 30. November 1532 (EA IV/1b 1420f).
[22] Ein Schreiben von Myconius an den Zürcher Rat in dieser Angelegenheit ist nicht bekannt.
[23] Das Ergebnis von Ennio Filonardis Bemühungen in der Schweiz 1532 war eine härtere Haltung der V Orte im Mandatstreit, vgl. HBRG III 330f und J. Caspar *Wirz,* Ennio Filonardi, der letzte Nuntius in Zürich, Zürich 1894, S. 91f.
[24] Bei seiner Ankunft Ende 1521 war Filonardi vom Zuger Hauptmann Thomas Stocker im Tessin gefangengenommen und von den Anhängern des französischen Bündnisses in der Innerschweiz festgehalten worden, s. *Wirz,* aaO, S. 55–58; vgl. auch Myconius an Vadian, 24. Oktober 1532 (Vadian BW V 100).
[25] Vgl. Ps 119,43.

valebis, non me solum, sed et eum ipsum, quem nosti mecum communicare²⁶, quicquid est consiliorum ad communem utilitatem et ad honorem dei spectantium.

Praeter haec scribunt subinde Argentinenses de negocio coenae dominicae²⁷, nihil aliud tamen quam quod, ut verum, hactenus tenuimus, spem adiicientes propediem confessionem ultimam Lutheri, quam extorsit princeps Saxonicus²⁸ post obitum patris²⁹, aeditum iri, in qua clarum fiat hunc sentire nobiscum, tropum permittere in verbis coenae³⁰. Et summam audio contentionem iam esse Luthero cum suis, quo pacto furore tumultuantes compescat³¹. Quae si vera sunt, spero bonam Germaniae partem lucrifactam domino. Leges epistolam aliquando Buceri, qua contendit indignabundum te placare³². Fac animum praepares, ut illa postquam adfuerit, aequius omnia consulas.

Reliquum est, ut quicquid de Pagis hactenus vel tibi vel Utingero scripsimus, comburatis vel ad me remittatis³³. Quia enim consiliis frustra nitimur, tim[en]dum⁸, ne ex illiusmodi scriptis periculum olim nobis, sicubi veniant in lucem, incidat. R[e]sponde^h, quantocius poteris.

Vale per dominum.

[Adresse darunter:] Ad Tigurinos.

---

²⁶ Wahrscheinlich Bürgermeister Jakob Meyer in Basel; so auch die Fußnote J. J. Simlers zu dieser Stelle: Zürich ZB, Ms S 33, Nr. 60.
²⁷ Sicher ist damit der nicht erhaltene Brief Capitos an Myconius gemeint, vgl. unten Anm. 31.
²⁸ Johann Friedrich «der Großmütige», 1503–1554, Kurfürst von Sachsen seit 16. August 1532, einer der Führer des Schmalkaldischen Bundes.
²⁹ Johann «der Beständige», 1468–1532, Kurfürst von Sachsen seit 1525.
³⁰ Vgl. 1Kor 11,23ff par.; zum «tropus» in den Einsetzungsworten s. *Köhler*, ZL I 61ff, bes. 68.74f.101f.
³¹ Ein solches Bekenntnis von Luther existiert nicht. Die Nachricht entsprang offenbar nur dem Wunschdenken der süddeutschen Reformierten, *Köhler*, ZL erwähnt sie nicht. Ihr Ursprung ist aus Myconius' Brief an Capito, ca. 30. Dezember 1532, ersichtlich (Zürich ZB, Ms F 81,418; zur Datierung vgl. Zürich ZB, Ms S 32, Nr. 191 und Thesaurus Baumianus. Verzeichnis der Briefe und Akten, hg. v. Johannes Ficker, Straßburg 1905, S. 55, V 162 CS). Myconius gibt darin seiner Freude über die Nachricht von Luthers letzter Konfession, welche in Capitos vorausgegangenem Brief (nicht erhalten) nur kurz erwähnt, von einem gewissen «scriba» jedoch ausführlich erzählt wurde, Ausdruck – «si res ita habet» – und bittet um Bestätigung.
³² Es ist nicht klar, welcher Brief Martin Bucers gemeint ist; vor dem 5. März 1533 ist kein an Myconius, zwischen Ende August 1532 und 5. Januar 1533 kein an Bullinger gerichteter Brief bekannt. Möglicherweise will Myconius auf den ihm vielleicht bereits angekündigten Brief Bucers an Bullinger vom 5. Januar 1533 hinweisen.
³³ Vielleicht kam Bullinger diesem Wunsche nach; dies könnte die Erklärung für das Fehlen der vorausgegangenen Briefe von Myconius an Bullinger sein.

[166]

Utz Eckstein[1] an Bullinger und die Prediger von Zürich

[Ohne Ort[2], Ende 1532[3]]

Autograph: Zürich StA, E II 441, 147. Siegelspur
Gedruckt: Paul *Zinsli,* Notvolles Prädikantenschicksal, in: Reformatio. Zeitschrift für evangelische Kultur und Politik, IX.Jg., 1960, S. 370f

Schildert die verzweifelte Notlage seiner Familie nach der Vertreibung aus Rorschach. Hat in Konstanz Hilfe erhalten. Erhofft von Bullinger Trost und Rat.

Ir aller liebsten brüder in Christo unserem herren.

Der allmächtig, truw und güttig gott welle üch zů aller zytt mitt der krafft sins geysts krefftigen, uff das ir und die üweren von tag ztag zů nemmind und uffwachsind in waarer erkanntnuß gottes dess vatters und unsers herren Jesu Christi[4]. Amen.

Wissend, getrüwen, gliebtten brüder und heren in Christo, waa[5] mich nitt truckte der gross last und die schwär burde mins eygnen crützes und der minen, möcht ich üch wol rüwig lassen[6], denn mir nitt zwyfflett, üch allen mitteinander ouch anbützt[7] sin von unserem truwen gott die hofffarb[8] (das crütz) der usserwelltten gottes. Desshalb ich üch billich onkümbrett liesse, waa ich nitt wüsde, das es sich

---

[1] Utz (Ulrich) Eckstein, gest. 1558, stammte aus Esslingen am Neckar. Über seine Studien ist nichts bekannt. Schon früh kam er in die Schweiz. 1522 wird er als Frühmesser in Weesen (Kt. St. Gallen) erwähnt. Durch den hier wirkenden Pfarrer Georg Bünzli machte er die Bekanntschaft Zwinglis, für dessen reformatorisches Anliegen er sich nun als geistreicher und kämpferischer Publizist einsetzte. In den folgenden Jahren hielt sich Eckstein wohl in Zürich auf. 1527/28 war er Pfarrer in Thalwil (Kt. Zürich), von wo er im Dezember 1528 durch die Zürcher als Prädikant nach Rorschach (Kt. St. Gallen) gesandt wurde (Z IX 614,7f). Nach 1531 setzte in den äbtischen Gebieten die Rekatholisierung ein. Eckstein muß Rorschach im Frühjahr 1532 verlassen haben. Er wandte sich aller Wahrscheinlichkeit nach zuerst nach Konstanz (vgl. oben S. 244, Anm. 2 und Zwick an Bullinger, 10. März 1533, Zürich StA, E II 346,90). Ende März 1533 kam er nach Bern, wurde im April desselben Jahres von Froschauer nach Basel geschickt, war offenbar kurze Zeit in Murten tätig und kehrte im Oktober 1533 nach Zürich zurück. Hier wurde ihm im Sommer 1534 durch die Obrigkeit eine bescheidene finanzielle Hilfe gewährt. 1535 erhielt Eckstein die Stelle eines Diakons in Niederweningen (Kt. Zürich), wo er aber nur kurze Zeit gewirkt hat, wird er doch noch im selben Jahr als Pfarrer in Uster (Kt. Zürich) genannt. Kurz vor seinem Tod trat er von dieser Stelle zurück (Zürich StA, Synodalakten, E II 1,464). – Lit.: Z XI Reg.; AZürcherRef 1056.1391; Salomon *Vögelin,* Utz Eckstein, in: JSG VII, 1882, 91–264; *Egli,* Analecta I 132; Frida *Humbel,* Ulrich Zwingli und seine Reformation im Spiegel der gleichzeitigen, schweizerischen volkstümlichen Literatur, Leipzig 1912. – QASRG I, Reg.; Adrian *Corrodi-Sulzer,* Zu Utz Eckstein, in: Zwa IV 337–340; Oskar *Vasella,* Neues über Utz Eckstein, den Zürcher Pamphletisten, in: ZSKG XXX, 1936, 37–48; *Zinsli,* aaO, S. 366–373; HBLS II 778f; Pfarrerbuch 250; Hans *Stricker,* in: NDB IV 305f.

[2] Ecksteins damaliger Aufenthaltsort ließ sich nicht ermitteln.

[3] Da Eckstein aller Wahrscheinlichkeit nach erst im Herbst in Konstanz war (s. unten Zeile 15f und oben S. 244, Anm. 2), ist der Brief (im Gegensatz zur Annahme bei *Zinsli,* aaO, S. 369) wohl erst Ende 1532 geschrieben worden.

[4] Vgl. 2Petr 3,18.

[5] wenn, sofern.

[6] würde ich Euch gern in Ruhe lassen.

[7] angenäht, angeheftet (SI IV 2032).

[8] Hoffarbe. Eigentlich die Farbe eines Fürsten, die dieser die Personen seines Hofes tragen läßt. Dann auch als Zeichen der Zugehörigkeit und Untertänigkeit (Grimm IV/II 1666).

zymbt, in schweche und kranckheytt von den sterckeren trost zfordern. Darum ich üch trülich und ernstlich bytt durch gottes willen, ir wellind mir raadtten, wie ich doch min sach one nachteyl gottes eren an dhand nemmen sölle; dann ich kan und mag in dharr[9] sölliche armůtt und mangel an mir selb, an miner schwangeren husfrowen[10], die all stund gnässends werttig[11], und an sechs kinden nitt erliden. Waa man mir zKostentz nitt so truwloch und brůderlich gholffen, so hette ich langest ins ellend[12] můssen gon und wellte ouch gern darin; so mag[13] ich die kind nitt ertragen[14], so mögend sy selb nit gon[15]. Zůdem mag dfrow nyena hinkommen[16], so bin ich[a] sust alltag selb kranck und buwfällig und weyss weder hindersich noch fursich zkummen. Wissend ouch, lieben brůder, ich bin on grose ursach von Roschach[17] nit komen, und ist das eine, ich han min narung nitt ghept; die gmeind wollt mir nutt geben, sy sagtend, der mich dahin thon[18], sölt mich bsölden. Der sold was woll bstymbtt vom houptman[19] und rädten, man gab mir aber nütt, ja ich han můssen ein rock verkouffen in der thüre und um korn geben. Zů letst nam mir der miller[20] höw, dků[21] den kinden umm das sin[22] und billich[23]. Zům selben kam dess abtts vatter[24] mitt den sinen und durchsůcht alles in mym hůß und fand aber nütt. Daby verhafft[25] mir ouch der abt allen schweyß[26], und zů letst verkoufft man, was do was byß an zwey bett, die schickt man mir mitt wyb und kinden und soll[27] man mir noch an bstimbter competetz[28] 25 gl., 17 mallter[29] korn. Da wirtt mir nymmer haller umm[30], dann es sollt mir uss dem closterguů geben worden sin. Das ist nun alls tod und ab.

Darum, mine lieben, getruwen brůder, radttend doch, wie ich min läben anfahe sölle. Ich bschem mich bettlentz[31], so kann ich nit wercken, so mag ich wyb und kind nit verlan. In summa, der trüw gott welle fürston[32], daß min fleysch nit thůge, darzů es lust hätte, wie woll der inner mensch uss gottes krafft fast kempfft und widerstaat. Aber die gross armůtt truckt und trengt so hartt, daß ich kumm dem crützwind[33] widerston. Ist denn etwas trosts und ermanung by üch in diesem mym ellend, bytt ich üch durch gott, ir wellind uch nit sparen[34], als ich üch denn truw,

---

[a] *in der Vorlage irrtümlich* ist.

[9] auf die Dauer (SI II 1514).
[10] Unbekannt.
[11] die Geburt erwartet.
[12] Ausland, Fremde (SI I 177).
[13] doch kann.
[14] erhalten (vgl. SI XIV 508).
[15] auch können sie selbständig noch nicht gehen.
[16] sich nirgendwohin, durchaus nicht entfernen (SI IV 761. III 280).
[17] Rorschach.
[18] an die Stelle gesetzt.
[19] Jakob Frei, gest. 1531, der zur Zeit, als Eckstein die Rorschacher Pfarrstelle übernahm, Schirmhauptmann der Zürcher in St. Gallen war. Als solcher hatte er sich entscheidend für die Reformation in der Ostschweiz eingesetzt, s. *Jacob* 156–158 und Kurt *Spillmann*, Zwingli, Zürich und die Abtei St. Gallen, in: ZTB 86, 1966, S. 39–61.
[20] Müller.
[21] die Kuh.
[22] für das Seine, um seine Ansprüche zu befriedigen.
[23] zu Recht.
[24] Hans Jakob Blarer von Wartensee, Obervogt von Rorschach 1515–1532, Vater des St. Galler Abtes Diethelm Blarer; s. Paul *Staerkle,* Die Obervögte von Rorschach, in: Rorschacher Njbl. 1951, 41. Jg., S. 26.
[25] als Unterpfand beschlagnahmt (SI II 1062).
[26] die Früchte all meiner harten Arbeit (vgl. SI IX 2216).
[27] schuldet.
[28] an fest bestimmten Einkünften (SI III 305).
[29] 1 Rorschacher Malter entsprach ca. 320 Litern.
[30] Davon erhalte ich nie einen Heller.
[31] ich schäme mich des Bettelns; Lk 16,3.
[32] wolle verhindern, davorstehen.
[33] der Sinn ist nicht ganz klar: entweder den Schmerzen, dem körperlichen Leiden (s. Grimm XIV/II 277) oder der Kreuzwinde, die auch als Folterinstrument gebraucht wurde (s. Grimm XIV/II 275).
[34] nicht versagen.

und mir als eym trostlosen radtten, wie ich im thůn soll, damitt und ich bharr byß ans end und nach disem läben das ewig mit uch, mine gliebten brůdern, empfahe.
40 Amen. Der barmhertzig gott verlihe üch allen mitt einander sin gnaad. Amen.
Huldrich Eckstein.

[Adresse auf der Rückseite:] An Meyster Heinrichen Bullingern und sine mitt arbeytter im wortt gotts Zürich, mine gliebtten brůder, H. E.

Register

In das Register sind Personen- und Ortsnamen aufgenommen. Nicht berücksichtigt wurden Heinrich Bullinger, dichterische, mythologische und biblische Namen sowie Personen nach 1600. Halbfett gesetzte Namen bezeichnen Korrespondenten. Halbfett gesetzte Seitenzahlen betreffen von ihnen ausgehende, kursiv gesetzte an sie gerichtete Briefe. Ein * weist auf Mitteilungen über Leben oder Beziehungen des Genannten zu Bullinger in einer Anmerkung hin.
Die römischen Ziffern beziehen sich auf Bd. I beziehungsweise Bd. II.

Aarau, 51, 54f, 84, 90f, 107, 111f, 126, 137, 165, 177, 179, 243
Aarburg (Kt. Aargau), 83, 168
Aargau, 82, 127f, 190, 246
Acupictricis, siehe Phrygio
Adlischwyler, Anna, siehe Bullinger, Anna
Adlischwyler, Johannes, I 137*, II **148f**
Adlischwyler, [...] (Ehefrau des Johannes), 149
[...], Adolf (Neffe des Dietrich Bitter), 174f
Affoltern am Albis (Kt. Zürich), 172, 179
Agricola, Laurentius, siehe Meyer, Lorenz
Agricola, Rudolf, 94, 97
Albisrieden (Zürich), 137
Albrecht von Brandenburg, Erzbischof von Mainz, 107, 122, 151, 161
Albrecht von Brandenburg, Herzog in Preußen, 101f, 110, 117, *138*–148*, 150, 175, 198
Aleander, Hieronymus, 100
Altötting (Oberbayern), 31
Altstätten (Kt. St. Gallen), 33f, 40, 179
Amerbach, Bonifacius, 53, 86, 87*
Ammann, Johann Jakob, I 227*, II 173
Amorbach, siehe Amerbach
Andelfingen (Kt. Zürich), 169f
[...], Andreas, 46
Andreas, Johann, 46*
[...], Anly, 243
Anna von Ungarn (Ehefrau Ferdinands I.), 100
Anshelm, Valerius, 241, 242*
Antronii, 88*, siehe Orte, Fünf und Blarer von Wartensee, Diethelm
A P C, 175
Appenzell, 33, 38, 113f, 144, 167, 172, 186, 247, 257
Aristophanes, 118
Aristoteles, 202, 210, 231, 288
Arius, 156, 213
Artostomius, siehe Muntprat
Athanasius, I 98*, II 94, 96
Athenagoras, 173
Attius, siehe Varus
Augsburg, 42, 66f, 73, 83f, 109, 123, 151, 153–155, 158, 160, 191f, 197f, 216, 221f, 224, 226, 259
Augsburger, siehe Ougspurger
Augustin, I 98*, II 63, 94, 97, 224
Augustin, Vater des, 63

Baar (Kt. Zug), 240
Baden, 48f
Baden (Kt. Aargau), 56, 93, 116, 120f, 124, 134–136, 170, 179, 188f, 236, 246, 256, 275, 282, 289f
Balsthal (Kt. Solothurn), 108, 124
Basel, 30f, 35f, 38f, 45f, 50, 52–55, 69, 73, 86f, 89f, 92, 95–97, 99, 105, 109, 118–120, 123, 128, 138, 144, 150, 159, 162, 164, 167, 173, 175, 232f, 248f, 252, 254, 256, 258, 260, 263, 271, 276f, 282, 285f, 288f, 291f
Basel, Prediger, *162–164*
Baumgartner, Appolonia, siehe Vogler, Appolonia
Bayern, 27, 110, 122
Bellinzona (Kt. Tessin), 260
Belp (Kt. Bern), 94
Berg, Herzogtum, 103
Berg (Kt. St. Gallen), 279–281
Berger, Jörg, 151, 284, 285*
Bern, 9, 27–33, 38f, 42, 45–47, 50f, 55f, 65–69, 79–85, 88–92, 94, 98f, 102, 107–109, 111, 113–118, 120f, 123–129, 135–137, 144, 150, 152f, 160, 165–167, 171f, 176, 186f, 190, 232–236, 238, 241–243, 246, 255f, 258–260, 263, 271–273, 282f, 285–287, 289, 292
Bern, Prediger, **152**
Bern, Schultheiß und Rat, *81f*
Bernang, siehe Berneck
Berneck (Kt. St. Gallen), 188
Bersius, siehe Bertschi
Bertram, siehe Ratramnus von Corbie
Bertschi, Markus, I 219*, II 35, 289
Berweger, Bartholomäus, 113*, 257
Bestli, Johannes Sebastian, 137*
Betschwanden (Kt. Glarus), 108
Beyel Werner, 39*
Beza, Theodor, 68
Biberist (Kt. Solothurn), 283
Biberstein (Kt. Aargau), 165
Bibliander, Theodor, 70, 153, 159f*, 161, *173f*, *176f*, 230, 245, 262
Bicocca 33
Biel (Kt. Bern), 83, 144, 152f, 160, 176
Biel, Prediger, **152**
Bischofszell (Kt. Thurgau), 159
Bitter, Dietrich, *103*–107*, 174f, **238f**

Blarer, Ambrosius, I 179*, II 28, 51, 100, *101f,* 108, 110, 186, 212, 244, 251
Blarer, Thomas, I 182*, II 100, 244
Blarer von Wartensee, Diethelm, 40, 50, 88, 92, 114, 120f, 257, 263, 279f, 293
Blarer von Wartensee, Hans Jakob, 293*
Blaurer, siehe Blarer
Blaurock, Jörg, 167
Blickensdorf (Kt. Zug), 105, 240
Bodenstein, siehe Karlstadt
Böhmen, 57
Boisrigaut, Louis Daugerant, Seigneur de, 124
Bologna, 261
Boswil (Kt. Aargau), 172
Bourges, 68, 173
Bovillus, siehe Oechsli
Brabant, 107
Brackenheim (Kr. Heilbronn, Baden-Württemberg), 102
Brandenburg, 198
Braunschweig, 175
Bremgarten (Kt. Aargau), 33, 35, 38, 50f, 53, 56, 65, 79–84, 88, 90f, 104f, 114–116, 135f, 138, 148, 172, 186, 190
Brennwald, Heinrich, 98, 165
Brenz, Johannes, 53, 122
Briner, Hans, 37, 39*
Brittnau (Kt. Aargau), 187
Brugg (Kt. Aargau), 38, 83, 191, 247
Brunfels, Otto, 175*
Brunner, Gebhart, 281
Brunner, Philipp, 29
Brunsfeld, Otto, 175
Brutus, Marcus Iunius, 183, 263
Bucer, Elisabeth, geb. Silbereisen, 176
Bucer, Martin, 10, 28, 30, 36, *42*–*45,* 48, 57, 67, 87, 108, 110, *120f,* 122f, 128, *153*–*160,* 161f, 163, 166, 168, 171, **176f**, **191–232**, 291
Buchmann, siehe Bibliander
Buchser, Johannes, 126*–127
Buda (Budapest), 36
Budaeus, siehe Budé
Budé, Guillaume, 72
Bülach (Kt. Zürich), 70
Bünzli, Georg, 292
Bugenhagen, Johannes, 175*
Bullinger, Anna, geb. Wiederkehr (Mutter des Antistes), I 134*, II 54, 187, 257, 259
Bullinger, Anna, geb. Adlischwyler (Ehefrau des Antistes), I 126*, II 34, 36, 52, 54, 87, 108, 113, 115, 138, 148f, 166, 172, 180, 187, 243, 249, 252, 257, 259, 284, 286f
Bullinger, Anna (Tochter des Antistes), 108
Bullinger, Anna (Enkelin des Antistes), 160
Bullinger, Christoph (Sohn des Antistes), 31
Bullinger, Diethelm (Sohn des Antistes), 32
Bullinger, Elisabeth (Tochter des Antistes), 98
Bullinger, Elisabeth, geb. Zehender (Ehefrau des Johannes Reinhart), 165
Bullinger, Heinrich (Vater des Antistes), I 134*, II 34, 36, 46, 53f, 81, 87, 113, 115, 166, 187, 249, 257, 259, 286
Bullinger, Johannes Reinhart (Bruder des Antistes), I 114*, II 47, 54, 87, 165, 186, 187*, 239, 286
Bullinger, Johannes (Sohn des Antistes), 160
Bullinger, Margaretha (Tochter des Antistes), 108, 284
Burgauer, Benedikt, 27, 236
Burgdorf, (Kt. Bern), 118
Bygel, siehe Beyel

Caesar, Gaius Iulius, 263
Caesarius, Johannes, 254*
Calvin, Johannes, 27, 68
Campanus, Johannes, 214*
Capito, Wolfgang Fabricius, 30*–32, 38, 44–46, 51, 56, **66f**, 68f, 83f, **109–111**, 120, 123, 128, **149–151**, 159f, 162, 173f, 230, 252f **261f**, 289, 291
Capnio, siehe Reuchlin
Cardelius, siehe Distel
Carolstadius, siehe Karlstadt
Chrysostomos, 254
Cicero, 94, 96f, 157, 183
Clemens VII., 106f, 111, 167, 247, 261
Coburg (Oberfranken, Bayern), 154f, 197, 223
Coccio, Marcantonio, siehe Sabellicus
Collin, Rudolf, I 226f*, II 173
Como, 260
Corbie (Dép. Somme, Frankreich), 141
Costentzer, siehe Phrygio
Cratander, Andreas, 69
Curio, Valentin, 38
Cyrill von Alexandrien, 216
Cyro, Peter, 91*

Dachsen (Kt. Zürich), 169
Dällikon (Kt. Zürich), 259
Dammatter, siehe Danmatter
Danmatter, Christian, 93f*, 95
Danmatter, Jonas, 94
Dasypodius, Petrus, I 65*, II **28*–29**, 170f, **281f**
Dasypodius, [...] (Ehefrau des Petrus), 29
Daugerant, Louis, siehe Boisrigaut, Seigneur de
Deutschland, 9, 44, 107, 158, 161, 177, 184, 224, 233, 244, 251, 272, 291
Dießenhofen (Kt. Thurgau), 40, 83, 167
Diocletian, 75
Distel, Georg, 186*–188
Distel, Johann Heinrich, 186
Distel, [...] (Ehefrau des Georg), 187

Eck, Johann, 73, 158, 192, 224
Eckstein, Utz (Ulrich), 244, 252, **292*–294**
Eckstein, [...] (Ehefrau des Utz), 293
Edlibach, Gerold, 170
Edlibach, Hans, 151, 170*, 281
Egli, Urs, 283
Eglisau (Kt. Zürich), 179
Eidgenossenschaft, siehe Schweiz
Einsiedeln (Kt. Schwyz), 113
Elgg (Kt. Zürich), 256f
Ellikon an der Thur (Kt. Zürich), 242

Embrach (Kt. Zürich), 70
Emmerich (Kr. Rees, Nordrhein-Westfalen), 239
Engelhart, Heinrich, 98f*
England, 36, 209, 213
Entringen (Baden-Württemberg), 186
Episcopius, Nikolaus, 97
Erasmus, Desiderius, I 88*, II 30, 87, 94, 97f, 103, 156, 211f, 214, 286
Erlach, Johann von, 89*
Esslingen am Neckar (Baden-Württemberg), 51, 66, 101f, 108f, 144, 251, 292
Euripides, 155
Eusebius von Caesarea, 94, 96

Fabri, Johannes, I 115*, II 100, 104, 109f, 119f, 123f, 127f, 149f, 184
Fabricius, siehe Schmid
Farel, Guillaume, 27, 91, 117*
Faßbind, Kaspar, 137
Ferdinand I., römischer König, 51, 100, 109f, 290
Filonardi, Ennio, 246, 247*, 269, 290
Fischer, Crispinus, 50f*, 91
Fischingen (Kt. Thurgau), 164f
Florenz, 107
Flüe, Niklaus von, 117
Fortmüller, siehe Furtmüller
Franck, Sebastian, 253f
Franken, 107, 122
Frankfurt am Main, 31, 105, 110, 238
Frankreich, 93, 111, 123–125, 209, 213, 247, 260, 290
Franz I., französischer König, 32, 111, 125, 167, 247, 272
Frauenfeld (Kt. Thurgau), 28f, 118, 165, 170, 242, 256, 279, 281f
Frecht, Martin, 67, 110, **122*–123**, 259
Frei, Jakob, 293*
Freiamt (Kt. Aargau), 31, 50, 54, 82, 137, 172, 190
Freiburg i. Br., 38, 102, 111, 126, 163
Freiburg i. Ue., 68, 91f, 190, 247
Frick, Agathe, siehe Geßner, Agathe
Frick, Peter, siehe Schnyder, Peter
Friedberg (Bayern), 73
Friedberg (Baden-Württemberg), 253
Fries, Johannes, 261
Froben, Hieronymus, 97
Froben, Johann, 45, 97
Froschauer, Christoph, 30, 31*, 32, 46, 56f, 69, 79, 101, 117, 167f, 171, 258f, 292
Frutigen (Kt. Bern), 128
Funk, Hans, I 242*, II 51, 187
Funk, Jakob II., 187*
Funk, Magdalena, geb. Lüscher, (Ehefrau des Jakob II.), 187
Furtmüller, Johann Valentin, 10, **40*–41**, 73

Gachlingen, siehe Gachnang
Gachnang (Kt. Thurgau), 241f
Gachnang, Thomas von, 278
Gais (Kt. Appenzell-Außerrhoden), 48

Gaisberg, Franz, 134
Gast, Johannes, 53
Geislingen (Kr. Göppingen, Baden-Württemberg), 48
Geißberger, siehe Gaisberg
Geißhüsler, siehe Myconius
Genf, 27
Georg von Württemberg, 38
Gerzensee (Kt. Bern), 94
Geßner, Agathe, geb. Frick, 261
Geßner, Konrad, **173*–174**, 252f, 261f, 288
Geßner, Urs, 261
Giron, siehe Cyro
Glarean, Heinrich, 87, 98, 254
Glarus, 88, 92, 121, 134f, 144, 180, 247
Göldli, Heinrich, 138*
Gottesshaus (Herrschaftsgebiet des Abtes von St. Gallen), 92f, 134f, 279
Graubünden, 144, 247
Grebel, Konrad, 73
Griner, siehe Grynäus
Großmann, siehe Megander
Grotz, Philipp, 107, 108*, 124
Grübel, Sebastian, **279*–281**
Grüningen (Kt. Zürich), 167f, 285
Grynäus, Simon, 35f*, 46, 57, 69, 86f
Gubel (Kt. Zug), 105
Gunzenhausen (Mittelfranken, Bayern), 198
Gwalther, Rudolf, 70

Haab, Johannes, 32, 114*, 275
Haag, Hag, im, siehe Im Haag
Haas, Joseph, 187
Hagenau (Elsaß), 30, 198
Haller, Berchtold, I 205*, II 30–32, 35, **45–47, 50–52, 55–57**, 58, 66, **67–69**, 71f, *79f*, **83–86**, 88f, **90–93**, *93–98*, 107–109, 111, 113, **115–117**, **123–125**, **127–129**, *129–134*, 136, **166–168**, 171f, 234f, **236–238**, 242, 244, **246–248**, 255f, 258, 260f, 271, **272–274**, **282f**, 286f
Haller, Sulpitius, 51*, 84
Hamm (Nordrhein-Westfalen), 106
Hannibal, 120
Hartmann, siehe Cratander
Hasenfratz, siehe Dasypodius
Heidelberg, 36, 48, 122, 163
Heidenheim, Niklaus Friedrich von, 280
Heinrich II., französischer König, 236
Helvetia, siehe Schweiz
Hermann von Wied, Erzbischof von Köln, 104*, 105f
Herodes Antipas, 75, 184
Herzogenbuchsee (Kt. Bern), 108
Hessen, 181, 232
Hiltprand, Balthasar, 53, 54*
Hirt, Balthasar, **48*–50**
Hispanus, Petrus, 97
Hitzkirch (Kt. Luzern), 54f
Hofer, Sebastian, 242
Hofmeister, Sebastian, 27, 115*, 116f, 152, 167, 171, 187

Hohenlandenberg, Hugo von, Bischof von Konstanz, 98
Homburg (Kt. Thurgau), 280
Homer, 94, 97, 174, 253
Horaz, 94, 97, 119
Horburg (Elsaß), 53
Hospinian, Leonhard, 38*, 39, 94, 254
Hottinger, Familie, 168
Hottinger, Jakob, 168*
Hotz, Hans, 167*
Huber, Peter, 118*-119
Hubmaier, Balthasar, 73*
Hundwil, (Kt. Appenzell-Außerrhoden), 37
Huttwil (Kt. Bern), 108

Ilanz (Kt. Graubünden), 115
Im Haag, Peter, I 243*, II 46, 56, 84, 86, 89f, 92f, **190f,** 246, 282
Immontani, siehe Orte, Fünf
Ingolstadt, 198
Innozenz III., 142
Interlaken (Kt. Bern), 56, 89, 94, 165
Isny, 251
Italien, 44, 209, 213, 260
Ittingen (Kt. Thurgau), 38

[...], Jakob, 104, 254
Jetzer, Hans, 242
Joachim I., Kurfürst von Brandenburg, 161
Johann der Beständige, Kurfürst von Sachsen, 110, 291
Johann Friedrich der Großmütige, Kurfürst von Sachsen, 291
Johann III., Herzog von Kleve-Mark und Jülich-Berg, 106
Josephus, 94, 96
Jud, Leo, I 55*, II 31f, 36, 46, 49, 51, 55f, 57-64, 70-75, **76-78,** 80, 84, 86, 93, 98f, 100f, *102f,* 108f, 111, 113, 115, 120, 123, *125,* 127, 138, 141, 149f, 153f, 159-162, 166-168, 170f, *176f,* 192f, 199, 201, 220, 227f, 230, 235, 238, *241-243,* 244, **245,** 258, 262, 274, 276-278
Jülich, 106
Jufli, siehe Wetter
Justin, 94f

Kappel am Albis (Kt. Zürich), 9, 27-33, 39f, 42f, 48f, 54, 56f, 59, 61, 67, 70, 81f, 89f, 92, 95-98, 100, 104f, 108, 112, 114, 116, 118, 121, 124, 137, 139, 145, 148, 159, 164, 170, 173, 181, 183f, 229, 233, 240, 242, 244, 254, 257, 261f, 271, 274f, 284f
Karl II. der Kahle, römischer Kaiser, 138, 141, 148
Karl V., römisch-deutscher Kaiser, 100, 103, 107, 109-111, 122, 148, 151, 158, 161-163, 167, 222, 238f, 247 260f, 270, 288, 290
Karl III., Herzog von Savoyen, 124
Karlstadt, Andreas, I 193*, II **33*-34,** 37-40, 80, 82f, 86, 93, 110f, 138, 145, 150, 153, 157, 160, 217, 230, 235, 245
Karthago, 120

Kastl bei Altötting (Oberbayern), 31
Kehrenbach [?] (Hessen), 239f
Kempten im Allgäu (Bayern), 38, 66, 108
Kerinth, 96
Kirchberg (Kt. Bern), 46
Klaus, Bruder, siehe Flüe, Niklaus von
Kleve, 214
Köln, 98, 103-105, 107, 110f, 126, 141, 174f, 214, 238f, 253f
Königsberg, 198
Köpfel, siehe Capito
Kőszeg (Güns, Ungarn), 10
Kolb, Franz, I 215*, II 84f, 93, 134
Konstanz, 30f, 38-40, 44, 54, 66, 94, 98, 100f, 115, 144, 153, 163, 192, 244, 251f, 272, 283, 292f
Koppigen (Kt. Bern), 124
Korembach, siehe Kehrenbach
Krakau, 236, 242, 279
Kretz, Sebastian, 34
Kriegstetten (Kt. Solothurn), 188
Kronberg, Hartmut von, 92
Kürschner, siehe Pellikan
Kyburg (Kt. Zürich), 284

Laktanz, I 72*, II 94, 96
Langendorf (Unterfranken, Bayern), 92
Langnauer, Anna, siehe Zehender, Anna
Lateran, 142
Laufen am Rheinfall (Kt. Zürich), 83, 168f, 277f
Lauingen an der Donau (Bayern), 259
Lausanne, 173
Lauterburg (Elsaß), 51
Lavater, Elisabeth (Enkelin des Heinrich Bullinger), 70
Lavater, Hans Rudolf, 284*-285
Lavater, Heinrich, 284
Lavater, Ludwig, 284
Leipzig, 70, 97
Lengnau (Kt. Bern), 83
Lenzburg (Kt. Aargau), 50f, 84, 86
Leo X., 170
Lichtensteig (Kt. St. Gallen), 38, 48-50, 254
Liegnitz (Legnica, Schlesien), 160
Lindau (Bodensee, Bayern), 30, 33, 66, 144, 153, 163, 192
Lingg, Martin, 167*
Linggi, Heinrich, 279
Lippe, 106
Lithonius, siehe Steiner
Livius, 94-96, 121
Locher, Sebastian, 253*-255
Loriti, siehe Glarean
Lothar I., römischer Kaiser, 141
Ludwig I. der Fromme, römischer Kaiser, 141
Ludwig V., Kurfürst von der Pfalz, 107, 122, 151, 161
Lübegger, [...], siehe Schuler, [...]
Lüscher, Magdalena, siehe Funk, Magdalena
Lüßlingen (Kt. Solothurn), 124
Lüthi, Heinrich, I 245*, II 164
Lützelflüh (Kt. Bern), 46

Lupfen-Stühlingen, Justina von, 103
Lupulus, siehe Wölflin
Luther, Martin, 30, 38, 42, 45, 83, 92, 100–103, 107, 109–111, 114, 122, 138–147, 149f, 152–157, 159f, 162, 171, 174–176, 181f, 191–205, 207–231, 233, 236, 244f, 250, 291
Lux, [...], 280
Luzern, 45, 80, 91f, 115, 120f, 128, 134f, 242, 247, 290
Lyon, 242

Mähren, 57, 64, 73, 75
Maffei, siehe Volaterranus
Maigret, Lambert, 124
Mailand, 92, 170, 260f
Mainz, 104
Mangolt, Gregor, 54, 244
Mantua, 261
Manuel, Niklaus, I 187*, II 242
Manz, Felix, 168
Marbach (Kt. St. Gallen), 34, 179f, 188f
Marburg, 154f, 158, 181, 192, 197f, 221–224
Marignano, 170, 276
Maximilian I., römisch-deutscher Kaiser, 100, 170
Medici, 107
Megander, Kaspar, I 214*, II 29f, 32, 45f, 50f, 55f, 68, 83–85, 93, **98f,** 108, 111, 113, 117, **125,** 126, 128, 134, 167f, 171f, 234, 237, **241–243,** 274
Meigret, siehe Maigret
Meiringen (Kt. Bern), 45
Melanchthon, Philipp, 67, 85, 94, 96f, 174f, 216, 224
Mellingen (Kt. Aargau), 82, 114, 137
Memmingen (Bayern), 30, 109, 144, 153, 163, 192, 244
Meyer, Gabriel, 112*, 177
Meyer, Jakob, 111, 150
Meyer, Lorenz, 258*–259, 277f
Meyer zum Hirzen, Anna, 38
Meyer zum Hirzen, Jakob, 38, **276*–277,** 291
Meyer zum Pfeil, Adelberg, I 221*, II 282
Meyer zum Pfeil, Bernhard, 282*
[...], Michel, 10, 40
Mindelheim (Bayern), 244
Mömpelgard, 53
Moers, Graf von, siehe Neuenaar
Mohammed, 156, 213
Molitor, Alexander, 212
Monica (Mutter des Augustin), 63
Montbéliard, siehe Mömpelgard
Montpellier, 173
Moravia, siehe Mähren
Mosellanus, Petrus, 254
Mühle, zur, siehe zur Mühle
Mühleberg (Kt. Bern), 118
Mülhausen (Elsaß), 53, 144
Münster i.W., 106
Müntzer, Thomas, 110
Mumprott, siehe Muntprat
Muntprat, Heinrich, 54*–55

Muntprat, Wolfgang, 55
Murten (Kt. Freiburg), 292
Musso (Comersee), 89, 114, 257
Mutschli, Hans, I 204*, II 38, **65f, 135–137**
Myconius, Oswald, I 226*, II 28, 50, **119f,** 153, 159, 162, 173, 258, 260, 271, 285, **288–291**
Myliander, Otto, siehe Werdmüller, Otto

Nägeli, Hans Franz, 246, 260*
Nasal, Kaspar, I 149*, II 115
Neckarsteinach (Kr. Bergstraße, Hessen), 51
Nero, Domitius, 184
Nettesheim, Agrippa von, 254
Neuenaar, Wilhelm II. von, Graf von Moers, 106
Neuenburg, 91
Niederlande, 139
Niederrhein, 254
Niederweningen (Kt. Zürich), 292
Novara, 114
Novatian, 75*
Nürnberg, 122, 149f, 161, 181, 198
Nummisma, minimum, 52*, siehe Haller, Berchtold

Oberglatt (Kt. Zürich), 259
Oberwinterthur (Kt. Zürich), 39
Oechsli, Ludwig, 236*
Oeconomus, siehe Hofmeister
Oekolampad, Johannes, I 197*, II 27, 30, 35f, 52, 67, 69, 73, 75, 102, 122, 140, 156–158, 160, 183, 197, 211f, 217, 222–224, 228, 236, 276
Österreich, 31
Orléans, 68, 288
Orte, Vier (Schirmorte von St. Gallen: Zürich, Luzern, Schwyz, Glarus), 134f
Orte, Fünf (Uri, Schwyz, Unterwalden, Luzern, Zug), 33, 43, 47–50, 54, 61, 65f, 80f, 84f, 88, 91, 93, 103, 109, 113, 115, 121, 124, 129, 135f, 149, 161, 164, 180, 183, 190, 220, 228f, 240, 242, 246f, 256, 258, 260, 262, 264–272, 276, 282, 284, 287–291
Orte, Sieben (Fünf Orte, Zürich, Glarus), 164, 180, 188
Orte, Acht Alte (Sieben Orte, Bern), 82, 121,
Osiander, Andreas, 198*
Ossingen (Kt. Zürich), 277f
Ottenbach (Kt. Zürich), 47, 187
Otter, Jakob, 51*, 83f, 107f, 137
Ottheinrich I., Kurfürst von der Pfalz, 198, 259
Ougspurger, Michael, 91*
Ovid, 94, 97

Pacimontanus, siehe Hubmaier
Pagi, Quinque, siehe Orte, Fünf
Papias, 96
Paris, 68, 142, 173, 288
Paros (Griechenland), 173
Pastor, Hans, 115*, 116, 136, 246
Pellikan, Konrad, I 201f*, II 29*, 36, 45f, 51, 55f, 67, 69, 80, 85f, 88, 93, 101, 103, 115f,

299

123, 153, 156, 159, 161, 168, 171f, *176f*, 211f, 230, 235, 245, 252, 276f, 287
Petri, Adam, 92*
Petri, Johannes, 92
Peutinger, Konrad, 100
Pfäffikon (Kt. Zürich), 83
Pfalz-Neuburg, 198, 259
Pforzheim (Baden-Württemberg), 36, 48, 50, 53
Philipp I., Landgraf von Hessen, 79, 161, 167, *181*–186, 232f,* **239f**, *249f,* 272
Phrygio, Paul Constantin, 36*
Phryssemius, 96
Pilatus, Pontius, 75
Pincius, Philipp, 96
Plato, 78, 94, 96, 183
Platter, Thomas, 173, 288
Plautus, 104
Plinius d. Ä., 94, 97
Plinius d. J., 173
Plutarch, 94f, 118
Polen, 213
Pomeranus, siehe Bugenhagen
Prael, Johannes, 141*
Preußen, 139
Provence, 32
Prudentius, 248
Pycroneus Montensis, siehe Bitter

Quinquepagici, siehe Orte, Fünf
Quintilian, 94, 98

Radbertus, Paschasius, 141
Rafz (Kt. Zürich), 40
Ramsauer, Johannes, 171, 172*
Ramseier, siehe Ramsauer
Rappenstein, Andreas, 128*
Rapperswil (Kt. St. Gallen), 134, 247
Rappoltsweiler (Ribeauvillé, Elsaß), 33
Rasdorfer, Paul, 108*, 255, 282f
Rasdorfer, [...] (Ehefrau des Paul), 283
Ratramnus von Corbie, 117, 127f, 138, 141*, 147f, 150, 162
Regensburg, 73, 100, 107, 110f, 122, 149f, 163
Reichenweier (Riquewihr, Elsaß), 33, 38
Reuchlin, Johannes, I 88*, II 156, 192, 211f
Reuß, 137
Rhegius, Urbanus, 54
Rhein, 278
Rheineck (Kt. St. Gallen), 135, 179, 279
Rheiner, siehe Riner
Rheinfall, 278
Rheinfelden (Kt. Aargau), 148f
Rheintal, St. Galler, 33f, 121, 144, 179f, 188f, 256, 267, 279
Rhellikan, Johannes, I 215*, II 28–30, 32, 67–69, 79f, 93
Rhenanus, Beatus, 96, 276
Rhodiginus, Coelius Richerius, 97
Ricius, Paul, 100*
Riner, Jakob, 134, 135*, 279*
Ritter, Erasmus, *27*–28*, **82f**, 84, 115, **236**

Röist, Diethelm, 30, 32*, 33, 46, 55, 90, 109, 114, 151, 262, 280
Rom, 75, 97, 107, 138, 290
Rorschach (Kt. St. Gallen), 40, 134f, 292f
Rottenacker (Kr. Ehingen, Baden-Württemberg), 102
Rottenburg (Niederbayern oder Württemberg), 186
Rottweil, 27, 68, 242
Rücheli, Balthasar, 48
Rüd, siehe Anshelm

Saanen (Kt. Bern), 92
Sabellicus, 94f
Sachsen, 110, 123, 151, 153, 158, 161, 193, 220, 225, 233
Saepianus, siehe Im Haag
Sailer, Gereon, 110
Salat, Johannes, 79f, 90–92*, 108, 110
Sam, Konrad, 67, 102*–103, 122f
Sanga, Giovanni Battista, 100
St. Gallen, 33, 38, 40, 48, 50, 73, 92, 94, 113–115, 134f, 144, 170, 179, 232f, 254, 262, 264, 270, 279, 281, 293
St. Gallen, Abt, siehe Blarer von Wartensee, Diethelm und Gaisberg, Franz
Sartorius, siehe Schnyder
Savoyen, 124
Schaffhausen, 27, 82–84, 90, 115, 144, 167, 232f, 236, 252, 256, 263, 271, 279, 285, 289
Schlatter, Michael, I 246*, II **164*–165**
Schleitheim (Kt. Schaffhausen), 167
Schlettstadt (Sélestat, Elsaß), 36, 42, 53
Schlierbach, Juliana, siehe Westheimer, Juliana
Schmalkalden, 163, 226, 291
Schmid, Erasmus, I 241*, II 36, 88, *125*, 153, 160, 230, *241–243*, 258f
Schnyder, Peter, 82, 83*, **168–170**
Schodoler, Werner, 81*
Scholasticus, siehe Schuler
Schuler, Gervasius, I 193*, II **35–37**, **52**, 57, 81, **86f**, **248f**, **285f**
Schuler, [...], geb. Lübegger (Ehefrau des Gervasius), 286
Schwaben, 211
Schwanden (Kt. Glarus), 259
Schweiger, Familie, 55, siehe auch Schwiger
Schweiger, Hans, 55
Schweiger, Hans Wernli, 55
Schweinfurt, 107, 110f, 120, 122, 151f, 181, 197, 226
Schweiz, 9, 45, 80f, 83, 92, 102–104, 111, 120f, 124, 145, 149f, 153, 164, 167, 175, 190f, 197, 203, 224, 233, 239, 247f, 260f, 264, 271f, 275, 279f, 284, 286–288, 290, 293
Schwenckfeld, Kaspar von, 64, 244
Schwiger, Walther, 55*, 56, 69
Schwyz, 92, 121, 134f, 290
Seidensticker, siehe Phrygio
Sempach (Kt. Luzern), 92
Seneca, 94, 96
Sennheim (Cernay, Elsaß), 39
Servet, Michael, 214*

Setzstab, Onofrius, 241, 242*, 255
Sforza, Francesco II., Herzog von Mailand, 247
Siegen, Arnold von, 107
Silbereisen, Elisabeth, siehe Bucer, Elisabeth
Simler, Heinrich, I 215f*, II 234, 237
Simler, Josias, 240*
Simler, Peter, I 53*, II 234, **240f**
Sirnach (Kt. Thurgau), 242
Soest (Nordrhein-Westfalen), 106
Sokrates, 118
Solothurn, 51, 108, 123f, 144, 152f, 160, 167, 176, 186, 191, 236f, 247, 282f
Solothurn, Prediger, 152
Som, siehe Sam
Spanien, 107, 209, 213, 247, 261, 272
Sponheim (Rheinland-Pfalz), 141
Stammheim (Kt. Zürich), 38, 258f, 277f
Stampfer, Hans Ulrich, 165
Stein am Rhein (Kt. Schaffhausen), 38, 259, 277f
Steinach (Kt. St. Gallen), 280
Steiner, Werner, I 45*, II 94, 187, 274, 276
Stocker, Thomas, 290
Stoll, Rudolf, 44
Straßburg, 9, 28–31, 38, 42, 44f, 47, 66, 97, 104, 109, 111, 144, 149, 150–153, 159–163, 167, 171, 173–177, 191f, 197, 221, 252, 254, 261f, 272, 282f, 288, 291
Straubing (Niederbayern), 122
Strübi, Heinrich, 33f, **179*–181**, **188f**
Stürler, Peter, 116*, 136
Stumpf, Johann, 31
Sturm Jakob, 111, 150, 163*
Sturm, Johannes, 28
Sueton, 109
Suhr (Kt. Aargau), 126
Sulzer, Simon, 30, 45f*, 69, 89, 258
Sursee (Kt. Luzern), 92

Tänikon (Kt. Thurgau), 257
Terenz, 73, 94, 97, 180
Tertullian, I 55*, II 59, 94, 96, 155, 206, 249
Tessin, 290
Thal (Kt. St. Gallen), 135
Thalwil (Kt. Zürich), 292
Thayngen (Kt. Schaffhausen), 167
Thun (Kt. Bern), 94, 118, 124, 246
Thur, 278
Thurgau, 31, 118, 144, 164, 170, 241f, 281, 284
Tillmann, Bernhard, 56*, 86, 89, 91, 93
Tirol, 108
Töß (Kt. Zürich), 118, 164, 284
Toggenburg, 48
Toß, Oswald, 275*, 276
Trajan, 75
Trapezunt, Georg von, 94, 97
Tremp, Lienhard, 47*, 91
Tremp, Ursula, 47
Trient, 122
Trier, 141
Trithemius, Johannes, 141*

Trittenheim (Rheinland-Pfalz), 141
Tübingen, 36, 40, 68, 102, 122, 186, 242, 279
Türken, 10, 109f, 146, 150f, 161–163, 167, 174, 176f, 235, 238f, 244, 247, 251, 260, 290

Ulm, 38f, 48, 54, 66, 84, 102f, 122f, 144
Ungarn, 36, 110
Unterwalden, 34, 90, 121
Uri, 121, 290
Uster (Kt. Zürich), 33, 292
Utinger, Heinrich, 98*–99, 119, 138, 291
Utinger, […] (Ehefrau des Heinrich), 138

Vadian, Joachim, 10, 38*, 40, 66f, 88, 109, 111, 134, 236, 242, **262f**, **264–270**, 270–272, 279f, 289f
Varus, Attius, 263
Venedig, 44, 96
Vergil, 94, 97, 105, 109, 253
Veringen (Kr. Sigmaringen, Baden-Württemberg), 36
Vermigli, Peter Martyr, 160
Veroli, 247
Villmergen (Kt. Aargau), 46
Vischer, siehe Fischer
Völmi, Urs, 124*
Völmlin, siehe Völmi
Vogler, Appolonia, geb. Baumgartner (Ehefrau des Hans), 115, 256
Vogler, Hans d. Ä., 33
Vogler, Hans, 33*, **37–39**, 40, 66, 113–115, **256f**
Vogt, Simprecht, 279
Volaterranus, Raphael, 94, 97*
Volmar, Melchior, 68*

Waadt, 27, 50, 89, 91, 260
Wäber, […], 127
Wädenswil (Kt. Zürich), 165
Wagenhausen (Kt. Thurgau), 236
Waggental, siehe Freiamt
Wagner, Jakob, 56*, 91
Walder, Heinrich, 170*
Walder, Johann, 38
Waldkirch (Kt. St. Gallen), 134
Waldshut (Baden-Württemberg), 40, 73
Wallis, 247
Watt von, siehe Vadian
Wattenwyl, Hans Jakob von, 90*, 91
Wattenwyl, Niklaus von, I 225*, II 90
Wattenwyl, Reinhart von, 90
Wattwil (Kt. St. Gallen), 48
Weber, Peter, 256, 257*
Weesen (Kt. St. Gallen), 292
Weiach (Kt. Zürich), 55
Weingarten von, siehe Wingarten von
Weingartner, Rudolf, I 47*, II **274–276**
Weißlingen (Kt. Zürich), 39
Weniger, siehe Lingg
Werdmüller, Heinrich, 288
Werdmüller, Otto, 288*
Wesel (Kr. Rees, Nordrhein-Westfalen), 106
Westfalen, 103, 106, 254

Westheimer, Bartholomäus, 53*-54
Westheimer, Juliana, geb. Schlierbach, 53
Wetter, Wolfgang, 134*-135
Wettingen (Kt. Aargau), 137
Wichtrach (Kt. Bern), 108
Wied, Hermann von, siehe Hermann
Wiederkehr Anna, siehe Bullinger, Anna
Wien, 36, 38, 73, 100, 110, 177, 186, 239, 261
Wil (Kt. St. Gallen), 50, 134, 257
Windberger, Fabian, 129*
Wingarten, Wolfgang von, 89*
Wininger, siehe Lingg
Winterthur (Kt. Zürich), 118f, 170, 258f, 284
Wipperfürth (Nordrhein-Westfalen), 103, 107, 175
Wirth, Hans, 38
Wirth, Leonhard, 38, 253, 254*
Wirth, Wirtt, Leonhard, siehe Hospinian, Leonhard
Witikon (Zürich), 179
Wittenberg, 30, 38, 42, 45, 122, 152, 163, 174f, 214, 223, 236, 288
Wölflin, Heinrich, 115, 117*
Wolf, Heinrich, 70
Wolf, Johannes, 70*
Wolf, Konrad, 241, 242*
Wolff, Thomas, 53
Wollishofen (Zürich), 170
Wolsen (Gemeinde Obfelden, Kt. Zürich), 34, 179
Worms, 36, 122, 198
Württemberg, 68
Würzburg, 141
Wynigen (Kt. Bern), 118
Wyß, Erhard, 138*

Zasius, Ulrich, 87
Zehender, Anna, geb. Langnauer (Ehefrau des Markwart II.), 178
Zehender, Elisabeth, siehe Bullinger, Elisabeth
Zehender, Hans Ulrich (Bruder des Ludwig), 166, 179
Zehender, Hans Ulrich (Sohn des Ludwig), 165
Zehender, Ludwig, 165*, 177-179
Zehender, Markwart II., 178
Zehender, Simon, 166, 179
Zehnder, Barbara, 111f, 166, 243
Zehnder, Johannes, 111*-113, 137f, 165f, 177, 243
Zell, Wilhelm von, 244*
Zellenberg (Elsaß), 33
Z'Hag, Götschi, 179f, 188
Ziegler, Jakob, 42-44*
Zili, Dominicus, 73
Zofingen (Kt. Aargau), 9, 46, 83, 111, 115, 127-130, 152f, 160, 166f, 171f, 186-188, 234, 236f
Zollikon (Kt. Zürich), 168, 259
Zuchwil (Kt. Solothurn), 283
Zürich, 9, 27-34, 36-45, 47f, 50-52, 54-57, 59, 61, 63, 65-70, 73, 75f, 79-84, 86, 88-94, 98-105, 108f, 111-115, 118, 120f, 123-125, 127-129, 134-141, 144, 148-153, 157, 159-162, 164-176, 179-181, 183, 186, 188f, 191f, 230, 232-236, 238-252, 256-262, 264f, 270-294
Zürich, Geistliche, *41,* **138-148**
Zürich, Prediger, *152, 162-164, 292-294*
Zug, 91, 121, 129, 179, 188, 240, 274-276, 290
zur Mühle, Johannes, 187*
Zurzach (Kt. Aargau), 108, 138
Zwick, Johannes, 31, 100*-101, 235, 244f, 251f, 292
Zwick, Konrad, 31*
Zwingli Anna, geb. Reinhart (Ehefrau des Reformators), 46, 47*, 51, 86
Zwingli, Huldrych, I 67*, II 27, 30-32, 36, 38, 41-44, 47-49, 51, 54, 61, 67, 69, 71-77, 79, 81, 85, 95f, 98-102, 104, 108, 110, 114, 116f, 122, 128f, 140, 145, 150-152, 154, 156-161, 163, 170, 173, 181, 183-185, 191f, 197f, 203, 211f, 217, 222-224, 228f, 232f, 236, 242, 244, 250, 258f, 263, 284, 292
Zwingli, Huldrych (Enkel des Reformators), 93f
Zwingli, Regula (Tochter des Reformators), 47
Zwingli, Ulrich (Sohn des Reformators), 47
Zwingli, Wilhelm (Sohn des Reformators), 45, 47*, 50f, 84, 86, 244